国家出版基金项目
NATIONAL PUBLICATION FOUNDATION

2020年度宁夏回族自治区第三批哲学社会科学
和文化艺术青年托举人才工程培养计划项目
『十三五』国家重点图书出版规划项目

西夏学文库
第二辑

著作卷 杜建录 史金波 主编

黑水城出土西夏律藏研究

王龙 著

甘肃文化出版社

图书在版编目（ＣＩＰ）数据

黑水城出土西夏律藏研究 / 王龙著. -- 兰州 ： 甘肃文化出版社，2022.11
（西夏学文库 / 杜建录，史金波主编. 第二辑）
ISBN 978-7-5490-2571-8

Ⅰ．①黑… Ⅱ．①王… Ⅲ．①佛教－律藏－研究－额济纳旗－西夏 Ⅳ．①B943

中国版本图书馆CIP数据核字(2022)第193132号

黑水城出土西夏律藏研究

王　龙 l 著

策　　划 | 郧军涛
项目统筹 | 甄惠娟
责任编辑 | 周桂珍
封面设计 | 苏金虎

出版发行 | 甘肃文化出版社
网　　址 | http://www.gswenhua.cn
投稿邮箱 | gswenhuapress@163.com
地　　址 | 兰州市城关区曹家巷 1 号 | 730030（邮编）

营销中心 | 贾　莉　王　俊
电　　话 | 0931-2131306

印　　刷 | 西安国彩印刷有限公司
开　　本 | 787 毫米 ×1092 毫米 1/16
字　　数 | 400 千
印　　张 | 33.5
版　　次 | 2022 年 11 月第 1 版
印　　次 | 2022 年 11 月第 1 次
书　　号 | ISBN 978-7-5490-2571-8
定　　价 | 151.00 元

宁夏大学西夏学研究院
中国社会科学院西夏文化研究中心
编

百年风雨 一路走来

——《西夏学文库》总序

一

经过几年的酝酿、规划和编纂，《西夏学文库》（以下简称《文库》）终于和读者见面了。2016 年，这一学术出版项目被列入"十三五"国家重点图书出版规划，2017 年入选国家出版基金项目，并在"十三五"开局的第二年即开始陆续出书，这是西夏学界和出版社共同努力的硕果。

自 1908、1909 年黑水城西夏文献发现起，近代意义上的西夏学走过了百年历程，大体经历了两个阶段：

20 世纪 20 年代至 80 年代为第一阶段，该时期的西夏学有如下特点：

一是苏联学者"近水楼台"，首先对黑水城西夏文献进行整理研究，涌现出伊凤阁、聂历山、龙果夫、克恰诺夫、索弗罗诺夫、克平等一批西夏学名家，出版了大量论著，成为国际西夏学的"老大哥"。

二是中国学者筚路蓝缕，在西夏文文献资料有限的情况下，结合汉文文献和文物考古资料，开展西夏语言文献、社会历史、文物考古研究。20 世纪 30 年代，王静如出版三辑《西夏研究》，内容涉及西夏佛经、历史、语言、国名、官印等。1979 年，蔡美彪《中国通史》第六册专列西夏史，和辽金史并列，首次在中国通史中确立了西夏史的地位。

三是日本、欧美的西夏研究也有不俗表现，特别是日本学者在西夏语言文献和党项古代史研究方面有着重要贡献。

四是经过国内外学界的不懈努力，至 20 世纪 80 年代，中国西夏学界推出《西夏史稿》《文海研究》《同音研究》《西夏文物研究》《西夏佛教史略》《西夏文物》等一系列标志性成果，发表了一批论文。西夏学从早期的黑水城文献整理与西夏文字释读，拓展成对党项民族及西夏王朝的政治、历史、经济、军事、地理、宗教、考古、文物、文献、语言文字、文化艺术、社会风俗等全方位研究，完整意义上的西夏学已经形成。

20世纪90年代迄今为第二阶段，这一时期的西夏学呈现出三大新特点：

一是《俄藏黑水城文献》《英藏黑水城文献》《日本藏西夏文文献》《法藏敦煌西夏文文献》《斯坦因第三次中亚考古所获汉文文献（非佛经部分）》《党项与西夏资料汇编》《中国藏西夏文献》《中国藏黑水城汉文文献》《中国藏黑水城民族文字文献》《俄藏黑水城艺术品》《西夏文物》（多卷本）等大型文献文物著作相继整理出版，这是西夏学的一大盛事。

二是随着文献文物资料的整理出版，国内外西夏学专家们，无论是俯首耕耘的老一辈学者，还是风华正茂的中青年学者，都积极参与西夏文献文物的诠释和研究，潜心探索，精心培育新的科研成果，特别是在西夏文文献的译释方面，取得了卓越成就，激活了死亡的西夏文字，就连解读难度很大的西夏文草书文献也有了突破性进展，对西夏历史文化深度开掘做出了实质性贡献。举凡西夏社会、政治、经济、军事、文化、法律、宗教、风俗、科技、建筑、医学、语言、文字、文物等，都有新作问世，发表了数以千计的论文，出版了数以百计的著作，宁夏人民出版社、上海古籍出版社、中国社会科学出版社、社科文献出版社、甘肃文化出版社成为这一时期西夏研究成果出版的重镇。宁夏大学西夏学研究院编纂的《西夏研究丛书》《西夏文献研究丛刊》，中国社会科学院西夏文化研究中心联合宁夏大学西夏学研究院等单位编纂的《西夏文献文物研究丛书》是上述成果的重要载体。西夏研究由冷渐热，丰富的西夏文献资料已悄然影响着同时代宋、辽、金史的研究。反之，宋、辽、金史学界对西夏学的关注和研究，也促使西夏研究开阔视野，提高水平。

三是学科建设得到国家的高度重视，宁夏大学西夏学研究中心（后更名西夏学研究院）被教育部批准为高校人文社科重点研究基地，中国社会科学院将西夏学作为"绝学"，予以重点支持，宁夏社会科学院和北方民族大学也将西夏研究列为重点。西夏研究专家遍布全国几十个高校、科研院所和文物考古部门，主持完成和正在开展近百项国家和省部级科研课题，包括国家社科基金特别委托项目"西夏文献文物研究"，重大项目"黑水城西夏文献研究""西夏通志""黑水城出土医药文献整理研究"，教育部重大委托项目"西夏文大词典""西夏多元文化及其历史地位研究"。

研究院按照教育部基地评估专家的意见，计划在文献整理研究的基础上，以国家社科基金重大项目和教育部重大委托项目为抓手，加大西夏历史文化研究力度，推出重大成果，同时系统整理出版百年来的研究成果。中国社会科学院西夏文化研究中心也在继承传统、总结经验的基础上，制订加强西夏学学科建设、深化西夏研究、推出创新成果的计划。这与甘肃文化出版社着力打造西夏研究成果出版平台的设想不谋而合。于是三方达成共同编纂出版《文库》的协议，由史金波、杜建录共同担纲主编，一方面将过去专家们发表的优秀论文结集出版，另一方面重点推出一批新的研究著作，以期反映西夏研究的最新进展，推动西夏学迈上一个新的台阶。

二

作为百年西夏研究成果的集大成者，作为新时期标志性的精品学术工程，《文库》不是涵盖个别单位或部分专家的成果，而是要立足整个西夏学科建设的需求，面向海内外西夏学界征稿，以全方位展现新时期西夏研究的新成果和新气象。《文库》分为著作卷、论集卷和译著卷三大板块。其中，史金波侧重主编论集卷和译著卷，杜建录侧重于主编著作卷。论集卷主要是尚未结集出版的代表性学术论文，因为已公开发表，由编委会审核，不再匿名评审。著作卷由各类研究项目（含自选项目）成果、较大幅度修订的已出著作以及公认的传世名著三部分组成。所有稿件由编委会审核，达到出版水平的予以出版，达不到出版水平的，则提出明确修改意见，退回作者修改补正后再次送审，确保《文库》的学术水准。宁夏大学西夏学研究院设立了专门的基金，用于不同类型著作的评审。

西夏研究是一门新兴的学科，原来人员构成比较单一，学术领域比较狭窄，研究方法和学术水准均有待提高。从学科发展的角度看，加强西夏学与其他学科的学术交流，是提高西夏研究水平的有效途径。我国现有的西夏研究队伍，有的一开始即从事西夏研究，有的原是语言学、历史学、藏传佛教、唐宋文书等领域的专家，后来由于深化或扩充原学术领域而涉足西夏研究，这些不同学术背景的专家们给西夏研究带来了新的学术视角和新的科研气象，为充实西夏研究队伍、提高西夏研究水平、打造西夏学学科集群做出了重要的贡献。在资料搜集、研究方法和学术规范等方面，俄罗斯、日本、美国、英国和法国的西夏研究者值得我们借鉴学习，《文库》尽量把他们的研究成果翻译出版。值得一提的是，我们还特别请作者，特别是老专家在各自的著述中撰写"前言"，深入讲述个人从事西夏研究的历程，使大家深切感受各位专家倾心参与西夏研究的经历、砥砺钻研的刻苦精神，以及个中深刻的体会和所做出的突出成绩。

《文库》既重视老专家的新成果，也青睐青年学者的著作。中青年学者是创新研究的主力，有着巨大的学术潜力，代表着西夏学的未来。也许他们的著作难免会有这样那样的不足，但这是他们为西夏学殿堂增光添彩的新篇章，演奏着西夏研究创新的主旋律。《文库》的编纂出版，既是建设学术品牌、展示研究成果的需要，也是锻造打磨精品、提升作者水平的过程。从这个意义上讲，《文库》是中青年学者凝练观点、自我升华的绝佳平台。

入选《文库》的著作，严格按照学术图书的规范和要求逐一核对修订，务求体例统一，严谨缜密。为此，甘肃文化出版社成立了《文库》项目组，按照国家精品出版项目的要求，精心组织，精编精校，严格规范，统一标准，力争将这套图书打造成内容质量俱佳的精品。

三

西夏是中国历史的重要组成部分，西夏文化是中华民族文化不可或缺的组成部分。西夏王朝活跃于历史舞台，促进了我国西北地区的发展繁荣。源远流长、底蕴厚重的西夏文明，是中华各民族兼容并蓄、互融互补、同脉同源的见证。深入研究西夏有利于完善中国历史发展的链条，对传承优秀民族文化、促进各民族团结繁荣有着重要意义。西夏研究工作者有责任更精准地阐释西夏文明在中华文明中的地位、特色、贡献和影响，把相关研究成果展示出来。《文库》正是针对西夏学这一特殊学科的建设规律，瞄准西夏学学术发展前沿，提高学术原创能力，出版高质量、标志性的西夏研究成果，打造具有时代特色的学术品牌，增强西夏学话语体系建设，对西夏研究起到新的推动作用，对弘扬中国优秀传统文化做出新的贡献。

甘肃是华夏文明的重要发祥地之一，也是中华民族多元文化的资源宝库。在甘肃厚重的地域文明中，西夏文化是仅次于敦煌文化的另一张名片。西夏主体民族党项羌自西南地区北上发展时，最初的落脚点就在现在的甘肃庆阳一带。党项族历经唐、五代、宋初的壮大，直到占领了河西走廊后，才打下了立国称霸的基础。在整个西夏时期，甘肃地区作为西夏的重要一翼，起着压舱石的作用。今甘肃武威市是西夏时期的一流大城市西凉府所在地，张掖市是镇夷郡所在地，酒泉市是番和郡所在地，都是当时闻名遐迩的重镇。今瓜州县锁阳城遗址为西夏瓜州监军所在地。敦煌莫高窟当时被誉为神山。甘肃保存、出土的西夏文物和文献宏富而精彩，凸显了西夏文明的厚重底蕴，为复原西夏社会历史提供了珍贵的历史资料。甘肃是西夏文化的重要根脉，是西夏文明繁盛的一方沃土。

甘肃文化出版社作为甘肃本土出版社，以传承弘扬民族文化为己任，早在 20 多年前就与宁夏大学西夏学研究中心（西夏学研究院前身）合作，编纂出版了《西夏研究丛书》。近年来，该社精耕于此，先后和史金波、杜建录等学者多次沟通，锐意联合编纂出版《文库》，全力申报"十三五"国家图书出版项目和国家出版基金项目，践行着出版人守望、传承优秀传统文化的历史使命。我们衷心希望这方新开辟的西夏学园地，成为西夏学专家们耕耘的沃土，结出丰硕的科研成果。

史金波　杜建录
2017 年 3 月

前　言

目前所知，黑水城出土西夏律藏主要有西夏汉文佛教文献《四分律七佛略说戒偈》《四分律行事集要显用记卷第四》《无上圆宗性海解脱三制律》《摩诃僧祇律卷第十五题签》《菩萨地持经》和西夏译义净所传的"根本说一切有部律"。

本书第一部分主要对黑水城出土俄藏西夏汉文佛教文献《四分律七佛略说戒偈》《四分律行事集要显用记卷第四》《无上圆宗性海解脱三制律》和《摩诃僧祇律卷第十五题签》进行录文和校注。就传统上的小乘戒律来说，在唐前期，四分律学已发展为四分律宗，形成相部宗、南山宗和东塔宗三派，流行于全国大多数地区。发展到了西夏，西夏流行四分律思想。第二部分主要是对西夏文《菩萨地持经》的释读，我们在此把该经列为大乘律藏。

隋唐是中土佛教的繁荣时期，也是中土佛教戒律的黄金时代。当此之时，义净独树一帜地弘扬新的小乘戒律，即"根本说一切有部律"。第三部分以黑水城出土西夏律藏为研究对象，主要是在俄藏和英藏黑水城文献中拣选与义净所传"根本说一切有部律"有关的四部西夏文译本，即《根本说一切有部毗奈耶杂事》《根本说一切有部百一羯磨》《根本说一切有部目得迦》和《根本萨婆多部律摄》。刊布其录文，并用"四行对译法"对西夏文进行了对勘与释读。目的是通过解读这四部具有明确汉文来源的文献，从中总结出一批专有西夏律藏词语的夏、汉对当关系，同时摸清西夏人对这些文献的理解方式和翻译手法，建立西夏文"根本说一切有部律"类经典所涉术语的数据库，为西夏文献的全面解读，为了解"四分律"和"根本说一切有部律"律藏思想于12至14世纪在中国北方的传播和发展提供重要的参考。

本书西夏文录文依据的是俄藏黑水城文献第24册和英藏黑水城文献第2册已经刊布的西夏文照片。研究分释读、注释及汉文本三部分。释读部分首行为西夏文录文，拟音部分置于第二行，释读文字置于第三行，力求字字对应，并加新式标点，最后一行为汉文本。其中西夏文《根本说一切有部毗奈耶杂事》主要考释了现存的第十三卷的内容。西夏文《根本说一切有部百一羯磨》主要对第四卷进行录文，并根据汉文本和上、下文，对残损部分的西夏文进行了拟补。而通过对西夏文《根本说一切有部目得迦》的整理，我们把存世的两个抄件缀合为完整的卷十，这一点也是前人在著录中没有注意到的。最后对英藏西夏文《根本萨婆多部律摄》卷十二残片进行了考释。

2020年，我有幸入选"宁夏回族自治区第三批哲学社会科学和文化艺术青年托举工程"，这部书稿为该工程项目的阶段性研究成果。

目 录

第一章　导　论

西夏是党项人在中国西北地区建立的一个地方政权，自 1038 年由景宗元昊正式建立，到 1227 年末帝睍时为蒙古所灭，其间历经十代皇帝，统治 190 年。自称“𗴂𗹭𘜶𗴲”（大白高国）、“𗴂𗹭𗴲𗂧𘜶”（白高大夏国）。宋史称之为“夏国”，《辽史》《金史》因之地处辽、金之西，称之为“西夏”，后人习称“西夏”。都城兴庆府，后改称中兴府，即今宁夏回族自治区银川市，西夏疆域包括今宁夏全部和甘肃、青海、陕西、内蒙古部分地区，先后与北宋及辽、南宋及金成鼎足之势，地处丝绸之路要冲，汇集四方文化，其中最为重要的体现便是西夏的佛教，在中国中古佛教史上占有重要地位。佛教传入西夏的具体时间和途径已经无从查考[①]。现存史料所载党项人最早的礼佛活动见于《宋史》卷四八五《夏国传上》曰：“（宋景德四年［1007 年］）罔氏薨……及葬，请修供五台山十寺。”

西夏崇信佛教，佛教兴盛，有“浮图梵刹，遍满天下”的记载，西夏统治者还集党项、汉、回鹘、吐蕃等族高僧从事译经、校经活动，斋会活动频繁，佛教在当时生活中占据相当重要的地位。从 11 世纪 30 年代到 70 年代，西夏多次从宋朝赎买《大藏经》[②]，并由政府设立译场组织将其译为西夏文。1034 年，宋刻《开宝藏》传入西夏，元昊于天授礼法延祚十年（1047 年）特为之建

---

① 邓如萍首先指出了党项人最初从吐蕃人那里得知佛教的可能性，参见 Ruth Dunnell, *The Great State of White and High: Buddhism and State Formation in Eleventh-Century Xia*, Honolulu: University of Hawai'i Press, 1996, p.75—77。聂鸿音先生亦指出，西夏语的“如来”“经”“论”这几个最基本的词并非来自汉语，而是分别来自藏语的 De-bzhin-gshegs-pa、mdo-sde 和 sde-snod-ma-mo。参见聂鸿音：《西夏佛教术语的来源》，《固原师专学报》（社会科学版）2002 年第 2 期，第 13—15 页。

② 罗福苌：《西夏赎经记》，《国立北平图书馆馆刊》第 4 卷第 3 号，1932 年，第 71—72 页；史金波：《西夏佛教史略》，银川：宁夏人民出版社，1988 年，第 59—62 页。据史金波先生统计，西夏的“赎经”活动共有六次。聂鸿音先生指出，他依据的有些资料原始来源不明，恐非北宋时代的实录，所以实际的次数也许没有那么多。

寺供奉，以为译场：

> 曩霄更以四孟朔为圣节，令官民礼佛，为己祈福。至是，于兴庆府东
> 一十五里役民夫建高台寺及诸浮图，俱高数十丈，贮中国所赐《大藏经》，
> 广延回鹘僧居之，演绎经文，易为蕃字。①

并同时着手把汉文的佛经译成西夏文，国家图书馆藏西夏文《过去庄严劫千
佛名经》卷末所附元朝皇庆元年（1312年）刻印的发愿文里记载了这段历史：

> 綴殟資緻，傲胞豵茺緻帰，莀穨靰刼懰絹絉縺彮霜。辮辮緻帰隨彤縅
> 禐報穀緻絉緵緻瞵髟敗稱嬨緻散槆緱絉緵，鋋瓤瓤秅。報薆縺緻，憰散
> 散緻胞帰，縺緻散絉散蘷亓瓑禐憰絾訲憰瓤散緉緵彮槆瓤，夃緵彮槆緜，
> 散殟憰緵資彮絊翺葳緵。緻蘱珗刼緰蘱，虔荎瓘荎綴緻，隨胞發秅。
>
> ［又千七年，汉地熙宁年间，夏国风帝兴法建礼维新。戊寅年间，令国师
> 白法信并后承道年臣智光等先后三十二人为头，译为番文。民安元年，五十三
> 载之内，先后大小三乘半满教及忏传之外，为之三百六十二帙，八百十二部，
> 三千五百七十九卷。后奉护城帝诏，与南北经重校，令盛国内。］②

西夏的译经活动始于"风帝"（景宗元昊）③在位期间（1036—1048年）。
元昊以后的历代皇帝，都积极推进佛教的传播与发展，译经活动历经景宗、毅
宗、惠宗、崇宗四朝皇帝，费时53年，译出佛经凡812部，3579卷④。仁宗皇

---

① ［清］吴广成撰、龚世俊等校证：《西夏书事校证》卷一八，兰州：甘肃文化出版社，1995年，第
212页。

② 孙伯君：《西夏文〈大藏经〉"帙号"与勒尼语〈千字文〉》，《文献》2020年第5期，第81页；聂
鸿音：《西夏文〈过去庄严劫千佛名经〉发愿文中的两个年号》，《固原师专学报》（社会科学版）2004年
第5期，第11—12页；孙伯君：《元刊河西藏考补》，《民族研究》2011年第2期，第56—63页。这篇发
愿文是史金波先生首次研究的，译文如下："重千七年，汉国贤者岁中？夏国风帝新起兴礼式德。戊寅年
中，国师白法信后禀德岁臣智光等，先后三十二人为头，令依蕃译。民安元年，五十三岁，国中先后大
小三乘半满教及传中不有者，作成三百六十二帙，八百十二部，三千五百七十九卷。"参见史金波：《西夏
文〈过去庄严劫千佛名经〉发愿文译证》，《世界宗教研究》1981年第1期，第64—76页。后收入史金波：
《史金波文集》，上海：上海辞书出版社，2005年，第312—330页。

③ 西田龙雄直接把"风帝"译成"李帝"，是考虑到党项首领接受北宋赐姓"李"。参见［日］西田龙
雄：《西夏译经杂记》，《西夏译华严经》第2册，京都：京都大学文学部，1976年，第6页。

④ 史金波：《西夏文〈过去庄严劫千佛名经〉发愿文译证》，《世界宗教研究》1981年第1期，第64—76页。

帝（1140—1193 年）当政后，更是掀起了前所未有的译经和校经的高潮，他不仅下令从梵文、藏文佛经中选取密教经典译成汉文、西夏文，同时还下令校理前朝已经翻译的典籍[1]。西夏热衷传行的佛教经典与中原根系相连，在这些佛教经典中，西夏律藏经典也占极其重要的地位。

　　除去少量残叶以外，当今存世的黑水城出土西夏律藏都于 1909 年出自内蒙古额济纳旗的黑水城遗址。相关书题的著录首见戈尔巴乔娃和克恰诺夫的《西夏文写本和刊本》[2]，详细描述则见孟列夫的《黑城出土汉文遗书叙录》[3]和克恰诺夫的《西夏文佛教文献目录》[4]，此外，西田龙雄在 20 世纪 70 年代也曾对部分文献做过基础的鉴定[5]。不过由于相关资料过多，对全部文献的鉴定和整理工作还远未完成，其中有不少书籍我们至今仍不能寻到相应的汉文底本并据以给出确切的解读。事实上，尽管学界在西夏语言文字方面已经有了一个多世纪的研究积累，但是我们关于西夏词汇的知识长期以来还局限在中原儒家著述和常见佛教经籍的范围之内，而对于西夏律藏、论藏文献和藏传佛教文献这些特殊领域的涉猎还刚刚起步。本书试图解读一些具有明确来源的西夏律藏文献，从中总结出一批专有西夏律藏词语的夏汉对当关系，同时摸清西夏人对这些文献的理解方式和翻译手法，对西夏乃至元朝时期律藏文献的全部解读尽一点绵薄之力，以此为基础，有助于我们了解 12 至 14 世纪中国北方律藏思想的传播和发展脉络。

　　目前尚不知道律藏传入西夏的具体时间。《天盛律令》卷十一"为僧道修寺庙门"曰：

---

① 孙伯君：《西夏仁宗皇帝的校经实践》，《宁夏社会科学》2013 年第 4 期，第 89—98 页。

② З. И. Горбачева и Е. И. Кычанов, *Тангутские рукописи и ксилографы*, Москва: Издательство восточной литературы, 1963.

③［俄］孟列夫著、王克孝译：《黑城出土汉文遗书叙录》，银川：宁夏人民出版社，1994 年。

④ Е. И. Кычанов, *Каталог тангутских буддийских памятников*, Киото: Университет Киото, 1999.

⑤［日］西田龙雄：《西夏文华严经》第 3 册，京都：京都大学文学部，1977 年。

［一、国境内番、汉、羌中僧人、道士所属居士、童行①中，及前僧人、道士等中有为座主者时，能完整解说《般若》《唯识》《中道》《百法》《华严行愿》等之一部，解前后义，并知常为法事者，国师及先住座主，别有巧智师傅等，当好好量其行，真知则居士、童行可入僧人中，衣绯，为座主，勿得官。先前僧人、道士，道士愿为僧人②，彼等一律先衣黄者当衣绯而为坐主，好者可得官爵。其中番汉和尚不知切韵，不许为座主。］③

据上可知，有关番、汉、羌僧人成为座主必须完整解说的典籍中，律藏经典也未提及。佛教史籍里关于这方面的记载也很少，所以，我们目前对黑水城出土西夏律藏经典的了解基本依靠1909年科兹洛夫地理考察队在内蒙古额济纳旗黑水城遗址发掘出的西夏文献。这些文献现藏于俄罗斯科学院东方文献研究所，其中90%以上是佛教著作，代表11至13世纪河西地区流行的各种佛教宗派。由于西夏佛经刊布工作的滞后，西夏的佛教面貌迄今还远没有研究清晰，不过，根据克恰诺夫整理的《西夏文佛教文献目录》可以知道④，在西夏翻译的中土著述中，律藏经典著作占有一定的比重。

众所周知，12世纪中叶以后仁宗皇帝新译和校译了大量的佛经，说明前代的佛经翻译工作并不完善。根据目前的资料显示，真正意义上的《西夏文大藏经》结集和刊印只是在元代才首次完成。聂鸿音先生首先注意到，西夏君臣的功德记录屡次提到人们在礼佛仪式中开读了各种文字的《大藏经》。此外，还有西夏文《拔济苦难陀罗尼经》发愿文有"念诵番、汉、西番三藏契经各一遍"，汉文《父母恩重经》发愿文也有"开阐番汉大藏经各一遍，西番大藏经五遍"，表明当时确有完整的《番大藏经》（《西夏文大藏经》）存在。不过我们仅凭常识就可以判断，在几天时间内念诵完成三千余卷的《大藏经》是绝对不可能做到的事情。据此，聂鸿音先生指出，西夏人的《大藏经》定义显然不同于唐朝《一切经音义》中的"一切经"，因为《西番大藏经》（《藏文大藏经》，《甘珠尔》和《丹珠尔》）当时还没有正式结集。由此认定，西夏时期所谓《大藏经》只是那以前翻译的众多释典的泛称，并非依照统一体例编成并

---

① 原汉译文见史金波、聂鸿音、白滨译注：《天盛改旧新定律令》，北京：法律出版社，2000年，第403页。这里略有改动，其"童行"，《天盛改旧新定律令》汉译文原作"行童"，下同。

② 原汉译文同上，见第403页。这里的"道士，道士愿为僧人"为笔者改译，原作"道士□道士者为僧人"。

③ 史金波、聂鸿音、白滨译注：《天盛改旧新定律令》，北京：法律出版社，2000年，第403页。

④ Е. И. Кычанов, *Каталог тангутских буддийских памятников*, Киото: Университет Киото, 1999.

依照统一规格刊印的佛教作品总集，而"念诵番、汉、西番三藏契经各一遍"，其实际意思也仅仅是"宣读了三种文字的许多佛经"①。无论是中原还是西藏，从开始翻译佛经到《大藏经》的正式结集都经历了数百年时间。在这段时间里，人们致力于翻译他们通过各种途径寻访到的佛典梵文原本或者其他语言的译本，只是在自己语言的译本积累到相当大的数量时才会产生按照统一体例编纂《大藏经》的念头。毫无疑问，12世纪末的西夏已经出现了"大藏经"的概念，但我们还不能确切知道究竟是已然实施的行动还是泛泛的理想。与真正的《大藏经》相比，存世的西夏文佛经数量相当少，且大都为"经藏"，律藏和论藏佛经的数量屈指可数。或许我们可以设想，本书研究的西夏律藏佛经，想必就是在党项人编《西夏文大藏经》的想法中产生的。

此前，戈尔巴乔娃、西田龙雄和克恰诺夫均对黑水城出土西夏文佛经做过题录，并尽可能地对其汉文或藏文原本进行考察，由于西夏文佛经大多首尾残断，在没有做细致解读之前，实际上是无法准确为佛经定名并确定其原本的。至于黑水城出土西夏律藏经典，目前的解读与研究成果主要集中于林英津先生从俄罗斯科学院东方文献研究所手抄的几叶，发表于《西夏历史与文化》②。而西夏律藏的其他经典，除了被收录于众多西夏文献目录以外，还未有人对其做过专门研究。

第一节 律藏概说

佛教典籍就是人们常说的"佛经"。"佛经"一词有两个含义，一是泛指佛教的所有典籍，包括经、律、论"三藏"以及各种佛教著述，我国古代称为"众经"或"一切经"，现在常用的名称是《大藏经》。二是特指"三藏"中的"经藏"部分，被认为是释迦牟尼所说，并为后代记录整理的所有经典③。佛教律部典籍又称律藏。律藏，音译毗奈耶藏、毗尼藏，意译调伏藏，是佛陀为调伏弟子烦恼，对治生活恶习所制定的教团规则；也就是在修道生活中，佛陀针对弟子所犯的过失而定的规范，是随犯随制，属于随缘制戒。律藏就是整理佛

---

① 参见聂鸿音：《〈西夏佛经序跋译注〉导言》，载杜建录主编：《西夏学》第10辑，上海：上海古籍出版社，2014年，第43—55页。
② 林英津：《初探西夏文本〈根本说一切有部目得迦·卷十〉》，载薛正昌主编：《西夏历史与文化：第三届西夏学国际学术论坛》，兰州：甘肃人民出版社，2008年，第234—243页。
③ 魏道儒：《中国汉文佛教典籍》，《百科知识》2019年第20期，第47页。

陀所制戒法的典籍，即"戒"由律藏所诠说，律藏则为"戒"的根据典籍①。

　　"戒"和"律"本是分开的，都是为了规范僧侣行为和僧团集体生活的准则，但二者也有细微的区别："戒"适用于在家和出家的所有信徒，"律"则专门为出家僧众制定。"戒律"合称，通常泛指信徒应该遵守的各种规定和行为规范。戒律学是佛学中一个相对独立的部分，被称为"三学"（戒定慧）之一。相传释迦牟尼在世时，根据需要随机制定戒条，以规范僧尼。此后随着戒条的增加，逐渐形成专门的戒律书。三国时期，戒律渐入中国。至唐代，相继译出的戒律典籍有《十诵律》六十一卷、《四分律》六十卷、《摩诃僧祇律》四十卷、《五分律》三十卷以及《根本说一切有部毗奈耶》五十卷。前四者与巴利律相同，内容都很完整，古称为四律。又西藏律也是广律，相当于有部律。这些律典都是部派佛教时期产生和定型的，属于小乘戒律。唐代以后，《四分律》逐渐成为最流行的戒律典籍②。由于"戒"和"律"两者在内容上大致一样，把它们加以组织和整编的是律藏。律藏是由释尊适应需要而制定的教诫、作为惩罚依据的波罗提木叉（戒本）、为统制教团的僧伽规定（犍度分）、戒本的说明、实例（经分别）和附录构成③。

　　律藏是解说僧伽生活禁制条文的学处，以及僧伽的制度行事。在汉译律藏中，律藏相当于广律。律藏的内容大体上由三部分组成。第一部分是消极的止恶门，称为"经分别"（Sūttavibhaṇga）。这是以比丘、比丘尼的波罗提木叉为中心，由每一条戒发生的因缘，到如何制定及戒条的解释，并举出运用的实例等，是律藏关于个人修持的中心内容。第二部分是积极的行善门，称为"犍度部"（Khandhaka）。共由二十犍度（译作章或篇）构成，分为大品、小品。大品为出家、布萨、安居、自恣、皮革、药剂、迦缔那衣、法衣、瞻波、拘睒弥十犍度。小品为羯磨、别住、罪集、灭净、小事、坐卧处、破僧、作法、遮戒法、比丘尼十犍度。这些是就僧团中主要的行事而制定的规定及比丘、比丘尼日常生活等的规定，是组织净化的重点。为了显示律藏的权威，还附加了五百集法（第一结集）、七百集法（第二结集）2章，述说佛教圣典编纂的主要事情。第三部分属于附录，称为"附随"（Parivāra），共分为19章。把持、犯戒

① 王志远主编：《中国佛教百科》第一卷，北京：华龄出版社，2008年，第97页。
② 魏道儒：《中国佛教清规戒律》，《百科知识》2019年第17期，第48页。
③［日］龙谷大学编：《印度·中国·日本三国佛教史略》，北京：中国佛教协会经书印赠处，1994年，第16—17页。

的具体情况加以组织、重述，使阅者能一目了然①。

学界对戒律、律藏的研究始于西方学者。早在 1691 年，法国人西门狄·罗·路庇拿（Simon de La Loubére）的《遥罗王国记》里就已经有一篇《波罗提木叉》的摘要。几百年来，欧美学者对巴利文、梵文等有关部派戒律文献做了许多细致的工作。当然，他们的重点在南传上座部戒律。日本学者虽较欧美为后，但他们奋起直追，在许多方面已经超过了欧美，著名的研究如佐藤密雄的《律藏》②、上田天瑞的《律藏概说》③和《戒律思想史》④、长井真琴的《诸部戒本的对照研究》⑤、平川彰的《律藏の研究》⑥、森章司的《戒律的世界》⑦等，都是当今戒律研究中极具分量的学术著作。

综观中国对戒律、律藏的研究，主要有两大类内容：一是侧重文献的研究。如妙因的《新删定四分僧戒本浅释》⑧和《教诫新学比丘行护律仪集解》⑨、广化的《四分律比丘戒本讲义》⑩、胜雨和慈舟的《四分律比丘尼戒相表记》⑪、弘一大师的《佛学讲录卅三种合订本》⑫和演培的《毗尼日用切要讲记》⑬等，多为僧人一般性介绍。比较系统的研究有吕澂的《诸家戒本通论》⑭、印顺的《原始佛教圣典之集成》⑮、陈士强的《中国佛教百科全书·经典卷》⑯、周谷城主编的《中国学术名著提要·宗教卷》⑰、刘宝金的《中国佛典通论》⑱、中国佛教协会的《中国佛教》（第三辑）⑲和严耀中的《佛教戒律与中国社会》⑳

① 华方田、张风雷等编：《中国佛教宗派理论》下册，石家庄：河北省佛学院，2001 年，第 158 页。
② [日] 佐藤密雄：《律藏》，东京：大藏出版株式会社，1972 年。
③ [日] 上田天瑞：《律藏概说》，东京：佛教大学讲座，1934 年。
④ [日] 上田天瑞：《戒律思想史》，东京：青年佛教丛书第 26，1940 年。
⑤ [日] 长井真琴：《诸部戒本的对照研究》，《宗教研究》3 卷 1 号，1926 年。
⑥ [日] 平川彰：《律藏の研究》，东京：山喜房佛书林，1960 年。
⑦ [日] 森章司：《戒律的世界》，废岛：溪水社，1993 年。
⑧ 妙因：《新删定四分僧戒本浅释》，香港：法界学苑，1965 年。
⑨ 妙因：《教诫新学比丘行护律仪集解》，香港：法界学苑，1964 年。
⑩ 广化：《四分律比丘戒本讲义》，莆田：福建莆田广化寺，1991 年。
⑪ 胜雨、慈舟：《四分律比丘尼戒相表记》，莆田：福建莆田广化寺，2009 年。
⑫ 弘一：《佛学讲录卅三种合订本》，台北：财团法人佛陀教育基金会，1993 年。
⑬ 演培：《毗尼日用切要讲记》，台北：正闻出版社，1982 年。
⑭ 吕澂：《诸家戒本通论》，载吕澂：《吕澂佛学论著选集》卷一，济南：齐鲁书社，1991 年。
⑮ 印顺：《原始佛教圣典之集成》，台北：正闻出版社，1971 年。
⑯ 陈士强：《中国佛教百科全书·经典卷》，上海：上海古籍出版社，2000 年。
⑰ 周谷城主编：《中国学术名著提要·宗教卷》，上海：复旦大学出版社，1997 年。
⑱ 刘宝金：《中国佛典通论》，石家庄：河北教育出版社，1997 年。
⑲ 中国佛教协会：《中国佛教》第 3 辑，上海：东方出版中心，1989 年。
⑳ 严耀中：《佛教戒律与中国社会》，上海：上海古籍出版社，2007 年。

等，或比较诸家戒本异同，或探讨文本最原始的形态及其发展过程，或比较细致地介绍部派戒律文本的形态等。而季羡林的《记根本说一切有部律梵文原本的发现》[①]、王邦维的《说出世部比丘律 Abisamàcàrikà（〈威仪法〉）第一品第一节》[②]、林梅村的《新疆尼雅遗址出土犍陀罗语〈解脱戒本残卷〉》[③]、牛汝极的《回鹘佛教文献——佛典总论及巴黎所藏敦煌回鹘佛教文献》[④]等，则对新发现的有关梵文等其他文字的部派律断简进行了研究。同时，由于敦煌藏经洞的发现，其中的有关部派戒律抄本、注疏本等也得到了整理，如魏迎春的《晚唐五代敦煌佛教教团戒律清规研究》[⑤]等，还有对《根本说一切有部律》进行语言学方面的研究[⑥]。

二是对律学理论的研究，如太虚的《整理僧伽制度论》[⑦]、妙因的《律学》[⑧]、从信的《戒律学疑难》[⑨]、圣严的《佛教制度生活》《律制生活》《菩萨戒指要》和《戒律学纲要》[⑩]、真慧的《七佛通诫偈思想研究》[⑪]、劳政武的《佛教戒律学》[⑫]以及一些专文和太虚的《整理僧伽制度论》《峨山僧自治刍议》《僧制今论》《佛教革新方案》《建设现代僧制大纲》《菩萨学处简章》等文。

一、《四分律》及其注疏

《四分律》，六十卷，姚秦佛陀耶舍与竺佛念共译，弘始十四年（412 年）

---

① 季羡林：《记根本说一切有部律梵文原本的发现》，载季羡林：《印度古代语言论集》，北京：中国社会科学出版社，1982 年，第 398—401 页。

② 王邦维：《说出世部比丘律 Abisamàcàrikà（〈威仪法〉）第一品第一节》，《北京大学学报》（东方文化研究专刊），1996 年，第 21—24 页；王邦维：《跋梵文贝叶经说出世部比丘律 Abisamàcàrikà》，《中国文化》第 10 期，北京：生活·读书·新知三联书店，1994 年，第 116—123 页。

③ 林梅村：《新疆尼雅遗址出土犍陀罗语〈解脱戒本残卷〉》，载林梅村：《汉唐西域与中国文明》，北京：文物出版社，1998 年。

④ 牛汝极：《回鹘佛教文献——佛典总论及巴黎所藏敦煌回鹘佛教文献》，乌鲁木齐：新疆大学出版社，2000 年。

⑤ 魏迎春：《晚唐五代敦煌佛教教团戒律清规研究》，上海：上海古籍出版社，2015 年。

⑥ 万建军：《〈根本说一切有部毗奈耶〉校读札记》，南京师范大学硕士学位论文，2015 年；余嘉惠：《说一切有部之"根"理论研究》，中央民族大学博士学位论文，2017 年。

⑦ 太虚：《整理僧伽制度论》，载印永清：《太虚学术论著》，杭州：浙江人民出版社，1998 年。

⑧ 妙因：《律学》，台北：天华出版事业股份有限公司，1979 年。

⑨ 从信：《戒律学疑难》，新店：圆明出版社，1984 年。

⑩ 圣严：《佛教制度生活》，台北：东初出版社，1990 年；《律制生活》，台北：东初出版社，1995 年；《菩萨戒指要》，台北：东初出版社，1996 年；《戒律学纲要》，台北：法鼓文化事业股份有限公司，1997 年。

⑪ 真慧：《七佛通诫偈思想研究》，台北：法鼓文化事业股份有限公司，1997 年。

⑫ 劳政武：《佛教戒律学》，北京：宗教文化出版社，1999 年。

译出。主要讲的是佛在苏罗婆国所宣讲的戒律，即原为印度上座部系统法藏部所传的戒律。分为四部分：初分、二分、三分、四分。系佛陀入灭后百年顷，法正尊者采用上座部律藏中之契同己见者，采集成文，随说所止，四度结集，分之为四夹，故称四分律。

本律为小乘的律藏，不仅是唐代律宗所依据的根本典籍，也是我国所译各种律本中流传最广、影响最大的佛教戒律，凡言律者莫不指此而言。注疏极多，较重要者有：（1）东塔宗怀素的《四分律开宗记》十卷；（2）相部宗法砺的《四分律疏》十卷；（3）南山宗道宣的《四分律删繁补阙行事钞》十二卷、《四分律含注戒本疏》四卷、《四分律戒疏》八卷、《四分律业疏》八卷、《拾毗尼义钞》四卷、《比丘尼钞》三卷；（4）道世的《毗尼讨要》二卷；（5）宋代元照的《四分律行历代大藏经序跋略疏事钞资持记》十六卷；（6）允堪的《四分律随机羯磨疏正源记》八卷；（7）唐代慧光的《略疏》四卷、法砺的《中疏》十卷、智首的《广疏》二十卷。又，戒条部分另有别译单行本行世：（1）佛陀耶舍所译的《四分僧戒本》一卷；（2）道宣的《新删定四分僧戒本》一卷；（3）怀素的《四分律比丘戒本》一卷、《四分律比丘尼戒本》一卷；（4）明代弘赞的《式叉摩那尼戒本》。羯磨部分亦有别译单行本：（1）康僧铠所译的《昙无德律部羯磨》一卷、《杂羯磨》一卷；（2）道宣的《四分律删补随机羯磨》两卷；（3）怀素的《僧羯磨》三卷；（4）刘宋求那跋摩所译的《四分比丘尼羯磨法》一卷；（5）怀素的《尼羯磨》三卷。本律收入历代《大藏经》及日本《大正藏》。道宣为本律制序[①]。

二、义净与佛经翻译

在中国佛教历史上，法显、玄奘和义净是西行求法运动中非常著名、很有成就、影响很大的三位僧人。义净一生，译经甚多，又与鸠摩罗什、真谛和玄奘并称为佛教史上的四大翻译家。义净在中土所学，精于律宗，后又兼学唯识，但他在中国佛教史上的贡献更在于译经，在四分律盛行之时，译介根本说一切有部的律典，被誉为四大译经家之一。

---

① 有关《四分律序疏》，详见苏志雄编撰，刘福娟、苏杭、韩谨忆助编：《历代大藏经序跋略疏》（上），北京：宗教文化出版社，2012年，第278—279页。

义净（635—713 年），齐州人①，少年出家，学习佛教、儒家和道教经典。尤其对佛教戒律比较重视。高宗咸亨二年（671 年），义净从广州乘波斯商船前往印度。途经室利佛逝国时，居留学习半年。此后，他抵达印度，曾在那烂陀寺学习 10 年。685 年，他离开印度再次到室利佛逝国，居住了 7 年，从事佛教经典翻译和撰述。在此期间撰写了两部具有很高历史价值的著作，其一是《南海寄归内法传》，记录所见所闻的印度和南海诸国佛教情况，包括僧人的日常生活、僧团制度和修行规定等。其二是《大唐西域求法高僧传》，记述从贞观十五年（641 年）到天授二年（691 年）56 位求法僧的事迹。这两部著作对研究 7—8 世纪的印度、南亚和东南亚地区的历史、宗教具有不可替代的价值。义净在印度和南海巡游求学 25 年，经历 30 余国，带回梵文佛教典籍近 400 部②。义净回国后，先后在武则天、中宗、睿宗的支持下，来往于洛阳和长安两地翻译经典。起初，他和实叉难陀共译《华严经》八十卷本，其后，又译出《金光明经》《能断金刚般若经》《孔雀王经》等经，《根本一切有部毗奈耶》等律，《掌中论》等论，先天二年（713 年），义净卒于长安。义净一生译经，据《宋高僧传》卷一记为 56 部，230 卷，据《开元释教录》卷九载为 61 部，139 卷。另外，还撰有《说罪要行法》《受用三水法》《护命放生轨仪法》等作品。在义学方面，义净译有护法的《成唯识宝生论》五卷、陈那的《掌中论》一卷、《观所缘论》一卷、《观所缘论释》一卷、《观总相论颂》一卷、《因明正理门论》一卷和《集量论》(此译本已佚)。于般若部，义净译出《能断金刚般若经》一卷。还译有密教类经典，如《佛说大孔雀咒王经》三卷、《佛说佛顶尊胜陀罗尼经》一卷、《佛说一切功德庄严王经》一卷、《佛说庄严王陀罗尼咒经》一卷等。

西行求法是义净人生和思想的转折点，从义净的译籍看，"虽遍翻三藏，而偏攻律部"。所译律藏，又专于根本说一切有部之律。他从印度引入并弘扬《根本说一切有部律》，还专门译有《根本说一切有部戒经》一卷和《根本说一切有部苾刍尼戒经》一卷，这两种经是大部比丘律和比丘尼律简化，目的是纠

---

① 一说义净是范阳（河北涿县）人，近代学者梁启超、蒋维乔、冯承钧、汤用彤等都持范阳说，外国学者沙畹、高楠顺次郎等也持此说。主张齐州说的人较少，陈垣先生编《释氏疑年录》，即持齐州说。王邦维经过考证两种说法，认为齐州一说是正确的。详见王邦维：《义净籍贯考辨及其它》，载朱东润、李俊民、罗竹风主编：《中华文史论丛》第 4 辑，上海：上海古籍出版社，1984 年，第 77—90 页；[唐] 义净著、王邦维校注：《〈南海寄归内法传〉校注》(中外交通史籍丛刊)，北京：中华书局，1995 年。

② 魏道儒：《中国僧人的西行求法》，《百科知识》2009 年第 14 期，第 17 页。

正、规范、统一中土寺院的行事和僧人的律仪，重振中土佛教律风。不过，从后来的实际情况来看，义净所弘扬的《根本说一切有部律》以及他的其他关于戒律的主张并没有对中土佛教产生多大影响[1]。义净的译风，偏于直译，由于他精通梵、汉两种文字，所译非常准确。义净的门人虽然很多，但他所传的律典，后世影响不大，未能改变律学界的律繁以及四分律一统天下的状况[2]。

　　根据清辨的观点，根本说一切有部是后来从说一切有部中分化出来的，义净接受了这种看法，他认为，《十诵律》不是代表根本说一切有部的律藏。但义净所译根本说一切有部的律仪大旨和《十诵律》属于同一系，基本相似，而非别的部派之律，只是两者之间内容上稍有出入，义净所译有《十诵律》中未记者，《十诵律》中所记者，义净也有缺译者，这两种律可能是同一部派的律在不同地区的流传本[3]。

第二节　西夏文佛典研究的历史和现状

　　1909 年，科兹洛夫率领的俄国皇家地理考察队来到内蒙古额济纳旗的黑水城遗址，掘获了一个书库，这些文献随后被携往俄国，现存于俄罗斯科学院东方文献研究所。这批文献估计有十余万叶，占全世界所藏西夏文献总数的 90%以上。20 世纪的西夏学就是在整理和研究这批文献的基础上建立起来的。继1907—1909 年俄国探险家科兹洛夫在黑水城掘获大量西夏文献之后，斯坦因率领的英国探险队也于 1914 年来到黑水城进行发掘，获得的西夏文献大都是佛经残本，现藏于英国国家图书馆。1917 年，宁夏灵武县在修城墙时发现了五个瓦坛，里面装满了西夏文的佛经。1973 年，格林斯蒂德选取了中国国家图书馆和俄罗斯科学院东方文献研究所收藏的一部分译自汉文的西夏文佛经，汇编为九卷本的《西夏文大藏经》，在印度的新德里刊布[4]。20 世纪 20 年代末，斯文赫定（Sven Hedin）和徐炳昶率领的中瑞西北科学考察团在敦煌和吐鲁番一带有些零星的收获。

　　早在 19 世纪 70 年代，伟烈就对 1345 年刻在北京居庸关云台券洞石壁上

---

① 冯相磊：《义净律学与律制研究》，中国人民大学博士学位论文，2013 年。
② 业露华、董群：《中国佛教百科全书》教义、人物卷，上海：上海古籍出版社，2000 年，第 288 页。
③ 业露华、董群：《中国佛教百科全书》教义、人物卷，上海：上海古籍出版社，2000 年，第 287 页。
④ Eric Grinstead：*The Tangut Tripitaka*, 9 vols, New Delhi: Sharada Rani,1973.

的《佛顶尊胜陀罗尼》石刻进行了研究①，他除了对石刻上的六种文字进行了详细的内容描述和历史介绍以外，还尝试解读了 87 个西夏译音字。1900 年，伯希和同他的两个朋友在北京北海白塔下面的一堆废纸和旧书里找到了六册泥金西夏字抄本《妙法莲华经》②。这六册佛经现在分别收藏在法国的吉美博物馆和波兰的雅盖隆图书馆，原件照片至今没有发表。三十多年后，毛利瑟研究了西夏译本《妙法莲华经》③，大致确定了一批西夏字的读音、意义以及两条简单的语序规则。而国内的学者从 20 世纪 30 年代开始，借助《番汉合时掌中珠》对一些西夏佛经进行试解，1932 年出刊的《北平图书馆馆刊》第 4 卷第 3 号集中发表了这一时期的西夏文献的解读成果，里面包括罗福成、罗福苌、聂历山等解读的佛经片段 14 种④。王静如在北平图书馆（今中国国家图书馆）所藏宁夏灵武出土西夏文佛经的基础上完成了三卷本的《西夏研究》⑤，其中完整解读了西夏译本《金光明最胜王经》《过去庄严劫千佛名经》和《佛母大孔雀明王经》等，后者是解读夏译藏文佛典的首次尝试。在日本，西田龙雄在 20 世纪 70 年代的代表作是对日本所藏十一卷夏译《华严经》的解读⑥。

　　学界对西夏文佛教文献的真正解读始于 19 世纪末，此后，来自俄国、日本、中国的学者就开始了对西夏佛教文献的研究，论文的数量很多，大多是借助《汉文大藏经》和《藏文大藏经》对西夏佛教文献进行定名和释读，也有大量的文章是借助翻译的文本来探讨西夏佛教史和西夏语文学的某个方面。最近还出现了一些可喜的现象，即通过西夏文本身的解读对原有的翻译、个别词语的探讨及某些佛教历史问题作更为细致深入的补充。

　　① A. Wylie, *On an Ancient Buddhist Inscription at Keu-yung-kwan*, in North China, Journal of the Royal Asiatic Society, vol. V（1871），pp.14—44. 只不过文章出现了一个重大的失误，即错把他研究的西夏文当成女真小字。

　　② 参见伯希和为聂历山《西夏研究小史》写的评论，载 T'oung Pao, vol. 29, 1932, pp.226—229.

　　③ M. G. Morisse, *Contribution préliminaire à l'étude de l'écriture et de la langue Si-hia*, Mémoires présentés par divers savants à l'Académie des Inscriptions et Belles-Lettres, 1re Série, tome XI, IIe partie（1904），pp.313—379.

　　④ 这 14 种佛经是：罗福成解读的《大宝积经》卷二十七、《不空羂索神变真言经》卷十八、《大般若波罗蜜多经》卷一、《佛说宝雨经》卷十、《佛说地藏菩萨本愿经》卷下、《佛说佛母出生三法藏般若波罗蜜多经》卷十七、《观弥勒菩萨上生兜率天经》《六祖大师法宝坛经》《妙法莲华经序》《圣大明王随求皆得经》卷下，罗福苌解读的《大方广佛华严经》卷一、《妙法莲华经弘传序》，聂历山解读的《西夏国书残经》，以及聂历山和石滨纯太郎合作解读的《西夏文八千颂般若经》。均见《国立北平图书馆馆刊》第 4 卷第 3 号，1930 年。另外，在此以前罗福成还著有《西夏译〈莲华经〉考释》，成都：贞松堂印本，1914 年。

　　⑤ 王静如：《西夏研究》（三辑），台北："中研院"历史语言研究所，1932—1933 年。近有台湾商务印书馆 1992 年重印本。

　　⑥ [日]西田龙雄：《西夏文华严经》（三卷），京都：京都大学文学部，1975—1977 年。

依西夏佛教文献内容特色，学者们趋向于将这些文献分为汉传佛教和藏传佛教文献两类。索罗宁根据教义把西夏佛教文献分成以下宽泛的几类，即小乘文献（对汉文《阿含经》和《阿毗达摩》的翻译）、大乘文献（显密经典论著，包括般若文献、因明文献等）和禅宗文献等。这种教义分类大体上来自中原。藏传西夏佛教文献大部分为西夏文的仪轨和修法文献。一类是按教义（doctrinal）分类，包括金刚乘系统（仪轨和修法）的各种文献：大手印（Mahāmudrā）、金刚亥母（Vajravārāhī）、喜金刚（Hevajra）及相关传统。另一类是"道果"类文献，这类中最有名的文献是《菩提勇识所学道及果与一顺显明宝炬》（𗩾𗄊𗆟𗏹𗤒𗉛𗵽𗥃𗡷𗣼𗗙𗬫𗵽𗑲）。汉传文献包括与华严宗、法相唯识宗以及禅宗相关的文献，另有净土宗、忏悔修法等材料，但这些文献的来源可能是契丹辽而非宋朝。汉传佛教文献类型有经、律、论以及各种注释类文献等。

存世的西夏佛教文献，就西夏文佛经种类而言，按照其所载内容，我们可将其分为经、律、论三藏[①]。经藏是佛经中最重要的组成部分，经藏分宝积部、般若部、华严部、涅槃部、阿含部等，这几大部类佛经在现存的西夏文佛经中都能找到。例如《大般若波罗蜜多经》（𗙫𗣼𗦲𗢳𗸌𗵽𗽂𗤻𗑲）[②]、《大般涅槃经》（𗙫𗣼𗊱𗢝𗤻𗑲）[③]、《金刚般若波罗蜜多经》（𗵽𗼨𗙫𗣼𗦲𗢳𗸌𗵽𗽂𗤻𗑲）[④]和《金光明最胜王经》（𗵽𗴮𗏣𗄴𗥦𗫼𗤻𗑲）[⑤]等。

律藏是关于佛教戒律的著作，主要有《菩萨地持经》，全书十卷，西夏文《菩萨地持经》（𗒟𗩾𗉣𗝢𗤻𗑲）转译自北凉昙无谶汉译本《菩萨地持经》，仅存卷九，宁夏灵武出土，今藏于中国国家图书馆，夏皇太后梁氏和惠宗皇帝译[⑥]。《根本说一切有部目得迦》，义净译，全书十卷，西夏译本仅存卷十。俄藏 инв. № 357

① 本书有关经、律、论的分类参考聂鸿音《党项古籍志》一书。

②《大般若波罗蜜多经》汉文本凡六百卷，西夏文本仅得四百五十卷，疑未及译成。佚名译自唐玄奘同名汉文本，夏仁宗皇帝御校。存抄本多种，部分题记表明是 12 世纪中叶抄本。参见黄延军：《中国国家图书馆藏西夏文〈大般若波罗蜜多经〉研究》（上、下册），北京：民族出版社，2012 年；王长明：《西夏文〈大般若波罗蜜多经〉（卷一）考释》，陕西师范大学硕士学位论文，2014 年。

③《大般涅槃经》，凡四十卷。夏皇太后梁氏和惠宗皇帝据北凉昙无谶同名汉文本翻译，夏仁宗皇帝御校。存写本多种。参见 Eric Grinstead, *The Tangut Tripitaka*, New Delhi:Sharada Rani,1973,pp.1914—1995.

④［日］荒川慎太郎：《西夏文〈金刚经〉的研究》，京都：松香堂书店，2014 年。

⑤ 王静如：《金光明最胜王经夏藏汉合璧考释》，《西夏研究》第二、三辑，台北："中研院"历史语言研究所单刊甲种之十一、十三，1933 年。

⑥ 杨志高：《中国藏西夏文〈菩萨地持经〉残卷考补》，载杜建录主编：《西夏学》第 2 辑，银川：宁夏人民出版社，2007 年，第 115—119 页。

卷首现存部分共 47 折，至 "第十子摄颂曰" 以下残缺。俄藏 инв. № 3757 现存部分为第 48 折至第 51 折，即卷尾 4 折，首行每字后残右半，始于 "裙及僧脚敨" 至卷尾。林英津先生对此已有介绍[①]。义净译《根本说一切有部毗奈耶杂事》全书四十卷，西夏译本仅存卷十三。俄藏 инв. № 2313 卷首题署 "�
𗁨𘂪𘃝𗹙𗢳𗧘𗣼𗍳𗡪"（汉文本大唐三藏法师义净译），现存部分共 60 折，佚卷尾。对照俄藏黑水城文献第 24 册已经刊布的西夏文照片，其版本形制情况如下：写本，经折装，纸幅 30.5 厘米 × 11.5 厘米，墨框高 25.7 厘米。每折 6 行，每行 19 字。此外，据张九玲[②]考证，英国国家图书馆藏编号为 Or.12380—2100 和 Or.12380—2101 的两件残叶实为《根本萨婆多部律摄》残片，也为极少的律部文献之一，图版刊布在《英藏黑水城文献》第 2 册，文献题名为《佛经》，残叶为内容相连的两纸，写本，乌丝栏，每行 19 字[③]。

论藏是解释经义的著作，存世的西夏文论藏主要有《瑜伽师地论》（𗼃𗼷𗟲𗗟𗧘𗷖）[④]、《显扬圣教论》（𗢳𗧘𘄡𗼷𗧘𗷖）、《大乘阿毗达摩集论》（𗙏𗟯𗤓𗎫𗼷𗙏𗩾𗧘𗷖）、《大乘起信论》[⑤]、《释摩诃衍论》[⑥]、《阿毗达摩顺正理论》（𗤓𗎫𗼷𗙏𗩾𗼶𗣼𗭴𘃞𗧘𗷖）、《大庄严论经》（𗙏𗵃𗤓𗧘𗷖𘟣𘂤𗢳）、《大智度论》（𗙏𗾴𗰖𗧘𗷖）等。

需要指出的是，俄藏黑水城文献中存有一部活字本佛教著作《大乘百法明镜集》（𗙏𗟯𗤧𗹙𗤳𗵽𗦳）卷九，编号为 инв. № 5153，麻纸卷子装，29 厘米 × 460 厘米，墨框高 25 厘米，每行 21 字，缺卷首。此前，克恰诺夫指出该本译自唐玄奘汉文本《大乘百法明门论》。通过释读，我们发现西夏文本并非译自玄奘汉文本，如卷尾云："𗓦𗖵𗫂𗫡：𗤓𗤪𗫾𘃛𗹵。𘃜𗹠𗸬𗢳𘈩。𗼉𗩛𘄢𗦳𗡃，𗫼𘄡𗸬𗸲𗫶。𗠰𗩛𗸬𗸲𗡃，𗢾𘈩𘄼𘅜𗢉。"（颂曰：阿罗汉有六。谓退至不动。前五信解生，总名时解脱。后不时解脱，从前见至生）。还有《大乘百法

---

① 林英津：《初探西夏文本〈根本说一切有部目得迦·卷十〉》，载薛正昌主编：《西夏历史与文化：第三届西夏学国际学术论坛》，兰州：甘肃人民出版社，2008 年，第 234—243 页。

② 张九玲：《〈英藏黑水城文献〉佛经残片考补》，载杜建录主编：《西夏学》第 11 辑，上海：上海古籍出版社，2015 年，第 63 页。

③ 英国国家图书馆、西北第二民族学院、上海古籍出版社编：《英藏黑水城文献》第 2 册，上海：上海古籍出版社，2005 年，第 333 页。

④ 荣智涧：《西安文物保护所藏西夏译〈瑜伽师地论〉残叶整理》，载杜建录主编：《西夏学》第 11 辑，上海：上海古籍出版社，2015 年，第 89—93 页。

⑤ 蒙聂鸿音先生见告，他最近重新整理《英藏黑水城文献》时发现有这部佛经的西夏文译本，特此感谢。

⑥ 王荣飞在第五届中国少数民族古籍会议上指出，宁夏宏佛塔存有《释摩诃衍论》的西夏译本。

明门论略解》(𗹶𗗾𗱕𗏨𗊱𘄼𗹙𗊱𗥃)上下两卷，并非译自唐玄奘汉译、窥基注《大乘百法明门论解》。《大乘百法明镜集解要明义》(𗹶𗗾𗱕𗏨𗙵𗷉𗤋𗊱𗥃𘟣𗯿)，或译《大乘百法明镜集之要释义显》，都不能确定其依据的底本，这些都是我们今后努力的方向。

此外，西夏文佛教文献还有一些本土著述，包括《高王观世音经》(𗄝𗊱𗹙𗹏𗊱𘄿)①、《十王经》(𘄴𗷉𘄿)、《佛说父母恩重经》(𗕇𗤘𗣼𗏮𗹙𗊱𘄿)②、《阎魔成佛受记经》(𘞽𘉞𗕇𘎑𗱸𗏮𘄿)、《近住八斋戒文》(𗀂𘟣𗥃𘄼𗷭)③和《三代相照语文集》(𗹶𗉺𗰖𘃸𘋨𗥃)④等。

西夏文律藏和论藏佛经是我们研究西夏佛教史和西夏语言非常重要的文献资料，迄今为止，学界的研究集中于西夏经藏，西夏律藏、论藏和西夏本土著述的研究屈指可数。本书有关西夏律藏经典的研究相对滞后，目前尚无解读成果问世，因此本书在黑水城出土的西夏文献中，挑选出与西夏文律藏经典有关的全部著作，刊布录文，并对照汉文本加以释读，旨在为西夏佛教史、文献学和语文学研究提供一份基础性语料。西夏佛教已有的研究成果可分为如下四个方面：

（一）目录学著作对西夏佛教的著录

迄今学界做出的西夏佛教文献目录有五份。最早的一份是戈尔巴乔娃和克恰诺夫在 1963 年发表的《西夏文写本和刊本》，其中著录了俄罗斯科学院东方文献研究所收藏的西夏文非佛教著作 60 种，佛教著作 300 种。第二份是西田龙雄的《西夏语佛典目录》，作者在前人著录的基础上加上了他周游世界各国收集来的资料，在迄今的所有同类著作中取材最广。第三份是史金波的《西夏文佛经目录》，最有特色的是中国藏品部分，是作者亲自调查搜集的结果。第四份是克恰诺夫的《西夏文佛教文献目录》，著录的是俄罗斯科学院东方文献研究所的收藏，不但所收著作种类最广，而且为每个编号的藏品写了详细的介绍。第五份是惠宏和段玉泉的《西夏文献解题目录》，该书收录极其

① 史金波、白滨：《明代西夏文经卷和石幢初探》，《考古学报》1977 年第 1 期，第 143—162；聂鸿音：《明刻本西夏文〈高王观世音经〉补议》，《宁夏社会科学》2003 年第 2 期，第 68—70 页。

② 聂鸿音：《论西夏本佛说〈父母恩重经〉》，载高国祥主编：《文献研究》第 1 辑，北京：学苑出版社，2010 年，第 137—144 页。

③ 聂鸿音：《西夏本〈近住八斋戒文〉考》，《台大佛学研究》2012 年第 6 期，第 159—198 页。

④ [日] 荒川慎太郎：《西夏诗の脚韵にられる韵母について——〈三世属明言集文〉所收西夏语诗》，《京都大学言语学研究》第 20 号，2001 年，第 195—203 页；孙伯君：《元代白云宗译刊西夏文文献综考》，《文献》2011 年第 2 期，第 146—157 页。

广泛，几乎包含了出土西夏文、汉文、藏文等目前所能见到的全部西夏文献，并对其进行了系统整理和全面考证，但都未按传统佛经分类把佛教著作分为"经""律""论"和"本土著述"四部。

（二）对单篇西夏佛教文献的译释研究

有汉文和藏文底本存世的西夏佛教文献的定名和释读备受关注。围绕对这批佛经的解读，涌现出了一大批研究禅宗著作的人才，如西田龙雄、聂鸿音、史金波、孙伯君、林英津、荒川慎太郎、段玉泉、杨志高、崔红芬、黄延军、汤君、王培培、孙颖新、安娅、张九玲以及索罗宁等。其中不乏对西夏藏传佛教文献进行研究的学者，如聂鸿音、孙伯君、林英津、段玉泉、孙昌盛、安娅、胡进杉、戴忠沛和张九玲等。单篇的西夏经藏译释等得到较充分的研究，成果丰富，但以单篇考释西夏佛教文献为主的研究，易导致西夏佛教研究的碎片化倾向，除了缺少唐、五代、元、明史的纵向研究，还缺少两宋、辽、金史的横向研究。

（三）相关论著对西夏佛教的介绍

史金波的《西夏佛教史略》可谓西夏佛教史研究的开山之作，全面地介绍了西夏佛教的发展状况。魏道儒主编《世界宗教通史》第五卷第三章主要撰稿人史金波简单介绍了西夏佛教与社会、佛教政策、僧众管理、佛教宗派和佛教艺术。李锡厚、白滨的《辽金西夏史》下编第十四章第一节介绍了西夏佛教的发展概况。赖永海主编的《中国佛教通史》第十卷第七章对佛教在西夏的兴衰和西夏佛经传译等诸多问题进行了考证。限于当时的条件和材料，诸位先生在某些方面的论述比较简单或还没有涉及。

（四）对西夏佛教石窟艺术和考古的辑考

这类成果数量有限，目前所见仅有零星几项：宁夏考古研究所编著的《山嘴沟西夏石窟》，韩小忙、孙昌盛、陈悦新合著的《西夏美术史》，汤晓芳主编的《西夏艺术》，牛达生著《西夏遗迹》等，以西夏石窟艺术和考古为核心开展西夏佛教研究。

前人在西夏佛典著录、考证、文献整理等方面做了许多工作，为今后的西夏佛教研究奠定了良好基础。尤其是近些年来，随着俄藏、英藏、法藏、日藏、中国藏西夏佛教文献的陆续公布，西夏佛教受到的关注也越来越多，对西夏佛教进行系统梳理和深入研究已是大势所趋。综观学者们的研究成果，对西夏佛教整体发展状况的研究相对欠缺，对有些问题可以重新探讨，对有些观点也可以重新审视。

相较已有成果，本书主要具有以下学术价值和应用价值：

第一，本书勾勒出西夏佛教有关律藏著述的整体状貌，使人们对西夏佛教有一个较为清晰而完整的把握，有助于人们更深入、更全面地认识西夏佛教文化结构和著述成就。

第二，通过对西夏律藏佛教文献的逐一考证，可以辨明这些佛教文献的撰写人、撰写时间、流传和内容等具体情况。以往人们对西夏佛教文献的认识主要来自目录的记载，而目录提供的信息较为简单，故人们对西夏佛教的认识也较粗浅、模糊，本书有助于人们更具体、更详细、更明确地认识西夏佛教。

第三，通过对西夏律藏佛教文献的辑录、译释、校勘等，建立可信可用的文本，为西夏佛教文献的进一步研究奠定基础。同时，也会丰富佛教文献的品种与数量，为西夏佛教史、文化史、思想史及佛教文化等方面研究提供较为全面的原始资料。

第四，在梳理西夏律藏佛教整体状貌、整理律藏佛教文献的基础上，还可形成一些新的研究领域，催生新的研究课题，为西夏佛教研究添加学术增长点。

第五，西夏是一个多民族聚居区，境内有党项羌、吐蕃、回鹘等古代少数民族，西夏佛教体现了民族性、地域性和多元性等特性。本书将西夏纳入中华民族多元一体格局的视域中重新审视西夏的佛教问题，必将推进人们对西夏语文和宋元时期河西佛教面貌的了解，也会对西夏历史和文明的重建，对宋、辽、金、元历史文化，乃至对佛教的传播研究发挥重要作用。

第六，从现实意义看，在当今弘扬优秀传统文化的社会背景下，有助于认识、研究和传承古代佛教文化，为中华文化的再造与发展提供有益素材。

第三节 黑水城出土西夏律藏简介

目前所知，黑水城出土西夏律藏主要有《四分律七佛略说戒偈》《四分律行事集要显用记卷第四》《无上圆宗性海解脱三制律》《摩诃僧祇律卷第十五题签》《菩萨地持经》和义净传译的"根本说一切有部律"。

汉文《律疏部》佛教文献有三个卷号：TK150.2《四分律行事集要显用记卷第四》、TK142.2《四分律七佛略说戒偈》、A26.2《无上圆宗性海解脱三制律》。其中 TK150 和 A26.2 为西夏写本，册页装。孟列夫认为 TK142.2 是金刻本，经折装，聂鸿音则认为是西夏文本。西夏刻本汉文《律疏部》为册页装佛教文献，依据其版式，列表如下：

卷号	整页（页）	半页（页）	高（厘米）	半页宽（厘米）	字心高（厘米）	天头（厘米）	地脚（厘米）	半页行（行）	行字（字）	板框
TK150	53		21	13	16.7	2.7	1	8	17—22	四周单栏
A26.2	9	2	17.5	10.8	12.3	2.5	2.7	6	13—14	隐栏

汉文《律疏部》经折装佛教文献，为 TK142.2《四分律七佛略说戒偈》，TK142 卷号有三个内容，分别为《大方广佛华严经入不思议解脱境界普贤行愿品》《四分律七佛略说戒偈》和《乘起信论立义分》，经折装，未染楮纸，共 45 折半，91 面，高 20 厘米，宽 9.5 厘米，版框高 15.9 厘米，天头 2.3 厘米，地脚 1.9 厘米，每面 6 行，行 15 字，上下双边，宋体，墨色深匀。

西夏文律藏佛教文献，有五部文献，分别为：《菩萨地持经》卷九（编号 B11•059 [3.15]）、《根本说一切有部百一羯磨》卷四（编号 инв. № 358）、《根本说一切有部毗奈耶杂事》卷十三（编号 инв. № 2313）和《根本说一切有部目得迦》卷十（编号 инв. № 357、2737）。英国国家图书馆现存 Or.12380—1285、Or.12380—1286 号残叶和《根本萨婆多部律摄》卷十二残叶（编号 Or.12380—2100、Or.12380—2101）。

一、西夏汉文佛教文献《四分律》注疏

存世的西夏文《四分律》注疏仅有两部，即《四分律七佛略说戒偈》和《四分律行事集要显用记》，现分别简述如下：

（一）《四分律七佛略说戒偈》[①]

《四分律七佛略说戒偈》为黑水城出土西夏汉文佛教文献，与《华严普贤行愿品经》和《大乘起信论立义分》合刊，编号为 TK142。在合刊的经文之后，有一则署名安亮的施经发愿文，曰：

> 盖念荷：君后之优恩，上穷罔极；戴考妣之元德，旁及无涯。欲期臣子之诚，无出佛之右。是故畅圆融宏略者，华严为冠；[趣极]乐玄猷者，净土为先。仗法界一真之妙宗，仰弥陀六八之弘愿。今安亮等恩斯威福，利彼存亡，届亡妣百日之辰，特命工印《普贤行愿品经》一[万]有八卷，绘弥陀主伴尊容七十有二帧，溥施有缘。仍肇薨逝之辰，暨于终七，恒兴

① 俄罗斯科学院东方研究所圣彼得堡分所、中国社会科学院民族研究所、上海古籍出版社编：《俄藏黑水城文献》第 3 册，上海：上海古籍出版社，1996 年，第 231—232 页。

佛事，广启法筵。命诸禅法师、律僧、讲主，转大藏及四大部经，礼千佛
与梁武忏法，演大乘忏悔。屡放神幡，数请祝寿僧诵《法华经》，常命西
番众持《宝集偈》。燃长明灯四十九海，读声不绝，大般若数十部。至终
七之辰，诠义法师设药师瓣璃光七佛供养，惠照禅师奉西方无量寿广大中围，
西天禅师提点等烧结灭恶趣坛，刿六道法事，袭此功德。伏愿：帝统延昌，
迈山呼之景算；正宫永福，享坤载之崇光；皇储协赞［于千秋］……①

　　发愿文中提及的"律僧"，无疑就是"持戒律僧"。这件文献孟列夫曾判定
为金刻本，他认为文中最后的"千秋"乃一地名，在今河南省渑池县，南宋
时属金朝。并以此为据，将卷首版画风格与此相似的另外两件文献也判为金刻
本②。聂鸿音先生依据文中所提及"常命西番众持《宝集偈》"改判为西夏作
品，时代不早于仁宗。段玉泉先生据《仁王经题记》和《仁王经发愿文》把旧
译作"演义法师"的西夏文"𘓐𗏴𗰖𗫀"改译为"显义法师"或"诠义法师"，
更能补充其为西夏作品的佐证。能在亡妣百日之辰，"命诸禅法师、律僧、讲
主，转大藏及四大部经，礼千佛与梁武忏法，演大乘忏悔"，足见《法华经》
和《宝集偈》其时流传之广③。

　　《四分律七佛略说戒偈》正文不足 500 字，节选自唐道宣律师著述《四分
律比丘含注戒本》中《略教》部的《正宗》和《流通》，西夏文本多出"我今
说戒经，所说诸功德，施一切众生，皆共成佛道。四分律七佛略说戒偈竟"，
原文如下：

　　　　四分律七佛略说戒偈

　　　　"忍辱第一道，佛说无为最，出家恼他人，不名为沙门。"此是毗婆尸
如来，无所著、等正觉，说是《戒经》。"譬如明眼人，能避险恶道，世有
聪明人，能远离诸恶。"此是尸弃如来，无所著、等正觉，说是《戒经》。
"不谤亦不嫉，当奉行于戒，饮食知止足，常乐在空闲，心定乐精进，是
名诸佛教。"此是毗叶罗如来，无所著、等正觉，说是《戒经》。"譬如蜂
采花，不坏色与香，但取其味去；比丘出聚然，不违戾他事，不观作不

　　① 俄罗斯科学院东方研究所圣彼得堡分所、中国社会科学院民族研究所、上海古籍出版社编：《俄藏黑
水城文献》第 3 册，上海：上海古籍出版社，1996 年，第 233 页。
　　②［俄］孟列夫著、王克孝译：《黑城出土汉文遗书叙录》，银川：宁夏人民出版社，1994 年，第 34 页。
　　③ 段玉泉：《西夏〈功德宝集偈〉跨语言对勘研究》，上海：上海古籍出版社，2014，第 94 页。

作，但自观身行，若正若不正。"此是拘楼孙如来，无所著、等正觉，说是《戒经》。"心莫作放逸，圣法当勤学，如是无忧愁，心定入涅槃。"此是拘那含牟尼如来，无所著、等正觉，说是《戒经》。"一切恶莫作，当奉行诸善，自净其志意，是则诸佛教。"此是迦叶如来，无所著、等正觉，说是《戒经》。"善护于口言，自净其志意，身莫作诸恶，此三业道净，能得如是行，是大仙人道。"

此是释迦牟尼如来，无所著、等正觉，于十二年中，为无事僧说是《戒经》；从此以后，广分别说。诸比丘，自为乐法、乐沙门者，有惭、有愧、乐学戒者，当于中学。我今说戒经，所说诸功德，施一切众生，皆共成佛道。

四分律七佛略说戒偈 竟

（二）《四分律行事集要显用记》①

《四分律行事集要显用记》为黑水城出土西夏汉文佛教文献，所存为第四卷，写本，册叶装，编号为 TK150。兰山通圆国师智冥集，仁孝皇帝校。《四分律行事集要显用记》正文部分虽未完全依照《四分律删繁补阙行事钞》，但经过"集要"工作之后，其基本概念以及大部分章节仍与《四分律删繁补阙行事钞》相同。

伯希和曾叙述如下：Kozlov, Sin.I, 5——《四分律行事集要显用记》卷四的写本，为达摩笈多（Dharmagupta）《白羯磨》（Karmavacana）的注疏，他处未见，既不见于常用的中国《大藏经》，也不见于东京版的《续藏经》。此为西夏本土著作，有款题两则为证："兰山通圆国师沙门智冥集""奉天显道耀武宣文神谋睿智制义去邪惇睦懿恭皇帝详定"②。吴超、霍红霞校注的《俄藏黑水城汉文佛教文献释录》③，孙继民、宋坤、陈瑞清、杜立晖、郭兆斌编著的《俄藏黑水城汉文佛教文献（佛经除外）整理》④和王博楠的硕士论文《西夏文献

———

① 俄罗斯科学院东方研究所圣彼得堡分所、中国社会科学院民族研究所、上海古籍出版社编：《俄藏黑水城文献》第 3 册，上海：上海古籍出版社，1996 年，第 280—345 页。

② 伯希和：《科兹洛夫考察队黑城所获汉文文献考》，载孙伯君编：《国外早期西夏学论集》（一），北京：民族出版社，2005 年，第 171 页。原文是法文，聂鸿音译自 M. Paul pelliot, *Les documents chinois trouvés par la mission Kozlov*, Joumal Asiatique, Mai–Juin1914, pp.503—518.

③ 吴超、霍红霞校注：《俄藏黑水城汉文佛教文献释录》下册，北京：学苑出版社，第 1037—1060 页。

④ 孙继民、宋坤、陈瑞清、杜立晖、郭兆斌：《俄藏黑水城汉文佛教文献（佛经除外）整理》，天津：天津古籍出版社，2018 年，第 821—900 页。

〈四分律行事集要显用记〉校释及研究》①已对《四分律行事集要显用记》进行了详细的校注。

二、西夏汉文佛教文献《无上圆宗性海解脱三制律》

编号A26，收于《俄藏黑水城文献》第5册。首残，起于"藏，位不自居"。此卷由三个文献组成，即通理《立志铭心戒》后部、《无上圆宗性海解脱三制律》全、恒润写给通理的信函。《叙录》云：西夏写本，线订册页装，未染麻纸。共20个整页，2个半页。高17.5厘米，半页宽10.8厘米。字心高12.3厘米，天头2.5厘米，地脚2.7厘米。每半页6行，每行13—14字。隐栏。楷书，墨色浓匀。冯国栋和李辉先生曾做过详细的整理②，现转引如下：

（1）《立志铭心戒》。共4个整页，2个半页。首缺。尾题："立志铭心戒竟"。

（2）《无上圆宗性海解脱三制律》。共9个整页，2个半页。首尾题相同。首题后另行写："通理大师作"。尾题下多"竟"字。

（3）《沙门恒润启》。共3个整页，1个半页。比丘恒润于同道善定处获读《立志铭心戒》与《无上圆宗性海解脱三制律》后写给上人的信函，并作《色财名志》词附后："用传卑意，伏乞示导，禅余希垂荣览。"落款："法弟沙门恒润上"。

（4）《色财名志》词。共1个整页，2个半页。尾缺。本号《立志铭心戒》与TK134宋刻本文字大体一致，可互补所缺。此卷6—16版为《无上圆宗性海解脱三制律》，此文分别论述色、财、名三种外尘障道之情形，后列若有僧人犯此三戒当受何责罚。然对于"财"戒仅言其危害而无责罚之文，同时，12版前后两页语气不相衔接，故知此卷第12版处当有脱页。

三、西夏汉文佛教文献《摩诃僧祇律卷第十五题签》

《摩诃僧祇律》，简称《僧祇律》，意译《大众律》。东晋佛陀跋陀罗与法显共译，四十卷，是印度佛教大众部所传的广律。全书分为比丘戒法和比丘尼戒法两大部分。卷一至卷三十五是比丘戒法，列举比丘戒218条，杂诵跋渠法113条，威仪法50条；卷三十六至卷四十为比丘尼戒法，列举比丘尼戒277条，杂跋渠法34条。此律为大众部所奉持，其中多处含有大乘经意，是大

① 王博楠：《西夏文献〈四分律行事集要显用记〉校释及研究》，宁夏大学硕士学位论文，2020年。
② 冯国栋、李辉：《〈俄藏黑水城文献〉中通理大师著作考》，《文献》2011年第3期，第163页。

乘说法的萌芽。在解释中有 53 处引用《本生经》是其显著特点。书中又引用《沙门果经》和《中阿含经》等，可见此律集成时间较晚。但所载第二次结集、佛本生故事等，对研究印度佛教史有一定价值①。

西夏汉文佛教文献由编号为 TK278.2《摩诃僧祇律卷第十五题签》②，为三线边框，中有"摩诃僧祇律第十五"，下方写"登"字，应为千字文藏书帙号。

四、西夏文《菩萨地持经》

西夏文译本《菩萨地持经》(糷粊絭矮溁菼) 出土于宁夏灵武，今藏于中国国家图书馆，刊布于甘肃人民出版社与敦煌文艺出版社联合出版的《中国藏西夏文献》第 6 册，编号为 B11·059 [3.15] ③。依北凉昙无谶汉译本翻译，据此经题款译文"天生全能禄蕃佑圣式法正国皇太后梁氏御译，救德主世增福正民大明皇帝嵬名御译"，当为夏皇太后梁氏和惠宗皇帝（1068—1086 年）译，是惠宗时期白智光主持翻译的一批佛教文献之一。此经残存元刊一种。存卷九首题，汉译为"菩萨地持经卷第九"。经折装。残存卷九首 7 折，每面 6 行、每行 17 字。版端接纸处有函号、汉文经名、卷号、板序号、刻工"任"，另刻有"五万册五□"。与《河西藏》版式非常吻合④。此经的西夏文译本，西田龙雄、杨志高和段玉泉诸位先生已有相关的研究成果⑤。

五、西夏译义净所传"根本说一切有部律"经典

存世的"根本说一切有部律"(Mūlasarvāstivādins) 有梵、汉、藏、夏等多个文本。在汉译藏经中，属律部的典籍有《四分律》六十卷、《弥沙塞五分律》三十卷、《十诵律》六十一卷、《摩诃僧祇律》四十卷、《善见律毗婆沙》十八卷、《有部毗奈耶》五十卷、《有部苾刍尼毗奈耶》二十卷等。其

① 王志远主编：《中国佛教百科》第一卷，北京：华龄出版社，2008 年，第 97 页。

② 俄罗斯科学院东方研究所圣彼得堡分所、中国社会科学院民族研究所、上海古籍出版社编：《俄藏黑水城文献》第 4 册，上海：上海古籍出版社，1997 年，第 368 页。

③ 宁夏大学西夏学研究中心、国家图书馆、甘肃五凉古籍整理研究中心编：《中国藏西夏文献》第 6 册，兰州：甘肃人民出版社，敦煌文艺出版社，2006 年，第 282—284 页。又见宁夏社会科学院、中国国家图书馆、上海古籍出版社编：《中国国家图书馆藏西夏文献》第 2 册，上海：上海古籍出版社，2005 年，第 6—7 页。

④ 惠宏、段玉泉编：《西夏文献解题目录》，银川：阳光出版社，2015 年，第 174 页。

⑤ 相关研究参见 [日] 西田龙雄：《西夏文华严经》第 2 册，京都：京都大学文学部，1976 年；杨志高：《中国藏西夏文〈菩萨地持经〉残卷九考补》，《西夏学》第 2 辑，银川：宁夏人民出版社，2007 年，第 115—119 页；段玉泉：《元刊西夏文大藏经的几个问题》，《文献》2009 年第 1 期，第 42—51 页。

中，前四者与未传来的《迦叶遗部律》合称五部律。尔后大乘菩萨戒起，乃
称阐述大乘菩萨戒相的《菩萨地持经方便处戒品》《梵网经》卷下等为大乘
律，而上述《四分律》等则为声闻所持的小乘律。唐义净译四十卷《根本
说一切有部毗奈耶杂事》，即"有部"，系由上座部分化而出的佛教部派之
一，以后《发智论》《俱舍论》谓经典教义，根据"法一切有""时一切有"而
得出"说一切有"的主张[①]。公元 4 世纪前后产生于印度的根本说一切有部
（Mūlasarvāstivādins）在公元 8 世纪传入中国。义净（635—713 年）于 703 年
在西明寺翻译了《根本说一切有部毗奈耶》（Mūlasarvāstivāda-vinaya）。之后，
又译了《根本说一切有部苾刍尼毗奈耶》（Mūlasarvās-tivāda-bhiṣunī-vinaya）、
《根本说一切有部毗奈耶杂事》（Mūlasarvāstivādahikāya-mātṛka）、《根本说一
切有部毗奈耶药事》（Mūlasar-vāstivāda-vinaya-bhaiṣajya-vastu）等多部根本
说一切有部的佛经。目录收于《大正藏》第 55 册第 567 页下栏最后 1 行至第
568 页上栏第 20 行，共 11 部，每部佛经题目之下列有卷数、翻译的时间和地
点。《大正藏》第 23 册和第 24 册中收有义净所译"根本说一切有部"佛经 18
部（No.1442—1559）。

西夏文"根本说一切有部律"于 1909 年出土于内蒙古额济纳旗的黑水城
遗址，现藏于俄罗斯科学院东方文献研究所和英国国家图书馆。俄罗斯科学院
东方文献研究所现存三卷四个编号：《根本说一切有部百一羯磨》卷四（编号
инв. № 358）、《根本说一切有部毗奈耶杂事》卷十三（编号 инв. № 2313）和
《根本说一切有部目得迦》卷十（编号 инв. № 357 和 инв. №2737）。英国国家图
书馆现存 Or.12380—1285、Or.12380—1286 号残叶和《根本萨婆多部律摄》卷
十二残叶（编号 Or.12380—2100 和 Or.12380—2101）。现分别简述如下：

西夏文本《根本说一切有部百一羯磨》，1909 年出土于内蒙古额济纳旗的
黑水城遗址，今藏于俄罗斯科学院东方文献研究所，编号为 инв. № 358，佚名
译自唐义净同名汉文本。书题著录首见戈尔巴乔娃和克恰诺夫的《西夏文写
本和刊本》中的第 177 号，题名《根本说一切有部百一羯磨》（Mūlasarvāstivā-
daika-śātakarmanī）[②]。西田龙雄的《西夏文佛经目录》第 129 号中据书题西夏

---

① 传印主编：《中华律藏·第一卷—第九卷·历代大藏经律部文献·印度撰述》，北京：国家图书馆出版
社，2009 年。

② З.И. Горбачева и Е.И. Кычанов, *Тангутские рукописи и ксилографы*, Москва: Издательство восточной
литературы, 1963. стр.104. 汉译本见白滨译、黄振华校：《西夏文写本及刊本——苏联科学院亚洲民族研究
所藏西夏文已考订写本及刊本目录》，载中国社会科学院民族研究所历史研究室编译：《民族史译文集》第
3 集，1978 年，第 76 页。

文"𗗂𗟲𗥜𗥜𗤶𗗚𗷝𗥃𗟨𗤻𗅆"字面译文将其著录为《根本一切有说部百一羯磨》，并把经文内容正确地勘同义净汉译本，原件照片由格林斯蒂德 1972 年在印度刊布[①]。1999 年，克恰诺夫在《西夏佛典目录》中题作《根本一切有说部目得迦》[②]，并对其版本、形制做了较为详细的描述：写本，麻纸经折装。编号为 инв. № 358，36 厘米 × 12.5 厘米，墨框高 29.5 厘米，墨线勾栏。每折 6 行，每行 17 至 19 字。经题后残有汉译者义净题款，即"𗗂𗄻𗤶𗟨𗆧𗡪[𗊱𗬆𗆐]"（汉文本大唐三藏法师义净译），卷尾经题"𗗂𗟲𗥜𗥜𗤶𗗚𗷝𗥃𗟨𗤻𗅆𗵘𗀔𗵒"（根本说一切有部百一羯磨卷第四）。有函号"𗬆"*gjij² 和"𗫂𗕋"（千啰），并有耶和鬼名铁发愿题款"𗴮𗄻𗇋𗆟𗆐𗠝𗰖𗄴𗂧"、"𗥃𗴧𗵢𗰖𗡪"（一遍校妹勒）及"𗵢𗡪𗵒𗰖𗏁𗄻[𗱕]"（妹勒二遍重校同）。义净译《根本说一切有部目得迦》全书十卷，西夏文译本仅存卷四，凡六十三叶，文中有朱笔圈点，保存完好。西田龙雄曾在西夏文《根本说一切有部目得迦》一文中对该卷略有介绍，特别提及其中的"𗧨𗆜"（未差）和"𗧨𗆜"（已差）两种形式的对比，并对"佛处礼拜日月功德经"进行了探讨[③]。

西夏文本《根本说一切有部目得迦》和《根本说一切有部毗奈耶杂事》，在戈尔巴乔娃和克恰诺夫、西田龙雄和克恰诺夫的书中混合著录，西夏文本皆译自唐义净同名汉译本。著录首见戈尔巴乔娃和克恰诺夫的《西夏文写本和刊本》，书题《根本说一切有部目得迦》，(Mūlasarvāstivādahikāya–mātṛkāī)，编号为 инв. № 357 和 инв. № 2313[④]。误把 инв. № 2313 号著录为《根本说一切有部目得迦》，实为《根本说一切有部毗奈耶杂事》，西田龙雄在《西夏文佛经目录》中将其著录为《根本一切有说部目得迦》，并把经文内容勘同义净同名汉译本，原件照片由格林斯蒂德 1972 年在印度刊布[⑤]。1999 年，克恰诺夫在《西夏佛典目录》中予以新的编号 инв. № 357，2737，2313，书题《根本一切说有部目得迦》，误把 инв. № 2313 号著录为《根本说一切有部目得迦》，误勘同

① Eric Grinstead, *The Tangut Tripitaka,* New Delhi: Sharada Rani, 1973, pp. 2208—2218.

② Е.И.Кычанов, *Каталог тангутских буддийских памятников,* Киото: Университет Киото, 1999.стр.447—448.

③ [日] 西田龙雄：《西夏文华严经》第 3 册，京都：京都大学文学部，1977 年，第 272—273 页。

④ З.И. Горбачева и Е.И. Кычанов, *Тангутские рукописи и ксилографы,* Москва: Издательство восточной литературы, 1963. стр.104. 汉译本见白滨译、黄振华校：《西夏文写本及刊本——苏联科学院亚洲民族研究所藏西夏文已考订写本及刊本目录》，载中国社会科学院民族研究所历史研究室编译：《民族史译文集》第 3 集，1978 年，第 75 页。

⑤ Eric Grinstead, *The Tangut Tripitaka,* New Delhi: Sharada Rani, 1973, pp. 2202—2207.

《大正藏》第 1452 号①。义净译《根本说一切有部毗奈耶杂事》全书四十卷，西夏译本仅存卷十三。俄藏 инв. № 2313 卷首题署 "𗹲𗂧𗗚𘂞𗫉𗄭𗤓𗐆𘜶𗏴𘘓"（汉文本大唐三藏法师义净译），现存部分共 60 折，佚卷尾。对照俄藏黑水城文献第 24 册已经刊布的西夏文照片，其版本、形制情况如下：写本，经折装，纸幅 30.5 厘米 × 11.5 厘米，墨框高 25.7 厘米。每折 6 行，每行 19 字。

西夏文本《根本说一切有部目得迦》，1909 年出土于内蒙古额济纳旗的黑水城遗址，两个抄件分别编号为 инв. № 357 和 инв. № 2737。书题 "𗼇𗂧𗡅𗐆𘜶𗐯𗾸𘈖𗤩𗥃"，西夏字面译为《根本一切有说目得迦》，著录见戈尔巴乔娃和克恰诺夫的《西夏文写本和刊本》②以及西田龙雄的《西夏文佛经目录》③，原件照片由格林斯蒂德 1972 年在印度刊布④。据克恰诺夫在 1999 年介绍，这两个编号同为经折装写本，纸幅 32.5 厘米 × 11.5 厘米，墨框高 22.5 厘米，墨线勾栏。每叶 6 行，每行 17 字。尾题 "校同"⑤。西田龙雄在西夏文《根本说一切有部目得迦》中对该卷略有介绍，特别注意到其中的 "第二支摄颂言"，并通过对勘，指出 "𗹲𗅉" *kā¹ tśja¹（甘蔗）、"𗸖𗇋" *śji¹ ljiw¹（石榴）、"𗹲𗼽" *kā¹ kwə¹（柑橘）、"𘓨𗠁" *xu¹ thow¹（胡桃）等用的是汉语的音译⑥。林英津通过对西夏文《根本说一切有部目得迦·卷十》中 "第一子摄颂之余" 内容的释读，列举若干文本语料，从语言学与语言转译的角度对一些佛教专有词语进行了探讨⑦。

西夏文本《根本萨婆多部律摄》，现藏于英国国家图书馆，据松泽博介绍，英国国家图书馆藏编号为 Or.12380—1285、Or.12380—1286 和 Or.12380—2100、Or.12380—2101 的四件残叶实为《根本萨婆多部律摄》残片，也为极少的律部文献之一，图版刊布在《英藏黑水城文献》第 2 册⑧，文献题名为《佛经》，残

① Е.И.Кычанов, *Каталог тангутских буддийских памятников,* Киото: Университет Киото, 1999.стр.447.

② З.И. Горбачева и Е.И. Кычанов, *Тангутские рукописи и ксилографы,* Москва: Издательство восточной литературы, 1963. стр. 118.

③ [日] 西田龙雄《西夏文华严经》第 3 册，京都：京都大学文学部，1977 年，第 19 页。

④ Eric Grinstead, *The Tangut Tripitaka,* New Delhi: Sharada Rani, 1973, pp. 2202—2207.

⑤ Е.И. Кычанов. *Каталог тангутских буддийских памятников,* Киото：Университет Киото, 1999, стр. 450.

⑥ [日] 西田龙雄：《西夏文华严经》第 3 册，京都：京都大学文学部，1977 年，第 271—272 页。

⑦ 林英津：《初探西夏文本〈根本说一切有部目得迦·卷十〉》，载薛正昌主编：《西夏历史与文化：第三届西夏学国际学术论坛》，兰州：甘肃人民出版社，2008 年，第 234—243 页。

⑧ 英国国家图书馆、西北第二民族学院、上海古籍出版社编：《英藏黑水城文献》第 2 册，上海：上海古籍出版社，2005 年，第 74、333 页。

叶各为内容相连的两纸，写本，乌丝栏，每行 19 字。松泽博、张九玲、林玉萍和孙飞鹏对 Or.12380—2100 和 Or.12380—2101 残叶内容皆有释读①。在他们释读的基础上，我们对其残叶内容做一简单的拟补和注释。

---

① 参见［日］松泽博：《スタイン将来黑水城出土西夏文献に就いて》，"西夏语文与华北宗教文化"国际学术研讨会论文，2009 年；张九玲：《〈英藏黑水城文献〉佛经残片考补》，载杜建录主编：《西夏学》第 11 辑，上海：上海古籍出版社，2015 年，第 63 页；林玉萍、孙飞鹏：《英藏黑水城文献中的西夏文新现佛经考释》，载杜建录主编：《西夏学》第 12 辑，兰州：甘肃文化出版社，2016 年，第 97—98 页。

第二章　西夏汉文佛教文献校注

第一节　《四分律七佛略说戒偈》校注

原文：

四分律七佛略说戒偈

"忍辱第一道，佛说无为最[1]，出家恼他人，不名为沙门。"此是毗婆尸如来，无所著、等正觉[2]，说是《戒经》[3]。① "譬如明眼人，能避险恶道，世有聪明人，能远离诸恶。"此是尸弃如来，无所著、等正觉，说是《戒经》。② "不谤亦不嫉，当奉行于戒，饮食知止足，常乐在空闲，心定乐精进，是名诸佛教。"此是毗叶罗如来，无所著、等正觉，说是《戒经》。③ "譬如蜂采花，不坏色与香，但取其味去；比丘出聚然，不违戾他事，不观作不作，但自观身行，若正若不正。"此是拘楼孙如来，无所著、等正觉，说是《戒经》。④ "心莫作放逸，圣法当勤学，如是无忧愁，心定入涅槃。"此是拘那含牟尼如来，无所著、等正觉，说是《戒经》。⑤ "一切恶莫作，当奉行诸善，自净其志意，是则诸佛教。"此是迦叶如来，无所著、等正觉，说是《戒经》。⑥ "善护于口言，自净其志意，身莫作诸恶，此三业道净[4]，能得如是行，是大仙人道[5]。"

---

① 《戒本疏·略教》"正宗"部此处有 "此贤劫前九十一劫出兴于世，一百年中常说此偈，后方广说"。
② 《戒本疏·略教》"正宗"部此处有 "此贤劫前三十四劫出兴于世，八十年中常说此偈，后方广说"。
③ 《戒本疏·略教》"正宗"部此处有 "此佛出世与前同劫，人寿七万岁，七十年前说此略偈，后方广说"。
④ 《戒本疏·略教》"正宗"部此处有 "此佛贤劫初佛，人寿六万岁时，六十年常说此偈，后方广说"。
⑤ 《戒本疏·略教》"正宗"部此处有 "此贤劫中为第二佛，人寿四万岁，四十年前常说此偈，后方广说"。
⑥ 《戒本疏·略教》"正宗"部此处有 "此贤劫第三佛，人寿二万岁，二十年前说此偈，后方广说"。

此是释迦牟尼如来，无所著、等正觉，于十二年中，为无事僧说是《戒经》；从此以后，广分别说。①诸比丘，自为乐法、乐沙门者，有惭、有愧、乐学戒者，当于中学。②我今说戒经，所说诸功德，施一切众生，皆共成佛道。

四分律七佛略说戒偈　竟③

注释：

[1]无为最：无为即涅槃，寂然而常照，无所亦无造，超绝有为境，度越生死流，无法胜于此，是故名为"最"。④

[2]无所著、等正觉，如来证涅槃时断尽一切烦恼，令身口意清净、无著，故名"无所著"；虽无欲无著，而不舍有情，以无量妙法平等拔济一切众生，令成无上觉，故号"等正觉"。⑤

[3]《戒经》，这里指上文的偈颂，属于略教的戒经。

[4]三业道净，指身、口、意三业清净。

[5]大仙人道：三业清净无染，即如来大仙人之道。佛为天中天，仙中仙，人中尊，故云"大仙人"。⑥

第二节　《四分律行事集要显用记》校注

根据图版，第280页为封面，第281页为俄TK150.1习字，俄TK150V校字如下表，其余页则为《四分律行事集要显用记》的正文，详见下表：

俄 TK150V 校字	64—5 叶	64—11 叶	64—14 叶	64—17 叶	64—27 叶	64—31 叶
	第 286 页	第 292 页	第 295 页	第 298 页	第 308 页	第 312 页
	64—49 叶	64—59 叶	64—62 叶	64—33 叶	64—42 叶	
	第 330 页	第 340 页	第 343 页	第 314 页	第 343 页	

---

①《戒本疏·略教》"正宗"部此处有"此佛'略教'，即是'略'之正宗也。时接利根，无再犯者。后因重过，佛止不说，即以广、略二教付弟子说也"。

② 此谓"略教"之流通分。

③ 本部分注释参考道宣律师著、学诚法师校释：《四分律比丘含注戒本校释》，北京：宗教文化出版社，2015 年，第 384—387 页。

④《四分戒本如释》卷十二，卍续 40 册，第 296 页下栏。

⑤《四分戒本如释》卷十二，卍续 40 册，第 297 页上栏。

⑥《四分戒本如释》卷十二，卍续 40 册，第 297 页下栏。

西夏书籍仿中原格式，文中注释作小字双行。本书为排版方便，将原注一律改为大字单行，以圆括号标识。

原文：

四分律行事集要显用记卷第①四

兰山通圆国师 沙门 智冥 集

奉天显道耀武宣文神谋睿智制义去邪悖睦懿恭皇帝详定

　　篇聚名报篇第十三

　　随戒释相篇第十四（比丘二百五十戒中，尽四重戒为十三僧残戒。）

中卷自行四篇：

篇聚名报第十三

　　分四：初、立名意，二、显戒护，三、明篇聚，四、彰来报。

　　今初谓上众行，纲领既存。凡欲秉持众法，须自清净，此文在众后共前，故卷得称中。此篇来意者，上十二篇名其众法。众法虽明，然于戒品体相轻重，理须备识。达轻重篇聚为先，故于众行自恣篇后，有此自行篇聚篇来。篇者五篇，聚谓六聚，并彰改号。召体曰名，酬因名报。一位三均，随犯轻重，立为五篇，定来报之短长，堕六处之苦器。分为六聚。其有果由因成，因不感果。聚中加一，立七聚名。

　　出俗五众，所以为世良田者，实由戒体故也。（以形法两超，故名出俗。由僧二、尼三，故云五众。其五并据有戒信②之。为世良田者，良、善也，如世肥田能生苗稼，结成子实。出俗五众，亦复如是。由戒体净，为生檀越。福德良田，迎招人天花报。苗稼远结，当来菩提果实，真实由于戒体清净故也。）是以《智论》云："受持禁戒为性，剃发染衣为相。"（"是以"者，覆收上义，起下词也。《论》第三十一。问："性相有何异耶？"答云："望自体边为性，望他边为相。"沙门释子，受持禁戒为性，剃发染衣为相。如火热是性，烟焰是相。应作四句分别：一、有性无相，如维摩诘示有妻子，常修梵行，有持戒性，无出家相；二、有相无性，如十三难无戒沙弥，有出家相，无持戒性；三、性相俱有，即善比丘，内含戒德，外具威仪；四、性相俱无，即俗流也。）

　　今若冰洁其心、玉润其德者，乃能生善种，号曰"福田"。（今若持戒之心，

---

① 第，原作"弟"，下同。

② 信，《简正记》作"言"。

如冰清洁，所修道德，如玉润泽，乃能彼归敬之人，善种芽生，号福田也。）不然纵拒，自贻伊戚。（贻，遗也。遗字，去声呼，赠也。伊，唯也。戚，忧也。不然者，则返上也。若不如是，恣纵三毒，拒逆圣制，即自赠以忧惧，唯忧恶趣，受大苦报，又遗失也。伊，谁也。若纵三毒，拒遗佛制。自违失其善种。良田长受忧戚，此是自作受苦，谁人与汝。）便招六聚之辜，报入二八之狱。（辜者，罪也。六聚之罪，堕八热中前六地狱，二八之狱者，准《俱舍论》：根本地狱有十六种：谓八热八寒。八热者：一、等活，二、黑绳，三、众合，四、号叫，五、大号叫，六、烧燃，七、极烧燃，八、无间。八寒者：一、疱，二、疱裂，三、［口歇］折凓，四、郝郝凡，五、虎虎凡，六、青莲花，七、红莲花，八、大莲花，此二八狱，重即入前无间，次即入于前七，轻者入于八中。）故五篇明犯，违犯持行自成；七聚彰持，顺持诸犯冥失。（违彼二犯持行自成，若顺二持，诸犯冥失。）

　　而新学之徒率多愚鲁，未识条例，宁辨宪章？（率，例也。愚者，痴不识教也，鲁钝也。宪，法也，谓新学之徒，例多痴钝，未识戒条，持犯体例，宁辨律法，开剃篇章。）随戒昏同雾游，罪报类之观海。（谓受戒后，欲随戒相，昏暗同其雾中游行。把罪招报，类之观海，不知边际之分齐也。）致使顺流长游，贪密滴而忘归。为成重业，岂超悟而知返！（逝，往也。由无知犯罪，顺生死流，长往苦趣。贪密滴者，《长阿含经》云：众生贪著五欲密滴，处在生死，于涅槃无漏，永弃不觉，由著生死，不返本源，故曰忘归，为成重业，下坠三涂，贪受苦报，岂能开发，超越觉悟，知返真归理，出离本源。）故《毗尼母论》[1]云："僧尼毁禁而受利养，不现在受苦者，为向地狱故也。"（比丘受人信施，不如法者为施所堕，为他施贪，不如法修道，心生纵逸，因此常堕三涂。若无三涂，受者食即腹破，衣服离身故也。）

　　然则业随心结，报逐心成。（轻重之业，各随心结，故律云：犯则同心，若本无心，即不犯也。由轻重之心，当来收报，各有轻重。）必先张因果，（张持犯之因果也。）广明相号，（广明五篇七聚相状名号。）使持戒佛子观果知因焉。（欲使行人观菩提涅槃可爱乐果，因持戒得。观八寒八热可怖畏果，因犯戒得。既知如此，必修胜因也。）

　　二、显戒护[2]

　　所以犯戒果报罪业极大者，由戒护是生善中最，建立功强，故使违损，招重报。

　　《明了论》述戒护多种，且略引之。"谓在心者，名之为'护'；（但防意地。）在身口者，名之为‘戒’。（防三业也。）"有护不必有戒，有戒其必是护"等。（《引论》四句文也：一、有唯是护而非是戒，谓但防心不起诸念，即是其护。不防身口，而非是戒；二、有但是戒而非是护，谓虽有受体，起不正思惟，不动身口，即但是戒，无防非心，非是护也；三、有亦是其戒起念，智舍即是其护防身口，非亦是其戒；四、有非是护亦非是戒，起不正思惟，即非是护，发身口二业，亦非是戒。正引一三等，余二句。）

经中明佛赞得戒护人，有多章句，略述八种：一者，如王生子，为民所敬；得戒护人，生圣种中，后必得圣，如绍王位。二者，如月光明，渐渐圆满；戒护亦尔，诸功德等，随时增长，乃至得解脱知见。三者，如人得如意宝珠，随愿皆果；得戒护人，欲生善道，乃至菩提，必定能得。四者，如王一子，爱惜绍位；得戒护人，因戒护故，必得成圣，理须爱惜，不得毁损。五者，如人一目，爱之甚重；此人亦尔，由戒护故，得离生死，得至涅槃。六者，如贫人，爱少资粮；此爱戒故，便得惠命。七者，如国王三事具足，便爱此国。一足财，二欲尘，三正法，得戒护人亦尔。住戒护中无量功德，心安无忧悔，长生正法。八者，如人病[3]得好良药；戒护亦尔，不应弃舍，由此离一切恶故。如是因缘，功业深重。不可轻犯，犯致大罪。

注释：

[1]《毗尼母论》，出卷二，文少异也。彼云："比丘受人施不如法，为施所堕。堕有二种：一者，食他人施，不如法修道，放心纵逸，无善可记；二者，与施、转施，施不如法。因此二处，当堕三途。若无三途受报，此身即腹坏食出，所著衣服即应离身。"①

[2]显戒护，《四分律行事钞》作"就中先明戒护，是违失之宗；后明篇聚名报之相。初中"。②

[3]人病，《四分律行事钞》作"病人"。③

原文：

三、明篇聚。分三：

初，通论篇聚，皆是所造之罪，因名报者，所感地狱之来果。五篇者：

---

① 参见道宣律师撰钞、元照律师撰记、弘一律师集释、学诚法师校释：《四分律行事钞资持记校释》，北京：宗教文化出版社，2015年，第1116页。

② 同上，第1118页。

③ 同上，第1120页。

一、波罗夷，二、僧伽婆尸沙，三、波逸提，四、波罗提舍尼，五、突吉罗。六聚者：一、波罗夷，二、僧伽婆尸沙，三、偷兰遮，四、波逸提，五、波罗提提舍尼，六、突吉罗。复云七聚者，于其第六突吉罗中，分身恶作，口恶说，故成七聚。

凡入篇罪，必具三均，是其果罪，如初篇四戒同号波罗夷，即是名均；治罚齐揍，即是体均；罪方便，是究竟均；五品齐三，名五篇也。若因果相杂，不具三均，即入聚摄。众罪一处，故名为聚。为六聚者，定其来报，年却远迎，堕八热中，前六地狱，轻重各殊。为六聚者，口不离身，但立六聚。分七聚者，以偷兰遮因果相杂，恶说之罪，唯通因杂，不具三均，谓有果由因成，自有因不感果，开成七也。为凡所造罪，皆先揽因，方得成果。

上二篇罪，各有远、次、近三方便为因，助成果罪。如发心欲盗，远方便，轻吉进步去；次方便，重吉至彼执提物；近方便，偷兰遮，离本处成果波罗夷。若根本未成，前三可忏，若已成就，前三逐根本，悉不可忏，此即随顺义。（《律》中说罪有五部：此间为篇，随一部中各有二义：一、成就根本[1]义，二、随顺根本义。要先起方便，根本业始成，故云成就根本义。揽因成果，于所成根本业，既不可忏。其方便业，随顺根本，亦亦可忏，故云随顺根本义。《四分律》中因成果也，更无别因。《明了论》中揽因成果，因体仍存，由是义故，以因从果，俱不可忏也。）下三篇只有远、近二方便，轻、重二吉，无偷兰遮。六聚之名，皆是梵语，下以义翻，次别列六聚，分六：一、波罗夷[2]，此云极恶。（三意释之：一者，退没。由犯此戒，道果无分故。二者，不共住。非但失道而已，更不入二种僧数。三者，堕落。若准《目莲问罪报经》云："堕烧燃地狱"，若准《观佛三昧经》，犯堕重食他信施，堕阿鼻地狱。此下依《目莲问罪报经》，出六聚罪报。）

若犯此淫①、盗、杀②、妄四波罗夷罪，当堕八热地狱中，第六烧燃之狱受苦，经人间岁数九百二十一亿六十千年。犯一重戒，如断人头，不复还活者，如人身中四处得死，腰、脑、心、咽，随伤一处，即便命谢。四根本戒，随毁一重，自余诸戒，用则无力。由戒无力，不发定慧，即渝丧其法身慧命。此望现身，不能得成圣果，为言若别别防非，各各解脱。

于一妇女，身上有三淫道，还将自己贪、嗔、痴三单心，或贪与嗔共，或

---

① 淫，原作"婬"。
② 杀，原作"煞"，下同。

贪与痴共，或嗔与痴共，或贪、嗔、痴三共，总成七毒心。历三淫道，随一一道，何心中犯，三七共成二十一戒①。若但一贪心犯一淫道，于彼一女当身之上，更有二十淫戒，仍属未犯。岂况自余尽法界际？一一人边，有无量戒，何曾有犯？

今见有人因犯一戒，遂即雷同，随遇皆犯。故《百喻经》云："昔有一人，牧二百五十头牛，常逐水草，随时喂饲，时有一虎啖食一牛，其人作念，数既不全，何用牛为？使驱临崖，尽排杀之。"比丘亦尔，既失戒，雷同俱犯，愚痴甚也。宁可一时发一切戒，不可一时犯一切戒。

注释：

[1]本，原缺，据《四分律行事钞》和上下文意补。

[2]波罗夷，梵文 Pārājika 的音译，亦译"波罗市迦"，意译"重禁""断头""无余""弃"等，亦称"根本罪"。戒律名词，意为极重罪，犯者被驱逐出教团。《四分律》卷一："云何名波罗夷，譬如断人头，不可复起，比丘亦复如是，犯此法昔不复成比丘，故名波罗夷。"《四分律》五篇之一、七聚之。比丘有杀、盗、淫，妄语"四波罗夷"，称"四重禁戒"，比丘尼有"八重禁戒"，其中四条与比丘四重禁戒相同，另外四条是关于不许同男子接触相爱和禁止隐瞒罪过等规定。②

原文：

二、僧伽婆尸沙[1]，此云众余。（若犯此戒罪，众僧分房舍利养，有余残者始分与也，故名众余。）或云：僧残。若犯此摩触漏失等戒，如人被斫。残有咽喉，义须早救，由邻重罪故。（若犯此罪，虽无心悔过，僧应强和与法别住。已从僧乞六夜摩那埵，此云悦众。既六夜行悦众已，至第七日清净。比丘二十人集已，呼此人入众，为作羯磨，还清净僧。须早救者，由邻重罪故也。）犯此罪者，当堕第五大号叫地狱，经人间岁数二百三十亿四十千年。

三、偷兰遮[2]，此云大障。（过相粗重曰大，能碍善道曰障。）由能成初、二两篇之罪故也，罪通正从，（独头起者，罪则属正，为方便者，罪属从也。）因果相杂。若与上二篇为方便，属因罪。若犯破僧盗四钱等，属独头果罪。（此

---

① "戒"，原文前有一"遍"字，旁加删除符号。

② 杜继文、黄明信主编：《佛教小辞典》，上海：上海辞书出版社，2001年，第295页。

独头果罪有其三品：其上品者，谓盗僧食具，十方现前僧物，偷四钱及非人重物等，对大众忏；其中品者，破羯磨，僧盗三钱已下僧私之物，一有衣，一无衣，相触作僧残境界，对小众忏；其下品者，露身行，著外道衣，畜石钵，食生肉血等，对一人忏。上、中二品是重偷兰，在僧残后，其下一品是轻偷兰，在提舍尼后。）若犯此罪，当堕第四号叫地狱，经人间岁数五十七亿六十千年。

四、波逸提[3]，此云堕，堕在烧煮覆障地狱。（问：六众所犯皆堕地狱，何独得名？答：如彼五尘，皆是色法，唯眼所取，独受色名。今此亦尔，由彼余五，别名所拣，虽立总号，即是别名。）

僧有一百二十，于中三十，因财事犯，即畜长离衣等，名尼萨耆波逸提，此云舍堕。有三种：一、舍财，二、舍相续心，三、舍罪。今取舍财，若不尽舍，还更相染，即不成舍。由因财生犯贪慢心，强制舍入僧，故名舍堕。九十不因财犯，即小妄语杀畜生等，此是单堕，无财可舍，故名单堕。若犯此罪当入第三众合地狱，经人间岁数一十四亿十千年。

注释：

[1]僧伽婆尸沙，梵文 Saṅghāvaśeṣa 的音译，亦译"众余""众决断""僧初残""僧残"。戒律名词，为仅次于波罗夷之罪，犯者在一定期间被剥夺僧籍，经特定手续（比丘经 6 昼夜，比丘尼半月，在 20 个以上的僧人面前）坦白忏悔，方可继续留在僧团。《十诵律》卷三："僧伽婆尸沙者，是罪属僧，僧中有残，因众僧前悔过得灭。"《毗尼母论》卷三："云何名残？罪可除，是以名残也。"《四分律》五篇之一、七聚之一，比丘有粗语、触女人等十三罪，比丘尼有十七戒。①

[2]偷兰遮，《善见》云：偷兰名大，遮言障善道。后堕恶道，体是鄙秽，从不善体以立名者，由能成初、二两篇之罪故也。又翻为大罪，亦言粗恶。《声论》云：正音名为萨偷罗。《明了论》解：偷兰为粗，遮耶为过。粗有两种，一是重罪方便，二能断善根。所言过者，不依佛所立戒而行，故言过也。如牛突篱援，破出家域外故。然过名亦通，此罪最初犯为过。后者从初受名，如后牛随前者，亦得过界。②

[3]波逸提，梵文 Prāyaścitta 的音译，亦译"波夷提""波夜提""贝逸

---

① 杜继文、黄明信主编：《佛教小辞典》，上海：上海辞书出版社，2001 年，第 295 页。
② 道宣律师撰钞、元照律师撰记、弘一律师集释、学诚法师校释：《四分律行事钞资持记校释》，北京：宗教文化出版社，2015 年，第 1146—1147 页。

提"，意译为"堕"。戒律名词，为轻罪的一种，犯者经忏悔可灭罪，否则据称死后堕地狱等。《毗尼母经》卷七："波逸提者，所犯罪微故……此罪伤善处少，名波逸提。"《十诵律》卷九："波夷提者，煮烧覆障（谓由此将堕八地狱等），若不悔过，能障阂道。"《四分律》五篇之一、七聚之一，包括舍堕、单堕二段。①

原文：

五、波罗提提舍尼[1]，此云向彼悔。谓向彼一比丘尼应一说所作罪，悔过发露，其罪消灭，名向，彼悔即取非亲尼食等。若犯此罪，当堕黑绳地狱，经人间三亿六十千年。

六、突吉罗[2]，此云恶作。分二：若不齐整著衣，名身恶作。与不恭敬人说法，名口恶说。复通因果，若与上五聚为方便，属因；若当聚中犯，是果。或云应当学，亦云守戒。此罪微细，持之极难，故随学随守以立名。

《十诵》中，天眼见诸比丘犯罪，如驶雨下[3]，岂非专玩在心，勤加守也。此罪虽小，若犯之者，当堕第一等活地狱，经间九百千岁，（准六天寿量，计六众罪堕地狱岁数，以千万为亿算之，此吉罗罪，准四天王天寿量堕泥犁中，据人间算术，小数九百万岁，今言九百千者，谓此岁数既不满千万，即不及一亿，故就小位。以十为一数，算之百万者，即九百千也。）后僧尼同异。若僧尼二戒，广则八万四千。（如来在世，一期三百五十度，说法皆说六波罗蜜，总成二千一百，配四大六衰。四大者，地、水、火、风。六衰者，眼、耳、鼻、舌、身、意。此十各有二千一百，成二万一千，贪、嗔、痴等分各有二万一千，总为八万四千法门，僧尼皆可修学。）

略则僧二百五十，尼五百也。此乃诸部通言，不必定数，论其戒体，唯一无作，约境明相，量乃尘沙。今依律中僧有二百五十，尼三百四十八，且为持犯蹊径。（小路也。）

僧有二百五十者，四波罗夷、十三僧残、二不定、三十舍堕、九十单堕、四提舍尼、一百众学法、七灭诤。尼三百四十八者，八波罗夷、十七僧残、三十舍堕、一百七十八单堕提舍尼、一百众学法、七灭诤，所以多于僧者，报劣志弱，情结垢重也。

---

① 杜继文、黄明信主编：《佛教小辞典》，上海：上海辞书出版社，2001年，第295页。

四、彰来报

分二：初，来报轻重。

今此一篇广明相号，欲使行者知其来报，苦果长短，怖于现在所造罪因，今有犯戒而受利养，不现受苦者，为后向地狱故。

凡所起业，并由三毒而生。毒之所起，我心为本，我执为头，引生一切诸烦恼故。由妄覆心，便结妄业，业有多种，轻重不同，必约三性而生，受报浅深轻重，心犯轻戒，得罪重，谓无惭耻心，作无谓难。成由起见，谓无因果，或不信被此戒得此报，由此故感报重。如伊罗钵龙于过去世迦叶佛时，不信佛戒中有波逸提报，故坏伊兰树叶，死堕龙中，风动树时，脑血流注，问迦叶佛未记免时，令逢释迦，汝可问也。后逢释迦，问免脱时，释迦乃至记弥勒成佛方尽苦际，不由如此心，偶尔破戒，具有惭耻，明信因果，重翻成轻。

注释：

［1］波罗提提舍尼，梵文 Pratideśanīya 的音译，亦译"波罗提提舍尼"，"波胝提舍尼"，意译"对他说""向彼悔""各对应说"，也称"悔过去""可呵法"。戒律名词，轻罪之一。犯此罪者对一人坦白忏悔即可，皆关于吃饭之事。①

［2］突吉罗，梵文 Duṣkṛta 的音译，音译"突膝吉栗多"，意译"恶作""小过""轻垢""失意""应当学"。戒律名词，轻罪，包括恶作、恶语在内的一切轻微违戒的罪。《四分律行事钞》卷中一："突者恶也，吉罗者作也"，《四分律戒本》云：式叉迦罗尼，义翻为"应当学"，胡僧云"守戒"也。此罪轻微，持之甚难，故随学随守以立名。《四分律》五篇之一。分三段：不定、众学与灭净。②

［3］如驶雨下，原作"如駃雨下"，据《四分律行事钞记》改。

原文：

今随三性，具列罪相。一者，善心犯戒。如僧祇中，知事比丘暗于戒相，互用三宝物，随所违者并波罗夷，或见他厌生，与其死具，见俗杀人。即语典刑之人，愿与一刀，勿使苦恼。此并慈心造罪。而前境违重。不以无知，便开不犯。由是可学，皆结根本。

---

① 杜继文、黄明信主编：《佛教小辞典》，上海：上海辞书出版社，2001年，第296页。
② 同上。

若论来报，受罪则轻。由本善念，更不增苦。

二、不善心犯戒。

谓识知戒相，或复暗学，轻慢教纲。毁訾佛语。如《明了论》云：有四种粗恶意犯罪：一者，浊重贪嗔痴心；二者，不信业报；三者，不惜所受戒；四者，轻慢佛语。故心而造[1]，则得重果。以此文证，由无惭愧，初无改悔，是不善心。故《成论》云[2]：害心杀蚁，重于慈心杀人。[3]

注释：

[1]故心而造，原缺"心"，据《四分律行事钞》补。

[2]故《成论》云，《四分律行事钞》作"故《成论》"。

[3]此处《四分律行事钞》有"由根本业重，决定受报。纵忏堕罪，业道不除。如《十诵》，调达破僧，犯偷兰已，佛令僧中悔之，而于业道，尚堕阿鼻。故《地狱经》云：一、作业定，二、受果定，诸佛威神所不能转。广如卷末陈说"。原本无。

原文：

三、无记心犯戒[1]。

谓①元非摄护。随流任性意[2]非善恶，泛尔而造。如比丘方坐，高谈虚论，费时损业，纵放身口；或手足损伤草木地土，[3]非时入俗，坏身口仪。如是众例，并通摄犯[4]。唯除恒怀护持，误忘而造。此非心使，不感来业。非即如上，前为方便。[5]

问：无记无业，云何有报？答：有二义[6]。初言感报者，谓先有方便，后入无记，业成在无记心中，故言感报。而实无记，非记果也。二者，不感总报，非不别受。如经中，头陀比丘，不觉杀生，彼生命过，堕野猪中。山上举石，因即崩下，还杀比丘。

又，知事误触僧净器，然无记犯，亦堕作啖粪之鬼。然上业苦绵积，生报莫穷，虚纵身口，污染尘境。既无三善可附，唯加三恶苦轮，以此经生，可为叹息。

《涅槃经》云：若言如来说，突吉罗如上岁数入地狱者，并是如来方便怖人；如是说者，即是魔民。大圣悬知，未来有此，故先说示，以定邪正。勿得纵心罪境，曾不反知。一犯尚入刑科，多犯理须长劫，后伤时谬谤。

---

① 原本此处"先"有删除号。

今时不知教者，多自毁伤云：此戒律所禁止，声闻之法，于我大乘，弃同粪土，犹如黄叶、木牛、木马，诳止[7]小儿。此之戒法，亦复如是，诳汝声闻小子。

原夫大小二乘，理无分隔，对机设药，除病为先，故鹿野初唱，本为声闻。八万诸天，便发大道。双林告灭，终显佛性，而有听众，果成罗汉。以此推之，悟触在心，不唯教旨。

注释：

[1]犯戒，《四分律行事钞》作"犯者"。

[2]性意，原本作"意性"，据《四分律行事钞》改。

[3]此处《四分律行事钞》有"和僧媒娶，妄用僧物，长衣过限"，原本无。

[4]摄犯，原本作"犯摄"，据《四分律行事钞》改。

[5]此处《四分律行事钞》有"后眠、醉、狂，遂成业果，通前结正，并如《论》中无记感报"，原本无。

[6]有二义，《四分律行事钞》作"解有二"。

[7]诳止，原本作"止诳"，据《四分律行事钞》改。

原文：

故世尊处世，深达物机，凡所施为，必以威仪为主。但由身口所发，事在戒防。三毒勃兴，要由心使。今先以戒捉，次以定缚，后以慧杀，理次然乎[1]。今有不肖之人，不知自身位地，妄自安托，云是大乘，轻弄真经，自重我教，即《胜鬘经》说：毗尼者，大①乘学。《智论》云：八十部者（结集时，忧波离八十度，诵此律藏，名八十部)，即尸波罗蜜。（即六度中第二度也，六度岂是小乘行耶？）如此经论，不如其耳，岂不为悲？

故《摩耶经》云：若年少比丘，亲于众中，毁訾毗尼，当知是为法灭之相。又《涅槃经》中：罗刹乞微尘浮囊，菩萨不与，譬护吉罗也，岂大乘中止善恣恶耶？而故违逆，自陷深殃。

今滥学大乘者，行非可采，言过其实，耻己毁犯，谬自褒扬。若生善受利，须身秉御之处，口应我应为之，若污械起非，违犯教纲之处，便云：我是大乘，不开小教。故《佛藏经》云：立鸟鼠比丘之喻。（如彼蝙蝠，非鸟非鼠，

---

①"大"前，《四分律行事钞》多"即"字。

闻欲捕鸟，即入穴为鼠，闻欲捕鼠，即飞①空为鹰，其身臭秽，但乐暗冥。破戒比丘，亦复如是。既不入于布萨、自恣，复不能入于王者使命，不名白衣，不名出家，如彼蝙蝠，非鸟非兽也。）驴披师子之皮。（《十论经》云：佛言：若有众生起于愚痴恶口，谓智慧不离邪见，贪著名称说是大乘教他读诵，自不调伏于大乘道，如此之人②，虽得人身，亦失二乘之果，常趣苦道，不欲亲近诸有智者，而唱是言：我是大乘，譬如有驴着师子皮以为师子，有人远见者，亦谓为师子。驴未鸣时，无能区别，既出驴声已，远近皆知非实师子，诸人见已，皆悉唾之云：此弊恶驴，非师子也。此约抄主席极劣人）恐后无知初学为彼尘蒙，故曲引张。犹恐同染，悲夫！

随戒释相篇第十四

分四：一来意释名，二总序随戒，三通显四法，四别释四相。

今初前已辨其篇聚名相，违犯果报，上士随依，晓镜心目，欲使全持无犯，杂行犹多。若不随事曲陈，细相难识，故前篇后有此篇来，顺本受体曰随，对境防非曰戒。若就境说，则无量无边，且约制论。有二百五十随，一一戒具，释成持戒③犯之相，相谓相状及行相也。

二、总序随戒

比丘有二百五十戒，依之修行，善识其种相者，便发生定慧，克剪烦恼。（种谓淫、盗、杀等相，谓犯等，因不至果，即是轻相；揽因成果，即是重相。识而顺修，以戒净故，发生定慧，则克剪诸烦恼。）若暗于所缘，随流染惑，岂能返流生死，方更沉沦苦趣，（心为能缘戒相万境，即是所缘。若不识知，名之为暗。致使顺贪、嗔、痴破诸戒品，多堕流于惑。出家本望返流生死，断惑出缠，高升乐境，今乃违犯大圣所制，一则不能反生死流，二乃方便沉沦苦趣。）所以依教出相，具显持犯，必准此行之，庶无祸害焉。（庶者，望也。意令后进，识相准行，望无恶趣之祸害焉。）

然戒是生死舟航，出家宗要。受者法界为量，持者麟角[2]犹多，（尸波罗密能到彼岸，故喻舟航。麟角犹多者，麟，瑞兽也，马形一角，端内有肉，毛则五色，腹下黄，身长一丈二尺，寿一千二百岁。君王有德则现，尧舜获之于野，今

---

① "飞"前，原有"非"，有删除符号。
② "人"后，原有"身"，有删除符号。
③ "戒"前，原有"成"，有删除符号。

显持戒者，小如麟一角，犹为多也。）良由未晓本诠，故随尘生染。（本诠者，原佛制戒，为调三毒，令其永修道获益，故《戒经》云：戒净有智慧[3]，便得第一道，良由未晓佛本制意，故随六尘生染着也。）若达持犯，依修证果也。

三、通显四法。

一者、戒法，此即体通出离之道；（戒者，警禁为义，惊察身口，禁防七支。法者，则也。以此警禁，与行人心而为轨则依因。此法近免三涂，受人天乐。远超生死，证大涅槃，故云体通出离之道。）二者、戒体，即谓出生众行之本；（纳法在心，名为戒体，即作无作体，一切善法之所聚处，即众行本。）三者、戒行，谓方便修成，顺本受体；（随戒奉行，名①为戒行，如七毒起，对治令息，三依一钵，加法受持。如是方便修习，成就即顺本来清净之体。）四者、戒相，即此篇所明，亘通篇聚。（此篇所明，随缘具阙，成就犯不犯，横亘遍通，五篇七聚，并为戒相。）

注释：

[1]乎，原本作"呼"，据《四分律行事钞》改。

[2]麟角，《颜氏家训》云："学者如牛毛，成者如麟角。"《通释》："或可法界喻受人多，三千僧尼无不受者故。麟角况持者少，浇末恶世精持叵得故。极成劝励。故以至大至小为况，不以能喻责。《记》欲能喻、所喻均故，约受随合之。"

[3]智慧，原本作"智惠"，据上下文意改。

原文：

问：前标宗中已明四法，今此文中何故更明？答：前标宗中，略标四种律之纲要显此，并为出道之本，依成果之宗极，故标于钞表，今此叙者，显属别人，若无戒法可凭，自行无由成立。又前即辨能领之心，此论所发业体，彼略此广，故更明也。四别释四相，分四：初、明戒法，二、出戒体，三、彰戒行，四、显戒相。今初此戒法者，是圣道之本基，作出离之元因，故《遗教经》云：依因此戒故，得生诸禅定及灭苦智慧。

又《成实论》云：戒如捉贼，定如缚贼，慧如杀贼，三行次第[1]，贤圣行智。若会证之极，勿过于慧，若标乱从真，勿过于定，主持建立，勿过于戒，所以三宝隆安，六道归凭，能生众行，圣贤依止者，必宗于戒。

---

① "名"前，原有"如"字，有删除符号。

故《律》云：如是诸佛子，修行禁戒本，终不回邪流，没溺生死海。故结集三藏，此教最先[2]，毗尼是佛法寿命，毗尼藏住，佛法方住，故先结之。所以尔者，余经但泛明化迹，通显因果，（余经但泛明，如来出世化众生，迹通显善恶二因，招其苦乐两报）事随理通[3]，言无所寄[4]。（凡明一事就理，通释言无所寄者，寄附也。事相质疑有所依附，理乃虚通无，依附也。凡诸事相，既就理明，故显事言无所寄也。）意实深远，昏情未达。虽欲进修，鲜得其要。多滞筌[5]相，由迷教旨。（滞，久也，淹也。筌者，取鲁竹器置，筌本望由迷筌，旨不得，其鱼寻教，本望远理，迷教相不得其理。）今戒律大藏，住持功强，凡所施造，并皆粗现。（粗现者，为对定慧理教为言，今律约事诸离过，行仪相，外彰名为粗现。）以人则形服异世，法则执用有仪。（形除鬓发，服同时陇，名为异世，实秉之法，但心念等，终至白四执度随事用，各有仪。）住既与俗不同，（僧则四念处住，俗则住六尘，又约僧房不同俗舍，僧随至处须衣，自然及以作法，标僧房界法也。）杂行条然自别。（众自共行，皆能过非俗，无以行，故条然别也。）

注释：

［1］三行次第，原本无，据《四分律行事钞》补。

［2］此教最先，"标宗篇"载，"《萨婆多》又云：何故律在初集？以胜故、秘故。"本律五四《五百结集》中优波离先集律，次阿难集经，后集论，论中不出能集之人。若依《大论》第二，阿难先集经，次波离集律，后阿难复集论。又本律五百人，《智论》千人，今《钞》依律，故云"最先"。

［3］事随理通，谓经论所宗，以理融事，如《般若》以五蕴、十八界诸法为空，《楞伽》皆为如来藏，《起信论》一切为真如等。

［4］言无所寄，如云"一切法是空，空亦空"，言语虚通，无所寄托。非如律藏，立法轨用有仪。

［5］筌，《庄子》第八《外物篇》："筌者，所以在鱼，得鱼而忘筌。蹄者，所以在兔，得兔而忘蹄。言者，所以在意，得意而忘言。"今案《弘明集》："不求鱼兔之实，竞攻筌蹄之末。"

原文：

若能依法弘修，是入道之根本，今此戒法，依彼梵本，具立三名：一、名毗尼，此翻为"律"。律者，法也，谓犯不犯轻重等法，并律所明，即教诠也。二、尸罗，此翻为"戒"。戒者，制也，制不善法。三、名波罗提木叉，此云"处处解脱"。近则身口七非[1]，犯缘非一，各各防护，随相解脱。远则因戒克圣，绝彼尘累，故律云：除戒无挂碍，缚著由此解。此三名次第者，律则据教，不孤起，必诠行相，戒则因之而立，戒不虚因，必有果克，故解脱绝缚，最在其后，若疑先受，若中若下，更求增胜，故须重受，依本腊次，二，出戒体，分四：一、戒体相状，二、受随同异，三、缘境宽狭，四、发戒数量。今初戒体相状者，（谓出彼作无作，体作戒以方便色，心为体无作以非色，非心为体。）依止戒法，诚心领纳，方发戒体，此别解脱戒，人并受之，及论明识，止可三五，皆由先无通敏。不广恣问，致令正受昏于体、相，（同难之体，发戒之相。）盲梦心中，缘成而已，（盲人都不见其色境，识何相状，梦中缘境皆无的变，今不了体相，如盲梦人心，但见十僧衣钵具足，结界秉法，而得成就。）及论得不，眇同河汉，（眇者大远邈也，在地曰河，在天曰汉，取相隔越，遥远之义，今但识于增上缘成，不知因缘，发得戒否，如其河汉，相去眇邈，不知分齐。）故于随相之首，诸门示现，准知己身得成戒否，然后持犯，方可修离。（法体行相四种为诸门也，欲令新学见此诸门，知自身心得戒已否，若得戒者，于其戒相，一门具明，持相犯相，方可修持，得离于犯，若自了知不得戒者，无持可修，无犯可离，应须重受。）

问：解脱戒，可有几种？答：戒本防非，非通万境，戒随境标，则无量无边也。今以义推，要唯二种，谓作戒及无作戒。二戒通收无境不尽。（作义者，谓初受时，于诸恶境，作断恶境，作断恶心，于善境作修学，意名为作戒，前境虽多，以义收之，无非作戒，又同色心为体，无作义者，于羯磨后任运防非，义同前境，遍周法界，无作俱能防诸境非，又同非色非心为体，前境虽多，二戒通收，无不尽也。）若单立作，休谢时，不能防非，又不可常作，故须无作，长时防非。若单立无作，则起无所从，不可孤发。要赖作生，二法相藉，故立此二。若淳厚至重，心发作无作。若轻浮心，但有其作，不发无作，所言作者，身口方便，造趣营为，名作。即报色身，善思所动，起方便色，即坛场礼请，胡[2]跪合掌，此方便色，名作戒也。故举喻云：如陶家轮，动转之时，名之为作。言无作者，一发续现，（谓第二刹那发生，第二刹后相续不断。）始末恒有，（初获为始，临四舍前为末，中间纵入无记性中，无作不舍，故云恒有。）四心三性，（识受想行为心四也，善恶无记是三性也。）不藉缘办。（其作戒者，要藉因缘之所成办，无作戒者，一发已后，不假缘办，任运常转，身动灭已，作戒落谢。唯有无作，而恒不失。）出作、无作体者，二论不同。若依《萨婆多论》，二戒俱以色法为体，由善思力，鼓动报色，成方便色。身作是可见有对色，口作是不可见有对色，为作戒体，不取报色也。法处中可见无对色，为无作戒体。若依《成实论》：由善恶思引无记色声，成善恶色声，即取此无记色声及善恶思，为作戒体，无作戒，非色、非心为体。今依本宗约成论以释。（《成论》所辩正通四分昙无德宗。）

注释：

[1]近则身口七非，原作"近则身口七支非"，据《四分律行事钞》改。

[2]胡，原作"蹦"，据《四分律行事钞》改。

原文：

故《成论》云：作戒用身、口、业、思为体，（动身发语，二思为其体也。）论其身、口，乃其造善恶之具[1]。（犹如了刀，但是杀具要假人力，则能发业。身口亦尔，但是造善恶之具，不能自成，要由心使方成业体。）所以者何[2]？如人无心杀生[3]，不得杀罪，故以心为体[4]。（论自征起云：论其身口，乃是造善恶具，所以者何？如人发心杀此众生，要以身作，能成其事，非但意业得杀生罪，云何而言是造业具，非善恶体也，释所以云，如人行杀，要须有心无心行杀，不得杀罪，又云：汝言身口业，非意者，是事不杀，何以故？佛说心为法本，意差别离意业，故无身口业，若无心者，虽杀父母亦无道罪，故知身口是造业具，业之所成，皆由心也。故偏言心，非不用于身口，具也。）

文云：是三种业，皆但是心；离心无思，无身口业。（是《成论》第九《三业轻重品》，文是身口意成其业体，皆但是心，由心起思，成善恶业，谓心、心所起时，难异离心，王外无别心所，故云离心无思等，证前作戒心为体。）若指色为业体，是义不然，十四种色，悉是无记，非罪福性。（席彼单以实色为体，汝执是色声，为作戒，体者是义，不然十四种色，悉是无记非罪福性。作戒既是善性所摄，云何得以无记性色？而为善性作成体也。）无作戒者，以非色、非心为体。（谓善作戒，初立誓心，于一切境，断恶修善，尽其一身，羯磨竟后，发生无作之业，能感人天三乘圣果，羯磨疏云：谓白四所发，形期业体一发续现经，四心三性更不藉缘，辨任运长起，故名无作。以非色非心为体者，既非色心，即种子，以成论宗许有种，故即此种子非青黄等，故云非色又无缘虑，故曰非心，此虽彼论，分同大乘，然非正义，若依大乘正义释者，准法范云：其别解脱律仪及法处中，一分无表以善思种子，上有防身语恶戒功能，及发身语善戒功德为体，即此种子，亦非色心，能清色心革凡成圣。）

注释:

[1]"论其身、口,乃其造善恶之具",《四分律行事钞》作"论其身、口乃其造业之具"。

[2]所以者何,《四分律行事钞》作"非善恶体"。

[3]如人无心杀生,《四分律行事钞》作"如无心杀生"。

[4]故以心为体,《四分律行事钞》无。

原文:

非色者,非尘,大所成。(尘则五尘,谓色声香味触,大谓四大地水火风色,无记性,随能发心,假名善恶,今无作戒,其性是善,故知非色。)以五义来证:一、色有形段方所,(色有大小质疑形段,及有随方所属处所。)二、色有十四二十[1]种别,(十四种者,谓五根五尘及四大也,二十种者,显色十二,形色有八。显色者,青黄赤白,光影明暗烟云尘雾,唯记性形色有八者,高下长短方圆,斜正通三性也。)三、色可恼坏,(众生身色可恼坏也,《婆娑论》云:诸欲不随心,恼坏如箭中,谓能令根萎悴也,非情色研掘焚烧,即变坏也。)四、色是质疑,(山河名壁隔绝往来,即是质疑。)五[2]、色是五识所得。(色境眼识所得,乃至触境,身识所得。)无作俱无此义,故知非色。(无作俱无上来五义,唯意所缘,故知非色。)

言非心者,体非缘虑,故名非心。(缘谓攀缘,觉观义虑,谓思虑分别义,其无作戒,体非缘虑,故名非心。)亦有五义证:一、心是虑知,(心常思虑,分别为性,故曰虑知。)二、心有明暗,(意识若随五识取境,则如昼日缘境分明;若第六识,独取境时,则如夜分,缘境暗昧。)三、心通三性,(谓善恶无记)四、心有广略,(意识缘三世,境为广五识,缘现在境为略。)五、心是报法。无作亦不具此。(心有顽钝,及以总利如上根,人心有九孔,或七孔者,状若莲花,在其钝根,人或一二,或全无孔,故俗谚云:心孔不同,则报法也。随其利钝,酬前世因,令无作体,从现作戒之所生,故由因亦具次五种义,故知非心。)故以第三聚,非色非心为体。(即结无作体归法聚收也,谓此无作不具次,前二种五义,即知第三,非色非心,聚为体也。)

注释:

[1]十,原缺,据《四分律行事钞》补。

[2]五,原作"所",据《四分律行事钞》改。

原文：

故《涅槃经》云：戒者，虽无形色，而可护持。虽非触对，善修方便，可得具足。（虽无长等形色而有受，所引色可以护持，虽非触对者，身根能觉，触余根能对碍。显此受所引色，虽非可触可对，若善修习，对治观行调伏三毒，可令二持俱无，缺犯故云具足。）二、受随同异。（受中有作，无作随中，有作无作，此作与无作各有同、有异。）二种无作，五义同之。一者、名同，受、随，俱名无作。（受谓坛场戒体，随谓受后对境随如法境作诸事业，方便成善，是随中作戒，作业既成，称本受体，常令清净，是随中无作受随二种，无作名同。）二者、义同，同防七非。三者、体同，同以非色非心为体。四、敌对防非同，受中无作，体在对事防，与随中无作一等。（谓受是悬，防随是对境，防虽悬对别，至防非时，还约对境，即与随中对境无别，故云一等。）五、多品同，如《成实论》，戒得重发，肥羸不定。（以许受可重发，故无作有强羸上中下多品随中，心有浓淡，从心业结浇淳，亦有多品也。故云多品同。）此二无作，有四种异：一、受中总发，以愿心，情非情境，一切总得；随中无作别发，性不顿修，次第渐成。二、长短不同，受中无作，悬拟[1]一形；随中无作，从方便色心俱，事止即无，故名短也。三、宽狭不同，受中任运，三性恒有；随局善性，二无，名狭。四、根条两别，受为根本；随依受起，故云枝条。受随二作，有其五同：一、名同，（俱名作戒。）二、义同，（同防七非。）三、体同，（同以色心而为其体。）四、短同，（作事了已，同持而谢。）五、狭同。（唯局善性。）二作有四种异：一、受中总断，随中别断。（受中断行，于一切是恶善，遮不作随中，断行约境而生，境通情与非情，不可顿能，悉尽心所及处，方有行生，即目此行以为随作也。）二、受本，随条。三、受是悬防，随中对治。四、受作一品，终至无学，随一品定；（受中作戒，本下品心，终至无学，下品常定，中上之心，例之亦尔。）随中作戒多品，由境有优劣，心有浓淡。故心分三品，不妨[2]本受是下品心。

注释：

[1]此处原本有"尽寿"，据《四分律行事钞》删。

[2]妨，原本作"防"，据《四分律行事钞》改。

原文：

三，缘境宽狭，谓缘三世，发得戒者，其戒则宽；若但缘现在之所发者，其戒则狭。四，发戒数量，然所发戒，随境无量。要而言之，不过情与非情，有无二谛，摄相皆尽。既境无边，随境发戒，亦复无边。戒德高广，理通法界，约如是义。出家之众，应须顶戴尊仰于戒也。三彰戒行，既受戒已，发于戒体，随受而行，对境起治，今不违犯，由此方便，善能成就，故云戒行。受是要期思愿，随是称愿修行。（谓坛场初受，先起动身法语二思，立要期愿，誓尽身命，普于一切，情非情境，空有二谛，断恶修善，发得受体，故云受是要期思愿也，随是称愿修行者，一受已后，至命尽前，顺彼要期，起二持行，故云称愿修行。）随行依受起，受体藉随防。如城池等击贼之譬。城谓城廓，敌寇所依。池谓濠堑，牢城助伴。弓刀则是御敌器具，本为防于外寇侵代，故建城池。寇贼至时，须人于上悬挂敌器，械等御悍，方能免难。城池二种，总喻受体。弓刀御敌，喻于随行。起对治门，秉持制投，受体本拟防未起非，恶境起时，要须行者，随中方便，对境兴治，起不犯心，方免二犯。又如筑营宫宅，先立院墙周匝，即谓坛场受体也；后便随处营构，尽于一生，谓受后随形。若但有受无随，直是空愿之院，不免寒露之弊。（弊因也喻有受无随，不能免于三涂苦也。）

若但有随无受，此行或随生死，又是局狭不周。譬同无院屋宇，不免怨贼所穿[1]。（喻有随形而无受，体不免烦恼，及六尘，贼之所穿过，劫夺圣财全空竭也。）必须受随相资，方有所至也[2]。

注释：

[1]不免怨贼所穿，《四分律行事钞》作"不免怨贼之穿窬也"。

[2]方有所至也，《四分律行事钞》作"方有所至"。

原文：

四显戒相[1]

文中分二：初、立释相意，后随戒释相。今初

语相而言，有境斯是。缘则绵亘，摄心通漫。（绵，微也，亘，遍也，凡法界境均理而言，俱是戒相，发心缘虑，则微细难测，周遍无量，普于其上摄心成持，则通漫无第准。）

今约戒本，人并诵持，文相易明，持犯非滥。（以其戒本常诵持，故易明也，持犯非滥者，准律文中：对所犯缘精细识别，故持犯相非叨滥也。）自余万境，岂得漏言？（谓戒本，但列二百五十，自余戒境量等虚空，岂得漏于分别之言而不明也。）准例相成，薄知纲领。（谓上古人于戒本止作皆精识，持犯我今，准彼古人之例，相承于彼，自余万境，亦复薄知，持犯纲领也。）

后随戒释相，分十。一、四波罗夷

分四。一、淫戒。（淫是所防之过，戒是能防之人，能所通举，故云淫戒，淫者逸也，耽著也，谓以色境情怀荡逸耽著，不已也。诸戒之中，此戒在初，故名为一。）此中制意者，可畏之甚，无过女人，劫初之时，人有光明，由女人生。身光消灭，众共号为恶物[2]，败正毁德。（败其正念，毁众自共三行之德。）皆由女色淫欲，虽不恼人，令心系缚，耽著难舍，为罪大，故闻声见色，但有染心，皆诘吉罗，若有犯者，生死苦恼，炽然不绝，过患之极，障道之源，不得涅槃。故制。缘中，佛在毗舍离国，须提罗子持信出家，往故村乞食，与故旧妻行不净行。举过白佛，因斯故制，佛总呵云：痴人！汝非威仪，（乖法戒也。）非沙门，（非胜士也。）非净行，（成秽业也。）非随顺，（违三世诸佛教也。）如来呵已，为十种利，故制此戒。一、摄取于僧，（由依广教七支离过，能摄众僧，取其执轨。）二、令僧欢喜，（半月一说行净无违不忧恶趣受语极苦，故欢喜。）三、令僧安乐，（依教奉行，必获大果，受用无穷，安而常乐。）四、未信者令信，（由依此戒威仪动人，诸未信者，令生正信。）五、已信者令增长，（先见学戒后生大信，云何是人尽寿奉戒，一食修道等由此戒，故信心倍增。）六、难调伏，（破戒作恶，心性刚强，名曰难调，佛为制戒，呵责治罚，不得动转改过悔伏，故曰调伏。）七、惭愧者安乐，（行清净者，制诸恶人，不入众数，布萨自恣清白具足，离恶人恼，故曰安乐。）八、断现在有漏，（由戒遮防，恒生正念，不令随尘，起于杂染，远离淫行，乃至死苦，故曰断现在有漏。）九、断未来有漏，（由依广教悔过进学调伏三毒悬障，未来烦恼之，习令除灭，故名断未来有漏。）十、令正法久住。（准《善见论》：有三种正法久住，云何为一教正法？久住由人奉修正法与显，故曰久住二传信正法，谓三藏中十二头陀禅定，三昧等由信力，故具行入住者广盛，故曰信正法，久住三得道正法，久住谓得四沙门涅槃道果等由，无漏道，力正法久住，故下诸戒条例此应知。）

注释：

[1]四显戒相，《四分律行事钞》作"四明戒相"。

[2]"劫初之时，人有光明，由女人生。身光消灭，众共号为恶物"，《四分律行事钞》无。

原文：

犯有三趣：一、人，二、非人，（摄于四趣，天子修罗神鬼地狱，以此四趣，此神用皆齐，故合为一，非人趣也。）三、畜生。三趣正境，各有五种，具人趣五者：一、人妇，二、人童女，三、人二形，四、人黄门，五、人男子。淫处，女人三道，谓大小便道及口。男子二道。临境有四：一、觉，二、睡眠，三、死尸未坏，四、少分坏。如上多类，但自有心，不问他有心、无心，本是正道，设作非道，想及疑。（此律淫戒不开疑想，但是正道，疑作非道，想疑皆重。）或有无裹隔。（一、有裹无隔，二、有隔无裹，三、裹隔俱有，此句无犯，四、无裹无隔，皆重也。）并死人颈中，但使入淫处如头许[1]，皆重。《律》云：牛、马、猪、狗、雁、鸡之属，莫问心怀想疑[2]，但是正道，皆重。又《摩得伽论》第三，优波离问：淫分齐，答曰：大便道过皮，波罗夷，小便道过节，波罗夷，口过齿，波罗夷，此为分齐[3]也。此论与四分毛头不同也。然淫过粗现，人并知非。及论问犯，犯[4]皆结正。约相示过，耳不欲闻，或致轻笑，生疑生怪。（生疑者，谓佛说为爱染心，说为憎惮心，说生怪者，佛是世间法王，何得说此恶言。）故《善见》云：[5]此不净法语，诸闻说者，慎[6]勿惊怪，生惭愧心，志心于佛。何以故？如来慈愍我等。佛是世间法[7]王，离于爱染，得清净处，为愍我等，说此恶言，为结戒故，又观如来功德，便为嫌心。若佛不说此事，我等云何得[8]知波罗夷①罪？有笑者驱出。[9]

注释：

[1]头许，《四分律行事钞》作"毛头"。

[2]想疑，《四分律行事钞》作"疑想"。

[3]齐，原作"斋"，据《四分律行事钞》改。

[4]犯，原本缺，据《四分律行事钞》补。

[5]《四分律行事钞》此处作"法师曰"，原本无。

[6]慎，《四分律行事钞》无。

[7]法，《四分律行事钞》无。

[8]得，原本无，据《四分律行事钞》补。

[9]此处《四分律行事钞》有"次成犯相，有二缘。一、自有淫心，向前境，纵有里隔互障，但入如毛头"，原本无。

---

① 原本此处存"罗"字，有删除号。

原文：

结戒大重。具四缘成：一、是正境（男则二道，女则三处[1]），二、兴染心（谓非余睡眠等），三、起方便，四、与境合，便犯。若他强来造自，于出入住三时之中，全无乐心，如茎内于毒蛇口中，及自睡眠无所觉知，开不犯也。脱逢此难，内指口中啮之，唯觉指痛，则免重罪。《律》云：莲花色尼为人所逼，佛问：受乐否？答言：如热铁入身。佛言：不犯。若是非道，劫作道想。（《律》中有女犯罪于王，王剥文根弃之，此丘于骨间行淫。佛言：偷兰遮骨间非是道想，故得方便偷兰遮也。）及死尸，多分坏，此上行淫，皆兰。若僧尼互相教，作者，能教犯偷兰；不作，犯吉罗。（若所教人随教而作，能教者，得偷兰遮，谓非，已受乐故，但得偷兰遮，若不作者，能教起犯突吉罗。）若[2]下三众相教，作与[3]不作，俱犯吉罗。二盗戒，（非理损他财，名之为盗，若强取者，名为劫盗，私窃取者，名为偷盗，亦名不与取，他元不与，自便取，故立盗名也。）

分二：初、通论，此中制意者，世间资财，形命之本，人情由此保重极深。出家之士，理须舍己所珍，以济舍识，今反侵夺他物以顺自怀，过中之甚，勿过于此，是故圣制。缘中，佛在罗阅城，有檀尼迦比丘，在闲静处草屋坐禅，为人持去，乃作全成瓦屋，佛令打破，便诈宣王命，取彼要财，王臣[4]呵责，使无入村，勿复安止，比丘以过白佛，佛呵制戒。盗戒微细，最为难护。谓六尘六大（色、声、香、味、触、法污坌根识，故云尘也，地水大风空识，此六广大名，六大也）。有主之物，他所吝护，非理致损，斯成犯法。俗令，山泽林薮不令占护，其中任取，是无主物，若山泽先施功者，不惜盗损，盗损成犯，此中犯相。总具六缘：一、有主物，二、有主想[5]，三、有盗心，四、重物，五、兴方便，六、举离本处。必具成犯。

注释：

[1]处，原作"道"，据《四分律行事钞》改。

[2]若，《四分律行事钞》无。

[3]与，《四分律行事钞》无。

[4]臣，原本作"民"，据《四分律行事钞》改。

[5]"一、有主物，二、有主想"，原作"一、有主想"，据《四分律行事钞》改。

原文：

后别释，分四。一、三宝物。分二，初，通论知事。若不精识律藏（暗能诠学处）、善达用与者（昧所诠戒相），并师心处分，多成盗损。互用三宝物，皆成盗罪[1]。故《宝梁》《大集》等经云：僧物难掌，佛、法无主。我听二种人掌三宝物：一、阿罗汉；二、须陀洹。所以尔者，诸余比丘，戒不具足，心不平等，不令是人为知事也。复有[2]二种：一、能净持戒，忏知业报；二、畏后世罪，有诸惭愧及以悔心。如是二人，自无疮疣，护他人意。（其心平等，无发嗔痴，若无疮疣，僧则清净，及将俗人能齐与食者，示悟因果，令怀欢而退，名护他人意；若不尔者，令他得罪长沦苦海。）

如此之人，方可为之，后别明盗物，分五：一、佛物者，正望佛边，无其盗罪，由佛于物，无我所心，无恼害故。望守护神，同非人物，结兰。故《十诵律》云：盗天神像衣，结兰。若有主望，主满五，结重。下扫得塔上土，亦净处弃之。（塔上土者，是施主物机，地弃之，损施主福也。）若盗像及舍利并净心供养，自作念言：彼亦是师，我亦是师，如是意者，无犯。若为转易，计直结罪，若施主专为已造，设盗供养，亦结其罪，若护主谨慎，被盗不偿，慢堕，即偿。二、法物。法是无情，无我所心，亦望护主，计直结罪。《律》中：有比丘盗他经卷，佛言：计纸墨结重。佛语，无价故。不口吹结上尘及佛秽气，损色损施主福也。若烧故经，得重罪，如烧父母。不知有罪，犯轻。若借会①经，拒而不还，令主生疑，兰。主绝望，重。（主生疑者，为复还我为竟不还，由彼主心，未断绝，故兰若主心绝，定知不还结波罗夷。）盗写秘方，重。（秘方特惜元学须价，今既盗写，故犯重也。）

注释：

[1]"互用三宝物，皆成盗罪"，《四分律行事钞》作"相如后说"。

[2]复有，《四分律行事钞》作"更复"。

原文：

三、僧物。有四：一，常住常住，一谓众僧房舍、众具、田园、人、畜，体通十方，十方众僧，于此住处，常有分，故称为常住。二谓但得当界常同受用，假使一切僧集，亦不得分卖，复名常住，此一向准入重摄。二，十方常

---

① 原本此处存"结"字，有删除号。

住。为供僧常食，体通法界，僧同受用，故名十方。唯有当界，不移余处，故名常住。若分生料，结重，（谓造食具生料物等，佛不许分，望一切僧皆得为主，故结重也。）若将僧家长食还房，若取僧物如己物，行用与人，皆兰。三，现为前上现前。为施主局施现前僧物，一物现前，谓唯奉施现在僧物。二人现前，谓现前僧分奉施物，故重言也。施主未付与，盗者，望本主结重，若已付僧，盗者，亦望本受施僧结重，若僧未分付，一人收掌，亦望此护主结其罪也。四，十方现前。为亡五众轻物，此物施通，有僧皆得，故曰十方。若作法时，随现在前集者，皆有分，故曰现前。若未羯磨，从十方僧得罪轻。（谓计人不满五，但犯偷兰。）若已羯磨，望现前僧得重罪。（谓人数有限，则可满五夷。）若四方僧物，而盗取者，其罪至重，故《大集》云：盗僧物者，罪通五逆，然通三宝，僧物最重，随损一毫，则望十方凡圣，一一结罪。故诸部中，多有人施佛物者，佛并答言：可以施僧，我在僧数，施僧得大果报。又《方等经》云：五逆四重，我亦能救。盗僧物者，我所不救。若负佛法物，纵偿还，入阿鼻，而得早出。何况不偿者，永无出期。

　　昔有比丘，精进聪明，其貌端正，有一婆罗门女见比丘聪明，作尼学道，比丘爱之，其女先念，共行不净，往瞻婆国，用佛法僧物约各一千钱。此比丘聪明说法，令人得道果，自思忏罪愆，便欲还偿，往瞻婆国乞，大得物还，道中为七步蛇螫。比丘知行七步必死，于六步内便处分弟子将物还债，我立住持汝，弟子如语，将物还债讫来，便行一步，命终，堕地狱，谓是温室，便举声诵咒咒愿。狱卒闻咒音，数十人得度，狱卒便举又打比丘，即命终生三十三天。四、三宝互用，知事愚痴，互用并重，故《僧祇律》云：寺主摩摩帝（此翻为经营人，即知事人。）互用佛法僧物，谓言“不犯”。佛言：波罗夷。佛法二物不得互用，由无有人为佛法物作主故。复无可咨白处[1]，若佛塔物，诸天看此，应生佛想。风吹雨烂，各从自分，不得转易，贸物供养。以如来塔物，无人作价故[2]。若用[3]僧物修治佛塔，僧和合得用[4]。不和合者，劝俗修补，法亦应尔[5]。若准此义，佛堂之内而设僧席，僧房之内安置经像，妨僧受用，并是互用。由三宝位别，各摄分齐故。若无妨暂安，理得无损。

　　问：常住招提、僧发是何物？答：常住物者，是大众物，招提[6]，此云四方僧物，即房舍四事。（因诸居士为阿难，在寺内别起房，四事具足，阿难即施作招提也。）僧发，此云现在对面施物也。又佛法二物，若施不局，得更互用，房中设像作隔，得共住。佛塔僧房，使人、牛、马不得互用，四方僧地内，不和僧，不得作佛塔，为佛种花果、结果子，花不得采供养，若塔地内水，皆属佛塔，不得别用。或虽塔地，用僧功力造得，当计功取此，外则止。若过直，犯重。以人天于此生佛塔想，故计直外，更不应用。僧园中花，得供佛。取柴应从限，不得过取。若多，随意取，不听斫活树。（缘中有客比丘乾生，合斫房前积燃故制。）用僧柴薪树叶者，此要具戒清净，应僧法者，同一利养，同一说戒许。若行少缺，乖僧用者，得罪无量，《传》中：齐州灵岩寺，有僧卒亡，见观音为举石画出，记众僧罪藉。并为取僧树叶薪等。染作杂用，皆入地狱受苦。此僧再苏，具说此事，斯由戒清净，故不合取也。若得伏藏，初便起心，通施三宝，得随意用，当分之中，不得互用，本造释迦，改作弥陀，本造大品，改作涅槃。但违施主心吉。佛作菩萨，经作论，因果全乖，结重。东西二龛，佛法财物，有主不得通用，无主及主不局得通用。不应用尽。佛彩色作人畜鸟兽形，为佛前供养者，得。主欲造房，不得回作食，回者犯偷兰。欲供此像，回供彼像者，吉。此处僧物不和，僧不得将与彼寺，与者，吉。以还当僧，故不犯重也。

注释：

［1］处，《四分律行事钞》无。

［2］"若佛塔物，诸天看此，应生佛想。风吹雨烂，各从自分，不得转易，贸物供养。以如来塔物，无人作价故"，《四分律行事钞》作"不同僧物。所以常住招提互有所须，营事比丘和僧索欲、行筹、和合者得用"。

［3］若用，《四分律行事钞》作"欲用"。

［4］僧和合得用，《四分律行事钞》作"依法取僧和合得用"。

［5］法亦应尔，《四分律行事钞》作"若佛塔有物，乃至一钱，以施主重心故舍。诸天及人于此物中，应生佛想、塔想，乃至风吹雨烂，不得贸宝供养，以如来塔物无人作价故"。

［6］招提，《要览》上曰："《增晖记》：'梵云拓斗提奢，唐言四方僧物，但笔者讹也。'""拓"为招，去"斗""奢"，留"提"，故称招提，即今十方住持寺院是也。《名义》七云："后魏太武始光元年，造伽蓝，创立招提名。"

原文：

若在近寺破，无卧具供养，通结一界，彼此互用。五、用与借贷。若白衣投比丘，未度者，白僧与食，若为僧乞，白僧听，将僧食在道。若僧不许，或不白行，还须偿，不者犯重。若不打钟，一饱犯重。（鸣槌普集：十方共食，不犯若作盗心，不鸣钟食，一饱犯重。）不得将僧食出界而食。本无还心者，犯重。虽复打钟，犹不逸盗，以物体摄处已定，若僧差远使，路非乞食之所，和僧将食在道。若行至寺外，私有人畜，用僧物者，犯重。拟供当处僧，却与僧家人畜，犯吉。（以同属常住，故不犯重，但非福田，故结小罪。）佛物四种，用各有别。一、佛受用物。不得互转，谓堂宇、衣服、床帐等物，但佛①曾经受用，天人供养，不得辄用，不得互易。设尔佛柱坏，光下施僧，亦不得用。拟造堂殿材植，便敬如塔，人不得用。盗戒微密难识，其相受施要，须善知通塞。（总施三宝为通，唯施一宝为塞。）二、施属佛物[1]。得出息买供具，若得佛家牛畜，亦不得使，使佛牛奴得大罪。三、供养佛物。供佛花多，得卖，赎香、灯、油、幢，多作幢盖，不转变本质。（谓绫锦等是幡本质，施主本意将绫锦等造幡供养，今即幡多，却欲改作佛前幢盖，还用旧幡，绫锦本质是不转变于本质也，违施主本施佛心。）四、献佛物。问：此献佛物与供养佛物，有何别耶？答：供养佛物，如幢幡等，永属于佛，献佛物者，暂献还收，如南山钞主，凡有新衣，皆焚香献佛，然后乃著，表敬心，故由元心暂献，不永属佛，其献佛饮食及果宝汤菜，元作舍心，无还收意，即属佛。若新献还作收意，例俗舍佛盘，即不属佛也。若属于佛，既已破费，食无再用，故侍佛人得食。若持咒，人食佛前献食，解咒无力，亦得施贫人，及水陆有情。

　　若三宝物，更互借贷，分明券记，其于贷，某时还，僧中读疏，分明唱记，付嘱后人，违者结犯。[2]《十诵》：别人得贷三宝物[3]，若死，计直输还塔僧。若供养国王、大臣，知事得用十九文，准小钱三百四文，不须白僧。若更要者，白僧给之，恶人能损，得随索随与。僧俗见僧过者，与食。极困苦者，听与食。檀越在狱，往问必贫无食，亦开与食。若病，比丘索僧资价药，不得过小钱四十文。净人下番，不与衣食，与上番亦与。若长使，供给衣食。说若法人，凡至所在，皆应迎逆，供给饮食等。《十诵》云：此人替补处，故须供给。二，盗人物（收也。）赏护慎物，谨慎藏锁，被贼却不偿，若主掌懈慢，不勤赏录，为贼所却者，偿。若寄付他物，好心误破。不价，故破。即偿。若借他物，不问故误，若损，一切须偿，若众中失物，时便作意舍，不得推绳及投窨等。（缘中六群比丘失衣钵，欲作投窨，比丘白佛：自今已去，不得自他作投窨，作者，吉。投窨者，窨者藏也，若众失物，众主欲取，所失之物，尽所住处，若干人于一夜各至某空房中，而过有盗者，将物放下而去，明日得物不知谁人，将到意在投得其物，藏人之过，故若投窨亦不得，检校推绳，又不许

---

① 原本此处存"僧"字，有删除号。

诵咒，而取准总持部，即得诵咒，取所失物。律不得者，但约诸法皆空失已，即舍不乱，净心也。总持部得者，谓者谓令盗者，不成盗罪，远彼未来堕恶趣故。）若主未舍，贼未作得，想还夺不犯。

注释：

[1]施属佛物，原本作"施不属佛物"，据《四分律行事钞》改。

[2]"若三宝物，更互借贷，分明券记，其于贷，某时还，僧中读疏，分明唱记，付嘱后人，违者结犯。"此句出自《僧祇律》："塔僧二物互贷，分明券记，某时贷某时还。若知事交代，当于僧中读疏，分明唱记，付嘱后人。违者结犯。"

[3]三宝物，《四分律行事钞》作"塔僧物"。

原文：

若主已舍，贼作决得想；或主已舍，贼被巡逼，即却弃之，故物而去其主，与贼于物

俱舍，是无主物，余人收得，物属后主。无主若取，亦成贼，夺贼物。若余处有物被贼取，自虽未知，彼人已作得想，亦不得夺，宫司捕得勾，比丘与得受。若见贼将物去，方便逐取，亦得。（或善言告乞，或恶言恐吓得者，无犯方便递取也。）只不得告官。（恐杀缚贼贼将。）

人去不得不赎直多，自身被贼获之，得离贼走。又贼偷物来，好心布施，或因他逐恐怖故施，得受。莫从贼乞，恐成教他盗，后主识者，若索还，与。若狂人施，知有父母亲属不得受，无亲即得，不应诱他家人叛主去。（若比丘见他奴语云，汝在此间，辛苦何不叛去？至彼处可得，逼众依语离主，比丘犯重。）若看守宫私物人，自将所守物施，即是物主，得受。不应从乞。若乞而施，即教他盗。盗义极多，且约眼、耳、鼻、舌、身、心于六尘起，不如法行，或犯重，或犯轻，若食毒药，或为蛇螫。人有秘方要术，见者皆愈，欲见须价。比丘偷看不与价直，随直结罪。此明盗色，有诵咒治病，此咒是秘法，得直方教，比丘窃听。计直犯罪。有药嗅[1]即得差，比丘有病，盗嗅；有药尝即得差，比丘有病，盗尝；有药触能差病，比丘有病，盗触；皆计直犯罪。有方，心缘得差，比丘受法，心缘得差，不与价直，犯罪。又于地、水、火、风、空、识皆有犯。盗地、水易知，盗火者，取僧厨下火，令釜冷，或他房中炭火，伺彼不在而取，计直犯也。有咒扇药涂，比丘偷摇，即是盗风，不与价值，犯重。若起阁临他空界，妨他起造，即名盗空。[2]智慧属识，人有伎俩，

不空度他，须与价直。比丘方便就彼学得，不与价直，即是盗识。自外诸缘，不可录尽，但知非理损财解盗，无义不收也。三，非人、畜生物。盗鬼神物，兰。（此物在庙堂塚内望非人边，结偷兰遮，若物不在庙堂塚间内，如今俗法所送寒衣，不焚烧者，或树下祭祀鬼神，所有缯绵衣等，系树而去，鬼神于此无守护心，故取无罪。）盗畜物，吉。（一切禽兽残取吉虎，亦吉由不断望，故鼠盗胡桃成损，取者，望人为主边结，重师子残，无犯以断望故。）

注释：

［1］嗅，原作"齅"，为"嗅"的异体字。

［2］此处《四分律行事钞》有"论云：等者，等于识界"，原本无。

原文：

若有护主结重四，料拣杂相，若有主物，始终作无主想，即不结犯，先作有主想，后作无主想，犯前方便，兰。先作无主想，后作有主想，犯主。若无主物，作有主想，兰。《十诵》中有六盗心[1]：一、苦切取，谓言词苦切，非理骂辱，意存送物以相谢也。二、轻慢①取，谓居尊位，恃已凌他，望彼恐惧，所要不惜也。三、以他名字取，谓假②托他有威德人，称彼名字，其人令我来取某物。四、抵突取，谓卖不还，价借不还物，言词抵触，言已还也。五、受寄取，因先寄物，或全抵突，不肯供还，或言往时，领得一物，以少还他。六、出息取，除出息一种，余并结重，依乡俗收利，而非是盗。若增减时俗，即成盗也。《摩得伽》中，三种盗心：一、强夺取，二、软语取，谓诈相亲附，不③顾正理，随言顺意，望他物也。三、施已还取[2]，谓将物施他，后悔还夺，又心舍与他，他虽未得，后悔不与，亦成犯限。④一切巧幸倚托威势，词辨华说，但主不自与，而取之者，过五钱，皆犯重。言五钱者，是古大铜钱，一文准今小钱十六文，盗小钱八十文，成重也。

注释：

［1］《四分律行事钞》作"《十诵》六种盗心，谓苦切取、轻慢取、以他名字取、抵突取（假借不还）、受寄取、出息取。除出息一种，余并结重"。

［2］《四分律行事钞》作"《摩得伽》三种劫心，强夺取、软语取、施已还

---

① 原本此处存"想"字，有删除号。
② 原本此处存"说"字，有删除号。
③ 原本此处存"亲"字，有删除号。
④ 原本此处存"本"字，有删除号。

取也（《善生》中亦同偷罪）"。

原文：

问：盗五钱成重，是何等钱？答：有三解：一、依彼王舍国法用何等钱，准彼钱为限。（佛因在王舍城问频婆娑罗王云：大王国内何罪合死？王言：盗五钱死，佛依[1]此法制重戒也。）二、随佛法处用何等钱，即以为限。（是古人钱，准今小钱八十文，以此为正也。）三、佛依王舍国，盗五钱得死罪，依而结戒，今随有佛法处，依国盗几物断死，即以为限。（依此难，准如此国法，强盗满尺则是极刑。窃盗五十足，罪至从流，纵多盗者不加至死，论今准死，此则无死比丘，多窃少有强者，以此推穷难可依事。）若贵处盗物、贱处卖，计贵处价结，贵时盗物、贱时卖，计贵时价结。若教人盗及烧埋坏色，一切但损主者，自虽无物入已，皆计所损之直结。若知事人处分，将常住僧物，媒嫁净人，媒具供给，纲维同判云竟结重。若共净园地，违埋判得，偷夏唱大，得物，皆重。若移标相而盗地者，举一头标，兰。举二头标，夷。地深无价，下至金刚际，十六万八千蹄缮那，乃至移纵一绳墨，盗一发许，皆重。借他衣钵，非理用损，减他五钱，亦结重罪，盗离本处成犯者，若有人处，虽离，未作得想，未成究竟。若空静处，未离，已作得想，动即成重。若盗地中伏藏，望地主结，作盗心，吉。掘地得提；捉物，吉；动物，兰；离处，夷。一切赌博，吉。盗他池水，令注已地，由苗未死，兰。苗死，随直结罪。然盗戒相隐，极难分了，略列犯缘，令知纲领，若多众务而欲高升者，必罗盗纲，终无有出。期不犯者，四分云：与想，已有想、粪扫想、暂取想、见亲厚意者，皆无犯。三，杀人戒。（伤命名杀人，趣超余，断彼命根，故名杀人戒，义如前。）

制意者：人趣报胜善，因所招形，心俱是受道之器，又以我执心同，爱寿命于遐龄，怨结情强，迎相酬于累劫。既身披忍服，诚合怀悲。今起嗔忿，断彼命根。违慈恼他，损害道器，过中之甚。是以圣制。缘中：佛在舍离城，为诸比丘说不净观，彼观成已，厌患身命，更相赞死、劝死，难提比丘受雇杀人，佛怪众少，阿难实答，因请改观，为说数息。佛自呵之，故制斯戒。犯具五缘：一、是人，二、人想，三、起杀心，四、具方便，五、断命。具此五缘，而成杀罪，下至胎中初识，最后临终一念后识，而行于杀。杀有二种：一者，自杀，有八。一、自杀，（谓不遣人，亲自杀也。）二、现身相，（谓若以手若瓦石刀杖等，而自杀也。）三、口说，（谓口赞免使何用，此活不如早死，彼闻受语而自杀也。）四、身口俱现相，（如今世中有厌身者，或投渊赴火，或自坠高出寨，闻比丘掌唱善或扶登山，或辨火具，火与坠石系腰沉水，助缘过命也。）五、坑陷，（如人游行，必从此过，故设坑窖，令坠死也。）六、倚拨，（谓先施极闻令。）七、与药，八、安杀具[2]（或绳或刀或后与药，并是杀具，见彼杀具，用而死者，并得杀罪。）二者，教他有十一种：一、遣使，（谓亦彼人所在方处，令往杀也。）二、往来使，（受语彼往来，遂还来复使往杀。）三、重使，（谓令一人往彼行杀，恐杀不了，随更使人相续往杀，彼人若死，本末得重，本为能教，末为所教。）四、辗转使，（初遣张人往，彼行杀，然后张人即遣王人，王人寻又遣彼李人，如是辗转，乃至百千，皆得重罪，初一唯能教，后一唯所教，中间辗转，互为能所。）五、求男子，（谓于人中求有胆勇无畏男子。）六、教人求男子，七、求持刀人，（前求男子，但求胆勇，今但求其持刀而往。）八、教人求持刀人，九、遣书，（谓自作书，遣彼杀也。）十、教遣书，（谓令作他书，遣彼杀也。）十一、遣使。叹谓：上所列诸相，若未命断，并住方便，兰。但令命断，称本期者，夷。若自毁伤，（准《律》：不得自伤毁形，乃至断指，应知不得自杀己身，杀者，兰身终命，谢别解脱戒，谢罪无科处，但结前方便兰。）及强与病人药食，或不欲起，不欲舒。（舒者展腰脚与接磨致死。）瘫未熟，而强破，应与药食治疗，而不与，如上致死，皆兰。（不作杀彼，意即不犯重罪，由强与食药结方便偷兰。）此中不犯者，耳目所不及，思虑所不到，若掷刀杖、瓦石、林木，误著彼身而死，及扶抱病人①，往来[3]而死，或共举重，物力所不制，若弃高履危，石落杀人，及击禽兽以致杀伤者，由无杀心，皆无罪也。四，大妄语戒。（体乘实录名妄过重欺深，为大成业在口，各语戒是能治之行，故曰大妄语也。）

注释：

[1]依，原作"衣"，据文意改。

[2]此处"七、与药"与"八、安杀具"的顺序，《四分律行事钞》颠倒。

[3]往来，原缺，据《四分律行事钞》补。

原文：

制意者：无为圣道，非凡所证，由未得故，冒假虚谈，自言已证，惑乱群心，欺诳于他，希招名利，假法执时，过中之甚，故颛制也。缘中：佛在毗舍离国，时世谷贵，乞食难得。婆求河边有安居者，便共称赞，得上人法，信心

---

① 原本此处存"如"字，有删除号。

居士，减食分施，后往佛所，因问呵云：实得道尚不应向人说，岂况于虚。但为饮食，是口腹之贼，妄伪诳他，说已得过人法，故制。犯有九缘：一、对境是人，二、人想，三、境虚，四、自知境虚，五、有诳他心，六、说过法，七、自言已证，八、言章了了，九、前人解。具缘成犯，从不净观已上，至四果已来。（谓贪欲多者，作不净观；痴嗔多者，作慈悲观；愚痴多者，作十二因缘观；著我多者，作十八界观。思觉多者，数息观，乃至须陀垣果斯陀舍果、阿那舍果、阿罗汉果。）若云我证得，皆犯重，若现身相，前人不疑，重；疑则兰。（谓僧尽坐，有人唱言：得罗汉者，超有凡夫，比丘起前人信者，夷生疑者兰。）

问：此不净等，是浅近小法，何以犯重？答：是甘露之初门，一切圣人由之而入。又《四分》云：天、龙、鬼、神来供养我等，亦同犯重。若向此说，乃向彼说，一切皆重。自称是佛，天人师等，兰。（人多大信有故。）若言某处皆非凡夫者，越毗尼，我亦在众中，兰。以非定指故。此中不犯者，自知得有不净观，若向同意大比丘说，无犯。若戏笑、若疾疾说、屏处独说，欲说此错说彼，皆不犯重。而犯吉罗，以非言说执仪故也。第二，十三僧残，文分十三，故失精戒。（方便动转，标心究竟，名之为故，体分盈流，称之为失。）

制意者，淫欲恶①法，正是生死之源，障道之本，理宜制断，令梵行清净故也。缘中：佛在舍卫国，迦陀夷欲意炽盛，独处一房，饮食丰足，随意弄失，诸根悦预。比丘白佛，佛呵责言：云何此不净手？受人信施。由此故制。若故弄阴而出精者，事虽私房，龙天善神一切知见，不生信敬，更不卫护。犯具三缘：一、标心作究竟意，二、方便动转，[1]三、体分[2]盈流，便犯。[3]睡时不净出，若觉，发心，身动[4]，偷兰[5]，身不动而心动者[6]，吉罗[7]。若手捉根而眠，拟出精者，眠中若出，僧残[8]，乱意睡眠，有五过失：一者、恶梦；二、诸天不护，三、心不入法，四、不思明[9]相[10]，五、喜[11]出精。（喜，好也，由乱意，故好出精也。）[12]得五吉罗，以梦故不犯残也。教他出，兰。若睡时不觉，时不得生乐心。然开睡眠，无犯。要无前方便也。若行时，自触两睦而失，若触衣而失，一切不作出精意，而自出者，无犯。二，摩触女人。（自相扪摸为摩，二境交对白触。）

注释：

[1]《四分律行事钞》此处有"《律》中有六种：一、内色，谓受色；二、

---

① 原本此处存"作"字，有删除号。

外色，谓不受色；三、内外色，二色中间；四、水中，逆水顺水；五、风中，同水法；六、空者，自空动身。乃至余境也。《善见》云"原本无。

[2]体分：《行宗》云："体分，即不净。"《善见》："举体有精，除发、爪及燥皮无也。"

[3]此处《四分律行事钞》有"五分"，原本无。

[4]身动，原作"动身"，据《四分律行事钞》改。

[5]偷兰，原作"兰"，据《四分律行事钞》补。

[6]者，原缺，据《四分律行事钞》补。

[7]吉罗，原作"吉"，据《四分律行事钞》补。

[8]僧残，原作"残"，据《四分律行事钞》补，《四分律行事钞》此处有"《律》中，开梦出者不犯。若"，原本无。

[9]明，原作"想"，据《四分律行事钞》改。

[10]"明相"，《四分律》五三："念当时起，系想在明，心无错乱。"

[11]喜，原作"意"，据《四分律行事钞》改。

[12]《四分律行事钞》此处有"五分"，原本无。

原文：

制意。比丘出家，理应超绝尘染，栖心累外，为世轨则，若触女人，则丧世人宗敬之[1]心，故制。缘中：佛在舍卫国，迦留夷比丘知佛已制前，便往在门外，伺诸夫人，将至房中，捉手扪摸，乐者便笑，不乐者便嗔恚骂詈，出房语诸比丘言：大德！我常谓是安隐无患处，无灾变，无怖惧处，今更于中遭遇笑变恐惧。本谓水能灭火，今更水中生火，少欲比丘察知，来白于佛，因而呵之。[2]具五缘成犯：一、人女，二、人女想，三、有染心，四、身相触，五、著，便结犯，此戒禁，微防著断大源，但自有染心，触彼无衣妇女，从发至足一一身分。不问受乐不受乐，皆残。（此破古义，古人触云受乐，即犯僧残不受乐，即犯偷兰，今《钞解》者，但有染心，往触彼女着，便僧残，何得更论受乐，不受染也。）若女人彼来触，自比丘动身受乐，亦残。不动身而受乐，兰。若无染心，但犯吉罗。此上俱约二俱无衣。若一有衣，一无衣，兰。（动身重兰不动，轻兰受乐，重兰不受乐，轻兰。）二俱有衣，吉。（动重吉不动，轻吉受乐，重吉不乐轻吉。）若触二形，意在女人，残。在男子，及自触身并畜生女并吉。若发发相触，爪爪相触，悉兰。以无觉，能触无故觉故。（问：捉手是身分内，有适乐，可容结罪发爪，是身外分，无其适乐，何结罪耶？答：虽发爪，无觉由起，内有染污，心相触，故兰。）手指相触，或指桎他，皆提。共妇女，提器异物持绳，皆吉。欲心动物，潜水着女身，兰。母及近亲，久别相见，抱捉比丘，当正念住，不犯。若母女好妹病患，及水火刀兵，深坑恶兽难，无染心救者，无犯。若女人为水漂没，开比丘手捉，虽起淫心。但捉一处莫放。到岸，不应故触，得残。女人泻水，注比丘手，生欲心，兰。若城门道窄，及闹处，逢妇女。人少时过，若女人有所须，令净人与。无者，持著床几上，语言取之，若妇女担重债举，傍无净人，比丘为举著高处，令自担之，若就女人取①针绵等，当语置地，然后比丘自取。与相触，或相打解救，但无染心，不犯。三，与女人粗语戒。（淫欲鄙恶缘是不善名，粗今说相状，表彰于口曰语。）

　　制意者，沙门之法，教导为先，粗语如前，何异秽俗？损道不轻，是故圣制。缘中，佛在舍卫国，迦留陀夷比丘闻佛制前二戒已，便于女人前，欲心向彼说粗恶语，因佛呵制。七缘成犯：一、谓人女，二、人女想，三、有染心，四、粗语，五、粗语想，六、言章了了，七、前人知解。粗恶语者，非梵行也，未必须至丑恶，不妨言涉，善事而意表于淫欲。如《僧祇》云：比丘见妇女着赤衣，形露，便云：大赤好否？（比丘意次女根为赤色）妇女但解其语，不解其意，答云：新染②来。但结兰，若相领其意，残。若为女人说法，引不净观。九疮、九孔、恶露不净，应令弃舍，或说毗尼，言次相及。但无欲心，一切不犯。四，向女人，③叹身索供养戒。（自举已德，名为叹身，持欲与我，各索供养。）制意者，毒中最极，无过女人叹索供养，贪中大恶，又损法身，故须持制。缘中。佛在舍卫国时，迦留陀夷闻佛已，制三戒，引诸妇女入房，自叹身索欲供养。比丘举过白佛，因呵制戒。犯具七缘：一、人女，二、人女想，三、内有染心，四、叹身说粗语，五、粗语[3]想，六、言章了了，七、前人知解。为叹自身，端正颜色，大性、多闻、有行业、索淫欲，以充供养者，残。叹身不索淫欲，必实行索欲，俱兰。若为女人说法，及说毗尼，言次相及，而女谓叹自身，并无犯。五，媒嫁戒。（往来彼此和合婚姻，故名媒嫁。）

　　注释：

　　[1]之，《四分律行事钞》无。

---

　　① 原本此处存"计"字，有删除号。
　　② 原本此处存"衣"字，有删除号。
　　③ 原本此处存"难"字，有删除号。

［2］此处"故制。缘中：佛在舍卫国，迦留夷比丘知佛已制前，便往在门外，伺诸夫人，将至房中，捉手扪摸，乐者便笑，不乐者便嗔恚骂詈，出房语诸比丘言：大德！我常谓是安隐无患处，无灾变，无怖惧处，今更于中遭遇笑变恐惧。本谓水能灭火，今更水中生火，少欲比丘察知，来白于佛，因而呵之"，《四分律》本无。

［3］"五、粗语"原缺，据《四分律行事钞》补。

原文：

制意者，和合婚姻，招生死之本，结构纷秽，为障道之源。出家离著，弥须远彼，事务偎滥，妨修道业，涉于讥丑，不免世呵，具斯诸过，所以制之。缘中，佛在罗阅城，迦罗比丘本是大臣，善知俗法，城中嫁娶，尽往咨问。迦罗与彼和合，时婚对者，若逢好处，便生欢喜；不好，便生嗔恨。居士讥呵，比丘举过，因而制戒。犯具六缘：一、是人男女，二、人想，三、为媒嫁事，四、媒嫁想，五、言辞[1]了了，六、受语，往，还报，便犯。若持男意语女，持女意语男，若公为妇，或只私通，乃至须臾往来，具其三者。残：一、受嘱，二、往说，三、得言还报，具二，兰。具一，吉，为媒甥子、及畜生，吉。若知事白僧，嫁娶净人，供给婚具，问僧同和，一切僧残。求好马种，兰；媒指腹及自媒，兰。若为白衣持书往还，吉。劝妇早归夫家，兰。夫妻休劝知，残。若父母及信心男子，在禁及病，并为佛法僧事，开持书往还、不犯。六、无主僧，不处分过量房戒。（无人为辩名无主辄自造房，称不处分大不依限，故言过量。）

制意者，出家祛滞，入道清瑕，纵是闲齐，客身取足，今若广构，越理多求，迫娆人非，增长贪结，故制。缘中。佛在耆阇崛山中，佛听比丘作私房时，时有旷园野国比丘，便广作大房，乞求烦多，并斫神树，恼乱二处，故制。若造大房。具有五过：一、须人经营，妨修道业。二、长己贪结，坏少欲知足故。三、处处乞觅，恼乱人、非人二趣，不生信敬，坏灭正法，令不久住故。四、专住自由，不乞处分，容障僧事，多恼乱故。五、或自损行，违其慈道，多损生命[2]，坏梵行故。六缘成犯：一、无主，二、为己，三、自乞求，四、过量不处分，五、过量不处分想，六、房成，结犯。若欲造房，无妨、难处，地平治己，来至僧损指授处分。若不可信，一切僧共往看之；若可信者，即当听作。若长丈二、广八尺，已下小房，不须乞处分，已上，须乞，若长二丈四尺，广一丈四尺，是如法量，以上过量。难处者，为有虎狼、蚁子窟，四衢道中，多人聚戏，淫女、市肆，放牧、恶兽，隐险^[3]处，园田^[4]社树，坟墓、逼村近道等，是难处也。妨处者，为舍四周，无二丈一尺六寸空地，不容单连回转处，若舍心周一寻地内，有塔地、官地、比丘尼地、外道居士地、大石流水、大树、深沉等，是其妨处。难处损自，妨处恼他。若长中减二尺，广中增二尺，互减互过，皆残。若过量不乞处分，结二残，妨、难二处，结二吉；若减量无妨，难，为佛面讲堂，为僧多人住房，草菴小容身屋者，不犯。七、有主僧不处分房戒。（有主专任自由，妨难二处不乞处分也。）

注释：

［1］言辞，原作"言词"，据《四分律行事钞》改。

［2］多损生命，《四分律行事钞》无。

［3］隐险，原作"险"，据《四分律行事钞》改。

［4］园田，原作"田园"，据《四分律行事钞》改。

原文：

制意者，神鬼虽无形驱所属，还有恢护。辄便损坏，恼物非轻，是故须制。问：既有主为辨，何须斫树？答：取下地拟施基，故多人受用，被呵非也。缘中：佛在拘弥国，优填王为阐施造房，斫要路神树，因而制戒。犯具六缘：一、有主，二、为己作，三、过量，四、不处分，五、不处分想，六、作成，便犯。若有施主，为已造房，而不制止，过量而造，不乞僧处分，二残。妨难二处，二吉。余如前。若房属己，房主若死，若远去，随意处分。若与三宝、亲友、白衣，自卖取钱，随心自在，唯不得卖地。地是僧物，僧不许卖房，得罪。若房主不自处分者，属四方僧，^①次第住之，八、无限，重罪谤他戒。（内无本实，故曰无限淫事，虚诬目为重谤。）

制意者，事和理顺，觉道增华，虚谤乖违，业报滋广，昌涉清众，令混秽流，为过不轻，故制防检。缘中：佛在罗阅城，尊者沓婆摩罗子，手出火光，为僧和事，佛赞第一。慈第比丘因僧次分得恶房，又得恶请，便与妹尼设计淫谤。方佛令结问。具述所缘，因而制戒，谓出家同住，和合为先，今乃内怀嗔忿，横构虚伏，尘坌良善，甄在众外，恼彼一生，废修正业也。犯具八缘：一、是大比丘^[1]，二、作大比丘想^[2]，三、内有嗔心，四、无三根，五、下至对一比丘说，^[3]六、重事加诬，七、言辞了了，八、前人知，犯。非见闻疑，

---

①原本此处存"法"字，有删除号。

名曰无根，凡见、闻、疑三根者，二根为亲见，及闻疑根有二：一、从见生疑为见。二人从林中出，不净污身。二、从闻生疑为闻。二人暗处共语，床动作声。若闻非梵行声。要三根不互。若闻却道见，见却道闻，乃至见杀云盗，皆名互说，并结残。若有能谤者，至于僧中白僧，言：愿诸大德为我等欢喜，判此事，我等亦欢喜奉行，众僧为判此事，若言众僧为我判此事，莫停留，若是者我当奉行，若不事者，我不受如此恶者，众僧应语，言汝且礼佛，及为说法，迁延至晚教明日来，如是至三，犹刚强者，语云此处无律师不能断，可往余处。若心软折伏，方可唤其被举人问。若实，即治不实反治谤罪。实有五种：一、真实，（谓实犯罪。）二、想实，三、事实，如杀王人还道杀王人也，四、三根不互实，五、四戒不互实，依实不犯。若反此五，谤他犯残，九，假根谤戒。（异类不实，名曰假根，虚告僧徒目之为谤。）

注释：

[1]是大比丘，《四分律行事钞》作"是大比丘及尼，除下三众"。

[2]作大比丘想，《四分律行事钞》作"想心谓净，不妨实不净，如打破戒犯堕。故文云：若遮无根无余作，不成遮，治其谤罪。谓作大比丘想"。

[3]此处《四分律行事钞》有"《僧祇》：对所谤比丘前骂谤，语语僧残"，原本无。

原文：

制意者，内怀恚恨，虚假谤僧，坏法非轻，特须制断。缘中：佛在罗阅城，慈地比丘见羊行淫，便言此羝羊者，是沓婆子也，母羊者，是慈地尼也。便语诸比丘言：我今亲见，非前无根。比丘诘问，便自臣伏，举过白佛，因集制戒。此戒假异事，上见根，道见此事上犯也。以非实犯，假余事谤。此有五种：一、对异趣[1]，（将畜谤人，名为异趣）二、异罪，（于六聚中见犯余聚，次初聚谤也。）三、异人，（谓有比丘与所谤人名字同故，以彼人犯谤此人也。）四、异时（谓尝见彼在家时犯，便言我见出家时，而谤彼也。）五、假响。（若比丘于山①谷中语，则响声随应乘，此来谤故以犯也。）

十，破僧违谏戒。（邪法坏众，名曰破僧，劝而不舍，称之违谏。）

制意者，僧众和合，义无乖异，理应详遵，如水乳合，而反倚傍理教，说相似语，惑乱群心，坏僧断法。坠陷无辜，为恶滋甚，故须圣制。缘中：佛

---

① 原本此处存"容"字，有删除号。

在尼弥楼国，度八释子，诣瞻波国，并证增上地，唯提婆达多得神足证，佛却还罗阅城，提婆达多自身杀佛，又教阅王害父，恶名流布，利养断绝，便结恶伴，别众而食，比丘举过，因兹制戒。具五缘成犯：一、先立邪三宝^[2]，（谓调远自称为佛，替正佛宝说五邪法，赞四依八正法宝三闻达多等，四替身子目连等僧宝。）①二、行化于时，（邪三宝虽立，若不行化者，无容设谏，以如来法轮化被三千，该通道②俗以彼调达。唱五法是说四依，非与如来竞化，乃至地神唱告，能令三千界法轮不转禅法不行，故《鼻奈耶》云：诸佛常法，食时僧坏，至暮还复，中间人天悟道者，天地暗冥，若暮不和天地，翻覆也。）三、如法僧设谏，四、固执不舍，五、三羯磨竟，犯。据破僧罪，独头果，兰。初违别人屏谏，堕。后违僧三谏，残。此是破法轮僧，佛在即有，佛灭即无。若破恶知识，及二人、三人欲作非法羯磨，或为僧、塔、和尚、阇梨、知识，亲友等作损减，作方便，令不得住寺。若破是人者，不犯。十一、助破僧达谏戒。（众僧作法，谏③调违时，四伴影响助成被僧寻，设谏拒而不受，故日助破。）

注释：

[1]异趣，《四分律行事钞》作"问：'见羊作而云人作，即非真境实，非无根？'答：'准《僧祇》，慈地初见羊行淫，彼为作字，言牴羊名沓婆，母羊名慈地尼，后诣僧中，即言我先亲见沓婆与慈尼共行淫，非如前无根，此则假异趣名字，故非无根。'"

[2]先立邪三宝，《四分律行事钞》作"先明立邪三宝"。

原文：

制意者，非法固执，以破僧伦，邪心决微，灭法非久，是故圣制。缘中：佛在罗阅城，提婆达多，固执五法：一、尽形乞食，二、着粪扫衣，三、常受露坐，四、不食酥盐，五、不食鱼肉。以教比丘。众僧谏时，伴侥比丘助破僧谏，比丘举过，^[1]因此制戒。犯具五缘：一、明有人作破僧事，二、众僧如法谏，三、四伴伴助破谏僧，四、僧如法设谏，五、作三法竟，便结。不犯如前。十二，恶家恶行，摈谤违僧谏戒。（外伤俗信名为污，家内犯威仪，故日恶

---

① 原本此处存"三"字，有删除号。
② 原本此处存"道"字，有删除号。
③ 原本此处存"谏"字，有删除号。

行，作法数席名摈谤，称受恚曰谤，以理喻彼，不受僧教，名违僧谏。）

制意者，本欲华光缁侣，慈渧白衣，今反行于恶行，污家灭法，令僧摈出罚异革先非，请自法流，生地净善，故制。缘中，佛在舍卫国，阿湿卑富那婆蹉等在羁莲聚落行恶行，污他家。众多比丘经过，便觉，举以白佛。佛令舍利弗等往彼治摈，当作法时，彼等谤云：六人同犯，偏罚二人，有爱恚怖痴。舍利弗言：二人逆路改过忏已，无罪可治，非是有爱，二人走闪王宫，人不现前，法不应治，非是有怖。汝等二人，进不善悔，退不善走，现在合治[2]，非是有恚，我等如是善达，摈方非是有痴，彼等固执不受，以过白佛，佛种种呵，因制斯戒。具六缘犯：一、作污家恶行事[3]；二、心无改悔；三、作法驱摈；四、非理谤僧；五、僧如法设谏；六、三法竟，犯。污家有四：一、依家污家，从一家得物，却与一家。所得之处，闻之不喜，失他施主深厚之福，所与之处，恩当报恩，不与之处，即不报恩，即被前人平等之心，下三皆尔。二、依利养污家，若比丘如法得利，乃至钵中之余，或与白衣，或不与白衣。三、依亲友污家。若比丘依王，若大臣力，或为一白衣，或不为一白衣。四、依僧伽蓝污家。若僧花果枝叶，或与白衣，或不与白衣，俗人言：与我物者，我当供养；不与我者，我不供养。若俗人先有信心供养，众僧造立寺舍，令彼退灭，是名污家。恶行者，自种花树，及以溉灌，自摘花，自作发，与他，及教人作上事，若村落中，共两女人同床坐起，同一器食，言笑、歌舞、倡伎、俳说。（倡伎者，停乐也。非说者，优也即是，引导之首，令行主也。杂说言词，取笑众也。）作鸟声，蹙唇啸声，受雇戏笑，余酒非时食等，皆名恶行。

注释：

[1] 此处《四分律比丘含注戒本》有"佛呵责已"，原本无。

[2] 合治，原作"舍治"，据《四分律行事钞》改。

[3] 事，原缺，据《四分律行事钞》补。

原文：

凡出家人，无为无欲，清净自守，以修道为心，若为俗人信使往来，废道正业，非出离故。由以信施物与白衣故，即破前人平等好心。于得物者，欢喜爱乐；不得物者，纵使贤善，无爱敬心，失他前人深厚福田。又倒乱佛法故。凡在家人，常于三宝求清净福，割损肉血，以种善根；今出家人反持僧物赠遗白衣，令[1]俗人反于出家人所出希望心。又若以少物赠遗白衣，因此起七宝塔、造立精舍，乃至四事供养满阎浮提一切圣众，亦不如静坐、清净持戒，即是供养真实法身。（法身空寂，远离心相。今持戒离相，吃空寂理，即是供养真实法身。）

若与父母、病人、小儿、妊身妇女、牢狱系闭及寺中客作者，不犯。若种花树[2]，自取花，教人贯花[3]，持供养佛法僧者，无犯[4]，若人欲打，虎狼贼处，走避不犯，若渡沟渠坑，跳躑，不犯[5]。若同伴在后，啸唤，不犯[6]。若为父母，若为病人，若闭牢狱，若笃信优婆塞有病，若在狱者持往[7]。若为塔、僧、病比丘事，开持书往返，一切无犯。十三，恶性，拒僧谏戒。（很戾不调称为恶性，善诲不从触突僧命，名拒僧谏。）制意者，凡虑虽多，知非盖少，必资明道，方净戒身，故俗因谏友，不失于令名，道由净交，不罗于犯纲，今阐陀心迷，劝喻不从，倚傍胜人，反欲匡众，故制。缘中：佛在拘睒弥国，尊者阐陀恶性拒谏，便言，佛是我家佛，因释种故，法是我家法，佛所说故。汝今依我释种出家，我是佛法根本，正应教诸大德，何用大德教我？比丘举过，佛令设谏，故制斯戒。犯具五缘：一、自身不能离恶，将欲作罪；二、诸善比丘如法劝谏；三、不受来谏，自恃凌他；四、僧如法设谏；五、三法竟，犯。残。其能谏人，若慈心有益，聪明利根，广闻博见，利生为法，化他普同，久修兼人，方得谏他。若僧嫌有损，无智钝根，寡闻少见，求名为利，摄已局自，新学未周，不应谏他。若初谏便舍，无犯；若所谏事实，不应顺而拒逆者，不犯。本心实不与违谏，忽然错说违谏之语，不犯。鹤（平声呼之）术折啰（合口呼之）肠（此云智胜）

四分律行事集要显用记卷第四

注释：

［1］令，《四分律行事钞》无。

［2］花树，《四分律行事钞》作"花果树"。

［3］教人贯花，《四分律行事钞》作"乃至教人贯花"。

［4］无犯，《四分律行事钞》作"一切无犯"。

［5］"若人欲打，虎狼贼处，走避不犯，若渡沟渠坑，跳躑，不犯"，《四分律行事钞》作"若人欲打，被贼、虎狼恐怖之处，若担刺来，于中走避者，不犯"。

［6］"若同伴在后，啸唤，不犯"，《四分律行事钞》作"若度河沟渠坑，跳躑者，不犯"。

［7］若在狱者持往，《四分律行事钞》作"若在狱看书持往"。

第三节　《无上圆宗性海解脱三制律》校注

俄 A26.2《无上圆宗性海解脱三制律》，此文分别论述色、财、名三种外尘障道的情形，后列若有僧人犯此三戒当受何责罚。然对于"财"戒仅言其危害而无责罚之文，同时，12 版前后两页语气不相衔接，故知此卷第 12 版处当有脱页。

原文：

无上圆宗性海解脱三制律①

通理大师[1] 作

闻夫灵心是佛，幻影元真，见闻之性，难思语默之源不测，三毒绝相，体即圆明八识，无纵性非生死，人灵本圣，蚁智同玄，倒见一迷梦，缠三有，今诸知识，了心即佛，神光照而无生，见性唯真，智惠眼观而绝迹，难思难议，无状无形，本自解脱，廓然清净者矣。

然以行者，悟心创启，迷见犹与，恐再失于灵源，虑重沦于苦海，由是比丘失趣，净名指以重醒善财亡真文殊觉，而再悟，古既有亡有失，今则宜慎宜防，倘误一生，轮回万劫，可不惊哉，所以自宜立志，人各绝尘，使惠日恒明，令迷云无翳者也。

夫迷根者，内执实我，外染虚尘，苦恼不穷，生死无尽，六尘为病，细若恒沙，一世成迷鹿，唯三种，其三者何？所谓色财名也。既知能眄，则誓永亡心，若轻违脊甘痛决今对，现前善友，三世圣贤，愿作证明，乞为师执，其三行相，一一具条列之于下，一日色欲，夫色欲者，皆真常本沉生死源苦海，以此而波深爱河，因兹而浪阔，痴之甚也。如蛆耽味于粪坑，迷之炽，然似蛾狂投于猛焰，铜柱之苦，因此而与铁床之迤由斯而起，遂致诸佛偏责众圣，苦呵障道之深，莫过于此，所屡宾上士，昔丧目于尘中，独觉高人曾辱身于山下鹿野苑[2] 内，诸仙堕地于林间，天子宫中郁蓝失通，于楼上焚天庙之舍，击爱子咽，吴主欲乱而亡，殷纣色迷而灭，倾家败国，辱族危身，障天道于此生，受轮回于永劫，为患之本，祸莫大焉。

---

① 俄罗斯科学院东方研究所圣彼得堡分所、中国社会科学院民族研究所、上海古籍出版社编：《俄藏黑水城文献》第 5 册，上海：上海古籍出版社，1998 年，第 308—313 页。

故经云：生死轮回，贪爱为本，又经云：若诸世界六道众生，其心不淫，则不随其生死相续，汝修三昧，本出尘劳，淫心不除，尘不可出，又云：若不断淫，修禅定者，如蒸沙石，欲成其饭，经百千劫。只名热沙，何以故？此非饭本沙石成，故汝以淫身求佛妙果，纵得妙悟，皆是淫根，根本成淫，轮转三涂，必不能出，必使淫根身心俱断，断性亦无，于佛菩提斯可，希冀如我，此说名为佛说，不如此说即波旬说，方知大过，无越于兹，誓永断除的，无违犯。

一自今后，如有犯者，众内直觉，便速勾追当三宝前，善知识所痛决三十，若心永息，依大忏门如法清净，随众修行，如更依前，便速追取，痛决如初，其心若息，依净如前复更重违，决罚如次，犯经十度，杖满三百，不净弃除，永无再录，或依律制，舍戒侍众在僧之末，居勤策端以一年为役，方再受，具十度如前。

一日世财，夫世财者，能与弊着善发爱，情失则怨妒俱生，得则悭危竟起，毒箭无比，猛焰难防，所以福增作犬。于宅中刁提为蛇，于库内无厌之者，沉祸患之坑，知足之流，得清闲之趣障，迷大法坠溺沦泥定水飘风法身怨刺，必须永弃，无得仍存为无事之人，作绝尘之侣，畜积为意，岂不耻乎，而况律中长衣不舍，犯轻篇罪应须舍堕，故经云：衣钵之余分寸不畜，乞食余分施饿众生，准此经文，岂容余积以恣悭贪，常见既存真源定隔，养我之谋未减，不活之畏难亡，口称解脱之人，心在轮回之畏难亡，口称解脱之人，心在轮回之位，可不诳欤？只如迦叶冬夏身，但三狱以云深，范蠡越清溟而岸远，此盖功成不守智，察未然了患，全身辞荣免辱，卓然逸士回异常，夫世纲不拘，闲云无系矣，况又许由洗耳于下水，巢父[3]牵牛于上泉，子推不赴于尧皇，庄生簌然于荣贵，世贤若此，释氏不然，何不愧矣？是以竖坚壮志洁操清心，倘染虚名滥为释子，而况韬光晦迹，隐锐藏锋，慜后彰愚，辩才示讷者欤，盖以明珠可秘，唯畏人和，行贵不形，但防他觉，鬼神不测，人意难寻，虑染虚名，恐成魔事，岂况远真？非器诈意，称高虚号，师子之儿，实乃野干之类，持黄金易糠粃，上德堪悲，用人粪作旃檀，贤夫可笑，欲昧贤圣，拟诳人天，如彼盲夫，瞒乎明目，但增其丑，转益其乘贤圣所呵人天，可鄙佛法大贼，可不慎哉？

故经云：不得亲近国王、大臣、宰官人等，倚傍此经，以求名利，如来所诫行者宜遵，不得昧心曲相和会，然诸大士非此所拘，夫何以然，良为我人不有憎爱，元无四序，无以变大虚，百川不能杂，皓月矣，然今行者自知冷暖，体觉顺违不得昧已之情，乃作诳他之罪。一自今后，不问大名及与小职官，私所与朝阙所封，但受一名，即成违犯众内知觉亦速，追取依制，决罚舍则，清净不舍如前，责经十度，杖满三百，不净弃除，永无再录，或依律制，右件所制，人各遵依，惩非咎于即时，绝漂沦于旷劫，虽则法非持犯，性离悟迷，无作无修，不取不舍，然以习情旷代遇梦境，以饿昏见咎弥年，睹空花而忽变，所以制无所制，如是制之得无所得，所以得之，故经律云：虽无形相而可护持，可令戒光舒照朗然而性海，恒明智月呈空，炳焕而觉源绝翳，色贪不染，灵心是清净法身，财念无交，见性乃真，常实藏名心花萃，我狱之峰，仞高摧荣竟根枯爱河之波澜永息，遂得境风忽止，识浪俄停，真源之水湛然，佛日之光大照矣，岂不善哉，各须谨守无得轻违，受愧责于友前，遗辱名于身后，可不慎哉，谨守在怀，始终如一者也。

无上圆宗性海解脱三制律 竟

注释：

〔1〕通理大师，据《大安山莲花峪延福寺观音堂记》碑刻、房山石经题记及辽金碑刻，通理大师名恒策，字开玄，俗姓王，上谷山县新安人（今属河北涿鹿县）。生于辽兴宗重熙十八年（1049 年），卒于辽道宗寿昌四年（1098年），俗年五十。幼从宝峰寺崇谨出家，法名义从。7 岁得度，16 岁启讲《百法论》。辽道宗咸雍七年（1071 年）拜永泰寺守臻为师，改名恒策。道宗大康九年（1083 年）前后，住佛岩山，金代著名律学大师悟敏（1057—1141 年）曾于此从其习禅。大安初年（大安元年为 1085 年），住王家岛，时辽代名僧崇昱（1039—1114 年）亦住此，与通理研讨禅法。大安中，辽代名尼悟空参礼通理，通理赐其名曰善戒。大安八年（1092 年），通理与崇昱返诣西峰，驻锡于石经山云居寺。大安九年春（1093 年），45 岁的通理大师于石经山云居寺开放戒坛，以所获施钱续刻石经。并于同年获静琬之灵骨，为之起塔。寿昌二年（1096 年），道宗亲临通理之戒坛，问佛法。寿昌四年（1098 年），50 岁卒。著有《梵行直释》三卷，记文四卷。①

---

① 参见陈燕珠：《房山石经中通理大师刻经之研究》，台北：觉苑出版社，1993 年，第 37—53 页；包世轩：《辽〈大安山莲花峪延福寺观音堂记〉碑疏证》，《北京文博》1997 年第 3 期，第 72—77 页，后收录于北京辽金城垣博物馆编：《北京辽金文物研究》，北京：燕山出版社，2005 年，第 184—191 页；琼焕：《大安山莲花峪延福寺观音堂记》，载北京市文物局编：《北京辽金史迹图志》，北京：燕山出版社，2004 年，第 37—53 页。转引自冯国栋、李辉：《〈俄藏黑水城文献〉中通理大师著作考》，《文献》2011 年第 3 期，第 162—169 页。

［2］鹿野苑，印度佛教圣地，意为仙人住处。在古代中印度波罗奈国，今瓦腊纳西城西北约十公里处。相传佛陀成道后，在此对五侍者初转法轮（第一次说法），使他们成为佛教的第一批信徒。

［3］巢父，尧时隐人也。山居不营世利，年老，以树为巢而寝其上，故时人号曰巢父。尧之让许由也，由以告巢父，巢父曰："汝何不隐汝形，藏汝光？若非吾友也。"击其膺而下之。由怅然不自得，乃过清泠之水，洗其耳，拭其目，曰："向闻贪言，负吾之友矣。"遂去，终身不相见。

第四节 《摩诃僧祇律卷第十五题签》校注

原文：

摩诃僧祇律卷十五 登[1]

智清

辞□

清净故

清净

二五

注释：

［1］登，当为千字文藏书帙号。

第三章 西夏文《菩萨地持经》释读

第一节 《菩萨地持经》简介

汉文大小乘经律论三藏，在《开元录》中则有详细分类。《般若》《宝积》《大集》《华严》《涅槃》五大部，及诸大乘经，编为大乘经藏；《菩萨地持经》《梵网经》等律经，编为大乘律藏；《大智度论》等编为大乘论藏。

《菩萨地持经》，梵文 Bodhisattva-bhūmi，凡十卷，又称《菩萨地经》《菩萨地持论》《菩萨戒经》《地持论》和《地持经》。北凉昙无谶译，有十卷（八卷）本和求那跋摩九卷异译本传世，收于《大正藏》第 30 册第 1581 号《中观部·瑜伽部上》。另外，此经也有藏文本，载德格版 4037 号，北京版 5536 号，系无著之作品。本经与《瑜伽师地论》《本地分》中的《菩萨地》为同本，然其中缺"发正等菩提心品"。异译本另有刘宋求那跋摩所译九卷本《菩萨善戒经》。本经详说大乘佛教菩萨修行的方便，内容分为：初方便处、次法方便处、毕竟方便处三部分，凡二十七品，总说菩萨道有持、相、翼、净心、住、生、摄、地、行、安立十法。由于书中主要论述大乘戒，故本经历来颇受重视。

第二节 《菩萨地持经》解读凡例

——本书对每件文献的解读分为"释读"和"注释"两部分，并在每节末附"汉文原本"。

——西夏书籍仿中原格式，文中作竖行。本书为排版方便，将原文竖行一律改为横行。

——解读的各部分对西夏原文一律予以标点及分段。现代通行汉文本《大藏经》多仅采用"。"号断句，其间或有讹误。本书参照西夏文意改用新式标点，以便读者参考。为阅读方便，解读各部分于西夏译文分段处一律分段，在文字过多的段落亦偶尔酌情在中间分段，最终分段结果不强求与通行汉文本一致。

——"释读"采用四行对译法。第一行为西夏文，第二行为拟音，第三行为对译，第四行为汉文本。为了索引方便，我们为每一行西夏文都标了行数，行数格式是"作品卷号.折数.行次"，作品与卷号对应如下：《菩萨地持经》卷第九——9，《根本说一切有部毗奈耶杂事》卷第十三——13，《根本说一切有部百一羯磨》卷第四——4，《根本说一切有部目得迦》卷第十一——10，《根本萨婆多部律摄》卷第十二——12，如《菩萨地持经》卷第九第一折第一行用 9.1.1 标示。西夏录文凡遇原件句中文字讹误衍脱残佚，均尽目前所知予以订补，并以脚注形式说明，其中暂无力拟补的文字标以"□"号。

——西夏文字结构复杂，因刻工或书字人疏忽而导致的鲁鱼亥豕之讹在所难免。凡遇此类失误，录文径改为正确字形，亦不出校语说明。

——汉文对译的目的在于确定西夏译文词语与汉文原本词语的对当关系，并不强行套用通行夏汉词典释义，以求展示西夏译者的翻译思路，亦可为今后研究西夏词义积累素材。

——汉文对译若遇西夏虚词，在汉文本或通行字书中有对应词语的以对应词语标示，没有对应词语的用"△"号标示。

——西夏文本的语句大多从汉文原本直译而来，故释读部分第四行我们列汉文原本，并在每段注释后再次罗列汉文原本，以显示文本的连续性。汉、夏两种语言之间虚词用法的差异一般不予苛求，唯当实词或文句语义差别较大时则出注说明。

——"注释"部分在释读部分汉文本（或对译）中以［ ］号标示，其目的有二：其一是提示西夏译文与汉文原本的不同之处，由于目前尚不能确定这些不同是来自不同的汉文原本还是来自西夏译者对原本的不同表述，故不可一概视为校勘中发现的古书异文；其二是提示不见于存世汉文本的语句出处，亦即展示汉译文或汉文构拟的依据。而西夏录文凡遇原件句中文字讹误衍脱残佚，均出脚注说明。

——西夏原件时有残佚。残佚若在一二句之间，"译文"则据汉文本补出相应内容并标以直角括号标示。若卷首卷尾残佚文字较多，则在"注释"中酌情提示相应汉文起讫。

——本书要释读的其余四篇律藏经典凡例亦同。

第三节　《菩萨地持经》卷九释读

　　西夏文《菩萨地持经》卷九，14 世纪初元杭州万寿寺刻本。宁夏灵武出土，今藏于中国国家图书馆，编号为 B11•059［3.15］，转译自北凉昙无谶汉译本《菩萨地持经》，夏皇太后梁氏和惠宗皇帝译。内容相当于汉文本的开头至"受菩萨戒律乃至舍命终不毁犯"，结尾已佚。

释读：

9.1.1　西夏文：

糊	纵	姞	綏	襚	菔	翩	纰	磣	鲅
拟　音：tshjɨ¹	tsjij²	lji²	·jij¹	lwər²	rejr²	?	gji¹	tsew²	mə²
对　译：菩	萨	地	持	经	契	卷	九	第	种

　　汉文本：菩萨地持经卷第九　种[1]

9.1.2

謐	帙	胧	綏	緻	祊	禩	纞	隄	祹
tshjwu¹	mə²	·iọ¹	njwi²	dźjɨ	·jir¹	tsjɨr¹	dzjo²	lhjij	tśjij¹
天	生	全	能	番	禄	法	式	国	正

藏	繎	散		祥	斁		爻	獭
ŋwər¹	ljij²	ljij²		ljow¹	zjɨ¹		mẹ²	lhej²
皇	后	太		梁	氏		御	译

　　天生全能禄番式法正国皇太后 梁氏 御译[2]

9.1.3

纵	綖	须	豯	绚	斵	菝	祹	徭
tśhja²	·jiw²	low²	·wə¹	ljo¹	lwẹ²	·ju²	tśjij¹	swew¹
德	救	国	主	福	增	民	正	明

散	藏	纫		缀	㦿		爻	獭
ljij²	ŋwər¹	dzjwɨ¹		ŋwe²	mji¹		mẹ²	lhej²
大	皇	帝		嵬	名		御	译

　　救德主国增福正民大明皇帝 嵬名 御译[3]

9.1.4

糊	纵	姞	綏	纈	禩	祈	散
tshjɨ¹	tsjij²	lji²	·jij¹	tśji	tsjɨr¹	tśier¹	·ju²

菩	萨	地	持	次	法	方	便
𘓱	𗆀	𗥃	𗼕	𗤊	𗉅	𗈪	
ɣiew¹	tji²	sej¹	njij¹	tjij¹	sọ¹	tsew²	
学	处	净	心	品	三	第	

菩萨地持次法方便学处[4]净心品第三

9.1.5

𗧊	𗟲	𗣼	𗧊	𗥰	𗣫	𗡪	𗦀	𗫡
tshjɨ¹	tsjij²	rjur¹	tshjɨ¹	tśhju¹	ɣa²	śjạ²	mə²	njij²
菩	萨	诸	众	生	于	七	种	怜

𗪻	𗜓,	𗟲	𗄻	𘂤	𗫅	𘉞	𗫻。
śjow¹	dju¹	phju²	tsew²	zjɨr¹	ɣiej¹	mjij²	we²
悯	有,	上	第	实	正	名	为。

菩萨于诸众生有七种怜悯，名第一真实。

9.1.6

𗂥	𗆄	𗥗	𘝯;	𘉋	𗆄	𗍺	𗢝;	𗤊
lew¹	tja¹	le²	mjij¹	njɨ¹	tja¹	tśier¹	·ju²	sọ¹
一	者	畏	无;	二	者	巧	便;	三

𗆄	𗤘	𗤀;	𗈍	𗆄	𗤘	𗭒;	𗏁
tja¹	mji¹	dwər¹	ljɨr¹	tja¹	mji¹	kjụ¹	ŋwə¹
者	不	厌;	四	者	不	求;	五

一是无畏；二者巧便；三者不厌；四者不求；五

9.1.7

𗆄	𗤘	𗟻;	𗣼	𗆄	𗆅	𗣫	𗦀	𗆄
tja¹	mji¹	lej²	tśhjiw¹	tja¹	·wạ²	ljij²	śjạ²	tja¹
者	不	贪;	六	者	广	大;	七	者

𗟲	𗟲。	𗠋	𗧊	𗟲	𗥗	𘄢	𗣼
tśhja²	ka¹	tjij¹	tshjɨ¹	tsjij²	le²	nioow¹	rjur¹
平	等。	若	菩	萨	畏	故	诸

者不贪；六者广大；七者平等。菩萨不以畏故，于诸

9.2.1

𗧊	𗥰	𗣫	𗫡	𗜓	𗼕	𗤘	𗴖,	𗖵、
tshjɨ¹	tśhju¹	ɣa²	njij²	śjow¹	njij¹	mji¹	śjwo¹	ljụ¹

众	生	于	怜	愍	心	不	起，	身、
𗦬	𗼃	𗰜	𗢸	𗤌	𗤅	𗟭	𗼩	
lja²	phji¹	sjwij¹	djọ²	tshji¹	tśhju¹	·jij¹	no²	
口、	意	业	修	众	生	之	安	

众生起怜愍心，修身、口、意业安乐众生，

9.2.2

𗾔	𗤅	𗿦	𗒹	𘕑	𗋡	𗦇	𗤙	𗤌
rejr²	phji¹	ku¹	le²	mjij¹	mjij²	we²	tjij¹	tshjɨ¹
乐	令，	则	畏	无	名	为。	若	菩

𗉮	𗭪	𗑱	𗪟	𗙴	𗉛	𗤌	𗤅	
tsjij²	tśier¹	·ju²	zjɨr¹	ŋwu²	rjur¹	tshjɨ¹	tśhju¹	
萨	巧	便	慧	以，	诸	众	生	

是名无畏。菩萨以巧便慧，于诸众生

9.2.3

𗢃	𗦳	𘀄	𗣼	𗣋	𗤻	𗿦	𗤻	𗉇
ɣa²	njij²	śjow¹	njij¹	śjwo¹	mji¹	tsjɨr¹	mji¹	dzjij¹
于	怜	愍	心	起，	非	法、	非	律、

𗤻	𗪊	𗢭	𗼦	𘒁	𗤻	𗏒	𗿦
mji¹	zjɨr¹	dźjar²	do²	nja²	mji¹	dzjij²	ku¹
非	真	谛	处	非	不	教，	则

起怜愍心，非法、非律、非真谛不教非处，

9.2.4

𗭪	𗑱	𗣼	𗿦	𗦇	𗤌	𗉮	𗪟	𗤌
tśier¹	·ju²	mjij²	we²	tjij¹	tshjɨ¹	tsjij²	rjur¹	tshjɨ¹
巧	便	名	为。	若	菩	萨	诸	众

𗤙	𗢃	𗭪	𗑱	𗉮	𗉮	𗤻	𗡜	
tśhju¹	ɣa²	tśier¹	·ju²	ŋowr²	ŋowr²	mji¹	dwər¹	
生	于，	方	便	一	切	不	厌	

是名巧便。菩萨于诸众生，一切方便而不疲厌，

9.2.5

𗈅，	𗿦	𗤻	𗡜	𗣼	𗿦	𗦇	𗤌	𗉮
tjɨ²	ku¹	mji¹	dwər¹	mjij²	we²	tjij¹	tshjɨ¹	tsjij²

疲， 则 不 厌 名 为。 若 菩 萨

𗕻 𗤶 𗥃 𗫸 𗰊 𗁬 𗫡 𗜈

rjur¹ tshjɨ¹ tśhju¹ ɣa² njij² śjow¹ njij¹ śjwo¹

诸 众 生 于 哀 愍 心 起，

是名不厌。菩萨于诸众生起怜愍心，

9.2.6　𗊋 𗤉 𗥃 𗅲， 𗦳 𗫸 𗤉 𗫡 𘝵。

gji² kju¹ lew² mjij¹ ku¹ mji¹ kju¹ mjij² we²

希 求 所 无， 则 不 求 名 为。

𗔻 𗤶 𗫸 𗕻 𗤶 𗥃 𗰊 𗫸

tjij¹ tshjɨ¹ tsjij² rjur¹ tshjɨ¹ tśhju¹ ɣa² njij²

若 菩 萨 诸 众 生 于 怜

无所希求，是名不求。菩萨于诸众生起怜

9.2.7　𗁬 𗫡 𗜈， 𗤴 𗰫 𗤉 𗫸， 𗦳 𗫸

śjow¹ njij¹ śjwo¹ lji² tshja² mji¹ kju¹ ku¹ mji¹

愍 心 起， 恩 报 不 求， 则 不

𘃤 𗫡 𘝵。 𗔻 𗤶 𗥃 𗕻 𗤶

lej² mjij² we² tjij¹ tshjɨ¹ tsjij² rjur¹ tshjɨ¹

贪 名 为。 若 菩 萨 诸 众

愍心，不求恩报，是名不贪。菩萨于诸众

9.3.1　𗥃 𗰊 𗫸 𗁬 𗫡 𗜈， 𗤶 𗥃 𗰊

tśhju¹ ɣa² njij² śjow¹ njij¹ śjwo¹ tshjɨ¹ tśhju¹ ɣa²

生 于 怜 愍 心 起， 众 生 于

𗷆 𗋔 𗤉 𗾭， 𗕻 𗤶 𗥃 𗬺

tsew² du² mji¹ ·wji¹ rjur¹ tshjɨ¹ tśhju¹ do²

第 量 不 作， 诸 众 生 处

生起怜愍心，不限众生，于众生[5]

9.3.2　𗫷 𗵜 𗤴 𗫡 𗤴 𗥃 𗫸 𗖰 𗫡

mji² ɣie² rjir¹ mji¹ rjir¹ lew² mjij¹ zji² mji¹

饶	益	得	不	得	所	不	悉	不
蕤	燚,	绛	燚	散	泐	纲。	蒆	
phji¹	dźjɨr¹	ku¹	·wạ²	ljij²	mjij²	we²	tjij¹	
弃	舍,	则	广	大	名	为。	若	

所得饶益不饶益悉不弃舍，是名广大。

9.3.3

糊	粬	庞	糊	鈲	毤	泛	絿	絆
tshjɨ¹	tsjij²	rjur¹	tshjɨ¹	tśhju¹	ɣa²	njij²	śjow¹	njij¹
菩	萨	诸	众	生	于	怜	愍	心
訛,	糊	鈲	庞	燚	缘	鈌	緍,	
śjwo¹	tshjɨ¹	tśhju¹	kiej²	ka¹	tsew²	du²	mjij²	
起,	众	生	界	等	方	限	无,	

菩萨于诸众生起怜愍心，等众生界无有方限[6]，

9.3.4

绛	粬	燚	泐	纲。	蒆	糊	粬	娏
ku¹	tśhja²	ka¹	mjij²	we²	tjij¹	tshjɨ¹	tsjij²	thjɨ¹
则	平	等	名	为。	若	菩	萨	是
挑	賷	骸	泛	絿	蘒	娏,	绛	
sju²	śjạ¹	mə²	njij²	śjow¹	śjij¹	·jiw²	ku¹	
如	七	种	怜	愍	成	就,	则	

是名平等。菩萨成就如是七种怜愍，

9.3.5

娏	緵	昼	菻	泐	纲。	蒆	糊	粬
phju²	tsew²	zjɨr¹	ɣiej¹	mjij²	we²	tjij¹	tshjɨ¹	tsjij²
上	第	实	真	名	为。	若	菩	萨
绐	禠	緵	毤,	沂	骸	缈	矤	
tha¹	tsjir¹	sẽ¹	ɣa²	tśier¹	·ju²	biọ²	thjụ¹	
佛	法	僧	于,	方	便	观	察	

是名第一真实。菩萨于佛法僧，方便观察

9.3.6

燚	饺	娏	鈏,	绛	萳	絆	泐	纲。
kjɨ¹	djij²	tsjij²	rjir¹	ku¹	sej¹	njij¹	mjij²	we²

决	定	解	得，	则	净	心	名	为。
𗵒	𘄔	𗅁	𗰜	𗷘	𗰱	𗡮		
ljow²	tshjij¹	ɣa²	ŋwə¹	ma²	dju¹	lew¹	tja¹	
略	说	十	五	种	有：	一	者	

得决定解，是名净心。略说有十五种：一者

9.3.7

zji²	phju²	njij¹	nji¹	tja¹	kie¹	njij¹	so¹	tja¹
无	上	心；	二	者	戒	心；	三	者
po¹	lo¹	bji²	njij¹	ljir¹	tja¹	zjir¹	ɣiej¹	
波	罗	蜜	心；	四	者	实	真	

无上心；二者戒心；三者波罗蜜心；四者真实

9.4.1

·wo²	njij¹	ŋwə¹	tja¹	me²	ɣie¹	njij¹	tshjiw¹	tja¹
义	心；	五	者	神	力	心；	六	者
no²	njij¹	śja¹	tja¹	rejr²	njij¹	·jar¹	tja¹	
安	心；	七	者	乐	心；	八	者	

义心；五者神力心；六者安心；七者乐心；八者

9.4.2

bie²	lhew²	njij¹	gji¹	tja¹	gjwi¹	lwo²	njij¹	ɣa²
解	脱	心；	九	者	坚	固	心；	十
tja¹	mji¹	[dʑ?]	njij¹	ɣa²	lew¹	tja¹	mji¹	
者	不	虚	心；	十	一	者	不	

解脱心；九者坚固心；十者不虚心；十一者不

9.4.3

sej¹	njij¹	ɣa²	nji¹	tja¹	sej¹	njij¹	ɣa²	so¹

净	心；	十	二	者	净	心；	十	三
繊	詨	襦	絆；	詨	緺	繊	舼	
tja¹	gji¹	sej¹	njij¹	ɣa²	ljɨr¹	tja¹	rjur¹	
者	清	净	心；	十	四	者	调	

净心；十二者净心；十三者快净[7]心；十四者调

9.4.4
報	絆；	詨	俶	繊	慈	裶	絆。	拌
[jar]²	njij¹	ɣa²	ŋwə¹	tja¹	ka¹	we¹	njij¹	tha¹
伏	心；	十	五	者	俱	生	心。	佛
禠	襂	敘	聂	芴	襦	絆	繊，	
tsjɨr¹	kjɨ¹	ljɨ¹	dzu¹	ŋwe¹	sej¹	njij¹	tja¹	
法	僧	宝	爱	乐	净	心	者，	

伏心；十五者俱生心。专乐[8]佛法僧宝净心，

9.4.5
繊	絥	焀	絀。	糃	絥	詤	絲	绲
zji²	phju²	mjij²	we²	tshjɨ¹	tsjij²	kie¹	dzjɨj¹	lhjij
无	上	名	为。	菩	萨	戒	律	受
襦	絆	繊，	詤	焀	絀。	縡	剟	
sej¹	njij¹	tja¹	kie¹	mjij²	we²	mjɨ¹	zẽw²	
净	心	者，	戒	名	为。	施	忍	

是名无上。受菩萨戒律净心，是名为戒。行施忍

9.4.6
繝	菰	燦	惔	詨	耂	菮	襦	絆
khu¹	dźjij¹	śjã¹	djij²	sjij²	zjɨr¹	dźjij¹	sej¹	njij¹
精	进	禅	定	智	慧	行	净	心
繊，	翃	麊	聂	焀	絀。	釹	絸	
tja¹	po¹	lo¹	bji²	mjij²	we²	dzjwo²	ŋa²	
者，	波	罗	蜜	名	为。	人	我	

精进禅定智慧净心，是名波罗蜜。人无我、

9.4.7
絹、	禠	絸	絹、	釹	禠	絸	絹、	絥
mjij¹	tsjɨr¹	ŋa²	mjij¹	dzjwo²	tsjɨr¹	ŋa²	mjij¹	phju²

无、	法	我	无、	人	法	我	无、	上
磃	繆	祥	瀃	蔴	蔴	絴	繖	
tsew²	·wo²	tsjir¹	zji²	na¹	sej¹	njij¹	tja¹	
第	义	法，	甚	深	净	心	者，	

法无我、人法无我、第一义法，甚深净心，

9.5.1

蚤	蔋	繆	瀚	翤。	庞	絑	糀	絖
zjir¹	ɣiej¹	·wo²	mjij²	we²	rjur¹	tha¹	tshjɨ¹	tsjij²
实	真	义	名	为。	诸	佛	菩	萨
祄	脲	絤	叕	綹	效	絡	蔵	
·jij¹	sew²	tshjij¹	tji²	mjij¹	me̱²	mjijr²	ɣie¹	
之	思	议	可	不	神	通	力	

是名真实义。诸佛菩萨不思议神通力

9.5.2

叕	犼	蔵	蔴	絴	繖，	效	蔵	瀚
ka¹	we̱¹	ɣie¹	sej¹	njij¹	tja¹	me̱²	ɣie¹	mjij²
俱	生	力	净	心	者，	神	力	名
翤。	庞	糀	緦	祄	絾	祥	赦	
we²	rjur¹	tshjɨ¹	tśhju¹	·jij¹	new²	tsjir¹	ŋwu²	
为。	诸	众	生	之	善	法	以	

俱生力净心，是名神方[9]。于诸众生欲以善法

9.5.3

襒	繝	綬，	䌴	蘪	瀚	翤。	庞	糀
mji²	ɣie²	kiej²	ku¹	no²	mjij²	we²	rjur¹	tshjɨ¹
饶	益	欲，	则	安	名	为。	诸	众
緦	祄	蔵	靽	襒	繝	綬，	䌴	
tśhju¹	·jij¹	ɣjiw¹	ɣiwej¹	mji²	ɣie²	kiej²	ku¹	
生	之	摄	取	饶	益	欲，	则	

饶益，是名为安。于诸众生欲以摄取饶益，

9.5.4

蘪	瀚	翤。	庞	糀	緦	耗	斳	絴
rejr²	mjij²	we²	rjur¹	tshjɨ¹	tśhju¹	ɣa²	lej²	njij¹

乐	名	为。	诸	众	生	于	贪	心
慨	羆	蒲	𫞩	甂,	锋	弑	斄	搋
$nioow^1$	$thja^1$	$tshja^2$	$lhjij$	ka^2	ku^1	bie^2	$lhew^2$
及	其	报	受	离,	则	解	脱

是名为乐。于诸众生离于贪心及与受报，是名解脱。

9.5.5

𫞩	缀	瓡	缝	貅	羧	秕	𬌑	𫞨
$mjij^2$	we^2	zji^2	$phju^2$	po^1	$tjij^1$	γa^2	$njij^1$	$phji$
名	为。	无	上	菩	提	于	心	意
燃	骸,	锋	燃	骸	𫞩	缀。	糊	
$gjwi^1$	lwo^2	ku^1	$gjwi^1$	lwo^2	$mjij^2$	we^2	$tshji^1$	
坚	固,	则	坚	固	名	为。	众	

于无上菩提其心坚固，是名坚固。利众

9.5.6

弑	稀	鼗	缾	菰	衍	骸	缫	缝
$tśhju^1$	$\cdot jij^1$	$gjij^1$	γie^2	sji^2	$tśier^1$	$\cdot ju^2$	$dwewr^2$	$tsjij^2$
生	之	利	益	以	方	便	觉	开
衍	骸	慨	甂	繊	骸	羧	赋	
$tśier^1$	$\cdot ju^2$	mji^1	$tśhji^2$	$tśhju^2$	$sjij^2$	$rjir^2$	$bjij$	
方	便	不	颠	倒	智	与	俱	

生方便开觉方便不颠倒智俱

9.5.7

赋	弑	斄	缬,	慨	姬	𫞩	缀。	𫞲
$bjij$	bie^2	$lhew^2$	tja^1	mji^1	[$dź?$]	$mjij^2$	we^2	$dźji$
从	解	脱	者,	不	虚	名	为。	行
缫	绗	糊	缫	绊	缬,	慨	蒲	
$tsjij^2$	lji^2	$tshji^1$	$tsjij^2$	$njij^1$	tja^1	mji^1	sej^1	
解	地	菩	萨	心	者,	不	净	

解脱，是名不虚。解行地菩萨心，是名不净。

9.6.1

𫞩	缀。	蒲	绊	绗	𬌑	𬌐	羧	悆
$mjij^2$	we^2	sej^1	$njij^1$	lji^2	$rjir^2$	nji^2	kji^1	$djij^2$

名　　　为。　　净　　　心　　　地　　　乃　　　至　　　决　　　定

𘝵　　　𗣷　　　𗣼　　　𗣾　　　𗫨　　　𘜔，　　𗼨　　　𗤁

dźjɨ　ljɨ²　tshjɨ¹　tsjij²　njij¹　tja¹　sej¹　mjij²

行　　　地　　　菩　　　萨　　　心　　　者，　　净　　　名

净心地乃至决定行地菩萨心，是名为净。

9.6.2　𗈪。　　𗫂　　　𗥃　　　𗣷　　　𗣼　　　𗣾　　　𗫨　　　𘜔，　　𗤋

we²　zji²　dźjwa¹　ljɨ²　tshjɨ¹　tsjij²　njij¹　tja¹　gji¹

为。　　究　　　竟　　　地　　　菩　　　萨　　　心　　　者　　　清

𗼨　　　𗤁　　　𗈪。　　𘘁　　　𗜈　　　𗼨　　　𗫨　　　𘜔，

sej¹　mjij²　we²　thja¹　mji¹　sej¹　njij¹　tja¹

净　　　名　　　为。　　彼　　　不　　　净　　　心　　　者，

究竟地菩萨心，是名快净。彼不净心，

9.6.3　𗥑　　　𘒣　　　𗼨　　　𗫨　　　𗤁　　　𗈪。　　𗤋　　　𗼨　　　𗫨

rjur¹　［jar］²　sej¹　njij¹　mjij²　we²　gji¹　sej¹　njij¹

调　　　伏　　　净　　　心　　　名　　　为。　　清　　　净　　　心

𗕿　　　𗊰　　　𗁬，　　𘄂　　　𗴟　　　𗤁　　　𗈪。　　𗉛

sjwɨ¹　lə　bju¹　ka¹　we̱¹　mjij²　we²　tsjir²

思　　　惟　　　依，　　俱　　　生　　　名　　　为。　　性

是名调伏。净心快净心思惟，是名俱生。性

9.6.4　𗥼　　　𗤒　　　𗒹，　　𗝠　　　𗫨　　　𗤋　　　𗼨，　　𗀔　　　𘔭

rjar¹　zjɨr¹　ɣiej¹　lju²　njij¹　gji¹　sej¹　ku¹　tśhjwo¹

许　　　实　　　真，　　身　　　心　　　清　　　净，　　则　　　故

𘄂　　　𗴟　　　𗏁，　　𗥻　　　𘜔　　　𗤋　　　𗋽　　　𗼨

ka¹　we̱¹　·jɨ²　thjɨ²　tja¹　ɣa̱²　ŋwə¹　sej¹

俱　　　生　　　谓，　　是　　　者　　　十　　　五　　　净

自真实，身心清净，故名俱生，是名十五净

9.6.5　𗫨　　　𘟣。　　𗥻　　　𗤋　　　𗋽　　　𗼨　　　𗫨，　　𗣷　　　𗢤

njij¹　ŋwu²　thjɨ²　ɣa̱²　ŋwə¹　sej¹　njij¹　ljɨ²　ŋowr²

心	是。	此	十	五	净	心,	地	一
ŋowr²	bju¹	ljow²	tshjij¹	ɣa²	mə²	da̱²	·wji¹	
切	随	略	说	十	种	事	作,	

心。此十五净心，随一切地略说作十事，

9.6.6

zji²	phju²	njij¹	tja¹	so̱¹	ljɨ¹	zjɨr¹	dźjɨ	ŋowr²
最	上	心	者。	三	宝	惠	行	一
ŋowr²	djo̱²	po¹	tjij¹	gju²	ŋowr²	ŋowr²	phju²	
切	修,	菩	提	具	一	切	上	

无上心。净修三宝惠一切种行[10]，修一切菩提具

9.6.7

tsew²	zjɨr¹	ɣiej¹	djo̱²	kie¹	njij¹	tja¹	tshjɨ	tsjij²
第	实	真	修,	戒	心	者。	菩	萨
kie¹	dzjɨj¹	lhjij	rjɨr²	nji²	zjo̱²	ŋowr²	tsjɨ¹	
戒	律	受,	乃	至	命	终	亦	

第一真实，戒心。受菩萨戒律，乃至舍命终[11]……

注释:

[1]西夏字"骰"为帙号，可以译作"种"，汉文本无。

[2]"天生全能禄番式法正国皇太后梁氏御译"汉文本无。此处汉文本署"北凉中印度三藏昙无谶于姑臧译"。

[3]此句"救德主国增福正民大明皇帝嵬名御译"，汉文本无。

[4]西夏文"衍骸爢毅"，字面意思是"方便学处"，汉文本作"方便处"。"学"，《赵城金藏》《大正藏》均无此字。

[5]于众生，西夏文译作"于诸众生"。

[6]等众生界无有方限，西夏文译作"等众生界无方限"。

[7]快净，即西夏文"誃蒂"，字面意思为"清净"，下同。

[8]专乐，即西夏文"羸劲"，字面意思为"爱乐"。

[9]神方，即西夏文"𗰟𗼷"，字面意思为"神力"。

[10]净修三宝惠一切种行，即西夏文"𗼨𗰖𗣴𗫂𗾈𗾈𗐛"，字面意思为"修三宝惠一切行"。

[11]以下缺，相应汉文本为"不毁犯，若有所犯即能除灭，波罗蜜心。诸善根法常勤修习不放逸住，真实义心。以不染心为众生故，受于生死，不舍涅槃，解脱净心，神力心。淳厚净信开觉，及修生死想念，多住闻思知量知足，安心乐心解脱心。一切种利益众生，而不疲厌，坚固心。炽然精进、广大精进，平等方便、不缓方便、不断方便，不虚心。疾得神通，彼彼善法不以少心、下心，而生足想，调伏心生俱生心。俱生心疾得阿耨多罗三藐三菩提，利益安乐诸天世人，调伏心摄不净心，俱生心摄净心快净心。若世尊说菩萨净心，施设显示一切，皆是十五净心所摄。过去、未来、现在菩萨，得无上菩提已得当得今得，一切皆是十五净心无余无上。如是十五净心有大果福利，依是得无上菩提"。

附：《菩萨地持经》卷第九汉文本（【 】内标示的内容西夏文本已佚）

菩萨地持经卷第九

北凉中印度三藏昙无谶于姑臧译

菩萨地持次法方便处净心品第三

菩萨于诸众生有七种怜愍，名第一真实。一者无畏；二者巧便；三者不厌；四者不求；五者不贪；六者广大；七者平等。菩萨不以畏故，于诸众生起怜愍心，修身、口、意业安乐众生，是名无畏。菩萨以巧便慧，于诸众生起怜愍心，非法、非律、非真谛不教非处，是名巧便。菩萨于诸众生，一切方便而不疲厌，是名不厌。菩萨于诸众生起怜愍心，无所希求，是名不求。菩萨于诸众生起怜愍心，不求恩报，是名不贪。菩萨于诸众生起怜愍心，不限众生，于众生所得饶益不饶益悉不弃舍，是名广大。菩萨于诸众生起怜愍心，等众生界无有方限，是名平等。菩萨成就如是七种怜愍，是名第一真实。

菩萨于佛法僧，方便观察得决定解，是名净心。略说有十五种：一者无上心；二者戒心；三者波罗蜜心；四者真实义心；五者神力心；六者安心；七者乐心；八者解脱心；九者坚固心；十者不虚心；十一者不净心；十二者净心；十三者快净心；十四者调伏心；十五者俱生心。专乐佛法僧宝净心，是名无上。受菩萨戒律净心，是名为戒。行施忍精进禅定智慧净心，是名波罗蜜。人无我、法无我、人法无我、第一义法，甚深净心，是名真实义。诸佛菩萨不思议神通力俱生力净心，是名神方。于诸众生欲以善法饶益，是名为安。于诸众生欲以摄取饶益，是名为乐。于诸众生离于贪心及与受报，是名解脱。于无上菩提其心坚固，是名坚固。利众生方便开觉方便不颠倒智俱解脱，是名不虚。解行地菩萨心，是名不净。净心地乃至决定行地菩萨心，是名为净。究竟地菩萨心，是名快净。彼不净心，是名调伏。净心快净心思惟，是名俱生。性自真实，身心清净，故名俱生，是名十五净心。

此十五净心，随一切地略说作十事，无上心。净修三宝惠一切种行，修一切菩提具第一真实，戒心。受菩萨戒律，乃至舍命终【不毁犯，若有所犯即能除灭，波罗蜜心。诸善根法常勤修习不放逸住，真实义心。以不染心为众生故，受于生死，不舍涅槃，解脱净心，神力心。淳厚净信开觉，及修生死想念，多住闻思知量知足，安心乐心解脱心。一切种利益众生，而不疲厌，坚固心。炽然精进、广大精进，平等方便、不缓方便、不断方便，不虚心。疾得神通，彼彼善法不以少心、下心，而生足想，调伏心生俱生心。俱生心疾得阿耨多罗三藐三菩提，利益安乐诸天世人，调伏心摄不净心，俱生心摄净心快净心。若世尊说菩萨净心，施设显示一切，皆是十五净心所摄。过去、未来、现在菩萨，得无上菩提已得当得今得，一切皆是十五净心无余无上。如是十五净心有大果福利，依是得无上菩提。】

【经文出处】《大正藏》第 30 册 No.1581《菩萨地持经》

第四章 西夏文《根本说一切有部毗奈耶杂事》释读

第一节 《根本说一切有部毗奈耶杂事》简介

《根本说一切有部毗奈耶杂事》，又称《毗奈耶杂事》，四十卷。唐义净译，景龙四年（710年）译出。唐智升《开元释教录》卷九著录。载于《丽藏》"殊"至"礼"函、《宋藏》"贵"至"别"函、《金藏》"殊"至"礼"函、《元藏》"贵"至"别"函、《明藏》"以"至"去"函、《清藏》"以"至"去"函、《频伽藏》"寒"帙，收入《大正藏》第24册。关于《根本说一切有部毗奈耶杂事》的提要简介，本节主要参照陈士强先生在《大藏经总目提要·律藏一》中的叙述，下文不再专门出注[①]。

该书是后期说一切有部所传的僧众日常生活杂事制度及其解释，兼及佛陀晚年的行历和第一、二次结集的经过，为该部派广律中"律事"的组成部分之一。全书分为八门（相当于八章），其中，第一门至第八门"第十子摄颂"的初首部分（卷一至卷三十五前部分），即第一门（卷一至卷六）、第二门（卷六至卷十二）、第三门（卷十三至卷十五）、第四门（卷十五至卷十七）、第五门（卷十八至卷十九）、第六门（卷二十至卷三十一）、第七门（卷三十一至卷三十三），内容大致相当于《十诵律》卷三十七至卷四十一《杂诵·杂法》的增广；第八门"第十子摄颂"的中间部分（卷三十五后部分至卷三十九前部分），内容大致相当于《长阿含经》卷二至卷四《游行经》（为小乘《涅槃经》）；第八门"第十子摄颂"的末尾部分（卷三十九后部分至卷四十终），内容大致相当于《十诵律》卷六十至卷六十一《五百比丘结集三藏法品》《七百比

[①] 详见陈士强：《大藏经总目提要·律藏一》，上海：上海古籍出版社，2015年，第518—528页。

丘集灭恶法品》（叙说第一、二次结集）[1]。

该书的体例是摄颂与长行的组合。摄颂分"大门总摄颂""别门总摄颂""子摄颂""内摄颂"四级，每一首偈颂一般为五言四句，个别也有多于四句的。指出佛先制立"众学法"，后制立"波罗夷法"，对于我们研究佛教戒律的形成过程有重要的参考价值。与本书相对应的律典，有《藏文大藏经》中的《律杂事》（又称《毗奈耶杂事》）。

第二节　《根本说一切有部毗奈耶杂事》卷十三释读

西夏文《根本说一切有部毗奈耶杂事》卷十三，今藏于俄罗斯科学院东方文献研究所，编号为 инв. № 2313，译自唐义净同名汉文本《根本说一切有部毗奈耶杂事》卷十三。内容相当于汉文本的开头至"汝定有金，若不见与定断汝命"，结尾有一折已佚。

释读：

13.1.1 西夏文：（略）

拟音：| mər²	tśhji²	ŋowr²	ŋowr²	dju¹	tshjɨj¹	djij¹	phji¹
对译：| 本	根	一	切	有	说	部	毗

西夏文：（略）

拟音：| nej²	ja²	mə²	dạ²	?	ɣạ²	so¹	tsew²
对译：| 奈	耶	杂	事	卷	十	三	第

汉文本：　根本说一切有部毗奈耶杂事卷第十三

13.1.2

zar¹	tśhji²	lhejr²	lhwu¹	tsjir¹	dzjij²	wo²	sej¹	·a	lhej²
汉	本	三	藏	法	师	义	净	△	译

汉本三藏法师义净奉　制译[1]

13.1.3 （略）：

---

①［日］高楠顺次郎、渡边海旭等：《大正新修大藏经》第 24 册，东京：大正一切经刊行会，1934 年，第 207 页上栏。
②西夏文"散磋"两字原缺，据汉文本补。

so¹	tsew²	ɣa¹	pha¹	ɣa¹	zji²	ɣjiw¹	lja¹	da²
三	第	门	别	门	总	摄	颂	曰：

第三门别门总摄颂曰：

13.1.4 𗧓 𗣼① 𗝻 𗣼 𗺝, 𗫐 𗦲 𗼅
so¹	lhwu¹	nioow¹	lhwu¹	rjur¹	mja¹	bju²	mji¹
三	衣	及	衣	架，	河	边	寺

𗫂 𗣝, 𗤁 𗱽 𗰖 𗰖 𗻣,
dzjwɨ²	ɣjir¹	njijr²	lju²	śji¹	śja¹	sji²
檐	造，	面	身	拭	拭	具，

三衣及衣架，河边造寺檐，拭面拭身巾，

13.1.5 𗼅 𗈊 𗠁 𗼿 𗟻。
mji¹	lu²	bjir¹	sju¹	lew²
寺	座	刀	畜	应。

寺座刀应畜。

13.1.6 𗧓 𗤋 𗣬 𗺰 𗼿 𗤋 𗫶 𗫺 𗰖 𗱲：
so¹	tsew²	ɣa¹	kha¹	lew¹	tsew²	war²	ɣjiw¹	lja¹	da²
三	第	门	中	一	第	子	摄	颂	曰：

第三门第一子摄颂曰：

13.2.1 𗧓 𗣼 𗱦 𗝽 𗤋, 𗒽 𗧒 𗈜
so¹	lhwu¹	rer²	ba²	rjijr²	dźjwɨ²	khjɨ¹	lhji²
三	衣	条	叶	量，	床	脚	尘

𗝾 𗣼, 𗵘 𗦲 𗈆 𗤁 𗰪,
me²	khja¹	dźjij¹	twu¹	mej²	kor¹	tji¹
游	拂，	行	处	氍	毹	着，

三衣条叶量，床脚拂游尘，行处着氍毹，

---

① 西夏文本由"𗣼"改为"𗣼"。

13.2.2 𗦲　𗗝　𗭁　𗤋　𗎾。
　　　　tsẹ¹　wjị²　lhjịj　rjar¹　dju¹
　　　　药　　�硙　　受　　许　　有。
　　　　杵石[2]须听畜。

13.2.3 𗁬　𗾁　𘀄　𗾔　𗆀　𗴡　𗼃　𗤋　𘜶　𗉋
　　　　jiw¹　nioow¹　tshjịj¹　tji¹　śjị¹　lo¹　·wa¹　lhjịj　ŋwu²　tha¹
　　　　因　　缘　　　说　　处　　室　　罗　　筏　　城　　是。　佛
　　　　𗥷　𘀄　𘃾，　𗍁　𗜒　𗾓　𗴁　𗾔　𗬺
　　　　rjir²　tshjịj¹　bju¹　phji¹　tśhjụ¹　ŋewr¹　rjar¹　tśji²　xiwã¹
　　　　所　　说　　如，　芯　　刍　　割　　截　　支　　伐
　　　　缘在室罗伐城[3]。如佛所说，芯刍[4]应畜割截支伐

13.2.4 𗴡　𗿢，　𗦲　𗸠　𗍁　𗜒　𗾔　𗬺　𗴡　𗗼
　　　　lo¹　gjwi²　dzjɨj¹　rjur¹　phji¹　tśhjụ¹　tśji²　xiwã¹　lo¹　·wji¹
　　　　罗　　畜，　时　　诸　　芯　　刍　　支　　伐　　罗　　作
　　　　𗈜　𘁈　𗾒　𗾓　𘁈，　𗒾　𗭾　𗒾　𗨝
　　　　kiej²　tśhjɨ²　rjar²　ŋewr¹　rjar¹　rer²　dźjo¹　rer²　wjɨj¹
　　　　欲　　即　　便　　割　　截，　条　　长　　条　　短
　　　　罗[5]，时诸芯刍即便割截[6]，长条短条

13.2.5 𗭾　𗆌　𗦟　𗾔。　𗍁　𗜒　𗿤　𗿒　𗉋　𗿒
　　　　dźjo¹　zjir²　mjɨ¹　ka¹　phji¹　tśhjụ¹　thja¹　dạ²　tha¹　dạ²
　　　　长　　同　　不　　能。　芯　　刍　　其　　事　　佛　　处
　　　　𗥷　𘀄，　𗉋　𗤽：　𗒾　𗭾　𗒾　𗨝　𗧑
　　　　rer²　dźjo¹　tha¹　dạ²　rer²　dźjo¹　rer²　wjɨj¹　·wji²
　　　　所　　说，　佛　　言：　条　　长　　条　　短　　△
　　　　不能相似[7]。以缘白佛[8]，佛言：长条短条

13.2.6 𗾔　𘅉　𘅉，　𗒉　𗓊　𘁈　𗆌　𗍁　𗜒　𘜶
　　　　tji¹　źiwə¹　źiwə¹　nja¹　kạ²　ŋewr¹　lew²　phji¹　tśhjụ¹　thjij²
　　　　不　　参　　差，　△　　齐　　割　　应，　芯　　刍　　何

娜	翌	滋	[概	凇]?	[徍	弱	翍	舵]
sjo²	kạ²	śjij¹	mji¹	dạ²	tha¹	dạ²	rer²	dźjo¹
云	齐	△	不	知?	佛	言:	条	长

不应参差，割截应须齐割。彼复不知云何齐割[9]？佛言：长条

13.3.1

翍	姣	傤	瀰	絊	絿,	职	赦	皱	滋
rer²	wjij¹	tjij²	bju¹	·wji¹	lew²	tśhjạ²	ŋwu²	·wji²	dza²
条	短	法	随	作	应,	尺	以	△	计

纖	瀊	猏	滋	慨	絿	绛	舵	姣
ka¹	zjij¹	tśhjɨ¹	mja¹	nioow¹	phja¹	ku¹	dźjo¹	wjij¹
量	时	是	然	后	断	则	长	短

短条应随其量，可取竹片量截长短

13.3.2

鐐	綒	翗	劣。
zji¹	ljij²	we²	·jɨ²
足	够	是	谓。

方定[10]。

注释：

[1]三藏法师义净奉制译，西夏文本译为"赦帆薇蘥祼弱缪蔺杨檝"，义为"汉本三藏法师义净奉制译"。

[2]杵石，西夏文本译为"彏薿"，义为"药碪"。

[3]室罗伐城，即舍卫城（Sravasti），北侨萨罗国（Kosa-la）的都城。佛陀在世时，波斯匿王统治此国，佛陀在此前后居止二十五年，留有许多佛教胜迹。

[4]蕊刍，即"儇軷"*phji¹ tśhju¹，梵文 bhikṣu 的音译，又译"比丘"等，意译作"乞士""除士"等，出家为佛弟子，受具足戒者之都名也。

[5]西夏文"兹偅麤"*tśji² xiwã¹ lo¹，音译"支伐罗"，梵文 Civara，又曰"至缚罗"。译言衣。《寄归传》卷一曰："袈裟乃事梵言，即是乾陀之色。元来不干东语，何劳下底置衣？若依律文典语，三衣并名支伐罗。"《饰宗记》卷五

_____

①西夏文"概凇"两字原缺，据下文及汉文本"不知"补。
②西夏文"徍弱翍舵"四字原缺，据汉文本"佛言长条"四字拟补。

末曰："支伐罗译之为衣。"

　　[6]时诸苾刍即便割截，西夏文本译为"𗾈𗙴𗓁𗤟𗧪𗄊𘊊𗣼𗸯𗈁𗔇𘉺"，义为"时诸苾刍支伐罗即便割截"。

　　[7]不能相似，西夏文本译为"𗣼𗇋𗽻𗽻"，义作"不等同长"。

　　[8]以缘白佛，西夏文本译为"𗓁𗤟𗣼𘝵𗽻𘟀𗣛"，义为"苾刍以缘白佛"。

　　[9]彼复不知云何齐割，西夏文本作"苾刍不知云何齐割"。

　　[10]可取竹片量截长短方定，西夏文本作"可以尺量截长短方定"。

释读：

13.3.3	𗾈	𗙴	𗣼	𗽻	𗓁	𗤟	𘊊	𗈁	𗾈	𗙴
	jiw¹	nioow¹	tshjij¹	tji²	śji¹	rjir²	·a	tjij²	dzjɨj¹	rjur¹
	因	缘	说	处	前	与	一	样。	时	诸
	𗓁	𗤟	𗣼	𘝵	𗧪	𗈁,	𗓁	𗽻	𗽻
	phji¹	tśhjụ	tśji²	xiwã¹	lo¹	·wji¹	ba²	mjɨ¹	ka¹
	苾	刍	支	伐	罗	作，	叶	不	等

　　缘处同前。时诸苾刍作支伐罗[1]，叶不相似

13.3.4	𘊊	𗜓	𗽻	𗈁	𗣼,	𗓁	𗤟	𘉺	𗈁	𗔇
	ku¹	gjwi²	śjwɨ²	ɣiej¹	nja²	phji¹	tśhjụ	thja¹	da²	tha¹
	便	句	端	正	不，	苾	刍	其	事	佛
	𗈁	𘉺	𗣼,	𗈁	𗣛:	𗱕	𗈁	𗈁	𗈁
	da²	rer²	dźjo¹	tha¹	da²	tjij¹	lhwu¹	·wji¹	zjij¹
	处	所	说，	佛	言：	若	衣	作	时

　　便不端正[2]，以缘白佛[3]，佛言：若作衣时

13.3.5	𘊊	𗜓	𗈁	𘟀	𗓁	𗤟	𗽻	𗽻	𗜓	𗔇
	ba²	ka²	lew²	ŋwu²	phji¹	tśhjụ	thjij²	sjo²	ka²	śjij¹
	叶	等	应	是。	苾	刍	何	云	等	△
	𗈁	𗈁?	𗈁	𗣛:	𗈁	𗈁	𗈁	𗈁	𗽻
	mjɨ¹	da²	tha¹	da²	tśhja²	ŋwu²	tśhji¹	low²	dza²
	不	知?	佛	言：	尺	以	狭	宽	量

　　叶应相似。苾刍不知云何相似？佛言：可取竹片量叶宽狭[4]，

13.3.6 𗈁，𗟲𗏣𗣼𗵒𗧘�𗍳𗟻𗈁

ka¹ tśhjɨ¹ mja¹ nioow¹ phja¹ lew² ·jɨ² tha¹ ba² ka¹

计， 是 然 后 裁 应 谓。 佛 叶 量

𗧘�𗏺，𗈁𗤙𗤎𗦪𗟻𗈁

lew² ·jɨ² ku¹ dzjɨj¹ rjur¹ phji¹ tśhjụ¹ ba² khwej²

应 言 者， 时 诸 苾 刍 叶 大

然后裁之。佛言应量叶者，时诸苾刍作叶极大，

13.4.1 𗣼𗕤，𗍳𗇋：𗈁�𗕤𗥃，𗷦𗟻

rjɨr² ·wji¹ tha¹ dạ² khwej² tji¹ ·wji¹ nji² thja¹ ba²

△ 作， 佛 言： 大 勿 作 △， 其 叶

𗕵𗤂𗜐𗟲：𗜫、𗤁、𗐆𗎺。𗜫

·jij¹ sọ¹ mə² dju¹ tha¹ gu² tsəj¹ ŋwu² tha¹

相 三 种 有： 大、 中、 小 谓。 大

佛言：不应大作。然叶相有三：谓大、中、小。大

13.4.2 𗣼𗤂𗤎𗈁𗈩𗤎�𗍷，𗐆𗣼

tja¹ ljɨr¹ dzjiw² ·jow² nər² dzjiw² ·jir² zjij¹ tsəj¹ tja¹

者 四 宽 乌 指 舒 张 几， 小 者

𗍷𗤎𗍷𗈩��2𗍷𗤙𗕵

njɨ¹ dzjiw² zjij¹ nər² khwej² njijr² zjij¹ thja² ·jij¹

二 宽 几 指 大 面 几， 彼 之

宽四指或如乌张足，小宽二指或如母指[5]面，

13.4.3 𗍷𗣼𗈁𗟲𗎺�。𗦪𗟻𗈁𗍷

njɨ¹ zjạ¹ tja¹ gu² ŋwu² ·jɨ² rjur¹ phji¹ tśhjụ¹ njɨ¹

二 间 者 中 是 谓。 诸 苾 刍 等

𗣼𗤙𗤎�2𗷦𗲣𗍷𗤙𗟲

mji¹ sej¹ ljɨ¹ tśhja¹ thja¹ lhwu¹ rər¹ rjijr² tśhjɨ¹

不 净 地 于 其 衣 缝 刺， 遂

此内[6]名中。诸苾刍于不净地缝刺其衣，遂

13.4.4

扎	蕤	䖙	绊	䤨	䏢	䖰	赦	结	稣
rjar²	tśior¹	la̱¹	tha¹	da̱²	gur¹	nji²	ŋwu²	lji²	tśhja̱¹
便	污	垢	佛	言	牛	粪	以	地	上

缝	斓	飛	祢	麁	形	㭢	羼	礕	
·wji²	nia̱²	mã¹	dźiã¹	lo¹	·wji¹	·a	rowr¹	sej¹	
△	拭	曼	茶	罗	作	△	干	净	

便垢污，佛言：应以牛粪净拭其地，作曼荼罗[7]待干净已，

13.4.5

渺	羝	稣	蕯	㵮	纼	务	绊	䤨	飛
zjij¹	thja¹	tśhja̱¹	lhwu¹	rər¹	lew²	·ji²	tha¹	da̱²	mã¹
时	其	上	衣	缝	应	谓	佛	言	曼

祢	麁	形	纼①	务	臘	庞	儡	靫	
dźiã¹	lo¹	·wji¹	lew²	·ji²	bju¹	rjur¹	phji¹	tśhju̱	
茶	罗	作	应	谓	依	诸	苾	刍	

于上作衣。佛言：作曼茶罗者，然[8]

13.4.6

靫	䏢	䖙	㡟	祖	绊	䤨	殿	赦	羝
nji²	gur¹	nji²	mji¹	rjir¹	tha¹	da̱²	zji̱²	ŋwu²	thja¹
等	牛	粪	难	得	佛	言	水	以	其

结	稣	㵮	䶴	㐖	麫	蕤	翮	縱	
lji²	tśhja̱¹	pho¹	lju¹	sə²	rur²	dja²	we²	mja¹	
地	上	洒	散	清	净	△	是	然	

牛粪难得，佛言：应以水洒其地净

13.5.1

㡟	耗	稣	㵮	纼	务	綠	綠	翍	聚
nioow¹	thja²	tśhja̱¹	rər¹	lew²	·ji²	jiw¹	nioow¹	tshjij¹	tji²
后	彼	上	缝	应	谓	因	缘	说	处

繸	聚	㭢	㤼	嬞	庞	儡	靫	鑾	
śji¹	rjir²	·a	tjij²	dzjij¹	rjur¹	phji¹	tśhju̱	dźjwi²	

---

① 西夏文本有修改符号，由 "绊" 径改为 "纼"。

　　前　　与　　一　　样。　时　诸　苾刍　床
扫置衣。缘处同前。时诸苾刍作尖

13.5.2 　[西夏文]　[西夏文]　[西夏文]　[西夏文]　[西夏文]　[西夏文]　[西夏文]　[西夏文]①　[西夏文]，　[西夏文]

khjɨ¹　dźjwa¹　tshjɨj¹　rjir²　·wji¹　tśhji²　rjar²　ljɨ²　ljij²　tha¹

脚　　尖　　利　　△　　作　　遂　　便　　地　　损，　佛

[西夏文]：　[西夏文]　[西夏文]　[西夏文]　[西夏文]　[西夏文]，　[西夏文]　[西夏文]　[西夏文]

dạ²　dźjwa¹　tshjɨj¹　tji¹　·wji¹　nji²　wji²　djij¹　djij²

言：　尖　　利　　不　　为　　△，　底　平　可

床脚遂便损地，佛言：不应尖利，应可平作。

13.5.3 　[西夏文]　[西夏文]，　[西夏文]　[西夏文]　[西夏文]　[西夏文]　[西夏文]。　[西夏文]　[西夏文]：　[西夏文]

we²　·ji²　thja¹　tsji¹　ljɨ²　dja²　ljij²　tha¹　dạ²　khow²

为　　谓，　彼　　亦　　地　　△　　损。　佛　言：　糠

[西夏文]　[西夏文]　[西夏文]　[西夏文]　[西夏文]　[西夏文]　[西夏文]　[西夏文]，　[西夏文]

nji　dźjwi²　rewr²　khju¹　tji¹　·wji¹　lew²　nioow¹　tjij¹

袋　　床　　脚　　下　　处　　作　　应　　已，　或

然犹致损[9]，佛言：应作糠袋置床脚下，或

13.5.4 　[西夏文]　[西夏文]　[西夏文]　[西夏文]　[西夏文]　[西夏文]　[西夏文]　[西夏文]。

·jɨr²　bjij¹　ŋwu²　kwa¹　·wji¹　tsji¹　rjar²　dju¹

帛　　破　　以　　缠　　作　　亦　　许　　有。

破帛缠裹。

　　注释：

　　[1]支伐罗，即"[西夏文][西夏文][西夏文]" *tśji² xiwã¹ lo¹，梵文 Civara，又曰"至缚罗"，译言衣。

　　[2]叶不相似便不端正，西夏文本译为"[西夏文][西夏文][西夏文][西夏文][西夏文][西夏文][西夏文][西夏文]"，义为"叶不相似便句不端正"。

　　[3]以缘白佛，西夏文本译为"[西夏文][西夏文][西夏文][西夏文][西夏文][西夏文][西夏文][西夏文]"，义为"苾刍以缘白佛"。

---

　　①据汉文本，西夏文"[西夏文]"原误作"[西夏文]"。

[4]可取竹片量叶宽狭，西夏文本译为"𗀓𗰭𘄑𗆜𗤀𗋽"，义为"可用尺量宽狭"。

[5]母指，即拇指。西夏文本译为"𗥃𗤀"，义为"大指"。

[6]此内，西夏文译为"𗤁𗅢𗡪𗖵𗤀"，义为"其二间者"。

[7]曼荼罗，西夏文译为"𘃸𗦲𘕿" *mã¹ dźiã¹ lo¹，又作曼陀罗、曼吒罗、漫荼罗、蔓陀罗、曼拏罗、满荼逻、满拏啰。意译坛、坛场、轮圆具足、聚集。印度修密法时，为防止魔众侵入，而划圆形、方形之区域，或建立土坛，有时亦于其上画佛、菩萨像，事毕像废。故一般以划圆形或方形之地域，称为曼荼罗，认为区内充满诸佛与菩萨，故亦称为聚集、轮圆具足。在律中，亦有为避不净，而在种种场合作曼荼罗者。

[8]此处西夏文本有"𗦹𗳈𘗽𘍦"，义为"诸苾刍等"，汉文本无。

[9]然犹致损，西夏文本译为"𗾘𘂤𗫷𘟻𘐀"，义为"然犹致地损"。

释读：

13.5.5

𗵽	𗵶	𗴿	𗴚	𗤻	𗶟	𗎫	𗦾	𗪴	𗸏
jiw¹	nioow¹	tshjɨj¹	tjɨ²	śji¹	rjir²	·a	tjij²	dzjij¹	pho¹
因	缘	说	处	前	与	一	样。	时	婆

𘕿	𗤓	𗞞	𘍦	𗷝	𗦄	𘊄	𗵦	𗗙
lo¹	mẽ¹	gjɨ²	we²	nioow¹	·wjɨ²	lho	dźjij¹	bjij²
罗	门	有	城	外	△	出	行	游

缘处同前。有[1]婆罗门因出城外行游

13.5.6

𗒂	𗒁，	𗤉	𗤻	𘍦	𗺉	𗰜	𘖭	𘊲	𘐔
tjɨ²	·jar²	tjɨ¹	thji¹	bjij²	zjij¹	śjɨ²	tow¹	rejr²	bo¹
疲	极，	饮	食	时	时	逝	多	林	林

𘚢	𗹙，	𗤉	𗤻	𗴚	𗯁	𗠡	𘍅	𗵷	𘝾
kha¹	·o²	tjɨ¹	thji¹	tjɨ²	tśhja¹	thjo¹	tjij¹	lju¹	·jir²
中	入，	饮	食	处	敷	妙	褥	座	张

疲极，食时既至入逝多林[2]，见其食处敷妙褥座

13.6.1

𗤉	𘓛	𗃽	𗴚	𗧠	𗴜	𗙐	𗬫	𗪛	𗭴
tjɨ¹	dzji²	ŋa²	tjɨ¹	ljij²	zjɨr¹	dju¹	njij¹	gu¹	dźiej²

饮	食	好	置	见，	希	有	心	发	信
獬	瓝	瓺，	殣	瓶	秘	羚	蘰	毿	
dzjwɨ̱¹	phji¹	śjwo¹	tśhjɨ²	rjar²	tśhja¹	zẹw²	dja²	thu²	
敬	意	生，	立	即	上	脱	△	敷	

置好饮食，见生希有发信敬心，即脱上帔敷

13.6.2

玁	鎏	鎏	叕	秘	蘱	瓍	姚	蘰	毿。
phju²	dzuu²	dzuu²	tjɨ²	tśhja¹	·jɨr²	·wjɨ²	lho	dja²	rjɨr²
上	座	坐	处	上	张	△	出	△	去。
燋	㰠	罷	蘼	绵	彩	叕	绕，	绛	
kụ¹	dzjɨj¹	thja¹	lhwu¹	tə̣¹	ror²	kjɨ¹	njɨ̱²	ku¹	
后	时	彼	衣	腻	垢	△	便，	故	

上座坐处出门而去。后于异时[3]衣便垢腻，

13.6.3

玁	彩	眦	㢟	绣	鎏	敓	嫩	叕	移。
·jɨ¹	dạ²	nwə¹	mjijr²	bji²	dzuu²	khju¹	ljijr²	tjɨ²	·wjɨ²
众	言	知	者	下	座	下	方	处	为。
罷	敆	麿	甬	燋	寙	诩	緥	玁	
thja¹	pho¹	lo¹	mẽ¹	kụ¹	dạ²	gji²	nioow¹	·ji¹	
彼	婆	罗	门	后	事	有	因	众	

其知事人[4]敷之下座。彼婆罗门后因他事来至

13.6.4

眦	屝	憼	庇	蹄	叕	斈	萐，	玁	鎏
mji¹	·u²	ljij²	tji¹	thji¹	tjɨ²	do²	śjɨ¹	phju²	dzuu²
寺	中	行	饮	食	处	于	诣，	上	座
敓	嫩	豪	蘼	眦	岗，	绖	鼣	姚	
khju¹	ljijr²	·jij¹	lhwu¹	mji¹	ljij²	tśjɨ¹	dạ²	biọ¹	
下	方	自	衣	不	见，	次	巡	观	

寺中行诣食处，于上座所不见其衣，巡次遍观

13.6.5

绣	鎏	敓	嫩	叕	斈	蒁	岗。	獬	敓
bji²	dzuu²	khju¹	ljijr²	kjɨ¹	tjɨ²	sji²	ljij²	njɨj¹	khju¹

下	座	下	方	△	敷	具	见。	心	下
絩	幡:	絟	薍	慨	骸	糀	羬	峰	
·wjɨ²	lə	ŋa²	lhwu¹	sjiw¹	ŋwu²	rejr²	phə¹	pjụ¹	
△	念:	我	衣	新	是	多	价	量	

见敷下座。彼作是念[5]: 我衣新物又是贵价,

13.6.6

絾,	嶯	絲	皶	姦	莼	緔	薖	穆,	芮
tśhju¹	wa²	nioow¹	thjɨ²	·wjɨ²	ror²	nji²	tśior¹	·wji¹	tsej²
有,	何	故	此	刻	秽	干	污	为,	且
漻	敊	綫	绛	鯍	蔟	蔓?	莼	帅	
zjij¹	·jij¹	·jar¹	njij¹	khju¹	tśhji¹	kiọ¹	dạ²	nwə¹	
时	△	以	心	下	观	察?	言	知	

因何今日秽污若斯? 且待片时察其何故? 乃见知事

13.7.1

夎	穆	燚	皺	茮	骸	薍	薖①	茮	羬,
dźjɨ¹	·wji¹	kjɨ¹	tji¹	sji²	dwewr²lhwu¹	llhwu¹	phər¹	kar²	
行	为	△	置	具	知	衣	捉	除	分,
犯	玆	魕	甶	嶯	絲	燚	薖	穆	
thja¹	pho¹	lo¹	mẽ¹	wa²	nioow¹	kjɨ¹	tśior¹	·wji¹	
彼	婆	罗	门	何	缘	△	污	为	

安置座已捉衣拂地, 彼见如是知其污缘[6],

13.7.2

茮	骹,	莼	帅	弯	狮	莼	劧:	絩	刻
sji²	ljij²	dạ²	nwə¹	mjijr²	·jij¹	dạ²	·ji²	·wji²	tji¹
具	见,	言	知	者	之	言	曰:	△	若
帅	骸	燚	骸	慨	莼	廐	蔽?	縇	
dạ²	zjɨr¹	kjɨ¹	ŋwu²	mji¹	tsjij²	nja²	mo²	sji¹	
事	小	△	是	不	解	仁	耶?	先	

告知事曰: 此之小事仁不解耶? 先

---

① 据汉文本,西夏文 "薖" (捉) 原误作 "薖" (旧)。

13.7.3

γu^1	$zjir^2$	lju^2	$t\acute{s}ji^1$	$nioow^1$	$\acute{s}jwo^1$	wej^2	$s\vartheta^2$	rur^2	$rjir^2$
前	水	洒,	次	及	打	扫	清	净	△

zji^2	$t\acute{s}hji^1$	mja^1	$nioow^1$	tji^1	ku^1	$thji^2$	sju^2	$t\acute{s}ior^1$
作,	是	然	后	敷,	故	是	如	污

当洒水，次扫令净，然后敷座，[7]

13.7.4

mo^2	nji^2	mji^1	$tsjij^2$	bju^1	ηa^2	$lhwu^1$	dja^2	$ljij^2$	$\cdot wji^1$
耶?	汝	不	解	由	我	衣	△	损	为

ηa^2	sji^2	$\cdot ji^2$	$khie^1$	$njij^1$	$\cdot a$	$\acute{s}jwo^1$	$t\acute{s}hji^2$	$rjar^2$
我	具	谓。	嫌	心	△	起	立	即

由不解故致损我衣。起嫌耻心舍之

13.7.5

dja^2	$rjir^2$	$phji^1$	$t\acute{s}hju^2$	$thja^1$	da^2	tha^1	do^2	$rjir^2$	$tshjij^1$
而	去,	苾	刍	彼	事	佛	处	△	说,

tha^1	da^2	nji^2	ηewr^2	tji^1	$thji^1$	$zjij^2$	$\acute{s}ji^1$	γu^1
佛	言:	日	每	饮	食	时	先	前

而去[8]。苾刍以缘白佛，佛言：每于食处应先

13.7.6

$zjir^2$	lju^2	$t\acute{s}ji^1$	$nioow^1$	$\acute{s}jwo^1$	wej^2	$s\vartheta^2$	rur^2	$rjir^2$	zji^2
水	洒	次	后	打	扫	清	净	△	作,

$t\acute{s}hji^1$	mja^1	$nioow^1$	$dzuu^2$	lju^1	tji^1	ku^1	$tsjir^1$	$tjij^1$
时	然	后	敷	座	置	故	法	礼

洒水次扫令净，然后敷座方成应法。

13.8.1

𘄿	𗾑	𗏁	𘃡	𗾅	𗅈	𗢍	𗿣	𗵒	𗾦
rjir²	śjwi²	·jɨ²	dzjij¹	dạ²	nwə¹	mjijr²	lhji²	me²	tji¹
与	应	谓。	时	言	知	者	尘	土	置

𗩾	𗝬	𗤛	𗒒	𗙫	𘄿	𗾦	𗼦	𗤁	𗼻
dźjwi²	lu²	tśhja¹	tjɨj¹	lju¹	kjɨ¹	tji¹	tə¹	ror²	
床	座	上	褥	座	△	敷，	垢	污	

时知事人于尘土座上敷其座褥，遂多垢污，

13.8.2

𗾦	𗦲	𘄁	𗤰	𘄿	𗦛	𘈷	𗅈	𗤰	𗩾
kjɨ¹	nji²	dźjar²	śji¹	rjir²	lew²	tha¹	dạ²	śji¹	dźjwi²
△	多，	过	前	与	同，	佛	言：	先	床

𗝬	𗤛	𗿣	𗵒	𘝢	𘜶	𗋽	𗦳	𗈀	
lu²	tśhja¹	lhji²	me²	khji¹	dźjwa¹	tśhjɨ¹	mja¹	nioow¹	
座	上	尘	土	拂	已，	是	然	后	

招过同前，佛言：先可拂拭床座[9]，次

13.8.3

𗒒	𗙫	𗼦	𗫂	𘞦	𗤋	𗄀	𗢁	𗿣	𗵒
tjɨj¹	lju¹	tji¹	lew²	phji¹	tśhjụ¹	wa²	ŋwu²	lhji²	me²
褥	毡	敷	应。	苾	刍	何	以	尘	土

𘝢	𗤰	𘜶	𗏁	𘄁	𗦳	𘗽	𘈅	𗢲	
khji¹	śjij¹	mjɨ¹	dạ²	tha¹	dạ²	lhwu¹	gjwi²	kiew²	
拂	△	不	知，	佛	言：	衣	服	角	

敷毡褥。苾刍不知以何拂拭，佛言：应以一衣用

13.8.4

𗢁	𗩾	𗝬	𗤛	𗿣	𗵒	𗐴	𗦳	𗦲	𗏁
ŋwu²	dźjwi²	lu²	tśhja¹	lhji²	me²	nja¹	khji¹	nji²	·jɨ²
以	床	座	上	尘	土	△	拂	△	谓。

𘃡	𗹬	𗦳	𗢍	𘗽	𘈅	𗏇	𗢁	𗿣	
dzjij¹	thja¹	dạ²	nwə¹	lhwu¹	gjwi²	ŋạ²	ŋwu²	lhji²	
时	彼	言	知	衣	服	好	以	尘	

拂床座。时彼知事拂以好衣，

13.8.5

侂	羮	襓	絑	觡	矵	絾	爰	赦	絼
me²	nja¹	khji¹	tha¹	da̱²	gjwi²	lew²	lhjwi²	ŋwu²	lhji²
土	△	拂,	佛	言:	衣	应	故	以	尘

侂	襓	絾	劦	觓	觡	帜	桼	蘸
me²	khji¹	lew²	·ji²	thja¹	da̱²	nwə¹	mjijr²	lhwu¹
土	拂	应	谓。	其	言	知	者	衣

佛言: 应用故衣[10]。其知事者

13.8.6

爰	赦	襓	帜	桅	徽	縢	散	秖	茲
lhjwi²	ŋwu²	khji¹	mji¹	khwa¹	pjo¹	ljij²	gjiw¹	tśhja̱¹	bə¹
故	已	拂,	不	久	破	碎	广	上	掷

鏃,	絑	觡	散	秖	燚	茲	鏃	芜,
dźjwo²	tha¹	da̱²	gjiw¹	tśhja̱¹	tji¹	bə¹	dźjwo²	nji²
弃,	佛	言:	广	上	莫	掷	弃	△,

拂以故衣, 不久破碎即皆弃掷, 佛言: 不应即弃,

13.9.1

絴	赦	毓	殊	孫	籑	絾	秖	庸	鏖
de²	ŋwu²	rer²	tshjɨj¹	·wji¹	bo²	ɣu¹	tśhja̱¹	śjaa¹	dźjwi²
裂	以	片	细	为	杖	头	上	系	床

秖	絅	侂	襓	芜	絾	孫	芜	劦
tśhja̱¹	ljɨ²	me²	khji¹	sji²	rjir²	·wji¹	nji²	·ji²
上	地	尘	拂	具	△	为	△	谓。

裂为细片系在杖头用拂床座。

13.9.2

絧	燚	毅	徾	荒	絾	毅	巍,	綽	絼
rejr²	dzjɨj¹	kjɨ¹	rar²	wji¹	lew²	mjɨ¹	dźjo̱w²	ku¹	·ji²
多	时	已	过	用	应	无	堪,	故	还

帜	散	秖	茲	鏃,	絑	觡	羊	毅
nioow¹	gjiw¹	tśhja̱¹	bə¹	dźjwo²	tha¹	da̱²	djij²	mjɨ¹
遂	广	上	掷	弃,	佛	言:	虽	不

经久无堪, 遂还弃掷, 佛言: 虽不

13.9.3　缥　肽　散　秘　缀　鑀　绬　憒，　萧　赦

dźiọw² tsji¹ gjiw¹ tśhja¹ bə¹ dźjwo² lew¹ nja² bjir¹ ŋwu¹

堪　亦　广　上　掷　弃　应　不，　刀　以

鋬　豺　斑　赦　糀　帆　縦　兹　蒲，

swej¹ ·wji¹ tśior¹ lji¹ nioow¹ gur¹ nji² rjir¹ lwụ¹

碎　作　泥　△　及　牛　粪　与　和，

堪用不应弃掷，应剉[11]和泥及和牛粪，

13.9.4　蕺　辅　滋　瓘　袨　秘　辅　绬　瓘，　绎

dzjị² lej² zjạ¹ nia² tjij¹ we² lej² zjir² nia² mji¹

柱　隙　间　涂　或　墙　隙　长　涂，　施

殁　孺　猕　甄　譅　绬　辫　彶　祇

·o¹ ·jij¹ ljo¹ gjij¹ tśjo zjir² lhu¹ ljij¹ phji¹

主　之　福　利　永　久　增　长　令

用填柱孔或涂墙隙，欲令施主福利久

13.9.5　绬　多。

lew² ·jɨ²

应　谓。

增。

注释：

［1］有，西夏文译作"时有"，下文亦如此。

［2］逝多林，即"蕺頾蕤秡"*śjɨ² tow¹ rejr² bo¹，梵文 Jetavana，旧称祇陀林、祇洹林，本为逝多太子所有之林，故云逝多林。

［3］后于异时，西夏文译作"后于时"。

［4］知事人，西夏文本译为"魠斳彦"，义为"知言人"，下文亦如此。

［5］彼作是念，西夏文本译为"絳鼗缑懈"，义为"心下是念"。

［6］彼见如是知其污缘，西夏文本译为"羪兹魔蒱斳鼗多鼗彩甊蕺"，义为"彼见婆罗门知其污缘"。

［7］此处西夏文"綵鼗秘甊斔"，译作"如是污耶？"汉文本无。

［8］起嫌耻心舍之而去，西夏文本译为"核絳拐氞殚斺蕤緲"，义为"起嫌耻心遂便而去"。

［9］先可拂拭床座，西夏文本译为“□□□□□□□□”，义为“先可拂拭床座尘土”。

［10］应用故衣，西夏文本译为“□□□□□□□□□□”，义为“应用故衣拂尘”。

［11］剉，西夏文本译为“□□□□”，义为“以刀作碎”。

释读：

13.9.6 □ □ □ □ □ □ □ □。 □ □
jiw1 nioow1 tshjịj1 tjị2 śji1 rjir2 ·a tjɨj2 dzjɨj1 thjwị1
因 缘 说 处 前 与 一 样。 时 少
□ □ □ □， □ □ □ □， □
mjɨr1 phji1 tśhjụ1 gjɨ2 ·a ljijr2 ·jij1 dźjij1 thja1
年 苾 刍 有， 一 处 而 行， 彼
缘处同前。时有年少苾刍，随于一处而作经行[1]，彼

13.10.1 □ □ □ □ □ □ □。 □ □ □
·jij1 dźjij1 twụ1 ljị2 njijr2 ŋwo2 ljịj2 dzjɨj1 phə1 bjij1
△ 行 处 地 面 损 坏。 时 长 者
□ □ □ □ □ □ □ □ □，
gjɨ2 ·ji1 mji̱1 ·u2 śjɨ1 rjur1 rjur1 bio̱1 dźji
一 有 寺 中 望 遍 处 观 瞻，
经行时令地损坏。时有长者[2]入寺遍观，

13.10.2 □ □ □ □ □ □ □ □ □ □
thjwị1 mjɨr1 phji1 tśhjụ1 ·jij1 dźjij1 tjị2 njɨ2 thjɨ2 sju2
少 年 苾 刍 △ 行 处 至 是 如
□ □： □ □ □ □ □ □ □
·wjɨ2 lə ljị2 tsjɨ1 sju2 ·wjɨ2 dja2 we2 sjɨ2
△ 念： 地 尚 此 如 △ 是 具
至经行处便作是念[3]：地尚如此，

13.10.3 □， □ □ □ □ □ □ □ □ □？

wja¹	śjij²	mjijr²	rewr²	wji²	wa²	dja²	we²	·ja¹	·jɨ²
曰，	圣	者	足	底	何	△	是	然	谓？

sju²	lə	dźjwa¹	nioow¹	śjij²	mjijr²	·jij¹	·jɨr¹	sju²	
是	念	竟	已	圣	者	之	问：	此	

圣者之足其状若何？作是念已问言：圣者！

13.10.4

ljɨ²	dja²	ljij²	tja¹	sjwɨ¹	dźji	·wji¹	·jɨ²	phji¹	tśhjʉ¹
地	△	损	者	谁	行	为	耶？	苾	刍

hʉ²	dạ²	sju²	tja¹	ŋa²	dzjɨ²	dźjij¹	tjɨ²	ŋwu²	
报	曰：	此	者	我	经	行	处	是	

谁令此地有损坏耶？苾刍报曰：此即是我经行之处。

13.10.5

·jɨ²	phə¹	bjij¹	hʉ²	dạ²	ljɨ	tja¹	thjɨ²	sju²	dja²
谓。	长	者	报	曰：	地	者	此	如	△

we²	sji²	rewr²	wji²	wa²	dja²	we²	rewr²	·a	
是	具，	足	底	何	△	是？	足	△	

长者报曰：地既如此，足如之何？

13.10.6

tśhjo¹	nja²	·jʉ¹	ŋa²	·jɨ²	tśhjɨ²	rjar²	rewr²	tśhjij¹
行	汝	观	我	谓。	即	便	足	举

dźji¹	zji²	gjwɨ¹	phə¹	bjij¹	ljij²	nioow¹	·wjʉ¹	njij¹
皮	并	穿。	长	者	见	已	悲	心

幸当举足我试观足。即便举示其皮并穿。长者见已起悲念心，

①此字后西夏文本原有"蔽"*ljij²（见），有删除符号。

13.11.1

·a	jwo¹	śjij²	mjijr²	·jij¹	·jɨ²	ŋa²	mej¹	kor¹	dźjij²
△	起,	圣	者	之	言：	我	戱	毺	有,
nji²	·jij¹	khjij¹	ŋa²	dźjij¹	tji²	twụ¹	·jir²	rewr²	
汝	之	与	我,	行	处	各	舒	足	

报言：圣者！我有戱毺，欲为敷设在上经[4]，行于足

13.11.2

mji¹	tśhji¹	ljij²	·ji²	hụ²	dạ²	phə¹	bjij¹	tha¹	mjij²
无	是	损	谓。	答	言：	长	者！	佛	未
rjar¹	dju¹	phji¹	phə²	bjij¹	dạ²	śjij²	mjijr²	nji²	
许	有	令。	长	者	言：	圣	者！	仁	

无损。答言：长者！佛未听许。彼言[5]：圣者！仁

13.11.3

·jij¹	ljij²	dzjij²	njij²	·wjụ¹	njij¹	tśhju¹	kji¹	djij²	rjar¹
之	大	师	慈	念	心	怀,	必	定	许
dju¹	phji¹	·ji²	phji¹	tśhjụ¹	thja¹	dạ²	tha¹	do²	
有	令	谓。	苾	刍	此	事	佛	处	

之大师性怀慈念，此定应许。苾刍以缘白佛，

13.11.4

rjir²	tshjij¹	tha¹	dạ²	ŋa²	sjij¹	thja¹	kjir¹	·jiw²	khu¹
△	说,	佛	言：	我	今	彼	警	策	勤
dźjij¹	dzjɨ²	dźjij¹	mjijr²	phji¹	tśhju¹	·jij¹	mej²	kor¹	
精	经	行	者,	苾	刍	之	戱	毺	

佛言：我今听彼精勤警策经行，苾刍应畜戱毺

13.11.5　縦　彤　荒　祇，　狁　縦　耣　絹　劦。　絆
lhjij　rjar¹　dju¹　phji¹　·wjij²　lhjij　dźjar²　mjij¹　·ji²　tha¹
畜　许　有　令，　应　畜　犯　无　谓。　佛

彤　荒　祇　移　絹　彤　斔　劦　蕊，
rjar¹　dju¹　phji¹　dạ²　phə¹　bjij¹　do²　·ji²　śji¹
许　有　令　言　长　者　处　告　往，

随意无犯[6]。还告长者[7]，

13.11.6　絹　彤　殖　荒　恍　俞　燚　縦，　傾　鞁
phə¹　bjij¹　tśhji²　rjar²　mej²　kor¹　kji¹　tji¹　phji¹　tśhjụ¹
长　者　立　即　罷　毹　△　敷，　苾　刍

纐　縦。　荒　斔　燹　祇，　楋　飘　菽
·wjị²　lhjij　rejr²　dzjij¹　dji¹　lej²　njị¹　rer²　dja²
便　受。　多　时　践　蹋，　两　段　△

彼即为敷[8]，苾刍便受。多时足蹋，遂为两段

13.12.1　纼　骹　嫩　荒　縦。　絹　彤　燊　憿　恍
we²　gji²　ljijr²　rjịr²　tji¹　phə¹　bjij¹　kụ¹　ljij²　mej²
为　各　方　所　放。　长　者　后　来　罷

俞　縅　葴，　剡　彦　孤　纮：　鞁　縱
kor¹　ljij²　ljij²　śjij¹　mjijr²　·jij¹　·jïr¹　wa²　nioow¹
毹　坏　见，　圣　者　之　问：　何　故

各在一边。长者后来见其狼籍[9]，问言：圣者！因何

13.12.2　恍　俞　荍　纐　甤　毳？　蔾　攭　縅　絻
mej²　kor¹　twụ¹　·wjị²　dźjow¹　ka²　tjij¹　śju¹　ljij²　ku¹
罷　毹　处　△　零　落？　若　破　坏　故

憿　骼　荒　祿　纮　劦　傾　鞁　玭
mji¹　rər¹　nji²　thjij²　lew²　·ji²　phji¹　tśhjụ¹　thja¹
不　缝　△　何　应　谓？　苾　刍　彼

罷毹零落至此？若见破处何不缝治？苾刍

13.12.3

dạ² tha¹ do² rjir² tshjij¹ tha¹ dạ² phə¹ bjij¹ tshjij¹

事 佛 处 △ 说, 佛 言: 长 者 说

tja¹ mə² la² thju¹ thju¹ dja² śju¹ ljij² twụ¹

者, 实 斯 真 实! △ 破 坏 处,

以缘白佛,佛言:长者所说,斯实善哉[10]！见有破处,

13.12.4

tśhjɨ² rjar² rər¹ rjijr² nioow¹ ·wjij¹ lew² ŋwu² tjij¹ ŋạ²

立 即 缝 治, 后 补 应 是。 若 极

ŋạ² dja² śju¹ dzjwɨ² djɨ² lew² mjɨ¹ dźiow² ku¹

其 △ 破 修 理 应 不 堪, 故

即可缝治，或以物补。若其[11]碎破不堪修理，

13.12.5

tśior¹ ljɨ¹ nioow¹ gur¹ njɨ² rjir² lwụ¹ dzjɨ² dźjij¹ tjɨ²

泥 △ 及 牛 粪 与 和, 经 行 处

do² ·wjɨ² tśior¹ niạ² ku¹ mjɨ¹ ·o¹ ·jij¹ ljo¹

于 而 泥 涂, 故 施 主 之 福

应可和泥或和牛粪，于经行处而为涂拭[12]，能令施主

13.12.6

rjar¹ lhu¹ dzja¹ phji¹ njwi²

田 增 长 令 能。

增长福田[13]。

注释：

[1]随于一处而作经行，西夏文字面译作"一处而行"。

[2]时有长者，西夏文本译为"𗣼𗥓𗧾𗲠𗢫"，义为"时有一长者"。

[3]至经行处便作是念，西夏文字面译作"少年𗣼乌至经行处便作是念"。

［4］欲为敷设在上经，西夏文字面译作"欲为敷设"。

［5］彼言，西夏文字面译作"长者言"。

［6］苾刍应畜氎毹随意无犯，西夏文字面译作"苾刍应畜氎毹无犯"。

［7］还告长者，西夏文字面译作"佛听言还告长者"。

［8］彼即为敷，西夏文字面译作"长者即为氎毹敷"。

［9］狼籍，即"狼藉"，西夏文本译为"𗀔𗅾𗆊"，义为"坏氎毹"。

［10］斯实善哉，西夏文字面译作"斯实真实"。

［11］其，西夏文本译为"𗀔𗀔"，义为"极其"。

［12］涂拭，西夏文本译为"𗀊𗀊"，义为"涂泥"。

［13］福田，即"𗀊𗄻"，佛教用语，佛教以为供养布施，行善修德，能受福报，犹如播种田亩，有秋收之利，故称"欲以汝智测量福田而知高下，亦无是处"。凡敬侍佛、僧、父母、悲苦者，则可收获福德、功德，故称能出生福德处为福田。

释读：

13.13.1

𗢸	𗢸	𗢸	𗢸	𗢸	𗢸	𗢸	𗢸。	𗢸	𗢸
jiw¹	nioow¹	tshjɨj¹	tji²	śji¹	rjir²	·a	tjij²	dzjij¹	phji¹
因	缘	说	处	前	与	一	样。	时	苾

𗢸	𗢸	𗢸	𗢸	𗢸	𗢸	𗢸	𗢸	𗢸
tśhjụ¹	gjɨ²	ŋo²	thew²	djɨ²	mjijr²	do²	śji¹	·jir¹
刍	有	病	遇	医	人	处	往	报

缘处同前。时有苾刍病往医人处报

13.13.2

𗢸:	𗢸	𗢸!	𗢸	𗢸	𗢸	𗢸	𗢸	𗢸	𗢸
dạ²	djɨ²	rjijr¹	ŋa²	thji²	sju²	ŋo²	thew²	kjɨ¹	tser¹
言:	贤	首!	我	是	如	病	遇	△	医

𗢸	𗢸	𗢸。	𗢸	𗢸:	𗢸	𗢸!	𗢸	𗢸
djɨ²	ŋa²	·jɨ	hụ²	dạ²	śjij²	mjijr²	thji²	sju²
治	我	谓。	答	言:	圣	者!	是	如

言：贤首！我有如是病，为处方药[1]。彼言[2]：圣者[3]服如是

13.13.3

𗢸	𗢸	𗢸	𗢸	𗢸	𗢸	𗢸	𗢸	𗢸	𗢸。

tsẹ¹	·wji²	thji¹	nja²	ku¹	rjar¹	ŋo²	ŋwər²	nja²	·ji²
药	△	服	汝	故	病	患	愈	汝	谓。

dji²	mjijr²	tser¹	dji²	śjij¹	kjɨ¹	nej²	nioow¹	ljijr²
治	者	医	治	法	△	示。	又	方

药当得平复。即为处方[4]。

13.13.4

·jij¹	dźjij¹	tji²	twụ¹	śjɨ¹	tsẹ¹	lwụ¹	bjij²	zjij¹	tsẹ¹
自	住	处	各	往,	药	磨	时	时	药

wji²	gju²	śjwo¹	ku¹	mjɨ¹	nji¹	do²	njir²	śjij²
石	杵	须,	故	余	家	处	充	用,

还归住处,料理药[5]时须得杵石,便诣余家暂借充用,

13.13.5

mjɨ¹	tśhjɨ²	rjar²	khjow¹	tsẹ¹	lwụ¹	dja²	dźjwa¹	xja¹	khjow¹
他	遂	便	与。	药	磨	既	了	速	还

·wji¹	śjɨ¹	wji²	·wə¹	gji²	dạ²	śjij²	mjijr²	thji²
为	相	石,	主	妻	言:	圣	者!	此

彼人便与。磨药既了以石相还,答言[6]:圣者! 此

13.13.6

wji²	nja²	·jij¹	dja²	khjɨj¹	ŋa²	phji¹	bju¹	rjir²	tśhjo²
石	汝	之	△	与	我,	意	随	将	归。

śjij²	mjijr²	hụ²	dạ²	tha¹	mjij²	rjar¹	dju¹	phji¹
圣	者	答	曰:	佛	未	许	有	令

即相遗[7],随意将归。答曰[8]:佛未听畜[9]。

13.14.1 𗥃。𗥒𗡪𗍬𗭧: 𗒀𗍿𗰗𗆈𗌗

·jɨ²	dzjij¹	thja¹	dzjwo²	dạ²	tjij¹	thjɨ²	sju²	ku¹	ljɨ²
谓。	时	彼	人	曰[10]:	若	是	如	者	地

tśhjạ¹	rjir²	tshjɨ¹	dja¹	śjɨ¹	nja²	·jɨ²	phjɨ¹	tśhjụ¹	
上	△	置	△	去	令	谓。	芯	乌	

若如是者可置地去。芯乌

13.14.2

thja¹	dạ²	tha¹	do²	rjir²	tshjij¹	tha¹	dạ²	ŋa²	rjar¹
此	事	佛	处	△	说,	佛	言:	我	许

dju¹	phjɨ¹	tjij¹	mjɨ¹	tsə¹	wji²	gju²	mjɨ¹	zjij¹
有	令,	若	他	药	石	杵	施	时

以缘白佛，佛言：我今听畜杵石并轴[11]，他若施时

13.14.3

phji¹	bju¹	lhjij	lew²	·jɨ²
意	随	受	应	谓。

随意应受。

13.14.4

sọ¹	tsew²	ɣa¹	kha¹	njɨ¹	tsew²	war²	ɣjiw¹	lja¹	dạ²
三	第	门	中	二	第	子	摄	颂	曰:

第三门第二子摄颂曰：

13.14.5

lhwu¹	rjur¹	nioow¹	tjij¹	·jij²	bə²	lụ²	tji¹
衣	架	及	灯	笼,	虫	蚁	勿

ljij²	phji¹	tsja¹	zjij¹	śju¹	·ju²	·wji¹
损	使,	热	时	凉	棚	作,

衣架及灯笼，勿使虫伤损，热开三面舍[12]，

13.14.6 [illegible] [illegible] [illegible] [illegible] [illegible]。

lhjụ^{2} thow^{1} sjwij^{1} phji^{1} lew^{2}

难 陀 记 令 可。

可记难陀身。

注释：

［1］我有如是病为处方药，西夏文字面译作“我有如是病医治我”。

［2］彼言，西夏文本译为“[illegible]”，义为“答言”。

［3］圣者，即“[illegible]”，正也，发无漏智而证正理之人曰圣者。

［4］即为处方，西夏文字面译作“治人示为医治法”。

［5］料理药，西夏文字面译作“磨药”。

［6］答言，西夏文字面译作“主妻言”。

［7］此即相遗，西夏文字面译作“此石汝与我”。

［8］答曰，西夏文字面译作“圣者答曰”。

［9］佛未听畜，西夏文本译为“[illegible]”，义为“佛未有许”，下文亦如此。

［10］西夏文“[illegible]”，义为“时彼人曰”，汉文本无。

［11］并轴，西夏文本无。

［12］热开三面舍，西夏文本译为“[illegible]”，义为“热时作凉棚”。

释读：

13.15.1 [illegible] [illegible] [illegible] [illegible] [illegible] [illegible] [illegible] [illegible] [illegible]。 [illegible]

jiw^{1} nioow^{1} tshjij^{1} tjị^{2} śjɨ^{1} lo^{1} ·wa^{1} lhjij ŋwu^{2} phji^{1}

因 缘 说 处 室 罗 筏 城 是。 苾

[illegible] [illegible] [illegible] [illegible] [illegible] [illegible] [illegible]， [illegible] [illegible]

tśhjụ^{1} ŋwe^{1} twụ^{1} lhwu^{1} gjwi^{2} rjɨr^{2} tjị^{1} tśhjɨ^{2} rjar^{2}

刍 安 处 衣 服 而 安， 遂 便

缘在室罗伐城。苾刍随处而安衣服，便

13.15.2 [illegible] [illegible] [illegible] [illegible] [illegible] [illegible]。 [illegible] [illegible] [illegible] [illegible]

tśior^{1} la̱^{1} bə^{2} lụ^{1} gjii^{1} tśhjwo^{1} phji^{1} tśhjụ^{1} thja^{1} dạ^{2}

垢 腻 虫 蚁 啮 穿。 苾 刍 彼 事

[illegible] [illegible] [illegible] [illegible]， [illegible] [illegible]： [illegible] [illegible] [illegible]

tha^{1} do^{2} rjɨr^{2} tshjɨ̱j^{1} tha^{1} dạ^{2} ŋwe^{1} twụ^{1} lhwu^{1}
佛 处 △ 说， 佛 言： 随 处 衣
多垢腻被虫蚁穿。苾刍以缘白佛，佛言：不应随处

13.15.3 [illegible]
gjwi^{2} mji^{1} tjị^{1} lew^{2} rjur^{1} tśhja̱^{1} rjɨr^{2} tjị^{2} nji^{2} phji^{1}
服 不 置 应， 架 上 △ 处 △。 苾
[illegible]
tśhjụ^{1} tśhjɨ^{2} rjar^{2} bjị^{1} tśhjwo^{1} wej^{2} dzjiw^{1} lhwu^{1} gjwi^{2}
刍 遂 便 壁 穿 桩 叉 衣 服
而置衣服，当作衣架。苾刍即便穿壁安衣，

13.15.4 [illegible]
rjɨr^{2} tjị^{1} thja^{1} bjị^{1} dja^{2} ljɨ̱j^{2} tha^{1} dạ^{2} bjị^{1} tśhjwo^{1}
△ 安， 彼 壁 △ 损， 佛 言： 壁 穿
[illegible]
rjar^{1} mjij^{1} ·ji^{1} mji̱^{1} ·wji^{1} zjɨ̱j^{1} sji^{1} ɣa^{2} dźjwo^{2}
得 不， 众 寺 造 时 木 上 孔
令壁损坏，佛言：不得穿壁，初造寺时应出木

13.15.5 [illegible]
thjɨ^{1} rjur^{1} bo^{2} tsjɨ̱j^{2} ŋwu^{2} lhwu^{1} gjwi^{2} tjị^{1} lew^{2} ·jɨ^{2}
剜 竿 杖 穿 以 衣 服 置 应 谓。
[illegible]
dzjɨj^{1} rjur^{1} phji^{1} tśhjụ^{1} kjɨ̱r^{2} ·u^{2} rjur^{1} ·wji^{1} dzjwɨ^{2}
时 诸 苾 刍 房 内 竿 置、 檐
坎上置衣竿。时诸苾刍房内置竿、檐

13.15.6 [illegible]
·ju^{2} mji^{1} ·wji^{1} tha^{1} dạ^{2} dzjwɨ^{2} ·ju^{2} tsjɨ^{1}
前 不 作， 佛 言： 檐 前 亦
[illegible]

·wji¹	lew²	dạ²	wjij²	dzju²	dzjɨ²	·jɨ²
作	应,	事	当	在	集	谓。

前不作，佛言：檐前亦作，勿令阙事[1]。

13.16.1	綫	緞	缕	毲	繝	焱	扬	厥。	绊	麓
	jiw¹	nioow¹	tshjɨj¹	tji²	śji¹	rjir²	·a	tjɨj²	tha¹	lhwu¹
	因	缘	说	处	前	与	一	样。	佛	衣

蕤	穄	緣	劝，	綡	焱	焱	庑	鞖
rjur¹	·wji¹	lew²	·jɨ²	ku¹	·iã¹	zja²	phji¹	tśhju¹
架	作	应	言,	故	兰	若	苾	刍

缘处同前。佛言应作衣架者，兰若苾刍

13.16.2	藏	敊	悗	龍，	绊	鞵：	瓶	藏	帆	赦
	lhjụ²	·ju²	mji¹	rjir¹	tha¹	dạ²	nej²	lhjụ²	tśhji²	ŋwu²
	竹	求	无	得,	佛	言:	葛	蔓	根	以

缏	獝	綴	廱	莈	耗	秾	麓	巍
ɣu¹	mjɨj¹	kjɨ¹	phej¹	nji²	thja²	tśhja¹	lhwu¹	gjwi²
首	尾	△	系	△	彼	上	衣	服

求竹无处，佛言：应将葛蔓横系置衣[2]。

13.16.3	毲	緣	劝，	瓶	兆	緜	缏，	绊	鞵：
	tji¹	lew²	·jɨ²	nej²	tsjɨ¹	mjɨj¹	ku¹	tha¹	dạ²
	置	应	谓,	葛	亦	无	故,	佛	言:

縰	甌	赦	蕤	獝	穄	莈	劝。
kwə²	lu²	ŋwu²	rjur¹	rjɨr²	·wji¹	nji²	·jɨ²
绳	索	以	笐	△	为	△	谓。

或葛亦无，佛言：以绳为笐（户浪反[3]）。

注释：

[1]勿令阙事，西夏文本译为"窺牧缕忻劝"，义为"愿事在集"。

[2]应将葛蔓横系置衣，西夏文本译为"瓶藏帆赦縰獝綴廱莈耗秾麓巍毲緣劝"，义为"应将葛蔓根首尾横系置衣"。

[3]户浪反，西夏文本无。

释读：

13.16.4

𘕿	𗾔	𗟲	𗝠	𗫽	𘃽	𗈁	𗆍	。	𗼃	𗯨
jiw¹	nioow¹	tshjij¹	tji²	śji¹	rjir²	·a	tjij²		rjur¹	pjụ¹
因	缘	说	处	前	与	一	样		世	尊

𗴢	𗙤	𗦎	𗶛	𗼨	𘝵	𗈗	𗏣	𘋩
dạ²	bju¹	na¹	gu²	lwər²	rejr²	·wjɨ	tshjɨ¹	nji²
言	如	夜	中	经	契	△	诵	△

缘处同前。如世尊言夜暗诵经者，

13.16.5

𘝩，	𗎩	𗒽	𗼨	𘝵	𗏣	𗹏	𗱽	𗈜	𗖋
·ji²,	phji¹	tśhju¹	lwər²	rejr²	tshjɨ¹	kha¹	phio²	gji²	kji¹
谓，	芯	刍	经	契	诵	中	蛇	有	△

𘃚，	𗑆	𗴦	𗎩	𗒽	𗫸	𗾔	𗏰	𗕾
to²,	thjwị¹	mjir¹	phji¹	tśhju¹	ljij²	nioow¹	tśjɨr²	le²
出，	年	少	芯	刍	见	已	惊	忙

彼[1]诵经时有蛇来至，少年[2]见已惊忙

13.16.6

𗁫	𗎖，	𗴢	𘝩：	𗤁	𘉋！	𗤁	𘉋！	𗼨	𗉖
ɣiẹ²	bjij¹，	dạ²	·ji²：	zjir²	dźjo¹	zjir²	dźjo¹	·ju²	mur¹
声	高，	唱	言：	脊	长！	脊	长！	民	俗

𗎩	𗒽	𘃚	𗋦	𗵴	𗧓，	𘉒	𘔭	𘕷
phji¹	tśhju¹	to²	zji²	tśjɨr²	lhji	tsjɨr¹	nji²	djij²
芯	刍	悉	皆	惊	怖，	法	听	△

大唤[3]，唱言：长脊！长脊！凡夫芯刍悉皆惊怖，遂令听者[4]

13.17.1

𗹏	𘕿	𗈁	𗧋	𘝃	𘝩，	𗼽	𗴢	𗋕	𘝌
kha¹	zja¹	·a	phja¹	·wji¹	·ji²，	thja¹	dạ²	tha¹	do²
中	间	△	废	为	谓，	彼	事	佛	处

𗯨	𗟲，	𗋕	𗴢：	𗈗	𗈁	𘕤	𘝖	𗼨
rjir²	tshjij¹	tha¹	dạ²	tjij¹	·a	tśhjij¹	zjij¹	lwər²
△	说，	佛	言：	灯	△	燃	时	经

因斯废阙。以缘白佛，佛言：当可燃灯以诵经

13.17.2　rejr² ·wjɨ² tshjɨ¹ nji² ·ji²　phji¹ tśhjụ dźjwij² zjɨ¹ tjij¹
典。△ 诵 △ 谓。 苾 刍 夏 昼 灯

njwị² bə² lụ¹ rejr² sjɨ¹　tha¹ dạ² tjij¹ ·jij²
燃 虫 蚁 多 死, 佛 言: 灯 笼

典。苾刍夏月[5]燃灯损虫，佛言：应作灯笼。

13.17.3　·wji¹ lew²。 phji¹ tśhjụ¹ wa² ŋwu² ·wji¹ śjij¹ mjɨ¹ dạ²
作 应。 苾 刍 何 以 作 △ 不 知?

tha¹ ·jij¹ dja² ·jir² tha¹　dạ² lhjụ² rer² ŋwu²
佛 之 而 问, 佛 言: 竹 片 以

苾刍不知云何应作?[6]佛言：应以竹片

13.17.4　·wji¹ tśhjạ¹ kə¹ rar² thjɨ² lə¹ bə² lụ¹ ·wjij²,
为 上 断 裂 卷 障 虫 蚁 当 遮,

tjij¹ mji¹ rjir¹ ku¹ ɣjij¹ nia² ŋwu² ·wji¹ lew²,
若 难 得 故 琉 璃 以 作 应,

为笼薄迭遮障[7]，此若难求用云母片[8]，

13.17.5　thjɨ² tsjɨ¹ mji¹ rjir¹ ku¹ ·jir² mej¹ ljij² ·wji¹ ŋwu²
此 更 难 得 故 百 目 瓶 作 以

ɣja² lew² ·ji²。 phji¹ tśhjụ¹ ·wji¹ śjij¹ mjɨ¹ dạ²
盖 应 谓。 苾 刍 为 △ 不 知?

① 西夏文本已由"氙"改为"氙"。

此更难得应作百目瓶。[9]苾刍不解如何当作？

13.17.6
tha¹ ·jij¹ dja² ·jir² tha¹ da̱² ɣjɨ¹ kjir¹ kjo̱¹ ·wji¹
佛 之 而 问， 佛 言： 瓦 师 △ 作

tjij¹ ·jij² ·wjɨ² sju² ·wji¹ no¹ ɣa² rejr² dźjwo²
灯 笼 △ 如 作， 旁 上 多 孔

佛言：令瓦师作如灯笼形，傍边多穿小孔。瓦师难求，[10]佛言：

13.18.1
tsjɨ¹ ·wjij² thjɨ¹ ·wji¹ ·jɨ² ɣjɨ¹ kjir¹ mjɨ¹ rjir¹ tha¹
亦 当 穿 为 谓。 瓦 师 难 得， 佛

da̱² kjɨ¹ ljij¹ ·jij¹ wji² dźjwo² no¹ ɣa² ·jir²
言： 瓿 瓶 之 底 孔、 旁 上 百

应用瓶瓿打去其底、旁穿百

13.18.2
mej¹ thjɨ¹ ·wji¹ tjij¹ kjɨ¹ njwɨ² zjij¹ thja² tśhja̱¹ gu²
目 穿 为， 灯 △ 燃 时 彼 于 中

kwow¹ tjɨ¹ tjij¹ mej² ·u² bə² lu̱¹ śjɨ¹ zjij¹
下。 倘 若 孔 中 虫 蚁 入 时，

目，置灯盏已向下而合。若孔有虫入，

13.18.3
kjwɨj¹ ·jir² ljɨ¹ nioow¹ war² bji¹ ŋwu² lə¹ lew² ·jɨ²
纸 绢 △ 及 物 薄 以 盖 应 谓。

应以纸绢及薄物而掩盖之。

注释：
[1]彼，西夏文译作"苾刍"。

［2］少年，西夏文译作"少年苾刍"。

［3］大唤，西夏文本译为"𫜦𫜏"，义为"高声"。

［4］遂令听者，西夏文译作"遂令听法者"。

［5］夏月，西夏文本译为"𫜦𫜏"，义为"夏昼"，下文亦如此。

［6］此处西夏文"𫜦𫜏𫜏𫜏"，义为"而问佛曰"，汉文本无。

［7］应以竹片为笼薄迸遮障，西夏文译作"应以竹片为虫致断裂卷遮障"。

［8］云母片，西夏文本译为"𫜏"，义为"琉璃"。

［9］此更难得应作百目瓶，西夏文译作"此更难得应作百目瓶为盖"。

［10］此处西夏文"𫜦𫜏𫜏𫜏"，义为"而问佛曰"，汉文本无。

释读：

13.18.4　𫜦　𫜏　𫜏　𫜏　𫜏　𫜏　𫜏　𫜦。　𫜦　𫜏

jiw¹　nioow¹　tshjij¹　tji²　śji¹　rjir²　·a　tjij²　dźjwij²　zjɨ¹

因　缘　说　处　前　与　一　样。　夏　昼

𫜏　𫜏　𫜏　𫜏　𫜏　𫜏，　𫜦　𫜏　𫜏

ljijr²　zjij¹　phji¹　tśhjụ¹　tsja¹　tha　lju²　kwər¹　·a

方　时　苾　刍　热　苦，　身　体　△

缘处同前。时当盛暑苾刍苦热，身体

13.18.5　𫜏　𫜏　𫜏　𫜏　𫜏。　𫜏　𫜏　𫜏　𫜏　𫜏

ner²　ŋo²　γiwəj²　γie¹　mjij¹　tśhji¹　dzjij¹　rjur¹　pjụ¹　nwə¹

萎　病　瘦　力　无。　尔　时　世　尊　知

𫜏　𫜏　𫜏　𫜏　𫜏　𫜏　𫜏　𫜏　𫜏

ljɨ¹　nwə¹　djij²　·wji¹　·wji¹　zjọ²　ŋowr²　·ja　gu¹

而　知　△　故　意　寿　具　阿　难

萎黄[1]病瘦无力。尔时世尊知而故问具寿阿难

13.18.6　𫜏　𫜏　𫜏　𫜏：　𫜏　𫜦　𫜏　𫜏　𫜏　𫜏

thow¹　·jij¹　dja²　·jir²　wa²　nioow¹rjur¹　phji¹　tśhjụ¹　lju²

陀　之　△　问：　何　故　诸　苾　刍　身

𫜏　𫜏　𫜏　𫜏　𫜏　𫜏　𫜏？　𫜏　𫜏

kwər¹　·a　ner²　ŋo²　γiwəj²　γie¹　mjij¹　dzjij¹　·ja

体	△	萎	病	瘦	力	无？	时	阿

陀曰：何故诸苾刍身体萎黄病瘦无力？时阿

13.19.1

蕊	陱	羆	甤	絆	效	甗	絯，	絆	夥：
gu¹	thow¹	thja¹	dạ²	tha¹	do²	ŋowr²	tshjɨj¹	tha¹	dạ²
难	陀	彼	事	佛	处	具	白，	佛	言：

蒂	燚	胹	絾	豺	絿	勠。	蕊	倄
śju¹	tji²	·jɨj²	we²	·wji²	lew²	·jɨ²	rjur²	phji¹
凉	处	舍	宇	作	应	谓。	诸	苾

难陀具以事白，佛言：应作招凉舍。苾

13.19.2

羇	羇	豺	絾	概	剙？	絆	效	薮	熪，
tśhjụ¹	njɨ²	·wji²	śjij¹	mjɨ¹	dạ²	tha¹	do²	dja²	·jɨr²
刍	等	作	△	不	知？	佛	处	而	问，

絆	夥：	繺	胒	徼	慨	散	絿	胹
tha¹	dạ²	·ji¹	mjɨ¹	djir²	nioow¹sọ¹	njijr²	·jɨj²
佛	言：	众	寺	外	后	三	面	舍

刍[2]不知如何当作？[3]佛言：应近寺外为三面舍，

13.19.3

絾	豺	徽	矵，	散	嫩	絿	矵	縬	赕
we²	·wji¹	khju¹	twụ¹	sọ¹	ljijr²	we²	dzjiw¹	ɣwə²	rjir²
宇	为	下	处，	三	边	墙	筑	前	面

嫩	軿	蕊	胜	燚	赕	豺，	繺	胒
ljijr²	ljɨ¹	dźiəj²	ljɨ¹	tji²	·ju²	·wji¹	·ji¹	mji¹
方	风	池	入	处	舍	作，	众	寺

三边筑墙架作偏敞疏彻来风[4]，

13.19.4

孖	絅	絿	絾	矵	燚	絬	箲。	倄	羇
·jij¹	ljɨr¹	njijr²	we²	dzjiw¹	rjir²	tji¹	swu²	phji¹	tśhjụ¹
之	四	面	壁	筑	与	不	同。	苾	刍

殏	鄺	胹	絾	豺	偲	嫩	絾	矵
tśhji²	rjar²	·jɨj²	we²	·wji¹	·u²	ljijr²	we²	dzjiw¹

即　　便　　舍　　墙　　为　　内　　方　　墙　　筑

不同于寺四面有壁。苾刍即便于内安墙

13.19.5　djir² nioow¹ dzji² tshji̱¹ tha¹ da²̣ ·u² ljijr² dzji² tshji̱¹

外　　后　　柱　　行，　佛　　言：　中　　方　　柱　　行

lew² ·ji² phio² mji¹ tśhji¹ thji¹ ·u² ljijr² tsja¹

应　　谓。　窗　　不　　是　　开　　中　　方　　热

外置行柱，佛言：中安行柱。复不开窗还遭热

13.19.6　ŋewr¹ tha¹ da²̣ phio² me̱j² thji¹ lew² phji¹ tśhju̱¹ phio²

闷，　佛　　言：　窗　　孔　　置　　应，　苾　　刍　　窗

thji¹ tjij¹ bji² tjij¹ bjij² tha¹ da²̣ dźjwi² rjir²

着　　或　　下　　或　　高，　佛　　言：　床　　与

闷，佛言：置窗。彼[5]着窗时或太高下，佛言：

13.20.1　ka²̣ lew² ·ji² nioow¹ rjur¹ ·we¹ so² kji̱r² ·u² ljijr²

齐　　应　　谓。　及　　诸　　鸟　　雀　　房　　中　　方

lja¹ tha¹ da²̣ sji¹ biej¹ phe̱¹ tśja¹ ·u² tji¹

来，　佛　　言：　木　　条　　交　　络　　中　　勿

应与床齐。有诸鸟雀来入房中，佛言：应置窗棂[6]勿令得入。

13.20.2　lja¹ phji¹ lji¹ dew² lhji̱¹ zjij¹ phio² ɣa¹ thji¹ lew²

入　　令。　风　　雨　　击　　时，　窗　　扇　　安　　应

·ji² phji¹ tśhju̱¹ tji¹ thji¹ dzjij¹ ɣa¹ tjij¹ ·u²

谓。 茲 刍 饮 食 时 门 闭 内

风雨飘洒，应安窗扇。茲刍食时闭门室暗，

13.20.3 皴， 绯 觌： 厖 赚 凇 鞍 籹 絾。 儈

lja¹ tha¹ dạ² tji¹ thji¹ zjij¹ γa¹ phie² lew² phji¹

暗， 佛 言： 饮 食 时 门 开 应。 茲

鞍 ⿰ 凇 嘉 弒 絹 屌， 皴 皽

tśhjụ¹ tsja¹ zjij¹ ·jij¹ twụ¹ kjir² ·u² lew¹ njɨ¹

刍 热 时 自 各 房 内， 但 裙

暗，佛言：食时开门。茲刍热时于自房内，但

13.20.4 歔 羿 嬔 潥 氿 襫 巍， 巯 蘱 譅

tjij¹ ·o¹ nioow¹ sẽ¹ kju khji¹ gjwi² phji¹ bju¹ do¹

独 有 及 僧 脚 皷 着， 情 随 读

牥 嬔 襦 孳 移 蕘 巍 㡽 鞍，

tshji¹ nioow¹ tsjir¹ tshjɨj¹ ·wji¹ lhwu¹ gjwi² ŋewr¹ nji²

诵 并 法 说 为 衣 服 作 等，

着下裙及僧脚皷，随情读诵并为说法作衣服等，

13.20.5 綯 敽 厥 辤 蕘 蕘 舫 絹。

ljir¹ pjụ¹ wer¹ gu² to² zji² dźjar² mjij¹

四 威 仪 中 悉 皆 犯 无。

于四威仪悉皆无犯。

注释：

[1] 萎黄，西夏文本译为"揚緻"，义为"已萎"，下文亦如此。

[2] 茲刍，西夏文译作"诸茲刍"。

[3] 此处西夏文"绯徧薿巍"，义为"而问佛曰"，汉文本无。

[4] 三边筑墙架作偏敞疏彻来风，西夏文译作"三边筑墙架作风入池中"。

[5] 彼，西夏文译作"茲刍"。

[6] 窗棂，西夏文本译为"蕊粃憗帐"，义为"木条交络"。

释读：

13.20.6

繼	緻	鵽	嬱	鑣	燚	杨	僢。	殌	羑
jiw¹	nioow¹	tshjɨj¹	tji²	śji¹	rjir²	·a	tjij²	tśhji¹	zjǫ²
因	缘	说	处	前	与	一	样。	尔	时

㲋	㴟	㿼	㥣	祔	㾈	㲠	祦	㧾	
rjur¹	pjṷ¹	gṷ¹	thow¹	·jij¹	piəj²	mjar¹	khji¹	·wji¹	
世	尊	难	陀	之	头	发	剃	作	

缘处同前。尔时世尊既与难陀剃发

13.21.1

繻	蕧	巍	祇,	㡛	㤠	㢆	繂	㣢	祿,
nji¹	dja²	phji¹	phji¹	nioow¹	·iǫ¹	?	kie¹	lhjij	dźjwa¹
家	△	出	令,	并	圆	近	戒	受	已,

薾	㲞	㮣	㪔	祂	㪔	㦬、	瓞	繖	
śja¹	ŋər¹	ljɨ¹	sǫ¹	ɣạ²	sǫ¹	mə¹	rjir²	njɨ²	
香	山	及	三	十	三	天、	乃	至	

出家，并受近圆已[1]，将诣香山[2]及三十三天、至

13.21.2

㿼	蕤	斸	帻	蕧,	㾥	㾥	兆	羅	㦊
na¹	la¹	kja¹	·u²	tśjij²	rjur¹	rjur¹	biǫ¹	thjṷ¹	lhjwo¹
捺	落	迦	中	执,	周	旋	观	察	还

蕧	㱆	蕧	㪾	灈	㦬。	㾥	繘	屜	
śjĩ¹	tow¹	rejr²	bo¹	kha¹	ljij²	rjur¹	wji¹	phji¹	
逝	多	丛	林	中	诣。	诸	客	苾	

捺落迦[3]，周旋观察还逝多林。诸客苾

13.21.3

羬	㿼	㥣	嬱	騰,	㽝	㿭	蕬	繈	㪔
tśhjṷ¹	na¹	thow¹	mjɨ¹	sjij²	thja¹	ljṷ²	kie¹	tsə̣¹	sǫ¹
刍	难	陀	未	识,	彼	身	金	色	三

祂	㿺	㿬	㿭	糀	燚	㪵	薇	耗	
ɣạ²	·jij¹	ŋowr²	ljṷ²	ɣạ²	ljṷ²	tshjɨj²	ljij²	thja²	
十	相	具	身	上	庄	严	见	其	

刍未识难陀，见彼身作金色具三十相周匝庄严[4]，

13.21.4 㗉， 䵊 儾 報 㶷 蔽 㠪 鏠 憸 㪟
kha¹ nar² phji¹ tśhjụ¹ gji² ljij² nioow¹ mjor¹ ljij² ŋwu²
中， 老 苾 刍 有 见 已 如 来 是
㓱 㭪 㭲 㪟 㶸， 㭪 騰 㠪 㵘
·ji² ·a wor¹ khju¹ lhjij ·a sjij² nioow¹ ljijr²
谓 △ 起 迎 接， △ 识 已 △
有老苾刍见时谓是如来便起迎接，既识知已方

13.21.5 㹪 㶉 㠪 㶋 㶴 㭪 㪰。 儾 報 㹮
tśhji¹ mja¹ nioow¹ lhjị¹ njij¹ ·a śjwo¹ phji¹ tśhjụ¹ thja¹
是 然 后 悔 心 △ 生。 苾 刍 彼
㲓 㶝 㶔 㶥 㶞， 㶝 㶦： 㶧 㶛
dạ² tha¹ do² rjir² tshjij¹ tha¹ dạ² na¹ thow¹
事 佛 处 △ 说， 佛 言： 难 陀
生悔心。苾刍以缘白佛，佛言：于难陀

13.21.6 㶨 㶩 㶪 㶫 㶬 㶭 㶮 㶯 㶰， 㶱
·jij¹ lhwu¹ ɣa² pha¹ dźju¹ sjwij¹ sji² ·o¹ lew² tjij¹
之 衣 上 记 分 明 具 有 应， 若
㶲 㶳 㶴 㶵 㶶 㶷 㶸， 㶹 㶺
dzjij² thji² sju² dju¹ tsji¹ ·wjɨ² tji¹ tśhja² dwewr²
余 是 如 有 亦 已 若， 正 觉
衣应为记验[5]，若更有此人亦为记识[6]。此是正觉、

13.22.1 蔽、 㶻 㶵 㶲 㶼 蔽 㶭 㶽 㶹 㓱。
ŋwu² ·wjɨ² tji¹ dzjij² dzjwo² ŋwu² sjwij¹ phji¹ lew² ·ji²
是、 已 若 余 人 是 明 令 应 谓。
此是余人。

13.22.2 㶾 㶿 報 㗉 㶾 㶿 㷀 㷁 㷂 㶛：
sọ¹ tsew² ɣa¹ kha¹ sọ¹ tsew² war² ɣjiw¹ lja¹ dạ²
三 第 门 中 三 第 子 摄 颂 曰：

第三门第三子摄颂曰：

13.22.3 薮 芤 缀 鞍 訛， 魔 緉 鞍

mja¹ bju² bię¹ śiew¹ gjii¹ lo¹ xew¹ ɣa¹

河 边 齿 木 嚼， 罗 怙 门

慨 斈， 薇 穆 薇 慨 穆，

nioow¹ thjɨ¹ źier¹ ·wo² źier¹ mji¹ ·wo²

已 遣， 诃 合 诃 不 合，

河边制齿木[7]，罗怙遣出门，合诃不合诃，

13.22.4 楠 絞 孫 巃 厰。

njɨ¹ mə² ·jij¹ lhwu¹ khjow¹

二 种 之 服 与。

二行应与服。

注释：

[1]并受近圆已，西夏文本译为"慨毓缀縘缴穆"，义为"并受戒近圆已"。

[2]香山，即"蘺羕"，梵文 Gandham ā dan，在无热池之北，阎浮提洲之最高中心，汉所谓昆仑山也。

[3]捺落迦，即"蘺薮燚"*na¹la¹kja¹，梵文 Nāraka，地狱与地狱罪人之梵名也。

[4]见彼身作金色具三十相周匝庄严，西夏文译作"见彼身作金色具三十相其中庄严"。

[5]于难陀衣应为记验，西夏文译作"于难陀衣应为记分明"。

[6]若更有此人亦为记识，西夏文译作"若更有此人亦为若"。

[7]制齿木，西夏文本译为"缀鞍訛"，义为"嚼齿木"。

释读：

13.22.5 缕 缕 斈 叕 骈 魔 薮 隋 厰。 缴

jiw¹ nioow¹ tshjɨj¹ tji² śji¹ lo¹ ·wa¹ lhjij ŋwu² dzjɨj¹

因 缘 说 处 室 罗 伐 城 是。 时

褙 羕 薮 狝 枇 庞 膻 鞑 毻，

bu̱² zjir¹ mja¹ phja¹ ɣa² rjur¹ phji¹ tśhju¹ djij¹

胜　慧　河　边　上　诸　苾　刍　辈，

缘在室罗伐城。时胜慧河边诸苾刍辈，

13.22.6　　new² tśier¹ ·ju² ŋwu² khu¹ dźjij¹ ·jir² djọ² rjur¹ zji¹

善　方　便　以　策　励　勤　修，　诸　惑

phja¹ sji¹ ·a lo¹ xã¹ mja¹ lja¹ dzjij¹ rjɨr¹ phji¹

断　尽　阿　罗　汉　果　证。　时　诸　苾

以善方便策励勤修，断尽诸惑证阿罗汉果。时诸苾

13.23.1　　tśhju¹ pjụ¹ wer¹ no² rejr² ·wji¹ ·wji¹ zji² zjir¹ ·ji¹

刍　威　仪　安　乐　所　为　皆　实，　众

dzjwo² ŋowr² ŋowr² na¹ dźiej² bjụ¹ dzjwị¹ tśhji¹ zjọ²

人　所　有　深　信　敬　恭。　尔　时

刍威仪庠序所为审谛[1]，能使众人敬信深重[2]。尔时

13.23.2　　rjur¹ pjụ¹ rjur¹ phji¹ tśhju¹ ·jij¹ ·jị² bụ² zjir¹ mja¹

世　尊　诸　苾　刍　之　告：　胜　慧　河

bju² phji¹ tśhju¹ dźjij¹ tjị² phja¹ ɣa² gjij² nji¹

边　苾　刍　住　处　近　上　村　坊，

世尊告诸苾刍：胜慧河边苾刍住处近彼村坊，

13.23.3　　rjur¹ dzjwo² ŋowr² ŋowr² ljij² gjij¹ ɣie² rjir² dzjij¹ zjọ²

诸　人　所　有　大　利　益　获。　时　寿

ŋowr² ·ja na¹ thow¹ rjur¹ pjụ¹ dạ² mji¹ thja¹

具　阿　难　陀　世　尊　语　闻　其
所有人众获大善利[3]。时具寿阿难陀闻世尊语

13.23.4　
·wo² tśjɨ¹ tsjij² ljij² dzjij² ·jij¹ dju¹ njij² rjir² tshji²
义　即　解，　大　师　之　久　近　△　侍

ljij¹ bju¹ tjij¹ ŋwu̱¹ da̱² nji² tjij¹ ·jwir¹ ·jij¹
奉　由，　或　论　言　听，　或　貌　相
即解其义，由近大师久为侍者，或听其言，或时睹相[4]，

13.23.5　
sew² njij¹ khju¹ wa² śjwo¹ to² zji² tśjɨ¹ tsjij² tji¹
思　心　下　何　起，　悉　皆　解　了。　倘

tjij¹ rjur¹ pju¹ sjwɨ¹ ·jij¹ ljij² kiej² zjij¹ ·jow²
若　世　尊　谁　之　见　欲　时　赞
皆即解了。若世尊欲得见者说赞

13.23.6　
śja² da̱² tshjij¹ pju̱¹ tja¹ tsjij² dźjwa¹ mja¹ bju² phji¹
美　言　说，　尊　者　了　已，　河　边　苾

tśhju̱¹ nji² do² phjɨ¹ phjɨ² rjur¹ zjo̱² ŋowr² ·jij¹
刍　等　处　阿　臾：　诸　寿　具　之
美言，尊者了已，便寄信报河边苾刍：诸具寿！

13.24.1　
rjur¹ pju̱¹ jow² śja² djij¹ ·jij¹ ber² kiej² ·jɨ¹ rjir²
世　尊　赞　叹　△　△　遇　欲　也　可

lja¹ nji² ·jɨ² thja¹ nji² mji¹ nioow¹ ·jij¹ gu²

| 来 | △ | 谓。 | 彼 | 等 | 闻 | 已 | 自 | 相 |

世尊赞叹，意欲相见，仁等可来。彼既闻已更相

13.24.2

甯	劢	绊	绯	靽	孫	膥	薇	敊	識
dạ²	·jɨ²	tha¹	ŋa²	nji²	·jij¹	jow²	śja²	·jij¹	ber²
语	告：	佛	我	等	之	赞	叹	△	遇

缓	敆	靲	终	荒	劢?	耗	獬	侻
kiej²	lji¹	wa²	zjij²	nji²	·jɨ²	thja²	kha¹	phji¹
欲	也，	何	作	△	谓？	其	中	苾

告语：佛于我等为赞叹言，事须相见当欲如何？

13.24.3

靽	翊	甯：	襳	绱	靲	荒?	觬	毗	蕊
tśhjụ¹	gjɨ²	dạ²	·wji¹	lew²	wa²	dju¹	gja²	mji²	śjɨ¹
刍	一	云：	作	所	何	有？	我	等	去

荒	劢。	靲	挑	襳	绱	燚	殡	狐
nji²	·jɨ²	wa²	sju²	·wji¹	lew²	mji¹	tśhjɨ¹	biọ¹
△	谓。	何	如	作	所	不	是	观

一人报云：更何所作？我等当去[5]。遂不观察所应作事，

13.24.4

羅,	羕	慨	狐	绦	夃	麓	檄	羊	噭
thjụ¹	tjij¹	mji¹	biọ¹	ku¹	·a	lo¹	xã¹	djij²	ŋwu²
察，	若	不	观	者	阿	罗	汉	虽	是

术	纁	窥	胍	燚	绱。	缏	缏	甯
tsjɨ¹	śji¹	dạ²	nwə¹	mji¹	njwi²	gu²	gu²	dạ²
亦	先	事	知	不	能。	共	同	议

若不观者虽阿罗汉不能预知[6]。复共议

13.24.5

劢：	蕊	绱	噭	敆。	慨	蕊	侻	靽	孫
·jɨ²	śjɨ¹	lew²	ŋwu²	lji¹	nioow¹	rjur¹	phji¹	tśhjụ¹	·jij¹
云：	去	应	是	故。	即	诸	苾	刍	之

劢：	栵	靽	胍	绱!	蕊	薇	敊	誃
·jɨ²	nji²	nji²	nwə¹	lew²	rjur¹	pju¹	ljij²	dzjij²

曰： 仁　等　知　当！　世　尊　大　师

云：去为善事[7]。即告诸苾刍曰：仁等当知！世尊大师

13.24.6

gja^2　mji^2　·jij^1　·jow^2　śja^2　·jij^1　dźju^2　ber^2　kiej^2　thji^1

我　等　之　赞　叹，　△　相　见　欲，　此

śjɨ^1　lew^2　·ji^2　rjur^1　phji^1　tśhju^1　da^2　tjij^1　thji^2

去　应　谓。　诸　苾　刍　曰：　若　是

赞叹我等，意欲相见，今者可去[8]。诸苾刍曰：若如是

13.25.1

sju^2　ku^1　gja^2　mji^2　śjɨ^1　nji^2　·ji^2　tśhjɨ^2　rjar^2　śiə^1

如　者　我　等　去　△　谓。　立　即　随

śio^1　tśja^1　zow^2　dja^2　rjir^2　mjij^2　mjij^2　śji^1　lo^1

相　路　涉　而　去，　渐　渐　室　罗

者我等同行。即共相随涉路而去，渐渐游行至室罗

13.25.2

·wa^1　lhjij　nji^2　śjɨ^1　kjwi^1　dźjij^1　rjur^1　phji^1　tśhju^1　nji^2

伐　国　至　行。　旧　住　诸　苾　刍　等

ɣa^1　nioow^1　·wji^2　to^2　khju^1　lhjij　bju^1　·jir^1　·ji^1

门　外　△　出　迎　受　慰　问，　众

伐[9]。旧住诸苾刍出迎慰问，便于寺

13.25.3

mji^1　ɣa^1　nioow^1　ljij^2　tsowr^2　ɣie^2　to^2　rjur^1　pju^1　mji^1

寺　门　外　大　喧　声　出。　世　尊　闻

nioow^1　nwə^1　ljɨ^1　nwə^1　djij^2　·wji^2　·wji^2　ŋwu^2　·ja

已　　知　　△　　知　　△　　故　　意　　以　　阿

外有大喧声。世尊闻已知而故问阿

13.25.4　na¹　thow¹　·jij¹　·ji²　wa²　nioow¹　·ji¹　mji̱¹　nioow¹　ljijr²

难　　陀　　之　　曰：　何　　故　　众　　寺　　外　　方

ljij²　tsowr²　ŋewr¹　to²　·ja　na¹　thow¹　da̱²　bu̱²

大　　喧　　声　　出？　阿　　难　　陀　　曰：　胜

难陀曰：寺外何故有大喧声？阿难陀曰：胜

13.25.5　zji̱r¹　mja¹　bju²　rjur¹　phji¹　tśhju̱¹　·ji¹　zji²　kew¹　nji̱

慧　　河　　边　　诸　　苾　　刍　　众，　皆　　告　　至

ljij²　ɣa¹　nioow¹　dja²　dźjij¹　·ji¹　mji̱¹　·u²　dzjwo²

来　　门　　外　　△　　在，　众　　寺　　内　　人

慧河边诸苾刍众，皆共来至停在寺外，寺内诸人[10]

13.25.6　zji²　lho　khju̱¹　lhjij　dźjwi̱¹　·jij¹　bju¹　·ji̱r¹　tśhjwo¹　tsowr²

咸　　出　　迎，　受　　相　　之　　讯　　问　　故　　喧

ɣie̱²　to²　·ji²　tśhji̱¹　dzjij¹　rjur¹　pju̱¹　·ja　na¹

声　　出　　谓。　于　　时　　世　　尊　　阿　　难

咸出迎接，更相问讯致此喧声。于时世尊告阿难

13.26.1　thow¹　·jij¹　da̱²　·ji²　nji²　sjij¹　bu̱²　zji̱r¹　mja¹　bju²

陀　　之　　言　　曰：　汝　　今　　胜　　慧　　河　　边

rjur¹　phji¹　tśhju̱¹　·ji¹　to²　zji²　·wjij²　lhjwo¹　thji̱²

诸　　苾　　刍　　众，　出　　寺　　△　　△　　△

诸　苾　刍　众，　悉　皆　可　还　此

陀曰：汝今宜往告胜慧河边诸苾刍众，皆可还

13.26.2
𗼑　𗋽　𗟲　𗧜　𗏹　𗏵　𗤁　𗈀　𗉣　𗐲
do² tji¹ dźjij¹ rjir² ·ji² śji¹ nja² ·ji² tśhji¹ dzjij¹
于　勿　住　△　谓　去　令　谓。　于　时

𗇋　𗉹　𗉺　𗍀　𗦓　𗢭　𗴿　𗢾　𗼑　𗏵：
pjụ¹ tja¹ tha¹ dzju¹ dạ² bju¹ phji¹ tśhjụ¹ do² śji¹
尊　者　佛　教　言　承，　苾　刍　处　诣：

去勿住于此。于时尊者承佛教已，诣苾刍所告言：

13.26.3
𗋕　𗠇　𗅋　𗉓！　𗴿　𗇋　𗢾　𗤣　𗒀　𗢾
zjọ² ŋowr² nwə¹ lew² rjur¹ pjụ¹ dzju¹ bji² nji² njɨ²
寿　具　知　当！　世　尊　教　示，　仁　等

𗀁　𗷭　𗉛　𗋽　𗟲　𗏹　𗐲　𗴿　𗢾
·wjij² lhjwo kew¹ tji¹ dźjij¹ ·jɨ² dzjij¹ rjur¹ phji¹
当　还　告　勿　住　谓。　时　诸　苾

具寿当知！世尊有教，仁等还去勿住于此。时

13.26.4
𗢾　𗉹　𗦓　𗤫　𗲆　𗫹　𗵛　𗵒　𗈁　𗤣
tśhjụ¹ thja¹ dạ¹ mji¹ nioow¹ lhwu¹ gjwi² pa² ·jij¹ nji¹
刍　彼　语　闻　已，　衣　服　钵　持　家

𗈀　𗇋　𗏵。　𗉺　𗴿　𗢾　𗢾　𗒘　𗏹：
·o¹ zjir² śji¹ tha¹ rjur¹ phji¹ tśhjụ¹ ·jij¹ ·jɨ²
主　游　往。　佛　诸　苾　刍　之　曰：

彼闻已[11]，执持衣钵游适人间[12]。佛告诸苾刍曰：

13.26.5
𗴿　𗱂　𗢾　𗇋　𗬠　𗫹　𗤁　𗢭　𗢾　𗢾
rjur¹ gjij² nji¹ zjir² bụ² zjir¹ mja¹ bju¹ phji¹ tśhjụ¹
世　村　坊　遍，　胜　慧　河　边　苾　刍

𗟲　𗹦，　𗏹　𗤣　𗇋　𗈀　𗴿　𗐲　𗠇
dźjij¹ twụ¹ phja¹ njij¹ nji¹ ·o¹ rjur¹ dzjwo² ŋowr²

| 住 | 处， | 近 | 亲 | 家 | 主 | 诸 | 人 | 所 |

诸有村坊[13]所居之处，若有胜慧河边苾刍住者，近彼村坊所

13.26.6

𗼴	𗩱	𗅰	𗼻	𗰀	𗯟	𗑡	𗴂	𗰗	𗐶
ŋowr²	ljij²	gjij¹	ɣie²	rjir¹	·ja	na¹	thow¹	mji¹	nioow¹
有	大	利	益	获。	阿	难	陀	闻	已，

𗷆	𗤋	𗺓	𗀔	𗺓	𗺓	𗾞	𗋐	𗉋		
rjur¹	phji¹	tśhju̥	do²	phji¹	phji²	·ji²	kjo¹	lja¹
诸	苾	刍	处	阿	谀	重	△	来

有人众获大善利[14]。阿难陀闻复还寄信，苾刍[15]重来

13.27.1

𗴿	𗤁	𗗙	𗵒	𗊜	𗩱	𗏹	𗷆	𗤋	𗺓
·ji²	thji²	sju²	sǫ¹	tśiej²	dja²	we²	rjur¹	phji¹	tśhju¹
谓	是	如	三	至	△	为，	诸	苾	刍

𗼺	𗀭	𗵀	𗼃	𗵒	𗐶	𗼺	𗥃	𗑗	
nji²	lhwu¹	gjwi¹	pa²	·jij¹	nioow¹	nji¹	zjir²	śja̱¹
等	衣	服	钵	持	复	家	遍	往。

如是至三，诸苾刍执持衣钵复往人间[16]。

注释：

[1]刍威仪庠序所为审谛，西夏文本译为"𗑱𗷆𗤋𗺓𗩱𗐶𗺓𗮕𗸰𗸰𗴂𗴂"，义为"刍威仪安乐所为皆实"。

[2]能使众人敬信深重，西夏文译作"能使所有众人敬信深重"。

[3]所有人众获大善利，西夏文本译为"𗷆𗀔𗼴𗼴𗩱𗅰𗼻𗰀"，义为"所有诸人获大利益"。

[4]或时睹相，西夏文本译为"𗧺𗼻𗞞𗉋𗙏𗵒𗤁𗪙"，义为"或时起心思相"。

[5]"更何所作？我等当去"，西夏文语序颠倒作"我等当去，更何所作？"

[6]预知，西夏文本译为"𗮈𗮈𗉋"，义为"事先知"。

[7]去为善事，西夏文本译为"𗼺𗥃𗩱𗤋"，义为"去为是故"。

[8]今者可去，西夏文本译为"𗤁𗼺𗥃𗴿"，义为"此者可去"。

[9]渐渐游行至室罗伐，西夏文译作"渐渐游行至室罗伐国"，"𗆧"（国）字疑衍。

[10]寺内诸人，西夏文译作"寺内人"。

〔11〕时彼闻已，西夏文本译为"［西夏文］"，义为"时诸苾刍彼闻已"。

〔12〕执持衣钵游适人间，西夏文本译为"［西夏文］"，义为"执持衣服钵游适家主"，据下文，西夏"［西夏文〕"字疑衍，"［西夏文〕"译作人间，下文亦如此。

〔13〕诸有村坊，西夏文译作"世有村坊"。

〔14〕近彼村坊所有人众获大善利，西夏文本译为"［西夏文］"，义为"近亲家主所有诸人获大善利"。

〔15〕苾刍，西夏文译作"诸苾刍"。

〔16〕人间，西夏文本译为"［西夏文］"，义为"遍家"。

释读：

13.27.2

［西夏文］	［西夏文］	［西夏文］	［西夏文］	［西夏文］	［西夏文］	［西夏文］	［西夏文］	［西夏文］	［西夏文］
tśhji¹	zjọ²	rjur¹	pjụ¹	nioow¹	rjur¹	phji¹	tśhjụ¹	·jij¹	·ji²
尔	时	世	尊	复	诸	苾	刍	之	曰：

［西夏文］	［西夏文］	［西夏文］	［西夏文］	［西夏文］	［西夏文］	［西夏文］	［西夏文］	［西夏文］
bụ²	zjɨr¹	mja¹	bjụ²	phji¹	tśhjụ¹	ljọ²	dźjij¹	twụ¹
胜	慧	河	边	苾	刍	何	住	处

尔时世尊复告诸苾刍曰：胜慧河边苾刍住处

13.27.3

［西夏文］	［西夏文］	［西夏文］	［西夏文］	［西夏文］	［西夏文］	［西夏文］	［西夏文］	［西夏文］	［西夏文］
dzjwo²	zji²	gjij¹	ɣie²	rjir¹	·ji²	dzjij¹	·ja	na¹	thow¹
人	皆	利	益	获	谓。	时	阿	难	陀

［西夏文］	［西夏文］	［西夏文］	［西夏文］	［西夏文］	［西夏文］	［西夏文］	［西夏文］
tha¹	śjwɨ¹	śjwɨ¹	·jow²	djij²	mji¹	nioow¹tsjɨ¹	phji¹
佛	频	频	赞	△	闻	已 亦	阿

人皆获利。时阿难陀闻佛频赞复令信报，

13.27.4

［西夏文］，	［西夏文］	［西夏文］	［西夏文］	［西夏文］	［西夏文］	［西夏文］	［西夏文］	［西夏文］：	［西夏文］
phji²	thja¹	rjur¹	phji¹	tśhjụ¹	·jij¹	gu²	dạ²	·ji²	zjọ²
谀，	彼	诸	苾	刍	自	相	言	曰：	寿

［西夏文］! ［西夏文］ ［西夏文］ ［西夏文］ ［西夏文］ ［西夏文］ ［西夏文］ ［西夏文］ ［西夏文］

ŋowr²	phjɨ¹	phjɨ²	rjur¹	pjụ¹	nji²	njɨ²	·jij¹	jow²
具！	阿	谀	世	尊	仁	等	之	赞

彼诸苾刍共相谓曰：具寿！何故世尊赞

13.27.5

śja²	ber²	kiej²	ljɨ¹	·jɨ¹	ŋa²	nji²	śjwɨ¹	śjwɨ²	tha¹
叹	遇	欲	也	谓，	我	辈	频	频	佛

do²	śjɨ¹	wa²	nioow¹	mjij²	ber²	lhjwo¹	phji¹	ŋa²
处	往	何	故	未	遇	还	令？	我

叹我辈欲得相见，频往佛所令我还来？应由我

13.27.6

nji²	rjur¹	dzjwo²	do²	rjɨr²	tshjɨj¹	bju¹	·wjɨ²	mja¹	lhjwo¹
等	诸	人	处	△	告	依	△	而	遣

phji¹	nji²	ŋa²	sjij¹	thjɨ²	·wjɨ²	rjur¹	dzjwo²	do²
令	△，	我	今	此	刻	诸	人	处

等普告多人致令遣去，我今宜可不告诸人

13.28.1

mji¹	tshjɨj¹	mjɨ²	mji²	śjɨ¹	nji²	·jɨ²	dzjɨj¹	rjur¹	phji¹
不	告	默	然	去	△	谓。	时	诸	苾

tśhjụ¹	nji²	nji²	lhwu¹	gjwi²	pa²	·jij¹	rjur¹	pjụ¹
刍	窃	窃	衣	服	钵	持，	世	尊

默然而去。时诸苾刍密持衣钵，诣世尊

13.28.2

do²	śjɨ¹	njɨ¹	rewr²	ya²	tśjiw²	tshwew¹	·a	njijr²	·wjɨ²
处	诣	双	足	上	顶	礼	一	面	△

$dzuu^2$　tha^1　$zjo̱^2$　$ŋowr^2$　$·ja$　na^1　$thow^1$　$·jij^1$　$·jɨ^2$　nji^2
坐 。 佛 寿 具 阿 难 陀 之 曰： 汝

所礼佛双足退坐一面。佛告具寿阿难陀曰：汝

13.28.3
$sjij^1$　$mjij^1$　sej^1　$kjir^2$　$ŋa^1$　$gjɨ^2$　$·ju^2$　$ŋa^2$　$ljɨ^1$　$nioow^1$
今 静 净 房 闲 有 觅， 我 △ 及

$thja^1$　$bu̱^2$　$zjɨr^1$　mja^1　bju^2　$rjur^1$　$phji^1$　$tśhjṳ^1$　$djij^1$
彼 胜 慧 河 边 诸 苾 刍 辈

今可觅闲房静处，为我及彼胜慧河边诸苾刍辈

13.28.4
jij^1　$tjij^1$　lju^1　$kjɨ^1$　tji^1　$śjɨ^1$　nja^2　$·jɨ^2$　$pjṳ^1$　tja
之 褥 座 △ 置 往 令 谓。 尊 者

$dzju^1$　bju^1　$dzjɨ^1$　$djɨ^2$　dja^2　$dźjwa^1$　tha^1　do^2　$rjɨr$
教 奉 置 安 既 了。 佛 处 所

敷置座褥。尊者奉教安置既了，还至佛所白

13.28.5
$ljij^2$　$ljij^2$　$tśhja^2$　$rjur^1$　$pjṳ^1$　$ŋa^2$　$sjij^1$　$·a$　$·we^2$　$dzjɨ^1$
至： 大 德 世 尊！ 我 今 一 处 敷

$djɨ^2$　dja^2　$dźjwa^1$　lew^1　tha^1　$dzjij^1$　bju^1　$rjɨr^2$　lja^1
设 已 了。 唯 佛 时 依 △ 来

言：大德！[1] 我于一处敷设已了。唯佛知时。

13.28.6
nji^2　$·jɨ^2$　$tśhjɨ^1$　$dzjij^1$　$rjur^1$　$pjṳ^1$　$bu̱^2$　$zjɨr^1$　mja^1　bju^2
△ 谓。 是 时 世 尊 胜 慧 河 边

phji¹	tśhjụ¹	dźjij¹	tji²	do²	rjɨr²	śji²	ɣa¹	nioow¹
茲	刍	住	处	于	△	往,	门	外

是时世尊往胜慧河边苾刍住处，即于门外

13.29.1

njɨ¹	rewr²	dzjiw¹	dźjwa¹	kjɨr²	gji²	·u²	ljijr²	dzuu²	tji²
双	足	洗	已,	房	一	中	方	坐	处

tśhja¹	khji¹	lji¹	tśja¹	dzuu²	mjor¹	·ju²	lə	dźjij¹
上,	足	逆	交	坐	现	前	念	住。

洗双足已，于一房中就座而坐，跏趺[2]端身住现前念。

13.29.2

dzjij¹	rjur¹	phji¹	tśhjụ¹	tsjɨ¹	·jij¹	twụ¹	rewr²	dzjiw¹	kjɨr²
时	诸	茲	刍	亦	自	各	足	洗,	房

·o²	·wjɨ²	dzuu²	mjor¹	·ju²	lə	dźjij¹	tśhji¹	dzjij¹
入	而	坐	现	前	念	住。	尔	时

时诸苾刍亦各洗足，入房而坐住现前念。尔时

13.29.3

rjur¹	pjụ¹	tśhjɨ²	rjar¹	ɣu¹	djij²	kji¹	·o²	mja¹	bju²
世	尊	遂	便	初	定	△	入;	河	边

rjur¹	phji¹	tśhjụ¹	tsjɨ¹	ɣu¹	djij²	ɣa²	·o²	rjur¹
诸	茲	刍	亦	初	定	上	入。	世

世尊便入初定；河边诸苾刍亦入初定。世

13.29.4

pjụ¹	ɣu¹	djij²	·wjɨ²	lho	njɨ¹	tsew²	djij²	sọ¹	tsew²
尊	初	定	从	出,	二	第	定、	三	第

（下缺）、 定、 定 念, 、

djij²   ljɨr¹   tsew²   djij²   ·o²   tśjɨ¹   bju¹   ŋa¹   do²
定   四   第   定   入，   次   入   空   处、

尊从初定出，入第二定、第三[3]、第四定，次入空处、

13.29.5

sjij²   do²   dju¹   lew²   mjij¹   do²   djij²   ·o²   tśjɨ¹   sjij²
识   处、   有   所   无   处   定   入，   次   想

mjij¹   sjij²   mji¹   mjij¹   do²   djij²   ·o²   thja¹   mja¹
非   想   非   非   处   定   入；   其   河

识处、无所有处[4]，次入非想非非想处定；其河

13.29.6

bju²   phji¹   tśhjụ¹   tsjɨ¹   thja¹   rjir²   ·a   tjɨj²   tha¹   rjur¹
边   苾   刍   亦   彼   与   一   样，   佛   世

pjụ¹   bju¹   rjur¹   djij²   lho   ·o²   rjur¹   pjụ¹   sjij¹
尊   随   诸   定   出   入。   世   尊   想

边苾刍亦复如是，随佛世尊出入诸定。世尊

13.30.1

mjij¹   sjij²   mji¹   mjij¹   djij²   lho   dju¹   lew²   mjij¹   djij²
非   想   非   非   定   出，   有   所   无   定

·o²   rjur¹   phji¹   tśhjụ¹   tsjɨ¹   sjij²   mjij¹   sjij²   mji¹
入；   诸   苾   刍   亦   想   非   想   非

从非想非非想定出，入无所有定；诸苾刍亦从非想非

13.30.2

mjij¹   djij²   lho   dju¹   lew²   mjij¹   djij²   ·o²   rjir²   njɨ²
非   定   出，   有   所   无   定   入。   乃   至

ɣu¹	djɨj²	ɣa²	·o²	rjur¹	phji¹	tśhjụ¹	tsjɨ¹	thja¹
初	定	至	入；	诸	苾	刍	亦	彼

非想定出，入无所有定。乃至入至初定；诸苾刍亦

13.30.3

茲	杨	愢	繲	忺	絋	諴	泼	。	鹿	薇
rjir²	·a	tjɨj²	ɣu¹	djɨj²	ɣa²	·o²	zjij²	rjur¹	pju¹
与	一	样	初	定	至	入	时。	世	尊

鋖	幭	：	繲	繲	忺	諴	、	鹿	儶	靫
·wji²	lə	ŋa²	ɣu¹	djɨj²	·o²	rjur¹	phji¹	tśhjụ¹
△	念：	我	初	定	入、	诸	苾	刍

复如是入至初定。世尊念曰：我入初定、诸苾刍

13.30.4

讹	繲	忺	絋	諴	，	繲	瓱	繊	姁	絹
tsjɨ¹	ɣu¹	djɨj²	ɣa²	·o²	ŋa²	rjir²	njɨ²	sjij²	mjij¹
亦	初	定	至	入，	我	乃	至	想	非

姁	愢	絹	忺	諴	、	鹿	儶	靫	讹
sjij²	mji¹	mjij¹	djɨj²	·o²	rjur¹	phji¹	tśhjụ¹	tsjɨ¹
想	非	非	定	入、	诸	苾	刍	亦

亦入初定，我乃至入非想非非想定、诸苾刍亦

13.30.5

羉	忺	絋	諴	。	繲	愢	姁	絹	姁	愢
thja¹	djɨj²	ɣa²	·o²	ŋa²	nioow¹	sjij²	mjij¹	sjij²	mji¹
此	定	至	入。	我	复	想	非	想	非

絹	忺	絋	姚	諴	瓱	繊	繲	忺	，
mjij¹	djɨj²	ɣa²	lho	·o²	rjir²	njɨ²	ɣu¹	djɨj²
非	定	从	出	入	乃	至	初	定，

入此定。我复从非想非非想定出入乃至初定，

13.30.6

鹿	儶	靫	讹	繲	茲	杨	愢	敆	犯
rjur¹	phji¹	tśhjụ¹	tsjɨ¹	ŋa²	rjir²	·a	tjɨj²	ljɨ¹	· jɨ¹
诸	苾	刍	亦	我	与	一	样	也	谓。

繲	繲	敿	魏	餡	敆	繲	忺	諴	，

ŋa²	sjij¹	pha¹	dźji	·jij¹	ŋwu²	ɣu¹	djij²	·o²
我	今	余	相	状	以	初	定	入,

诸苾刍亦皆同我。我今应可作余相状而入初定,

13.31.1

ku¹	tjij¹	dwewr²	ɣiẹ²	mji¹	·jij¹	thjụ¹	lew²	mjɨ²	nja²
便	独	觉	声	闻	之	行	所	境	非

·jɨ²	thjɨ²	sju²	lə	dźjwa¹	tśhjɨ²	rjar²	djij²	·o²	
谓。	是	如	念	已	立	即	定	入,	

便非独觉声闻所行之境。作是念已即入其定,

13.31.2

dzjɨj¹	rjur¹	phji¹	tśhjụ¹	·jij¹	gu²	da²	·jɨ²	nji²	njɨ²
时	诸	苾	刍	自	相	谓	曰:	仁	等

nwə¹	lew²	ljij²	dzjɨj²	rjur¹	pjụ¹	·jij¹	djij²	ɣa²	
知	当!	大	师	世	尊	自	定	于	

时诸苾刍共相谓曰: 仁等当知! 大师世尊住于自定,

13.31.3

dźjɨj¹	ŋa²	njɨ²	tsjɨ¹	·jij¹	djij²	ɣa²	dźjɨj¹	lew²	ŋwu²
住,	我	等	亦	自	定	至	住	可	是

·jɨ²	tśhjɨ²	rjar²	·jij¹	djij²	ɣa²	·o²	tśhjɨ¹	zjọ²	
谓。	遂	便	自	定	至	入。	尔	时	

我等亦可自定而住。便入自定。尔时

13.31.4

rjur¹	pjụ¹	mə¹	·a	bjij²	zjij¹	djij²	ɣa²	wor¹	ljij²
世	尊	天	已	明	时	定	上	出,	大

·ji¹	zji²	dzjɨ̱²	tha¹	ljij²	·ji¹	kha¹	dzuu²	tjɨ̱²
众	皆	集，	佛	大	众	中	坐	处

世尊至天明已即从定出，大众皆集，佛于众中就座

13.31.5

tśhja¹	dzuu²	dzjɨj¹	zjo̱²	ŋowr²	·ja	na¹	thow¹	dzuu²	tji²
上	座。	时	寿	具	阿	难	陀	坐	处

·a	wor¹	lhwu	gjwi¹	dzjwɨ²	dji¹	zjɨ̱¹	·wa̱¹	pha¹
△	起，	衣	服	整	修	左	肩	偏

而坐。时具寿阿难陀[5]从座而起，整衣服露右肩[6]

13.31.6

gjwi²	njɨ̱¹	rewr²	ɣa²	tśjiw²	tshwew¹	tśier¹	ŋwer²	ljɨ̱²	zjij¹
披	双	足	上	顶	礼，	右	膝	地	着

pja̱¹	phjo̱²	dzjwɨ²	rejr¹	tha¹	·jij¹	da̱²	·jɨ̱²	ljij²
合	掌	恭	敬，	佛	之	言	白：	大

礼双足，右膝着地合掌恭敬，而白佛言：大

13.32.1

tśhja²	rjur¹	pju̱¹	śjwɨ¹	śjwɨ¹	bu²	zjir¹	mja¹	bju²	rjur¹
德	世	尊，	频	频	胜	慧	河	边	诸

phji¹	tśhju̱¹	nji²	·jij¹	·jow²	śja²	ber²	kiej²	nja²
苾	刍	等	之	赞	叹	遇	欲	令

德世尊，频频赞叹胜慧河边诸苾刍等意欲相见，

13.32.2

ljɨ̱¹	thja¹	rjur¹	phji¹	tśhju̱¹	zji²	thju²	nji²	ljij²	mji¹
故，	彼	诸	苾	刍	皆	此	至	来	不

·jir¹　·jɨr²　nja²　thjij²　ɣiej¹　·jɨ²　tha¹　dạ²　·ja
问　　蒙　　令　　何　　真　　谓　。　佛　言：　阿

彼诸苾刍皆来至此不蒙问及。佛言：阿

13.32.3　na¹　thow¹　ŋa²　thja¹　rjur¹　dzjwo²　rjir²　dạ²　·wji¹
　　　　　难　　陀！　我　　彼　　诸　　人　　　与　　语　　为

dja²　dźjwa¹　śjij²　mjijr²　śjij²　tsjɨr¹　dzjij¹　bju¹　gu²
△　　已　　圣　　者　　圣　　法　　律　　依　　共

bju¹　·jir¹　·ja　na¹　thow¹　tha¹　·jij¹　dạ²　·jɨ²
慰　　问。　阿　难　陀　　佛　之　　言　白：

śjij²　dạ²　tsjɨr¹　dzjij¹　bju¹　dźjwɨ¹　gu²　bju¹
圣　　语　　法　　律　　依　　相　　共　　慰

难陀！我与彼诸人语敬问[7]。阿难陀白佛言：未审云何名为圣语法律共相慰

13.32.4　·jir¹　śjij¹　tja¹　ljɨ¹　kji¹　ŋwu²　·ja　na¹　thow¹　ŋa²
　　　　　问　　△　　者　　何　　△　　是？　阿　难　陀！　我

śji¹　rjur¹　phji¹　tśhjụ¹　rjir²　zji²　ɣa¹　nioow¹　rewr²
先　　诸　　苾　　刍　　与，　皆　　门　　外　　足

问？阿难陀！如我共诸苾刍[8]，皆于门外

13.32.5

---

① 此处西夏文由"䊾"改为"蓁"。
② 西夏文"慨"，误作"慨"，据下文"靸慨（门外）"改。

dja²	dzjiw¹	nji²	tśji̱	bju¹	kjir²	·u²	·o²	twu̱¹	dzuu²
△	洗	△,	次	随	房	中	入	各	坐

tji²	tśhja¹	lju²	twu̱¹	no²	dzuu²	mjor¹	·ju²	lə
处	上,	身	端	稳	坐	现	前	念

洗双足已，随次入房就座而坐，各并端身住现前念，

13.32.6

dźjij¹	ŋa²	ɣu¹	djij²	·o²		mja¹	bju²	rjur¹	phji¹	tśhju̱¹
住,	我	初	定	入;		河	边	诸	苾	刍

nji²	tsji̱¹	ɣu¹	djij²	ɣa²	·o²	ŋa²	ɣu¹	djij²
等	亦	初	定	上	入。	我	初	定

我入初定；河边诸苾刍等亦入初定。我从初定出，

13.33.1

lho	nji̱¹	tsew²	so̱¹	tsew²	ljir¹	tsew²	djij²	ɣa²	·o²
出,	二	第、	三	第、	四	第	定	上	入,

tśji̱¹	ŋa¹	do²	sjij²	do²	dju¹	lew²	mjij¹	do²
次	空	处、	识	处、	有	所	无	处

入第二定[9]、第三、第四定，次入空处、识处、无所有处，

13.33.2

·o²	tśji̱¹	sji̱j²	mjij¹	sji̱j²	mji¹	mjij¹	do²	djij²	·o²
入,	次	想	非	想	非	非	处	定	入;

mja¹	bju²	rjur¹	phji¹	tśhju̱¹	nji²	tsji̱¹	ŋa²	rjir²
河	边	诸	苾	刍	等	亦	我	与

次入非想非非想处定；河边诸苾刍等亦复如是，

13.33.3

·a	tjɨj²	rjur¹	djɨj²	ɣa²	lho	·o²	ŋa²	sjɨj²	mjij¹
一	样，	诸	定	上	出	入。	我	想	非

sjɨj²	mji¹	mjij¹	djɨj²	ɣa²	lho	dju¹	lew²	mjij¹	
想	非	非	定	上	出，	有	所	无	

随我出入诸定。我从非想非非想定出，入无所

13.33.4

do²	djɨj²	ɣa²	·o²	ŋa²	nioow¹	rjɨr²	nji²	yu¹	djɨj²
处	定	上	入，	我	复	乃	至	初	定

ɣa²	·o²	rjur¹	phji¹	tśhjṵ¹	tsjɨ¹	ŋa²	rjɨr²	·a	
上	入；	诸	苾	刍	亦	我	与	一	

有处定，我复乃至入初定；是诸苾刍亦复如是

13.33.5

tjɨj²	yu¹	djɨj²	ɣa²	·o²	zjij¹	·ja	na¹	thow¹	ŋa²
样	初	定	至	入	时。	阿	难	陀！	我

thji²	sju²	·wji²	lə	ŋa²	sjij¹	pha¹	dźjɨ	·jij¹	
是	如	△	念：	我	今	余	相	状	

入至初定。阿难陀！我作是念：我今应可作余相状

13.33.6

ŋwu²	yu¹	djɨj²	·o²	ku¹	tjij¹	dwewr²	ɣie²	mji¹	·jij¹
以	初	定	入，	故	独	觉	声	闻	之

thjṵ¹	lew²	mjɨ²	nja²	·jɨ¹	ŋa²	thji²	·wji²	lə	
行	所	境	非	谓。	我	是	△	念	

而入初定，便非独觉声闻所行之境。作是念

13.34.1

nioow¹	tśhjɨ²	rjar²	djij²	·o²	dzjij¹	mja¹	bju²	phji¹	tśhjụ
已	立	即	定	入。	时	河	边	苾	刍

·jij¹	gu²	dạ²	·jɨ²	ljij²	dzjịj²	rjur¹	pjụ¹	·jij¹
自	相	谓	曰:	大	师	世	尊	自

已即入其定。时河边苾刍自相谓曰：大师世尊

13.34.2

djij²	ɣa²	dźjij¹	ŋa²	nji²	tsji¹	·jij¹	djij²	ɣa²	dźjij¹
定	于	住,	我	等	亦	自	定	而	住

lew²	·jɨ²	·ja	na¹	thow¹	thji²	tja¹	śjij²	dạ²
可	谓。	阿	难	陀!	此	谓	圣	语

住于自定，我等亦可自定而住。阿难陀! 此谓圣语

13.34.3

śjij²	tsjɨr¹	dzjij¹	bju¹	gu²	bju¹	·jir¹	śjij¹	ŋwu²	ŋa²
圣	法	律	依	共	慰	问	△	是,	我

thji²	sju²	ŋwu²	·jij¹	gu²	bju¹	·jir¹	dja²	dźjwa¹
是	如	以	自	相	慰	问	△	已。

圣法律共相安慰，我作如是相安慰已。

注释:

［1］大德，西夏文本译为"{Tangut}"，义为"大德世尊"，疑西夏文衍"{Tangut}"两字。

［2］跏趺，即"{Tangut}"，汉文本作"交脚"，结跏趺坐，佛陀的一种坐法，趺者，足背，交结左右足背置于左右股上。

［3］第三，西夏文本译作"{Tangut}"，义为"第三定"。

［4］无所有处，西夏文本译作"{Tangut}"，义为"无所有处定"。

［5］阿难陀，即"{Tangut}"*·a na¹ thow¹，梵文 Ānanda，译曰欢喜，庆喜。

［6］露右肩，西夏文本译作"{Tangut}"，义为"偏披左肩"。

［7］我与彼诸人语敬问，西夏文本译作"{Tangut}

𘝼𘏾𘏾𗸪𗆫", 义为 "我与彼诸人语圣人圣法律共相敬问", 西夏文衍 "𗣼𘙤𗣼𘏾𗆫𘝼𘏾𘏾"（圣人圣法律共相）。

[8] 如我共诸苾刍, 西夏文本译作 "𗂮𘏾𗂮𘏾𗣼𗾕𘏾", 义为 "如我先诸苾刍"。

[9] 第二定, 西夏文本译作 "𗴿𗾕", 义为 "第二", 西夏文本脱 "𘙥"。

释读:

13.34.4

𗂮	𘏾	𗸪	𗸪	𗋽	𗆫	𗢳:	𗣼	𘝼	𗆫
·ja	na¹	thow¹	tha¹	·jij	dạ²	·jɨ²	tjij	rjijr²	ljij²
阿	难	陀	佛	之	言	白:	善	哉	大

𗂮!	𗣼	𗆫	𗣼	𗣼	𘝼	𘝼	𘝼	𗋽
tśhja²	śjɨj²	dạ²	śjɨj²	tsjɨr¹	dzjij¹	bju¹	dźjwɨ¹	·jij¹
德!	圣	语	圣	法	律	依	相	之

阿难陀白佛言: 善哉大德! 圣语圣法律共相

13.34.5

𗸪	𗆫。	𗾕	𘏾	𗣼	𗆫	𗣼	𗣼	𘝼	𘝼
bju¹	·jɨr¹	rjur¹	pju¹	śjɨj²	dạ²	śjɨj²	tsjɨr¹	dzjij¹	bju¹
慰	问。	世	尊	圣	语	圣	法	律	依

𘝼	𗋽	𗸪	𗆫	𘏾	𗣼	𗾕	𗾕	𗾕
dźjwɨ¹	·jij¹	bju¹	·jɨr¹	zji²	rjijr¹	nja²	lji¹	rjur¹
相	之	慰	问	极	善	令	故,	世

安慰。极善世尊! 圣语圣法律共相安慰。世

13.34.6

𘏾	𗾕	𗸪	𗾕	𗾕	𗾕	𗆫	𗣼	𗆫	𗣼
pju¹	mja¹	bju²	rjur¹	phji¹	tśhju¹	·jij¹	śjɨj²	dạ²	śjɨj²
尊	河	边	诸	苾	刍	之	圣	语	圣

𗣼	𘝼	𗈩	𘝼	𗋽	𗸪	𘝼	𘞗	𗾕
tsjɨr¹	dzjij¹	ŋwu²	dźjwɨ¹	·jij¹	bju¹	·jɨr¹	dja²	dźjwa¹
法	律	以	相	之	慰	问	△	已,

尊既与河边诸苾刍, 以圣语圣法律共安慰已,

13.35.1

𗹥	𗆫	𗿢	𗾕	𗈩	𗈩	𗸪	𗹥	𗤒	𗈩
thja¹	ɣiẹ²	zji²	nji²	ljɨr¹	ljijr²	rjur¹	dzjwo²	·jij¹	gu²

	其	声	普	遍，	四	方	诸	人	自	相
	[illegible]	[illegible]：	[illegible]	[illegible]	[illegible]	[illegible]	[illegible]	[illegible]	[illegible]	
	dạ^2	·jɨ^2	tha^1	mja^1	bju^2	rjur^1	phji^1	tśhjụ^1	djij^1	
	谓	曰：	佛	河	边	诸	苾	刍	辈	

其声普遍，四远诸人[1]共相谓曰：佛共河边诸苾刍辈，

13.35.2	[illegible]，	[illegible]	[illegible]	[illegible]	[illegible]	[illegible]	[illegible]	[illegible]	[illegible]	[illegible]
	rjir^2	śjɨj^2	dạ^2	śjɨj^2	tsji̱r^1	dzjɨj^1	ŋwu^2	dźjwɨ^1	·jij^1	bju̱^{1}
	与，	圣	语	圣	法	律	以	相	之	慰
	[illegible]	[illegible]	[illegible]。	[illegible]	[illegible]	[illegible]	[illegible]，	[illegible]	[illegible]	
	·jɨr^1	djij^2	·jɨ^2	thjɨ^2	dạ^2	mji^1	nioow^1	rjur^1	gu^2	
	问	△	谓。	此	事	闻	已，	诸	长	

以圣语圣法律而相安慰。既闻此事，诸长

13.35.3	[illegible]	[illegible]	[illegible]	[illegible]	[illegible]	[illegible]	[illegible]	[illegible]	[illegible]	[illegible]
	bjij^1	pho^1	lo^1	mẽ^1	zji^2	mja^1	bju^2	phji^1	tśhjụ^1	do^2
	者	婆	罗	门	皆	河	边	苾	刍	处
	[illegible]	[illegible]	[illegible]，	[illegible]	[illegible]	[illegible]	[illegible]	[illegible]	[illegible]	
	tśja^1	tshwew^1	ljij^2	thja^1	rjur^1	phji^1	tśhjụ^1	xja^1	tśhjɨ^2	
	礼	拜	来，	此	诸	苾	刍	速	立	

者婆罗门皆来礼拜河边苾刍，此诸苾刍即

13.35.4	[illegible]	[illegible]	[illegible]	[illegible]	[illegible]	[illegible]	[illegible]，	[illegible]	[illegible]	[illegible]
	rjar^2	gu^2	bjij^1	pho^1	lo^1	mẽ^1	·jij^1	tsji̱r^1	tshji^1	nẹ^1
	即	长	者	婆	罗	门	之，	法	要	宣
	[illegible]	[illegible]	[illegible]	[illegible]	[illegible]	[illegible]	[illegible]。	[illegible]	[illegible]	
	tshjij^1	·wji^1	lja̱^{2}	·u^2	tshie^2	lji^2	to^2	dzjɨj^1	thja^1	
	说	为	口	中	臭	香	出。	时	彼	

为长者婆罗门，宣说法要口出臭气。时彼

13.35.5	[illegible]	[illegible]	[illegible]	[illegible]	[illegible]	[illegible]，	[illegible]	[illegible]	[illegible]	[illegible]：
	rjur^1	dzjwo^2	ɣu^1	mjij^1	khju̱^{2}	ljijr^2	·jij^1	gu^2	dạ^2	·jɨ^2

诸	人	首	尾	顾	方,	自	相	谓	曰:
𗥤	𗤶	𗼑	𗿷	𗤹	𘕿	𗩉	𗷭	𗦴	
thji²	tshie²	lji²	tja¹	ljɨ¹	kji¹	ljijr²	rjir²	ljij²	
此	臭	香	者	何	△	方	而	来	

诸人左右顾盼[2]，共相谓曰：此之臭气从何而来？

13.35.6

𗤵?	𗤰	𗦾	𗤽	𗦴	𗥤	𗤶	𗼑	𗼕	𗷓
·jɨ²	rjur¹	phji¹	tśhjụ¹	dạ²	thji²	tshie²	lji²	ŋa²	nji²
谓?	诸	苾	刍	曰:	此	臭	香	我	等
𗦻	𗆀	𗫒	𗥴	𗤵 。	𗩈	𗦴:	𗥝	𗫶!	
lja²	·u²	·wjɨ²	to²	·jɨ²	·jir1	dạ²	śjij²	mjijr²	
口	中	而	出	谓。	问	言:	圣	者!	

诸苾刍曰：此之臭气从我口出。白言：圣者！

13.36.1

𗆪	𗆪	𗣼	𗤽	𗦴	𗦩	𗹙	𗆪	𗼽?	𗤫
njɨ²	njɨ²	bie¹	śiew¹	mji¹	tśhjɨ¹	gjii¹	nji²	mo²	hụ²
日	日	齿	木	不	是	嚼	△	耶?	答
𗦴:	𗦴	𗦩	𗹙	𗆪。	𗩈	𗦴:	𗤽	𗤵?	
dạ²	mji¹	tśhjɨ¹	gjii¹	nji²	·jir¹	dạ²	wa	nioow¹	
曰:	不	是	嚼	△。	问	言:	何	故?	

岂可日日不嚼齿木耶？答曰：不嚼。彼曰：何故？

13.36.2

𗤰	𗦾	𗤽	𗦴:	𗦿	𗷓	𗦻	𗦩	𗦾	𗤵。
rjur¹	phji¹	tśhjụ¹	dạ²	tha¹	mjij²	rjar¹	dju¹	phji¹	·jɨr¹
诸	苾	刍	曰:	佛	未	许	有	令。	答
𗦴:	𗥝	𗫶!	𗦰	𗣼	𗤽	𗤹	𗹙	𗫏	
dạ²	śjij²	mjijr²	tjij¹	bie¹	śiew¹	mji¹	gjii¹	ku¹	
曰:	圣	者!	若	齿	木	不	嚼	故	

诸苾刍曰：佛未听许。答曰：圣者！若不嚼齿木

13.36.3

𗤦	𗊐	𗍱	𗆪	𗹙	𗤵?	𗼑	𗤰	𗦾	𗤽
gji¹	sej¹	·a	we²	nji²	·jɨ²	dzjɨj¹	rjur¹	phji¹	tśhjụ¹

清　净　△　为　△　耶？　时　诸　苾　刍
[Tangut]
mjɨ^{2}　mji^{2}　hụ^{2}　mjij^{1}　thja^{1}　dạ^{2}　tha^{1}　do^{2}　rjɨr^{2}
默　然　对　无。　彼　事　佛　处　△
得清净耶？时诸苾刍默然无对。以缘白佛[3]，

13.36.4　[Tangut]
tshjịj^{1}　tha^{1}　dạ^{2}　thja^{1}　pho^{1}　lo^{1}　mẽ^{1}　phə^{1}　bjij^{1}　dja^{2}
说，　佛　言：　彼　婆　罗　门　长　者，　△
[Tangut]
dej^{2}　nji^{2}　sji^{2}　tja^{1}　dạ^{2}　mjor^{1}　ɣiej^{1}　ŋwu^{2}　ŋa^{2}　dzjij^{2}
讥　△　具　者　仪　合　正　是。　我　余
佛言：彼婆罗门长者，所作讥耻正合其仪。我于余

13.36.5　[Tangut]
phji^{1}　tśhjụ^{1}　·jij^{1}　bię^{1}　śiew^{1}　gjii^{1}　tsjɨr^{1}　dzju^{1}　dzjij^{2}　dja^{2}
苾　刍　之　齿　木　嚼　法　教　化　△
[Tangut]
dźjwa^{1}　nji^{2}　njɨ^{2}　mjɨ^{1}　nwə^{1}　ŋa^{2}　sjij^{1}　nji^{2}　rjur^{1}
已。　汝　等　不　知，　我　今　如　诸
处已教苾刍嚼其齿木，而汝不知，是故我今制诸

13.36.6　[Tangut]
phji^{1}　tśhjụ^{1}　·jij^{1}　dzjij^{2}　bię^{1}　śiew^{1}　gjii^{1}　lew^{2}　thjij^{2}　sjo^{2}
苾　刍　之　制　齿　木　嚼　应。　何　云
[Tangut]
ljɨ^{1}　bię^{1}　śiew^{1}　gjii^{1}　tja^{1}　ŋwə^{1}　mə^{2}　bu^{2}　gjij^{1}
故？　齿　木　嚼　者　五　种　胜　利
苾刍应嚼齿木。何以故？嚼齿木者有五胜利。

13.37.1　[Tangut]
ɣie^{2}　dju^{1}　ŋwə^{1}　tja^{1}　ljɨ^{1}　kjɨ^{1}　ŋwu^{2}　lew^{1}　tja^{1}　nər^{2}

益	有。	五	者	何	△	是?	一	者、	黄
tsja¹	tjij¹	njwi²	njɨ	tja¹	niəj²	ŋo²	tjij¹		dzjar²
热	除	能;	二	者、	垢	病	去		尽;

云何为五? 一者、能除黄热; 二者、能去痰癃[4];

13.37.2

散	纖、	般	邏	胝	纊;	綱	纖、	呸	胝
sọ¹	tja¹	lja²	tshie²	lji²	mjij¹	ljir¹	tja¹	tji¹	dzji²
三	者、	口	臭	香	无;	四	者、	饮	食

斄	纖;	疵	纖、	緩	襟	裼	祷。	拜	
thji¹	njwi²	ŋwə¹	tja¹	kar¹	mej	swew¹	sej¹	tha¹	
喰	能;	五	者、	眼	目	明	净。	佛	

三者、口无臭气; 四者、能喰饮食; 五者、眼目明净。佛

13.37.3

儀	報	孫	散	緻	散	繊	敄	訛	繞
phji¹	tśhjụ¹	·jij¹	dzjij²	njɨ²	ŋewr²	bie̜¹	śiew¹	gjii¹	lew²
苾	刍	之	制	日	每	齿	木	嚼	应

劣	烬、	缴	緒	敩	儀	報	緵	毆	
·jɨ²	nioow¹	dzjɨj¹	thjwị¹	mjɨr¹	phji¹	tśhjụ¹	gji²	mji¹	
谓	已,	时	少	年	苾	刍	一	他	

制苾刍每嚼齿木, 时一年少苾刍

13.37.4

豭	燗	縍	繊	敄	烉	訛。	虀	稴	秞
·ju²	ɣwə²	rjir²	bie̜¹	śiew¹	wjij¹	gjii¹	rjur¹	pjụ¹	thja²
前	面	前	齿	木	短	嚼。	世	尊	彼

蕊,	儀	報	拜	菽	蕋	繖	耙	訲,	
śjɨ¹	phji¹	tśhjụ¹	tha¹	ljij²	na¹	·ju²	zar²	śjwo¹	
至,	苾	刍	佛	见	深	羞	耻	生,	

于显露处而嚼短条。世尊至彼, 苾刍见佛深生羞耻,

13.37.5

繖	虀	稴	燗	縍	繊	敄	秞	繞。	帽
ŋa²	rjur¹	pjụ¹	ɣwə²	rjir²	bie̜¹	śiew¹	phji¹	lew²	nja²

我	世	尊	面	前	齿	木	出	应。	不
·jɨ²	tśhji²	rjar²	nja¹	?	njwij¹	ɣa²	·wji¹	lu²	
谓,	即	便	△	吞	喉	上	△	缺。	

云何不应对世尊前，吐出齿木，即便吞咽遂鲠喉中。

13.37.6

庞	絆	禓	愵	憪	巍	辐	绱,	殄	瓣
rjur¹	tha¹	tsjir¹	tjɨj²	lə	phji¹	mji²	mjij¹	tśhjɨ¹	dzjij¹
诸	佛	法	礼	念	失	忘	无,	尔	时

焱	浙	殄	絆	叕	憶	绥	遜	絋
rjur¹	pju¹	tśhji²	rjar²	mji¹	pju¹	·jir²	tu¹	tśhja²
世	尊	遂	便	无	量	百	千	德

诸佛常法无忘失念，尔时世尊便舒无量百千功

13.38.1

賧	飜	搧	矞	貶	俊	緅	綵	鬶	絋
·iow¹	bju¹	·a	śjwo¹	zjɨ¹	lạ¹	·wji¹	·jir²	khji²	tśhja²
功	由	所	生	左	手	△	舒	万	德

綵	鞣	蠤	豕	搧	鼷,	籹	瀹	絎
gju²	rjur¹	·jij¹	lju²	·a	lhej²	kjạ¹	le²	tjij¹
吉	祥	形	身	△	旋,	怖	畏	除

德所生左手旋环万字[5]，能除怖畏

13.38.2

綖,	靆	蠹	祗	糖,	纊	欸	儡	鞣	孫
njwi²	no²	nej²	phji¹	ljɨ¹	thjwɨ¹	mjir²	phji¹	tśhjụ¹	·jij¹
能,	安	隐	令	能,	少	年	苾	刍	之

綖	叕	藓	彩	黴	俊	俊	赥	罷
ɣu¹	kjɨ¹	zow²	·wji¹	tśier¹	lạ¹	nər²	ŋwu²	thja²
头	△	持	作,	右	手	指	以	彼

善施安隐[6]，捉少年头[7]，屈右手指内彼

13.38.3

儡	鞣	孫	飯	幃,	緻	鞁	巍	彩	緳
phji¹	tśhjụ¹	·jij¹	ljạ²	·u²	biẹ¹	śiew¹	dzow¹	·wji¹	sjij¹

苃	刍	之	口	中，	齿	木	钩	为	血

rjir² lwu¹ lho rjur¹ pju¹ da̱² nji² wa² nioow¹

与 俱 出。 世 尊 曰： 汝 何 故

口中[8]，钩其齿木与血俱出。世尊告曰：汝何

13.38.4

thji² zji² nja² phji¹ tśhju¹ thja¹ da̱² tha¹ do² rjir²

此 为 令？ 苃 刍 彼 事 佛 处 △

tshjij¹ tha¹ thji² lə ·wji¹ mji¹ ·ju² ɣwə² rjir²

说， 佛 是 念 作： 他 前 面 前

所为？苃刍以事白佛，佛作是念：在显露处

13.38.5

bie̱¹ śiew¹ gjii¹ ku¹ thji² sju² dźjar² dja² dju¹ rjur¹

齿 木 嚼 者 是 如 过 △ 有。 诸

phji¹ tśhju¹ ·jij¹ da̱² thjwi̱¹ mjir¹ phji¹ tśhju¹ gji²

苃 刍 之 曰： 少 年 苃 刍 一

嚼齿木者有如是过。告诸苃刍曰：有一少年于

13.38.6

mji¹ ·ju² ɣwə² rjir² bie̱¹ śiew¹ wjij¹ gjii¹ dźjar² kji̱¹

他 前 面 前， 齿 木 短 嚼 过 △

rjir² ·wji¹ rjur¹ phji¹ tśhju¹ nji² mji¹ ·ju² ɣwə²

乃 为。 诸 苃 刍 等 他 前 面

显露处，嚼短齿木有是过生。故诸苃刍于显露

13.39.1

rjir² bie̱¹ śiew¹ wjij¹ gjii¹ rjar¹ mjij¹ tji̱¹ tjij¹ ljwu¹

前　　　齿　　　木　　　短　　　嚼　　　许　　　不，　　倘　　　若　　　违

ku¹　　tjij²　　dzjij¹　dzwej¹　lhju²　　dạ²　　tha¹　　rjir²　　tshjij¹

者　　　法　　　越　　　罪　　　得　　　谓。　　佛　　　所　　　言

处不嚼齿木亦非短条，苾刍违者得越法罪[9]。如佛所言

13.39.2
bju¹　　phji¹　　tśhju¹　mji¹　　·ju²　　ɣwə²　　rjir²　　biẹ¹　　śiew¹　　gjii¹

如　　　苾　　　刍　　　他　　　前　　　面　　　前　　　齿　　　木　　　嚼

rjar¹　mjij¹　dạ²　　ku¹　　dzjij¹　thjwị¹　mjir¹　phji¹　tśhju¹

许　　　无　　　谓，　　故　　　时　　　少　　　年　　　苾　　　刍

苾刍不应于显露处坐嚼齿木者，时有少年苾刍，

13.39.3
gji²　　pju¹　　nar²　　·ju²　　rjir²　　dzuu²　　biẹ¹　　śiew¹　　gjii¹　　tha¹

有，　　尊　　　老　　　面　　　前　　　坐　　　齿　　　木　　　嚼，　　佛

dạ²　　thji²　　tsji¹　　rjar¹　mjij¹　sọ¹　　mə²　　dạ²　　gjiw¹

言：　　此　　　亦　　　许　　　不。　　三　　　种　　　事　　　宽

于老者[10]前坐嚼齿木，佛言：不应尔。有三种事

13.39.4
gji²　　·wji¹　　lew²　　thji²　　tja¹　　nji²　　bji¹　　lji¹　　nioow¹　biẹ¹

广　　　作　　　可：　　此　　　者　　　屎　　　尿　　　△　　　及　　　齿

śiew¹　gjii¹　　ŋwu²　　tha¹　　biẹ¹　　śiew¹　　nja¹　　gjii¹　　nji²

木　　　嚼　　　是。　　佛　　　齿　　　木　　　而　　　嚼　　　△

可于屏隐处[11]：谓大小便及嚼齿木。佛言不将短条充齿木者[12]，

13.39.5
dạ²　　ku¹　　dzjij¹　rjur¹　tśhjiw¹　djij¹　biẹ¹　　śiew¹　dźjo¹　gjii¹

言，　　故　　时　　诸　　六　　众　　齿　　木　　长　　　嚼，
rjur¹　phji¹　tśhjụ¹　ljij²　to²　zji²　dja²　dej²　·jir¹
诸　　苾　　刍　　见　　共　　皆　　△　　嫌，　报

时诸六众便用长条以充齿木，诸苾刍见共生嫌耻，报

13.39.6　　dạ²　zjọ²　ŋowr²　nji²　njɨ²　bo²　zow²　·u²　nji²　mo²
言：　寿　　具！　汝　　等　　杖　　执　　戏　　△　　耶？

hụ²　dạ²　tha¹　dzju¹　bji²　bju¹　biẹ¹　śiew¹　dźjo¹
答　　曰：　佛　　教　　示　　由　　齿　　木　　长

言：具寿！汝等岂可执杖戏耶？答曰：佛教洗口[13]，

13.40.1　　gjii¹　ljọ²　·u²　nji²　djij²　nji²　biẹ¹　śiew¹　wjij¹　gjii¹
嚼，　何　　戏　　△　　△？　汝　　齿　　木　　短　　嚼

mjiijr²　·jo²　kạ¹　·a　bja²　tha¹　gjụ²　·wejr²　bju¹　kạ¹
者　　时　　命　　△　　终，　佛　　救　　护　　蒙　　命

云何是戏？汝岂不见嚼短齿木几将命终，蒙佛救护

13.40.2　　dja²　lhew²　tja¹　mjij²　ljij²　nji²　mo²　nji²　nji²　gjɨ²
△　　开　　者　　未　　见　　△　　耶。　汝　　等　　我

mji²　·jij¹　lhwu¹　pa²　śjwo¹　dzjir¹　ɣa²　djij²　sji¹
等　　之　　衣　　钵？　需　　急　　上　　△　　亡

得存余寿。岂可汝等于我衣钵有希愿耶？令我早亡

_____

① 西夏文本原误把"蒆"置于"靽"前。

13.40.3 [illegible]
gu² kja¹ mo² ·wji¹ ŋwu² dji̠¹ nji² dạ² nji² mo²
共 羯 磨 为 以 分 △ 谓 △ 耶。
[illegible]
nioow¹ bię¹ śiew¹ dźjo¹ gjii¹ tja¹ ɣie² rjir¹ tji̠²
然 齿 木 长 嚼 者 益 得 处
共为羯磨。然长齿木有利益处：

13.40.4 [illegible]
·wjij² lew¹ tja¹ rjɨr² khju¹ thwər¹ lew² dźio̠w² nji̠¹ tja¹
有： 一 者、 釜 下 然 应 能； 二 者、
[illegible]
dzji̠j² gji² dzju¹ dzji̠j² do² śjwo¹ dạ² thja¹ njɨ²
弟 子 教 授 处 需 谓。 彼 等
一、得然釜煮饭[14]；二、得鞭打小师[15]。彼

13.40.5 [illegible]
mji¹ nioow¹ to² zji² mjɨ² mji² tha¹ do² rjɨr² tshji̠j¹
闻 已 悉 皆 默 然。 佛 处 佛 白，
[illegible]
tha¹ dạ² thjɨ² nioow¹ phji¹ tśhjụ¹ bię¹ śiew¹ dźjo¹
佛 言： 此 复 苾 刍 齿 木 长
闻皆默。以缘白佛，佛言：苾刍不应长条将充齿木，

13.40.6 [illegible]
gjii¹ rjar¹ mjij¹ tjɨ¹ tjij¹ gjii¹ ku¹ tji̠j² dzji̠j¹ dzwej¹
充 应 不， 倘 若 嚼 者 法 越 罪
[illegible]
lhjụ² dạ² phji¹ tśhjụ¹ bię¹ śiew¹ dźjo¹ wji̠j¹ ·wji¹
得 谓。 苾 刍 齿 木 长 短 为
嚼长条者得越法罪[16]。苾刍不知齿木长短，

13.41.1

śjij¹	mji¹	da²	tha¹	do²	dja²	·jir¹	tha¹	da²	sọ¹
△	不	知,	佛	处	△	问[17]	佛	言:	三

mə²	dju¹	thji²	tja¹	dźjo²	gu²	wjij¹	ŋwu²	dźjo¹
种	有,	此	者	长	中	短	是。	长

佛言：此有三种，谓长中短。长

13.41.2

tja¹	ɣạ²	njɨ¹	dzjiw²	wjij¹	tja¹	·jar¹	dzjiw²	njɨ¹	zjạ¹
者	十	二	指、	短	者	八	指、	二	内

tja¹	gu²	da²	tha¹	gjiw¹	gji²	tśhjụ¹	bie¹	gjii¹
者	中	名。	佛	宽	广	齿	木	嚼

者十二指、短者八指、二内名中。佛言应在三蚀[18]嚼齿木者，

13.41.3

lew²	da²	ku¹	dzjij¹	nar²	ŋo²	phji¹	tśhjụ¹	dźju²	nọ¹
应	言	者,	时	老	病	苾	刍	赢	弱,

gjiw¹	gji²	śjɨ¹	mji¹	njwi²	tha¹	da²	nar²	ŋo²
宽	广	往	不	能,	佛	言:	老	病

时有老病赢弱[19]，不能行就隐屏之处，佛言：病人

13.41.4

phji¹	tśhjụ¹	khjɨ²	lie¹	rjir²	lju²	sji²	hjij¹	sju¹	lew²
苾	刍	口	洗	膏	覆	用	盆	畜	应

da²	phji¹	tśhjụ¹	tśhjɨ²	rjar²	kjir²	·u²	ɣjɨ¹	lhjij¹
谓。	苾	刍	遂	便	房	内	瓦	盆

应可畜洗口盆。苾刍便用随宜瓦盆安在房内，

13.41.5

rjir² tji¹ khji¹ ŋwu² kji¹ tsju¹ zjir² bji¹ lji² tśior¹

△　安，　脚　以　△　触　水　倾　地　污，

tha¹ dạ² khji² lie¹ rjir¹ lju² lhjij¹ bju² lạ¹

佛　言：　口　洗　膏　覆　盆　象　手

脚触便倾水流污地，佛言：洗口之盆形如象迹。

13.41.6

par² sju² ·ju² lew² dạ² tśhiọw¹ phji¹ tśhjụ¹ kha¹ lhjij¹

蓬　如　求　应　谓，　或　苾　刍　中　盆

·ju² mji¹ rjir¹ tha¹ dạ² zjir² zar² tji² śji¹

求　不　得，　佛　言：　水　窦　处　往

时有苾刍求盆无处[20]，佛言：应就水窦边

13.42.1

rjijr² biẹ¹ śiew¹ gjii¹ lew² dạ² phji¹ tśhjụ¹ dźjo¹ dźjo¹

近　齿　木　嚼　应　谓。　苾　刍　远　长

biẹ¹ śiew¹ gjii¹ zjir² zar² ·wji² do² mji¹ tśhji¹

齿　木　嚼　水　窦　△　处　不　是

嚼齿木。苾刍远嚼不近窦口[21]。

13.42.2

? ·wji¹ tha¹ dạ² zjir² zar² tji² do² ·a kjiwr²

近　为。　佛　言：　水　窦　处　于　一　肘

rjar¹ zjij¹ ? ·wji¹ lew² dạ² tha¹ biẹ¹ śiew¹

而　几　近　为　应　谓。　佛　齿　木

---

① 西夏文"祇"误作"祇"，今据汉文本改。

佛言：应可近边方一肘地[22]。佛教嚼齿木

13.42.3

訛	蕬	燚	譨	庬	儌	鞁	鞁	紎	斆
gjii¹	śjij¹	kji¹	nej²	rjur¹	phji¹	tśhjụ¹	nji²	lhjwa¹	rewr²
嚼	△	△	教，	诸	苾	刍	等	舌	刮

蕬	燚	呲，	绖	瓅	飯	儸，	絆	鞎：	
śjij¹	mji¹	nwə¹	kjwi¹	bju¹	lja²	tshie²	tha¹	dạ²	
△	不	知，	仍	依	口	臭，	佛	言：	

时，苾刍不知刮[23]，舌其口仍臭，佛言：

13.42.4

糤	鞖	訛	愢，	紎	斆	綒	斈。	斩	儌
bie̱¹	śiew¹	gjii¹	nioow¹	lhjwa¹	rewr²	ew²	dạ²	tśhjwo¹	phji¹
齿	木	嚼	已，	舌	刮	当	谓。	故	苾

鞁	鞖	赦	紎	斆	蕬	燚	呲？	絆	
tśhjụ¹	wa²	ŋwu²	lhjwa¹	rewr²	śjij¹	mji¹	nwə¹	tha¹	
刍	何	以	舌	刮	△	不	知？	佛	

嚼齿木已，当须刮舌。苾刍不知用何刮舌？[24]佛

13.42.5

蕬	藂	覤	絆	鞎：	紎	斆	荒	焱	巍
do²	dja²	·jɨr²	tha¹	dạ²	lhjwa¹	rewr²	sji²	lja²	tji¹
处	△	问	佛	言：	舌	刮	具	筐	畜

綒	斈。	絆	[焱	巍]①	祇	愢，	綒	籭	
lew²	dạ²	tha¹	lja²	tji¹	phji¹	nioow¹	tśhjiw¹	djij¹	
应	谓。	佛	筐	畜	令	已，	六	众	

言：应畜刮舌筐。佛听畜筐，六众

13.42.6

儌	鞁	殢	呲	蓺	覤	瓅	蕬	焱	訹
phji¹	tśhjụ¹	tśhji²	rjar²	kie̱¹	ŋwo²	nia²	ɣji¹	pho¹	lji¹
苾	刍	遂	便	金	银	瑠	璃	玻	［王梨］

嬘	赦	焱	蓺，	庬	焱	麕	甫	絹	

---

① 西夏文"焱巍"两字原缺，据上文和汉文本"畜筐"拟补。

lji̱¹	ŋwu²	lja²	·wji¹	rjur¹	pho¹	lo¹	mẽ¹	phə¹
宝	以	篦	作，	诸	婆	罗	门	长

苾刍便以金银瑠璃玻［王梨］宝作，诸婆罗门长

13.43.1

bjij¹	ljij²	nioow¹	·jir¹	da̱²	śjij²	mjijr²	·wji²	tji¹	wa²
者	见	已	问	言：	圣	者！	△	若	何

sju²	war²	ŋwu²	hu̱²	da̱²	dji²	rjijr¹	rjur¹	pju̱¹
如	物	是？	［答］①	曰：	［贤首］②！		［世尊］③

者见已问言：圣者！此是何物？答曰：贤首！世尊

13.43.2

ŋa²	nji²	·jij¹	lhjwa¹	rewr²	phji¹	sji²	lja²	ŋwu²	·jir¹
我	等	之	舌	刮	令	用	篦	是。	问

da̱²	nji²	śia¹	mẽ¹	śji²	gji²	tsji̱¹	kiej²	rejr²
言：	汝	沙	门	释	子	亦	欲	乐

令我用刮舌篦。彼言：岂汝沙门释子

13.43.3

lej²	nji²	mo²	da̱²	tśhjiw¹	djij¹	mji²	mji²	dzji̱¹	rjur¹
贪	△	耶	谓？	六	众	默	然。	时	诸

phji¹	tśhju̱¹	thja¹	da̱²	tha¹	do²	rjir¹	tshjij¹	tha¹
苾	刍	彼	事	佛	处	△	说，	佛

贪欲乐耶？六众默然。时诸苾刍以缘白佛，佛

---

① 西夏文"答"字原缺，据汉文本"答"拟补。
② 西夏文"爽胱"两字原残，据残存笔画和汉文本"贤首"补。
③ 西夏文"世尊"两字原缺，据汉文本"世尊"拟补。
④ 西夏文"门释子"三字原残，据残存笔画和汉文本"门释子"拟补。
⑤ 西夏文"诸苾刍"两字原缺，据汉文本拟补。

13.43.4

dą² lhjwa¹ rewr² sji² lja² ljɨr¹ mə² dju¹ phji¹ tśhjụ¹
言　舌　刮　用　篦　四　种　有，　苾　刍

zow² lew² ljɨr¹ tja¹ ljɨ¹ kji¹ ŋwu² rər² śjow¹
畜　应。　四　者　何　△　是?　铜、　铁、

言：有四种刮舌篦，苾刍应畜。云何为四？谓是铜、铁、

13.43.5

ŋur¹ rər² njij¹ ŋwu² dzjɨj¹ rjur¹ phji¹ tśhjụ¹ dźja² rjijr¹
鍮、　铜　赤　是。　时　诸　苾　刍　利　善

rjɨr² ·wji¹ lhjwa¹ rewr² mją¹ ljɨj² tha¹ dą² dźja²
△　作，　舌　刮　伤　损，　佛　言：　利

鍮石、赤铜。时诸苾刍便即利作，刮舌伤损，佛言：

13.43.6

mji¹ ·wji¹ lew² nioow¹ thji² ljɨr¹ mə² rjir¹ gie¹ ku¹
不　作　应。　然　此　四　种　求　难，　故

tha¹ do² dja² ·jɨr² tha¹ dą² bię¹ śiew¹ phia¹
佛　处　△　问　佛　言：　齿　木　劈

不应利作。然此四难求，[25]佛言：应劈齿木

13.44.1

ŋwu² lhjwa¹ rewr² lew² dą² phji¹ tśhjụ¹ ·wji² phia¹ tśhji²
以　舌　刮　应　谓。　苾　刍　△　劈　遂

rjar² lhjwa¹ rewr² lew² □ śjij¹ tshwa¹ tha¹ dą²
便，　舌　刮　应　□　破　刺，　佛　言：

便，舌刮应□破刺，佛言：

---

① 西夏文此字原缺，未敢拟补。

屈以刮舌。苾刍劈破便用，刮舌作疮，佛言：

13.44.2

𗆤	𗬩	𗋽	𗙴	𗈁	𗾺	𗔆	𗖀	𗖕	𗦳
biẹ¹	śiew¹	phia¹	nioow¹	·wer¹	dźjwɨ¹	ɣa²	sjwo²	źju¹	djij²
齿	木	劈	已	揩	相，	上	签	刺	当

𗤁	𗕅	𗣼	𗹾	𗜐	𗏹	𗋸	𗰲	𗣗	
gjwɨ¹	zjij¹	lhjwa¹	rewr²	lew²	dạ²。	dzjij¹	rjur¹	phji¹	
穿	时	舌	刮	可	谓。	时	诸	苾	

劈齿木已两片相揩[26]，去上签刺然可用之。苾

13.44.3

𗬴	𗆤	𗬩	𗤊	𗙴	𗑗	𗔁	𗤂	𗨻	𗤝
tśhjụ	biẹ¹	śiew¹	gjii¹	nioow¹	ɣiẹ²	to²	mjɨ¹	nwə¹	mjɨ²
刍	齿	木	嚼	已	声	出	不	知	默

𗤝	𗲎	𗣗	𗠉	𗤂	𗼋	𗔾	𗦳	𗤆	
mjɨ²	dja²	phji²	·ji¹	mjɨ¹	·wejr²	njạ¹	·jij¹	ɣu¹	
然	而	弃，	众	寺	护	神	之	头	

刍[27]嚼齿木已不知作声默尔而弃，遂便堕在护寺天神头

13.44.4

𗤕	𗬴	𗠻	𗼋	𗤂	𗡊	𗳉	𗫸	𗏹	𗤆
tśhja¹	nja¹	zjij¹	·wejr²	njạ¹	khie¹	dej²	tha¹	dạ²	nji²
上	△	堕	护	神	嫌	耻，	佛	言：	默

𗤆	𗦯	[𗕄]	□	𗑗①	𗔁	𗜐	𗏹	𗔆	
nji²	phjɨ¹	tshjij¹	□	ɣiẹ²	to²	lew²	dạ²	tjij¹	
默	弃	说	□	声	出	应	谓，	若	

上。彼生嫌耻，佛言：不得默弃应可作声，若

13.44.5

𗑗	𗙴	𗔁	𗖱	𗹾	𗯟	𗬕	𗂧	𗏹	𗣗
ɣiẹ²	mjɨ¹	to²	ku¹	tjij²	dzjij¹	dzwej¹	lhjụ²	dạ²	phji¹
声	不	出	者	法	越	罪	得	谓。	苾

---

① 西夏文此处原缺三字，据汉文本拟补 "𗕄" "𗑗"，两字中间一字未敢拟补。

𗣼　𗀀　𗣫　𗴢　[□　□]①　𗥤　𗍳　𗑠
tśhjụ¹　lew¹　biẹ¹　śiew¹　□　□　tśja¹　phjɨ¹　zjij¹
乞　唯　齿　木　□　□　交　弃　时

不作声者得越法罪。苾刍唯于齿木一事作声而弃，

13.44.6　𗼃　𘄄，　𗰖　𗰝　𗂚　𗧓　𗍳　𗆧　𗄛　𗏁
yiẹ²　to²　nioow¹　njɨ²　bjɨ¹　śjwu¹　phjɨ¹　tjụ¹　niəj²　wja¹
声　处，　及　屎　尿　清　弃　唾　垢　吐

𗰖　𗥃　𗣫　𗤵，　[□　□　□　□]②　𗠋
nioow¹　khjɨ²　liẹ¹　rjir²　□　□　□　□　zji²
及　口　洗　膏，　□　□　□　□　皆

大小行时涕唾吐利及吐水等，所有弃掷皆

13.45.1　𗼃　𗰖　𗰝，　𘋩　𗉬：　𘓄　𗳒　𗍳　𗀀　𗳒
yiẹ²　mji¹　to²　tha¹　dạ²　thjɨ²　sju²　phjɨ¹　lew²　dạ²
声　不　出，　佛　言：　是　如　弃　所　事

𗗙　𗑠　[□　□　□　□。　□　□　□]③
dju¹　zjij¹　□　□　□　□。　□　□　□
有　时　□　□　□　□。　□　□　□

不作声，佛言：凡有如是所弃之事皆须作声。大师既制

13.45.2　𗩾　𘃡　𗣼　𗣫　𗴢　𗟲，　𗤼　𗣼　𗋽　𘃟
dzju¹　bju¹　·ju²　biẹ¹　śiew¹　gjii¹　phji¹　tśhjụ¹　rer²　bjij²
教　依　恒　齿　木　嚼，　苾　刍　行　卒

𗣫　𗰖　[□　□　□　□]④　𗼑。　𗴢
biẹ¹　mji¹　□　□　□　□　kjir²　tha¹
齿　难　□　□　□　□　敢。　佛

恒嚼齿木，苾刍道行卒求难得遂不敢食，佛

---

① 西夏文原缺两字，相应汉文本为"一事"。
② 西夏文原缺四字，相应汉文本为"所有弃掷"。
③ 西夏文原缺七字，相应汉文本为"皆须作声。大师既制"。
④ 西夏文原缺五字，相应汉文本为"遂不敢食"。

13.45.3

彩:	㞎	㦬	㣲	㣺。	㯣	㣲	㪟	綇,	㞙
dạ²	tji̱¹	mji¹	phja¹	lew²	tjij¹	biẹ¹	śiew¹	mjij¹	twụ¹
言:	食	不	断	应。	若	齿	木	无,	各

㞎	㺭	㺳	[□	□	□]①	㞙	㪟	㦬
tji̱¹	thji¹	rjir¹	□	□	□	dzjiw¹	mẹ²	nioow¹
食	喰	得	□	□	□	土	屑	及

言：不应断食。若无齿木，应用澡豆土屑及

13.45.4

㦬	㣲	㣱	訛,	㣲	㪟	散	薇	祎	㣺,
gur¹	nji²	rowr¹	gjii¹	zji̱r²	ŋwu²	so¹	tśiẹj²	khji̱²	liẹ¹
牛	粪	干	腐,	水	以	三	遍	口	水,

㳆	㣩	㣱	㦣	□②	㣴	㣺	㣲。
tsji̱¹	rjar¹	dju¹	·jiw²	□	śjwo¹	lew²	dạ²
亦	许	有	疑	□	生	应	谓。

干牛粪，以水三遍净漱[28]，随意喰食，勿复生疑。

注释：

[1]四远诸人，西夏文本译为"綱㪟㿟㪟"，义为"四方诸人"。

[2]左右顾盼，西夏文本译为"㣲㣱㣲㪟"，义为"首尾顾盼"。

[3]以缘白佛，西夏文本译为"㣱㣲绯㣺㣲㣺"，义为"其事白佛"，下文亦如此。

[4]痰癊，西夏文本译为"㿟㣺"，义为"垢病"。

[5]旋环万字，西夏文本译为"㣣㣺㺳㦬㦣㣱㧂㦬"，义为"旋环万德吉祥身形"。

[6]善施安隐，西夏文本译为"㣱㣲㥟㺳"，义为"令能安隐"。

[7]捉少年头，西夏文本译作"捉少年苾刍头"。

[8]屈右手指内彼口中，西夏文本译为"㣲㦬㦬㪟㣱㥟㪟㿟㿟㧘"，义为"屈右手指内苾刍口中"。

[9]苾刍违者得越法罪，西夏文本译为"㲼㯣㥟㞎㥟㦣㣲㣺"，义为"若违者得越法罪"。

---

① 西夏文原缺三字，相应汉文本为"用澡豆"。

② 西夏文原缺一字，相应汉文本为"勿"。

［10］老者，西夏文本译为"〇〇"，义为"尊老"。

［11］有三种事可于屏隐处，西夏文字面译作"有三种事可于可于宽广处"。

［12］佛言不将短条充齿木者，西夏文本译为"〇〇〇〇〇〇"，义为"佛言嚼齿木者"。

［13］佛教洗口，西夏文本译为"〇〇〇〇〇〇〇〇"，义为"佛教嚼长齿木"。

［14］得然釜煮饭，西夏文本译为"〇〇〇〇〇"，义为"应能然釜下"。

［15］得鞭打小师，西夏文本译为"〇〇〇〇〇〇〇"，义为"得教授弟子"。

［16］嚼长条者得越法罪，西夏文本译为"〇〇〇〇〇〇〇〇"，义为"若嚼者得越法罪"。

［17］此处西夏文"〇〇〇〇"，义为"而问佛曰"，汉文本无。

［18］三蚀，西夏文本译作"〇〇"，义为"宽广"。

［19］时有老病羸弱，西夏文字面译作"时有老病羸弱苾刍"。

［20］时有苾刍求盆无处，西夏文字面译作"或有苾刍求盆不得"。

［21］苾刍远嚼不近窦口，西夏文字面译作"苾刍远嚼长齿木不近窦口"。

［22］应可近边方一肘地，西夏文字面译作"应可近水窦边方一肘地"。

［23］苾刍不知刮，西夏文字面译作"诸苾刍等不知刮"。

［24］此处西夏文"〇〇〇〇"，义为"而问佛曰"，汉文本无。

［25］此处西夏文"〇〇〇〇"，义为"而问佛曰"，汉文本无。

［26］劈齿木已两片相揩，西夏文字面译作"劈齿木已相揩"。

［27］苾刍，西夏文字面译作"诸苾刍"。

［28］以水三遍净漱，西夏文字面译作"以水三遍漱口"。

释读：

13.45.5

〇	〇	〇	〇	〇	〇	〇	〇。	〇	〇
jiw¹	nioow¹	tshjij¹	tji¹	śji¹	rjir²	·a	tjij²	dzjij¹	zjo²
因	缘	说	处	前	与	一	样。	时	寿

〇	〇	〇	〇	〇	〇	〇	〇	〇
ŋowr²	śja¹	śjow²	gji²	nji¹	mjij¹	kju¹	dzjij²	gji²
具	舍	利	子	二	寂	求	弟	子

缘处同前。时具寿舍利子有二求寂[1]：

13.45.6　纛：　彨　纖、　毦　嵖，　彨　纖、　麤　絧　麤。
　　　　　dźjij² lji¹ tja¹ bia² thow¹ lji¹ tja¹ lo¹ xew¹ lo¹
　　　　　有：　一　者、　准　陀，　一　者、　罗　怙　罗。

　　　　　燉　纛　嵫　纖　鈚　巓　彨　毇　纀
　　　　　ku̯¹ dzjij¹ pju̯¹ tja¹ śja¹ śjow¹ gji² mji¹ nji¹
　　　　　后　时　尊　者　舍　利　子　他　家

一、是准陀，二[2]、罗怙罗[3]。后于异时尊者舍利子

13.46.1　纀　薤　綬，　梮　彨　彨　絪　舫　艻：　纀
　　　　　zjir² śji¹ kiej² nji¹ dzjij¹ gji² ·jij¹ dạ² ·jɨ² ŋa²
　　　　　遍　往　欲，　二　弟　子　之　言　曰：　我

　　　　　毇　纀　纀　毗　毇　薤　綬，　榊　鞅
　　　　　mji¹ nji¹ zjir² dźjij¹ bjij² śji¹ kiej² nji² nji¹
　　　　　他　家　遍　游　适　往　欲，　汝　等

欲往人间，告二弟子曰：我欲人间随意游适，汝等

13.46.2　梮　毣　綫　岆　禒　溦　峈？　岆　禒　艻？
　　　　　nji¹ dzjwo² dźjij¹ tsji¹ ·jij¹ mo² lja¹ tsji¹ ·jij¹ ·jɨ²
　　　　　二　人　住　亦　欲　乎　来？　亦　欲　谓？

　　　　　薤　毦　嵖　舫：　胹　貒　嵖　彨，　纀
　　　　　dzjij¹ bia² thow¹ dạ² ·u² po¹ thow¹ ·ja² ŋa²
　　　　　时　准　陀　言：　邬　波　驮　耶，　我

二人为住？为去？准陀白言：邬波驮耶[4]，我

13.46.3　纵　熊　峈　纀。　麤　絧　麤　舫：　胹　貒
　　　　　nja² pha¹ lja¹ ŋa² lo¹ xew¹ lo¹ dạ² ·u² po¹
　　　　　你　随　来　我。　罗　怙　罗　曰：　邬　波

　　　　　嵖　彨，　纀　[毷]①　綫　纀　艻。　鈚　巓
　　　　　thow¹ ·ja² ŋa² thji¹ dźjij¹ ŋa² ·jɨ² śja¹ śjow²
　　　　　驮　耶，　我　此　住　我　谓。　舍　利

驮耶，我此住我谓。舍利

────────────

① 西夏文 "毷" 原缺，据汉文本拟补。

愿随逐。罗怙罗曰：邬波驮耶，我住于此。舍利

13.46.4

彌	彌	彌	彌	彌	彌	彌	彌	彌	彌
gji²	da̠²	tjij¹	dźjij¹	nja²	ku¹	sjwɨ¹	·jij¹	tśjɨ¹	lu²
子	言：	若	在	汝	者	谁	之	付	嘱

彌	彌？	[□	□	□	□]①	彌	彌	彌
·wji¹	nja²	□	□	□	□	·u²	thow¹	·ji¹
为	汝？	□	□	□	□	邬	陀	夷

子言：若如是者以汝付谁？答言：以我付嘱尊者邬陀夷，

13.46.5

彌	彌	彌，	彌	彌	彌	彌	彌。	彌	彌
·jij¹	tśjɨ¹	lu²	thja¹	bju¹	dźjij¹	ŋa²	·jɨ²	śja¹	śjow²
之	付	嘱，	彼	依	住	我	谓。	舍	利

彌	彌：	彌	[彌	彌]②	！[彌	彌	彌]③	彌
gji²	da̠²	lo¹	xew¹	lo¹	thja¹	niow²	dzjwo²	ŋwu²
子	言：	罗	怙	罗！	彼	恶	人	是

我依彼住。报言[5]：罗怙罗！彼是恶人，

13.46.6

彌，	彌	彌	彌	彌	彌	彌。	彌	彌：	彌
·wja¹	mji¹	tsjir¹	mja¹	dźjij¹	śjow¹	·jɨ²	hu̠²	da̠²	·u²
曰，	非	法	恐	行	尚	谓。	答	曰：	邬

彌	彌	[彌]④	！[□	□	□	□]⑤	彌	彌
po¹	thow¹	·ja²	□	□	□	□	·wjɨ²	sju²
波	驮	耶！	□	□	□	□	△	如

恐行非法。答曰：邬波驮耶！我事如父，

13.47.1

彌	彌	彌，	彌	彌	彌	彌	彌？	彌	彌

---

① 西夏文原缺四字，相应汉文本为"以我尊者"。
② 西夏文"怙罗"两字原缺，据汉文本"怙罗"拟补。
③ 西夏文"彼恶人"三字原缺，据汉文本"彼恶人"拟补。
④ 西夏文"耶"原缺，据上下文及汉文本"邬波驮耶"补"耶"。
⑤ 此处西夏文残佚四字，未敢拟补。

tshji² ljij¹ ŋa² wa² nioow¹ niow² ·wji¹ ·ji² tśhji² rjar²
侍　奉　我，何　故　恶　作　谓？即　便

毤　[□　□　□　□　□　□]①　藬　緻。

thja² □ □ □ □ □ □ dja² rjɨr²
彼　□　□　□　□　□　□　△　去。

彼何为恶？即便付与行趣人间。

13.47.2　骇　藬　凇　緻　胹　綌　蘣　彔　麤　緝
khji¹ tśhjij¹ nioow¹ ljijr² ·u² thow¹ ·ji¹ dạ² lo¹ xew¹
足　行　之　后　邬　陀　夷　言　罗　怙

麤：楜　[□　□　□]②　觚、歝　[□　□]③
lo¹ nji² □ □ □ thjɨ² tśhjwo¹ □ □
罗：汝　□　□　□　是、故　□　□

才去之后邬陀夷告罗怙罗曰：汝来作如是、如是事。

13.47.3　觚　翍　綃　彔　劾。　猣　彔：凇　綃。　緓
dạ² rjɨr² wjo¹ nja² ·ji² hu² dạ² mji¹ wjo¹ ŋa²
事　乃　作　令　谓。答　言：不　作。我

胹　綌　蘣　[□　□　□]④：扅　毺！　觚
·u² thow¹ ·ji¹ □ □ □ lə dzjwo² thjɨ²
邬　陀　夷　□　□　□：痴　人！　此

答言：不作。邬陀夷瞋言：痴物！此

13.47.4　凇　綃　彔，猻　緝　凇　彔　骇　翍　彔
mji¹ wjo¹ nja² ku¹ tśhjɨ¹ nioow¹ ·wji¹ ljọ² dzjij nja²
不　作　尚，故　尔　后　为　何　肯　令

劾？麤　緝　麤　彔：楜　綫　緓　孙
·jɨ² lo¹ xew¹ lo¹ dạ² nji² tja¹ ŋa² ·jij¹

---

① 此处西夏文残佚六字，未敢拟补。
② 此处西夏文残佚三字，未敢拟补。
③ 此处西夏文残佚两字，未敢拟补。
④ 此处西夏文残佚三字，相应汉文本谓"夷瞋言"，未敢拟补。

谓? 罗 怙 罗 言: 仁者 我 之
尚不作，余何肯为？罗怙罗言：仁岂是我

13.47.5

njij^1 dzju^1 dzjij^2 lji̱ dźi̱ tjij^2 dzjij^2 ŋwu^2 nja^2 lji̱
亲 教 师 及 轨 范 师 是 令 也

mo^2 dzjij^1 ·u^2 thow^1 ·ji^1 gjij^1 njij^2 ·a tshja^1
耶? 时 邬 陀 夷 转 更 △ 瞋，

亲教师及轨范师耶？邬陀夷转更瞋盛，

13.47.6

ljij^1 ·a wejr^1 ·wji^1 ·ji^1 mji^1 ɤa^1 nioow^1 ·wji^2 thu^2
项 △ 盛 为， 众 寺 门 外 △ 推，

thja^1 lo^1 xew^1 lo^1 ɤa^1 nioow^1 kwar^1 dźjij^1 dzjij^1
其 罗 怙 罗 门 外 泣 住。 时

遂扼其项推出寺门，便于门外啼泣而住[6]。时

13.48.1

ljij^2 rjur^1 ·wə^1 phji^1 tśhju^1 me̠^{2} ŋwə^1 ·jir^2 dzjij^2 gji^2
大 世 主 苾 刍 尼 五 百 弟 子

rjir^2 ·jij^1 tśja^1 tshwew^1 ljij^2 lo^1 xew^1 lo^1 ·ji^1 mji^1
与 之 顶 礼 来， 罗 怙 罗 众 寺

大世主苾刍尼与五百门人[7]来礼佛足，见

13.48.2

ɤa^1 nioow^1 kwar^1 djij^2 dja^2 dźjij^1 ljij^2 ·jir^1 da̠^{2} śjij^1
门 外 泣 △ △ 住 见 问 言： 圣

mjijr^2 lo^1 xew^1 lo^1 wa^2 nioow^1 kwar^1 nja^2 hu̠^{2}
彦 罗 怙 罗 其 众 寺 ? 何

| 者 | 罗 | 怙 | 罗 | 何 | 故 | 泣 | 令？ | 报 |

其啼泣问言[8]：圣者罗怙罗何故啼泣？报

13.48.3

𘓓：	𗾈	𘀈	𗓽!	𗢫	𗜓	𗏵	𗍫	𗗙	𗾞
dạ²	khjiw¹	tã¹	mẽ¹	ljij²	tśhja²	·u²	thow¹	·ji¹	dźji

言：乔 答 弥! 大 德 邬 陀 夷 行

𗼄	𗢷	𗀔	𗉮	𘂰	𗧋	𗢫	𗊱	𗤆
·wji¹	ŋa²	·jij¹	ljij¹	zow²	ɣa¹	nioow¹	·wji²	thu²

为 我 之 项 扼 门 外 △ 推

言：乔答弥！大德邬陀夷手扼我项推令出寺。

13.48.4

𗢷	𗣼。	𗢫	𗏹	𗤆	𗧧。	𘝡	𗚩	𗤆	𗰜：
ŋa²	·ji²	ljij²	phji¹	tśhjụ¹	me²	thji²	sju²	·wji²	lə

我 谓。 大 苾 刍 尼。 是 如 △ 念：

𗢷	[□	□	□	□	□	□	□	□]①	𗯿
ŋa²	□	□	□	□	□	□	□	□	ljijr²

我 □ □ □ □ □ □ □ □ 方

彼作是念[9]：我今不应弃佛之子而向余处，

13.48.5

𗤥	𗗚	𗤩	𗼄	𗣼,	𘄄	𗢫	𗤻	𘄊	𗈪
śji¹	tji²	ljo²	·wjij²	·ji²	·jij¹	dzjij²	gji²	rjir²	·wio¹

往 处 何 有 谓, 自 弟 子 与 围

𗧧	[□	□,	□	□	□	□	□	□]②
tśji¹	□	□,	□	□	□	□	□	□

绕 □ □, □ □ □ □ □

即共门徒围绕而立，次有憍萨罗主胜

13.48.6

𘐀	𗰱	𗢫	𗾈	𗅋	𗥃	𗈶	𗣼	𘗽	𗤥,
bji¹	njij²	ljij²	·io²	·u²	tha¹	do²	tśja¹	tshwew¹	śji¹

---

　①此处西夏文残佚七字，未敢拟补。

　②此处西夏文残佚八字，未敢拟补。

	光	王	大	园	中	佛	处	敬	礼	往，
綳	[□	□	□	□	□	□	□	□] ①		
rjɨr²	□	□	□	□	□	□	□	□		
△	□	□	□	□	□	□	□	□		

光大王拟入园中敬礼佛足，见罗怙罗同前

13.49.1

綳	粉	席	誂	皱	幡：	絁	緂	絑	祋
·jɨr¹	hu²	njij²	thjɨ²	·wjɨ¹	lə	ŋa²	sjij²	tha¹	gji²
问	答，	王	是	△	念：	我	今	佛	子
赦	怴	[□，	□	□	□] ②	蘒	絞	緻	
ljɨ¹	nioow¹	□	□	□	□	dźjwo²	dzjij²	ljijr¹	
△	及	□，	□	□	□	弃	余	处	

问答，王作是念：我今不应弃佛之子，及以佛母而向余处。

13.49.2

莸	叕	祅	辻	劾。	綳	敓	皱	緻。	緻
śjɨ¹	tjɨ²	ljo²	·wjij²	·jɨ²	·wio²	tśjɨ¹	·wjɨ²	·jar¹	tśjɨ¹
往	处	何	有	谓。	围	绕	而	立。	次
訅	薂	綖	[□	□] ③	北	薂	帰	絑	
mjir¹	tjij¹	yie²	□	□	tsjɨ¹	śja¹	·u²	tha¹	
者	孤	利	□	□，	亦	园	中	佛	

即围绕而立。次有给孤长者，亦入园中

13.49.3

絲	蕱	緻	莸	缓，	麓	絹	麓	孫	厳
rewr²	tśjiw²	tshwew¹	śjɨ¹	kiej²	lo¹	xew¹	lo¹	·jij¹	ljij²
足	敬	礼	往	欲，	罗	怙	罗	之	见
繍	[緻	綳	粉，	緔	胈] ④	皱	幡：	絁	
śji¹	rjir²	·jir¹	hu²	phə¹	bjij¹	·wjɨ¹	lə	ŋa²	
前	与	问	答，	长	者	△	念：	我	

----

① 此处西夏文残佚八字，未敢拟补。
② 此处西夏文残佚四字，未敢拟补。
③ 此处西夏文残佚两字，未敢拟补。
④ 西夏文"緻綳粉緔胈"五字原缺，据汉文本拟补。

敬礼佛足，见罗怙罗同前问答，长者作念：我

13.49.4

𗈁	𗐯	𗩾	𗐯	𗣫	𗾺	𗷲	𗵹	𗥃	𗷀
sjij¹	tha¹	gji²	tha¹	mja¹	lhjij	·wə¹	njij²	ljij²	·jij¹
今	佛	子	佛	母	国	主	王	大	之

𗒹	𗊢	𗩾	[𗟵]①	𘃽	𗏆	𗟇	𗵻	𗴟
bə¹	dźjwo²	dzjij²	ljijr²	śji¹	tji²	ljǫ²	·wjij²	·ji²
掷	弃	余	方	往	处	何	有	谓

今不应弃佛之子，及以佛母、国主大王而向余处。

13.49.5

𗑞	𗂾	𗺓	𗰣	𗯪	𗩾	𗱸	𗊂	𗵹	𗁬
·wiǫ¹	tśjɨ¹	·wji²	·jar¹	tśhjɨ¹	dzjɨj¹	ɣa¹	nioow¹	ljij²	·ji¹
围	绕	而	立	是	时	门	外	大	众

𗥦	𗯪	𗐀	[𗷀]②	𗏌	𗒹	𗀔	𗧧	𗴴
djij²	sju²	kjɨ¹	dzjɨ¹	ku¹	tsowr²	ŋewr¹	ɣję²	to²
云	如	△	集	故	喧	嚣	声	出

即围绕而住[10]。是时门外大众云集致有嚣声。

13.49.6

𗵘	𗙈	𗵹	𗩾	𗯩	𗲧	𗯩	𗥦	𗀔	𗀔
rjur¹	pjų¹	ljij²	dzjɨj²	nwə¹	ljɨ¹	nwə¹	djij²	·wji²	·wji²
世	尊	大	师	知	△	知	△	故	意

𗬉	𗉝	𗪙	𗤙	𗼇	𗊲	𗷀	𗥃	𗵻
ŋwu²	zjǫ²	ŋowr²	·ja	na¹	thow¹	·jij¹	dạ²	·ji²
以	寿	具	阿	难	陀	之	言	曰

世尊大师知而故问具寿阿难陀曰：

13.50.1

𗵹	𗱾	𗵹	𗱸	𗶄	𗊢	𗵻	𗊲	𗥃	𗒹
wa²	nioow¹	ɣa¹	nioow¹	rejr²	dzjwo²	tśiow¹	dzjɨ¹	ljij²	tsowr²
何	故	门	外	多	人	聚	集	大	喧

---

① 西夏文"𗟵"原缺，据上下文和汉文本"处"拟补。
② 西夏文"𗷀"原缺，据上下文和汉文本"集"拟补。

ŋewr^1	ɣiẹ^2	to^2	pjụ^1	tja^1	·ja	na^1	thow^1	tha^1	rjur^1
嚣	声	出?	尊	者	阿	难	陀	佛	世

何故门外多人聚集有大喧声？尊者阿难陀

13.50.2

pjụ^1	do^2	śji^1	dạ^2	ŋowr^2	tshjij^1	tha^1	·ja	na^1	thow^1
尊	处	前	事	具	说。	佛	阿	难	陀

·jij^1	·ji^2	thju^1	thju^1	phji^1	tśhjụ^1	dźji^1	·wji^1	dzjij^2
之	告：	真	实	苾	刍	行	为	他

具以上事敬白世尊。佛告阿难陀：实有

13.50.3

phji^1	tśhjụ^1	·jij^1	·ji^1	mjij^1	·u^2	·wjɨ^2	thu^2	mo^2	hu^2
苾	刍	之	众	寺	中	△	推	耶？	答

dạ^2	ljij^2	tśhja^2	thjɨ^1	dạ^2	thju^1	thju^1	tha^1	·ja
言：	大	德！	[此]①	事	真	实。	佛	阿

苾刍驱他苾刍令出寺耶？答言：大德！实有此事。佛告阿

13.50.4

na^1	thow^1	·jij^1	·ji^2	phji^1	tśhjụ^1	lew^1	·jij^1	sẽ^1	kjɨr^2
难	陀	之	告：	苾	刍	但	已	僧	房

·wə^1	[□	□,	□	□	□]②	·u^2	dzjij^2	phji^1
主	□	□,	□	□	□	内,	他	苾

难陀：苾刍但于已房可得为主，非于寺内，不应驱他苾

---

①西夏文"此"原缺，据上下文和汉文本"此"拟补。

②此处西夏文原缺五字，未敢拟补。

13.50.5 [illegible] [illegible] [illegible] [illegible] [illegible] [illegible] [illegible] [illegible] [illegible]，[illegible]
tśhjụ1 ·jij1 ·ji1 mji̱1 ɣa1 nioow1 thjɨ1 lew2 nja̱2 tjɨ1
乌 之 众 寺 门 外 驱 应 不， 倘
[illegible] [illegible] [illegible] ［[illegible] [illegible]］① [illegible] [illegible]。 [illegible] [illegible]
tjij1 thjɨ1 ku1 tjɨ̱j2 dzjij1 dzwej1 lhjụ2 rjur1 pjụ1
若 违 者 法 越 罪 得。 世 尊
乌令出寺外，违者得越法罪。世尊

13.50.6 [illegible] [illegible] [illegible] [illegible] [illegible] [illegible] [illegible] [illegible] [illegible] [illegible]
dzju1 bji2 phji1 tśhjụ1 ·jij1 ·ji1 mji̱1 ·u2 thjɨ1 rjar1
教 示 苾 乌 之 众 寺 中 驱 许
[illegible] [illegible] [illegible]， ［[illegible] [illegible]］② [illegible] [illegible] [illegible] [illegible]
mjij1 ·jɨ2 bju1 dzjɨj1 rjur1 phji1 tśhjụ1 dzji̱j2 gji2
无 谓 依， 时 诸 苾 乌 弟 子
既制不驱苾乌令出寺外，时诸苾乌于弟子

13.51.1 [illegible] [illegible] [illegible] [illegible] [illegible] [illegible]， [illegible] [illegible] [illegible] [illegible]
njɨ2 ·jij1 źier1 nji̱2 mjɨ1 kjir2 ku1 ·jij1 khwẹj1 tsji̱r1
等 之 诃 责 不 敢， 故 己 慢 法
[illegible] [illegible] [illegible] ［□ □］③， [illegible] [illegible]： [illegible] [illegible]
tjɨ̱j2 dźjij1 śjij1 □ □ tha1 dạ2 źier1 nji̱2
式 行 奉 □ □， 佛 言： 诃 责
门人皆不敢诃责，遂慢法式不肯奉行，佛言：

13.51.2 [illegible] [illegible] [illegible]。 [illegible] [illegible] [illegible] [illegible] [illegible] [illegible] [illegible]
lew2 ŋwu2 ·jɨ2 źier1 nji̱2 śjij1 thjij2 sjo2 phji1 tśhjụ1
应 是 谓。 诃 责 △ 何 云 苾 乌
[illegible] [illegible]？ [illegible] ［[illegible] [illegible]］④ [illegible]， [illegible] [illegible]： [illegible]

---

① 西夏文“[illegible][illegible]”原缺，据上下文和汉文本“越法”拟补。
② 西夏文“[illegible][illegible]”原缺，据上下文和汉文本“时诸”拟补。
③ 此处西夏文原缺两字，相应汉文本为“不肯”。
④ 西夏文“[illegible][illegible]”两字原缺，据上文拟补。

□ □ □ □ □ □ □ □ □
mji^1　nwə^1　tha^1　·jij^1　dja^2　·jir^2　tha^1　da^2　ŋwə^1
不　　知?　佛　　之　　△　　问,　佛　　言:　五

应须诃责。苾刍不知云何诃责？已问佛[11]，佛言：有五

13.51.3　□　□　□　□:　□、　□　□　□　□
mə^2　źier^1　tsjir^1　dju^1　lew^1　tja^1　thja^1　rjir^2　ŋwu̥^{1}　mji^1
种　　诃　　责　　有:　一　　者、　彼　　与　　语　　不

蓱;　榍　[□、　□　□　□]①;　□　□　□
lwu̥^{1}　nji̱^{1}　tja^1　mji^1　dzju^1　nej^2　so̱^{1}　tja^1　gu^2
共;　二　　者、　不　　教　　授;　三　　者、　同

种诃法：一者、不共语；二者、不教授；三者、不同

13.51.4　□　□　□;　□　□、　□　□　□　□;　□
mji^1　wji^1　ɣiwej^1　ljir^1　tja^1　new^2　da^2　kha^1　?　ŋwə^1
不　　受　　用;　四　　者、　善　　事　　中　　遮;　五

□、　□　□　□　□　□　□　□　□
tja^1　thja^2　·jij^1　bju^1　gji^2　tji^2　mji^1　·wji^1　ŋwu̥^{1}
者、　彼　　之　　依　　止　　处　　不　　为。　言

受用；四者、遮其善事；五者、不与依止。言

13.51.5　□　□　□,　□　□　□　□　□　□　□
mji^1　lwu̥^{1}　tja^1　thja^2　rjir^2　·jir^1　hu̥^{2}　ŋwu̥^{1}　da^2　ŋowr^2
不　　共　　者,　彼　　与　　问　　答　　言　　语　　所

□　□　□　□　□,　□　□　□　□
ŋowr^2　to^2　zji^2　mji^1　lwu̥^{1}　mji^1　dzju^1　nej^2　tja^1
有　　悉　　皆　　不　　共,　不　　教　　授　　者,

不共语者，谓不共言语所有问答。言不教授者，

13.51.6　□　□　□　□　□　□　□　□　□　□
new^2　niow^2　da^2　nji̱^{2}　zji^2　mji^1　dzju^1　nej^2　gu^2　mji^1

---

① 西夏文"□□□□"原缺，据下文和汉文本"者不教授"补。

利	害	事	等	皆	不	教	诏。	同	不
𥱸	䔌	𥾊,	𦊱	𧍩	𥜽	𥜽	𥱕	𥾐	
wji¹	ɣiwej¹	tja¹	kjụ¹	tshji²	ŋowr²	ŋowr²	zji²	lhjij	
受	用	者,	供	承	所	有	皆	受	

于利害事皆不教诏。言不同受用者，所有供承皆不应受，

13.52.1

𥾋	𤲙,	𥽡	𥒢	𢣽	𥝱	𧸷	𦑾	𢡿	𥤴。
lew²	nja²	dzji²	gjwi²	nioow¹	tsjɨr¹	dźjwi¹	kha¹	mji¹	dej¹
应	不,	食	衣	及	法	相	中	不	传。
𥾚	𥞥	𢢝	𥾊,	𥾚	𥒴	𦎍	𦊉	𥾃	
new²	dạ²	?	tja¹	new²	tjij¹	djọ²	dźjij¹	bụ²	
善	事	遮	者,	善	品	修	行	胜	

衣食及法亦不交通[12]。言遮善事者，所有修行善品胜

13.52.2

𥞥	𥜽	𥜽	𥱕	𢢝	𣃥	𥶽	𧣾	𧠃	𤻕。
dạ²	ŋowr²	ŋowr²	zji²	mji¹	·wji¹	phji¹	thja²	·jij¹	bju¹
事	所	有	皆	不	作	令。	彼	之	依
𤻰	𥈉	𢢝	𣃥	𥾊,	𦏈	𦎥	𦏈	𥤤	
gji²	tji²	mji¹	·wji¹	tja¹	dzjij²	lhji²	dzjij²	gji²	
止	处	不	作	者,	师	主	师	徒	

事皆不令作。言不与依止者，谓绝师徒

13.52.3

𥝱	𦏋	𧠃	𤻰	𥞥,	𤫸	𥹽	𦐑	𢢝	𦌾
dźjwi¹	ɣa²	bju¹	gji²	dạ²	kụ¹	kjɨr²	tsji¹	mji¹	gu²
相	上	依	止	事,	后	房	亦	不	共
𥥍。	𣏾	𥯥	𤧇	𤨟	𥈃	𥾋	𥥍	𢆡	
ŋwu²	tha¹	rjɨr²	tshjij¹	źier¹	njɨ²	lew²	ŋwu²	·jɨ¹	
是。	佛	所	言	诃	责	应	是	谓	

相依止事，不共同房。如佛所言应诃责者，

13.52.4

𧠃,	𥶝	𣕊	𣑻	𥞥	𢢗	𣏿	𣓨	𥾐	𣖊
bju¹	phji¹	tśhjụ¹	wa²	dạ²	mjɨ¹	tśhji¹	tsjɨr¹	gjij¹	tśhjɨ²

依，　苾　刍　何　事　不　为　简　择　即

[西夏文]

rjar^2　źier^1　nji^2　tha^1　da̱^{2}　da̱^{2}　bju^1　tśhji^2　rjar^2

便　诃　责，　佛　言：　事　随　立　即

苾刍于事不为简择即便诃责，佛言：不应随事即

13.52.5　[西夏文]

źier^1　nji^2　lew^2　nja^2　tjij^1　ŋwə^1　mə^2　tsjir^1　dju^1　ku^1

诃　责　应　不。　若　五　种　法　有　故

tśhji^1　mja^1　nioow^1　źier^1　nji^2　lew^2　ŋwə^1　tja^1　lji̱^{1}

方　然　后　诃　责　应。　五　者　何

为诃责。若有五法方合诃之。云何为五？

13.52.6　[西夏文]

kji̱^{1}　ŋwu^2　lew^1　tja^1　mji^1　dźiej^2　nji̱^{1}　tja^1　low^2　ljij^1

△　是？　一　者、　不　信；　二　者、　懈　怠；

so̧^{1}　tja^1　□　□　ljir^1　tja^1　ju^1　zar^2　njij^1

三　者、□　□；　四　者、　羞　耻　情

一者、不信；二者、懈怠；三者、恶口；四者、情无羞耻；

13.53.1　[西夏文]

mjij^1　ŋwə^1　tja^1　niow^2　nwə^1　sjij^2　rjir^2　njij^1　?　ŋwu^2

无；　五　者、　恶　知　识　与　亲　近　是。

dzji̱^{1}　rjur^1　phji^1　tśhju^1　thji^2　ŋwə^1　tsjir^1　ŋowr^2　ku^1

---

①西夏文"薇蒇绊移覭"五字原缺，据下文和汉文本"诃责佛言事"拟补。

②西夏文"薇蒇"原缺，据上文拟补。

③此处西夏文原缺两字，相应汉文本为"恶口"。

④西夏文"绷"原缺，据汉文本"四"拟补。

⑤西夏文"慛報瀡"三字原缺，据汉文本"苾刍此"拟补。

时	诸	苾	刍	此	五	法	具	故

五者、近恶知识。时诸苾刍具此五法

13.53.2

tśhji¹	mja¹	nioow¹	źier¹	nji̱²	thji²	ŋwə¹	tsjir¹	mji¹	ŋowr²
方	然	后	诃	责，	此	五	法	不	具

ku¹	mji̱¹	□	źier¹	nji̱²	tha¹	da̱²	thji²	ŋwə¹	
故	不	□	诃	责，	佛	言：	此	五	

方始诃责，若不具五即不诃责，佛言：五

13.53.3

mə²	tsjir¹	kha¹	lew¹	zjij¹	dju¹	tsji¹	źier¹	źier¹	lew²
种	法	中	一	时	有	亦	诃	责	须

ŋwu²	źier¹	źier¹	dzjij²	gji²	zjij¹	dzjij²	rjur¹	phji¹	
是。	诃	责	弟	子	时	余	诸	苾	

法之中随有一时即须诃责。诃弟子时诸余苾

13.53.4

tśhju̱¹	thja²	·jij¹	ɤjiw¹	ɤiwej¹	tha¹	da̱²	tjij¹	njij¹	dzju¹
刍	彼	之	摄	受，	佛	言：	若	亲	教

dzjij²	dźji¹	tjij²	dzjij²	□	·wji¹	źier¹	nji̱²	zjij¹	
师、	范	轨	师	□	为	诃	责	时，	

刍遂相摄受，佛言：若被亲教师、轨范师诃责之时，

13.53.5

dzjij²	dzjwo²	ɤjiw¹	ɤiwej¹	dzjwɨ¹	lhjwa¹	·wji¹	ku¹	sẽ¹	tśhjow¹

---

① 此处西夏文原缺一字，未敢拟补。
② 西夏文"𘜐𘄒𗓽𗖻𘄽"五字原缺，据汉文本"诃弟子时"补。
③ 此处西夏文原缺一字，未敢拟补。

余	人	摄	受	馋	舌	作,	故	僧	破
tśier¹	·ju²	ŋwu²	sjwɨ¹	tu¹	lo¹	dzwej¹	rjir¹	·jɨ²	
方	便	是,	窣	吐	罗	罪	得	谓。	

余人摄受作离间意[13]，是破僧方便，得窣吐罗罪。

13.53.6

tha¹	ɣjiw¹	ɣiwej¹	rjar¹	mjij¹	phji¹	bju¹	dzjij²	rjur¹	phji¹
佛	摄	受	许	不	令	依,	余	诸	苾
tśhjụ¹	zji²	mji¹	ɣjiw¹	ɣiwej¹	thjɨ²	nioow¹	jar²	gie¹	
刍	皆	不	摄	受,	此	因	调	难	

佛言不应摄受，时诸苾刍皆不容许[14]，因此难调

13.54.1

gjij¹	mji¹	dzjwɨ¹	rejr²	tśhiow¹	lhjij	·u²	lho	tjij¹	mur¹
更	不	恭	敬,	或	国	内	出	或	俗
dzjwo²	·wji¹	tha¹	dạ²	tśjɨ¹	bju¹	phji¹	tśhjụ¹	rjir²	
人	为,	佛	言:	次	依	苾	刍	△	

更不恭敬，或有出国或有还俗，佛言：应令苾刍

13.54.2

·wjạ²	nji²	·o¹	njij¹	lhji¹	·wji¹	bju¹	dzjwɨ¹	·jij¹	śjwo
放	△	腹	心	悔	为	恭	敬	△	生
phji¹	·ji²	dzjij¹	thja¹	tśhji²	rjar²	tśier¹	·ju²	mjij¹	
令	谓。	时	彼	立	即	方	便	不,	

教其改悔生恭敬心。彼即令其不善巧者[15]，

13.54.3

phji¹	tśhjụ¹	·wjạ²	thja²	do²	nji²	śjɨ¹	thjɨ²	sju²	dạ²

苬	刍	放	彼	处	至	往，	是	如	言
芴:	訤	覼!	楋	祔	脬	蕬	彰	頯	
·ji²	zjo̱²	ŋowr²	nji²	·jij¹	njij¹	dzju¹	dzjij²	bju²	
告:	寿	具!	汝	之	亲	教	师	唤	

至彼人边[16]，告言：具寿! 汝亲教师唤

13.54.4

篸	絴	猵	挑	肴	蘿	葤	芴。	羆	僦
djij²	njij¹	ljij²	sju²	śjij²	lji¹	rjar¹	·ji²	thja¹	dzjwo²
△	欢	喜	如	乞	来	请	谓。	彼	人
觔	[□	□	□	□]①	虒,	絆	髣:	衏	
gjij¹	□	□	□	□	śjwo¹	tha¹	da̱²	tśier¹	
更	□	□	□	□	生,	佛	言:	方	

乞欢喜[17]。彼更高慢，佛言：应令善

13.54.5

骹	蘺	假	羦	襝	蕬	彰	絴	獅	髬
·ju²	dźjij²	phji¹	tśhju¹	·wja²	dzju¹	dzjij²	njij¹	lhji¹	·wji¹
便	有	苬	刍	改	教	师	心	悔	为
赦	蘢	[□	□]②	絴	虒	祁	繨	芴。	
ŋwu²	na¹	□	□	njij¹	śjwo¹	phji¹	lew²	·ji²	
以	深	□	□	心	起	令	应	谓。	

巧苬刍教令改悔深起殷心。

13.54.6

蘺	羆	彰	覆	耕	躑	慌	殻,	烮	猵
dzjij¹	thja¹	dzjij²	lhji²	dźjar²	la²	lja¹	ljij¹	mji̱²	tśhji¹
时	彼	师	主	罪	除	来	见,	不	是
蔾	緂	殊	祝	[耕]③	躝	彰	羥,	蘺	
tsjir¹	gjij¹	tśhji̱²	rjar²	dźjar²	·jijr²	dzjij²	gji²	new²	
简	择	立	即	罪	除	弟	子,	善	

---

① 西夏文原缺四字，相应汉文本为"彼更高慢"。

② 此处西夏文原缺两字，未敢拟补。

③ 西夏文"耕"原缺，据上下文拟补。

时彼本师见来收谢[18]，便不简别即相容舍[19]，彼于善

13.55.1

ɣa²	·jir²	tjij¹	mjɨ¹	njwi²	tjij¹	nioow¹	thjwi̯¹	mjir¹	phji¹
于	进	△	不	能，	若	复	少	年	芯

tśhju̯¹	kha¹	thja¹	bju¹	mur¹	dzjwo²	·wji¹	tsjɨ¹	dju¹
刍	中	斯	因	俗	人	归	亦	有，

品不能增进。复有少年因斯归俗，

13.55.2

tha¹	da̯²	ŋwə¹	mə²	tsjir¹	ŋowr²	ku¹	tśhia¹	mo²	·wji¹
佛	言：	五	种	法	具	故	忏	摩	作

lew²	lew¹	tja¹	dźiej²	njij¹	dju¹	njɨ̯¹	tja¹	·jir¹
应：	一	者、	信	心	有；	二	者、	进

佛言：具五种法应作忏摩：一者、有信心；二者、

13.55.3

khu¹	dźjij¹	so̯¹	tja¹	dzjwi̯¹	rejr²	śjwo¹	ljir¹	tja¹	lja²
发	精；	三	者、	恭	敬	生；	四	者、	口

·u²	new²	□	□	ŋwə¹	tja¹	ne̯w²	nwə¹	sjij²
中	美	言	出；	五	者、	善	知	识

发精进；三者、生恭敬；四者、口出美言；五者、近善知识。

13.55.4

rjir²	?	njij¹	tha¹	da̯²	thji²	ŋwə¹	mə²	kha¹	rejr²
与	近	亲。	佛	言：	此	五	种	中	多

---

① 西夏文"𘟣"原缺，据汉文本"信"拟补。

② 此处西夏文原缺两字，相应汉文本为"言出"。

祕	飛	[嬲 燚 敗]①	穋	絾，	蕊	庞
zjir¹	dju¹	bju¹ tśhia¹ mo²	·wji¹	lew²	tjij¹	rjur¹
少	有	随 忏 摩	为	可，	若	诸

佛言：于此五中随有多少亦可忏摩，然诸

13.55.5
儞	鞍	潊	蒤	愀	穋	孤	潊	蒤	絳
phji¹	tśhjụ¹	źier¹	nji²	mji¹	·wo²	·jij¹	źier¹	nji²	ku¹
苾	刍	诃	责	不	合	之	诃	责	者

愨	祧	舵	羸。	潊	蒤	穋	孤	燚
tjij²	dzjij¹	dzwej¹	lhjụ²	źier¹	nji²	·wo²	·jij¹	mji¹
法	越	罪	得。	诃	责	合	之	不

苾刍不合诃责而诃责者得越法罪。应合诃责而不

13.55.6
殄	潊	蒤	光	愨	祧	舵	羸。	𥻘	貓
tśhji¹	źier¹	nji²	tsji¹	tjij²	dzjij¹	dzwej¹	lhjụ²	dźjar²	·wjạ²
是	诃	责	亦	法	越	罪	得。	罪	恕

愀	穋	孤	𥻘	貓	絳	愨	祧	舵
mji¹	·wo²	·jij¹	dźjar²	·wjạ²	ku¹	tjij²	dzjij¹	dzwej¹
不	合	之	罪	恕	者	法	越	罪

诃责亦越法罪。不合容舍[20]而容舍者得越法罪。

13.56.1
羸，	𥻘	貓	穋	孤	𥻘	愀	貓	光	愨
lhjụ²	dźjar²	·wjạ²	·wo²	·jij¹	dźjar²	mji¹	·wjạ²	tsji¹	tjij²
得，	罪	恕	合	之	罪	不	恕	亦	法

祧	舵	羸。	刻	蕊	繍	傊	敥	禛
dzjij¹	dzwej¹	lhjụ²	tji¹	tjij¹	śji¹	ŋwə¹	niow²	tsjir¹
越	罪	得。	倘	若	前	五	黑	法

应合容舍而不容舍亦越法罪。若有于前黑品五法，

13.56.2
緧，	甀	翃	祧	絾，	輴	羜	絳	絹	絳

---

① 西夏文"嬲燚敗"三字原缺，据汉文本"随忏摩"拟补。

kha¹	tjij¹	gjɨ²	zjij¹	dźjij²	bju̱¹	dzjwi̠¹	njij¹	mjij¹	ku¹
中	独	一	几	有，	恭	敬	心	无	者

·ji¹	kha¹	thjɨ¹	lew²	tjij¹	thja²	·jij¹	njij¹	khju¹
众	中	驱	应。	若	彼	之	心	底

随一现行[21]，心无恭敬应可驱出。若知彼怀有

13.56.3

njij²	njij¹	tśhju¹	nwə¹	ku¹	dźjar²	·wjạ²	lew²	ŋwu²	tjij¹
慈	心	怀	知	者	罪	恕	应	是。	若

ŋwə¹	niow²	tsjɨr¹	to²	lja¹	ŋowr²	ku¹	tśhji²	rjar²
五	黑	法	悉	来	具	者	遂	便

慈顺者应可恕之。若具五黑法者即

13.56.4

thjɨ¹	lew²	tjij¹	mji¹	thjɨ¹	ku¹	tjij²	dzjij¹	dzwej¹	lhjṳ²
驱	可，	若	不	驱	者	法	越	罪	得

·jɨ²	tha¹	□	□	□]①	bju¹	gjwi²	mjij¹	·wjɨ²
谓。	佛	□	□	□	依，	衣	无	△

可驱出，若不驱者得越法罪。佛言驱出，即露体

13.56.5

thjɨ¹	tha¹	dạ²	gjwi²	mjij¹	śjɨ¹	phji¹	lew²	njạ²	tjij¹
驱，	佛	言：	衣	无	去	令	应	不。	若

mjij¹	kju̱¹	[□	□]②	ku¹	śjwi̠¹	ljɨ¹	kjwĩ¹	tśhji²
寂	求	□	□	故	水	罗	君	持

①此处西夏文原缺四字，相应汉文本为"佛言驱出"。
②此处西夏文原缺两字，未敢拟补。

驱出，佛言：不应露体令去。若是求寂应与水罗君持，

13.56.6
愸	拁	歽	藢	蘐	厡	稺	羢	，	豩	縦
nioow¹	kia¹	śia¹	nji¹	dja²	khjow¹	·wji¹	zjij¹		tśhji¹	mja¹
及	袈	裟	裙	△	与	为	时	，	是	然

愸	粊	祇	絘	。	羬	毻	緞	弥	愸
nioow¹	lho	phji¹	lew²		tjij¹	·io̱¹	?	mjijr²	nioow¹
后	去	令	所	。	若	圆	近	者	及

及上下二衣[22]，然后令去。若是近圆或

13.57.1
毻	嬧	緞	絿	弥	豵	，	豵	縐	耭
·io̱¹	ljijr²	?	kiej²	mjijr²	ŋwu²	ku¹		tśhjiw¹	mə²	war²
圆	方	近	拟	者	是	，	故	六	种	物

厡	稺	誁	蘬	焒	屒	羏	絘	，	瘒
khjow¹	·wji¹	ŋwu²	·ji¹	mji̱¹	·u²	thji̱¹	lew²		zji¹
与	为	以	众	寺	中	驱	应	，	皆

拟近圆者，应与六物驱其出寺，皆

13.57.2
弒	絗	粊	祇	稺	絗	。	（	縐	耭	耭
gjwi²	mjij¹	lho	phji¹	rjar¹	mjij¹			tśhjiw¹	mə²	war²
衣	无	去	令	许	不	。	（	六	种	物

羬	，	散	蘬	鍂	鑿	巍	誁	蘬	耟
tja¹	so̱¹	lhwu¹	dzuu²	lju¹	śjwi̱¹	ŋwu²	kjwĩ¹	tśhji²
者	，	三	衣	、	坐	具	、	水	罗	、	君	持

誁	、	巍	耟	梇	縐	兏	爇	滋	蓡	。	）
ŋwu²	kjwĩ¹	tśhji²	nji̱¹	mə²	dju¹	dzjiw¹	rjir²	sej¹
是	、	君	持	二	种	有	，	洗	膏	净	。	）

不得露体令去（六物者，三衣、坐具、水罗、君持。君持有二，谓是
净触）。

注释：

[1]时具寿舍利子有二求寂，西夏文字面译作"时具寿舍利子有二求寂弟
子"。

［2］二，西夏文本译作"𗗙𗩾"，义为"一者"。

［3］罗怙罗，即"𗏹𗏁𗏹"*lo¹ xew¹ lo¹，梵文 Rāhula，释迦牟尼佛弟子中敬重戒腊第一，为释迦牟尼未出家前之子。

［4］邬波驮耶，即"𗊰𗏵𗫱𗴾"*·u¹ po¹ thow¹·ja²，又作优波那诃，忧波第耶夜，梵文 Upādhyāya，译曰亲教师，依止师，依学等，呼师之称。

［5］报言，西夏文字面译作"舍利子言"。

［6］便于门外啼泣而住，西夏文字面译作"便于罗怙罗门外啼泣而住"。

［7］门人，西夏文本译作"𗗙𗭪"，义为"弟子"。

［8］其啼泣问言，西夏文字面译作"罗怙罗寺门外啼泣问言"。

［9］彼作是念，西夏文字面译作"大苾刍尼作是念"。

［10］即围绕而住，西夏文字面译作"即围绕而立"。

［11］已问佛，西夏文本译作"𗒹𗪊𘓄𗤋"，义为"而问佛曰"。

［12］衣食及法亦不交通，西夏文字面译作"衣食及法亦不传"。

［13］离间意，西夏文本译作"𘊄𗥾"，义为"馋舌"。

［14］时诸苾刍皆不容许，西夏文字面译作"余诸苾刍皆不摄受"。

［15］彼即令其不善巧者，西夏文字面译作"时彼即令其不方便者"，西夏文"𗆍𘐀"译作"善巧"，下文亦如此。

［16］至彼人边，西夏文字面译作"苾刍至彼人边"。

［17］汝亲教师唤乞欢喜，西夏文字面译作"汝亲教师唤请乞欢喜"。

［18］收谢，西夏文本译作"𗠟𘜶"，义为"除罪"。

［19］便不简别即相容舍，西夏文字面译作"便不简别即除罪弟子"。

［20］容舍，西夏文本译作"𗠟𗾮"，义为"恕罪"，下文亦如此。

［21］随一现行，西夏文字面译作"独一几有"。

［22］及上下二衣，西夏文字面译作"及袈裟裙"。

释读：

13.57.3

𗗙	𗤙	𗥻	𗦳	𘗽	𗤙	𘓄	𗤋	𗟻	𘑨
sọ¹	tsew²	ɣa¹	kha¹	ljir¹	tsew²	war²	ɣjiw¹	lja¹	da²
三	第	门	中	四	第	子	摄	颂	曰：

第三门第四子摄颂曰：

13.57.4

𗫂	𗱕	𗤺	𗴮	𗛮，	𗜓	𗛡	𘝦

·ji¹	mji¹	dzjwɨ²	rer²	thjɨ¹	śjwo¹	wej²	tji²
众	寺	檐	网	造，	打	扫	处

形	形	[□	□]①	形	形	形	
·wạ²	tshjɨj¹	□	□	njɨ¹	zjɨ¹	lji²	
广	陈，	□	□	二	童	子，	

造寺安檐网，广陈扫地处，求法说二童，

13.57.5

tsja¹	zjɨj¹	śju¹	kjɨr²	·wji¹
热	时	凉	舍	造。

热时应造舍。

13.57.6

jiw¹	nioow¹	tshjɨj¹	tji²	śjɨ¹	lo¹	·wa¹	lhjɨj	ŋwu²	tha¹
因	缘	说	处	室	罗	伐	城	是。	佛

tshjɨj¹	phu²	khju¹	gjwɨr¹	lju²	gji¹	sej¹	rjir¹	lji²	
说	树	下	卧	具，	清	净	得	易，	

缘在室罗伐城。如佛所言树下卧具者，清净易得，

13.58.1

phji¹	tśhjụ¹	thja²	do²	nji¹	phji¹	nioow¹·iọ¹	?	lhjɨj
苾	刍	彼	处	家	出	并 圆	近	受

phji¹	tśhjụ¹	tsjɨr²	śjɨj¹	tjɨj¹	·ju²	gjɨj¹	lji²	pha¹
苾	刍	性	成，	若	长	利	△	别

苾刍依此而为出家并受近圆成苾刍性，若得长利别

13.58.2

kjɨr²	du¹	rjij²	zji²	wji¹	rjar¹	dju¹	·ji²	bju¹	phji¹

---

① 西夏文原缺两字，相应汉文本为"求法"。

房　　楼　　阁　　皆　　受　　许　　有　　谓　　依。　芯

tśhjụ¹　·ji¹　mji¹　·wji¹　ɣjir¹　djij¹　rewr²　·ju²　dzjwi²

刍　　众　　寺　　作　　造　　基　　阶　　前　　檐

房楼阁悉皆得受。芯刍造寺不安基阶及以前檐,

13.58.3

mjɨ¹　tśhjɨ¹　thu¹　phjij¹　tha¹　da²　śji¹　djij¹　rewr²　thu¹

不　　是　　安　　立,　佛　　言:　先　　基　　阶　　安

phjij¹　ŋwer²　ɣa²　rjir²　ka²　zjij¹　·wji¹　thja²　tśhja̱²

立　　膝　　上　　[与　　齐]①　时　　为,　彼　　上

佛言：先安基阶可与膝齐,

13.58.4

ljwụ¹　piej²　tjɨ¹　dzjɨ²　kja¹　·jar¹　phji¹　dụ²　śji²　twẹ²

梁　　结　　置　　柱　　根　　立　　令,　斗　　枡　　栋

ljwụ¹　□　□　thjɨ¹　·wji¹　nioow¹　sji¹　rer²　tjɨ¹

梁　　□　[□]②　安　　为,　及　　木　　版　　布

上置厚版立柱于上，斗枡梁栋准次而安，上布平版版

13.58.5

tśhja¹　gu²　kwẹ¹　phjọ²　nioow¹　kwẹ¹　me̱²　ŋwu²　tśior¹　lwụ¹

上　　中　　砖　　布,　复　　砖　　碎　　以　　泥　　和,

zji²　kha¹　□　□　thja²　·jij¹　njijr²　tśhja̱¹　lụ¹

极　　中　　[□,　□]③　其　　之　　面　　上　　石

上布砖，于上复以碎砖和泥，极须鞭筑上安盐石

---

① 西夏文"兹瑟"原残，据残存笔画和汉文本"与膝齐"补。
② 西夏文原缺两字，相应汉文为"准次"。
③ 此处西夏文原缺两字，未敢拟补。

13.58.6

孜	斑	赦	嬾 。	扬	疏	赦	瀓	桅	絳
lhjwą¹	tśior¹	ŋwu²	nia²	·a	tsewr¹	ljɨ¹	thji²	sju²	ku¹
灰	泥	以	安。	一	重	△	是	如	者

骸	瓶	扬	[㦎]① 。	[繠]②	斑	蕤	魃	冼	
dzjij²	zji²	·a	tjɨj¹	śji¹	mjij¹	sji¹	tu¹	·wiǫ¹	
余	皆	一	样。	前	后	木	网	围	

灰泥。一重既尔余皆类知，前安栏楯[1]

13.59.1

敝	荼	㣺	鞾	巟	蕤	怅	蕺	冼	緳
tśjɨ¹	thji¹	·wji¹	zow²	sji²	sji¹	ɣiwəj¹	dzji²	tśhja¹	kha¹
绕	安	为	牵	用	木	横	柱	上	中

赦	□③	寢	祇	绒 。	蟻	庬	儇	羝	
ŋwu²	□	ljɨ¹	phji¹	lew²	dzjij¹	rjur¹	phji¹	tśhjụ¹	
以	□	堕	令	应。	时	诸	苾	刍	

横牵钉柱勿令堕落。时诸苾刍

13.59.2

耗	帰	庇	緁 ,	纁	腹	蔏	茒	嘉	緉
thja²	·u²	tji¹	thji¹	dźjwow¹	·we¹	dźiəj²	lji¹	·jij¹	gu²
其	中	饮	食，	鸟	雀	池	坠	自	相

燃	燃	帳 ,	□④	偷	後	荼	绒	叕	
tsowr²	ŋewr¹	lja¹	□	rjɨj²	rer²	phiow¹	lew²	·jɨ²	
恼	乱	来，	□	罗	网	安	应	谓。	

或于此食，有鸟雀来共相恼乱[2]，应安罗网。

13.59.3

蕺	赦	後	㣺	绒	叕	帆?	纬	焱	嬾
wa²	ŋwu²	rer²	·wji¹	lew²	mji¹	nwə¹	tha¹	do²	rjɨr²
何	以	网	为	应	不	知?	佛	处	所

---

① 西夏文"㦎"原缺，据上下文拟补。
② 西夏文"繠"原残，据汉文本"前"拟补。
③ 此处西夏文原缺一字，未敢拟补。
④ 此处西夏文原缺一字，未敢拟补。

𗋕 [𘃽 𗳦]①: 𗘼 𗦆 𘝗 𗺌: 𗰖 𗦱、 𗱰 𘘀、
tshjij¹ tha¹ dạ² ŋwə¹ mə² rer² dju¹ se¹ dźjɨ¹
说 佛 言: 五 种 网 有: 麻 皮、

不知以何为网? 佛言: 有五种网: 谓麻、

13.59.4 𗎁、 (𗖠 𗳦) 𘊝 (𗖠 𗳦) 𗹙、 (𗖠 𗳦)
tśhjụ¹ zar¹ ŋwụ¹ ·o¹ zar¹ ŋwụ¹ mior¹ zar¹ ŋwụ¹
纟、 (汉 语) 腹 (汉 语) 芒、 (汉 语)

𗷱 (𗖠 𗳦 𘃝 𘝥) 𘘀 𗎁 𘉧。 𘝗
gjụ² zar¹ ŋwụ¹ tśhji¹ zju² dźjɨ¹ njɨ² ŋwu² rer²
茅 (汉 语 肉 鱼) 皮 等 是。 网

𗉛 [□ □]② 𘋠 𗘼 𗜓。 𘃽
rjɨr² □ □ śjij¹ mjɨ¹ dạ² tha¹
△ □ □ △ 不 解。 佛

纟、[3]芒、[4]茅[5]及楮皮等。虽作得网不解安置,佛

13.59.5 𗳦: 𘝗 𗗙 𗠿 𗋽 𘌦 𗷀 𗤙 𗁟, 𗦗
dạ² rer² ljɨr¹ dzjɨj² ɣa² śjow¹ mja¹ tsəj¹ śja¹ tśhji¹
言: 网 四 角 上 铁 环 小 安, 是

𗷀 𗘼 𘃏 𗎁 𗝠 𗤙 𘄢 𗥑 𗝠
mja¹ nioow¹ tśier¹ ·ju² ŋwu² thji¹ dzjụ² ·wer² ŋwu²
然 后 方 便 以 挂 雨 泽 以

言: 于网四角安小铁环,方便挂举

13.59.6 𗘼 𗱕 𗊁 𗟻 𗿣。 𗬚 𗘼 𗏁 𗑣 𗐽
mji¹ kjij¹ phji¹ lew² ·ji² kụ¹ nioow¹ tji¹ thji¹ tsji¹
勿 烂 令 应 谓。 后 及 饮 食 尚

𘃡 𗯨 𗉛 𘒺。 𘃽 𗳦: 𗫲 𗝠 𗀔
dźjwow¹ ·we¹ rjɨr² to² mjɨ¹ dạ² tśhjo² ŋwu² ·jwɨ¹

---

① 西夏文 "𘃽𗳦" 两字原缺,据上下文和汉文本 "佛言" 补。
② 此处西夏文原缺两字,未敢拟补。

乌　鸟　△　入。佛　言：物　以　遮

勿令雨烂。后于此食鸟尚入者，[6] 以物遮

13.60.1

tjij¹	tji¹	thji¹	nioow¹	ljijr²	phie²	lew²	·ji²	phji¹	tśhjụ¹
掩	饮	食	了	方	开	应	谓。	苾	刍

tji¹	thji¹	zjij¹	khjwɨ¹	·ju²	rjir²	lja¹	tji¹	gjij²
饮	食	时	犬	面	前	来	食	残

掩食了还开。苾刍食时犬来前住希觅残食，

13.60.2

rjir¹	ljij²	phji¹	tśhjụ¹	mji¹	khjow¹	tśhji²	rjar²	ka̠¹	bja²
得	觅，	苾	刍	不	与	遂	便	命	终。

phji¹	tśhjụ¹	thja¹	da̠²	tha¹	do²	rjir²	tshjij¹	tha¹
苾	刍	彼	事	佛	处	△	说，	佛

苾刍不与望断命终。苾刍白佛，佛

13.60.3

da̠²	tjij¹	tji¹	thji¹	zjij¹	sju²	dzju²	·jij¹	mji¹	nioow¹
言：	若	啖	食	时	畜	生	之	施	及

tji¹	·a	ŋur¹	□	□		dzjij¹	·iã¹	zja²	phji¹
食	一	抄	□	□。		时	兰	若	苾

言：凡啖食时为施畜生留一抄食。时兰若苾

13.60.4

tśhjụ¹	·wji²	tji²		tji¹	dzji²	lew¹	dźiə¹	·jij¹	khjow¹	dźjwow¹
刍	所	留		饮	食，	唯	狐	之	与	乌

---

① 此处西夏文原缺两字，未敢拟补。

[illegible] [illegible] [□]①，[illegible] [□ □]② [illegible] [illegible] [illegible]
·we^{1} ·jij^{1} □ dzjịj^{1} □ □ nioow^{1} ·jij^{1} ɣię^{2}
鸟 之 □， 时 □ □ 及 自 声
刍所出饮食，唯与野干遮[7]余乌鸟，乌便瞋恨作乌音声

13.60.5 [illegible] [illegible] [illegible] [illegible] [illegible] [illegible]： [illegible] [illegible] [illegible] [illegible]
dạ^{2} ŋwu^{2} kjwir^{1} mjijr^{2} ·jij^{1} mjị^{1} bo^{1} kha^{1} phji^{1} tśhjụ^{1}
言 以 贼 者 之 曰： 林 中 苾 刍
[illegible] [illegible] [□ □]③ [illegible] [illegible]。 [illegible] [illegible] [illegible]
rejr^{2} kię^{1} □ □ dźjij^{2} ·jɨ^{2} kjwir^{1} ·jow^{2} ŋwụ^{1}
多 金 □ □ 有 谓。 贼 乌 语
告贼帅曰：林中苾刍多有金宝。贼解乌语，

13.60.6 [illegible]， [illegible] [illegible] [illegible] [illegible] [illegible] [illegible] [illegible] [illegible]， [illegible]
tsjij^{2} phji^{1} tśhjụ^{1} do^{2} śjɨ^{1} kię^{1} ljɨ̣^{1} djɨ^{2} śjij^{2} hụ^{2}
解， 苾 刍 所 从 金 宝 △ 索， 报
[illegible]： [illegible] [□]④。[illegible] [illegible] [illegible] [illegible]， [illegible] [illegible]
dạ^{2} mjij^{1} □ tśhjɨ^{2} rjar^{2} tjwɨ^{1} pjij^{1} dzjịj^{1} phji^{1}
言： 无 □。 即 便 打 骂， 时 苾
至苾刍所从其索金，报言：我无。即便打骂，苾

13.61.1 [illegible] [illegible]： [illegible] [illegible] [illegible] [illegible]！ [illegible] [illegible] [illegible] [illegible]？
tśhjụ^{1} dạ^{2} ga̱^{2} dzjwo^{2} mer^{2} ɣa^{1} wa^{2} nioow^{1} ŋa^{2} tjwɨ^{1}
刍 曰： 瘦 人 迷 瘦！ 何 故 我 打？
[illegible] [□ □ □ □ □ □ □ □]⑤
thja^{1} □ □ □ □ □ □ □ □
彼 □ □ □ □ □ □ □ □

---

① 此处西夏文原缺一字，未敢拟补。
② 此处西夏文原缺两字，未敢拟补。
③ 此处西夏文原缺两字，未敢拟补。
④ 此处西夏文原缺一字，未敢拟补。
⑤ 此处西夏文原缺八字，未敢拟补。

刍曰：咄哉丈夫！[8] 何因打我？答言：汝多有金，

13.61.2

𗣼	𗆟	𗙴	𗥤	𗫹	𘞌?	𗈁	𗋽	𗦻:	𗏁
·jij¹	mji¹	tji²	nja²	thjij²	lew²	phji¹	tśhjụ	dạ²	ŋa²
之	不	处	汝	何	应?	苾	刍	曰:	我

𗋽	[□	□	□	□	□	□	□	□] ①
nji²	□	□	□	□	□	□	□	□
等	□	□	□	□	□	□	□	□

何不相与？苾刍曰：我居林野何处得金？愿勿

13.61.3

𗦻	𗖎	𗫹	𘞌	𗤩,	𗼺	𗦻	𗦻:	𗆊	𘕤
tjwɨ¹	nji²	thjij²	lew²	·jɨ²	kjwir¹	mjijr²	dạ²	nji²	kjɨ¹
打	△	何	应	谓,	贼	者	曰:	汝	必

𗰖	[□	□	□	□	□	□	□	□] ②
djɨj²	□	□	□	□	□	□	□	□
定	□	□	□	□	□	□	□	□

枉打。贼曰：汝定有金，

13.61.4

[□	□	□	□	□	□	□] ③	𗦻:	𗏁
□	□	□	□	□	□	□	dạ²	ŋa²
□	□	□	□	□	□	□	曰:	我

𗋽	𗣼	𗼄	𗦻	[□	□] ④	……
nji²	·jij¹	tshjạ¹	mjijr²	□	□	……
等	之	瞋	者	□	□	……

若不见与定断汝命。苾刍曰：有瞋我者妄作此言，[9] ……

注释：

[1]栏楯，西夏文本译作"𗫹𗣼"，义为"木网"，下文亦如此。

[2]有鸟雀来共相恼乱，西夏文字面译作"有鸟雀坠池来共相恼乱"。

[3]此处西夏文"𗦻𗦻𗫹𗦻𗦻"五字，义为"汉语腹汉语"，汉文本无。

---

① 此处西夏文原缺八字，未敢拟补。
② 此处西夏文原缺八字，未敢拟补。
③ 此处西夏文原缺八字，未敢拟补。
④ 此处西夏文原缺五字，未敢拟补。

［4］此处西夏文"𗗙𘝯"两字，义为"汉语"，汉文本无。

［5］此处西夏文"𗗙𘝯𗭉𗭟"四字，义为"汉语鱼肉"，汉文本无。

［6］此处西夏文"𗼨𘝯"两字，义为"佛言"，汉文本无。

［7］野干遮，西夏文本译为"𗸟"，义为"狐"，疑误。

［8］咄哉丈夫，西夏文本译为"𗵒𘝵𘝮𘝺"，义为"瘦人迷瘦"。

［9］西夏文自此至末尾缺，相应汉文本为"有瞋我者妄作此言，定是我怨，幸当实报。贼曰：乌向我道。苾刍曰：由彼怀恨。问曰：何故？苾刍具说上事。贼帅言：圣者若不具言，我定枉杀。知已便放。苾刍白佛，佛言：苾刍局心行施有此过生，由此应知留食之时，普施群生勿拘一类。可于饭上以水浇湿，饼须细擘散之于地，随意当食不应遮止。若遮止者得越法罪。苾刍造房，天雨之时傍入檐下，水流漫损，佛言：应作悬障遮。苾刍不知云何作障？佛言：用版。彼便遍遮遂令处暗，佛言：不应遍遮，可留明处。版求难得。佛言：蓬蓏席等权用遮障。既遭雨湿虫蚁便生，佛言：夏雨时安，余时应去。"

附：《根本说一切有部毗奈耶杂事》卷第十三汉文本（【 】内标示的内容西夏文本已佚）

根本说一切有部毗奈耶杂事卷第十三

　　三藏法师义净奉　　制译

第三门别门总摄颂曰：

　　三衣及衣架，河边造寺檐，

　　拭面拭身巾，寺座刀应畜。

第三门第一子摄颂曰：

　　三衣条叶量，床脚拂游尘，

　　行处着氎毺，杵石须听畜。

缘在室罗伐城。如佛所说，苾刍应畜割截支伐罗，时诸苾刍即便割截，长条短条不能相似。以缘白佛，佛言：长条短条不应参差，割截应须齐割。彼复不知云何齐割？佛言：长条短条应随其量，可取竹片量截长短方定。

缘处同前。时诸苾刍作支伐罗，叶不相似便不端正，以缘白佛，佛言：若作衣时叶应相似。苾刍不知云何相似？佛言：可取竹片量叶宽狭，然后裁之。佛言应量叶者，时诸苾刍作叶极大，佛言：不应大作。然叶相有三：谓大、中、小。大宽四指或如乌张足，小宽二指或如母指面，此内名中。诸苾刍于不净地缝刺其衣，遂便垢污，佛言：应以牛粪净拭其地，作曼茶罗待干净已，于上作衣。佛言作曼荼罗者，然牛粪难得，佛言：应以水洒其地净扫置衣。

　　缘处同前。时诸苾刍作尖床脚遂便损地，佛言：不应尖利，应可平作。然犹致损，佛言：应作糠袋置床脚下，或破帛缠裹。

　　缘处同前。有婆罗门因出城外行游疲极，食时既至入逝多林，见其食处敷妙褥座置好饮食，见生希有发信敬心，即脱上帔敷上座坐处出门而去。后于异时衣便垢腻，其知事人敷之下座。彼婆罗门后因他事来至寺中行诣食处，于上座所不见其衣，巡次遍观见敷下座。彼作是念：我衣新物又是贵价，因何今日秽污若斯？且待片时察其何故？乃见知事安置座已捉衣拂地，彼见如是知其污缘，告知事曰：此之小事仁不解耶？先当洒水，次扫令净，然后敷座，由不解故致损我衣。起嫌耻心舍之而去。苾刍以缘白佛，佛言：每于食处应先洒水次扫令净，然后敷座方成应法。时知事人于尘土座上敷其座褥，遂多垢污，招过同前，佛言：先可拂拭床座，次敷毡褥。苾刍不知以何拂拭，佛言：应以一衣用拂床座。时彼知事拂以好衣，佛言：应用故衣。其知事者拂以故衣，不久破碎即皆弃掷，佛言：不应即弃，裂为细片系在杖头用拂床座。经久无堪遂还弃掷，佛言：虽不堪用不应弃掷，应剉和泥及和牛粪，用填柱孔或涂墙隙，欲令施主福利久增。

　　缘处同前。时有年少苾刍，随于一处而作经行，彼经行时令地损坏。时有长者入寺遍观，至经行处便作是念：地尚如此，圣者之足其状若何？作是念已问言：圣者！谁令此地有损坏耶？苾刍报曰：此即是我经行之处。长者报曰：地既如此，足如之何？幸当举足我试观足。即便举示其皮并穿。长者见已起悲念心，报言：圣者！我有氍毹，欲为敷设在上经，行于足无损。答言：长者！佛未听许。彼言：圣者！仁之大师性怀慈念，此定应许。苾刍以缘白佛，佛言：我今听彼精勤警策经行，苾刍应畜氍毹，随意无犯。还告长者，彼即为敷，苾刍便受。多时足蹋，遂为两段各在一边。长者后来见其狼籍，问言：圣者！因何氍毹零落至此？若见破处何不缝治？苾刍以缘白佛，佛言：长者所说，斯实善哉！见有破处，即可缝治，或以物补。若其碎破不堪修理，应可和泥或和牛粪，于经行处而为涂拭，能令施主增长福田。

　　缘处同前。时有苾刍病往医人处报言：贤首！我有如是病，为处方药。彼言：圣者！服如是药当得平复。即为处方。还归住处，料理药时须得杵石，便诣余家暂借充用，彼人便与。磨药既了以石相还，答言：圣者！此即相遗，随意将归。答曰：佛未听畜。若如是者可置地去。苾刍以缘白佛，佛言：我今听畜杵石并轴，他若施时随意应受。

第三门第二子摄颂曰：

衣架及灯笼，勿使虫伤损，

热开三面舍，可记难陀身。

缘在室罗伐城。苾刍随处而安衣服，便多垢腻被虫蚁穿。苾刍以缘白佛，佛言：不应随处而置衣服，当作衣架。苾刍即便穿壁安衣，令壁损坏，佛言：不得穿壁，初造寺时应出木坎上置衣竿。时诸苾刍房内置竿、檐前不作，佛言：檐前亦作，勿令阙事。

缘处同前。佛言应作衣架者，兰若苾刍求竹无处，佛言：应将葛蔓横系置衣。或葛亦无，佛言：以绳为笐（户浪反）。

缘处同前。如世尊言夜暗诵经者，彼诵经时有蛇来至，少年见已惊忙大唤，唱言：长脊！长脊！凡夫苾刍悉皆惊怖，遂令听者因斯废阙。以缘白佛，佛言：当可燃灯以诵经典。苾刍夏月燃灯损虫，佛言：应作灯笼。苾刍不知云何应作？佛言：应以竹片为笼薄迭遮障，此若难求用云母片，此更难得应作百目瓶。苾刍不解如何当作？佛言：令瓦师作如灯笼形，傍边多穿小孔。瓦师难求，佛言：应用瓶瓨打去其底、旁穿百目，置灯盏已向下而合。若孔有虫入，应以纸绢及薄物而掩盖之。

缘处同前。时当盛暑苾刍苦热，身体萎黄病瘦无力。尔时世尊知而故问具寿阿难陀曰：何故诸苾刍身体萎黄病瘦无力？时阿难陀具以事白，佛言：应作招凉舍。苾刍不知如何当作？佛言：应近寺外为三面舍，三边筑墙架作偏敞疏彻来风，不同于寺四面有壁。苾刍即便于内安墙外置行柱，佛言：中安行柱。复不开窗还遭热闷，佛言：置窗。彼着窗时或太高下，佛言：应与床齐。有诸鸟雀来入房中，佛言：应置窗棂勿令得入。风雨飘洒，应安窗扇。苾刍食时闭门室暗，佛言：食时开门。苾刍热时于自房内，但着下裙及僧脚敧，随情读诵并为说法作衣服等，于四威仪悉皆无犯。

缘处同前。尔时世尊既与难陀剃发出家，并受近圆已，将诣香山及三十三天、至揵落迦，周旋观察还逝多林。诸客苾刍未识难陀，见彼身作金色具三十相周匝庄严，有老苾刍见时谓是如来便起迎接，既识知已方生悔心。苾刍以缘白佛，佛言：于难陀衣应为记验，若更有此人亦为记识。此是正觉、此是余人。

第三门第三子摄颂曰：

河边制齿木，罗怙遣出门，

合诃不合诃，二行应与服。

缘在室罗伐城。时胜慧河边诸苾刍辈，以善方便策励勤修，断尽诸惑证阿罗汉果。时诸苾刍威仪庠序所为审谛，能使众人敬信深重。尔时世尊告诸苾刍：胜慧河边苾刍住处近彼村坊，所有人众获大善利。时具寿阿难陀闻世尊语即解其义，由近大师久为侍者，或听其言，或时睹相，皆即解了。若世尊欲得见者说赞美言，尊者了已，便寄信报河边苾刍：诸具寿！世尊赞叹，意欲相见，仁等可来。彼既闻已更相告语：佛于我等为赞叹言，事须相见当欲如何？一人报云：更何所作？我等当去。遂不观察所应作事，若不观者虽阿罗汉不能预知。复共议云：去为善事。即告诸苾刍曰：仁等当知！世尊大师赞叹我等，意欲相见，今者可去。诸苾刍曰：若如是者我等同行。即共相随涉路而去，渐渐游行至室罗伐。旧住诸苾刍出迎慰问，便于寺外有大喧声。世尊闻已知而故问阿难陀曰：寺外何故有大喧声？阿难陀曰：胜慧河边诸苾刍众，皆共来至停在寺外，寺内诸人咸出迎接，更相问讯致此喧声。于时世尊告阿难陀曰：汝今宜往告胜慧河边诸苾刍众，皆可还去勿住于此。于时尊者承佛教已，诣苾刍所告言：具寿当知！世尊有教，仁等还去勿住于此。时彼闻已，执持衣钵游适人间。佛告诸苾刍曰：诸有村坊所居之处，若有胜慧河边苾刍住者，近彼村坊所有人众获大善利。阿难陀闻复还寄信，苾刍重来如是至三，诸苾刍执持衣钵复往人间。

尔时世尊复告诸苾刍曰：胜慧河边苾刍住处人皆获利。时阿难陀闻佛频赞复令信报，彼诸苾刍共相谓曰：具寿！何故世尊赞叹我辈欲得相见，频往佛所令我还来？应由我等普告多人致令遣去，我今宜可不告诸人默然而去。时诸苾刍密持衣钵，诣世尊所礼佛双足退坐一面。佛告具寿阿难陀曰：汝今可觅闲房静处，为我及彼胜慧河边诸苾刍辈敷置座褥。尊者奉教安置既了，还至佛所白言：大德！我于一处敷设已了。唯佛知时。

是时世尊往胜慧河边苾刍住处，即于门外洗双足已，于一房中就座而坐，交脚端身住现前念。时诸苾刍亦各洗足，入房而坐住现前念。尔时世尊便入初定；河边诸苾刍亦入初定。世尊从初定出，入第二定、第三、第四定，次入空处、识处、无所有处，次入非想非非想处定；其河边苾刍亦复如是，随佛世尊出入诸定。世尊从非想非非想定出，入无所有定；诸苾刍亦从非想非非想定出，入无所有定。乃至入至初定；诸苾刍亦复如是入至初定。世尊念曰：我入初定、诸苾刍亦入初定，我乃至入非想非非想定、诸苾刍亦入此定。我复从非想非非想定出入乃至初定，诸苾刍亦皆同我。我今应可作余相状而入初定，便非独觉声闻所行之境。作是念已即入其定，时诸苾刍共相谓曰：仁等当知！大师世尊住于自定，我等亦可自定而住。便入自定。

尔时世尊至天明已即从定出，大众皆集，佛于众中就座而坐。时具寿阿难陀从座而起，整衣服露右肩礼双足，右膝着地合掌恭敬，而白佛言：大德世尊，频频赞叹胜慧河边诸苾刍等意欲相见，彼诸苾刍皆来至此不蒙问及。佛言：阿难陀！我与彼诸人语敬问。阿难陀白佛言：未审云何名为圣语法律共相慰问？阿难陀！如我共诸苾刍，皆于门外洗双足已，随次入房就座而坐，各并端身住现前念，我入初定；河边诸苾刍等亦入初定。我从初定出，入第二定、第三、第四定，次入空处、识处、无所有处，次入非想非非想处定；河边诸苾刍等亦复如是，随我出入诸定。我从非想非非想定出，入无所有处定，我复乃至入初定；是诸苾刍亦复如是入至初定。阿难陀！我作是念：我今应可作余相状而入初定，便非独觉声闻所行之境。作是念已即入其定。

时河边苾刍自相谓曰：大师世尊住于自定，我等亦可自定而住。阿难陀！此谓圣语圣法律共相安慰，我作如是相安慰已。

阿难陀白佛言：善哉大德！圣语圣法律共相安慰。极善世尊！圣语圣法律共相安慰。世尊既与河边诸苾刍，以圣语圣法律共安慰已，其声普遍，四远诸人共相谓曰：佛共河边诸苾刍辈，以圣语圣法律而相安慰。既闻此事，诸长者婆罗门皆来礼拜河边苾刍，此诸苾刍即为长者婆罗门，宣说法要口出臭气。时彼诸人左右顾盼，共相谓曰：此之臭气从何而来？诸苾刍曰：此之臭气从我口出。白言：圣者！岂可日日不嚼齿木耶？答曰：不嚼。彼曰：何故？诸苾刍曰：佛未听许。答曰：圣者！若不嚼齿木得清净耶？时诸苾刍默然无对。以缘白佛，佛言：彼婆罗门长者，所作讥耻正合其仪。我于余处已教苾刍嚼其齿木，而汝不知，是故我今制诸苾刍应嚼齿木。何以故？嚼齿木者有五胜利。云何为五？一者、能除黄热；二者、能去痰癊；三者、口无臭气；四者、能喰饮食；五者、眼目明净。

佛制苾刍每嚼齿木，时一年少苾刍于显露处而嚼短条。世尊至彼，苾刍见佛深生羞耻，云何不应对世尊前，吐出齿木，即便吞咽遂鲠喉中。诸佛常法无忘失念，尔时世尊便舒无量百千功德所生左手旋环万字，能除怖畏，善施安隐，捉少年头，屈右手指内彼口中，钩其齿木与血俱出。世尊告曰：汝何所为？苾刍以事白佛，佛作是念：在显露处嚼齿木者有如是过。告诸苾刍曰：有一少年于显露处，嚼短齿木有是过生。故诸苾刍于显露处不嚼齿木亦非短条，苾刍违者得越法罪。如佛所言苾刍不应于显露处坐嚼齿木者，时有少年苾刍，于老者前坐嚼齿木，佛言：不应尔。有三种事可于屏隐处：谓大小便及嚼齿木。佛言不将短条充齿木者，时诸六众便用长条以充齿木，诸苾刍见共生嫌耻，报言：具寿！汝等岂可执杖戏耶？答曰：佛教洗口，云何是戏？汝岂不见嚼短齿木几将命终，蒙佛救护得存余寿。岂可汝等于我衣钵有希愿耶？令我早亡共为羯磨。

然长齿木有利益处：一、得然釜煮饭；二、得鞭打小师。彼闻皆默。以缘白佛，佛言：苾刍不应长条将充齿木，嚼长条者得越法罪。苾刍不知齿木长短，佛言：此有三种，谓长中短。长者十二指、短者八指、二内名中。佛言应在三蚀嚼齿木者，时有老病羸弱，不能行就隐屏之处，佛言：病人应可畜洗口盆。苾刍便用随宜瓦盆安在房内，脚触便倾水流污地，佛言：洗口之盆形如象迹。时有苾刍求盆无处，佛言：应就水窦边嚼齿木。苾刍远嚼不近窦口。佛言：应可近边方一肘地。佛教嚼齿木时，苾刍不知刮，舌其口仍臭，佛言：嚼齿木已，当须刮舌。苾刍不知用何刮舌？佛言：应畜刮舌篦。佛听畜篦，六众苾刍便以金银瑠璃玻〔王梨〕宝作，诸婆罗门长者见已问言：圣者！此是何物？答曰：贤首！世尊令我用刮舌篦。彼言：岂汝沙门释子贪欲乐耶？六众默然。

时诸苾刍以缘白佛，佛言：有四种刮舌篦，苾刍应畜。云何为四？谓是铜、铁、鍮石、赤铜。时诸苾刍便即利作，刮舌伤损，佛言：不应利作。然此四难求，佛言：应劈齿木屈以刮舌。苾刍劈破便用，刮舌作疮，佛言：劈齿木已两片相揩，去上签刺然可用之。苾刍嚼齿木已不知作声默尔而弃，遂便堕在护寺天神头上。彼生嫌耻，佛言：不得默弃应可作声，若不作声者得越法罪。苾刍唯于齿木一事作声而弃，大小行时涕唾吐利及吐水等，所有弃掷皆不作声，佛言：凡有如是所弃之事皆须作声。大师既制恒嚼齿木，苾刍道行卒求难得遂不敢食，佛言：不应断食。若无齿木，应用澡豆土屑及干牛粪，以水三遍净漱，随意喰食，勿复生疑。

缘处同前。时具寿舍利子有二求寂：一、是准陀，二、罗怙罗。后于异时尊者舍利子欲往人间，告二弟子曰：我欲人间随意游适，汝等二人为住？为去？准陀白言：邬波驮耶，我愿随逐。罗怙罗曰：邬波驮耶，我住此。舍利子言：若如是者以汝付谁？答言：以我付嘱尊者邬陀夷，我依彼住。报言：罗怙罗！彼是恶人，恐行非法。答曰：邬波驮耶！我事如父，彼何为恶？即便付与行趣人间。才去之后邬陀夷告罗怙罗曰：汝来作如是、如是事。答言：不作。邬陀夷瞋言：痴物！此尚不作，余何肯为？罗怙罗言：仁岂是我亲教师及轨范师耶？邬陀夷转更瞋盛，遂扼其项推出寺门，便于门外啼泣而住。

时大世主苾刍尼与五百门人来礼佛足，见其啼泣问言：圣者罗怙罗何故啼泣？报言：乔答弥！大德邬陀夷手扼我项推令出寺。彼作是念：我今不应弃佛之子而向余处，即共门徒围绕而立，次有憍萨罗主胜光大王拟入园中敬礼佛足，见罗怙罗同前问答，王作是念：我今不应弃佛之子，及以佛母而向余处。即围绕而立。次有给孤长者，亦入园中敬礼佛足，见罗怙罗同前问答，长者作念：我今不应弃佛之子，及以佛母、国主大王而向余处。即围绕而住。是时门外大众云集致有嚣声。世尊大师知而故问具寿阿难陀曰：何故门外多人聚集有大喧声？尊者阿难陀具以上事敬白世尊。佛告阿难陀：实有苾刍驱他苾刍令出寺耶？答言：大德！实有此事。佛告阿难陀：苾刍但于已房可得为主，非于寺内，不应驱他苾刍令出寺外，违者得越法罪。

世尊既制不驱苾刍令出寺外，时诸苾刍于弟子门人皆不敢诃责，遂慢法式不肯奉行，佛言：应须诃责。苾刍不知云何诃责？已问佛，佛言：有五种诃法：一者、不共语；二者、不教授；三者、不同受用；四者、遮其善事；五者、不与依止。言不共语者，谓不共言语所有问答。言不教授者，于利害事皆不教诏。言不同受用者，所有供承皆不应受，衣食及法亦不交通。言遮善事者，所有修行善品胜事皆不令作。言不与依止者，谓绝师徒相依止事，不共同房。如佛所言应诃责者，苾刍于事不为简择即便诃责，佛言：不应随事即为诃责。若有五法方合诃之。云何为五？一者、不信；二者、懈怠；三者、恶口；四者、情无羞耻；五者、近恶知识。时诸苾刍具此五法方始诃责，若不具五即不诃责，佛言：五法之中随有一时即须诃责。诃弟子时诸余苾刍遂相摄受，佛言：若被亲教师、轨范师诃责之时，余人摄受作离间意，是破僧方便，得窣吐罗罪。佛言不应摄受，时诸苾刍皆不容许，因此难调更不恭敬，或有出国或有还俗，佛言：应令苾刍教其改悔生恭敬心。

彼即令其不善巧者，至彼人边，告言：具寿！汝亲教师唤乞欢喜。彼更高慢，佛言：应令善巧苾刍教令改悔深起殷心。时彼本师见来收谢，便不简别即相容舍，彼于善品不能增进。复有少年因斯归俗，佛言：具五种法应作忏摩：一者、有信心；二者、发精进；三者、生恭敬；四者、口出美言；五者、近善知识。佛言：于此五中随有多少亦可忏摩，然诸苾刍不合诃责而诃责者得越法罪。应合诃责而不诃责亦越法罪。不合容舍而容舍者得越法罪。应合容舍而不容舍亦越法罪。若有于前黑品五法，随一现行，心无恭敬应可驱出。若知彼怀有慈顺者应可恕之。若具五黑法者即可驱出，若不驱者得越法罪。佛言驱出，即露体驱出，佛言：不应露体令去。若是求寂应与水罗君持，及上下二衣，然后令去。若是近圆或拟近圆者，应与六物驱其出寺，皆不得露体令去（六物者，三衣、坐具、水罗、君持。君持有二，谓是净触）。

第三门第四子摄颂曰：

造寺安檐网，广陈扫地处，

求法说二童，热时应造舍。

缘在室罗伐城。如佛所言树下卧具者，清净易得，苾刍依此而为出家并受近圆成苾刍性，若得长利别房楼阁悉皆得受。苾刍造寺不安基阶及以前檐，佛言：先安基阶可与膝齐，上置厚版立柱于上，斗栱梁栋准次而安，上布平版版上布砖，于上复以碎砖和泥，极须鞭筑上安盐石灰泥。一重既尔余皆类知，前安栏楯横牵钉柱勿令堕落。时诸苾刍或于此食，有鸟雀来共相恼乱，应安罗网。不知以何为网？佛言：有五种网：谓麻、纻、芒、茅及楮皮等。虽作得网不解安置，佛言：于网四角安小铁环，方便挂举勿令雨烂。后于此食鸟尚入者，以物遮掩食了还开。苾刍食时犬来前住希觅残食，苾刍不与望断命终。苾刍白佛，佛言：凡啖食时为施畜生留一抄食。时兰若苾刍所出饮食，唯与野干遮余乌鸟，乌便瞋恨作乌音声告贼帅曰：林中苾刍多有金宝。贼解鸟语，至苾刍所从其索金，报言：我无。即便打骂，苾刍曰：咄哉丈夫！何因打我？答言：汝多有金，何不相与？苾刍曰：我居林野何处得金？愿勿枉打。贼曰：汝定有金，若不见与定断汝命。苾刍曰：【有瞋我者妄作此言，定是我怨，幸当实报。贼曰：乌向我道。苾刍曰：由彼怀恨。问曰：何故？苾刍具说上事。贼帅言：圣者若不具言，我定枉杀。知已便放。苾刍白佛，佛言：苾刍局心行施有此过生，由此应知留食之时，普施群生勿拘一类。可于饭上以水浇湿，饼须细擘散之于地，随意当食不应遮止。若遮止者得越法罪。苾刍造房，天雨之时傍入檐下，水流漫损，佛言：应作悬障遮。苾刍不知云何作障？佛言：用版。彼便遍遮遂令处暗，佛言：不应遍遮，可留明处。版求难得。佛言：蓬蒢席等权用遮障。既遭雨湿虫蚁便生，佛言：夏雨时安，余时应去。

根本说一切有部毗奈耶杂事卷第十三】

【经文出处】《大正藏》第 24 册 No.1451《根本说一切有部毗奈耶杂事》

第五章 西夏文《根本说一切有部百一羯磨》释读

第一节 《根本说一切有部百一羯磨》简介

《根本说一切有部百一羯磨》，又称《百一羯磨》，十卷。唐义净译，长安三年（703年）译出。唐智升《开元释教录》卷九著录，载于《丽藏》"受"函、《宋藏》"傅"函、《金藏》"受"函、《元藏》"傅"函、《明藏》"和"函、《清藏》"和"函、《频伽藏》"寒"帙，收入《大正藏》第24册。关于《根本说一切有部百一羯磨》的提要简介，本节主要参照陈士强先生在《大藏经总目提要·律藏一》中的叙述，下文不再专门出注①。

该书是后期说一切有部所传的羯磨法及其事缘的汇编。据唐道宣《四分律删繁补阙行事钞》卷上之一《通辨羯磨篇》载，羯磨法据参加者的人数，分为心念法、对首法和众僧法，该书所收的是众僧羯磨法，即"众僧法"，又称"百一羯磨"，共一百零一种。依照议决的方式，分为三类：单白羯磨、白二羯磨、白四羯磨。但该书的正文并非是按照众僧羯磨法的方式，即单白羯磨、白二羯磨、白四羯磨予以叙述，而是依照羯磨的内容，即僧团制度和日常行事（如"受戒""结界""布萨""安居""自恣"等）来叙述相关的羯磨法。

该书所说的"百一羯磨"，与刘宋僧伽跋摩译《萨婆多部毗尼摩得勒伽》卷七所列"二十四白羯磨、四十七白二羯磨、三十白四羯磨"大同小异。此外，该书还以邬波离（又称"优波离"）问、佛答的方式，叙述了与羯磨相关的一些问题，这在《萨婆多部毗尼摩得勒伽》中也有类似的陈述。因此，该书与《萨婆多部毗尼摩得勒伽》也存在一定的学术联系。

此外，近代在中亚地区发现了该书的梵文写本残片②。

---

① 陈士强：《大藏经总目提要·律藏一》，上海：上海古籍出版社，2015年，第546—551页。
② ［日］平川彰：《律藏の研究》，东京：山喜房佛书林，1960年。

第二节　《根本说一切有部百一羯磨》卷四释读

西夏文《根本说一切有部百一羯磨》卷四，今藏于俄罗斯科学院东方文献研究所，编号为 инв. № 358，译自唐义净同名汉文本《根本说一切有部百一羯磨》卷四。内容相当于汉文本的开头至结尾。

释读：

4.1.1　西夏文：𗧘　𗽽　𗉮　𗉮　𗾰　𗜐　𗂧
　　　拟　音：mər² tśhji² ŋowr² ŋowr² dju¹ tshjij¹ djij¹
　　　对　译：本　根　一　切　有　说　部
　　　西夏文：[𗏁 𘊲 𗗟 𗙮 𗧠 𗏟 𗣀]①
　　　拟　音：·jir² lew¹ kja¹ mo² ? ljir¹ tsew²
　　　对　译：百　一　羯　磨　卷　四　第
　　　汉文本：　根本说一切有部百一羯磨卷第四

4.1.2　𗄈　𗽽　𗎭　𗸲　𗙼　𗽒　𗤁　[𗤁 𘃡 𗒛]②
　　　zar¹ tśhji² rejr² lhwu¹ tsjir¹ dzjij² ·wo² sej¹ ·a lhej²
　　　汉　本　三　藏　法　师　义　净　△　译
　　　三藏法师义净奉　制译[1]

4.2.1　𗆀　𗬩　𗳦　𗯨　𗗟　𗉮　𗉮　𗴂　𗾰　𘊲　𗼻：
　　　po¹ śia¹ thow¹ sẽ¹ kja¹ ŋowr² ŋowr² dzwej¹ dju¹ lew¹ mji¹
　　　褒　洒　陀　僧　伽　一　切　罪　有　单　白：
　　　褒洒陀一切僧伽有罪单白：

4.2.2　𗿒　𘕼　𗄊　𗤙　𗆀　𗬩　𗳦　𗸉　𗯳，
　　　tjij¹ śja¹ ŋwə¹ nji² po¹ śia¹ thow¹ ·wji¹ zjij¹
　　　若　十　五　日　褒　洒　陀　作　时，

---

① 西夏文"𗏁𘊲𗗟𗙮𗧠𗏟𗣀"七字原缺，据汉文本"百一羯磨卷第四"拟补。
② 西夏文"𗤁𘃡𗒛"三字原缺，据汉文本"净制译"拟补。

𗣋	𗣴	𗖰	𗖰	𗙴	𗙴	𗄺	𗄺 ,
sẽ¹	kja¹	ŋowr²	ŋowr²	to²	zji²	tsjụ¹	tsjụ¹
僧	伽	一	切	悉	皆	触	犯,

若十五日褒洒陀时，一切僧伽悉皆有犯，

4.2.3	𗥔	𗌖	𗦁	𗦁	𗥰	𗦋	𗦌	𗤚	𗜪
	·a	dzjwo²	zjij¹	dzjij²	dźjij¹	tji²	do²	gji¹	sej¹
	一	人	向	余	住	处	于	清	净

𗥢	𗪱	𗤁	𗢸	𗥻	𗦦	𗦀	𗦨	𗌀 ,
phji¹	tśhjụ¹	·ju²	rjir²	tsjir¹	bju¹	thjɨ¹	tshjij¹	ŋwu²
苾	刍	面	前	法	如	悔	说	以,

然无一人能向余住处对清净苾刍如法说悔，

4.2.4	𗥤	𗪦	𗥢	𗪱	𗤁	𗢸	𗥻	𗦦	𗥤	𗤜
	thja¹	nji²	phji¹	tśhjụ¹	·ju²	rjir²	tsjir¹	bju¹	thja¹	dzwej¹
	彼	等	苾	刍	面	前	法	如	其	罪

𗭤	𗧘	𗦺	𗥳 ,	𗤣	𗣋	𗣴	𗖰	𗖰
rewr²	tjij¹	mjɨ¹	njwi²	ku¹	sẽ¹	kja¹	ŋowr²	ŋowr²
悔	除	不	能,	则	僧	伽	一	切

可令我等对彼苾刍如法悔除其罪。一切僧伽

4.2.5	𗫈	𗯤	𗫵	𗣴	𗤃	𗦉	𗦦	𗤁	𗌀
	lew¹	lew¹	mji¹	kja¹	mo²	·wji¹	bju¹	·ju²	sej¹
	但	单	白	羯	磨	作	而	长	净

𗦉	𗫊 ,	𗫧	𗪬	𗌖	𗥰	𗦋	𗦌	𗥤
·wji¹	lew²	kụ¹	dzjij¹	dzjij²	dźjij¹	tji²	do²	thja¹
为	所,	后	时	余	住	处	于	其

但为单白羯磨而作长净，后向余住处当

4.2.6	𗤜	𗦨	𗫊 ,	𗯤	𗫵	𗦉	𗦣 ,	𗫴	𗭤	𗦉	𗫊 :
	dzwej¹	tshjij¹	lew²	lew¹	mji¹	·wji¹	zjij¹	thji²	sju²	·wji¹	lew²
	罪	说	当,	单	白	作	时,	是	如	作	应:

说其罪。次作单白，应如是作：

4.3.1

嵌	姍	鬣	燚	燚	爒	鬣	燚	蠃
tha²	tśhja²	sẽ¹	khja²	nji²	sjij¹	sẽ¹	khja²	śja
大	德	僧	伽	听!	今	僧	伽	十

瓻	㴬	㹆	艽	㴬	㴬	㴬	㴬	
ŋwə¹	njɨ²	po¹	śia¹	thow¹	·wji¹	thjɨ²	dźjij¹	
五	日	褒	洒	陀	作，	此	住	

大德僧伽听！今僧伽十五日作褒洒陀，于此住

4.3.2

㴬	㴬	鬣	燚	禠	禠	桅	袘	靳
tji²	do²	sẽ¹	khja²	ŋowr²	ŋowr²	to²	zji¹	dźjar²
处	于	僧	伽	一	切	悉	皆	罪

祕	㴬	㴬	㴬	㴬	㴬	㴬	㴬	酸
tsjų¹	·a	dzjwo²	zjij¹	dzjij²	dźjij¹	tji²	do²	gji¹
犯，	一	人	向	余	住	处	于	清

处一切僧伽悉皆有犯，然无一人能向余住处对清

4.3.3

蒻	儱	靰	蒳	㦬	羾	靳	㴬	酸,
sej¹	phji¹	tśhjụ	·ju²	rjir²	thja¹	dźjar²	thji¹	tshjij¹	ŋwu²
净	苾	刍	面	前	其	罪	除	说	以，

鬣	燚	羾	儱	靰	蒳	㦬	禵	㸣
sẽ¹	khja²	thja¹	phji¹	tśhjụ¹	·ju²	rjir²	tsjir¹	bju²
僧	伽	彼	苾	刍	面	前	法	如

净苾刍说除其罪，可令僧伽对彼苾刍如法

4.3.4

靳	㴬	㴬	燚。	襉	鬣	燚	燚	爒	羿
dźjar²	rewr²	mjɨ¹	njwi²	tjij¹	sẽ¹	khja²	dzjij¹	nji²	rjar¹
罪	悔	不	能。	若	僧	伽	时	至	许

㴬	㴬	鬣	燚	㴬	禵	㴬	鬣	燚,
dju¹	ku¹	sẽ¹	khja²	dạ²	wja¹	lew²	sẽ¹	khja²
有	者，	僧	伽	言	许	应	僧	伽，

说悔。若僧伽时至听者，僧伽应许僧伽，

4.3.5

𗗙	𗼃	𗰜	𘃚	𗵘	𗰜	𗼑	𗟻	𗢛	𗾫
sjij¹	lew¹	mjɨ¹	kja¹	mo²	·wji¹	bju¹	po¹	śia¹	thow¹
今	单	白	羯	磨	为	依	褒	洒	陀

𗰜	𗼜	𗼃	𘀄	𗰃	𗰝	𗤩	𗤅	𗾰	
·wji¹	phji¹	lew²	kụ¹	dzjɨj¹	dźjij¹	tji¹	do²	rjir²	
作	令	应，	后	时	住	安	处	法	

今作单白羯磨为褒洒陀，后向余住处[2]当

4.3.6

𗼑	𗾫	𘄄	𗧔	𗰜	𗰷	𗢍	𗁤	𗼃	𗰷
bju¹	dźjar²	rewr²	nji²	mji¹	thjɨ²	ŋwu²	·jɨ²	lew²	thjɨ²
如	罪	除	△，	白	此	是	谓	所，	斯

𗦜	𗰜	𗰫	𗤽	𗀓	𗰼	𗢛	𗰜		
dạ²	·wji¹	dźjwa¹	tśhjɨ¹	mja¹	nioow¹	·ju²	sej¹	·wji¹	
事	作	已，	尔	然	后	长	净	为	

如法除罪，白如是，作斯事已，方为长净，

4.4.1

𗰜，	𗰼	𗰜	𗰜	𗼈	𗤩	𗰷			
lew²	mji¹	·wji¹	rjar¹	mjij¹	tjij¹	thjɨ²			
所，	不	作	应	不。	若	尔			

𗰼	𘄄	𗷍	𗾰	𗰜	𗡪	𘃰			
mji¹	sju²	kụ¹	rjir²	dzjij¹	dzwej¹	lhjụ²			
不	如，	则	法	越	罪	得。			

不应废阙[3]。若不尔者，得越法罪。

4.4.2

𗤩	𗒐	𗈉	𗤽	𗟻	𗢛	𗾫	𗰜	𗜐，	𗗙
tjij¹	śja¹	ŋwə¹	nji²	po¹	śia¹	thow¹	khja²	sẽ¹	
若	十	五	日	褒	洒	陀	伽，	僧	

𗜐	𘔜	𘔜	𗤽	𗷷	𗤅	𗴿	𗀓	𗏓	
khja²	ŋowr²	ŋowr²	dzwej¹	kha¹	tji¹	dju¹	·a	dzjwo²	
伽	一	切	罪	于	疑	有，	一	人	

若十五日褒洒陀时[4]，一切僧伽于罪有疑，然无一人

4.4.3　
zjij^1　dzjij^2　dźjij^1　tji^2　do^2　rejr^2　·u̥^{2}　tśjɨ^1　tsjij^2
向　余　住　处　于　三　藏　就　解
phji^1　tśhju̥^{1}　·jij^1　·jiw^2　tśjɨ^1　phja^1　śjij^1　ɣju^1　·jir^1
苾　刍　之　疑　罪　决　△　请　问，
能向余住处，就解三藏苾刍请决疑罪，

4.4.4　
ŋwu^2　thja^1　njɨ^2　·jij^1　thja^1　phji^1　tśhju̥^{1}　·ju^2　rjir^2　·jiw^2
以　彼　等　之　彼　苾　刍　面　前　疑
tśjɨ^1　tjij^1　phja^1　mjɨ^1　njwi^2　ku^1　sẽ^1　khja^2　ŋowr^2
罪　除　决　不　能。　则　僧　伽　一
可令我等对彼苾刍决除疑罪。一切僧伽

4.4.5　
ŋowr^2　lew^1　lew^1　mjɨ^1　kja^1　mo^2　·wji^1　bju^1　po^1　śia^1
切　但　单　白　羯　磨　作　依　褒　洒
thow^1　·wji^1　lew^2　ku̥^{1}　dzjɨ^1　dzjij^2　dźjij^1　tji̥^{1}　do^2
陀　为　所，　后　时　余　住　处　于
但作单白羯磨为褒洒陀，后向余住处

4.4.6　
·jiw^2　tjij^1　śjij^1　ɣju^1　rjir^2　tsjir^1　dźjar^2　rewr^2　lew^2　thji　sju^2　·jɨ^2　lew^2
疑　除　△　请，　法　如　罪　除　当。　是　如　谓　应:
请除疑已，当如法除罪。应如是作:

4.5.1

tha² tśhja² sẽ¹ khja² nji² sjij¹ sẽ¹ khja² śja¹

大 德 僧 伽 听！ 今 僧 伽 十

ŋwə¹ nji² po¹ śia¹ thow¹ ·wji¹ thji² dźjij¹ tji²

五 日 襃 洒 陀 作， 此 住 处

大德僧伽听！今僧伽十五日为襃洒陀，于此住处

4.5.2 do² sẽ¹ khja² ŋowr² ŋowr² tśji¹ kha¹ ·jiw² dju¹ ·a

于 僧 伽 一 切 罪 于 疑 有， 一

dzjwo² zjij¹ dzjij² dźjij¹ tji² do² rejr² ·ụ² tśjɨ¹

人 向 余 住 处 于， 三 藏 就

一切僧伽于罪有疑，然无一人能向余住处，就解三藏

4.5.3 tsjij² phji¹ tśhjụ¹ ·jij¹ ·jiw² tśji¹ phja¹ śjij¹ ɣju¹ ŋwu²

解 苾 刍 之 疑 罪 决 △ 请， 以

sẽ¹ khja² thja¹ phji¹ tśhjụ¹ ·ju² rjir² dźjar² rewr²

僧 伽 彼 苾 刍 面 前 罪 除

苾刍请决疑罪，可令僧伽对彼苾刍决除其罪。

4.5.4 mjɨ¹ njwi² tjij¹ sẽ¹ khja² dzjij¹ nji² rjar¹ dju¹

不 能。 若 僧 伽 时 至 许 有

ku¹ sẽ¹ khja² dạ² wjạ¹ lew² sẽ¹ khja² sjij¹

者， 僧 伽 言 许 应 僧 伽 今

若僧伽时至听者，僧伽应许僧伽，今

———————————

① 据上文，此处西夏文本疑脱 "ŋio"（问）。

4.5.5 [illegible]

lew^{1} mjị^{1} kja^{1} mo^{2} ·wji^{1} bju^{1} po^{1} śia^{1} thow^{1} ·wji^{1}

单 白 羯 磨 作 依 褒 洒 陀 为

[illegible]

lew^{2} kụ^{1} dzjɨj^{1} dzjij^{2} dźjịj^{1} tjị^{2} do^{2} ·jiw^{2} phja^{1}

所， 后 向 余 住 处 于 疑 决

作单白羯磨为褒洒陀，后向余住处请决疑已，

4.5.6 [illegible]

śjij^{1} ɣju^{1} rjir^{2} tsji̱r^{1} dźjar^{2} rewr^{2} nji^{2} mjị^{1} thjɨ^{2} ŋwu^{2}

△ 请， 法 如 罪 除 △， 白 是 以。

[illegible]

lew^{1} mjị^{1} ·wji^{1} dźjwa^{1} tśhjɨ^{1} mja^{1} nioow^{1} ·ju^{2} sej^{1}

已 白 作 已 尔 然 后 长 净

当如法除罪。白如是。作单白已方为长净。

4.6.1 [illegible]

·wji^{1} lew^{2} tjij^{1} thjɨ^{2} mji^{1} sju^{2} ku^{1} rjir^{2} dzjij^{1} tśjị^{1} lhjụ^{2}

为 所。 若 此 不 如， 则 法 越 罪 得。

若不尔者，得越法罪。

4.6.2 [illegible]

zjọ^{2} ŋowr^{2} ·u^{2} po^{1} lji^{1} rjur^{1} pjụ^{1} ·jij^{1} ɣju^{1} ·jɨr^{1}

寿 具 邬 波 离 世 尊 之 请 曰：

[illegible]

tha^{2} tśhja^{2} tjij^{1} phji^{1} tśhjụ^{1} dzwej^{1} tsjụ^{1} dzjij^{2} dźjar^{2}

大 德！ 若 苾 刍 罪 犯， 余 罪

具寿邬波离请世尊曰：大德！有苾刍犯罪，

4.6.3 [illegible]

tsjụ^{1} dzjwo^{2} ·ju^{2} rjir^{2} dźjar^{2} rewr^{2} ·a rjar^{1} dju^{1}

犯 人 面 前 罪 悔 △ 许 有？

絆	䂞:	彮	絤。	蘕	瀶	䓹	㟰	縫
tha¹	dạ²	rjar¹	mjij¹	tjij¹	thjɨ²	ljɨ¹	sju²	ku¹
佛	言:	合	不。	若	是	△	如	则

颇得对有犯罪人说悔罪不？佛言：不合。若如是者

4.6.4

縠	㟰	嬎	豥	㢡	㟰	䓺?	絆	䂞:
wa²	sju²	dzjwo²	·ju²	rjir²	rewr²	lew²	tha¹	dạ²
何	如	人	面	前	悔	应?	佛	言:

絅	轆	憛	嬎	豥	㢡,	羆	絤	㟰
thwụ¹	phia²	njạ²	dzjwo²	·ju²	rjir²	thja¹	dźjar²	rewr²
同	分	非	人	面	前,	其	罪	除

对何人说悔？佛言：对非同分者，说除其罪。

4.6.5

䓺。	㢡	䅓!	絅	轆	舵	瀽	瀛	㩒
lew²	tha²	tśhja²	thwụ¹	phia²	dzwej¹	tja¹	ljɨ¹	kjɨ¹
所。	大	德!	同	分	罪	者	何	△

㩁?	絅	轆	憛	舵	瀽	瀛	㩒	㩁?
ŋwu²	thwụ¹	phia²	njạ²	dzwej¹	tja¹	ljɨ¹	kjɨ¹	ŋwu²
是?	同	分	非	罪	者	何	△	是?

大德！云何同分罪？云何非同分罪？

4.6.6

絆	䂞:	嫫	麤	瀫	㦛	㢡	嫫	麤	瀫
tha¹	dạ²	po¹	lo¹	śiə¹	kja¹	ŋwu²	po¹	lo¹	śiə¹
佛	言:	波	罗	市	迦	以	波	罗	市

㦛	瀰	㢀	縫	絅	轆	㦛,	䂞	瀰
kja¹	bju¹	tshjij¹	ku¹	thwụ¹	phia²	·jɨ²	dzjij²	bju¹
迦	依	说	故	同	分	谓,	余	依

佛言：波罗市迦望波罗市迦为同分，

4.7.1

㢀	縫	絅	轆	憛	㦛;	㟹	㩒	㦜	瀫
tshjij¹	ku¹	thwụ¹	phia²	njạ²	·jɨ²	sẽ¹	khja²	xiwã¹	xiwã¹
说	故	同	分	非	谓;	僧	伽	伐	尸

□　□　□　□　□　□　□　□　□
śia¹　ŋwu²　sẽ¹　khja²　xiwã¹　xiwã¹　śia¹　bju¹　tshjij¹
沙　以　僧　伽　伐　尸　沙　依　说
望余非同分；僧伽伐尸沙望僧伽伐尸沙

4.7.2　□　□　□　□，□　□　□　□　□　□
　　　ku¹　thwu̱¹　phia̱²　·ji²　dzjij²　bju¹　tshjij¹　ku¹　thwu̱¹　phia̱²
　　　故　同　分　谓，余　依　说　故　同　分
　　　□　□；□　□　□　□　□　□　□
　　　nja̱²　·ji²　po¹　·ji¹　kwej¹　kja¹　rjir²　nji̱²　thu¹
　　　非　谓；波　逸　底　迦　乃　至　突
　　　为同分，望余非同分；波逸底迦乃至突

4.7.3　□　□　□　□，□　□　□　□　□。
　　　śiə¹　kji¹　rjir²　ta¹　tsji¹　śji¹　sju²　nwə¹　lew²
　　　色　讫　里　多，亦　上　如　知　应。
　　　色讫里多，准上应知。

注释：

[1]三藏法师义净奉制译，西夏文本译为"□□□□□□□□□"，义为"汉本三藏法师义净奉制译"。

[2]"处"，西夏文本译作"□"（置），据上下文疑为"□"（处）之误。

[3]不应废阙，西夏文本译作"□□□□"，义为"不应不作"。

[4]"时"，西夏文本译作"□"（伽），据上下文疑为"□"（时）之误。

释读：

4.7.4　□　□　□　□　□：
　　　po¹　śia¹　thow¹　lew¹　mji¹
　　　褒　洒　陀　单　白：
　　　褒洒陀单白：

4.7.5　□　□　□　□　□　□　□　□，□
　　　tjij¹　rjur¹　phji¹　tśhju¹　kha¹　dźjar²　·wji¹　mjijr²　po¹

若	诸	苾	刍	中	罪	为	者，	褒
𘛻	𘝆	𗧘	𗵜，	𗾟	𗴦	𗥡	𘃗	𗅁
śia¹	thow¹	nji̵	zjij¹	śji¹	sju²	tsji̵r¹	rji̵r¹	·wji¹
洒	陀	至	时，	上	如	法	既	作

若诸苾刍有犯罪者，至褒洒陀时，既作如上法

4.7.6

𗅁	𗥹	𗦇	𗜓	𘀗	𘕣	𗣠	𗓑	𗢤
dźjwa¹	nioow¹	po¹	lo¹	thji¹	bo̱²	tśhia¹	kie¹	lwər²
已，	及	波	罗	底	木	叉	戒	经
𗣊	𗄼	𗌭	𗨙	𗾟	𗄼	𗅁	𗵜，	𗉛
rejr²	tshjij¹	lew²	thja¹	bu¹	tshjij¹	dźjwa¹	zjij¹	lew¹
契	说	应。	彼	序	说	已	时，	单

已，应说波罗底木叉戒经。既说序已，

4.8.1

𗆸	𗷢	𗖻	𗥡	𗌭，	𘟣	𘕣	𗥡	𗿷：
mji̵¹	kja¹	mo²	·wji¹	lew²	thji²	sju²	·wji¹	nji²
白	羯	磨	作	应，	是	如	作	△：

应作单白羯磨，应如是作：

4.8.2

𘊽	𗥩	𗫘	𗫻	𘝵！	𗿢	𗤀	𗥩	𘄒
tha²	tśhja²	sẽ¹	khja²	nji²	sjij¹	mji̵¹	kja¹	lhji²
大	德	僧	伽	听！	今	僧	伽	月
𗰔	𗾧	𗗝	𗒹	𗖻	𘛻	𘝆	𗥡。	𗆘
nja̱¹	śja¹	lji̵r¹	nji̵²	po¹	śia¹	thow¹	·wji¹	tjij¹
黑	十	四	日	褒	洒	陀	作。	若

大德僧伽听！今僧伽黑月十四日作褒洒陀。若

4.8.3

𗫘	𗫻	𗃛	𗿢	𗥡	𗉦	𗵒，	𗫘	𗫻	𗵬
sẽ¹	khja²	dzjij¹	nji²	rjar¹	dju¹	ku¹	sẽ¹	khja²	da̱²
僧	伽	时	至	许	有	者，	僧	伽	言
𘞎	𗌭	𗫘	𗫻，	𗿢	𗖻	𘛻	𘝆	𗥡，
wja̱¹	lew²	sẽ¹	khja²	sjij¹	po¹	śia¹	thow¹	·wji¹

　许　　应　　僧　　伽，　今　　褒　　洒　　陀　　作，
僧伽时至听者，僧伽应许僧伽，今作褒洒陀，

4.8.4　𗧘　　𗾺　　𗧊　　𗣼　　𗧍　　𗗙　　𗙼　　𗥃　　𗏹
　　　　po¹　　lo¹　　thji¹　　bo²　　tśhia¹　　kie¹　　lwər²　　rejr²　　tshjij¹
　　　　波　　罗　　底　　木　　叉　　戒　　经　　契　　说

　　　　𗗆　　𗼃　　𗏀　　𗥃　　𗊢　　𗨁　　𗗙　　𗏹　　𗼃
　　　　phji¹　　lew²　　mji¹　　thji²　　ŋwu²　　tśjɨ¹　　kie¹　　tshjij¹　　lew²
　　　　令　　所。　白　　此　　是。　次　　戒　　说　　应
说波罗底木叉戒经。白如是。次应说戒

4.8.5　(𗁬　　𗼪　　𗢯　　𗏹　　𗊲　　𗧍　　𗤊　　𗤙　　𗊢；　𗤛　　𗗆
　　　　ma²　　śji¹　　tha²　　·ji¹　　tsjɨr¹　　tśju¹　　·wji¹　　śjij¹　　ŋwu²　　tjij¹　　phji¹
　　　　(昔　　先　　大　　僧　　法　　事　　作　　△　　是；　若　　苾

　　　　𗒘　　𗆧　　𗤊　　𗧍　　𗤙　　𗤡，　𗥃　　𗗺　　𗤙　　𗼃)。
　　　　tśhju¹　　dzji¹　　tsjɨr¹　　tśju¹　　·wji¹　　zjij¹　　thji²　　bju¹　　·wji¹　　lew²
　　　　刍　　尼　　法　　事　　作　　时，　此　　依　　为　　应)。
(上来是大僧作法；若有苾刍尼作法，准事应为)。

4.8.6　𗧘　　𗟁　　𗊩　　𗤡　　𗤊　　𗥊　　𗧒　　𗊢：
　　　　po¹　　śia¹　　thow¹　　zjij¹　　mji¹　　lja¹　　njɨ¹　　mjɨ¹
　　　　褒　　洒　　陀　　时　　不　　来　　二　　白：
褒洒陀时不来白二：

4.9.1　𗤛　　𗩈　　𗢘　　𗤡，　𗊫　　𗗩　　𗤬　　𗼀，　𗤛
　　　　tjij¹　　·ju²　　sej¹　　zjij¹　　nioow¹　　kiej²　　la¹　　nja²　　tjij¹
　　　　若　　长　　净　　时，　复　　界　　结　　非，　若

　　　　𗣼　　𗗻　　𗗆　　𗒘　　𗧍　　𗥢　　𗧍　　𗣔、　𗥑
　　　　ɣa²　　thjwi¹　　phji¹　　tśhju¹　　kiej²　　khjow¹　　mji¹　　njwi²　　thə¹
　　　　狂　　癫　　苾　　刍　　欲　　与　　不　　能、　异
若长净时，复非结界，有癫狂苾刍不能与欲、

4.9.2

[illegible]	[illegible]	[illegible]	[illegible]，	[illegible]	[illegible]	[illegible]：	[illegible]	[illegible]	[illegible]
zow^2	tjị^2	tsjɨ^1	mjij^1	ku^1	tha^1	dạ^2	kja^1	mo^2	·wji^1
扶	堪	亦	不，	则	佛	言：	羯	磨	作
[illegible]，	[illegible]	[illegible]	[illegible]	[illegible]	[illegible]	[illegible]	[illegible]，	[illegible]	
bju^1	tha^2	·ji^1	dźjar^2	mji^1	tsjụ^1	phji^1	lew^2	thjɨ^2	
应，	大	众	犯	无	触	令	所，	是	

不堪扶舁，佛言：应作羯磨，令众无犯，

4.9.3

[illegible]	[illegible]	[illegible]：	[illegible]	[illegible]	[illegible]	[illegible]	[illegible]
sju^2	·wji^1	nji^2	tjij^1	dzjij^2	dạ^2	dju^1	nioow^1
如	作	△：	若	余	事	有	故
[illegible]	[illegible]	[illegible]，	[illegible]	[illegible]	[illegible]	[illegible]	[illegible]。
lja^1	mjɨ^1	njwi^2	ku^1	thjɨ^2	bju^1	·wji^1	lew^2
来	不	能，	故	此	依	为	应。

应如是作：若有余事不得来集，准此应为。

4.9.4

[illegible]	[illegible]	[illegible]	[illegible]	[illegible]！	[illegible]	[illegible]	[illegible]	（[illegible]	[illegible]）
tha^2	tśhja^2	sẽ^1	khja^2	nji^2	thja^1	phji^1	tśhjụ^1	sjwɨ^2	nji̠^{2}
大	德	僧	伽	听！	彼	苾	刍	（某	甲）
[illegible]	[illegible]	[illegible]	[illegible]，	[illegible]	[illegible]	[illegible]	[illegible]、	[illegible]	[illegible]
be^1	ɣạ^2	ŋo^2	thjwɨ^1	kięj^2	khjow^1	khjow^1	mjɨ^1	thə^1	zow^2
癫	狂	病	发，	欲	与	不	能、	舁	扶

大德僧伽听！彼苾刍某甲癫狂病发，不能与欲、不堪扶舁，

4.9.5

[illegible]	[illegible]	[illegible]，	[illegible]	[illegible]	[illegible]	[illegible]	[illegible]	[illegible]	[illegible]
tjị^2	tsjɨ^1	mjij^1	sẽ^1	khja^2	sjij^1	rjar^1	ŋo^2	kja^1	mo^2
堪	亦	不，	僧	伽	今	病	患	羯	磨
[illegible]	[illegible]，	[illegible]	[illegible]	[illegible]	[illegible]	[illegible]	[illegible]。	[illegible]	
·wji^1	bju^1	tha^2	·ji^1	dźjar^2	mji^1	tsjụ^1	phji^1	bow^1	
作	依，	大	众	罪	无	犯	令。	若	

僧伽令与作病患羯磨，令众无犯。若

4.9.6　𗫳　𗫲　𗣿　𗣼　𗤆　𗡪　𗢺，𗫳　𗫲　𗧨
　　　sẽ¹　khja²　dzjij　nji²　rjar¹　dju¹　ku¹　sẽ¹　khja²　da²
　　　僧　伽　时　至　许　有　者，僧　伽　言
　　　𗗕　𗬆　𗫳　𗫲，𗤟　𗢾　𗤝　（𗣗　𗣿）𗣼
　　　wja¹　lew²　sẽ¹　khja²　sjij¹　phji¹　tśhju¹　sjwɨ²　nji²　rjar¹
　　　许　应　僧　伽，今　苾　刍　（某　甲）病
　　　僧伽时至听者，僧伽应许僧伽，今与苾刍某甲病

4.10.1　𗣼　𗫩　𗤴　𗤆　𗣜　𗗕。𗪴　𗫹　𗫨
　　　ŋo²　kja¹　mo²　·wji¹　tsju¹　lew²　mji¹　thjɨ²　ŋwu²
　　　患　羯　磨　作　令　所。白　此　是
　　　𗪴　𗗕。𗫩　𗤴　𗤆　𗪴　𗫹　𗪴　𗤟　𗣟。
　　　·jɨ²　lew²　kja¹　mo²　bju¹　mji¹　bju¹　śjij¹　ljɨ¹
　　　谓　所。羯　磨　因　白　而　成　也。
　　　患羯磨。白如是。羯磨准白成。

4.10.2　𗣿　𗫸　𗤴　𗤝　𗤂　𗤟　𗫹：
　　　gjwir¹　lju²　dji¹　mjijr²　zẽw²　nji¹　mji¹
　　　卧　具　分　者　差　二　白：
　　　差分卧具人白二：

4.10.3　𗣜　𗫬　𗣏　𗣼：𗤜　𗣜　𗫹　𗤝　𗡪
　　　rjur¹　pju¹　rjɨr²　tshjij¹　nji²　rjur¹　phji¹　tśhju¹　ŋwə²
　　　世　尊　如　说：汝　诸　苾　刍　五
　　　𗤩　𗡪　𗤴　𗣼　𗣿，𗫳　𗤟　𗫩　𗣿，
　　　lhji²　śja¹　tśhjiw¹　njɨ²　nji¹　dźjwij²　dzji²　lew²　dzjij¹
　　　月　十　六　日　至，夏　居　应　时，
　　　如世尊说：汝诸苾刍至五月十六日，应夏安居[1]时。

4.10.4　𗣜　𗫹　𗤝　𗤷　𗣛　𗫳　𗤟　𗫲　𗤷　𗣛
　　　rjur¹　phji¹　tśhju¹　thjij²　sjo²　dźjwij²　dzji²　śjij¹　thjij²　sjo²
　　　诸　苾　刍　何　云　夏　居　△　何　云

mjɨ¹ nwə¹ tha¹ dạ² dźjwij² dzjị² dzjɨj¹ nji² zjij¹
不　知？　佛　言：　夏　居　时　至　时，
诸苾刍不知云何作夏安居？佛言：欲至安居日，

4.10.5　śji¹ ɣu¹ kjɨr² ·jij² djị² lew² sẽ¹ khja² gjwɨr¹ lju²
先　前　房　舍　修　应　僧　伽　卧　具
rjur¹ bu¹ lju¹ nji² rjɨr² njɨ² rewr² dzjiw¹ lhjij¹
诸　坐　毡　等，　乃　至　足　洗　盆，
预分房舍僧伽所有卧具诸坐毡等，下至洗足盆，

4.10.6　nji² to² zji² thjwɨ² lji² dji¹ kạ² ·wji¹ lew² ·jɨ¹
等　悉　皆　集　合　分　均　作　应　谓。
rjur¹ phji¹ tśhjụ¹ nji² wa² sju² dzjwo² dji¹ tsjụ¹
诸　苾　刍　等　何　如　人　分　令
并须将集，悉皆均分。诸苾刍等

4.11.1　lew² mjɨ¹ nwə¹ tha¹ dạ² gjwɨr¹ lju² nji² dji¹ mjijr²
应　不　知？　佛　言：　卧　具　等　分　者
ɣạ² njɨ¹ mə¹ dzjwo² dju¹ ŋwə¹ tsjɨr¹ ŋowr² lhə
十　二　种　人　有，　五　法　具　足
不知何人应分？佛言：分卧具等有十二种人，具五法

4.11.2　mjijr² ·jij¹ zẹw² lew² tjij¹ ŋwə¹ tsjɨr¹ mjij¹ ku¹
者　之　差　应。　若　五　法　无，　则

mjij²	zẹw²	zjij¹	kwej¹	zẹw²	kjɨ¹	zẹw²	ku¹	djij²
未	差	时	不	差，	已	差	故	舍

者应差。若无五法，未差不应差，已差应舍。

4.11.3

tsju̹¹	lew²	ŋwə¹	tja¹	ljɨ¹	kjɨ¹	ŋwu²	dzu¹	kwow²	kjạ¹
令	应。	五	者	何	△	是？	爱、	恚、	怖、

lə	dju¹	gjwɨr¹	lju̹²	kha¹	dji¹	lew²	mji¹	dji̹¹
痴、	有	卧	具	中	分	应	不	分

云何为五？有爱、恚、怖、痴、有卧具分与不分

4.11.4

lew²	phjo²	kar²	mji¹	njwi²	tja¹	ŋwu²	thja¹	ɣạ²	njɨ¹
应	区	分	不	能	者	是。	其	十	二

dzjwo²	śji¹	ŋwə¹	rjir²	ljwu¹	ku¹	mjij²	zẹw²	zjij¹
人，	前	五	与	翻，	故	未	差	时

不能办了[2]。其十二种人，若翻前五，未差

4.11.5

zẹw²	lew²	kjɨ¹	zẹw²	ku¹	djij²	tsju̹¹	lew²	nja²	śji¹
差	应、	已	差	故	舍	令	应	不。	前

tśier¹	·ju²	·wji¹	bju¹	thji²	sju²	zẹw²	lew²	tśji̹¹
方	便	作	依，	是	如	差	应。	次

应差、已差不应舍。作前方便，如是应差。次

4.11.6

thja²	·jij¹	·jɨr¹	da²	sjwɨ²	nji²	dźjwij²	dzji̹²	sẽ¹	khja²
彼	之	问	言：	（某	甲）	夏	居	僧	伽

𗐁　𗟲　𘋩　𗥃　𗼩　𗘘　𘞚　𗟨　𗷀
·jij¹　gjwir¹　lju²　dji¹　mjijr²　phji¹　tśhju¹　·wji¹　·a
之　　卧　　具　　分　　者　　苾　　刍　　作　　△

应问言：汝某甲能为夏安居僧伽作分卧具苾刍不？

4.12.1　𗤂　𗄈？　𗔿　𗦲：　𗤂。　𗍳　𗂧　𗵛　𗘘　𘞚
njwi²　nja²　hu²　da²　njwi²　ŋa²　·ji²　lew²　phji¹　tśhju¹
能　　令？　答　　言：　能。　我　　谓　　应　　苾　　刍

𘈈　𗵘　𗤁　𗜓　𗙼　𗟨　𗫡　𗍿　𗵛。
gji²　nji̱¹　mji̱¹　kja¹　mo²　·wji¹　ŋwu²　zew²　lew²
一　　二　　白　　羯　　磨　　作　　以　　差　　应。

彼答言：能。令一苾刍作白二羯磨差。

4.12.2　𗴭　𗤺　𘝞　𗥱　𗵒！　𗿳　𗘘　𘞚　（𗆍　𗵘）
tha²　tśhja²　sẽ¹　khja²　nji²　thji²　phji¹　tśhju¹　sjwi²　nji̱²
大　　德　　僧　　伽　　听！　此　　苾　　刍　　（某　　甲）

𗽰　𗉰　𘝞　𗥱　𗐁　𗟲　𘋩　𗥃　𗼩　𗟨
dźjwij²　dzji̱²　mji̱¹　kja¹　·jij¹　gjwir¹　lju²　dji̱¹　mjijr²　·wji¹
夏　　居　　僧　　伽　　之　　卧　　具　　分　　者　　作

大德僧伽听！此苾刍某甲能为夏安居僧伽作分卧具人。

4.12.3　𗤂　𗸪　𘝞　𗥱　𗵒　𗫂　𗌰　𗰆　𗤇，　𘝞　𗥱
njwi²　tjij¹　sẽ¹　khja²　dzjij¹　nji̱²　rjar¹　dju¹　ku¹　mji̱¹　kja¹
能。　若　　僧　　伽　　时　　至　　许　　有　　者，　僧　　伽

𗔿　𗠉　𗵛　𘝞　𗥱，　𗶷　（𗆍　𗵘）　𗐁　𗫡
da²　wja̱¹　lew²　mji̱¹　kja¹　sjij¹　sjwɨ²　nji̱²　·jij¹　zew²
言　　许　　应　　僧　　伽，　今　　（某　　甲）　之　　差

若僧伽时至听者，僧伽应许僧伽，今差某甲为

4.12.4　𗽰　𗉰　𘝞　𗥱　𗐁　𗟲　𘋩　𗥃　𗼩　𗟨
dźjwij²　dzji̱²　sẽ¹　khja²　·jij¹　gjwir¹　lju²　dji¹　mjijr²
夏　　居　　僧　　伽　　之　　卧　　具　　分　　者

𗼻	𗥓	𘄒	𗥾	𘕿	𘃡	𘅍	𘄒
·wji¹	tsjʋ¹	lew²	mji¹	thji²	ŋwu²	·ji²	lew²
作	令	应	白	此	是	谓	所

夏安居僧伽作分卧具人。白如是。

4.12.5

𘃡	𘄒	𗧾	𗀅	𘃁 !	𘕿	𗙏	𗎭	(𗆄	𘋈)	𘎑
tha²	tśhja²	sẽ¹	khja²	nji²	thji²	phji¹	tśhjʋ¹	sjwi²	nji²	dźjwij²
大	德	僧	伽	听!	此	苾	刍	(某	甲)	夏

𗁉	𗧾	𗀅	𗦀	𘏞	𗲉	𗥃	𗑱	𗼻	𗧔
dzji²	mji¹	kja¹	·jij¹	gjwir¹	ljʋ²	dji¹	mjijr¹	·wji¹	njwi²
居	僧	伽	之	卧	具	分	者	作	能

大德僧伽听！此苾刍某甲能为夏安居僧伽作分卧具人，

4.12.6

𗧾	𗀅	𗀜	𘕿	𗙏	𗎭	(𗆄	𘋈)	𗉋	𘎑
sẽ¹	khja²	sjij¹	thji²	phji¹	tśhjʋ¹	sjwi²	nji²	zẽw²	dźjwij²
僧	伽	今	此	苾	刍	(某	甲)	差	夏

𗁉	𗧾	𗀅	𗦀	𘏞	𗲉	𗥃	𗑱	𗼻	𗥓
dzji²	mji¹	kja¹	·jij¹	gjwir¹	ljʋ²	dji¹	mjijr²	·wji¹	tsjʋ¹
居	僧	伽	之	卧	具	分	者	作	令

僧伽今差此苾刍某甲为夏安居僧伽作分卧具人。

4.13.1

𘍞	𗍫	𗭫	𘙟	𘕿	𗙏	𗎭	(𗆄	𘋈)	𗉋	𘎑
tjij¹	rjur¹	zjǫ²	ŋowr²	thji²	phji¹	tśhjʋ¹	sjwi²	nji²	zẽw²	dźjwij²
若	诸	寿	具	此	苾	刍	(某	甲)	差	夏

𗁉	𗧾	𗀅	𗦀	𘏞	𗲉	𗥃	𗑱	𗼻	𗼻	𗤁
dzji²	sẽ¹	khja²	·jij¹	gjwir¹	ljʋ²	dji¹	mjijr²	·wji¹	rjar¹	dju¹
居	僧	伽	之	卧	具	分	者	作	许	有

若诸具寿听差此苾刍某甲为夏安居僧伽作分卧具人

4.13.2

𘈖	𗝔	𗥜	𘄒,	𘍞	𗤁	𗗙	𘈖	𗥜	𗳱	𘃁,
ku¹	mji²	mji²	lew²	tjij¹	rjar¹	mjij¹	ku¹	rjir²	tshjij¹	nji²
者	默	然	所,	若	许	不	故	已	说	△,

𗘮 𗧁 𗝠 𗼨 𗟲 （𗢳 𗣼） 𗤁 𗷁 𗤩
sẽ¹ khja² thji̱¹ phji¹ tśhju¹ sjwi² nji² ẓew² dźjwij¹ dzji²
僧 伽 今 苾 刍 （某 甲） 差 夏 居

者默然，若不许者说，僧伽已听差此苾刍某甲为夏安居

4.13.3 𗘮 𗧁 𗿈 𗤻 𗪥 𗧁 𗪿 𗄹 𗤛
sẽ¹ khja² ·jij¹ gjwir¹ lju² dji¹ mjijr² ·wji¹ rjar¹
僧 伽 之 卧 具 分 者 作 许

𗤨。 𗘮 𗧁 𗤛 𗤨 𗿈, 𗤪 𗤫 𗥝,
dju¹ mji¹ kja¹ rjar¹ dju¹ tsju¹ mji² mji² nioow¹
有。 僧 伽 许 有 令， 默 然 故，

僧伽作分卧具人竟。僧伽已听许，由其默然故，

4.13.4 𗆉 𗪐 𗥝 𗝠 𗊐 𗥹 𗪐 𗦜
ku¹ ŋa² sjij¹ thji² sju² ·jij¹ ŋa² ·ji²
故 我 今 是 如 持 我 谓

𗣼。 𗤻 𗤱 𗤪 𗤁 𗤨 𗝠:
lew² lhwu¹ sju¹ mjijr² ẓew² nji¹ mji¹
应。 衣 藏 者 差 二 白:

我今如是持。差藏衣人白二:

4.13.5 𗤁 𗤺 𗘮 𗧁 𗧂! 𗝠 𗼨 𗟲 （𗢳 𗣼）
tha² tśhja² sẽ¹ khja² nji² thji² phji¹ tśhju¹ sjwi² nji²
大 德 僧 伽 听! 此 苾 刍 （某 甲）

𗤪 𗤫 𗿈 𗤱 𗤳 𗤱 𗤪 𗄹 𗥺 𗸰
mji¹ kja¹ ·jij¹ lhwu¹ war² sju¹ mjijr² ·wji¹ njwi² tjij¹
僧 伽 之 衣 物 掌 者 作 能。 若

大德僧伽听! 此苾刍某甲能与僧伽作掌衣物人。

4.13.6 𗘮 𗧁 𗧂 𗪐 𗤛 𗤨 𗆉, 𗘮 𗧁
sẽ¹ khja² dzjij¹ nji² rjar¹ dju¹ ku¹ mji¹ kja¹
僧 伽 时 至 许 有 者， 僧 伽

𗣼	𗤁	𘄄	𗣻	𗤀	𗤂	𗤃	𗤄	𗤅
da²	wja¹	lew²	mjɨ¹	kja¹	sjij¹	thji²	phji¹	tśhjụ¹
言	许	应	僧	伽	今	此	苾	刍

僧伽时至听者，僧伽应许僧伽，今差此苾刍

4.14.1　（𗤆　𗤇）　𗤈　𗤉　𗤊　𗤋　𗤌　𗤍　𗤎　𗤏

sjwɨ²	njɨ²	·jij¹	zew²	lhwu¹	war²	sju¹	mjijr²	·wji¹	tsju¹
（某	甲）	之	差	衣	物	掌	者	作	令

𘄄。	𗤐	𗤑	𗤒	𗤓	𘄄	𗤔	𗤕	𗤖	𗤗
lew²	mjɨ¹	thji²	ŋwu²	·jɨ²	lew²	kja¹	mo²	mjɨ¹	bju¹
应。	白	此	是	谓	所。	羯	磨	白	依

某甲作掌衣物人。白如是。羯磨准

4.14.2　𗤘　𗤙。

śjij¹	ljɨ¹
成	也。

成。

4.14.3　𗤚　𗤛　𗤜　𗤝　𗤞　𗤟：

lhwu¹	djɨ¹	mjijr²	zew²	njɨ¹	mjɨ¹
衣	分	者	差	二	白：

差分衣人白二：

4.14.4　𗤠　𘄄　𗤡　𗤀　𗤢！　𗤂　𗤄　𗤅　（𗤆　𗤇）

tha²	tśhja²	sẽ¹	khja²	njɨ²	thji²	phji¹	tśhjụ¹	sjwɨ²	njɨ²
大	德	僧	伽	听！	此	苾	刍	（某	甲）

𗤁	𗤀	𗤈	𗤚	𗤛	𗤜	𗤎	𗤣。	𗤤
mjɨ¹	kja¹	·jij¹	lhwu¹	djɨ¹	mjijr²	·wji¹	njwi²	tjij¹
僧	伽	之	衣	分	者	作	能。	若

大德僧伽听！此苾刍某甲能与僧伽作分衣人。若

4.14.5　𗤥　𗤀　𗤦　𗤧　𗤨　𗤩　𗤪，　𗤥　𗤀　𗣼

sẽ¹	khja²	dzjɨj¹	nji²	rjar¹	dju¹	ku¹	mjɨ¹	kja¹	dạ²
僧	伽	时	至	许	有	者,	僧	伽	言
祿	绿	濼	燚,	絲	濰	廬	報	(祝	绢)
wjạ¹	lew²	mjɨ¹	kja¹	sjij¹	thjɨ²	phji¹	tśhjụ¹	sjwi²	njɨ²
许	应	僧	伽,	今	此	苾	刍	(某	甲)

僧伽时至听者，僧伽应许僧伽，今差此苾刍某甲

4.14.6	弼	絮	龍	燚	彥	縡	祇	绿。	濰	濰
	·jij¹	zew²	lhwu¹	dji̱	mjijr²	·wji¹	tsjụ¹	lew²	mjɨ¹	thjɨ²
	之	差	衣	分	者	作	令	应。	白	此
	鼗	敪	绿。	鱗	賊	濰	鼲	龔	糤	
	ŋwu²	·jɨ²	lew²	kja¹	mo²	mjɨ¹	bju¹	śjij¹	ljɨ¹	
	是	谓	所。	羯	磨	白	依	成	也。	

作分衣人。白如是。羯磨准白成。

注释：

[1]夏安居，西夏文本译作"荒牝"，义为"夏居"，下文亦如此。

[2]不能办了，西夏文字面译作"不能区分"。

释读：

4.15.1	新	耪	龍	彥	絮	楀	濰:
	gju²	war²	sju¹	mjijr²	zew²	njɨ¹	mjɨ¹
	器	物	藏	者	差	二	白:

差藏器物人白二：

4.15.2	鼗	绿	濼	燚	缝!	濰	廬	報	(祝	绢)
	tha²	tśhja²	sẽ¹	khja²	nji²	thjɨ²	phji¹	tśhjụ¹	sjwi²	njɨ²
	大	德	僧	伽	听!	此	苾	刍	(某	甲)
	濼	燚	弼	新	耪	龍	彥	糤	缝。	
	mjɨ¹	kja¹	·jij¹	gju²	war²	sju¹	mjijr²	·wji¹	njwi²	
	僧	伽	之	器	物	藏	者	作	能。	

大德僧伽听！此苾刍某甲能与僧伽作藏器物人。

4.15.3

菾	薣	綴	孏	孅	移	赧	絳，	薣	綴
tjij¹	sẽ¹	khja²	dzjɨj¹	njɨ²	rjar¹	dju¹	ku¹	mjị¹	kja¹
若	僧	伽	时	至	许	有	者，	僧	伽

殺	祼	綂	薣	綴，	孏	嵈	報	（菟	繍）
dạ²	wjạ¹	lew²	mjị¹	kja¹	sjij¹	phji¹	tśhjụ¹	sjwɨ²	njɨ²
言	许	应	僧	伽，	今	苂	彐	（某	甲）

若僧伽时至听者，僧伽应许僧伽，今差苂彐某甲

4.15.4

孤	敫	蕲	繺	蘶	孨	移	祗	綂。
·jij¹	zew²	gju²	war²	sju¹	mjijr²	·wji¹	tsjụ¹	lew²
之	差	器	物	藏	者	作	令	应。

薣	薕	骸	劣	綂。	㠭	敗	薣	灘
mji¹	thjɨ²	ŋwu²	·jɨ²	lew²	kja¹	mo²	mji¹	bju¹
白	此	是	谓	所。	羯	磨	白	依

作藏器物人。白如是。羯磨准白

4.15.5

蔺	移	（敮	扊	㠭	敗	薤	灘	蔺
śjij¹	ljɨ¹	dzjij²	·jar¹	kja¹	mo²	dạ²	bju¹	śjij¹
成	也	（余	八	羯	磨	事	依	成

綂）。	㐏	獙	羸	㐏	綵	孅，	薤
lew²	ŋwə¹	lhjɨ²	śja¹	ŋwə¹	njɨ²	njɨ²	dạ²
应）。	五	月	十	五	日	至，	事

祝	嵈	報	㺍	憻	禰	禰	薕
dźjij¹	phji¹	tśhjụ¹	dźjɨ	tjɨj¹	ŋowr²	ŋowr²	thjɨ²
授	苂	彐	行	法	所	有，	此

成（余八羯磨准事成）。至五月十五日，授事苂彐所有行法，

4.15.6

敫	綴	紪。	羻	蕤	祝	孨	绤	蹒	蕤
·wji²	tshji²	ŋa²	thja¹	dạ²	dźjij¹	mjijr²	kjɨr²	·jɨ²	śjwo¹
刻	说	我。	其	事	授	者	房	舍	扫

蕤	諓	襦	祗	孩，	㐏	庅	庅	薣	薤：
wej²	gji¹	sej¹	phji¹	dźjwa¹	nioow¹	rjur¹	rjur¹	mjị¹	śjɨ¹

涂　清　净　令　已，　后　诸　诸　白　往：

我今当说。授事人[1]应扫涂房舍令清净已，应告白言：

4.16.1

rjur^1　tha^2　tśhja^2　na^1　dzjį^1　sẽ^1　khja^2　dźjwij^2　dzjį^2　·jij^1

诸　大　德！　明　日　僧　伽　夏　居　安。

rjur^1　dạ^2　ŋowr^2　ŋowr^2　zji^2　sjwɨ^1　lə　lew^2　thja^1

诸　事　所　有　咸　思　念　应，　其

诸大德！明日僧伽作夏安居。所有诸事咸应思念，其

4.16.2

dạ^2　dźjij^1　mjijr^2　dzjwo^2　rejr^2　zjij^2　bju^1　dźju^1　dzjɨ^1　djɨ

事　授　者　人　多　繁　依　筹　准　备

lew^2　thja^1　dźju^1　bjạ^1　niow^2　yor^2　lhjwij^1　lew^2　njạ^2

可，　其　筹　粗　恶　曲　捩　得　不，

授事人看人多少可为办筹，其筹不得粗恶曲捩，

4.16.3

śja^1　zjɨr^2　ŋwu^2　zwər^1　śja^1　tśior^1　ŋwu^2　ma^2　sej^1　lhjor^1

香　水　以　洗　香　泥　以　涂，　净　槃

·u^2　tjį^1　wjạ^1　sjiw^1　dźjij^1　lju^2　ŋwu^2　sej^1　war^2

中　安　花　鲜　精　覆，　以　净　物

以香水洗香泥涂拭，安净槃中鲜花覆上，以净物

4.16.4

ŋwu^2　yja^2　khjã^1　tśhjɨ^2　tsjų^1　tha^2　·ji^1　kjij^1　dzjɨ^2　dźju^1

以　覆，　捷　稚　鸣　大　众　△　集，　筹

lhjor^1　phju^2　dzuu^2　·ju^2　rjir^2　tjį^1　tśjɨ^1　sẽ^1　khja^2

槃　上　座　面　前　安，次　僧　伽
覆之，鸣揵稚集大众，筹槃安上座前，次宣告：僧伽

4.16.5
·jij¹　dźjwij²　dzji²　dźjɨ　tjij²　mji¹　lew²　dzjij¹　kha¹　·wạ²
之　　夏　　居　　制　　令　　告　　应，　律　　中　　广

dźju¹　tśjɨ¹　phju²　dzuu²　lew¹　mji¹　·wji¹　lew²　sẽ¹
明。　次　　上　　座　　单　　白　　作　　应。　僧

安居[2]制令，如律广明。次后上座应作单白。

4.16.6
khja²　ŋowr²　ŋowr²　dźjwij²　dzji²　lew¹　mji¹
伽　　一　　切　　夏　　居　　单　　白：

一切僧伽夏安居单白：

4.17.1
tha²　tśhja²　sẽ¹　khja²　nji²　sjij¹　mji¹　kja¹　śja¹
大　　德　　僧　　伽　　听！　今　　僧　　伽　　十

ŋwə¹　nji²　dźjwij²　dzji²　·wji¹　·jij¹　tjij¹　sẽ¹　khja²
五　　日　　夏　　居　　作　　欲。　若　　僧　　伽

大德僧伽听！今僧伽十五日欲作夏安居。若僧伽

4.17.2
dzjɨj¹　nji¹　rjar¹　dju¹　ku¹，　sẽ¹　khja²　dạ²　wjạ¹
时　　至　　许　　有　　者，　僧　　伽　　听　　许

lew²　sẽ¹　khja²　pjɨ¹　nji¹　dźju¹　lhjij　na¹　dzji¹
应　　僧　　伽，　今　　日　　筹　　受、　明　　日

时至听者，僧伽应许僧伽，今日受筹、明日

4.17.3

dźjwij²	dzjį²	phji¹	lew²	mji¹	thji²	ŋwu²	·ji²	lew²
夏	居	令	应	白	此	是	为	所

安居。白如是。

4.17.4

thja¹	dạ²	dźjij¹	phji¹	tśhjụ	dźju¹	lhjọr	zow²	ɣwə²
其	事	授	苾	刍	筹	槃	擎	前
rjir²	dźjịj¹	dźju¹	lhjwi¹	mjijr²	lhjọr	ŋa¹	zow²	nioow¹
面	在	筹	收	者	槃	空	持	后

其授事苾刍擎筹槃在前，收筹者持空槃随后，

4.17.5

śio¹	dzjɨj¹	dzjịj²	tsjịr¹	·wə¹	·ju²	rjir²	śji¹	·a
随	大	师	教	主	面	前	先	一
biẹj¹	tji¹	tśjɨ¹	phju²	dzuu²	·ju²	rjir²	·jar¹	phju²
筹	下	次	上	座	面	前	立	上

大师教主先下一筹，次向上座前住，上

4.17.6

dzuu²	mər²	dzuu²	tji²	tśhja¹	wor¹	ŋwer²	mej¹	pjạ¹
座	本	座	处	上	起	蹲	踞	掌
phjọ²	thja¹	dźju¹	lhjij	tśhjị¹	mja¹	nioow¹	ŋa¹	lhjọr
合	其	筹	受	尔	然	后	空	槃

座离本座蹲踞合掌，受取其筹，然后置空槃

4.18.1

·u²	tji¹	thjị²	bju¹	mjịj²	ɣa²	njị²	lew²	tjij¹
中	放	是	如	末	上	至	应	若

mjij¹　kju̱¹　dju¹　ku¹　·a　tśja¹　lji¹　·ja²　·u²
寂　求　有，　故　阿　遮　利　耶　邬
上，如是至末。若有求寂，阿遮利耶或邬

4.18.2　po¹　thjij²　·ja²　thja¹　ɣu¹　twu̱¹　dźju¹　lhjij　lew²
波　驮　耶　其　变　处　筹　受　应。
tśji̯¹　·ji¹　mji¹　·wejr²　mə¹　ɣu¹　·jij¹　·a　biej¹
次　众　寺　护　天　神　之　一　条
波驮耶代受取筹。次下护寺天神筹。

4.18.3　tji¹　lew²　dźju¹　zji²　dźjij¹　dźjwa¹　lhjij　thja¹　dźju¹
下　应　筹，　总　行　已　既，　其　筹
ŋewr¹　lew²　tha²　·ji¹　·jij¹　mji¹　thji²　dźjij¹　tji¹
数　应　大　众　之　白：　此　住　处①
既总行已，应数其筹白大众言：于此住处

4.18.4　do²　mjor¹　dźju¹　lhjij　mjijr²　phji¹　tśhju̱¹　tśhji̱¹　zjij¹
于　现　筹　受　者，　苾　刍　尔　许
dju¹　mjij¹　kju¹　tśhju¹　zjij¹　dju¹　·ji̱²　lew²　nioow¹
有，　寂　求　尔　许　有　谓　应。　又
现受筹者，苾刍有尔许，求寂尔许。又

4.18.5

---

① 西夏文"犹"，疑误，应为"籴"*tji²（处）。

kjɨr² ·jij² dji¹ mjijr² rjir² nji² lhji² khwə¹ kjɨr²

房 舍 分 者， 乃 至 月 半 房

·jij² ·ju¹ mjijr² dźji tjij² wji¹ zow² tsjir¹ rjir²

舍 检 者 轨 仪 受 用， 法 与

分房舍人，乃至半月检阅房舍受用轨仪，

4.18.6

mji¹ bju¹ ku¹ bjo² tji¹ śjij¹ dzjij¹ kha¹ ·wạ²

不 如 故 罚 治 式， 律 中 广

dźju¹ śja¹ ŋwə¹ nji² nji² ·ji¹ dzow¹ ŋwej² dzjɨ¹

明。 十 五 日 至 众 和 合 集

不如法者治罚之式，如律广明。至十五日众和集

4.19.1

zjij¹ thja¹ dạ² dźjij¹ mjijr² rjur¹ rjur¹ mji¹ śji¹

时， 其 事 授 者 诸 处 白： 往

zjọ² ŋowr² thji² dźjij¹ tji¹ do² tśhji¹ zjij¹ dzjwo²

寿 具！ 此 住 处 于 尔 许 人，

时，其授事人应为告白[3]：诸具寿[4]！今此住处有尔许人[5]，

4.19.2

na¹ rar² (某 甲) sjwi² nji² mji¹ ·o² bju¹ sjwi² nji² ·jij¹ gjij² nji¹

明 日 (某 甲) 施 主 依， (某 甲) 之 村 坊

zjir² tji¹ kjụ¹ tjị² ·wji¹ sjwi² nji² ŋwu² tshji² mjijr² we²

长 食 乞 处 为， (某 甲) 以 侍 者 为，

明日当依某甲施主，依某村坊为乞食处，以某甲为给侍人，

4.19.3 (某 甲)

sjwɨ²	nji²	ŋo²	·ju̱¹	mjijr²	we²	bju¹	dźjwij²	dzji²	·wji¹	·jij¹
（某　甲）	病	瞻	者	为	依，	夏	居	作	应。	

𗂼	𗼫	𘕿	𗂸	𗏵	𗴺	𗿢	𗷝	𗆧	𗣼
rjur¹	phji¹	tśhju̱¹	·ji¹	phja¹	njij¹	gjij²	nji¹	tji¹	kju¹
诸	苾	刍	众	邻	近	村	坊	食	乞

某甲为瞻病人，应作安居。诸苾刍众应捡行邻近村坊乞食

4.19.4

𗦻	𗿦	𗄅	𘕕	𗼅。	𗄅	𗎰	𗪍	𗤦，	𗤼
tji²	do²	bio̱¹	śji¹	lew²	bio̱¹	thju̱¹	dźjwa¹	nioow¹	·jij¹
处	于	观	往	应。	观	察	已	既，	自

𗪿	𗧇	𗐂：	𗼃	𘝞	𗄅	𘘚	𗖠	𗼅
twu̱¹	thji²	lə	ŋa²	thji²	do²	dźjwij²	dzji²	lew²
各	此	言：	我	此	处	夏	居	作

之处。既观察已，各自念言：我于此处堪作安居，

4.19.5

𘝫，	𗤦	𗲷	𗵘	𘎑	𗮔	𗫺	𗌭	𗤦	𗷪
dźjo̱w²	nioow¹	xiwã¹	dźji	thwu̱¹	mjijr²	sjwɨ¹	zji¹	mji	śjwo¹
堪，	及	梵	行	同	者	忧	恼	不	生

𗵐	𗤝	𗤜	𗷪	𗕦	𘒏	𗍅	𘄴	𘃡
phji¹	tji¹	tjij¹	śjwo¹	tsji¹	tśhji¹	rjar²	tjij¹	dzjar²
令，	假	设	生	亦	立	即	除	灭

及同梵行者令忧恼不生，设复生时速能除灭，

4.19.6

𘔼，	𗉮	𗤺	𘟣	𘟣	𗓁	𗷪	𗷪	𗵐	𘔼，
njwi²	de²	rejr²	ŋowr²	ŋowr²	mjij²	śjwo¹	śjwo¹	phji¹	njwi²
能，	欢	乐	所	有	未	生	生	令	能，

𗀔	𗷪	𗮀	𗢸	𗴺	𘈩	𗆈	𗵐	𘔼，
·a	śjwo¹	·jij¹	pjwɨr¹	ŋwu²	lhu¹	ljij¹	phji¹	njwi²
已	生	之	劝	以	增	进	令	能，

所有欢乐未生令生，已生者劝令增进，

4.20.1

𗷝	𗖠	𗨴	𗊢	𘘚	𗄅	𗪍	𘞸	𘕿

ŋa²	thjij²	da̱²	dźjij¹	·wjɨ²	bio̱¹	phja¹	njij¹	gjij²	nji¹
我	此	巡	行	△	观	邻	近	村	坊

縦 厎 蒺 蕊, 铎 毛 骹 慨 蘢。

zjir²	tjɨ¹	kju̱¹	śjɨ¹	ku¹	rjijr²	gju²	mji¹	dju¹
长	食	乞	往,	故	劳	苦	不	有。

我当于此巡行之处邻近村坊乞食，不生劳苦[6]。

4.20.2 巍 縦 鼯 蕊, 扎 蘈 骹 疹 蘢 縦

tjij¹	ŋa²	rjar¹	ŋo²	tsjɨ¹	tshjɨ²	ljij¹	mjijr²	dju¹	ŋa²
若	我	病	患,	亦	侍	奉	者	有	我

孤 斀 斀 繹 疹 扎 蘢, 庞 糃

·jij¹	tser¹	tso̱²	mji¹	mjijr²	tsjɨ¹	dju¹	rjur¹	śjwo¹
之	医	药	供	者	亦	有,	诸	须

若我病患，有供侍人给我医药，诸有所

4.20.3 糃 纖 蔗 褳 甗 絼 劵 绿。 雦 旈

śjwo¹	tja¹	to²	zji²	ŋowr²	lhə	·ji²	lew²	thji²	·wjɨ²
须	者	悉	皆	济	充	谓	应。	是	△

憚 慨, 散 燃 頍 馲 芲 鬓, 雦

lə	nioow¹	gjiw¹	gji²	ŋwer²	mej¹	pja̱¹	phjo̱²	thji²
念	已,	宽	广	蹲	踞	掌	合,	是

须皆悉充济。作是念已，应向屏处[7]对一苾刍蹲踞合掌，

4.20.4 挑 鬍 劵:

sju²	da̱²	·ji²
如	说	曰:

作如是说:

4.20.5 骹 甗 旈 憚 欧! 纗 縥 庞 獤 蠃

zjo̱²	ŋowr²	·wjɨ²	lə	nja²	sẽ¹	khja²	ŋwə¹	nji²	nji²
寿	具	△	念	令!	僧	伽	五	月	十

庞 絲 茈 纯 髟, 縦 儡 靽 (詭 綃)

daʐ²　dźjij¹　dźjwij²　dzjįʐ²　·wji¹　ŋaʐ²　phji¹　tśhjụ¹　sjwɨ²　njįʐ²

五　　日　　夏　　居　　作，　我　　莐　　乚　　（某　甲）

具寿存念！今僧伽五月十六日作夏安居[8]，[9]

4.20.6　tsjɨ¹　ŋwə¹　njiʐ²　njįʐ²　daʐ²　dźjij¹　dźjwij²　dzjįʐ²　wjo¹　ŋaʐ²　ŋaʐ²

亦　　五　　月　　十　　五　　日　　夏　　居　　作　　我，　我

phji¹　tśhjụ¹　sjwɨ²　njįʐ²　thjiʐ²　dźjij¹　tjįʐ²　kięʐ²　·u²　śji¹

莐　　乚　　（某　甲）　此　　住　　处　　界　　内　　前

我莐乚某甲于此住处界内前

4.21.1　soʐ¹　njiʐ²　dźjwij²dzjįʐ²　ŋaʐ²　sjwɨ²　njiʐ²　mji¹　·o¹　we²　sjwɨ²

三　　月　　夏　　居　　我，　（某　　甲）　施　　主　　为、（某

njiʐ²　tshjiʐ²　mjijrʐ²　we²　sjwɨ²　njiʐ²　ŋoʐ²　·ju¹　mjijrʐ²　we²　phji¹

甲）　事　　者　　为、（某　　甲）　病　　瞻　　者　　为　　令，

三月夏安居，以某甲为施主、某甲为营事人、某甲为瞻病人，

4.21.2　thjɨʐ²　dźjij¹　tjįʐ²　doʐ²　rjirʐ²　njiʐ²　ŋwoʐ²　ljijʐ²　dzjwɨʐ²　djiʐ²

此　　住　　处　　于，　乃　　至　　裂　　坏，　修　　造

lewʐ²　djuʐ¹　zjij¹　zjiʐ²　djoʐ²　ŋaʐ²　pjɨʐ¹　wji¹　dźjwij²

应　　有　　时　　皆　　修，　我　　今　　年　　夏

于此住处，乃至若有圮裂穿坏，当修补之，我于今夏

4.21.3　dzjįʐ²　ŋaʐ²　·jiʐ²　lewʐ²　njiʐ¹　tsewʐ²　soʐ¹　tsewʐ²　tsjɨʐ¹　thjɨʐ²

居　　我　　谓　　应。二　　第、三　　第　　亦　　是

（Tangut glyphs）

sju²	tshjij¹	lew²	thja¹	dźjij¹	phji¹	tśhju¹	·ã¹	phji¹
如	说	应	此	居。	苾	刍:	奥	箄

在此安居。第二、第三亦如是说。所对苾刍应云：奥箄

4.21.4

𗼓	𗢝	𗾊。	𗥃	𗫨	𗥦:	𗗟	𗥩	𗢝	𗾊。
kja¹	·ji²	lew²	dźjwij²	dzji²	mjijr²	so²	thu¹	·ji²	lew²
迦	云	应。	夏	居	者:	娑	度	云	应。

𗦻	𗧺	𗄴	𗫻	𗄜	𗦻	𗧺	𗑐	𗮔
phji¹	tśhju¹	nji	·ji¹	zji²	phji¹	tśhju¹	·ju²	rjir²
苾	刍	二	众	咸	苾	刍	面	前

迦。说安居者答云：娑度。苾刍两众[10]咸对苾刍

4.21.5

𗢝	𗾊,	𗦻	𗧺	𗴺	𗉞	𗫻	𗄜
tshjij¹	lew²	phji¹	tśhju¹	dzji¹	so̱¹	·ji¹	zji²
说	应,	苾	刍	尼	三	众	并

𗦻	𗧺	𗴺	𗑐	𗮔	𗢝	𗾊。
phji¹	tśhju¹	dzji¹	·ju²	rjir²	tshjij¹	lew²
苾	刍	尼	面	前	说	应。

说，苾刍尼三众并对苾刍尼说。

4.21.6

𗏁	𗫒	𗑐	𗦲	𗥦	𗪱	𗄴	𗧄:
kji̱r²	·ji̱j²	·ju̱¹	zar²	mjijr²	ze̱w²	nji	mji¹
房	舍	看	检	者	差	二	白:

差看检房舍人白二：

4.22.1

𗫻	𗎮	𗦻	𗧺	𗥃	𗫨	𗺉	𗫋	𗫻	𗿷
dzjij¹	rjur¹	phji¹	tśhju¹	dźjwij²	dzji²	ɣa²	nji	·ji¹	mji¹
时	诸	苾	刍	夏	居	上	至	众	寺

𗏁	𗀔	𗩱	𗎮	𗼃	𗪽	𗑲	𗪽	𗂋
kji̱r²	ɣu¹	mjij¹	rjur¹	dźjwow¹	·we¹	rejr²	dźjwow¹	tsəj¹
房	头	末	诸	鸟	禽	多,	鸟	小

时诸苾刍既至夏中，于寺房廊多有诸鸟，养雏

4.22.2

𗁅	𗋈	𗱲	𗤒	𗊱。	𘊝	𗣼	𗱲	𗾖	𗓴
wor¹	njar²	nioow¹	tsowr²	ŋewr¹	thji²	·jiw¹	nioow¹	bju¹	tha¹
鸡	卵	生	喧	噪。	此	因	缘	依	佛

𘝵	𗸁	𗓴	𗥽	𘏨	𗙏	𗁶	𘓺	�18
·jij¹	·ji²	tha¹	da²	bo²	dźjo²	zow²	phji¹	tśhju̱¹
之	谓：	佛	言：	杖	竿	执	苾	刍

儿卵遂生喧噪。以缘白佛，佛言：应差执竿杖苾刍

4.22.3

𗏹	𗪅	𗪅	𗤒	𘒤	𗏈	𗧁	𗾚	𗗙，	𗌞
zew²	·ji¹	·ji¹	yu¹	mjij¹	zji²	·ju¹	zar²	lew²	tjij¹
差	众	多	头	末	皆	检	巡	应，	若

𘒎	𘇹	𗁅	𗨛	𘒤，	𘊝	𗱆	�	𗗙，
wjor²	·u²	tew¹	nji²	mjij¹	ku¹	tśhiew¹	·wji¹	lew²
窠	中	卵	等	无，	故	弃	为	应，

巡寺检察巢无儿卵，应可除弃；

4.22.4

𗤻	𗗙	𘒎	𗸐	𗱲	𗨌	𗫛	�	𗗙，	𗱲
dju¹	ku¹	wjor²	lho	nioow¹	ljijr²	tśhiew¹	·wji¹	lew²	nioow¹
有	者	窠	出	方	去	弃	为	应，	复

𗲴	𘒎	𗸑，	𗓴	𗥽：	𗝘	𗾚	𗙏	𗲴
śiwe¹	wjor²	·wjij²	tha¹	da²	kji¹	·ju¹	nji²	śiwe¹
蜂	窠	有，	佛	言：	△	观	△	蜂

有者待去方除。复多蜂窠，佛言：

4.22.5

𗥦	𘒤	𘒎	𘒎	𗫛	�	𗗙，	𗌞	𗲴	𗥦
zji¹	mjij¹	wjor²	lho	tśhiew¹	·wji¹	lew²	tjij¹	śiwe¹	zji¹
雄	无	者	窠	弃	为	应，	若	蜂	雄

𗤻，	𘒤	𘊍	𘋊	𗏅	𘙂	𗗙，	𘊝	𗣼
dju¹	ku¹	śiə¹	gju²	ŋwu²	śja¹	lew²	thji²	·jiw¹
有，	故	线	缕	以	系	将，	此	缘

观察无儿应弃，必有蜂儿，将线缕系，由此缘

4.22.6	[illegible]	[illegible]，	[illegible]	[illegible]	[illegible]	[illegible]。	[illegible]	[illegible]	[illegible]	[illegible]，
	nioow^{1}	bju^{1}	thja^{1}	mji^{1}	lhu^{1}	dzja^{1}	thjɨ^{2}	sju^{2}	ze̠w^{2}	lew^{2}
	故	由，	彼	不	增	长。	是	如	差	应，
	[illegible]	[illegible]	[illegible]	[illegible]	[illegible]	[illegible]，	[illegible]	[illegible]	[illegible]	
	khjã^{1}	tśhji^{2}	tsjṳ^{1}	·ji^{1}	kjij^{1}	dzjɨ̣^{2}	śji^{1}	thjɨ^{2}	sju^{2}	
	揵	稚	鸣	众	△	集，	先	是	如	

故，便不增长。如是应差，鸣揵稚众集已，应先

4.23.1	[illegible]：	[illegible]	（[illegible]	[illegible]）	[illegible]	[illegible]	[illegible]	[illegible]	[illegible]	[illegible]
	·jɨr^{1}	nji^{2}	sjwɨ^{2}	nji̠^{2}	sẽ^{1}	khja^{2}	·jij^{1}	kji̠r^{2}	·jɨ̣j^{2}	·ju̠^{1}
	问：	汝	（某	甲）	僧	伽	之	房	舍	看
	[illegible]	[illegible]	[illegible]	[illegible]	[illegible]	[illegible]？	[illegible]	[illegible]	[illegible]：	[illegible]
	zar^{2}	mjijr^{2}	·wji^{1}	·a	njwi^{2}	nja^{2}	thja^{1}	hụ^{2}	dạ^{2}	njwi^{2}
	检	者	为	△	能	汝？	彼	答	言：	能

问言：汝某甲能为僧伽作看检房舍人不？彼答言：能。

4.23.2	[illegible]。	[illegible]	[illegible]	[illegible]	[illegible]	[illegible]	[illegible]	[illegible]：	[illegible]	[illegible]
	lew^{2}	phji^{1}	tśhjụ^{1}	gjɨ^{2}	kja^{1}	mo^{2}	·wji^{1}	phji^{1}	tha^{2}	tśhja^{2}
	应。	苾	刍	一	羯	磨	作	令：	大	德
	[illegible]	[illegible]	[illegible]！	[illegible]	[illegible]	[illegible]	（[illegible]	[illegible]）	[illegible]	[illegible]
	sẽ^{1}	khja^{2}	nji^{2}	thjɨ^{2}	sẽ^{1}	khja^{2}	sjwɨ^{2}	nji̠^{2}	sẽ^{1}	khja^{2}
	僧	伽	听！	此	苾	刍	（某	甲）	僧	伽

令一苾刍作白二羯磨[11]：大德僧伽听！此苾刍某甲能为僧伽

4.23.3	[illegible]	[illegible]	[illegible]	[illegible]	[illegible]	[illegible]	[illegible]	[illegible]。	[illegible]	[illegible]
	·jij^{1}	kji̠r^{2}	·jɨ̣j^{2}	·ju̠^{1}	zar^{2}	mjijr^{2}	·wji^{1}	njwi^{2}	tjij^{1}	sẽ^{1}
	之	房	舍	看	检	者	作	能。	若	僧
	[illegible]	[illegible]	[illegible]	[illegible]	[illegible]	[illegible]，	[illegible]	[illegible]	[illegible]	
	khja^{2}	dzjɨ̣j^{1}	njɨ^{2}	rjar^{1}	dju^{1}	ku^{1}	sẽ^{1}	khja^{2}	dạ^{2}	
	伽	时	至	许	有	者，	僧	伽	言	

作看检房舍人。若僧伽时至听者，僧伽

4.23.4
wja¹ lew² sẽ¹ khja² sjij¹ thji² sẽ¹ khja² sjwɨ² nji²
许　应　僧　伽，今　此　僧　伽　（某　甲）

·jij¹ zẹw² kjɨr² ·jij² ·ju¹ zar² mjijr² ·wji² phji¹ lew²
之　差　房　舍　看　检　者　作　令　应。

应许僧伽，今差此苾刍某甲作看检房舍人。

4.23.5
mji̧¹ thji² ŋwu² ·ji² lew² kja¹ mo² tja¹ mji̧¹
白　此　是　谓　所。羯　磨　者　白

bju¹ śjij¹ lji² thja¹ kji¹ zẹw² nioow¹ kjɨr² ·jij²
依　成　也。彼　已　差　既，房　舍

白如是。羯磨准白成。既被差已，看检房舍

4.23.6
·ju¹ zar² phji¹ tśhju¹ lhji² khwə¹ lhji² khwə¹ kjɨr² ·jij²
看　检　苾　刍　月　半　月　半　房　舍

·ju¹ zar² gjwɨr¹ lju² nji² khju² lew² tjij¹ phji¹
巡　行　卧　具　等　观　应。若　苾

苾刍应半月半月巡行房舍，观其卧具。若有苾

4.24.1
tśhju¹ kə¹ rar² ror² zjij¹ śju¹ war² ŋwu² sẽ¹
刍　断　裂　垢　着　破　物　以　僧

khji¹ gjwɨr¹ lju² nji² ·jwi² zjij¹ tjij¹ pju¹ nar²
祇　卧　具　等　替　时，若　宿　老

刍将疏薄垢腻破碎之物用替僧祇卧具毡席者，若是老宿，

4.24.2

ŋwu² ku¹ tha² ·ji¹ ·jij¹ mji¹ thja¹ gjwir¹ lju²

是， 故 大 众 之 白， 其 卧 具

lhjwi¹ ·wji¹ lew² tjij¹ śjwi¹ tsəj¹ ŋwu² ku¹ thja¹

夺 作 应； 若 年 少 是， 故 其

白大众知，夺其卧具；若是少年，

4.24.3

nji¹ dzjij² ·jij¹ gjwir¹ lju² lhjwi¹ ·wji¹ lew² thja¹

二 师 之 卧 具 收 作 应。 其

dạ² dźjij¹ mjijr¹ ŋa² rjir² tshjij¹ bju¹ mji¹ dźjij¹

事 授 者， 我 所 说 依 不 行，

应白二师方收卧具。其授事人，如我所说不依行者，

4.24.4

ku¹ tsjir¹ dzjij¹ tśji¹ lhjụ² thjị² tja¹ tśiej² ·wji¹

故 法 越 罪 得。 此 者 次 作

lew² zjọ² ŋowr² ·u² po¹ lji¹ rjur¹ pjụ¹ ·jij¹

应。 寿 具 邬 波 离 世 尊 之

得越法罪。此应番次差作[12]。具寿邬波离请世尊

4.24.5

ɣju¹ ·jɨr¹ tha² tśhja² rjur¹ pjụ¹ rjir² tshjij¹ dźjwij²

请 问： 大 德！ 世 尊 △ 说： 夏

dzjị² ·wji¹ lew² ·ji² rjur¹ phji¹ tśhjụ¹ ·ji¹ sjwɨ¹

居 作 应 谓。 诸 苾 刍 众 谁

曰：大德！如世尊说：应作安居。诸苾刍众

4.24.6

羕	羕	羕	羕	羕?	羕	羕:	羕	羕	羕
dźjwij²	dzji̯²	lew²	mji¹	nwə¹	tha¹	dạ²	nji¹	phji̯	ŋwə¹
夏	居	应	不	知?	佛	言:	家	出	五

羕	羕。	羕	羕	羕	羕	羕?	羕	羕、
·ji¹	ŋwu²	ŋwə¹	tja¹	lji¹	kji¹	ŋwu²	lew¹	tja¹
众	是。	五	者	何	△	是?	一	者、

不知谁合安居？佛言：谓出家五众。何者为五？一者、

4.25.1

羕	羕,	羕	羕、	羕	羕	羕,	羕	羕、	羕
phji¹	tśhju̥¹	nji̯¹	tja¹	phji¹	tśhju̥¹	dzji¹	sọ¹	tja¹	tśhja²
苾	刍,	二	者、	苾	刍	尼,	三	者、	正

羕	羕,	羕	羕、	羕	羕	羕	羕	羕、
ɣiew¹	mjij¹	lji̯r¹	tja¹	mjij¹	kju̥¹	gor¹	ŋwə¹	tja¹
学	女,	四	者、	寂	求	男,	五	者、

苾刍，二者、苾刍尼，三者、正学女，四者、求寂男，五者、

4.25.2

羕	羕	羕	羕。	羕	羕	羕	羕	羕	羕
mjij¹	kju̥¹	mjij¹	ŋwu²	thji²	ŋwə¹	·ji¹	tja¹	dźjwij²	dzji̯²
寂	求	女	是。	此	五	众	者	夏	居

羕	羕,	羕	羕	羕,	羕	羕	羕	羕。
lew²	·wo²	thji²	rjir²	ljwu¹	ku¹	·wji¹	khie¹	dzwej¹ lhju̥¹
作	合,	此	与	违,	故	作	恶	罪 得。

求寂女。此之五众合作安居，如有违者，皆得恶作罪。

注释:

[1]授事人，西夏文本译作"羕羕羕羕"，义为"其授事人"。

[2]安居，西夏文本译作"羕羕"，义为"夏居"。

[3]其授事人应为告白，西夏文本译作"羕羕羕羕羕羕羕"，义为"其授事人诸处白"。

[4]诸具寿，西夏文本译作"羕羕羕"（往具寿），据上下文，"羕"（往）疑为"羕"（诸）之误。

[5]今此住处有尔许人，西夏文字面译作"此住处有尔许人"，疑西夏文本脱"羕"（今）。

[6]不生劳苦，西夏文本译作"��79�79�79�79"，义为"不有劳苦"。

[7]屏处，西夏文本译作"�79�79"，义为"宽广"。

[8]今僧伽五月十六日作夏安居，西夏文字面译作"今僧伽五月十五日作夏安居"。

[9]此处汉文本有"我苾刍某甲亦于五月十六日作夏安居"，西夏文本未译。

[10]两众，西夏文本译作"�79�79"，义为"二众"。

[11]令一苾刍作白二羯磨，西夏文字面译作"令一苾刍作羯磨"。

[12]此应番次差作，西夏文本译作"�79�79�79�79"，义为"此应次作"。

释读：

4.25.3

�	�	�	�	�	�	�	�
$kiej^2$	$djir^2$	$nioow^1$	lho	$\cdot jar^2$	lhjij	nji^1	mji^1
界	外	及	出	日	受	二	白：

受日出界外白二：

4.25.4

�	�	�	�	�	�	�	�	�
$tśhji^1$	zjo^2	zjo^2	$ŋowr^2$	$\cdot u^2$	po^1	lji^1	$rjur^1$	pju^1
尔	时	寿	具	邬	波	离	世	尊

�	�	�	�	�	�	�	�	�
$\cdot jij^1$	$ɣju^1$	$\cdot jir^1$	tha^2	$tśhja^2$	$rjur^1$	pju^1	$rjir^2$	$tshjij^1$
之	请	问：	大	德！	世	尊	△	说：

尔时具寿邬波离请世尊曰：大德！如世尊说：

4.25.5

�	�	�	�	�	�	�	�	�
$dźjwij^2$	$dzji^2$	$phji^1$	$tśhju^1$	$kiej^2$	$djir^2$	$nioow^1$	$\cdot jar^2$	$rjar^1$
夏	居	苾	刍	界	外	及	宿	应

�	�	�	�	�	�	�	�	�
$mjij^1$	$rjur^1$	$phji^1$	$tśhju^1$	$\cdot ji^1$	$thja^1$	$kiej^2$	$djir^2$	$nioow^1$
不，	诸	苾	刍	众	其	界	外	及

夏安居苾刍不应界外辄为止宿者[1]，诸苾刍众于其界外有

4.25.6

𜰀	𜰀	𜰀	𜰀	𜰀	𜰀	𜰀	𜰀	𜰀	𜰀
so¹	lji̱¹	da̱²	dju¹	tjij¹	dzjij²	dzjwo²	da̱²	dju¹	kie̱j²
三	宝	事	有	或	别	人	事	有	界
djɨr²	nioow¹	lho	lew²	tśhji²	rjar²	kie̱j²	djɨr²	nioow¹	
外	及	出	须	即	便	界	出	及	

三宝事及别人事须出界外，即便

4.26.1

𜰀	𜰀	𜰀	𜰀	𜰀	𜰀	𜰀	𜰀	𜰀
lho	mji¹	kjir²	tha¹	·jij¹	·ji²	tha¹	da̱²	kji¹
出	不	敢	佛	之	谓	佛	言	必
djij²	·jiw¹	nioow¹	dju¹	ku¹	ŋa²	sjij¹	rjur¹	phji¹
定	因	缘	有	故	我	今	诸	苾

不敢出界。白佛，佛言：必有因缘，我今听诸苾

4.26.2

𜰀	𜰀	𜰀	𜰀	𜰀	𜰀	𜰀	𜰀	𜰀
tśhju¹	śja̱¹	·jar²	tsji̱r¹	zow²	·jij¹	rjar¹	dju¹	phjo²
刍	七	日	法	持	守	许	有	令
ŋa²	dzjij¹	rjur¹	phji¹	tśhju¹	wa²	nja²	da̱²	ŋwu²
我	时	诸	苾	刍	何	令	事	是

刍守持七日法出界外[2]。时诸苾刍不知是何等事？

4.26.3

𜰀	𜰀	𜰀	𜰀	𜰀	𜰀	𜰀	𜰀	𜰀	𜰀
mji¹	nwə¹	tha¹	da̱²	thji²	tja¹	so¹	lji̱¹	da̱²	·u²
不	知	佛	言	此	者	三	宝	事	邬
po¹	so²	kja²	da̱²	·u²	po¹	sə¹	kja¹	da̱²	
波	索	迦	事	邬	波	斯	迦	事	

佛言：谓三宝事、邬波索迦事、邬波斯迦事、

4.26.4 [illegible]

rjur^1 phji^1 tśhjụ^1 phji^1 tśhjụ^1 dzji^1 dạ^2 śjɨ^2 tśhia^1 mo^2

诸 苾 刍、 苾 刍 尼 事、 式 叉 摩

[illegible]

da̱^{2} mjij^1 kjụ^1 go̱r^1 mjij^1 kjụ^1 mjij^1 dạ^2 tśhio̱w^1

拏、 寂 求 男、 寂 求 女 事， 或

苾刍[3]、苾刍尼事、式叉摩拏、求寂男、求寂女事，或

4.26.5 [illegible]

njij^1 low^2 bju^2 ɣju^1 ·jiw^1 nioow^1 tśhio̱w^1 tjij^1 tśja^1

亲 眷 唤 请 因 缘、 或 或 道

[illegible]

nioow^1 ·jij^1 niow^2 ljij^2 tjij^1 phji^1 nioow^1 tśhio̱w^1 tjij^1

外 之 恶 见 除 令 故、 或 或

是亲眷请唤因缘、或为外道除去恶见、

4.26.6 [illegible]

sọ^1 ·ụ^2 kha^1 mjɨ^1 do^2 ·jiw^2 tjij^1 ɣju^1 śjɨ^1 tśhio̱w^1

三 藏 中 他 于 疑 除 请 往， 或

[illegible]

·jij^1 dźjɨ kha^1 mjij^2 rjir^2 rjir^1 phji^1 mjij^2 ljạ^1

自 行 于 未 得 得 令、 未 证

或于三藏请他除疑，或于自行未得令得、未证

4.27.1 [illegible]

ljạ^1 phji^1 mjij^2 tsjij^2 tsjij^2 phji^1 njɨ^2 ŋwu^2 thjɨ^2 sju^2

证 令、 未 解 解 令， 等 是 斯 如

[illegible]

njɨ^2 phji^1 nioow^1 ·ja̱r^2 kiẹj^2 djɨr^2 nioow^1 lho lew^2 zjọ^2

等 故 七 日 界 外 及 出 应。 寿

令证、未解令解，斯等皆应守持七日出界外。

4.27.2

ŋowr² ·u² po¹ lji¹ rjur¹ pjụ¹ ·jij¹ ɣju¹ ·jɨr¹ tha²

具　邬　波　离　世　尊　之　请　曰：大

tśhja² śji¹ rjɨr² tshjɨj¹ sju² śjạ¹ ·jar² tsjir̲¹ zow²

德！　向　所　说　如：　七　日　法　持

具寿邬波离请世尊曰：大德！如向所说：应守持七日法

4.27.3

·jij¹ kiẹj² djɨr² nioow¹ dźjij¹ mjijr² sjwɨ¹ do² lhjij ·jij¹

守　界　出　及　行　者，　谁　于　守　持

lew² tha¹ dạ² dzjij¹ bju¹ phji¹ tśhjụ¹ gjɨ² ·ju¹

应？　佛　言：　时　随　苾　刍　一　面

出界行者，于谁边守持？佛言：随时对一苾刍

4.27.4

rjir² ŋwer² mej¹ pjạ¹ phjọ² thjɨ² sju² dạ² ·jɨ¹

前　蹲　踞　掌　合，　是　如　说　曰：

蹲踞合掌，作如是说：

4.27.5

zjọ² ŋowr² ·wjɨ² lə̣ nja² ŋa² phji¹ tśhjụ¹ sjwɨ²

寿　具　△　念　令　我　苾　刍　（某

nji² thjɨ² dźjij¹ tji² do² tjij¹ śji¹ tjij¹ kụ¹

甲）　此　住　处　于，　或　前　或　后

具寿存念！我苾刍某甲于此住处，或前或后

4.27.6

sọ¹ lhjɨ² dźjwij² dzjɨ² ŋa² phji¹ tśhjụ¹ sjwɨ² nji² dạ²

三　月　夏　居。　我　苾　刍　（某　甲）　事

·jiw¹ nioow¹ bju śjạ¹ ·jar² kiẹj² djɨr² nioow¹ lho zow²

因 缘 依， 七 日 界 外 及 出 持

三月夏安居。我苾刍某甲为某事因缘故，守持七日出界外，

4.28.1　·jij¹ ŋa² tjij¹ ɣiẹ² lụ² rjir² mji¹ ber² ku¹ ·ji²

守 我， 若 障 碍 与 不 遇 者 复

thjɨ² do² lhjwo¹ pjɨ¹ wji¹ dźjwij² dzjɨ² wjo¹ ŋa²

此 处 还。 今 年 夏 居 作 我

若无难[4]缘还来此处。我于今夏在此安居。

4.28.2　·ji² lew² njɨ¹ tsew² sọ¹ tsew² tsjɨ¹ thjɨ² sju² tshjɨj¹

谓 所。 二 第、 三 第 亦 是 如 说

lew² thja¹ dzjwo² ·ã¹ phji¹ kja¹ ·ji² lew² ·jar²

应。 彼 人 奥 箅 迦 云 应。 日

第二、第三亦如是说。所对之人应云：奥箅迦[5]。

4.28.3　zow² ·jij¹ mjijr² so² thu¹ ·ji² lew² tśhji¹ zjọ² kju¹

持 守 者： 娑 度 谓 所。 尔 时 憍

sa² lo¹ lhjij bụ² bji¹ tha² njij² mjɨr¹ tjij¹

萨 罗 国 胜 光 大 王 孤 独

守持日者答言：娑度[6]。尔时憍萨罗国胜光大王与给孤独

4.28.4　ɣiẹ² phə¹ bjij¹ rjir² rejr² dzjij¹ ljɨ² bju² gja¹ gjwɨr¹

给 长 者 与， 久 时 隔 边 防 固

[illegible]
·jij^{1} dźjịj^{1} thjɨ^{2} phə^{1} bjịj^{1} śjɨj^{2} ·ji^{1} ·jij^{1} sjụ^{1}
△ 在。 此 长 者 圣 众 之 思，
长者，久在边隅为有防固。时此长者思念圣众，

4.28.5 [illegible]
njij^{2} do^{2} kjɨ^{1} khjij^{2} njij^{2} tśhjɨ^{2} rjar^{2} dzjwo^{2} ·wją^{2} njij^{2}
王 处 △ 启。 王 立 即 臣 勅 末
[illegible]
dzjį^{2} do^{2} ·jɨ^{2} śji^{2} thja^{1} bjịj^{1} ·ji^{1} dźjịj^{1} dźjịj^{1}
居 处 曰： 往 彼 圣 众 在， 在
便启王知。王即令使敕留守臣曰：在彼圣众，卿勿与教，

4.28.6 [illegible]
nji^{2} tśier^{1} ·ju^{2} ŋwu^{2} ɣju^{1} thju^{2} ŋa^{2} do^{2} kjọ^{1} lja^{1}
卿 方 便 以 请 求， 吾 处 愿 来
[illegible]
·jɨ^{2} śjɨ^{1} phji^{1} dzjɨj^{1} tha^{2} bji^{2} tśjɨj^{1} rjɨj^{2} ŋwu^{2}
谓 往 令。 时 大 臣 计 密 以，
方便请求，与吾相见。是时大臣遂怀密计，

4.29.1 [illegible]
thja^{1} rjur^{1} bjịj^{1} ·ji^{1} njij^{2} do^{2} śjɨ^{1} phji^{1} kięj^{2} tśhjɨ^{1}
其 诸 圣 众 王 处 诣 令 望。 是
[illegible]
zjọ^{2} tha^{2} bji^{2} śji^{2} tow^{1} ·io^{2} ·u^{2} rjɨr^{2} śji^{2}
时 大 臣 逝 多 园 内 △ 至，
令诸圣众自诣王军。是时大臣至逝多园，

4.29.2 [illegible]
lu^{2} ŋwu^{2} dza^{2} rjar^{1} rjur^{1} phji^{1} tśhjụ^{1} ·ji^{1} ·jɨr^{1} dạ^{2}
绳 以 测 写， 诸 苾 刍 众 问 言：

me² ɣu¹ thja¹ wjo¹ nja² thjij² lew² hu̱² da̱²

贤 首! 其 作 汝 何 所? 答 言:

以绳绷络[7]，诸苾刍众问言：贤首！汝何所作？答言：

4.29.3　bjij¹ mjijr² tha² njij² me² dzju¹ gju¹ ·a biẹj¹

圣 者! 大 王 御 勅, 渠 一 条

njij² lu̱¹ zjir² ·wjij² zar² ·ji̱² thji̱² da̱² bo̱²

△ 穿 水 当 泄 谓。（其 言 《目

te¹ kja¹ ŋwə¹ tsew² kha¹ ·wa̱² tshjij¹

得 迦 五 第》① 中 广 说）

圣者！大王有勅，今欲于此穿渠泄水。（其事广说，如《目得迦第五卷》中具述）

4.29.4　phji¹ tśhju̱¹ da̱² nji² tsej² ·wji̱² djij² nja² njij² do²

苾 刍 曰: 仁 且 △ 住 令! 王 处

khjij² nji² ·u² pji¹ dźjij¹ lew² phji¹ tśhju̱¹ ·jir¹

作 △ 中 商 度 应。苾 刍 问

苾刍报曰：仁应且住！我当白王，共为商度。苾刍问

4.29.5　da̱² pji¹ nji̱² thja² śji̱¹ lhjwo¹ tji̱² ·a ·wjij²

曰: 今 日 其 往, 还 可 △ 有?

hu̱² da̱² mjij¹ lji̱¹ nji̱¹ ·jar² so̱¹ ·jar² rji̱r²

答 曰： 不 也。 二 日、 三 日 乃

曰：今日欲去，可得还不？答言：不得。二日、三日乃

4.29.6　𘜒　𗧁　𗤶　𗫡　𗏁　𗴮　𗤁？　𗤀　𗧯：　𗏵

　　　　nji² śjạ¹ ·jar² lhjwo¹ tji² ·a ·wjij² hụ² dạ² mjij¹

　　　　至 七 日 还 可 △ 有？ 答 曰： 不

𗆐。 𗜈 𗏿 𗊡 𗩱 𗭼 𗗙 𗵽 𗫸

ljɨ¹ dzjij¹ rjur¹ phji¹ tśhjụ¹ thji² ·jiw¹ nioow¹ bju¹

也。 时 诸 苾 刍 此 因 缘 以

至七日颇得还不？答言：不得。时诸苾刍以缘

4.30.1　𗗟　𘀗　𗣼，　𗗟　𗧯：　𗴿　𗫡　𗰛　𗵽，　𗊡

　　　　tha¹ ·jij¹ ·jɨ² tha¹ dạ² tha² ·ji¹ dạ² nioow¹ phji¹

　　　　佛 之 谓， 佛 言： 大 众 事 故， 苾

𗩱 𗼋 𗆐 𗤶 𗵡 𗟻 𗭼 𗏹 𗁫

tśhjụ¹ ljɨr¹ ɣạ² ·jar² kiej² djɨr² nioow¹ lho zow²

刍 四 十 日 界 外 及 出 持

白佛，佛言：有大众事，我听苾刍守持四十夜[8]出界外。

4.30.2　𗟭　𗤈　𗤬。　𗊩　𗴼　𗑗　𗣼：　𗼋　𗆐

　　　　·jij¹ rjar¹ dju¹ rjur¹ pjụ¹ rjir² tshjij¹ ljɨr¹ ɣạ²

　　　　守 许 有。 世 尊 如 说： 四 十

𗤶 𗵡 𗟻 𗭼 𗏹 𗁫 𗤬 𗣼 𗵽。

·jar² kiej² djɨr² nioow¹ lho zow² ·jij¹ ·jɨ² nioow¹

日 界 外 及 出 持 守 谓 故。

如世尊说：守持四十夜出界行者。

4.30.3　𗊩　𗊡　𗵡　𗁫　𗤬　𗑄　𗤁　𗜢？　𗗟

　　　　rjur¹ phji¹ tśhjụ¹ zow² ·jij¹ śjij¹ mjɨ¹ nwə¹ tha¹

　　　　诸 苾 刍 持 守 △ 不 知？ 佛

𗧯： 𗖺 𗒛 𗒜 𘜶、 𗵈 𗤁 𗆐。 𗫡

dạ² śji¹ dzuu² lju¹ ·jir² khjã¹ tśhji² tsjụ¹ ·ji¹

言： 先 座 席 敷、 捷 稚 鸣。 众
诸苾刍不知云何守持？佛言：先敷座席、鸣捷稚。众

4.30.4

kjij^1	dzjị^2	thjɨ^2	sju^2	·jir^1	lew^2	nji^2	sjwi^2	nji^2	sẽ^1
△	集，	是	如	问	应：	汝	（某	甲）	僧
khja^2	nioow^1	ljịr^1	ɣa^2	·jar^2	kiej^2	djir^2	nioow^1	lho	zow^2
伽	为	四	十	日	界	外	及	出	持

既集已，应可问能[9]：汝某甲能为僧伽守持四十夜出界外行不？

4.30.5

·jij^1	·a	njwi^2	thja^2	dzjwo^2	hụ^2	dạ^2	njwi^2	ŋa^2	·jɨ^2
守	△	能？	彼	人	答	言：	能	我	谓
lew^2	tjij^1	njị^1	dzjwo^2	rejr^2	dzjwo^2	tsjɨ^1	thjɨ^2	sju^2	
应。	若	二	人	多	人	并	是	如	

彼应答言：我能。若二人多人并如是

4.30.6

·jir^1	lew^2	tśjị^1	phji^1	tśhjụ^1	gjɨ^2	śji^1	mjị^1	dźjwa^2	nioow^1
问	应。	次	苾	刍	一	先	白	已，	方
kja^1	mo^2	·wji^1	lew^2	tha^2	tśhja^2	sẽ^1	khja^2	nji^2	
羯	磨	为	应：	大	德	僧	伽	听！	

问。次一苾刍先作白已，方为羯磨：大德僧伽听！

4.31.1

thjɨ^2	phji^1	tśhjụ^1	sjwi^2	nji^2	thjɨ^2	dźjij^1	tjɨ^2	kiej^2	·u^2
此	苾	刍	（某	甲）	此	住	处	界	内，
tjij^1	śji^1	tjij^1	kụ^1	sọ^1	nji^2	dźjwij^2	dzjɨ^2	thjɨ^2	phji^1

或	前	或	后	三	月	夏	居。	此	苾

此苾刍某甲于此住处界内，或前或后三月夏安居。此苾

4.31.2

靽	（祇	繏）	繺	絅	祋	靴	瀥	燚	殏
tśhjụ¹	sjwɨ²	nji²	sjij²	ljir¹	ɣa²	·jar²	sẽ¹	khja²	dạ²
刍	（某	甲）	今	四	十	日	僧	伽	事

絟	嵈	緂	恍	絿	瀜	铙	祂	阹	瀜
nioow¹	kiej²	djir²	nioow¹	lho	thjɨ²	dzjwo²	pjɨ¹	wji	thjɨ²
故	界	外	及	出	此	人	今	年	此

刍某甲今欲守持齐四十夜，为僧伽事故出界外，此人今夏

4.31.3

歾	莁	毪	蕲	綴	祇。	蒇	瀥	燚	瀬
do²	dźjwij²	dzji²	zow²	·jij¹	phji¹	tjij¹	sẽ¹	khja²	dzjij¹
处	夏	居	持	守	《令。	若	僧	伽	时

繺	移	飛	縫,	瀥	燚	彩	禑	絿
nji²	rjar¹	dju¹	ku¹	sẽ¹	khja²	dạ²	wja¹	lew²
至	许	有	者,	僧	伽	言	许	应

在此安居。若僧伽时至听者，僧伽应许

4.31.4

瀥	燚,	繺	僬	靽	（祇	繏）	絅	祋	靴
sẽ¹	khja²	sjij¹	phji¹	tśhjụ¹	sjwɨ²	nji²	ljir¹	ɣa²	·jar²
僧	伽,	今	苾	刍	（某	甲）	四	十	日

瀥	燚	殏	絟	嵈	緂	恍	絿,	阹	铙
sẽ¹	khja²	dạ²	nioow¹	kiej²	djir²	nioow¹	lho	thjɨ²	dzjwo²
僧	伽	事	故	界	外	及	出,	此	人

僧伽，今与此苾刍某甲守持四十夜[10]，为僧伽事故出界外，此人

4.31.5

祂	阹	瀜	歾	莁	毪	蕲	綴
pjɨ¹	wji¹	thjɨ²	do²	dźjwij²	dzji²	zow²	·jij¹
今	年	此	处	夏	居	持	守

祂	絿	繝	阹	骹	努	絿
phji¹	lew²	mji¹	thjɨ²	ŋwu²	·ji²	lew²

令　　　应。　白　　此　　　是　　　谓　　　应。
今夏在此安居。白如是。

4.31.6

散	孈	瀡	緂	嫲!	瀡	儑	軷	（覙	綃）
tha²	·ji¹	sẽ¹	khja²	nji²	thji²	phji¹	tśhjụ¹	sjwɨ²	nji²
大	德	僧	伽	听!	此	苾	刍	（某	甲）

瀡	烾	烾	帗	帗,	羕	纁	羕	燅	散
thji²	dźjij¹	tji²	kiej²	·u²	tjij¹	śji¹	tjij¹	kụ¹	sọ¹
此	住	处	界	内，	或	前	或	后	三

大德僧伽听！此苾刍某甲于此住处界内，或前或后三

4.32.1

獤	珉	烾,	瀡	儑	軷	（覙	綃）	纙	絅
nji²	dźjwij²	dzji²	thji²	phji¹	tśhjụ¹	sjwɨ²	nji²	sjij¹	ljɨr¹
月	夏	居，	此	苾	刍	（某	甲）	今	四

佟	乵	瀡	緂	殩	纙	帗	燅	烐	烐
ɣa²	·jar²	sẽ¹	khja²	dạ²	nioow¹	kiej²	djɨr²	nioow¹	lho
十	日	僧	伽	事	故	界	外	及	出，

月夏安居，此苾刍某甲今欲守持齐四十夜，为僧伽事故出界外，

4.32.2

瀡	乵	祀	阬	瀡	殩	珉	烾。	蕲。	绖。
thji²	dzjwo²	pjɨ¹	wji¹	thji²	do²	dźjwij²	dzji²	zow²	·jij¹
此	人	今	年	此	处	夏	居。	持	守。

瀡	緂	纙	瀡	儑	軷	（覙	綃）	祊	絅
sẽ¹	khja²	sjij¹	thji²	phji¹	tśhjụ¹	sjwɨ²	nji²	·jij¹	ljɨr¹
僧	伽	今	此	苾	刍	（某	甲）	之	四

此人今夏在此安居。僧伽今与此苾刍某甲守持四

4.32.3

佟	乵,	瀡	緂	殩	纙	帗	燅	烐	烐,
ạ²	·jar²	sẽ¹	khja²	dạ²	nioow¹	kiej²	djɨr²	nioow¹	lho
十	日，	僧	伽	事	故	界	外	及	出，

瀡	乵	祀	阬	瀡	殩	珉	烾	蕲	
thji²	dzjwo²	pjɨ¹	wji¹	thji²	do²	dźjwij²	dzji²	zow²	

　此　　人　　今　　年　　此　　处　　夏　　居　　持
十夜，为僧伽事故出界外，此人今夏在此安居。

4.32.4

·jij¹　phji¹　·jij¹　tjij¹　rjur¹　zjo²　ŋowr²　thji²　phji¹　tśhju̧¹
守　　令　　欲。　若　　诸　　寿　　具　　此　　苾　　刍

sjwi²　nji²　ljɨr²　a̧²　·jar²　sẽ¹　khja²　da̧²　nioow¹
（某　　甲）　四　　十　　日，　僧　　伽　　事　　故

若诸具寿听与此苾刍某甲守持四十夜，为僧伽事故

4.32.5

kiej²　djɨr²　nioow¹　lho　thji²　dzjwo²　pjɨ¹　wji¹　thji²　do²
界　　外　　及　　出，　此　　人　　今　　年　　此　　处

dźjwij²　dzji̧²　zow²　·jij¹　rjar¹　dju¹　phji¹　ku¹　mjɨ²
夏　　居　　持　　守　　许　　有　　令　　故　　默

出界外，此人今夏在此安居者默

4.32.6

mji²　lew²　tjij¹　rjar¹　mjij¹　ku¹　jɨr²　tshjij¹　nji²　sẽ¹
然　　应。　若　　许　　不　　者　　△　　说　　△，　僧

khja²　thji²　phji¹　tśhju̧¹　sjwi²　nji²　ljɨr²　a̧²　·jar²　sẽ¹
伽　　此　　苾　　刍　　（某　　甲）　四　　十　　日，　僧

然。若不许者说，僧伽已与此苾刍某甲守持四十夜，为僧

4.33.1

khja²　da̧²　nioow¹　kiej²　djɨr²　nioow¹　lho　thji²　dzjwo²　pjɨ¹
伽　　事　　故　　界　　外　　及　　出，　此　　人　　今

wji¹　thji²　do²　dźjwij²　dzji̧²　zow²　·jij¹　phji¹　rjar¹
年　　此　　处　　夏　　居　　持　　守　。　许

年　　此　　处　　夏　　居　　持　　守　　令。　许
伽事故出界外，此人今夏在此安居竟[11]。

4.33.2　𗤴　　𗼨　　𗼝　　𗡷　　𗤴，　𗤄　　𗤇　　𘀉　　𗙱　　𗗙
dju¹　sẽ¹　khja²　rjar¹　dju¹　mjɨ²　mji²　nioow¹ku¹　ŋa²
有　　僧　　伽　　许　　有，　默　　然　　故，　故　　我
𗆹　　𗇂　　𗢳　　𗟻　　𗗙　　𗢨　　𗰞。　�，　𗧽
sjij¹　thji²　sju²　·jij¹　ŋa²　·jɨ²　lew²　dzjij¹　zjọ²
今　　是　　如　　持　　我　　谓　　应。　时　　寿
僧伽已听许，由其默然故，我今如是持。具寿[12]

4.33.3　�　　𗁮　　𗢻　　𗓽　　𗙣　　𗡠　　�　　𗘦　　𗤋：　𗰔
ŋowr²　·u²　po¹　lji¹　rjur¹　pjụ¹　·jij¹　ɣju¹　·jɨr¹　njɨ
具　　邬　　波　　离　　世　　尊　　之　　请　　问：　二
𗤋、　𗵘　　𗤋　　𗘦　　𗠉　　𗤁　　𗡷　　�，　𘕅
dzjwo²　so¹　dzjwo²　·jij¹　kja¹　mo²　·wji¹　zjij¹　thjij²
人、　三　　人　　之　　羯　　磨　　作　　时，　何
邬波离请世尊曰：如为二人、三人作羯磨时，

4.33.4　�　　𗡷　　𗁮？　𘉦　　𗧽：　𗰀　　𗤊　　𗡷　　𗰞。
sjo²　·wji¹　lji¹　tha¹　dạ²　mjɨj²　bju¹　·wji¹　lew²
云　　作　　故？　佛　　言：　名　　随　　作　　应。
当云何作？佛言：随名牒作[13]。

4.33.5　𗧽　　�　　𗁮　　𗢻　　𗓽　　𗙣　　𗡠　　�　　𗘦　　𗤋：
zjọ²　ŋowr²　·u²　po¹　lji¹　rjur¹　pjụ¹　·jij¹　ɣju¹　·jɨr¹
寿　　具　　邬　　波　　离　　世　　尊　　之　　请　　问：
𗰾　　𗤋！　𗝠　　𗬟　　𗝠　　𗥺　　𗜳　　𗟻　　𗍁
tha²　tśhja²　tjɨ¹　njɨ²　tjɨ¹　gji²　zow²　·jij¹　·a
大　　德！　一　　日　　一　　夜　　持　　守　　△
具寿邬波离请世尊曰：大德！颇合守持一日夜

4.33.6　𗹊　𗢭?　𗩾　𗏁:　𗹊　𗢭。　𘃅　𗵆　𗧑　𘃞
　　　　rjar¹　dju¹　tha¹　dạ²　rjar¹　dju¹　thji²　sju²　nji¹　·jạr²
　　　　许　有?　佛　言:　许　有。　是　如　二　日
　　　　𗦡　𘃞　𘃵　𘕾　𗙁　𗿢　𘃞　𘀄　𘕀
　　　　sọ¹　·jạr²　rjɨr²　nji²　ljɨr¹　γạ²　·jạr²　zow²　·jɨj¹
　　　　三　日　乃　至　四　十　日　持　守
　　　　不? 佛言:得。如是颇得守持两夜三夜,乃至四十夜不?

4.34.1　𗵀　𗹊　𗢭?　𗩾　𗏁:　𗹊　𗢭。　𗦡　𗿈!
　　　　·a　rjar¹　dju¹　tha¹　dạ²　rjar¹　dju¹　tha²　tśhja²
　　　　△　许　有?　佛　言:　许　有。　大　德!
　　　　𗙁　𗿢　𘃞　𘕼　𗿈　𘕀　𗵀　𗹊　𗢭?
　　　　ljɨr¹　γạ²　·jạr²　dzjɨj¹　zow²　·jɨj¹　·a　rjar¹　dju¹
　　　　四　十　日　过　持　守　△　许　有?
　　　　不? 佛言:得。大德! 颇得守持过四十夜不?

4.34.2　𗩾　𗏁:　𗹊　𗊰。　𗰷　𘃅　𘕑　𗵆　𘓁　𗣴
　　　　tha¹　dạ²　rjar¹　mjij¹　tjij¹　thji²　ljɨ¹　sju²　ku¹　wa²
　　　　佛　言:　许　不。　若　是　△　如　故　何
　　　　𗵆　𗤿　𗖩　𗢭?　𗩾　𗏁:　𗵀　𘃨　𗇇
　　　　sju²　dźjar²　lju²　dju¹　tha¹　dạ²　·a　dźjwij²kha¹
　　　　如　过　失　有?　佛　言:　一　夏　中
　　　　佛言:不合。若如是者有何过失? 佛言:一夏之中

4.34.3　𘕲　𘔼　𘚟　𗤉　𗫅,　𘕀　𘔼　𗑞　𗈻　𗫅　𘕼。
　　　　rejr²　phiạ²　kiẹj²　·u²　dźjij¹　zjɨr¹　phiạ²　kiẹj²　nioow¹　dźjij¹　lew²
　　　　多　分　界　内　居,　少　分　界　外　在　应。
　　　　应多居界内[14],少在界外[15]。

4.34.4　𗿈　𗿈!　𗵀　𘃞、　𗧑　𘃞、　𗦡　𘃞　𘕾　𗙁
　　　　tha²　tśhja²　·a　·jạr²　nji¹　·jạr²　sọ¹　·jạr²　rjɨr²　nji²
　　　　大　德!　一　日、　二　日、　三　日　乃　至

  彘 艶 薪 缀 菝， 湤 效 缵 蕬？

  śjạ¹ ·jar² zow² ·jij¹ zjij¹ sjwɨ¹ do² lhjij lew²

  七 日 持 守 时， 谁 处 取 应？

大德! 守持一夜、二夜、三夜乃至七夜，对谁作法[16]？

4.34.5 绊 雓： 杨 锹 豫 赘 缵 蕬？ 蒅 彘

    tha¹ dạ² ·a dzjwo² ·ju² rjir² lhjij lew² tjij¹ śjạ¹

    佛 言： 一 人 面 前 就 应？ 若 七

    艶 紪， 绛 赘 娴 缵 赦？ 绊 雓：

    ·jar² dzjij¹ ku¹ thjij² sjo² lhjij ljɨ¹ tha¹ dạ²

    日 过， 故 何 云 受 也？ 佛 言：

佛言：应对一人。若过七夜已去[17]，当云何作？佛言：

4.34.6 彘 艶 缬 紪， 瓢 薇 绸 赦 艶， 疵

    śjạ¹ ·jar² ·wɨ² dzjij¹ rjir² nji² ljɨr¹ ɣa² ·jar² zji²

    七 日 已 过， 乃 至 四 十 日， 并

    蘋 燚 效 缵 蕬， 殄 菝 殡 瀗

    sẽ¹ khja² do² lhjij lew² tśhjɨ¹ zjij¹ tśhjɨ¹ bju¹

    僧 伽 处 秉 应， 尔 时 事 随

过七夜已去，乃至四十夜，并从僧伽而秉其法[18]，随有事

4.35.1 瓶 赦 毂 缀 赦 湤 缵 蕬。

    rejr² zjɨr¹ ljɨ¹ dza² ŋwu² mjị¹ lhjij lew²

    多 少 论 量 以 白 受 应。

至准其多少量缘受日。

4.35.2 燚 湫 瓢 缴： 蒅 庇 莪 缵 缘 粑

    rjur¹ pjụ¹ rjɨr² tshjij¹ tjij¹ phjo² kjụ¹ tser¹ tsẹ² śjwo²

    世 尊 △ 说： 若 食 乞 医 药 须

    粑 糊， 愠 缳 缦 彦 靸 愠 瓾

    śjwo¹ kha¹ nioow¹ ŋo² ·ju¹ mjijr² nji² mji¹ ŋowr²

    须 于， 及 病 看 者 等 不 全

如世尊说：若于乞食病药[19]所须，及看病人有废阙[20]

4.35.3

綧,	祝	瀰	燚	形	羸。	蕤	結	疆	黼
ku¹	phji¹	bju¹	śjɨ¹	rjar¹	dju¹	tjij¹	gor¹	sji²	pa¹
者，	情	随	去	许	有。	若	男	女	半

虓	黢	纵	愀	形，	綧	泺	形	缩。
tśhji¹	kja¹	ɣiẹ²	lu²	·wji¹	ku¹	dźjij¹	rjar¹	mjij¹
根	迦	障	碍	为，	亦	居	应	不。

者，听随情去。若有女男半择迦[21]为碍缘者，亦不应居。

4.35.4

夙	綱	瓶	羸	纵	瀰	虓	瀃	怈	狱,
·jar¹	ŋjir¹	dạ²	dju¹	nioow¹	bju¹	kiej²	djɨr²	nioow¹	lho
八	难	事	有	缘	随	界	外	及	出，

撖	綱	荄	讌，	怈	爨	綧	茈	毪
thji²	ŋjir¹	rjir²	ber²	mji¹	lhjwo¹	ku¹	dźjwij²	dzjị²
此	难	与	逢，	不	还	者	夏	居

若有八难事有缘出界外[22]，逢此难时，不还者不名失夏，

4.35.5

怈	祇,	纵	愀	羸	纵	骸。	撖	靽
mji¹	lhjo¹	ɣiẹ²	lu²	dju¹	nioow¹	ljɨ¹	thji²	nji²
不	失，	障	碍	有	缘	故。	斯	等

虓	菼,	茈	毪	瓶	獬	纵	雦。
rjur¹	·jwɨr²	dźjwij²	dzjị²	dạ²	kha¹	·wạ²	dźju¹
诸	文，	夏	居	事	中	广	明。

以有障缘故。斯等诸文，安居事中广明。

注释：

[1] 夏安居苾刍不应界外辄为止宿者，西夏文字面译作"夏安居苾刍不应界外及宿者"。

[2] 我今听诸苾刍守持七日法出界外，西夏文字面译作"我今听诸苾刍守持七日"。"法出界外"西夏本无。

[3] 苾刍，西夏文字面译作"诸苾刍"，疑西夏本衍"菼"。

[4] 无难，西夏文本译作"纵愀荄怈讌"，义为"不遇障碍"。

［5］奥箄迦，即西夏文"𗄊𗟲𗰔"*·ã¹ phji¹ kja¹，译曰可尔、如是、方便。慧琳音义六十一曰："奥箄迦 Aupayika，唐云可尔，或云如是。"有部毗奈耶三十一曰："奥箄迦，译云方便。"

［6］娑度，即西夏文"𗫂𗫂"*so² thu¹，梵文 Sádhu，译曰善。或曰善哉。有部百一羯磨一曰："娑度，译为善。"《寄归传》卷一曰："辞别之时，口云娑度，兼唱阿奴谟陀 ānumodana，娑度，即事目善哉。阿奴谟陀，译为随喜。"《善见律毗婆沙》卷三曰："众僧唱萨。"玄应《一切经音义》卷十六曰："唱萨，此言讹也。正言娑度，此译云善哉。"

［7］絣络，西夏文本译作"𗫂𗫂"，义为"测写"。

［8］四十夜，西夏文本译作"𗫂𗫂𗫂"，义为"四十日"，下文亦如此。

［9］应可问能，西夏文本译作"𗫂𗫂𗫂𗫂"，义为"应如是问"。

［10］今与此苾刍某甲守持四十夜，西夏文字面译作"今苾刍某甲守持四十夜"。

［11］此人今夏在此安居竟，西夏文字面译作"此人今夏在此安居"。

［12］具寿，西夏文字面译作"诸具寿"。

［13］随名牒作，西夏文本译作"𗫂𗫂𗫂𗫂"，义为"随名应作"。

［14］应多居界内，西夏文字面译作"应多居分界内"。

［15］少在界外，西夏文字面译作"少在分界外"。

［16］对谁作法，西夏文字面译作"对谁应取"。

［17］若过七夜已去，西夏文字面译作"若过七夜"。

［18］并从僧伽而秉其法，西夏文字面译作"并从僧伽而秉"。

［19］病药，西夏文本译作"𗫂𗫂"，义为"医药"。

［20］废阙，西夏文本译作"𗫂𗫂"，义为"不全"。

［21］半择迦，即西夏文"𗫂𗫂𗰔"，此云变，今生变作不男者，有根而不具为半择迦。

［22］若有八难事有缘出界外，西夏文字面译作"有八难事有缘出界外"。

释读：

4.35.6 𗫂   𗫂   𗫂   𗫂   𗫂   𗫂   𗫂：
       tjij¹ phji¹ bju¹ dzjwo² ·wji¹ nji¹ mji¹
       若   意   随   人   作   二   白：
       差作随意人白二[1]：

4.36.1

歲	黻	雕	彡	罷	毪	榺	慨	楖		
rjur¹	pjų¹	rjɨr²	tshjij¹	dźjwij²	dzji²	dźjwa¹	nioow¹	nji²		
世	尊	△	说：	夏	居	已	后，	汝		

歲	儙	羬	纖	揪	蔽	藏	懒	散		
rjur¹	phji¹	tśhjų¹	·ji¹	kha¹	ljij²	mji¹	·jiw²	sọ¹		
诸	苾	刍	众	中	见	闻	疑	三		

如世尊说：夏安居已，汝诸苾刍应于众中以三事见闻疑

4.36.2

窥	縱	纸	瀰	移	綻	纖	歲	儙	羬
dạ²	nioow¹	phji¹	bju¹	·wji¹	lew²	dzjij¹	rjur¹	phji¹	tśhjų¹
事	缘	意	随	为	应。	时	诸	苾	刍

縠	緷	纸	瀰	窥	移	烮	峢？	羒		
thjij²	sjo²	phji¹	bju¹	dạ²	·wji¹	mjɨ¹	nwə¹	tha¹		
何	云	意	随	事	作	不	知？	佛		

而为随意。时诸苾刍不知云何作随意事？佛

4.36.3

移	楖	羬	儙	羬	纸	瀰	紥	纀	彘
dạ²	nji²	njɨ¹	phji¹	tśhjų¹	phji¹	bju¹	njɨ²	su¹	śją¹
言：	汝	等	苾	刍	意	随	日	于	七

圆	颛	祓	翔	胖	蘸	纖	絿	歲		
·jar¹	ɣwə²	rjir²	phja¹	njij¹	gjij²	nji¹	zjir²	rjur¹		
八	前	面，	邻	近	村	坊	长	处		

言：汝等苾刍去随意日有七八日在，当于随近村坊

4.36.4

歲	諀	綻	藂	移	越	諀	藂	稀	嘿
rjur¹	mji¹	lew²	tśhiọw¹	dạ²	ŋwu²	mji¹	tśhiọw¹	kjwij¹	bạ²
处	告	应、	或	言	以	陈、	或	纸	叶

稅	飒	绷	藂	藠	尾	稅	迩	祀		
tśhjạ¹	dji²	rjar¹	tśhiọw¹	ko¹	bjij²	tśhjạ¹	dźjij¹	ɣiẹ²		
上	书	写、	或	车	高	上	在	声		

预为宣告[2]、或可言陈、或书纸叶、在棚车上高声

4.36.5

㤝	䏁	𗿢	䏋	㮰	㦲	㬆	䋁	䌹：	㭲
bjij¹	ŋwu²	·ji²	njij¹	khwa¹	zji²	nwə¹	phji¹	lew²	nji²
高	以	告，	近	远	咸	知	令	应：	仁
䎖	㑑	䎖	㑑	䎖	㧈	㬜	祁	𗱤	
nji²	phji¹	tśhju¹	phji¹	tśhju¹	dzji¹	nioow¹	mjij¹	kju¹	
等	苾	刍、	苾	刍	尼	及	寂	求	

告语，令远近咸知：仁等苾刍、苾刍尼及求寂

4.36.6

䎖，	䏁	䌋	㦬	㫜、	㬫	㭵、	㬫	㰠	㦲
nji²,	rjur¹	mji¹	·o¹	djij¹	tjij¹	nar²	tjij¹	thjwị¹	zji²
等，	诸	施	主	辈、	若	老、	若	少	悉
㪛	䎖	䎖	（㫤	㫣）	㩜	㬆	㑏	㝵	㝈
·wjɨ²	nji²	nji²	sjwi²	nji²	·ji¹	mji¹	·u²	sẽ¹	khja²
△	听	△，	（某	甲）	众	寺	中	僧	伽

等，诸施主辈、若老、若少悉可谛听，某寺僧伽

4.37.1

祁	䟴	㲐	㫥	㣾，	㭲	䎖	㬫	䋏	𗱤
phji¹	bju¹	dạ²	·wji¹	·jij¹	nji²	nji²	dzjij¹	bjij²	kju¹
意	随	事	作	当，	仁	等	时	于	供
䢍	㲐	㰠	㰠	㫥	䌹	𗿢	䌹。	䏁	
tshwew¹	dạ²	gu²	gu²	·wji¹	lew²	·ji²	lew²	rjur¹	
养	事	咸	共	作	应	谓	应。	诸	

当作随意[3]，仁等至时于供养事咸共修营。诸

4.37.2

㬫	㷙	㑑	䎖	㰠	㰠	㲆	㬝	㫣	㬆
śjwi¹	tsəj¹	tśhju¹	phji¹	gu²	gu²	dźjij¹	tji²	·ji¹	mji¹
年	少	苾	刍	共	共	居	处	众	寺
㑏，	㩵	㪤	䎖	㩙	㬜	㪈	㳻	㳻	䆴
·u²,	śjwo¹	wej²	khju²	mo²	sjiw¹	tsəj¹	ŋạ²	ŋạ²	lji²
中，	洒	扫	瞿	摩	新	以	好	好	地

少年苾刍应共扫洒所居寺宇，以新瞿摩可净涂

4.37.3　孀　嫠，　嫠　蘪　齻　稐　毟　黻　綻。　厐

nia² tśji² kwej¹ śja¹ njir² zji² tja̱¹ wer¹ lew² rjur¹

涂　知，　制　香　台　并　庄　校　应。　诸

疚　綖　毟　厐　尼　祣　毷　菥　蔗

kjwi¹ dźjij¹ dzjwo² rjur¹ tji̱¹ ljɨj² dzji² ŋa̱² dzji¹

旧　住　人　诸　食　美　膳　好　准

拭，制底香台并为庄校。诸旧住人应可营造诸好美膳[4]，

4.37.4　夏，　蔗　虅　蒴　舮　綻。　蒤　菝　黿

dji² dzjij¹ bju¹ kju̱¹ tshwew¹ lew² tjij¹ rejr² ·u̱²

备，　时　随　供　设　应。　若　三　藏

禠　僪　報　煷　潊　菝　燚　弢　僪

tsjir¹ phji¹ tśhju̱¹ nioow¹ lwər² rejr² ·ji̱j¹ mjijr² phji¹

法　芯　刍　及　经　契　持　者　芯

報，　赢　綑　夛　滶　滶，　杨

tśhju̱¹ śja¹ ljɨr¹ gji² na¹ khju¹ ·a

刍，　十　四　夜　晚　下，　一

随时供设。有解三藏芯刍及持经者[5]，至十四日夜，

4.37.5　蘷　潊　菝　牻　綻。　赢　俒　緲　織　蔗

śjwow¹ lwər² rejr² tshji̱¹ lew² śja¹ ŋwə¹ njɨ² njɨ² dzjij¹

巡　经　契　诵　应。　十　五　日　至　时

祣　虅　舮　虅　祋　移　綻，　胮　杨

kja² bju¹ phji¹ bju¹ da̱² ·wji¹ lew² mə¹ ·a

节　依　意　随　事　作　应，　天　△

应通宵[6]诵经。至十五日宜可知时作随意事，

4.37.6　嫠　蒵。　赦　蔗　馲　祥　緂，　舮　虅　僪

kwej¹ bjij² tha² ·ji¹ da̱² wja¹ nioow¹ phji¹ bju¹ phji¹

勿　明。　大　众　言　许　故，　意　随　芯

報　祐　敖　蒤　肎、　蒤　梖，　舮　織　蔗

tśhju̱¹ ·jij¹ zew² tjij¹ lew¹ tjij¹ njɨ² rjir² njɨ² ·ji¹

刍 之 差 或 一、 或 二， 乃 至 众
勿过明相[7]。大众许已，差随意苾刍或一、或二，乃至众

4.38.1 　𗣊　　𗟲　𗿷　𗢭　𗑗　𗰔　𗍫　𗠁　𗰅　𗤁
rejr² tsji¹ zji² rjar¹ dju¹ phji¹ bju¹ lhjij phji¹ tśhju̱¹
多。 亦 皆 许 有 意 随 受 苾 刍
𗍳 𗖵 𗍳 𗣀 𗍳 𗿢 𗍳 𗱍 𗰔
mji¹ dzu¹ mji1¹ kwow² mji1¹ kja¹ mji1¹ lə phji¹
不 爱、 不 恚、 不 怖、 不 痴、 意
多。受随意苾刍要具五德：不爱、不恚、不怖、不痴、

4.38.2 𗰔 𗍫 𗣊 𗿷 𗑗 𗰔 𗢭 𗰅 𗠁
bju¹ nja̱² nwə¹ tsjij² lew² ŋwə¹ tśhja² ŋowr² lhə
随 非 知 了 应 五 德 具 足
𗑗 𗣊 𗰔 𗟲 𗠁 𗍳 𗤁 𗣀
lew² thji² ŋwə¹ tsjir¹ ŋowr² ku¹ mjij² ze̱w² tja¹
要。 斯 五 法 具， 则 未 差 者
随意非随意善能了别[8]。具斯五法，未差

4.38.3 𗤁 𗑗， 𗢭 𗤁 𗠁 𗿷 𗰅 𗑗 𗍫；
ze̱w² lew² kji¹ ze̱w² ku¹ djij² phji¹ lew² nja̱²
差 应， 已 差 则 舍 令 应 不；
𗖵 𗣊 𗰔 𗿷 𗠁 𗠁 𗤁 𗠁
tjij¹ thji² ŋwə¹ rjir² ljwu¹ ku¹ mjij² ze̱w² ·jij¹
若 此 五 与 翻， 则 未 差 之
应差，已差不应舍；若翻前五[9]，未差之

4.38.4 𗢭 𗤁， 𗢭 𗤁 𗠁 𗿷 𗰅 𗑗 𗟲 𗰔
kwej¹ ze̱w² kji¹ ze̱w² ·jij¹ djij² phji¹ lew² thji² bju¹
不 差， 已 差 之 舍 令 应。 是 如
𗤁 𗑗 𗠁 𗿷 𗤁 𗠁 𗤁 𗤁 𗠁
ze̱w² lew² śji¹ tśier¹ ·ju¹ ·wji¹ ŋwu² tha² ·ji¹

差　应。　前　方　便　作，　以　大　众

不应差，已差应舍。如是应差。作前方便，众

4.38.5 [illegible]

kjɨ^{1} dzjị^{2} śji^{1} ·o^{1} ·jɨr^{1} dạ^{2} nji^{2} sjwɨ^{2} nji̱^{2} dźjwij^{2}

已　集，　先　有　问　曰：　汝　（某　甲）　夏

[illegible]

dzjị^{2} lho sẽ^{1} khja^{2} ·jij^{1} ljij^{2} mji^{1} ·jiw^{2} sọ^{1} dạ^{2}

居　出　僧　伽　之　见　闻　疑　三　事

既集已，先应问能[10]：汝某甲颇能为出夏僧伽以三事见闻疑

4.38.6 [illegible]

bju^{1} phji^{1} bju^{1} dạ^{2} ·wji^{1} ·a njwi^{2} nja^{2} thja^{1} dzjwo^{2}

而　意　随　事　为　△　能　汝？　彼　人

[illegible]

hụ^{2} dạ^{2} njwi^{2} ŋa^{2} ·jɨ^{2} lew^{2} tśji̱^{1} phji^{1} tśhjụ^{1}

答　言：　能　我　谓　所。　次　苾　刍

而为随意[11]不？彼答言：能。次一苾刍

4.39.1 [illegible]

gjɨ^{2} śji^{1} mjị^{1} dźjwa^{1} nioow^{1} kja^{1} mo^{2} ·wji^{1} lew^{2}

一　先　白　已，　方　羯　磨　为　应：

应先作白已，方为羯磨：

4.39.2 [illegible]

tha^{2} tśhja^{2} sẽ^{1} khja^{2} nji^{2} thjɨ^{2} phji^{1} tśhjụ^{1} sjwɨ^{2} nji̱^{2}

大　德　僧　伽　听！　此　苾　刍　某　甲

[illegible]

sjij^{1} dźjwij^{2} dzjị^{2} sẽ^{1} khja^{2} ·jij^{1} phji^{1} bju^{1} ·wji^{1} phji^{1}

今　夏　坐　僧　伽　之　意　随　作　苾

大德僧伽听！此苾刍某甲今为夏坐僧伽作随意苾

4.39.3

羧	兟	移。	兼	瀡	嶽	嬹	嬼	移	羕
tśhjụ¹	dạ²	·wji¹	tjij¹	sẽ¹	khja²	dzjij¹	njɨ²	rjar¹	dju¹
刍	事	作。	若	僧	伽	时	至	许	有

绎,	瀡	嶽	移	裑	绣	瀡	嶽,	嬱
ku¹	sẽ¹	khja²	dạ²	wjạ¹	lew²	sẽ¹	khja²	sjij¹
者,	僧	伽	言	许	应	僧	伽,	今

刍[12]。若僧伽时至听者，僧伽应许僧伽，今

4.39.4

(瓶	绣)	教	嵃	毸	瀡	嶽	孙	瓶	瀰
sjwɨ²	njɨ²	zẹw²	dźjwij²	dzjị¹	sẽ¹	khja²	·jij¹	phji¹	bju¹
(某	甲)	差	夏	坐	僧	伽	之	意	随

·wji¹	phji¹	tśhjụ¹	dạ²	·wji¹	phji¹	lew²	mjị¹	thjị²	ŋwu²
移	瓶	羧	兟	移	瓶	绣。	瀰	瀱	嵀
作	莶	刍	事	作	令	应。	白	此	是

差某甲当为夏坐僧伽作随意莶刍[13]。白如

4.39.5

芴	绣。
·jɨ²	lew²
谓	应。

是。

4.39.6

毴	瓶	瀡	嶽	嬹!	瀱	瓶	羧	(瓶	绣)	嬱
tha²	tśhja²	sẽ¹	khja²	njɨ²	thjị¹	phji¹	tśhjụ¹	sjwɨ²	njɨ²	sjij¹
大	德	僧	伽	听!	此	莶	刍	某	甲	今

嵃	毸	瀡	嶽	孙	瓶	瀰	移	瓶	羧
dźjwij²	dzjị²	sẽ¹	khja²	·jij¹	phji¹	bju¹	·wji¹	phji¹	tśhjụ¹
夏	坐	僧	伽	之	意	随	作	莶	刍

大德僧伽听！此莶刍某甲今为夏坐僧伽作随意莶刍，

4.40.1

移,	嬱	(瓶	绣)	教	嵃	毸	瀡	嶽	孙	瓶
·wji¹	sjij¹	sjwɨ²	njɨ²	zẹw²	dźjwij²	dzjị²	sẽ¹	khja²	·jij¹	phji¹
为,	今	某	甲	差	夏	坐	僧	伽	之	意

瓶	移	俄	報	移	祇	聚	庬	紤	颵
bju¹	·wji¹	phji¹	tśhju̱¹	·wji¹	phji¹	tjij¹	rjur¹	zjo̱²	ŋowr²
随	作	苾	刍	为	当。	若	诸	寿	具

僧伽今差某甲当为夏坐僧伽作随意苾刍。若诸具寿

4.40.2 （覙 綃） 茈 犼 瀡 燊 祁 祇 瓶 移
sjwɨ² nji² dźjwij² dzji̱² sẽ¹ khja² ·jij¹ phji¹ bju¹ ·wji¹
某 甲 夏 坐 僧 伽 之 意 随 作

俄 報 移 祇 移 嵞 銿 粼 絀 绕，
phji¹ tśhju̱¹ ·wji¹ phji¹ rjar¹ dju¹ ku¹ mji̱² mji² lew²
苾 刍 为 当 许 有 则 默 然 应，

听某甲当为夏坐僧伽作随意苾刍者默然，

4.40.3 聚 移 綃 銿 犼 猣 荒， 瀡 燊 （覙 綃）
tjij¹ rjar¹ mjij¹ ku¹ jɨr² tshjij¹ nji² sẽ¹ khja² sjwɨ² nji²
若 许 不 者 △ 说 △，僧 伽 （某 甲）

茈 犼 瀡 燊 祁 祇 瓶 移 俄 報
dźjwij² dzji̱² sẽ¹ khja² ·jij¹ phji¹ bju¹ ·wji¹ phji¹ tśhju̱¹
夏 坐 僧 伽 之 意 随 作 苾 刍

若不许者说。僧伽已听某甲当为夏坐僧伽作随意苾刍竟[14]。

4.40.4 移 祇 移 嵞。 瀡 燊 移 嵞， 粼
·wji¹ phji¹ rjar¹ dju¹ sẽ¹ khja² rjar¹ dju¹ mji̱²
作 当 许 有。 僧 伽 许 有， 默

絀 绕， 銿 犼 爄 旘 锹 逶 绕。
mji² nioow¹ ku¹ ŋa² sjij¹ thjɨ¹ sju¹ ·jij¹ ŋa²
然 故， 则 我 今 是 如 持 我。

僧伽已听许，由其默然故，我今如是持。

4.40.5 庬 瀖 犼 猣： 祇 瓶 移 俄 報 魕
rjur¹ pju̱¹ rjir² tshjij¹ phji¹ bju¹ ·wji¹ phji¹ tśhju̱¹ dźɨ
世 尊 △ 说： 意 随 作 苾 刍 行

𗵱 𗢳 𗢳, 𗖼 𗆾 𗗙 𗖼: 𗵐 𗷻

tjij² ŋowr² ŋowr² ŋa² sjij¹ tshjɨ² ŋa² phji¹ bju¹

法 所 有, 我 今 说 我: 意 随

如世尊说：作随意苾刍所有行法，我今当说：受随意

4.40.6　𗥃 𗢵 𗙴 𗴿 𗗙 𗼙 𗄺 （𗔣 𗎯 𗼙 𗰗）

lhjij phji¹ tśhjụ¹ mior¹ śjị² njijr¹ ŋwu² lji² ŋạ² śjị¹ ŋwu²

受 苾 刍 茅 草 野 以 （香 好 茅 是）

𗥃 𗗙 𗥧 𗵒 𗤙 𗴓 。 𗤺 𗢵 𗗊 𗵐 𗷻

sẽ¹ khja² ·jij¹ dzuu² lju¹ ·wji¹ tjij¹ ·a dzjwo² phji¹ bju¹

僧 伽 之 座 席 为。 若 一 人 意 随

苾刍应行生茅[15]与僧伽为座。若一人为受随意

4.41.1　𗥃 𗣥 𗴓, 𗖼 𗆾 𗝌 𗵒 𗵐 𗷻 𗥃

lhjij mjijr² ·wji¹ ku¹ śji¹ phju² dzuu² phji¹ bju¹ lhjij

受 者 为, 故 先 上 座 意 随 受

𗆾 𗵒 𗙴 𗤙 𗛈 。 𗤺 𗢵 𗗊 𗣥

mjij¹ dzuu² ɣa² nji² lew² tjij¹ njɨ̱¹ dzjwo² ·wji¹

下 座 上 至 应。 若 二 人 为,

者，应从上座为随意[16]，乃至下座。若二人者，

4.41.2　𗖼 𗣴 𗗊 𗝌 𗵒 𗷋 𗵐 𗷻 𗥃, 𗣴

ku¹ ·a dzjwo² phju² dzuu² do² phji¹ bju¹ lhjij ·a

故 一 人 上 座 处 意 随 受, 一

𗗊 𗢩 𗙴 𗜀 𗆾 𗙴 𗤙 𗛈 。 𗤺

dzjwo² khwə¹ ɣa² śjwo¹ mjij¹ ɣa² nji² lew² tjij¹

人 半 上 起 终 上 至 应。 若

一从上座受随意，一人从半已下至终。若

4.41.3　𗄺 𗗊 𗄺 𗖼 𗄺 𗗙 𗛈 𗛈 。 𗰗 𗷻 𗵱 𗎼 。

sọ¹ dzjwo² zẹw² ku¹ sọ¹ ·we² śjwo¹ lew² ·wo² bju¹ nwə¹ nji²

三 人 差, 故 三 处 起 应。 义 准 知 △。

三人差，故三处起应。义准知 △。

差三人者，从三处起。准义可知。

4.41.4

庞	倄	靫	靵	竐	狲	袐	頦	愢
rjur¹	phji¹	tśhju¹	nji²	mior¹	śji²	tśhja¹	ŋwer²	mej¹
诸	苾	刍	等	茅	草	居	蹲	踞

絨	鋬	紴	絥	鋬	刻	絖	移	綖
·wji²	dzuu²	tśji¹	phju¹	dzuu²	lew¹	mji¹	·wji¹	lew²
△	座，	次	上	座	单	白	为	应：

诸苾刍等并居茅座蹲踞而住，次后上座应为单白：

4.41.5

散	絥	緩	緞	絥	纞	緩	緞	蟲	俶
tha²	tśhja²	sẽ¹	khja²	nji²	sjij¹	sẽ¹	khja²	śja¹	ŋwə¹
大	德	僧	伽	听！	今	僧	伽	十	五

絀	絥	纈	窺	移	羕	緩	緞	綖
nji²	phji¹	bju¹	dạ²	·wji¹	tjij¹	sẽ¹	khja²	dzjij¹
日	意	随	事	作。	若	僧	伽	时

大德僧伽听！今僧伽十五日作随意事。若僧伽时

4.41.6

緞	移	羕	絳，	緩	緞	羕	祿	綖	緩
nji²	rjar¹	dju¹	ku¹	sẽ¹	khja²	dạ²	wjạ¹	lew²	sẽ¹
至	许	有	者，	僧	伽	言	许	应	僧

緞，	纞	絥	纈	移	祿	綖	移	饍
khja²	sjij¹	phji¹	bju¹	·wji¹	phji¹	lew²	mji¹	thji²
伽，	今	意	随	作	令	应。	白	此

至听者，僧伽应许僧伽，今作随意。白

4.42.1

散	劧	綖。
ŋwu²	·ji²	lew²
是	谓	应。

如是。

4.42.2

毻	絥	纈	緞	倄	靫，	絥	鋬	緉	竐

thja¹ phji¹ bju¹ lhjij phji¹ tśhjụ¹ phju² dzuu² ·ju² rjir²
其　意　随　受　苾　刍,　上　座　面　前

ŋwer² mej¹ ·wjɨ² dzuu² phju² dzuu² tsjɨ¹ mior¹ śji¹
蹲　踞　而　住,　上　座　亦　茅　草

其受随意苾刍，向上座前蹲踞而住，上座应就茅

4.42.3
tśhjạ¹ ŋwer² mej¹ pjạ¹ phjọ² thjɨ² sju² dạ² ·jɨ² zjọ²
上　蹲　踞　合　掌,　是　如　说　曰:　寿

ŋowr² ·wjɨ² lə nja² sjij¹ sẽ¹ khja² śja¹ ŋwə¹ njɨ²
具　△　念　令!　今　僧　伽　十　五　日

座蹲踞合掌，作如是说：具寿存念！今僧伽十五日

4.42.4
phji¹ bju¹ ·wji¹ ŋa² phji¹ tśhjụ¹ sjwi² njɨ² tsjɨ¹ śja¹ ŋwə¹
意　随　作,　我　苾　刍　(某　甲)　亦　十　五

njɨ² phji¹ bju¹ wjo¹ ŋa² ŋa² phji¹ tśhjụ¹ sjwi² njɨ² sẽ¹
日　意　随　作　我。　我　苾　刍　(某　甲)　僧

作随意，我苾刍某甲亦十五日作随意。我苾刍某甲对僧

4.42.5
khja² tha² tśhja² ·ju² rjir² ljij² mji¹ ·jiw² sọ¹ dạ²
伽　大　德　面　前　见　闻　疑　三　事

nioow¹ phji¹ bju¹ dạ² wjo¹ ŋa² tha² tśhja² sẽ¹ khja²
故　意　随　事　作　我。　大　德　僧　伽

伽向大德以三事见闻疑作随意事。大德僧伽

4.42.6

ɣjiw¹	zow²	kji¹	dzju¹	nej²	ŋa²	mji²	ɣie²	njij²	śjow¹
摄	受	△	教	示	我，	饶	益	哀	愍

rjɨr²	·wji¹	ŋa²	njij²	śjow¹	njwi²	mjijr²	rar²	tji¹
乃	为	我，	哀	愍	能	者，	过	愿

摄受教示我，饶益哀愍我。是能愍者，愿

4.43.1

njij²	śjow¹	rjɨr²	·wji¹	ŋa²	nji²	nwə¹	lji²	dzwej¹	tja¹
哀	愍	乃	为	我。	汝	知	见	罪	者，

ŋa²	·jij¹	tsjɨr¹	bju¹	dzjij¹	bju¹	thjɨ¹	tshjɨj¹	dźjar²
我	之	法	如	律	如	除	说	罪

哀愍故。若知见罪[17]，我当如法如律而为说悔[18]。

4.43.2

lju²	ŋa²	·ji²	lew²	njɨ¹	tsew²	sọ¹	tsew²	tsji¹	thji²	sju²	tshjɨj¹	lew²
过	我	谓	应。	二	第、	三	第	亦	是	如	说	应。

第二、第三亦如是说。

4.43.3

phji¹	bju¹	phji¹	tśhju¹	thja²	·jij¹	hụ²	dạ²	·ã¹	phji¹
意	随	苾	刍	彼	之	答	云	奥	箄

kja¹	·ji²	lew²	thja¹	dzjwo²	so²	thu¹	·ji²	lew²
迦	谓	应。	彼	人	娑	度	谓	应。

随意苾刍应报彼曰：奥箄迦。答云：娑度。

4.43.4

thji²	sju²	tśjɨ¹	bju¹	rjɨr²	nji²	dźjwa¹	lew²	tjij¹	njɨ¹
是	如	次	第	乃	至	终	行。	若	二

𗑠 𘀋 𗿧 𘀋 𗑠 𗂧 𗁈 𗂍 𗑠 𗾈 𘋩
dzjwo² sọ¹ dzjwo² ·wji¹ ku¹ ·jij¹ gu² phji¹ bju¹
人、 三 人 为 故 更 互 意 随

如是次第乃至行终。若二人、三人应可更互为随意

4.43.5 𗗙 𗼃 𗿧 𗤓 𘈑 𗤗 𗑗 𗈦 𗿧 𗤓
        dạ² ·wji¹ lew² tsjịr¹ tjịj² śji¹ sju² nwə¹ lew² tsjịr¹
        事 为 应， 法 典 前 如 知 应， 法

        𘝵 𗼃 𘞪 𗰭 𘝵 𘋩 𘄽 𘈷 𗿧
        tśju¹ ·wji¹ dźjwa¹ zjij¹ tśjị¹ phji¹ tśhjụ¹ dzji¹ ·ji¹
        事 作 了 时。 次 苾 刍 尼 众

事，作法准知[19]，作法既了[20]。次唤苾刍尼众

4.43.6 𗁬 𘞌 𘄽 𘌠 𗿟 𗈦 𗈦 𗁈 𗈦 𘄽
        ·jij¹ bju² ·ji¹ kha¹ lja¹ phji¹ phji¹ bju¹ phji¹ tśhjụ¹
        之 唤 众 中 入 令 意 随 苾 刍

        𗒹 𗹎 𗂍 𘉋 𘈷 𗰜 𗆄 𘕕 𘄽 𗈦
        ·a ·we² ·wji² dzuu² dzji¹ thja¹ do² śjị¹ tha² phji¹
        一 边 △ 坐， 尼 其 所 至， 大 苾

令入众中，随意苾刍在一边坐，尼至其所，如大苾

4.44.1 𘄽 𗤗 𗈦 𗁈 𗿧 𗼃 𗿧。
        tśhjụ¹ sju² phji¹ bju¹ tsjịr¹ ·wji¹ lew²
        刍 如 意 随 法 作 应。
        刍作随意法。

4.44.2 𘝵 𗤥 𘝵 𘏓 𗗙、 𗊁 𘆄 𗊁 𗗙 𘉋 𗗾
        tśjị¹ śji² tśhia¹ mo² dạ² lji² mo² dạ² mjij¹ kju¹
        次 式 叉 摩 挐、 寂 求 男、 寂 求

        𗾋 𗁬 𘞌, 𗉆 𗉆 𘇂 𘈄 𗈦 𗁈
        mjij¹ ·jij¹ bju² lji¹ lji¹ ·ju² rjir² phji¹ bju¹
        女 之 唤， 一 一 面 前 意 随

次唤式叉摩挐[21]、求寂男、求寂女，一一对受随意

4.44.3

𘃎	孨,	𗀔	𘜶	𗱕	𘐀	𗼽	𗷆	（𗾞	孩
lhjij	mjijr²	śji¹	sju²	tsjir¹	tśju¹	·wji¹	lew²	tjij¹	·jwir²
受	者，	前	如	法	事	作	应	（若	文

孩	𘑊	𗤔	𗰖	𗇋	𗋽	𗱥	𗸅	祇，	𗽈
tshjɨ	mjɨ¹	njwi²	ku¹	kjwɨj¹	tśhja¹	rjar¹	do¹	phji¹	tsjɨ¹
诵	不	能，	故	纸	上	写	读	令，	亦

𗤟	𗾁	𗒟	𗷆	𗿲	𘑥	𗷆	𗜓
mji¹	dźiəj²	thja¹	phji¹	bju¹	lhjij	phji¹	tśhjụ
非	损）。	其	意	随	受	苾	刍

者，作法同前（如其不能诵得文者，纸抄读之，亦成非损）。其受随意
苾刍

4.44.4

𗐺	𘀅	𗌭	𗬥	𘄡，	𗼟	𘜶	𗤺	𗥤：	𗤴
phju²	dzuu²	·ju²	rjir²	·jar¹	thjɨ²	sju²	dạ²	·jɨ²	tha²
上	座	面	前	立，	是	如	言	曰：	大

𗠩	𗥤	𗦜	𗆈！	𗰚	𗍫	𗤋	𘜷	𗤔
tśhja²	rjur¹	mə¹	diow²	njɨ¹	djij¹	sẽ¹	khja²	phji¹
德	诸	姊	妹！	二	部	僧	伽	意

向上座前立，作如是言：大德诸姊妹！二部僧伽

4.44.5

𗼽	𗷆	𘘞	𗆈	𗷆。	𗰚	𗍫	𗤋	𘜷	𗀖
bju¹	·wji¹	dźjwa¹	·jɨ²	lew²	njɨ¹	djij¹	sẽ¹	khja²	·jij¹
随	作	竟	谓	应。	二	部	僧	伽	之

祇：	𘋙	𗆈	𗤔	𗼽	𗷆	𘘞	𗰙	𗆈
zji²	tjij²	rjijr²	phji¹	bju¹	·wji¹	dźjwa¹	nja²	·jɨ²
并：	善	哉	意	随	作	已	令	谓

已作随意竟。二部僧伽并应唱言：善哉已作随意！

4.44.6

𗷆！	𗤔	𗼽	𗷆	𘘳	𗬻	𗰙	𗆈	𗷆！	𗴦
lew²	phji¹	bju¹	·wji¹	dja²	khia²	nja²	·jɨ²	lew²	thjɨ²
应！	意	随	作	已	善	令	谓	应！	此

𗆈	𗤋	𗍫。	𗾞	𗜓	𗆈	𗤋	𗷆	孩

·jɨ² ku¹ ŋa² tjij¹ mji¹ ·ji² ku¹ ·wji¹ khie¹
谓 故 善。 若 不 唱, 故 作 恶

极善已作随意！唱者善。如不唱者[22]，得恶作

4.45.1 𗅋 𗣼。
dzwej¹ lhjụ²
罪 得。

罪。

4.45.2 𗣼 𗤶 𗟲 𗱲 𗪢 𗈇, 𗋽 𗺧 𗦜 𗝯,
tjij¹ thji² dzjij¹ tśhja̱¹ nji² zjij¹ nji¹ phjɨ¹ ŋwə¹ ·ji¹
若 此 时 上 至 时, 家 出 五 众,

𗭴 𗦴 𗢤 𗯴, 𗥃 𗅆 𗼻 𗈜、 𗟲
tśhiọw¹ ·ju² mur¹ dzjwo² ·jij¹ twụ¹ bjɨr¹ zji¹ śiə¹
或 民 俗 人, 自 各 刀 小、 线

若至此时，出家五众，或兼俗旅，各以刀子、

4.45.3 𗢤 𗨩 𗋽 𗤶 𗤍 𗈜, 𗥃 𗝯 𗝯 𗭴
ɣa¹ nioow¹ la̱¹ śja¹ sji¹ nji² ŋwu² gu² gu² dźjwij²
针 及 手 拭 用 等, 以 共 共 夏

𗤶 𗈇 𗥃 𗪢 𗟲 𗗙 𗆮 𗱲 𗣼。
dzjị² phie² mjor¹ ·ju² ·ji¹ ·jij¹ kjụ¹ tshwew¹ lew²
居 解, 现 前 众 之 供 养 应。

针线及巾帛[23]等，共为解夏，供养现前众。

4.45.4 𗥃 𗤶 𗟲 𗯴 𗝯 𗈜 𗥃 𗼻 𗈜, 𗟲
thja¹ phji¹ bju¹ lhjij¹ phji¹ tśhjụ¹ thja¹ bjɨr¹ zji¹ tśhiọw¹
其 意 随 受 苾 刍 其 刀 小, 或

𗈜 𗢤, 𗟲 𗦜 𗋽 𗈇 𗱲 𗭴 𗝯 𗈜
śiə¹ ɣa¹ tśhiọw¹ rjur¹ śia¹ mẽ¹ ·wụ² gju² mə²
线 针, 或 诸 沙 门 资 具 种

其受随意苾刍应持小刀子，或将针线，或持诸杂沙门资具

4.45.5

𗫸	𗁮	𗄻	𗫦	𗫧	𗆺	𗄊	𗖟	𗗙	𗫯
njijr²	nji²	zow²	ŋwu²	phju²	dzuu²	·ju²	rjir²	do²	thji²
诸	等	持	以	上	座	面	前	处	是

𗥓	𗴭	𗖜	𗟻	𗠁	𗫯	𗥓	𗁮	𗤵	
sju²	da²	·ji²	tha²	tśhja²	thji²	sju²	nji²	war²	
如	言	曰	大	德	此	如	等	物	

等，在上座前立[24]，作如是言：大德！此等之物

4.45.6

𗙼	𗿈	𗾟	𗾠	𗾡	𗙼	𗅉	𗷰	𗥤	𗴓
·jij¹	dźjwij²	dzji²	dźjwa¹	dzjwo²	·jij¹	khjow¹	phji¹	bju¹	lhjwi¹
之	夏	居	竟	人	之	施	意	随	取

𗧀	𗝒	𗆺	𗇁	𗫯	𗫯	𗧒	𗥥	𗅋	
·a	rjar¹	dju¹	tjij¹	thji²	do²	nioow¹	dzjij²	rjur¹	
△	许	有	若	此	处	更	余	诸	

颇得与安居竟人作随意施不？若于此处更得诸余

4.46.1

𗦻	𗤵	𗫓	𗆐	𗇐	𗡞	𗄈	𗦆	𗗙	𗧀
gjij¹	war²	rjir¹	zjij¹	dzow¹	ŋwej²	sẽ¹	khja²	dji¹	·a
利	物	得	时	和	合	僧	伽	分	△

𗝒	𗆺	𗄻	𗇁	𗸉	𗆐	𗥠	𗴭	𗗙	
rjar¹	dju¹	tha²	·ji¹	ka¹	dzjij¹	hu²	da²	dji¹	
许	有	大	众	同	时	答	云	分	

利物，和合僧伽应合分不？举众同时答云：合分。

4.46.2

𗝒	𗆺	𗇁	𗫧	𗰖	𗫯	𗖟	𗥩	𗴖	𗷰
rjar¹	dju¹	·ji²	lew²	tjij¹	thji²	rjir²	ljwu¹	ku¹	phji¹
许	有	谓	应	若	此	与	异	则	意

𗷰	𗷰	𗁮	𗥠	𗄻	𗇐	𗁮	𗫙	𗆐	
bju¹	phji¹	tśhju̱¹	nioow¹	tha²	·ji¹	nji²	tsjir¹	dzjij¹	
随	苾	刍	及	大	众	等	法	越	

若异此者，随意苾刍及大众得越法

4.46.3 舵　　蘇。

dzwej¹ lhjụ²

罪　　得。

罪。

4.46.4

骸	瓶	胹	猴	諉	憩	潞	孫	猊	瓶:
zjọ²	ŋowr²	·u²	po¹	lji¹	rjur¹	pjụ¹	·jij¹	ɣju¹	·jɨr¹
寿	具	邬	波	离	世	尊	之	请	问:

骹	瓶!	疵	藏	移	纖	秡,	絪	維	燚
tha²	tśhja²	phji¹	bju¹	·wji¹	dzjɨj¹	tśhja¹	rjar¹	ŋo²
大	德!	意	随	为	时	于,	患	病

具寿邬波离请世尊曰：大德！至随意日，有病

4.46.5

馕	靴	緕	鞦	慌	燚	旸,	釜	藐	燚
phji¹	tśhjụ¹	ljwu²	kha¹	lja¹	mji¹	kjir²	ku¹	ljɨ¹	kjɨ¹
苾	刍	集	中	来	不	能,	故	何	△

移	薨?	幷	臑:	蠃	瘀	緗	猴	毖
zjij²	nji²	tha¹	dạ¹	śja¹	ŋwə¹	njɨ¹	po¹	śia¹
作	△?	佛	言:	十	五	日	褒	洒

苾刍不能赴集，此欲如何？佛言：如十五日褒洒

4.46.6

縮	茲,	綏	縟	赦	栿,	疵	藏	移	茲
thow¹	zjij¹	kiej²	sej¹	khjow¹	sju²	phji¹	bju¹	·wji¹	zjij¹
陀	时,	欲	净	与	如,	意	随	为	时

光	燚	縟	禋	藏,	綏	縟	赦	綖。
tsjɨ¹	·ju²	sej¹	tsjɨr¹	bju¹	kiẹj²	sej¹	khjow¹	lew²
亦	长	净	法	依,	欲	净	与	应。

陀时，应与欲净，至随意时准长净[25]法，与其欲净。

4.47.1

絾	栿	疵	彩	薨:	骸	瓶	縅	懦	欧!
thjɨ²	sju²	rjir²	tshjij¹	nji²	zjọ²	ŋowr²	·wji²	lə	nja²
是	如	△	说	△:	寿	具	△	念	令!

𗾕 𗾖 𗿇 𗼑 𗢎 𗤁 𗱽 𗷀 𗫂，
sjij¹ sẽ¹ khja² śja¹ ŋwə¹ nji² phji¹ bju¹ ·wji¹
今 僧 伽 十 五 日 意 随 作，

应如是说：具寿存念！今僧伽十五日作随意，

4.47.2　𘝴 𗤼 𗤺 （𗼆 𗤛） 𗤄 𗼑 𗢎 𗤁 𗱽 𗷀
ŋa² phji¹ tśhju¹ sjwi² nji² tsji¹ śja¹ ŋwə¹ nji² phji¹ bju¹
我 苾 刍 （某 甲） 亦 十 五 日 意 随

𗼃 𘝴。 𘝴 𗤼 𗤺 （𗼆 𗤛） 𗊲 𘜶 𗯲 𗭣，
wjo¹ ŋa² ŋa² phji¹ tśhju¹ sjwi² nji² ·jij¹ tshjij¹ nji² sej¹
作 我。 我 苾 刍 （某 甲） 自 陈 遍 净，

我苾刍某甲亦十五日作随意。我苾刍某甲自陈遍净，

4.47.3　𗁮 𗼃 𗡪 𗜓， 𘄴 𘀝 𗶣 𗷀， 𗡪 𗷀，
rjur¹ lə¹ tsjir¹ mjij¹ rjar¹ ŋo² nioow¹ bju¹ tsjir¹ bju¹
诸 障 法 无， 患 病 故 依， 法 如

𗾖 𗜓， 𘝴 𗾕 𘝴 𗭣 𗱽 𗷀 𗤺
sẽ¹ da² ŋa² sjij¹ gji¹ sej¹ phji¹ bju¹ kiẹj²
僧 言， 我 今 清 净 意 随 欲

无诸障法，为病患因缘故[26]，彼如法僧伽事[27]，我今清净与欲随意。

4.47.4　𗥑 𘝴。 𗰔 𗜓 𗷀 𗱽 𗒘， 𗫂 𘄻 𗒘，
tji² ŋa² thji² da² bju¹ rjir² ·ji² śji¹ nja² ·ji²
处 我。 此 陈 依 所 谓， 往 令 谓

𘝴。 𗤡 𗥩、 𗤒 𗥩 𗤄 𗱋 𗹙 𗯲 𘝴。
lew² nji¹ tsew² sọ¹ tsew² tsji¹ thji² sju² tshjij¹ lew²
当。 二 第、 三 第 亦 是 如 说 应。

此所陈事，当为我说。第二、第三亦如是说。

4.47.5　𗈁 𗫻 𗎽 𗨏 𗗐， 𗤄 𗰭 𗭣 𗡪 𗷀。
dzjij² ljijr² lju² ŋwu¹ sjwij¹ tsji¹ ·ju² sej¹ tsjir¹ bju¹
余 方 身 语 业， 亦 长 净 法 依。

𗾔 𗼧 𗥻 𗧒 𗢳 𗤁， 𗋅 𗄝 𗧾
nwə¹ lew² tjij¹ ·ju² sej¹ zjij¹ phji¹ tśhju̱¹ kji¹
知 应 若 长 净 时， 芯 刍 所

余如身语表业，准长净法。应知如长净时，芯刍

4.47.6 𗉋 𗣼 𗧇、 𗐻 𗣼 𗧇、 𗐻 𗳛 𗤷 𗧾
tsju̱¹ dzwej¹ ·jiw² tśhio̱w¹ dzwej¹ ·jiw² tśhio̱w¹ ·ji¹ kha¹ kji¹
犯 罪 忆、 或 罪 疑、 或 众 中 所
𗉋 𗣼 𗧇、 𗐻 𗣼 𗧇、 𗐻 𗳛 𗤷
tsju̱¹ dzwej¹ lə tśhio̱w¹ dzwej¹ ·jiw² tśhio̱w¹ sẽ¹ khja²
犯 罪 忆、 或 罪 疑， 或 僧 伽

忆所犯罪、或有疑罪，众中忆所犯罪、或有疑罪，或复僧伽

4.48.1 𗟻 𗣼 𗥍、 𗪊 𗢛 𗣼 𗧇、 𗼍 𗼧 𗤰
zji² dzwej¹ dju¹ rjɨr² njɨ² dzwej¹ ·jiw² ku¹ lew¹ mji¹
咸 罪 有、 乃 至 罪 疑， 故 单 白
𗮅 𗧵 𗼧 𗮰 𗼧 𗐭、 𗪊 𗰖 𗢳
zow² ·jij¹ lew² ·wji¹ lew² sju² phji¹ bju¹ zjij¹
持 守 应 作 应 如， 意 随 时

咸悉有罪、乃至疑罪，应作单白守持，于随意时

4.48.2 𗣼 𗥍 𗣼 𗧇、 𗦪 𗤭 𗰖 𗾔 𗼧 𗮁
dzwej¹ dju¹ dzwej¹ ·jiw² tsjɨ¹ thja¹ bju¹ nwə¹ lew² thjɨ²
罪 有 罪 疑， 亦 彼 依 知 应 此
𗤷 𗣀 𗰕 𗲲 𗲼、 𗪊 𗰖 𗋅 𗄝
kha¹ do² pha¹ śjij¹ tja¹ phji¹ bju¹ phji¹ tśhju̱¹
中 差 别 △ 者， 意 随 芯 刍

有罪疑罪类[28]，彼应知此中别者，随意芯刍

4.48.3 𗳛 𗤷 𗣼 𗧇、 𗥻 𗣼 𗧇 𗧾 𗳛 𗰖 𗐭 𗼧。
·ji¹ kha¹ dzwej¹ ·jiw² tjij¹ dzwej¹ ·jiw² zjij¹ dzjij¹ bju¹ rewr² lew²
众 中 罪 忆， 或 罪 疑 时 时 依 悔 应。

众中忆罪，或是疑罪随时说悔。

注释：

[1]差作随意人白二，西夏文字面译作"若作随意人白二"。

[2]当于随近村坊预为宣告，西夏文字面译作"当于随近村坊宣告"。

[3]某寺僧伽当作随意，西夏文字面译作"某甲寺僧伽当作随意"。

[4]诸旧住人应可营造诸好美膳，西夏文字面译作"诸旧住人应可准备诸好美膳"。

[5]有解三藏苾刍及持经者，西夏文字面译作"有解三藏苾刍及持经者苾刍"。

[6]通宵，西夏文本译作"𗹦𗊴"，义为"一巡"。

[7]勿过明相，西夏文字面译作"勿过明天"。

[8]随意非随意善能了别，西夏文字面译作"随意非具足五德能了别"。

[9]若翻前五，即西夏文"𗣫𗣀𗉌𗍫"，义为"若翻此五"。

[10]先应问能，西夏文本译作"𗦮𗰜𗷓𗴒"，义为"先有问曰"。

[11]随意，西夏文字面译作"随意事"。

[12]此苾刍某甲今为夏坐僧伽作随意苾刍，西夏文字面译作"此苾刍某甲今为夏坐僧伽作随意苾刍事"。

[13]今差某甲当为夏坐僧伽作随意苾刍，西夏文字面译作"今差某甲当为夏坐僧伽作随意苾刍事"。

[14]僧伽已听某甲当为夏坐僧伽作随意苾刍竟，西夏文字面译作"僧伽已听某甲当为夏坐僧伽作随意苾刍"。

[15]此处西夏文有"𗾊𗾊𗼷𗼷"四个小字，义即"是好香茅"，解释生茅，汉文本无。

[16]应从上座为随意，西夏文字面译作"应从上座受随意"。

[17]若知见罪，西夏文字面译作"汝知见罪"。

[18]我当如法如律而为说悔，西夏文字面译作"我当如法如律而为除罪"。

[19]作法准知，西夏文字面译作"应知如前法典"。

[20]作法既了，西夏文字面译作"作法事既了"。

[21]式叉摩拏，即西夏文"𗆀𗏹𗗙𗑐" * śji² tśhia¹ mo² da²，又作式叉摩拏，式叉摩那尼之略。

[22]如不唱者，西夏文字面译作"若不唱者"。

[23]巾帛，西夏文本译作"𗦳𗌲𗰜"，义为"拭手用"。

［24］在上座前立，西夏文字面译作"在上座前处"。

［25］长净，西夏文本译作"𗒹𗙴"，义为"常净"，下文亦如此。

［26］为病患因缘故，西夏文字面译作"为病患故"。

［27］彼如法僧伽事，西夏文本译作"𗣊𗣫𗦂𗫲"，义为"如法僧言"。

［28］于随意时有罪疑罪类，西夏文字面译作"于随意时有罪疑罪"。

释读：

4.48.4
𗤁	𗫲	𗣩	𗰖	𗙴	𗴴	𗁬	𗄿	𗯿	𗢔：
phji¹	bju¹	·wji¹	zjij¹	·ji¹	kha¹	dzwej¹	dzej¹	lew¹	mjɨ¹
意	随	作	时	众	中	罪	净	单	白：

作随意时众中净罪单白：

4.48.5
𗾗	𗤁	𗫲	𗣩	𗰖，	𗙴	𗴴	𗰙	𗱀	𗤬
tjij¹	phji¹	bju¹	·wji¹	zjij¹	·ji¹	kha¹	ljɨ̀	·jij¹	ljɨ̀
若	意	随	作	时，	众	中	重	轻	论

𗰖，	𗤁	𗄿	𗅶	𗤫，	𗤏	𗫼	𗦀	𗯿
zjij¹	dzej¹	da²	ŋewr¹	śjwo¹	ku¹	sẽ¹	khja²	lew¹
时，	净	事	乱	起	故	僧	伽	单

若作随意时，众因论说罪之轻重，净事纷纭，僧伽

4.48.6
𗢔	𗣩	𗫲	𗗙	𗁬	𗩋	𗣊	𗙴	𗤁	𗱷	𗣩	𗗚：
mji¹	·wji¹	bju¹	thja¹	dzwej¹	dzjwi²	dzjij²	lew²	thjɨ²	sju²	·wji¹	nji²
白	作	依	其	罪	决	断	应	是	如	作	△：

应作单白共决其罪。如是应作：

4.49.1
𗼨	𗤁	𗫼	𗦀	𗗚！	𗒾	𗫼	𗦀	𗰆	𗾦
tha²	tśhja²	sẽ¹	khja²	nji²	sjij¹	sẽ¹	khja²	śja¹	ŋwə¹
大	德	僧	伽	听！	今	僧	伽	十	五

𗸰	𗤁	𗫲	𗅶	𗣩，	𗱷	𗙴	𗴴	𗄿
njɨ²	phji¹	bju¹	da²	·wji¹	thjɨ²	·ji¹	kha¹	dzej¹
日	意	随	事	作，	此	众	中	净

大德僧伽听！今僧伽十五日作随意事，于此众中

4.49.2

殲	羱	龍	玼	繡	顽	顽	禩	殲	緂
dạ²	gu¹	śjwo¹	lji¹	zjij¹	tśhia²	tśhia²	tsjir¹	dạ²	yie²
事	发	起，	重	轻	论	说	法	事	妨

㤽，	瀡	燚	繗	羆	莸	靘	祇	蘮	眉，
lụ²	sẽ¹	khja²	sjij¹	thja¹	dzwej¹	dzjwɨ¹	dzjɨj²	kju¹	śjij²
废，	僧	伽	今	其	罪	决	断	求	欲，

有诤事起，论说轻重妨废法事，僧伽今欲求决其罪。

4.49.3

藏	瀡	燚	纖	㳀	彸	虣	縒，	瀡	燚
tjij¹	ẽ¹	khja²	dzjij¹	njɨ²	rjar¹	dju¹	ku¹	sẽ¹	khja²
若	僧	伽	时	至	许	有	者，	僧	伽

㳀	禑	綂	瀡	燚，	纙	繃	繃	羆
dạ²	wjạ¹	lew²	sẽ¹	khja²	sjij¹	gu²	gu²	thja¹
言	许	应	僧	伽，	今	共	相	其

若僧伽时至听者，僧伽应许僧伽，今共决断其

4.49.4

莸	靘	祇	荒。	誠	雞	髹。	玼	瀰
dzwej¹	dzjwɨ²	dzjɨj²	phji¹	bju¹	thjɨ²	ŋwu²	phji¹	bju¹
罪	决	断	△。	白	此	是。	意	随

彸	滰	纖	糐	莸	靘	祇	刭	誠：
·wji¹	zjij¹	·ji¹	kha¹	dzwej¹	dzjwɨ¹	dzjɨj²	lew¹	mjɨ¹
作	时	众	中	罪	决	断	单	白：

罪。白如是。作随意时众中决定罪单白：

4.49.5

誠	彸	糐	恍，	薇	羆	靘	祇	緂	彦
mjɨ¹	·wji¹	dźjwa¹	nioow¹	lhejr²	·ụ²	dzjwɨ¹	dzjɨj²	njwi²	mjijr²
白	作	竟	已，	三	藏	决	断	能	者

稀	絀，	禩	瀰	燚	瀰	莸	殲	靘
·jij¹	·jɨr¹	tsjir¹	bju¹	dzjɨj¹	bju¹	dzwej¹	dạ²	dzjwɨ²
之	问，	法	依	律	依	罪	事	决

既作白已，当问三藏能决断者，依法依律决其罪事。

4.49.6 [illegible]
dzjɨj^{2} lew^{2} tjij^{1} dzjwɨ^{2} dzjɨj^{2} dźjwa^{1} nioow^{1} ·jị^{2} mjị^{1} ŋwu^{2}
断 应。 若 决 断 竟 已， 更 白 以
[illegible]
tha^{2} tśhja^{2} nwə^{1} phji^{1} lew^{2} dzwej^{1} dzjwɨ^{2} dzjɨj^{2} dźjwa^{1}
大 众 知 令 应。 罪 决 断 竟
若决定已，应更作白告众令知。罪已决定

4.50.1 [illegible]
ljɨ̱^{1} ·jij^{1} dja^{2} sjwij^{1} ku^{1} ·jị^{2} tshjịj^{1} rjar^{1} mjij^{1} thjɨ^{2} sju^{2} ·wji^{1} lew^{2}
重 轻 已 识， 故 更 说 应 不。 是 如 作 应：
识其轻重，不应更说。如是应作：

4.50.2 [illegible]
tha^{2} tśhja^{2} sẽ^{1} khja^{2} nji^{2} sjij^{1} sẽ^{1} khja^{2} śja^{1} ŋwə^{1}
大 德 僧 伽 听！ 今 僧 伽 十 五
[illegible]
njɨ^{2} phji^{1} bju^{1} dạ^{2} ·wji^{1} dzwej^{1} ljɨ̱^{1} ·jij^{1} ljɨ̣^{1}
日 意 随 事 作， 罪 重 轻 论
大德僧伽听！今僧伽十五日作随意事，众因论说罪之轻重[1]，

4.50.3 [illegible]
nioow^{1} bju^{1} tsji̱r^{1} tśju^{1} ɣiẹ^{2} lụ^{2} sẽ^{1} khja^{2} sjij^{1} thja^{1}
因 依， 法 事 妨 废， 僧 伽 今 于
[illegible]
dzwej^{1} tsji̱r^{1} bju^{1} dzjwɨ^{2} dzjɨj^{2} dźjwa^{1} tjij^{1} sẽ^{1} khja^{2}
罪 法 如 决 断 已。 若 僧 伽
妨废法事，僧伽今已于罪如法决断。若僧伽

4.50.4 [illegible]
dzjɨj^{1} njɨ^{2} rjar^{1} dju^{1} ku^{1} sẽ^{1} khja^{2} dạ^{2} wją^{1} lew^{2}
时 至 许 有 者， 僧 伽 言 许 应

藏	鼓	燃	鼓	鼓	鼓	鼓	鼓	鼓
sẽ¹	khja²	sjij¹	gu²	gu²	dzwej¹	dzjwɨ²	dzjɨj²	dźjwa¹
僧	伽，	今	共	共	罪	决	断	讫

时至听者，僧伽应许僧伽，今共决罪讫

4.50.5

鼓	鼓	鼓	鼓。	鼓	鼓	鼓	鼓	鼓。
·ji²	·jɨ²	rjar¹	mjij¹	mjɨ¹	thjɨ²	ŋwu²	·jɨ²	lew²
更	谓	得	不。	白	此	是	谓	所。

更不得言。白如是。

4.50.6

鼓	鼓	鼓、	鼓	鼓、	鼓	鼓	鼓	鼓	鼓
nioow¹	lew¹	dzjwo²	njɨ¹	dzjwo²	sǫ¹	tsew²	dzjwo²	tsjɨ¹	po¹
又	一	人、	二	人、	三	第	人	亦	褒

鼓	鼓	鼓	鼓，	鼓	鼓	鼓	鼓	鼓
śia¹	thow¹	·wji¹	sju²	phji¹	bju¹	tsjɨ¹	thja¹	rjir²
洒	陀	作	如，	意	随	亦	彼	与

又如一人、二人、三人[2]作褒洒陀，随意亦

4.51.1

鼓	鼓。	鼓	鼓、	鼓	鼓、	鼓	鼓、	鼓	鼓，
·a	tjɨj²	lew¹	dzjwo²	njɨ¹	dzjwo²	sǫ¹	dzjwo²	ljir¹	dzjwo²
一	样。	一	人、	二	人、	三	人、	四	人，

鼓	鼓	鼓	鼓	鼓。	鼓	鼓	鼓	鼓	鼓
zji²	dźjwɨ¹	bju¹	·wji¹	lew²	tjij¹	ŋwə¹	dzjwo²	lhə¹	ku¹
皆	相	依	作	应。	若	五	人	满	即

尔。一人、二人、三人、四人，咸皆对首应作。若满五人即

4.51.2

鼓	鼓	鼓	鼓	鼓	鼓	鼓	鼓。	鼓	鼓
mjɨ¹	dźjwa¹	nioow¹	phji¹	bju¹	dą²	·wji¹	lew²	phji¹	bju¹
白	竟	已	意	随	事	作	应。	意	随

鼓	鼓	鼓，	鼓	鼓	鼓	鼓	鼓。	鼓
·wji¹	mjijr²	tja¹	·ji¹	ŋwe¹	bju¹	zew²	lew²	tjij¹
作	者	者，	众	愿	随	差	应。	设

应作白为随意事。作随意者，应差许可[3]。设

4.51.3

𗼷	𗢛	𗕑	𗧚	𗣼	𗒀	𗢝	𗏽	𗤒	𗧤
ŋo²	mjijr²	dju¹	ku¹	·ji¹	kha¹	lja¹	phji¹	lew²	tjij
病	者	有	故	众	中	入	令	应，	若

𗣛	𗦾	𗵴	𗧤	𗼌	𗖰	𗤺	𗧚	𗔣	
tśhjiw¹	dzjwo²	ŋowr²	tjij¹	thji²	su¹	dzjij¹	ku¹	lew¹	
六	人	满	或	此	复	过，	故	单	

有病人应将入众，如有六人[4]或复过此，咸作单

4.51.4

𗤁	𗴒	𗥔	𗏽	𗥔	𗆎	𗴒	𗤒	𗏽	𗥔
mji¹	·wji¹	bju¹	phji¹	bju¹	dạ²	·wji¹	lew²	phji¹	bju¹
白	作	依	意	随	事	作	应。	意	随

𗴒	𗦲	𗧤	𗼷	𗢛	𗕑	𗧚	𗶷	𗜁	
·wji¹	zjij¹	tjij¹	ŋo²	mjijr²	dju¹	ku¹	kiẹ²	sej¹	
作	时，	若	病	者	有	故	欲	净	

白为随意事。作随意时，若有病人应取欲净，

4.51.5

𗙏	𗤒	𗌱	𗎼	𗶥	𗈞	𗢛	𗟻	𗝱	𗠚
lhjwi¹	lew²	·ju²	mur¹	mjij¹	kju¹	mjijr²	pa¹	tśhji¹	kja¹
取	应，	人	俗	寂	求	者	半	根	迦

𗭊	𗰖	𗁬	𗦾	𗤒	𗤂	𗫦	𗦡	𗜁	
nji²	·ju²	rjir²	·wji¹	lew²	nja²	zji¹	gji¹	sej¹	
等	面	前	作	应	不，	并	清	净	

不对俗人求寂半择迦等，并须清净

4.51.6

𗕑	𗄻	𗤒	𗅢	𗒄	𗝣	𗕵	𗄹	𗎭
dźjij¹	śjwo¹	lew²	nioow¹	·a	·we²	gu²	ljij²	twụ¹
纯	须	所	复	一	处	同	见	处

𗦾	𗤒	𗏽	𗥔	𗅢	𗦾	𗣇	𗊖	𗥔
·wji¹	lew²	phji¹	bju¹	mji¹	·wji¹	tja1	rjar¹	mjij
作	应，	意	随	不	为	者	许	不。

复须同见一处应作，然我不许不为随意。

4.52.1

嬔	庞	儞	靲	繡	巍	瓜	嘦	繝	赽
dzjij¹	rjur¹	phji¹	tśhju¹	śji¹	ɣwej¹	dzej¹	·jij¹	gu²	lji¹
时	诸	苾	刍	先	斗	净	自	共	论

顄	縦	旡	㧙	㳻	瓶	揚	葹	繝	
tśhia̠²	nioow¹	twụ¹	khie¹	źjɨ¹	tśhju¹	·a	·we²	gu²	
说	因，	各	嫌	恨	怀，	一	处	共	

时诸苾刍先因斗净共相论说，各怀嫌恨，共在一处

4.52.2

娑	瓜	瓶	彩	移，	绊	彩：	㧙	㳻	慨
dźjij¹	phji¹	bju¹	da̠²	·wji¹	tha¹	da̠²	khie¹	źjɨ¹	mji¹
在	意	随	言	作，	佛	言：	嫌	怨	未

经	繝	繝	瓜	瓶	移	彩	繩，	繡	燚
djij²	gu²	gu²	phji¹	bju¹	·wji¹	rjar¹	mjij¹	śji¹	tśhia¹
息	共	同	意	随	为	应	不，	先	忏

而作随意，佛言：不应怨嫌未息共为随意，先可忏

4.52.3

败	縦，	襈	燚	移	绿。				
mo²	nioow¹	tsjir¹	tśju¹	·wji¹	lew²				
摩	故，	法	事	作	当。				

摩，后当作法[5]。

4.52.4

嬔	羆	儞	靲	敨	巎	鞲	燚	败	霏
dzjij¹	thja¹	phji¹	tśhju¹	tha²	·ji¹	kha¹	tśhia¹	mo²	kju¹
时	彼	苾	刍	大	众	中	忏	摩	求

羞，	巍	瓜	儞	靲	耞	燚	瓜	
śjij²	ɣwej¹	dzej¹	phji¹	tśhju¹	dźjar²	·wja²	mjɨ¹	dzjij	
索，	斗	净	苾	刍	罪	释	不	背	

时彼苾刍于大众中而求忏摩，斗净苾刍不背容恕[6]，

4.52.5

绊	彩：	瓜	瓶	移	嬔	㳻	燉	黄	圂

[illegible]
tha1 dạ2 phji1 bju1 ·wji1 dzjɨj1 thjɨ2 ljijr2 śjạ1 ·jar1
佛 言： 意 随 为 时 此 方 七 八
[illegible]
njɨ̱2 dju1 ·jij1 gu2 tśhia1 mo2 kjṳ1 śjij2 tśhjɨ1
日 有， 自 互 忏 摩 求 索， 尔
佛言：去随意时有七八日在，应须更互而求忏摩[7]，

4.52.6 [illegible]
mja1 nioow1 phji1 bju1 ·wji1 phji1 zjọ2 sẽ1 khja2 to2
然 后 意 随 为 令。 时 僧 伽 咸
[illegible]
zji2 bju̱1 ·ju2 dźjar2 rewr2 rjur1 pho1 lo1 mẽ1 ·ji1
皆 尊 常 罪 悔， 诸 婆 罗 门 众
方为随意。是时僧伽咸相愧谢[8]，婆罗门[9]众

4.53.1 [illegible]①
nioow1 rjur1 mur1 dzjwo2 zji2 niow2 dạ2 śjwo1 lew1 phji1
及 诸 俗 人 便 恶 言 生： 单 苾
[illegible]
tśhjụ1 ŋwu2 ku1 zji2 ·jij1 gu2 ljwij1 kjɨ1 tśhiow1 sji2
刍 是， 故 皆 自 相 雠 △ 结 具。
及诸俗旅便生讥议[10]：但是苾刍[11]，皆有雠隙。

4.53.2 [illegible]
tha1 dạ2 khie1 źjɨ̱1 ŋwu2 mjijr2 do2 bju̱1 ·ju2 dźjar2
佛 言： 嫌 恨 有 者 处 尊 常 罪
[illegible]
rewr2 lew2 dźjar2 rewr2 dźjwa1 nioow1 śjwi1 bju1 dźjwɨ1
悔 应。 罪 悔 竟 已， 年 随 相
佛言：有嫌恨者请求愧谢。既容恕已，随年

① 原作"[illegible]"，据上文改。

4.53.3
孤	祇	絥	嘉	纙	绊	缾	羿	嫃	燃
·jij¹	tśja¹	tshwew¹	·jij¹	gu²	njij¹	ljij²	tśhjɨ¹	mja¹	nioow¹
之	礼	敬	自	相	心	欢	是	然	后

胧	褫	移	纮,	绊	絹	核	燉	斯
phji¹	bju¹	·wji¹	lew²	ljwij¹	mjij¹	mjijr²	do²	dźjar²
意	随	为	应,	嫌	无	者	处	罪

礼敬展转[12]怀欢方为随意，无嫌隙者

4.53.4
槭	纮	愝。	蠟	虓	僬	羝	胧	褫	移
rewr²	lew²	nja²	dzjij¹	rjur¹	phji¹	tśhjụ¹	phji¹	bju¹	·wji¹
悔	应	无。	时	诸	苾	刍	意	随	作

修	燃,	殊	牝	羆	緲	緂	燉	褊	移,
dźjwa¹	nioow¹	tśhjɨ²	rjar²	thja¹	njɨ²	·jɨ²	·ju²	sej¹	·wji¹
竟	已,	立	即	此	日	更	长	净	为,

无劳致谢。时诸苾刍既随意已，即于此日更为长净，

4.53.5
绊	豺:	胧	褫	移	绛	諓
tha¹	da²	phji¹	bju¹	·wji¹	ku¹	gji¹
佛	言:	意	随	为	故	清

褊	骹,	燃	絥	羿	豺	鰠?
sej¹	ŋwu²	nioow¹	kie¹	tshjɨj¹	ljọ²	śjwo¹
净	是,	及	戒	说	何	须?

佛言：随意即是清净，无劳说戒[13]。

4.53.6
蘢	稡	絥	巤	緲	燃	蘢	移	祇	槵	诶
lhwu¹	war²	dji¹	kja¹	tśhiə¹	no¹	lhwu¹	·wji¹	phji¹	njɨ¹	mji̧¹
衣	物	分	羯	耻	那	衣	作	将	二	白

处分衣物将作羯耻那衣白二：

4.54.1
蠟	蠙	胧	僬	羝	茋	绖	緂	絹,	胧
dzjij¹	·ji¹	rejr²	phji¹	tśhjụ¹	dźjwij²	dzjɨ²	·wji²	lhə	phji¹
时	众	多	苾	刍	夏	居	△	足,	意

𗹝 𗥔 𗟲 𗾔 𗈎， 𗤶 𗥤 𗋐 𗢳，
bju¹ dạ² ·wji¹ dźjwa¹ nioow¹ śji¹ tow¹ bo¹ kha¹
随 事 作 竟 已， 逝 多 林 诣，
时有众多苾刍夏安居了，随意事竟，诣逝多林，

4.54.2 𗵒 𗦎 𗴮 𗬷 𗤋 𗬊 𗆀。 𗒽 𗍳 𗳤
rjur¹ pju¹ rewr² ·jij¹ tśja¹ tshwew¹ śji¹ tśja¹ ·u² mə¹
世 尊 足 之 礼 敬 往。 路 中 天
𗸳 𗃛 𗥰 𗍫 𗌵 𗈪 𗸟， 𗟲 𗆄
dzjụ² rjir² ber² sọ¹ lhwu¹ zji² ·wer² zow² ·jij¹
雨 与 逢 三 衣 皆 湿， 持 擎
礼世尊足。路逢天雨三衣皆湿，擎持

4.54.3 𗔔 𗺉。 𗤋 𗥤 𗋐 𗢳 𗠟， 𗌵 𗧘 𗷉
zji² gie¹ śji² tow¹ bo¹ kha¹ nji² lhwu¹ pa² kjɨ¹
极 难。 逝 多 林 中 至， 衣 钵 △
𗷉， 𗴮 𗍺 𗾔 𗈎 𗵒 𗦎 𗬷 𗴮
sju¹ rewr² zwər¹ dźjwa¹ nioow¹ rjur¹ pjụ¹ ·jij¹ rewr²
藏， 足 洗 竟 已 世 尊 之 足
极难。至逝多林，安置衣钵，洗足已礼世尊足，

4.54.4 𗬊， 𗅉 𗥔： 𗸪 𗵒 𗍔 𗍫 𗹙、 𗪘
tshwew¹ tha¹ dạ² dźjij¹ tji² ·a no² nej² tji¹
礼， 佛 言： 住 处 △ 安 乐、 食
𗥰 𗍔 𗰣？ 𗌮 𗥔： 𗀓 𗃛！ 𗁬 𗰗
kjụ¹ ·a lji² hụ² dạ² tha² tśhja² ŋa² nji²
乞 △ 易？ 白 言： 大 德！ 我 等
佛言：住止安乐、乞食易不？白言：大德！我等

4.54.5 𗱕 𗗙 𗈙 𗥃 𗰗 𗥣 𗌮 𗅉 𗂧
·wjɨ² tji² ŋwu² kew¹ nji² ljij² nji² tha¹ thji²
已 疲 以 告 至 来 △。 佛 是

西夏文	釓	襴 :	綳	爌	豯	綳	庬	儶	輆
音	·wji²	lə	ŋa²	sjij¹	thjij²	sjo²	rjur¹	phji¹	tśhjụ¹
义	△	念 :	我	今	何	云	诸	苾	刍

疲顿来至于此。佛作是念：我今云何令诸苾刍

4.54.6

孮	羕	蕽	姿	鵼	祇 ,	惒	庬	绎
·jij¹	no²	nej²	dźjij¹	rjir¹	phji¹	nioow¹	rjur¹	mji̱¹
之	安	乐	住	得	令 ,	并	诸	施

羖	綵	筋	綵	豯	祇	旇	庬	儶
·o¹	ljo¹	gjij¹	lhu¹	dzja¹	phji¹	lji̱¹	rjur¹	phji¹
主	福	利	增	长	令	也 ,	诸	苾

得安乐住，并诸施主福利增长，应听诸苾……[14]

4.55.1

……	綵	綴	綳	綳	綳	旋	蘿	赦	颵
……	sẽ¹	khja²	sjij¹	gu²	gu²	thji̱²	lhwu¹	ŋwu²	kja¹
……	僧	伽	今	共	同	此	衣	以	羯

綵	惒	姼	旋	蘿	敉	赦	綵	綴	孮
tśhiə¹	no¹	·wji¹	thji̱²	lhwu¹	phie²	ŋwu²	sẽ¹	khja²	·jij¹
耻	那	作 。	此	衣	张	以	僧	伽	之

……僧伽今共将此衣作羯耻那。此衣当为僧伽张

4.55.2

颵	綵	惒	姼	穤 。	茲	蘿	敉	绰	庶
kja¹	tśhiə¹	no¹	·wji¹	·jij¹	tjij¹	lhwu¹	phie²	ku¹	kięj²
羯	耻	那	为	当 。	若	衣	张	者	界

姍	惒	燑	屮	敗	蘿	禲	禲	絥
djɨr²	nioow¹	lho	tsji¹	sọ¹	lhwu¹	ŋowr²	ŋowr²	ɣa²
外	及	出 ,	亦	三	衣	所	有	上

作羯耻那。若张衣已，虽出界外，所有三衣

4.55.3

龀	蕽	耕	絅 ,	豯	蘿	勥	絥	皷
dźjow¹	ka²	dźjar²	mjij¹	dzjij²	lhwu¹	·ji̱²	lew²	wa²
分	离	过	无 ,	余	衣	谓	应	何

𗀽!	𗋽	𗼃	𗼃	𗼃	𗼃	𗐾	𗟩	𗐾	
·o¹	tjij¹	sẽ¹	khja²	dzjij¹	njɨ²	rjar¹	dju¹	ku¹	
有!	若	僧	伽	时	至	许	有	者,	

4.55.4

𗼃	𗼃	𗐾	𗤼	𗐾	𗼃	𗼃,	𗼃	𗼃	𗸜
sẽ¹	khja²	da²	wja̧¹	lew²	sẽ¹	khja²	sjij¹	thjɨ²	lhwu¹
僧	伽	言	许	应	僧	伽,	今	此	衣
𗐾	𗼃	𗻻	𗼃	𗼃	𗼃	𗼃	𗤼	𗄞	
ŋwu²	kjɨ¹	djij²	sẽ¹	khja²	·jij¹	kja¹	tśhiə¹	no¹	
以	必	定	僧	伽	之	羯	耻	那	

僧伽应许僧伽, 今将此衣当为僧伽张作羯耻那。

4.55.5

𗼃。	𗋽	𗸜	𗼃	𗟩,	𗼃	𗼃	𗄞	𗼃,	
·wji¹	tjij¹	lhwu¹	phie²	ku¹	kiẹj²	djir²	nioow¹	lho	
作。	若	衣	张	者,	界	外	及	出,	
𗼃	𗼃	𗸜	𗼃	𗼃	𗼃	𗼃	𗼃	𗼃	
tsjɨ¹	sọ¹	lhwu¹	ŋowr²	ŋowr²	ɣa²	dźjow¹	ka²	dźjar²	
亦	三	衣	所	有	上	分	离	过	

若张衣已, 虽出界外, 所有三衣尚无离过,

4.55.6

𗼃	𗼃	𗸜	𗼃	𗐾	𗼃	𗀽!	𗼃	𗼃	𗼃	𗼃	𗐾。
mjij¹	dzjij²	lhwu¹	·jɨ²	lew²	wa²	·o¹	mji¹	thjɨ²	ŋwu²	·jɨ²	lew²
无,	余	衣	谓	应	何	有!	白	此	是	谓	所。

何况余衣! 白如是。

4.56.1

𗼃	𗼃	𗼃	𗼃	𗼃	𗼃。
kja¹	mo²	mji¹	bju¹	śjij¹	ljɨ¹
羯	磨	白	依	成	也。

羯磨准白成。

注释:

[1]众因论说罪之轻重, 西夏文字面译作 "因论说罪之轻重"。

[2]三人, 西夏文字面译作 "第三人"。

［3］应差许可，西夏文本译作"𗥃𗥃𘃅𗴿𗀔"，义为"应差随愿"。

［4］如有六人，西夏文字面译作"如满六人"。

［5］后当作法，西夏文本译作"𗷄𗥤𗴿𗀔"，义为"当作法事"。

［6］容恕，西夏文本译作"𗿷𗤼"，义为"释罪"。

［7］应须更互而求忏摩，西夏文字面译作"更互而求忏摩"。

［8］愧谢，西夏文本译作"𗵫𗤼𗿷𘗊"，义即"尊长悔罪"。

［9］婆罗门，西夏文字面译作"诸婆罗门"。

［10］讥议，西夏文本译作"𘝯𗊱"，义即"恶言"。

［11］但是苾刍，西夏文本译作"𗡂𗊱𘉔𗊰"，义即"单是苾刍"，疑误。

［12］展转，西夏文本译作"𗯦𘃋"，义即"共相"。

［13］无劳说戒，西夏文本译作"𗫶𗤻𘋤𗀔𗊱"，义即"何须说戒"。

［14］此处西夏文本原缺，相应汉文本为："应听诸苾刍随意竟，至十六日张羯耻那衣。张此衣时，于五月中得十饶益，凡于其处所得利物，取一好者作羯耻那衣。至八月十四日白众令知，敷座席作前方便，准上应为。令一苾刍作白羯磨：大德僧伽听！此衣是此处夏安居僧伽所获利物。"

释读：

4.56.2　𗥃　［𗫞　𗡂］①　𘋤　𘝵　𗴿　𘝵　𗆄　𘝆：
　　　　kja¹　tśhiə¹　no¹　lhwu¹　phie²　mjijr²　zew²　nji¹　mji¹
　　　　羯　耻　那　衣　张　者　差　二　白：
　　　　差张羯耻那衣人白二：

4.56.3　𘝶　［𗴂　𗏇　𘃅］②　𗷄　𗥤　𗴿　𘝵，　𘝆　𘋤
　　　　dzjij¹　rjur¹　phji¹　tśhju¹　tsjir¹　tśju¹　·wji¹　dźjwa¹　thji²　lhwu¹
　　　　时　诸　苾　刍　法　事　作　已，　此　衣
　　　　𗳉　𗀔　𗥃　𗫞　𗡂　𘋤　𗥤　𗍴　𗥤，
　　　　war²　ŋwu²　kja¹　tśhiə¹　no¹　lhwu¹　·wji¹　dja²　dźjwa¹
　　　　财　以　羯　耻　那　衣　作　△　竟，
　　　　时诸苾刍既作法已，将此衣财作羯耻那衣竟，

---

　①西夏文"𗫞𗡂"两字原残，据残存笔画和汉文本"耻那"拟补。
　②西夏文"𗴂𗏇𘃅"三字原残，据残存笔画和汉文本"诸苾刍"拟补。

4.56.4

			[		]①				
tha¹	·jij¹	·ji²	śji²	tha¹	dạ²	phji¹	tśhjụ¹	ŋwə¹	tśhja²
佛	之	白	往。	佛	言：	苾	刍	五	德

ŋowr²	mjijr²	gjɨ²	zew²	lhwu¹	phie²	mjijr²	kjọ¹	·wji¹
具	者	一	差，	衣	张	者	△	作。

白佛。佛言：差一苾刍具五德者，作张衣人。

4.56.5

		[		]②					
khjã¹	tśhji²	tsjụ¹	śji¹	tśier¹	·ju²	·wji¹	bju¹	tha²	·ji¹
犍	稚	鸣，	前	方	便	作	依，	大	众

		③						（	）
kjij¹	dzjɨ²	śji¹	thja²	·jij¹	·jɨ¹	dạ²	nji²	sjwi²	nji²
△	集，	先	彼	之	问	言：	汝	（某	甲）

鸣犍稚，作前方便，众既集已，先应问言：汝某甲

4.56.6

			[			]④		
sẽ¹	khja²	·jij¹	kja¹	tśhiə¹	no¹	lhwu¹	phie²	mjijr²
僧	伽	之	羯	耻	那	衣	张	者

·wji¹	·a	njwi²	nja²	hụ²	dạ²	njwi²	ŋa²	·jɨ²
作	△	能	令？	答	言：	能	我	谓

能为僧伽作张羯耻那衣人不？彼答言[1]：能。

4.57.1

				[	]⑤					
lew²	lew¹	phji¹	tśhjụ¹	lew¹	mjị¹	kja¹	mo²	·wji¹	tsjụ¹	lew²
所。	一	苾	刍	单	白	羯	磨	作	令	应：

①西夏文"蒜绊䏍"三字原残，据残存笔画和汉文本拟补。
②西夏文"祾纗衍"三字原残，据残存笔画和汉文本拟补。
③据汉文本，此处西夏文"纗"误作"纞"。
④西夏文"㿗獭㿧蘿"四字原残，据残存笔画和汉文本"羯耻那衣"拟补。
⑤西夏文"刻䫂"两字原残，据残存笔画拟补。

令一苾刍作白羯磨[2]：

4.57.2

𗢳	𗇋	𗰖	𗵒	𗣼	𘃽	𗤭	𗏵	（𗦻	𗀔）
tha²	tśhja²	sẽ¹	khja²	nji²	thji²	phji¹	tśhju¹	sjwɨ²	nji²
大	德	僧	伽	听！	此	苾	刍	（某	甲）

𗓁	𗤁	𗦀	𗏇	𗉞	𗫸	𗣿	𗏵	𗵒	𗵒
kja¹	tśhiə¹	no¹	phie²	mjijr²	·wji¹	ŋwe¹	sjij¹	sẽ¹	khja²
羯	耻	那	张	者	作	乐，	今	僧	伽

大德僧伽听！此苾刍某甲乐作张羯耻那人，今为僧伽

4.57.3

𗎘	𗓁	𗤁	𗏇	𗾟	𗉞	𗤶	𗵒	𗏵	𗣫
·jij¹	kja¹	tśhiə¹	no¹	lhwu¹	phie²	tjij¹	sẽ¹	khja²	dzjɨj¹
之	羯	耻	那	衣	张	若	僧	伽	时

𗣼	𗤛	𗏹	𗫵	𗵒	𗏵	𗰛	𘃊	𗉛	
nji²	rjar¹	dju¹	ku¹	sẽ¹	khja²	da²	wja²	lew²	
至	许	有	者，	僧	伽	言	许	应	

张羯耻那衣。若僧伽时至听者，僧伽应许

4.57.4

𗵒	𗏵	𗣠	𗏵	𗣼	𗤭	𗏳	𗡦	𗓁	𗤁	𗏇
sẽ¹	khja²	sjij¹	sjwɨ²	nji²	phji¹	tśhju¹	zẹw²	kja¹	tśhiə¹	no¹
僧	伽，	今	（某	甲）	苾	刍	差	羯	耻	那

𗾟	𗉞	𗓑	𘃽	（𗦻	𗀔）	𗵒	𗏵	𗎘	𗓁	
lhwu¹	phie²	phji¹	thji²	sjwɨ²	nji²	sẽ¹	khja²	·jij¹	kja¹	
衣	张	令，	此	（某	甲）	僧	伽	之	羯	

僧伽，今差某甲苾刍作张羯耻那衣人，此某甲当为僧伽张羯

4.57.5

𗏇	𗏇	𗾟	𗉞	𗣩	𗽎	𘃉	𘃽	𗢳	𘀄	𗉛
tśhiə¹	no¹	lhwu¹	phie²	mjijr²	·wji¹	mji¹	thji²	ŋwu²	·ji¹	lew²
耻	那	衣	张	者	为。	白	此	是	谓	所。

耻那衣。白如是。

4.57.6

𗢳	𗇋	𗰖	𗵒	𗣼	𘃽	𗤭	𗏵	（𗦻	𗀔）

tha²	tśhja²	sẽ¹	khja²	nji¹	thji²	phji¹	tśhjụ¹	sjwi²	nji²
大	德	僧	伽	听！	此	苾	刍	（某	甲）
𗹏	𗟤	𗼃	𗰜	𗥃	𗤫	𗷆	𗢁，	𗦲	𗦓
kja¹	tśhiə¹	no¹	lhwu¹	phie²	mjijr²	·wji¹	ŋwe¹	sjij¹	sẽ¹
羯	耻	那	衣	张	者	作	乐，	今	僧

大德僧伽听！此苾刍某甲乐作张羯耻那人，今为僧

4.58.1

𗦲	𗬊	𗹏	𗟤	𗰜	𗼃	𗥃	𗤫	𗦲	𗦓
khja²	·jij¹	kja¹	tśhiə¹	no¹	lhwu¹	phie²	mjijr²	sjij¹	sẽ¹
伽	之	羯	耻	那	衣	张	者。	今	僧
𗦲	𗥃	𗷆	𗢁	（𗤫	𗫂）	𗀇	𗹏	𗟤	𗰜
khja²	thji²	phji¹	tśhjụ¹	sjwi²	nji²	zẹw²	kja¹	tśhiə¹	no¹
伽	此	苾	刍	（某	甲）	差	羯	耻	那

伽张羯耻那衣。今僧伽差此苾刍某甲作张羯耻那

4.58.2

𗥃	𗤫	𗷆	𗩈，	𗬊	（𗤫	𗫂）	𗦓	𗦲	𗬊
phie²	mjijr²	·wji¹	tsjụ¹	thji²	sjwi²	nji²	sẽ¹	khja²	·jij¹
张	者	作	令，	此	（某	甲）	僧	伽	之
𗹏	𗟤	𗰜	𗼃	𗥃	𗷆。	𗴩	𗬥	𗤨
kja¹	tśhiə¹	no¹	lhwu¹	phie²	·wji¹	tjij¹	rjur¹	zjọ²
羯	耻	那	衣	张	为。	若	诸	寿

人，此某甲当为僧伽张羯耻那。若诸具寿

4.58.3

𗬥	（𗤫	𗫂）	𗬊	𗀇	𗹏	𗟤	𗰜	𗥃	𗤫	𗷆
ŋowr²	sjwi²	nji²	·jij¹	zẹw²	kja¹	tśhiə¹	no¹	phie²	mjijr²	·wji¹
具	（某	甲）	之	差	羯	耻	那	张	者	作
𗩈，	𗬊	（𗤫	𗫂）	𗦓	𗦲	𗬊	𗹏	𗟤	𗰜
tsjụ¹	thji²	sjwi²	nji²	sẽ¹	khja²	·jij¹	kja¹	tśhiə¹	no¹
令，	此	（某	甲）	僧	伽	之	羯	耻	那

听差某甲作张羯耻那人，此某甲当为僧伽张羯耻那

4.58.4

| 𗥃 | 𗷆 | 𗷆 | 𗹍 | 𗲸 | 𗥠 | 𗭬； | 𗴩 |

phie^2　·wji^1　rjar^1　dju^1　ku^1　mji^2　mji^2　lew^2　tjij^1
张　为　许　有　故　默　然　当；若

rjar^1　mjij^1　ku^1　rjir^2　tshjij^1　nji^2　sẽ　khja^2　thji^2
许　不　故　△　说　△　僧　伽　此

者默然；若不许者说。僧伽已听此

4.58.5　（某　甲）sjwɨ^2　nji^2　kja^1　tśhiə^1　no^1　phie^2　mjijr^2　·wji^1　tsjụ　thji　sjwɨ^2
（某　甲）羯　耻　那　张　者　作　令，此　（某

nji^2　sẽ^1　khja^2　·jij^1　kja^1　tśhiə^1　no^1　phie^2　mjijr^2　·wji^1
甲）僧　伽　之　羯　耻　那　张　者　作

某甲作张羯耻那人，此某甲当为僧伽作张羯耻那人竟。

4.58.6　rjar^1　dju^1　sẽ^1　khja^2　rjar^1　dju^1　mji^2　mji^2　nioow^1
许　有。僧　伽　许　有，默　然　故，

ku^1　ŋa^2　sjij^1　thji^2　sju^2　·jij^1　ŋa^2　·jɨ^2　lew^2
故　我　今　是　如　持　我　谓　所。

僧伽已听许，由其默然故，我今如是持。

4.59.1　kja^1　tśhiə^1　no^1　lhwu^1　tśjɨ^1　lu^2　nji　mji^1
羯　耻　那　衣　嘱　咐　二　白：

付[3]张羯耻那衣白二：

4.59.2　tśjɨ^1　nji^1　mji^1　kja^1　mo^2　·wji^1　dźjwa^1　nioow^1　lhwu^1
次　二　白　羯　磨　作　竟　已，衣

·jij[1]	ŋwu[2]	lhwu[1]	phie[2]	mjijr[2]	·jij[1]	tśji[1]	lu[2]	lew[2]
持	以	衣	张	者	之	嘱	咐	应。

次作白二羯磨，后持衣付张衣人。

4.59.3

thji[2]	sju[2]	·wji[1]	lew[2]
是	如	作	应。

如是应作。

4.59.4

tha[2]	tśhja[2]	sẽ[1]	khja[2]	nji[2]	thji[2]	lhwu[1]	ŋwu[2]	sẽ[1]	khja[2]
大	德	僧	伽	听！	此	衣	以	僧	伽

·jij[1]	kja[1]	tśhiə[1]	no[1]	lhwu[1]	·wji[1]	thji[2]	phji[1]	tśhjụ[1]
之	羯	耻	那	衣	作，	此	苾	刍

大德僧伽听！此衣当为僧伽作羯耻那衣，此苾刍

4.59.5

·jij[1]	sjwɨ[2]	nji[2]	sẽ[1]	khja[2]	kji[1]	zew[2]	lhwu[1]	phie[2]	mjijr[2]
之	（某	甲）	僧	伽	已	差	衣	张	者

·wji[1]	tsjụ[1]	tjij[1]	sẽ[1]	khja[2]	dzjij[1]	nji[2]	rjar[1]	dju[1]
作	令。	若	僧	伽	时	至	许	有

某甲僧伽已差作张衣人。若僧伽时至听

4.59.6

ku[1]	sẽ[1]	khja[2]	dạ[2]	wjạ[1]	lew[2]	sẽ[1]	khja[2]	sjij[1]	thjɨ[2]
者，	僧	伽	言	许	应	僧	伽，	今	此

lhwu[1]	ŋwu[2]	kja[1]	tśhiə[1]	no[1]	·wji[1]	sjwɨ[2]	nji[2]	phji[1]
衣	以	羯	耻	那	作	（某	甲）	苾

者，僧伽应许僧伽，今以此衣作羯耻那付某甲苾

4.60.1

𗼑	𗂝	𗼑	𗥰	𘋄	𗼑	𘝞	𗊫	𗊮
tśhjụ¹	·jij¹	tśjɨ¹	lu²	mjị¹	thji²	ŋwu²	·jị²	lew²
刍	之	付	张。	白	此	是	谓	所。

刍。白如是。

4.60.2

𘝞	𗊮	𗋽	𗥰	𘋄	𗼑	𗰖	𗼑	𗋽
tha²	tśhja²	sẽ¹	khja²	nji²	thji²	lhwu¹	ŋwu²	sẽ¹
大	德	僧	伽	听!	此	衣	以	僧

𗥰	𗂝	𗅁	𗑾	𗙏	𗰖	𗮷	𗼑	𘕿
khja²	·jij¹	kja¹	tśhiə¹	no¹	lhwu¹	·wji¹	thjɨ²	phji¹
伽	之	羯	耻	那	衣	作,	此	苾

大德僧伽听! 此衣当为僧伽作羯耻那衣，此苾

4.60.3

𗼑	(𗑚	𗿒)	𗂝	𗋽	𗥰	𗕑	𗰖	𗮷	𗾖
tśhjụ¹	sjwɨ²	nji²	·jij¹	sẽ¹	khja²	kjɨ¹	zẹw²	lhwu¹	phie²
刍	(某	甲)	之	僧	伽	已	差	衣	张

𗥰	𗏇	𗙏	𗬩	𘃵	𗵈	𗩾	𗢰	𗰖
mjijr²	·wji¹	phji¹	tjij¹	rjur¹	zjọ²	ŋowr²	sjij¹	thji²
者	作	令,	若	诸	寿	具	今	此

刍某甲僧伽已差作张衣人，僧伽今以此衣作羯耻那付某甲苾刍[4]。若诸具寿听将此

4.60.4

𗮷	𗼑	𗋽	𗥰	𗂝	𗅁	𗑾	𗙏	𗮷,
lhwu¹	ŋwu²	sẽ¹	khja²	·jij¹	kja¹	tśhiə¹	no¹	·wji¹
衣	以	僧	伽	之	羯	耻	那	作,

𗋽	𗥰	𗢰	𗰖	𗮷	𗼑	𗅁	𗑾
sẽ¹	khja²	sjij¹	thji²	lhwu¹	ŋwu²	kja¹	tśhiə¹
僧	伽	今	此	衣	以	羯	耻

衣为僧伽作羯耻那，僧伽今以此衣作羯耻

4.60.5

𗙏	𗮷	(𗑚	𗿒)	𗼑	𗼑	𗂝	𗼑	𗥰	𗮷
no¹	·wji¹	sjwɨ²	nji²	phji¹	tśhjụ¹	·jij¹	tśjɨ¹	lu²	rjar¹

那	作	（某	甲）	苾	刍	之	付	张	许
羗	縍	糀	糾	絥;	蒶	形	絧	縍	瓿
dju¹	ku¹	mjɨ²	mji²	lew²;	tjij¹	rjar¹	mjij¹	ku¹	rjir²
有	故	默	然	应;	若	许	不	故	△

那付某甲苾刍者默然；若不许者

4.60.6
縗	羙。	瀫	燹	瀫	莁	赦	瀫	燹	祢
tshjɨj¹	nji²	sẽ¹	khja²	thjɨ²	lhwu¹	ŋwu²	sẽ¹	khja²	·jij¹
说	△。	僧	伽	此	衣	以	僧	伽	之
膕	蹨	帗	豾,	（頝	絼）	侞	靫	祢	
kja¹	tśhiə¹	no¹	·wji¹	sjwi²	nji²	phji¹	tśhjų¹	·jij¹	
羯	耻	那	作,	（某	甲）	苾	刍	之	

说。僧伽已许此衣为僧伽作羯耻那，付某甲苾刍

4.61.1
庝	廗	豾	形	羗。	瀫	燹	形	羗	
tśjɨ¹	lu²	·wji¹	rjar¹	dju¹	sẽ¹	khja²	rjar¹	dju¹	
付	张	为	许	有。	僧	伽	许	有	
祇,	糀	糾	縬,	縍	瓿	玀	瀫	椀	
tsju̠¹	mjɨ²	mji²	nioow¹	ku¹	ŋa²	sjij¹	thji²	sju²	
令,	默	然	故,	故	我	今	是	如	

竟。僧伽已听许，由其默然故，我今如是

4.61.2
燹	瓿	劾	絥。
·jij¹	ŋa²	·jɨ²	lew²
持	我	谓	所。

持。

4.61.3
膕	蹨	帗	莁	薤	刻	瀫:
kja¹	tśhiə¹	no¹	lhwu¹	?	lew¹	mjɨ¹
羯	耻	那	衣	出	单	白:

出羯耻那衣单白：

4.61.4

dzjɨj¹	thjɨ²	phji¹	tśhjụ¹	lhwu¹	·wjɨ²	lhjij	dźjwa¹	nioow¹
时	此	苾	刍	衣	△	受	竟	已，

[dzjɨj²]①	phji¹	tśhjụ¹	rjir²	lhwu¹	zwər¹	rər¹	nji²	·wji¹
[余]	苾	刍	与	衣	浣	缝	等	作

时此苾刍既受衣已，应供余苾刍作浣染缝刺等，

4.61.5

……	śjij¹	kja¹	tśhiə¹	no¹	lhwu¹	dạ²	kha¹	ŋowr²	dzjɨj¹
……	式	羯	耻	那	衣	事	中	具	说。

tshjij¹	rjur¹	phji¹	tśhjụ¹	gu²	gu²	kja¹	tśhiə¹	no¹	lhwu¹
时	诸	苾	刍	共	同	羯	耻	那	衣

诸余轨式如羯耻那衣事中具说。时诸苾刍共受羯耻那衣，

4.61.6

·wjɨ²	lhjij	ŋwə¹	lhjɨ²	dźjwa¹	zjij¹	·wji¹	śjij¹	mji¹	dạ²
△	受，	五	月	毕	时，	作	法	不	知？

tha¹	do²	·jɨ²	śji²	tha¹	dạ²	tśjow¹	lhjɨ²	śja¹
佛	处	谓	往，	佛	言：	正	月	十

至五月满，不知云何[5]？白佛，佛言：至正月十

4.62.1

ŋwə¹	njɨ²	nji²	lhwu¹	phie²	mjijr²	sẽ¹	khja²	do²
五	日	至，	衣	张	者	僧	伽	处

渧：苾　敫　弑！　缵　舱　羰　弥　椀

---

①西夏文"敩"右部原残，据残存笔画和汉文本"余"拟补。
②西夏文"嫰靾糁"左部原残，据残存笔画和汉文本"缝等作"拟补。
③此处西夏文疑脱"诸余轨"。
④西夏文"嫰弑椀羰矬"左部原残，据残存笔画和汉文本"羯耻那衣事"拟补。

mji¹	rjur¹	tha²	tśhja²	na¹	rar²	kja¹	tśhiə¹	no¹
白:	诸	大	德!	明	日	羯	耻	那

五日，张衣之人白僧伽言：诸大德！明日当出羯耻那

4.62.2
lhwu¹	?	lew²	dźjwu¹	nji̱²	·jij¹	twu¹	lhwu¹	·wejr²
衣	出	当，	仁	等	自	各	衣	守

·jij¹	nji²	na¹	rar²	ɣa²	nji̱²	sẽ¹	khja²	zji¹
持	△。	明	日	上	至，	僧	伽	尽

衣，仁等各守持自衣。既至明日，僧伽尽

4.62.3
dzji̱²	śji¹	tśier¹	·ju²	bju¹	lew¹	phji¹	tśhju̱¹	gji̱²	zẹw²
集，	前	方	便	依，	一	苾	刍	有	差

lew¹	mji¹	kja¹	mo²	·wji¹	phji¹	thji̱²	sju²	·wji¹	lew²
单	白	羯	磨	作	令，	是	如	作	应：

集，作前方便已[6]，令一苾刍作单白羯磨[7]，如是应作：

4.62.4
[tha²	tśhja²]①	sẽ¹	khja²	nji²	sjij¹	thji̱²	dźjij¹	tji²	sẽ¹
大	德	僧	伽	听!	今	此	住	处	僧

khja²	dzow¹	ŋwej²	gu²	kja¹	tśhiə¹	no¹	lhwu¹	phie²
伽	和	合	共	羯	耻	那	衣	张。

大德僧伽听！于此住处和合僧伽共张羯耻那衣[8]。

4.62.5 [苾 刍 僧 伽 至]② 如 衣 时， 僧 伽

①西夏文"tha² tśhja²"原误作"端落"，据汉文本"大德"改。
②西夏文"苾刍僧伽至"五字原缺，据上下文和汉文本"若僧伽至时"拟补。

tjij¹	sẽ¹	khja²	dzjij¹	njɨ²	rjar¹	dju¹	ku¹	sẽ¹	khja²
若	僧	伽	时	至	允	有	者，	僧	伽
𗥔	𗾫	𗰿	𗤋	𗵒	𗤀	𗷖	𗷖	𗎫	
dạ²	wjạ¹	lew²	sẽ¹	khja²	sjij¹	gu²	gu²	kja¹	
言	许	应	僧	伽，	今	共	同	羯	

若僧伽至时听者，僧伽应许僧伽，今共出羯

4.62.6 [𗥔𗣼𗰿𗥃𗥔。𗤋𗥃𗟒]① 𗤋 𗥃。
tśhiə¹ no¹ lhwu¹ ·wjɨ² ? mjɨ¹ thjɨ² ŋwu² ·ji² lew²
耻 那 衣 △ 出。 白 此 是 谓 所。

耻那衣。白如是。

4.63.1 𗥔 𗤋 𗰿 𗥃 𗥔 𗰿 𗥃 𗣼， 𗤋 𗥃
tśhji¹ dzjij¹ rjur¹ phji¹ tśhjụ¹ lhwu¹ ? nioow¹ thjij² sjo²
是 时 诸 苾 刍 衣 出 已， 何 云
𗤋 𗥃？ 𗥃 𗥔： 𗰿 𗥃 𗥔 𗰿 𗥃 𗤋
mjɨ¹ dạ² tha¹ dạ² njɨ² rjur¹ phji¹ tśhjụ¹ lhwu¹ phie²
不 知？ 佛 言： 汝 诸 苾 刍 衣 张

时诸苾刍既出衣已[9]，不知云何？白佛。佛言：汝诸苾刍张衣

4.63.2 𗥔 𗤋 𗰿 𗥃 𗥔， 𗰿 𗥃 𗤋 𗣼，
mjijr² ɣạ² gjij¹ yie² rjir¹ lhwu¹ ? dźjwa¹ nioow¹
者 十 饶 益 得， 衣 出 竟 已，
𗤋 𗥃 𗥔 𗥃， 𗤋 𗥃 𗰿 𗥃 𗰿
thji² dạ² lə¹ lew² thji² dạ² ljwu¹ ku¹ dzwej¹
此 事 遮 应， 此 事 违 者 罪

之时得十饶益，衣既出已，此事应遮，违者得罪[10]。

4.63.3 [𗥃。𗥔 𗰿 𗤋 𗤋 𗥃 𗥔 𗰿 𗥃 𗤋
lhjụ² mər² tśhji² ŋowr² ŋowr² dju¹ tshjij¹ djij¹ ·jir² lew¹

---

① 西夏文"𗥔𗣼𗰿𗥃𗥔𗤋𗥃𗟒"八字原缺，据上下文和汉文本"耻那衣白如是"拟补。

得。	本	根	一	切	有	说	部	百	一
𗾽] ①	𗓽	𗵐	𗤌	𘊝		𗟲		𗗙	𗔿
kja¹	mo²	?	ljir¹	tsew²		gjij²		tụ¹	rar¹
羯	磨	卷	四	第		野		千	啰

根本说一切有部百一羯磨卷第四 野 千啰[11]

4.63.4

𗄦	𗈁	𗏹	𗏾	𗴽	𘝣	𗰣	𗧁	𗫨
ljij²	tji¹	śjwo¹	mjijr²	·ja²	xwa²	ŋwe²	mji¹	śjow¹
大	愿	发	者	野	获	嵬	名	铁

野获嵬名铁发大愿[12]

4.63.5

𗖰	𗴾	𗥔		𘜼	𗏾
lew¹	dźjow¹	njar¹		me²	ljir¹
一	遍	校		妹	勒

一遍校 妹勒[13]

4.63.6

𘜼	𗏾	𗜓	𗥔	𗍫	𗴾	[𗖰] ②
me²	ljir¹	·ji²	njar¹	nji̱¹	dźjow¹	lew²
妹	勒	重	校	二	遍	同

妹勒二遍重校同[14]

注释:

[1]彼答言,西夏文字面译作"答言"。

[2]令一苾刍作白羯磨,西夏文字面译作"令一苾刍作单白羯磨"。

[3]付,西夏文本译作"𗧁𗴽",义为"嘱咐"。

[4]僧伽今以此衣作羯耻那付某甲苾刍,西夏文本未译。

[5]不知云何,西夏文本译作"𗦆𘝣𗥔𗍫",义为"不知作法"。

[6]作前方便已,西夏文字面译作"作前方便"。

[7]令一苾刍作单白羯磨,西夏文字面译作"令有一苾刍差作单白羯磨",

---

① 西夏文"𘝣𗓽𗈁𗏹𗏾𗴽𗥔𗴾𗖰𗾽"十一字原缺,据首题和汉文本"得根本说一切有部百一羯"拟补。

② 西夏文"𗖰"左部原缺,据残存笔画拟补。

疑西夏文衍"𗉔𗥤"两字。

[8]于此住处和合僧伽共张羯耻那衣，西夏文字面译作"今此住处和合僧伽共张羯耻那衣"。

[9]时诸苾刍既出衣已，西夏文字面译作"是时诸苾刍既出衣已"。

[10]违者得罪，西夏文本译作"𗡪𗾰𗈂𗣼𗵘𗢳"，义即"此事违者得罪"。

[11]西夏文本卷尾经题"𗰖𗦟𗙏𗙏𗾰𗝠𗹦𗯿𗖰𗥤𗈋𗋽𗰵𘃸𗥶𗴂"（根本说一切有部百一羯磨卷第四）后有函号"𗵘"*gjij²（野）和"𗢳𗪼"（千啰），汉文本无。

[12]西夏文本此处有题款"𗗙𗊴𗤱𗜓𗗙𘂤𗒍𗉲𘐩𗵒"（野获嵬名铁发大愿），汉文本无。

[13]西夏文本此处有"𘃸𗉈𘝿𗥄𘃽"（一遍校妹勒），汉文本无。党项有妹勒都逋其人，为西夏监军，以骁勇善战著名。宋元符元年（1098年）西夏军围平夏城（今宁夏固原北）猛攻十余日，不克而还。妹勒都逋等懈驰无备，被宋泾原经略使章楶遣将夜袭，与统军嵬名阿埋同被俘，西夏军大败。此战为宋夏战争中著名的"平夏城之战"。

[14]西夏文本此处有"𘝿𗥄𘝿𘝶𗫚𗉈𘃽"（妹勒二遍重校同），汉文本无。

附：《根本说一切有部百一羯磨》卷第四汉文本（【　】内标示的内容西夏文本已佚）

根本说一切有部百一羯磨卷第四

　　　三藏法师义净奉　　制译

褒洒陀一切僧伽有罪单白

若十五日褒洒陀时，一切僧伽悉皆有犯，然无一人能向余住处对清净苾刍如法说悔，可令我等对彼苾刍如法悔除其罪。一切僧伽但为单白羯磨而作长净，后向余住处当说其罪。次作单白，应如是作：

大德僧伽听！今僧伽十五日作褒洒陀，于此住处一切僧伽悉皆有犯，然无一人能向余住处对清净苾刍说除其罪，可令僧伽对彼苾刍如法说悔。若僧伽时至听者，僧伽应许僧伽，今作单白羯磨为褒洒陀，后向余住处当如法除罪，白如是，作斯事已，方为长净，不应废阙。若不尔者，得越法罪。

若十五日褒洒陀时，一切僧伽于罪有疑，然无一人能向余住处，就解三藏苾刍，请决疑罪，可令我等对彼苾刍决除疑罪。一切僧伽但作单白羯磨为褒洒陀，后向余住处请除疑已，当如法除罪。应如是作：

大德僧伽听！今僧伽十五日为褒洒陀，于此住处一切僧伽于罪有疑，然无一人能向余住处，就解三藏苾刍请决疑罪，可令僧伽对彼苾刍决除其罪。若僧伽时至听者，僧伽应许僧伽，今作单白羯磨为褒洒陀，后向余住处请决疑已，当如法除罪。白如是。作单白已方为长净。若不尔者，得越法罪。

具寿邬波离请世尊曰：大德！有苾刍犯罪，颇得对有犯罪人说悔罪不？佛言：不合。若如是者对何人说悔？佛言：对非同分者，说除其罪。大德！云何同分罪？云何非同分罪？佛言：波罗市迦望波罗市迦为同分，望余非同分；僧伽伐尸沙望僧伽伐尸沙为同分，望余非同分；波逸底迦乃至突色讫里多，准上应知。

褒洒陀单白：

若诸苾刍有犯罪者，至褒洒陀时，既作如上法已，应说波罗底木叉戒经。既说序已，应作单白羯磨，应如是作：大德僧伽听！今僧伽黑月十四日作褒洒陀。若僧伽时至听者，僧伽应许僧伽，今作褒洒陀，说波罗底木叉戒经。白如是。次应说戒（上来是大僧作法；若有苾刍尼作法，准事应为）。

褒洒陀时不来白二：

若长净时，复非结界，有癫狂苾刍不能与欲、不堪扶异，佛言：应作羯磨，令众无犯，应如是作：若有余事不得来集，准此应为。

大德僧伽听！彼苾刍某甲癫狂病发，不能与欲、不堪扶异，僧伽今与作病患羯磨，令众无犯。若僧伽时至听者，僧伽应许僧伽，今与苾刍某甲病患羯磨。白如是。羯磨准白成。

差分卧具人白二：

如世尊说：汝诸苾刍至五月十六日，应夏安居时。诸苾刍不知云何作夏安居？佛言：欲至安居日，预分房舍僧伽所有卧具诸坐毡等，下至洗足盆，并须将集，悉皆均分。诸苾刍等不知何人应分？佛言：分卧具等有十二种人，具五法者应差。若无五法，未差不应差，已差应舍。云何为五？有爱、恚、怖、痴、有卧具分与不分不能办了。其十二种人，若翻前五，未差应差、已差不应舍。作前方便，如是应差。次应问言：汝某甲能为夏安居僧伽作分卧具苾刍不？彼答言：能。令一苾刍作白二羯磨差。

大德僧伽听！此苾刍某甲能为夏安居僧伽作分卧具人。若僧伽时至听者，僧伽应许僧伽，今差某甲为夏安居僧伽作分卧具人。白如是。

大德僧伽听！此苾刍某甲能为夏安居僧伽作分卧具人，僧伽今差此苾刍某甲为夏安居僧伽作分卧具人。若诸具寿听差此苾刍某甲为夏安居僧伽作分卧具人者默然，若不许者说，僧伽已听差此苾刍某甲为夏安居僧伽作分卧具人竟。僧伽已听许，由其默然故，我今如是持。

差藏衣人白二：

大德僧伽听！此苾刍某甲能与僧伽作掌衣物人。若僧伽时至听者，僧伽应许僧伽，今差此苾刍某甲作掌衣物人。白如是。羯磨准成。

差分衣人白二：

大德僧伽听！此苾刍某甲能与僧伽作分衣人。若僧伽时至听者，僧伽应许僧伽，今差此苾刍某甲作分衣人。白如是。羯磨准白成。

差藏器物人白二：

大德僧伽听！此苾刍某甲能与僧伽作藏器物人。若僧伽时至听者，僧伽应许僧伽，今差苾刍某甲作藏器物人。白如是。羯磨准白成（余八羯磨准事成）。

至五月十五日，授事苾刍所有行法，我今当说。授事人应扫涂房舍令清净已，应告白言：诸大德！明日僧伽作夏安居。所有诸事咸应思念，其授事人看人多少可为办筹，其筹不得粗恶曲捩，以香水洗香泥涂拭，安净槃中鲜花覆上，以净物覆之，鸣揵稚集大众，筹槃安上座前，次宣告：僧伽安居制令，如律广明。次后上座应作单白。

一切僧伽夏安居单白：

大德僧伽听！今僧伽十五日欲作夏安居。若僧伽时至听者，僧伽应许僧伽，今日受筹、明日安居。白如是。

其授事苾刍擎筹槃在前，收筹者持空槃随后，大师教主先下一筹，次向上座前住，上座离本座蹲踞合掌，受取其筹，然后置空槃上，如是至末。若有求寂，阿遮利耶或邬波驮耶代受取筹。次下护寺天神筹。既总行已，应数其筹白大众言：于此住处现受筹者，苾刍有尔许，求寂尔许。又分房舍人，乃至半月检阅房舍受用轨仪，不如法者治罚之式，如律广明。

至十五日众和集时，其授事人应为告白：诸具寿！今此住处有尔许人，明日当依某甲施主，依某村坊为乞食处，以某甲为给侍人，某甲为瞻病人，应作安居。诸苾刍众应捡行邻近村坊乞食之处。既观察已，各自念言：我于此处堪作安居，及同梵行者令忧恼不生，设复生时速能除灭，所有欢乐未生令生，已生者劝令增进，我当于此巡行之处邻近村坊乞食，不生劳苦。若我病患，有供侍人给我医药，诸有所须皆悉充济。作是念已，应向屏处对一苾刍蹲踞合掌，作如是说：

具寿存念！今僧伽五月十六日作夏安居，我苾刍某甲亦于五月十六日作夏安居。我苾刍某甲于此住处界内前三月夏安居，以某甲为施主、某甲为营事人、某甲为瞻病人，于此住处，乃至若有圮裂穿坏，当修补之，我于今夏在此安居。第二、第三亦如是说。所对苾刍应云：奥箄迦。说安居者答云：娑度。苾刍两众咸对苾刍说，苾刍尼三众并对苾刍尼说。

差看检房舍人白二：

时诸苾刍既至夏中，于寺房廊多有诸鸟，养雏儿卵遂生喧噪。以缘白佛，佛言：应差执竿杖苾刍巡寺检察巢无儿卵，应可除弃；有者待去方除。复多蜂窠，佛言：观察无儿应弃，必有蜂儿，将线缕系，由此缘故，便不增长。如是应差，鸣揵稚众集已，应先问言：汝某甲能为僧伽作看检房舍人不？彼答言：能。令一苾刍作白二羯磨：

大德僧伽听！此苾刍某甲能为僧伽作看检房舍人。若僧伽时至听者，僧伽应许僧伽，今差此苾刍某甲作看检房舍人。白如是。羯磨准白成。

既被差已，看检房舍苾刍应半月半月巡行房舍，观其卧具。若有苾刍将疏薄垢腻破碎之物用替僧祇卧具毡席者，若是老宿，白大众知，夺其卧具；若是少年，应白二师方收卧具。其授事人，如我所说不依行者，得越法罪。此应番次差作。

具寿邬波离请世尊曰：大德！如世尊说：应作安居。诸苾刍众不知谁合安居？佛言：谓出家五众。何者为五？一者、苾刍，二者、苾刍尼，三者、正学女，四者、求寂男，五者、求寂女。此之五众合作安居，如有违者，皆得恶作罪。

受日出界外白二：

尔时具寿邬波离请世尊曰：大德！如世尊说：夏安居苾刍不应界外辄为止宿者，诸苾刍众于其界外有三宝事及别人事须出界外，即便不敢出界。白佛，佛言：必有因缘，我今听诸苾刍守持七日法出界外。时诸苾刍不知是何等事？佛言：谓三宝事、邬波索迦事、邬波斯迦事、苾刍、苾刍尼事、式叉摩拏、求寂男、求寂女事，或是亲眷请唤因缘、或为外道除去恶见、或于三藏请他除疑，或于自行未得令得、未证令证、未解令解，斯等皆应守持七日出界外。具寿邬波离请世尊曰：大德！如向所说：应守持七日法出界行者，于谁边守持？佛言：随时对一苾刍蹲踞合掌，作如是说：

具寿存念！我苾刍某甲于此住处，或前或后三月夏安居。我苾刍某甲为某事因缘故，守持七日出界外，若无难缘还来此处。我于今夏在此安居。第二、第三亦如是说。所对之人应云：奥箄迦。守持日者答言：娑度。

尔时憍萨罗国胜光大王与给孤独长者，久在边隅为有防固。时此长者思念圣众，便启王知。王即令使勅留守臣曰：在彼圣众，卿勿与教，方便请求，与吾相见。是时大臣遂怀密计，令诸圣众自诣王军。是时大臣至逝多园，以绳絣络，诸苾刍众问言：贤首！汝何所作？答言：圣者！大王有勅，今欲于此穿渠泄水。（其事广说，如《目得迦第五卷》中具述）

苾刍报曰：仁应且住！我当白王，共为商度。苾刍问曰：今日欲去，可得还不？答言：不得。二日、三日乃至七日颇得还不？答言：不得。时诸苾刍以缘白佛，佛言：有大众事，我听苾刍守持四十夜出界外。如世尊说：守持四十夜出界行者。诸苾刍不知云何守持？佛言：先敷座席、鸣捷稚。众既集已，应可问能：汝某甲能为僧伽守持四十夜出界外行不？彼应答言：我能。若二人多人并如是问。次一苾刍先作白已，方为羯磨：

大德僧伽听！此苾刍某甲于此住处界内，或前或后三月夏安居。此苾刍某甲今欲守持齐四十夜，为僧伽事故出界外，此人今夏在此安居。若僧伽时至听者，僧伽应许僧伽，今与此苾刍某甲守持四十夜，为僧伽事故出界外，此人今夏在此安居。白如是。大德僧伽听！此苾刍某甲于此住处界内，或前或后三月夏安居，此苾刍某甲今欲守持齐四十夜，为僧伽事故出界外，此人今夏在此安居。僧伽今与此苾刍某甲守持四十夜，为僧伽事故出界外，此人今夏在此安居。若诸具寿听与此苾刍某甲守持四十夜，为僧伽事故出界外，此人今夏在此安居者默然。若不许者说，僧伽已与此苾刍某甲守持四十夜，为僧伽事故出界外，此人今夏在此安居竟。僧伽已听许，由其默然故，我今如是持。

具寿邬波离请世尊曰：如为二人、三人作羯磨时，当云何作？佛言：随名牒作。

具寿邬波离请世尊曰：大德！颇合守持一日夜不？佛言：得。如是颇得守持两夜三夜，乃至四十夜不？佛言：得。大德！颇得守持过四十夜不？佛言：不合。若如是者有何过失？佛言：一夏之中应多居界内，少在界外。

大德！守持一夜、二夜、三夜乃至七夜，对谁作法？佛言：应对一人。若过七夜已去，当云何作？佛言：过七夜已去，乃至四十夜，并从僧伽而秉其法，随有事至准其多少量缘受日。

如世尊说：若于乞食病药所须，及看病人有废阙者，听随情去。若有女男半择迦为碍缘者，亦不应居。若有八难事有缘出界外，逢此难时，不还者不名失夏，以有障缘故。斯等诸文，安居事中广明。

差作随意人白二：

如世尊说：夏安居已，汝诸苾刍应于众中以三事见闻疑而为随意。时诸苾刍不知云何作随意事？佛言：汝等苾刍去随意日有七八日在，当于随近村坊预为宣告、或可言陈、或书纸叶、在棚车上高声告语，令远近咸知：仁等苾刍、苾刍尼及求寂等，诸施主辈、若老、若少悉可谛听，某寺僧伽当作随意，仁等至时于供养事咸共修营。诸少年苾刍应共扫洒所居寺宇，以新瞿摩可净涂拭，制底香台并为庄校。诸旧住人应可营造诸好美膳，随时供设。有解三藏苾刍及持经者，至十四日夜，应通宵诵经。至十五日宜可知时作随意事，勿过明相。大众许已，差随意苾刍或一、或二，乃至众多。受随意苾刍要具五德：不爱、不恚、不怖、不痴、随意非随意善能了别。具斯五法，未差应差，已差不应舍；若翻前五，未差不应差，已差应舍。如是应差。作前方便，众既集已，先应问能：汝某甲颇能为出夏僧伽以三事见闻疑而为随意不？彼答言：能。次一苾刍应先作白已，方为羯磨：

大德僧伽听！此苾刍某甲今为夏坐僧伽作随意苾刍。若僧伽时至听者，僧伽应许僧伽，今差某甲当为夏坐僧伽作随意苾刍。白如是。

大德僧伽听！此苾刍某甲今为夏坐僧伽作随意苾刍，僧伽今差某甲当为夏坐僧伽作随意苾刍。若诸具寿听某甲当为夏坐僧伽作随意苾刍者默然，若不许者说。僧伽已听某甲当为夏坐僧伽作随意苾刍竟。僧伽已听许，由其默然故，我今如是持。

如世尊说：作随意苾刍所有行法，我今当说：受随意苾刍应行生茅与僧伽为座。若一人为受随意者，应从上座为随意，乃至下座。若二人者，一从上座受随意，一人从半已下至终。若差三人者，从三处起。准义可知。

诸苾刍等并居茅座蹲踞而住，次后上座应为单白：

大德僧伽听！今僧伽十五日作随意事。若僧伽时至听者，僧伽应许僧伽，今作随意。白如是。

其受随意苾刍，向上座前蹲踞而住，上座应就茅座蹲踞合掌，作如是说：具寿存念！今僧伽十五日作随意，我苾刍某甲亦十五日作随意。我苾刍某甲对僧伽向大德以三事见闻疑作随意事。大德僧伽摄受教示我，饶益哀愍我。是能愍者，愿哀愍故。若知见罪，我当如法如律而为说悔。第二、第三亦如是说。随意苾刍应报彼曰：奥箄迦。答云：娑度。如是次第乃至行终。若二人、三人应可更互为随意事，作法准知，作法既了。

次唤苾刍尼众令入众中，随意苾刍在一边坐，尼至其所，如大苾刍作随意法。

次唤式叉摩拏、求寂男、求寂女，一一对受随意者，作法同前（如其不能诵得文者，纸抄读之，亦成非损）。其受随意苾刍向上座前立，作如是言：大德诸姊妹！二部僧伽已作随意竟。二部僧伽并应唱言：善哉已作随意！极善已作随意！唱者善。如不唱者，得恶作罪。

若至此时，出家五众，或兼俗旅，各以刀子、针线及巾帛等，共为解夏，供养现前众。其受随意苾刍应持小刀子，或将针线，或持诸杂沙门资具等，在上座前立，作如是言：大德！此等之物颇得与安居竟人作随意施不？若于此处更得诸余利物，和合僧伽应合分不？举众同时答云：合分。若异此者，随意苾刍及大众得越法罪。

具寿邬波离请世尊曰：大德！至随意日，有病苾刍不能赴集，此欲如何？佛言：如十五日褒洒陀时，应与欲净，至随意时准长净法，与其欲净。应如是说：具寿存念！今僧伽十五日作随意，我苾刍某甲亦十五日作随意。我苾刍某甲自陈遍净，无诸障法，为病患因缘故，彼如法僧伽事，我今清净与欲随意。此所陈事，当为我说。第二、第三亦如是说。余如身语表业，准长净法。应知如长净时，苾刍忆所犯罪、或有疑罪，众中忆所犯罪、或有疑罪，或复僧伽咸悉有罪、乃至疑罪，应作单白守持，于随意时有罪疑罪类，彼应知此中别者，随意苾刍众中忆罪，或是疑罪随时说悔。

作随意时众中诤罪单白：

若作随意时，众因论说罪之轻重，诤事纷纭，僧伽应作单白共决其罪。如是应作：

大德僧伽听！今僧伽十五日作随意事，于此众中有诤事起，论说轻重妨废法事，僧伽今欲求决其罪。若僧伽时至听者，僧伽应许僧伽，今共决断其罪。白如是。

作随意时众中决定罪单白：

既作白已，当问三藏能决断者，依法依律决其罪事。若决定已，应更作白告众令知。罪已决定识其轻重，不应更说。如是应作：

大德僧伽听！今僧伽十五日作随意事，众因论说罪之轻重，妨废法事，僧伽今已于罪如法决断。若僧伽时至听者，僧伽应许僧伽，今共决罪讫更不得言。白如是。

又如一人、二人、三人作褒洒陀，随意亦尔。一人、二人、三人、四人，咸皆对首应作。若满五人即应作白为随意事。作随意者，应差许可。设有病人应将入众，如有六人或复过此，咸作单白为随意事。作随意时，若有病人应取欲净，不对俗人求寂半择迦等，并须清净复须同见一处应作，然我不许不为随意。

时诸苾刍先因斗诤共相论说，各怀嫌恨，共在一处而作随意，佛言：不应怨嫌未息共为随意，先可忏摩，后当作法。

时彼苾刍于大众中而求忏摩，斗诤苾刍不背容恕，佛言：去随意时有七八日在，应须更互而求忏摩，方为随意。是时僧伽咸相愧谢，婆罗门众及诸俗旅便生讥议：但是苾刍，皆有雠隙。佛言：有嫌恨者请求愧谢。既容恕已，随年礼敬展转怀欢方为随意，无嫌隙者无劳致谢。时诸苾刍既随意已，即于此日更为长净，佛言：随意即是清净，无劳说戒。

处分衣物将作羯耻那衣白二：

时有众多苾刍夏安居了，随意事竟，诣逝多林，礼世尊足。路逢天雨三衣皆湿，擎持极难。至逝多林，安置衣钵，洗足已礼世尊足，佛言：住止安乐、乞食易不？白言：大德！我等疲顿来至于此。佛作是念：我今云何令诸苾刍得安乐住，并诸施主福利增长，[应听诸苾刍随意竟，至十六日张羯耻那衣。张此衣时，于五月中得十饶益，凡于其处所得利物，取一好者作羯耻那衣。至八月十四日白众令知，敷座席作前方便，准上应为。令一苾刍作白羯磨：大德僧伽听！此衣是此处夏安居僧伽所获利物，]僧伽今共将此衣作羯耻那。此衣当为僧伽张作羯耻那。若张衣已，虽出界外，所有三衣尚无离过，何况余衣！若僧伽时至听者，僧伽应许僧伽，今将此衣当为僧伽张作羯耻那。若张衣已，虽出界外，所有三衣尚无离过，何况余衣！白如是。羯磨准白成。

差张羯耻那衣人白二：

时诸苾刍既作法已，将此衣财作羯耻那衣竟，白佛。佛言：差一苾刍具五德者，作张衣人。鸣犍稚，作前方便，众既集已，先应问言：汝某甲能为僧伽作张羯耻那衣人不？彼答言：能。令一苾刍作白羯磨：

大德僧伽听！此苾刍某甲乐作张羯耻那人，今为僧伽张羯耻那衣。若僧伽时至听者，僧伽应许僧伽，今差某甲苾刍作张羯耻那衣人，此某甲当为僧伽张羯耻那衣。白如是。

大德僧伽听！此苾刍某甲乐作张羯耻那人，今为僧伽张羯耻那衣。今僧伽差此苾刍某甲作张羯耻那人，此某甲当为僧伽张羯耻那。若诸具寿听差某甲作张羯耻那人，此某甲当为僧伽张羯耻那者默然；若不许者说。僧伽已听此某甲作张羯耻那人，此某甲当为僧伽作张羯耻那人竟。僧伽已听许，由其默然故，我今如是持。

付张羯耻那衣白二：

次作白二羯磨，后持衣付张衣人。如是应作。

大德僧伽听！此衣当为僧伽作羯耻那衣，此苾刍某甲僧伽已差作张衣人。若僧伽时至听者，僧伽应许僧伽，今以此衣作羯耻那付某甲苾刍。白如是。

大德僧伽听！此衣当为僧伽作羯耻那衣，此苾刍某甲僧伽已差作张衣人，僧伽今以此衣作羯耻那付某甲苾刍。若诸具寿听将此衣为僧伽作羯耻那，僧伽今以此衣作羯耻那付某甲苾刍者默然；若不许者说。僧伽已许此衣为僧伽作羯耻那，付某甲苾刍竟。僧伽已听许，由其默然故，我今如是持。

出羯耻那衣单白：

时此苾刍既受衣已，应供余苾刍作浣染缝刺等，诸余轨式如羯耻那衣事中具说。时诸苾刍共受羯耻那衣，至五月满，不知云何？白佛，佛言：至正月十五日，张衣之人白僧伽言：诸大德！明日当出羯耻那衣，仁等各守持自衣。既至明日，僧伽尽集，作前方便已，令一苾刍作单白羯磨，如是应作：大德僧伽听！于此住处和合僧伽共张羯耻那衣。若僧伽至时听者，僧伽应许僧伽，今共出羯耻那衣。白如是。时诸苾刍既出衣已，不知云何？白佛。佛言：汝诸苾刍张衣之时得十饶益，衣既出已，此事应遮，违者得罪。

根本说一切有部百一羯磨卷第四

【经文出处】《大正藏》第 24 册 No.1453《根本说一切有部百一羯磨》

第六章　西夏文《根本说一切有部目得迦》释读

第一节　《根本说一切有部尼陀那目得迦》简介

　　《根本说一切有部尼陀那目得迦》，又名《有部尼陀那目得迦》，梵文 Nidānamātrikā 的音译，指佛教根本说一切有部之戒律。又作《根本有部尼陀那》《根本有部目得迦》《有部尼陀那》和《有部目得迦》。唐代义净于景龙四年（710 年）译，共十卷。其中《尼陀那》五卷，《目得迦》五卷，合而称之为《尼陀那目得迦》十卷。唐智升《开元释教录》卷九有著录，但误称译时为"长安三年（703 年）十月"。载于《丽藏》"别"函、《宋藏》"尊"函、《金藏》"别"函、《元藏》"尊"函、《明藏》"睦"函、《清藏》"睦"函、《频伽藏》"寒"帙，收入《大正藏》第 24 册。关于《根本说一切有部尼陀那目得迦》的提要简介，本节主要参照陈士强先生在《大藏经总目提要·律藏一》中的叙述，下文不再专门出注[①]。

　　该书是后期说一切有部所传的律事的补充和解释。内容叙及僧众日常生活中的各种大小行事和器物，如受戒、说戒、结界、安居、房舍、衣钵、饮食、医药、羯磨、法会、布施、佛塔、菩萨像、行、住、坐、卧、洗浴、器物等。全书由两部分组成：前五卷为《根本说一切有部尼陀那》，"大门总摄颂"载："初明受近圆，次分亡人物。圆坛并户钩（长行作"镮"），菩萨像五门。"[②]即《尼陀那》分"受近圆""分亡人物""圆坛""户镮"和"菩萨像"五门。后五卷为《根本说一切有部目得迦》。"大门总摄颂"载："最初为忏谢，第二定属物。

---

　　① 详见陈士强：《大藏经总目提要·律藏一》，上海：上海古籍出版社，2015 年，第 566—574 页。
　　② ［日］高楠顺次郎、渡边海旭等：《大正新修大藏经》第 24 册，东京：大正一切经刊行会，1934 年，第 415 页上栏。

第三资具衣，目得迦总颂。"①即《根本说一切有部尼陀那目得迦》分"忏谢"（指忏悔道歉）、"定属物""资具衣"三门，最后为"总颂"。但书中实际所述为四门，即最后一门为"与田分"，而非"目得迦总颂"。书名中的"尼陀那"，意译"因缘""缘起"，指佛讲经说法和制定戒律的原委，为"十二部经"之一；"目得迦"，音译又作"摩得勒伽"，意译"本母"，相当于"论"。该书的体例是摄颂与长行的组合。其中，摄颂分"大门总摄颂""别门总摄颂""子摄颂"三级。

该书"尼陀那"和"目得迦"中，有不少事例与《十诵律》卷四十八的起首部分，以及卷六十一《毗尼中杂品》《因缘品》所述相同，特别是"尼陀那"部分内容，与《十诵律》卷四十八的起首部分大致相同的地方尤多，故两书存在一定的学术渊源。

另外，该书卷五提到"羯磨白二准此应作，如《百一》中说"②，这里说的《百一》，是指唐义净译《根本说一切有部百一羯磨》十卷。据此判断，该书又与《根本说一切有部百一羯磨》成书于同一时期。

第二节 《根本说一切有部目得迦》缀合

义净译《根本说一切有部目得迦》全书十卷，西夏译本仅存卷十。俄藏инв. № 357 卷首现存部分共 47 折，至"第十子摄颂曰"以下残缺。俄藏инв. № 3757 现存部分为第 48 折至第 51 折，即卷尾 4 折，首行每字后残右半，始于"裙及僧脚敧"至卷尾。

这两个编号是由同一个写本断裂而成的，其结合部所据的汉文见《大正藏》第 24 册第 673 页上栏。下面引文中的"‖"号表示断裂处：

> 第十子摄颂曰：‖
> 裙及僧脚敧，香泥污衣洗，
> 取食除多分，须知十种尘。
> 时诸苾刍裙被油污，遂令气臭。时诸苾刍以缘白佛，佛言："应畜副裙。"乃至僧脚敧污，污亦流彻湿污大衣，佛言："应畜副僧脚敧。"时诸苾刍设大供养，被诸香泥末香及油沾坏衣服，以缘白佛，佛言："若末

① 参见《根本说一切有部尼陀那目得迦》卷六，《大正藏》第 24 册，第 435 页下栏。
② 参见《根本说一切有部尼陀那目得迦》卷五，《大正藏》第 24 册，第 433 页上栏。

香损者应须抖擞然后方披，香泥污者洗已应披。若被油污，应以澡豆灰等洗去油腻然后应披。”时诸苾刍正受食时，未及受得遂便堕地，应更受食，授者若无，应自取已，除去多分，方可食之。于其羹汁别汁堕中，佛言：“应多泻却，余者应食。”时诸苾刍入行乞食，风雨卒至尘堕钵中，生疑不食。又正食时尘入钵内，佛言：“汝诸苾刍有五种尘。云何为五？一、触尘，二、非触尘，三、净尘，四、不净尘，五、微尘。此中触尘若堕衣者，应可洗除。若堕钵中，除已方食。复有五尘：一、食尘，二、饮尘，三、衣尘，四、花尘，五、果尘。此等诸尘眼可见者，受已而食，不可见者随意应食。”

相应的西夏文如下：

инв. № 357：

[illegible]：

инв. № 2737：

[illegible]，[illegible]，

[illegible]□□□，[illegible]。

[illegible]，[illegible]。[illegible]，[illegible]：“[illegible]。”[illegible]，[illegible]，[illegible]：“[illegible]。”[illegible]，[illegible]，[illegible]，[illegible]：“[illegible]，[illegible]。[illegible]，[illegible]。”[illegible]，[illegible]，[illegible]，[illegible]，[illegible]，[illegible]，[illegible]。[illegible]，[illegible]：“[illegible]，[illegible]。”[illegible]，[illegible]，[illegible]。[illegible]，[illegible]：“[illegible]。[illegible]？[illegible]、[illegible]，[illegible]、[illegible]，[illegible]、[illegible]，[illegible]、[illegible]，[illegible]、[illegible]。[illegible]，[illegible]。[illegible]，[illegible]。[illegible]：[illegible]、[illegible]，[illegible]、[illegible]，[illegible]、□□，□、□□，□、□[illegible]。[illegible]，[illegible]□□[illegible]，[illegible]。”

[illegible]

[illegible]

这段文字可以译注如下：

第十子摄颂曰：

裙及僧脚敧，香泥污衣洗，

取食除多分[1]，须知十种尘。

时诸苾刍裙被油污，遂令气臭。时诸苾刍以缘白佛，佛言："应畜副裙。"乃至僧脚敧污，亦污大衣[2]，佛言："应畜副僧脚敧。"时诸苾刍设大供养，被诸香泥末香及油沾坏衣服，此事以缘白佛[3]，佛言："若末香损者应须抖擞然后方披，香泥污者洗已应披。若被油污，应以澡豆灰等洗去油腻然后应披。"时诸苾刍正受食时，未及受得遂便堕地，应更受食，授者若无，应自取已除去多分方可食之。于其羹汁别汁堕中，佛言："应多泻却，余者应食。"时诸苾刍入行乞食，风雨卒至尘堕钵中，生疑不食。又正食时尘入钵内，佛言："汝诸苾刍有五种尘。云何为五？一、触尘，二、非触尘，三、净尘，四、不净尘，五、微尘。此中触尘若堕衣者，应可洗除。若堕钵中，除已方食。复有五尘：一、食尘，二、饮尘，三、衣尘，四、花尘，五、果尘[4]。此等诸尘眼可见者，受已而食[5]，不可见者随意应食。"

根本说一切有部目得迦卷第十　仪[6]

校同

[1]2737 号写本此处残三字，参照上下文可补作"𗵆𗠁𗙴"（除多分）。

[2]亦污大衣，汉文本作"污亦流彻湿污大衣"。

[3]此事以缘白佛，汉文本作"以缘白佛"。

[4]2737 号写本此处残七字，参照上下文可补作"𗈁𗑟，𗐯、𗍫𗑟，𗰗、𗥃"（衣尘，四、花尘，五、果）。

[5]2737 号写本此处残两字，参照上下文可补作"𗼑𗡪"（已食）。

[6]西夏文"𘈈"*wer¹（仪），当与汉文千字文类似的西夏文函号。

至此我们确认俄藏《大乘阿毗达磨集论》的 инв. № 357 和 инв. № 2737 两件写本可以缀合。

第三节　《根本说一切有部目得迦》卷十释读

西夏文《根本说一切有部目得迦》卷十，今藏于俄罗斯科学院东方文献研究所，两个抄件分别编号为 инв. № 357 和 инв. № 2737，译自唐义净汉文本《根本说一切有部尼陀那目得迦》卷十，内容相当于汉文本的开头至结尾。

释读:

10.1.1 西夏文: [西夏文] [西夏文] [西夏文] [西夏文] [西夏文] [西夏文] [西夏文] [西夏文]

拟音:	mər²	tśhji²	ŋowr²	ŋowr²	dju¹	tshjij¹	djij¹	bọ²
对译:	本	根	一	切	有	说	部	目

西夏文: [西夏文] [西夏文] [西夏文] [西夏文] [瑹]① [瓱]②

拟音:	te¹	kja¹	?	ɣạ²	tsew²		wer¹
对译:	得	迦	卷	十	第		玉

汉文本: 根本说一切有部目得迦卷第十 玉[1]

10.1.2 [西夏文] [西夏文] [西夏文] [西夏文] [西夏文] [西夏文] [西夏文] [西夏文] [西夏文]:

lew¹	tsew²	war²	ɣjiw¹	lja¹	kha¹	kji¹	rjir²	dạ
一	第	子	摄	颂	中	△	余	曰:

大唐三藏法师义净奉制译[2]第一子摄颂之余:

10.1.3 [西夏文] [西夏文] [西夏文] [西夏文] [西夏文] [西夏文] [西夏文] [西夏文] [西夏文],

tśhjɨ¹	zjọ²	tha¹	śji²	lo¹	·wa¹	we²	·u²	dźjij¹
尔	时	佛	室	罗	伐	城	中	在,

[西夏文] [西夏文] [西夏文] [西夏文] [西夏文] [西夏文] [西夏文] [西夏文]

dźjij¹	rejr²	źji²	mjijr²	dzjwo²	tha¹	sẽ¹	·jij¹
时	多	卖	者	人,	佛	僧	之

尔时佛在室罗伐城,多有商人,请佛及僧,

10.1.4 [西夏文], [西夏文] [西夏文] [西夏文] [西夏文] [西夏文] [西夏文] [西夏文],

ɣju¹	·iọ²	·u²	thja¹	tji̱¹	tha²	ljwu²	thu¹
请,	园	中	其	处	大	会	设,

[西夏文] [西夏文] [西夏文] [西夏文] [西夏文] [西夏文] [西夏文] [西夏文]。

źji²	mjijr²	tji̱¹	·jij¹	·ji¹	·ju²	rjir²	tji̱¹
卖	者	食	持	众	面	前	列。

就园林中设大斋会,商人持食列在众前。

---

① 西夏文"瑹"右部原残,据残存笔画拟补。
② 西夏文"瓱"右部原残,据残存笔画拟补。

10.1.5
扐	扖	庇	蚫	辬	澔	鞍	翃	殤
źji²	mjijr²	tji¹	dźjij	gu²	zjij¹	nja¹	we²	tśhjɨ²
卖	者	食	行	中	几	而	为	忽

虓	[羃	妘,	琵	鞍	殼	懈	庇]①
rjar²	zjur²	wor¹	thja¹	njɨ²	ljij²	nioow¹	tji¹
然	火	起,	彼	等	见	已	食

商客行中忽然火起，彼既见已弃食

10.2.1
纎	藃	叐	姚。	耗	藃	翃	庇	瞰
dźjɨr¹	dja²	ta¹	lji¹	ljij²	dja²	we²	tji¹	khjow¹
弃	△	奔	驰。	昼	△	为	食	授

扖	絧,	儱	鞍	緓	惴:	蕻	貕
mjijr²	mjij¹	phji¹	tśhjụ¹	·wjɨ²	lə	wa²	zjij²
者	无,	苾	刍	△	念:	何	作

奔驰。时复临中[3]无人授食，苾刍念曰：不知云何[4]？

10.2.2
䌷	劣。	钀	庬	儱	鞍	㫕	㪍	绊
lew²	·jɨ²	dzjij¹	rjur¹	phji¹	tśhjụ¹	thjɨ²	dạ²	tha¹
应	谓。	时	诸	苾	刍	此	事	佛

㪍	虓	㪍	绊	舺:	琵	庬	释
do²	rjir²	tshjij¹	tha¹	dạ²	thja¹	rjur¹	mji¹
处	△	说,	佛	言:	彼	诸	施

时诸苾刍以缘白佛，佛言：彼诸施

10.2.3
殤	纎	絆	蕥	殼,	薖	藃	眈
·wə¹	dźjɨr¹	njij¹	śjij¹	dźjwa¹	ljạ¹	mja¹	·iọ¹
主	舍	心	成	已,	北	洲	地

姚	耡	嘉	秋	殼	敆,	爄	氚
sjij²	ŋwu²	·jij¹	djɨ²	lhjwi¹	dzji¹	·jiw²	śjwo¹
想	以	自	△	取	食,	疑	生

① 西夏文 "羃妘琵鞍殼懈庇" 七字左部原残，据残存笔画拟补。

主舍心已成，作北洲想自取而食，不应生疑。

10.2.4

lew²	nja²	dzjij¹	·jow²	nja¹	dju¹	tji¹	wjo¹	phja¹
应	不。	时	乌	黑	有	食	做	边
ɣa²	lja¹	mər¹	ŋwu²	tji¹	gjii¹	dzjij¹	rjur¹	
上	来	嘴	以	食	啄，	时	诸	

时有乌来厨边啄食[5]，时诸

10.2.5

phji¹	tśhjụ¹	·jiw²	śjwo¹	mji¹	thji¹	thjɨ²	dạ²	tha¹
苾	刍	疑	起	不	食，	此	事	佛
do²	rjɨr²	tshjɨj¹	tha¹	dạ²	mər¹	njɨ²	śji²	
处	△	说，	佛	言：	嘴	至	往	

苾刍疑不敢食，以缘白佛，佛言：却嘴

10.2.6

sji²	twụ¹	ljɨr¹	ljijr²	dja²	khjwɨ¹	dzji¹	ku¹	dźjar²
用	各	四	边	△	折	食	则	过
mjij¹	phji¹	tśhjụ¹	mjij²	dzji¹	·jow²	·ji²	lja¹	
无。	苾	刍	未	食	乌	复	来	

四边食之无过。苾刍未食乌复来

10.3.1

lja¹	gjii¹	nioow¹	tsjɨ¹	·jiw²	śjwo¹	thji¹	dzji¹	mjɨ¹
赖	啄，	又	亦	疑	生	饮	食	不
kjir²	thjɨ²	dạ²	tha¹	do²	rjɨr²	tshjɨj¹	tha¹	
敢，	此	事	佛	处	△	说，	佛	

啄，此又生疑便不敢食，以缘白佛，佛

10.3.2

栜：	瓰	孅	蘦	菰	矵	祗	藗	蕤
daᵂ²	mər¹	njɨ²	śji²	sji²	twụ¹	zji²	dja²	phjɨ¹
言：	嘴	至	往	用	各	皆	△	弃
绦	缥	嬔	秭	缐。	孅	骏	甂	
ku¹	·wjɨ²	dzji¹	dźjar²	mjij¹	dzjɨj¹	zjọ²	ŋowr²	
故	△	食	犯	无。	时	寿	具	

言：弃嘴四边食亦无犯[6]。时具寿

10.3.3

禯	焱	儆	瓶，	縱	孈	帯	蒳，	庞
xjiw¹	rjir²	pha¹	tji²	nji²	·jar²	·u²	śjɨ¹	rjur¹
颉	离	跋	底，	厕	室	中	入，	诸
燹	燆	靰	燃	荋	冃	嬔	继	
mə²	phji¹	njɨ²	mji¹	sej¹	sa	dzji¹	·ji²	
蝇	飞	等	不	净	嗒	食，	复	

颉离跋底，入厕室中，见有诸蝇嗒其不净，复

10.3.4

庞	狯	帯	蒳	庞	嬔	兟	稤	继，
tjị¹	wjo¹	·u²	śjɨ¹	tjị¹	dzji¹	tśior¹	·wji¹	djij²
食	做	内	向	饮	食	污	为	△，
蔽	偏	靰	孤	勦：	綳	縱	孈	
ljij²	phji¹	tśhjụ¹	·jij¹	·ji²	ŋa²	nji²	·jar²	
见	苾	刍	之	言：	我	厕	室	

向厨内而污饮食，白苾刍言[7]：我于厕

10.3.5

帯	熾	燹	燆	蔽，	继	纏	庞	狯
·u²	thji²	mə²	phji¹	ljij²	·ji¹	dźjwow¹	tjị¹	wjo¹
内	此	蝇	飞	见，	复	飞	饭	做
帯	蒳	庞	兟	稤	继	勦。	偏	
·u²	śjɨ¹	tjị¹	tśior¹	·wji¹	djij²	·ji²	phji¹	
内	向	食	污	为	△	谓。	苾	

内才见此蝇，还复飞来污其饭食。苾

10.3.6

tśhjụ¹	mji¹	nioow¹	to²	zji²	mji¹	thji¹	tha¹	phji¹
刍	闻	已	咸	皆	不	食，	佛	苾

tśhjụ¹	·jij¹	·jɨ²	tjij¹	mə²	phji¹	tja¹	ljọ²
刍	之	告：	若	蝇	飞	者，	何

刍闻已咸皆不食，佛告苾刍：凡是飞蝇，

10.4.1

nju²	mji¹	nju²	twụ¹	zji²	tśior¹	mji¹	śjɨj¹	tji¹
降	非	降	处	亦	秽	不	成，	饮

thji¹	lew²	ŋwu²	·jɨ²	phji¹	tśhjụ¹	lhwu¹	tshjwu¹
食	应	是	谓。	苾	刍	衣	染

行处非处[8]亦不成秽，宜应食之。苾刍染衣

10.4.2

·ji¹	·jij¹	lhə	·jiw¹	ljɨj²	gju²	ljij²	tshjwu¹	kjɨ¹
众	之	酥	油	瓶	器	见，	染	巩

ljɨj²	mja¹	ŋwu²	·jɨ²	lạ¹	·u²	djɨ²	lhjwi¹
瓶	而	是	谓	手	内	△	取，

见有众家酥油瓶器，谓是染巩以手举触，

10.4.3

bio¹	thju¹	nwə¹	dźjwa¹	tśhjɨ²	rjar²	bə¹	dźjwo²	tha¹
观	察	知	已	遂	便	弃	掷，	佛

dạ²	tjij¹	ljɨj²	zow²	du¹	rjij²	tśhja¹	tśhjij¹
言：	若	瓶	擎	楼	阁	上	持

观察知已遂便弃掷，佛言：若擎上阁

10.4.4

荍	滺	薢	乭	骸	纖	緶，	绛	禷
śji¹	zjij¹	tśja¹	khwə¹	mjij²	nji²	bjij²	ku¹	bar¹
往	时	道	半	未	至	时，	故	倒

豩	絔	秘	烮	绽。	莪	乭	穖
·wji¹	lji²	tśhja¹	tji¹	lew²	tjij¹	khwə¹	su¹
为	地	上	置	应。	若	半	比

犹未半道，应须倒下置于地上。若过半者，

10.4.5

豩	祧，	绛	蕹	赑	尾	薢	靐	蚖
·wji²	dzjij¹	ku¹	zow²	bji¹	bjij²	tśhjij¹	nej²	twu̦¹
△	过，	故	擎	以	上	持	平	处

烮	绽。	骸	叕	蒞	蘱	羪	薢
tji¹	lew²	mjij²	tśhji¹	dji²	bju¹	ljij²	tśja¹
安	应。	不	审	详	由	巩	倾

宜应擎上平处安之。由不详审巩转

10.4.6

彩	脈，	绀	豵：	蘱	赦	叕	禮，	慨
·jiw¹	bji¹	tha¹	da̦²	tśhjo²	ŋwu²	kji¹	xjiw¹	mji¹
油	转，	佛	言：	物	以	△	支，	莫

薢	祗	绽。	纖	羆	儏	羖	蕭
tśja¹	phji¹	lew²	dzjij¹	thja¹	phji¹	tśhju̦¹	śji¹
倾	令	应。	时	彼	苾	刍	先

倾油，佛言：应以物支，莫令倾侧。时彼苾刍以先

10.5.1

叕	祧	蘱	僦	袲	慨	赙，	绀	豵：
kji¹	tsju̦¹	bju¹	·jiw²	śjwo¹	mji¹	thji¹	tha¹	da̦²
△	触	依	疑	生	不	食，	佛	言：

誧	散	赙	绽。	庞	儏	羖	羖
sej¹	ŋwu²	thji¹	lew²	rjur¹	phji¹	tśhju̦¹	nji²
净	是	食	应。	诸	苾	刍	等

触故生疑不食，佛言：是净应食。凡诸苾刍

10.5.2

楄	核	祢	緵	桷	絧：	刭	纖、	稜
nji¹	mə²	tsjų¹	djij²	dźjar²	mjij¹	lew¹	tja¹	bjų¹
二	种	触	曾	过	无：	一	者、	惭

纖	絧	核	幾	移	祢，	楄	纖、	
·ju¹	mjij¹	dzjwo²	dźji¹	·wji¹	tsjų¹	nji¹	tja¹	
愧	无	人	行	为	触	二	者、	

有其二种无曾触过：一者、无惭愧人所触，二者、

10.5.3

稜	纖	荒	核	絆	祗	祢	惰。	瀡
bjų¹	·ju¹	dju¹	dzjwo²	njij¹	nja̱	tsjų¹	nja̱²	thji²
惭	愧	有	人	心	黑	触	非。	此

稜	纖	核	㦻	蔬	㸙	瀡	毅，	
bjų¹	·ju¹	dzjwo²	lwow¹	la̱	lə	bjų¹	ŋwu²	
惭	愧	人	虚	忘	念	由	故，	

有惭之人非故心触[9]。此惭愧人由忘念故，

10.5.4

絳	祗	蕭	桷	絧。	㸙	㳀	儢	戟
ku¹	zji²	sej¹	dźjar²	mjij¹	·ji¹	rejr²	phji¹	tśhjų¹
故	俱	净	犯	无。	众	多	苾	刍

荒	絧	緻	兹	祝	蘇	㳫	庀	
dju¹	ljir¹	ljijr²	tśji²	tji²	zjir²	khej¹	dźjij¹	
有	四	方	制	底	遍	游	历	

俱净无犯。有众多苾刍游历四方巡礼制底，

10.5.5

祗	㣲，	㸙	兹	麗	甪	敎	㳀	毅
tśja¹	tshwew¹	dzjij¹	pho¹	lo¹	mẽ¹	lji¹	nioow¹	ɣa¹
礼	敬，	时	婆	罗	门	△	及	居

瀡	戟，	庀	靴	蘿、	瀨	蘿、	敐	
pjų¹	nji²	rjur¹	ma²	śja¹	njwi̱²	śja¹	me̱²	
士	等，	诸	涂	香、	烧	香、	末	

时婆罗门及居士等，以诸涂香、烧香、末

10.5.6

𗢁、	𗆐	𗈜、	𗋈	𗲸	𗊋	𗆅	𗧓	𗐰
śja¹	wjạ¹	rer²	lew²	thji²	khwa²	nji²	thja¹	phji¹
香、	花	鬘、	白	卷	布	等	彼	苾

𗧤	𗤍	𗏩	𗤏	𗿒	𗤥	𗦓	𗤟		
tśhjụ¹	do²	sọ¹	tśji²	tji²	·jij¹	zji¹	mji¹		
刍	处	三	制	底	之	布	奉		

香、花鬘、氎布，寄彼苾刍将奉制底[10]。

10.6.1

𗧓	𗤶。	𗐰	𗧤	𗋽	𗆐	𗣙	𗴮	𗎬
nji²	·jɨ²	phji¹	tśhjụ¹	dzjij²	nioow¹	rjir²	ber²	dza²
△	谓。	苾	刍	余	缘	与	遇	望

𗮅	𗤩	𗤔	𗊩	𗢻	𗈪	𗲲	𗕋	
tśhjạ¹	mji¹	śjɨ¹	·jiw²	lə	gu¹	śjwo¹	thjɨ²	
上	不	遂，	疑	念	发	生：	此	

苾刍遇缘不遂所望[11]，便生疑念：此

10.6.2

𗤢	𗡪	𗤏	𗤛	𗋝	𗤶？	𗭀	𗦮	𗐰
war²	ljɨ¹	kjɨ¹	zji²	ŋa²	·jɨ²	dzjij¹	rjur¹	phji¹
物	何	△	作	我	谓？	时	诸	苾

𗧤	𗲲	𗒀	𗋚	𗤍	𗈜	𗤙	𗋚	
tśhjụ¹	thjɨ²	dạ²	tha¹	do²	rjir²	tshhjɨj¹	tha¹	
刍	此	事	佛	处	△	说，	佛	

物如何？时诸苾刍以缘白佛，佛

10.6.3

𗖻：	𗀋	𗤔	𗤏	𗿒	𗧡	𗳾	𗤟	𗤥
dạ²	ljɨr¹	tha²	tśji²	tji²	nja¹	djɨj²	mji¹	tji²
言：	四	大	制	底	△	定	施	处

𗢺：	𗿢	𗱸、	𗐽	𗴴	𗤏	𗤱	𗱸、	
ŋwu²	lew¹	tja¹	ɣu¹	we¹	tji²	nji¹	tja¹	
是：	一	者、	初	生	处，	二	者、	

言：四大制底是其定处[12]：一者、初生处，二者、

10.6.4

絼	纚	蓻	叕	散	纖	禔	虺	骹
tśhja²	dwewr²	śjij¹	tji²	sọ¹	tja¹	tsjir¹	dziej²	dej²
正	觉	成	处	三	者	法	轮	转

叕	綑	纖	爹	娘	詻	叕	刻
tji²	ljir¹	tja¹	djij²	phã¹	·o²	tji²	tji¹
处	四	者	涅	槃	入	处	倘

成正觉处，三者、转法轮处，四者、入涅槃处。

10.6.5

蔽	髯	殇	補	骸	叕	秏	孫	髯
tjij¹	mjịi¹	·wə¹	mər²	dzjij²	tśji²	tji²	·jij¹	mjịi¹
若	施	主	元	余	制	底	之	奉

赦	綬	恍	雕	綑	絫	孫	骰
ljị¹	kiẹj²	nioow¹	thjị²	ljir¹	śjwɨ¹	·jij¹	khjow¹
及	欲	及	此	四	处	之	与

若施主元心奉余制底[13]，与此四处

10.6.6

帣	酖	收	絼	絹	蔽	雕	綑	絫
tsjɨ¹	ljwu¹	nu¹	lew²	mjij¹	tjij¹	thjɨ¹	ljir¹	śjwɨ¹
亦	违	背	应	不	若	此	四	处

骰	纖	恨	緂	虓	鋒	雕	綑
khjow¹	ɣiẹ²	lụ²	nioow¹	dju¹	ku¹	thjɨ¹	ljir¹
与	障	碍	缘	有	故	此	四

亦不相违。若与此四有碍缘者，此四

10.7.1

羕	緉	赦	稆	虓	骸	叕	髯	絼
·jij¹	gu²	ljị¹	rjar¹	dju¹	dzjij²	do²	mjịi¹	lew²
自	通	△	许	有	余	处	施	应

慒	骸	酖	慨	紑	詭	氽	猤
nja²	zjọ²	ŋowr²	·u²	po¹	lji¹	rjur¹	pjụ¹
不	寿	具	邬	波	离	世	尊

自得相通，不应余处[14]。具寿邬波离请世尊

10.7.2

𗿢	𘃉	𗿟	𗾭	𗦳	𗆧	𗾊	𗼑	𗿩
·jij[1]	ɣju[1]	·jir[1]	tjij[1]	nji[1]	phji[1]	tśhjụ[1]	zji[2]	dźjar[2]
之	请	曰：	若	二	苾	刍	共	罪

𗼺	𗂲	𗼻	𗼻	𗆐	𘜧	𗾗	𗦤	
lju[2]	śjwo[1]	mə[2]	mə[2]	dạ[2]	ŋwu[2]	·jij[1]	gu[2]	
过	生，	种	种	言	以	互	共	

曰：有二苾刍共生瑕隙[15]，种种异言互

10.7.3

𘂛	𘃇	𘓈	𗦳	𗂾	𘕿	𗱠	𗾦	𘄄
dźjwi[1]	pjo[1]	thji[1]	nji[1]	dzjwo[2]	kha[1]	sjwɨ[1]	dźiej[2]	lew[2]
相	谤	，此	二	人	于，	谁	信	可

𘜧	𗱠	𗾘	𘄄	𗷲	𗦣	𗔦		
ŋwu[2]	sjwɨ[1]	mji[1]	dźiej[2]	lew[2]	tha[1]	dạ[2]	kie[1]	
是？	谁	不	信	应？	佛	言：	戒	

相谤讟[16]，于此二人，谁是可信？谁不应信？佛言：

10.7.4

𗾋	𗙴	𗾊	𘄄	𗦳	𗼑	𗔦	𗾋	𘕾
·jij[1]	mjijr[2]	dźiej[2]	lew[2]	nji[1]	zji[2]	kie[1]	·jij[1]	ku[1]
持	者	信	应，	二	俱	戒	持	故

𗾆	𗤡	𗿢	𗾊	𘄄	𗦳	𗼑	𗾆	
rejr[2]	mji[1]	·jij[1]	dźiej[2]	lew[2]	nji[1]	zji[2]	rejr[2]	
多	闻	之	信	应，	二	并	多	

信持戒者，二俱持戒应信多闻，二并多

10.7.5

𗤡	𘕾	𗮰	𗎩	𗿢	𗾊	𘄄	𗦳	𗼑
mji[1]	ku[1]	kiej[2]	zjir[1]	·jij[1]	dźiej[2]	lew[2]	nji[1]	zji[2]
闻	故	欲	少	之	信	应，	二	俱

𗮰	𗎩	𘕾	𗮰	𘏲	𗎩	𗿢	𗾊	𘄄。
kiej[2]	zjir[1]	ku[1]	kiej[2]	zji[2]	zjir[1]	·jij[1]	dźiej[2]	lew[2]
欲	少	故	欲	极	少	之	信	应。

闻信少欲者，二俱少欲信极少欲者。

10.7.6 㭘　橅　緩　祕，　絳　潍　孤　锻　缬？
　　　nji¹　zji²　kiej²　zjir¹　ku¹　sjwɨ¹　·jij¹　dźiej²　lew²
　　　二　极　欲　少，　故　谁　之　信　当？
　　　絆　駾：　虦　㭘　潍　緩　祕　斬　㺹
　　　tha¹　da²　tjij¹　zji¹　zji²　kiej²　zjir¹　dźjar²　zji¹
　　　佛　言：　若　二　极　欲　少　罪　苦
二皆极少欲，此当信谁？佛言：若有二俱极少欲而生瑕隙，

10.8.1 㺵　訵，　骏　骏　㺅　殌　赦　嘉　縟
　　　gu¹　śjwo¹　mə²　mə²　ta　da²　ŋwu²　·jij¹　gu²
　　　发　生，　种　种　叛　事　以　自　相
　　　㺵　緻　繈，　诶　嘅　惉　虩　祄。
　　　dźjwɨ¹　kjij¹　tja¹　thjɨ²　tjij²　mji¹　dju¹　lji¹
　　　相　谤　者，　是　法　无　有　也。
种种异言[17]互相谤讟者，无有是处[18]。

注释:
[1]西夏字"㺹"，为帙号，可以译作"玉"。
[2]此句汉文本署"大唐三藏法师义净奉制译"，西夏文本无。
[3]时复临中，西夏文本译作"毪蕤缨"，义为"昼中"。
[4]不知云何，西夏文本译作"骏缈缬匆"，义为"应何作"。
[5]时有乌来厨边啄食，西夏文本译作"虅緻滗虤厖绛豺毣慌贩赦厖訛"，义为"时有黑乌来厨边用嘴啄食"。
[6]弃嘴四边食亦无犯，西夏文字面译作"弃嘴往至各处亦无犯"。
[7]白苾刍言，西夏文本译作"蕨牏锻孤匆"，义为"见苾刍言"。
[8]行处非处，西夏文本译作"虭惉虭死"，义为"降非降处"。
[9]有惭之人非故心触，西夏文本译作"辏嬶虤锻絆滗祕愂"，义为"有惭之人非黑心触"。
[10]寄彼苾刍将奉制底，西夏文字面译作"寄彼苾刍将奉三制底"。
[11]苾刍遇缘不遂所望，西夏文字面译作"苾刍遇余缘不遂所望"。
[12]四大制底是其定处，西夏文字面译作"四大制底是施定处"。

[13]若施主元心奉余制底，西夏文本译作"若施主元奉余制底"。

[14]不应余处，西夏文本译作"不应施余处"。

[15]瑕隙，西夏文本译作"𘄒𗥿"，义为"罪过"。

[16]种种异言互相谤讟，西夏文字面译作"种种言互相谤讟"。

[17]异言，西夏文本译作"𗾔𗱦"，义为"叛事"。

[18]无有是处，西夏文本译作"𗟲𗟢�"，义为"无有是法"。

释读：

10.8.2

𗴁	𗥃	𗒹	𗡪	𗑗	�302 :
nji̱[1]	tsew[2]	war[2]	ɣjiw[1]	lja[1]	da̠[2]
二	第	子	摄	颂	曰：

第二子摄颂曰：

10.8.3

𗢯	𗼊	𘀄	𗴿	𗡪	𗷖	𗙏	𗄑
kjwir[1]	rjir[2]	gu[2]	dźjij[1]	mjijr[2]	ɣa[1]	nər[2]	ɣiew[1]
贼	与	共	住	者，	何	黄	学

𗃛	𗡪	𗣼	𗷖	𗑗	𘂆	𘄢	
phji[1]	mjijr[2]	thji̱[2]	nji̱[2]	dźju[1]	dźjij[1]	ku[1]	
令	者，	此	等	筹	行	故，	

不应令贼住，及以黄门等，乃至授学人，

10.8.4

𗀪	𗾺	𗫣	𗫂	𗤙 。
sẽ[1]	·ji[1]	ljij[2]	mji[1]	śjij[1]
僧	众	破	不	应。

行筹破僧众。

10.8.5

𗾺	𗤒	𗄈	𗈁	𗼑	𗤋	𘃽	𗊱	𗦻
zjo̱[2]	ŋowr[2]	ŋowr[2]	·u[2]	po[1]	lji[1]	rjur[1]	pju̱[1]	·jij[1]
时	寿	具	邬	波	离	世	尊	之

𗋽	𗰜	𘌠	𗢯	𗼊	𗘞	𗼈	𗴿
ɣju[1]	·jir[1]	tjij[1]	kjwir[1]	rjir[2]	·a	·we[2]	dźjij[1]
请	曰：	若	贼	与	一	处	住

时具寿邬波离请世尊曰：若以贼住

10.8.6　𗷀　𗁨　𘎟　𘃥，　𘄡　𗉛　𗿒　𗓽?　𗏹
　　　　mjijr² dźju¹ dźjij¹ tja¹ sẽ¹ ljij² ·a śjij¹ tha¹
　　　　者　　筹　　行　　者，　僧　　破　　△　　成?　　佛
　　　　𗵇：　𘃪　𗓽。　𘒂　𗧾　𗧯　𗭁　𗆊
　　　　dạ² mji¹ śjij¹ tjij¹ ŋwə¹ mə² ɣa¹ nər²
　　　　言：　不　　成。　若　　五　　种　　门　　黄
　　　　人作行筹者[1]，成破僧不? 佛言：不成。若以五种黄门

10.9.1　𗢵　𘄲　𗵹　𗚜　𗷀　𗁨　𘎟　𘃥，　𘄡
　　　　rjɨr² njɨ² pha¹ dźjij¹ mjijr² dźju¹ dźjij¹ tja¹ sẽ¹
　　　　乃　　至　　别　　住　　者　　筹　　行　　者，　僧
　　　　𗉛　𗿒　𗓽?　𗏹　𗵇：　𘃪　𗓽。　𘒂
　　　　ljij² ·a śjij¹ tha¹ dạ² mji¹ śjij¹ tjij¹
　　　　破　　△　　成?　　佛　　言：　不　　成。　若
　　　　乃至别住人作行筹者，成破僧不? 佛言：不成。若

10.9.2　𗙴　𘀗　𗫂　𗷀　𗁨　𘎟　𘃥，　𘄡　𗉛
　　　　ljɨr¹ ljɨ̣¹ tsju¹ mjijr² dźju¹ dźjij¹ tja¹ sẽ¹ ljij²
　　　　四　　重　　犯　　者　　筹　　行　　者，　僧　　破
　　　　𗿒　𗓽?　𗏹　𗵇：　𘃪　𗓽。　𘒂　𘓞
　　　　·a śjij¹ tha¹ dạ² mji¹ śjij¹ tjij¹ ɣiew¹
　　　　△　　成?　　佛　　言：　不　　成。　若　　学
　　　　以犯四重人作行筹者，成破僧不? 佛言：不成。若

10.9.3　𗣼　𗷀　𗁨　𘎟　𘃥，　𘄡　𗉛
　　　　phji¹ mjijr² dźju¹ dźjij¹ tja¹ sẽ¹ ljij²
　　　　令　　者　　筹　　行　　者，　僧　　破
　　　　𗿒　𗓽?　𗏹　𗵇：　𘃪　𗓽。
　　　　·a śjij¹ tha¹ dạ² mji¹ śjij¹
　　　　△　　成?　　佛　　言：　不　　成。

以授学人作行筹者，成破僧不？佛言：不成。

10.9.4

散	磘	荿	瓛	汯	髯：
sọ¹	tsew²	war²	ɣjiw¹	lja¹	dạ²
三	第	子	摄	颂	曰：

第三子摄颂曰：

10.9.5

嫃	絅	薼	嫃	巍，	瓛	粝	绡
gjwi²	mjij¹	lhwu¹	gjwi²	gjwi²	dzjụ²	kha¹	kjɨr²
衣	不	衣	衣	披，	雨	中	厨

幂，	蕵，	縬	瀰	豫	嫃	縥，
·u²	śjɨ¹	njɨ²	·jar²	rər¹	gjwi²	lew²
内	向，	厕	室	缝	衣	宜，

不赤体披衣，冒雨向厨内，便利宜缝补[2]，

10.9.6

縬	蒲	獥	豺	毵。
njɨ²	lwụ¹	ljo¹	lhu¹	dzja¹
泥	和	福	增	久。

和泥福久增。

10.10.1

瀰	綹	籲	崖	羝，	瀫	薆	孫	薼
dzjij¹	tśhjiw¹	djij¹	phji¹	tśhjụ¹	sẽ¹	khji¹	·jij¹	lhwu¹
时	六	众	苾	刍，	僧	祇	之	衣

飛	嫃	絅	絅	羕	戝	後	薼
tśhja̱¹	gjwi²	mjij¹	mjij¹	me²	khji¹	lạ¹	zji²
上	衣	无	无	眠，	足	手	皆

时六众苾刍，于僧祇卧帔赤体而眠，舒张手足

10.10.2

蘈	嫚①	靴	豺	祗。	瀰	庞	崖	羝，
·jir²	dã¹	lej²	swej¹	phji¹	dzjij¹	rjur¹	phji¹	tśhjụ¹

---

① 疑西夏文本误作 "嫚" *dji¹，义作 "践"。

张	蹴	蹋	碎	令。	时	诸	苾	刍
䍜	豵	䏌	斅	䏞	豺	䏌	豵	濺
thji²	dạ²	tha¹	do²	rjɨr²	tshjij¹	tha¹	dạ²	sẽ¹
此	言	佛	处	△	说，	佛	言：	僧

蹴蹋令碎。时诸苾刍以缘白佛，佛言：僧

10.10.3	襐	蘆	秚	斒	綗	綗	忾	蘙	綖，
	khji¹	lhwu¹	tśhjạ¹	gjwi²	mjij¹	mjij¹	mji¹	me²	lew²
	祇	衣	上	衣	无	无	不	眠	应，
	斒	綗	蘙	鐇	骸	豵	舵	蘳。	
	gjwi²	mjij¹	me²	ku¹	niow²	·wji¹	dzwej¹	lhjụ²	
	衣	无	眠	故	恶	作	罪	得。	

祇卧具不应赤体而眠，赤体眠者得恶作罪。

10.10.4	藏	濺	襐	狲	蘆	禍	禍	秚，	蘷
	tjij¹	sẽ¹	khji¹	·jij¹	lhwu¹	ŋowr²	ŋowr²	tśhjạ¹	tśhjo²
	若	僧	祇	之	衣	所	有	上，	物
	赦	斅	綖，	藏	慨	舵	蓷	绊	
	ŋwu²	njạ²	lew²	tjij¹	ŋwə¹	biej¹	zow²	njij¹	
	以	倰	应，	或	五	条	执	心	

凡是僧祇所有卧帔，以物倰，或将五条用意

10.10.5	䏞	斺	羺	䝵	䌂	蔽	蓷	綖。	嬎
	sẽ¹	bio¹	thjụ¹	lhji¹	lhji²	wji¹	zow²	lew²	dzjij¹
	诚	观	察	徐	徐	受	用	将。	时
	縌	鼍	匭	報，	濺	狲	蘆	斒	
	tśhjiw¹	djij¹	phji¹	tśhjụ¹	sẽ¹	·jij¹	lhwu¹	gjwi²	
	六	众	苾	刍，	僧	之	衣	披	

观察徐徐受用。时六众苾刍，披僧卧

10.10.6	娇	薇	羝	骸	庇，	癞	羧	嶜	縱
	ljɨ²	śja²	twụ¹	dzjɨ²	dźjij¹	dzjụ²	nja¹	zjij¹	nioow¹

地 露 处 经 行， 雨 △ 沾 因
[illegible]
tśhjɨ^{2} rjar^{2} ŋwo^{2} ljịj^{2} thjɨ^{2} dạ^{2} tha^{1} do^{2}
遂 便 损 坏。 此 事 佛 处
帔露处经行，被雨沾渍遂便损坏。以缘

10.11.1 [illegible]
rjɨr^{2} tshjịj^{1} tha^{1} dạ^{2} sẽ^{1} lhwu^{1} gjwi^{2} zjịj^{1} ljɨ^{2}
△ 说， 佛 言： 僧 衣 披 时 地
[illegible]
śja^{2} twụ^{1} ljɨ^{1} nioow^{1} dzjụ^{2} kha^{1} dzjɨ̱^{2} dźjij^{1}
露 处 △ 及 雨 中 经 行
白佛，佛言：不应披僧衣帔于空露处冒雨经行，

10.11.2 [illegible]
lew^{2} nja̱^{2} tjɨ^{1} tjij^{1} dźjij^{1} ku^{1} niow^{2} ·wji^{1} dzwej^{1}
应 不， 倘 若 行 者 恶 作 罪
[illegible]
lhjụ^{2} nioow^{1} tśhjiw^{1} djịj^{1} phji^{1} tśhjụ^{1} sẽ^{1} gjwɨr^{1}
得。 又 六 众 苾 刍 僧 卧
若有用者得恶作罪[3]。又六众苾刍，披僧

10.11.3 [illegible]
gjwi^{2} gjwi^{2} tjị^{1} wjo^{1} ·u^{2} śjɨ^{1} ɣju^{1} kjur^{1} ŋwo^{2}
衣 披 饭 做 中 来 烟 熏 损
[illegible]
ljịj^{2} dzjij^{1} rjur^{1} phji^{1} tśhjụ^{1} thjɨ^{2} dạ^{2} tha^{1}
坏。 时 诸 苾 刍 此 事 佛
卧具来至厨中烟熏损坏。时诸苾刍以缘

10.11.4 [illegible]
do^{2} rjɨr^{2} tshjịj^{1} tha^{1} dạ^{2} sẽ^{1} ·jij^{1} gjwɨr^{1} gjwi^{2}

处　　　△　　　说，　　佛　　　言：　　僧　　　之　　　卧　　　衣
gjwi²　zjij¹　tjɨ¹　wjo¹　·u²　śjɨ¹　rjar¹　mjij¹
披　　　时　　　饭　　　做　　　中　　　向　　　应　　　不，

白佛，佛言：不应披僧卧具来向厨中，

10.11.5
tjɨ¹　tjij¹　śjɨ¹　ku¹　niow²　·wji¹　dzwej¹　lhju²　dzjij¹
倘　　若　　往　　者　　恶　　作　　罪　　得。　　时
phji¹　tśhju¹　dju¹　sẽ¹　gjwir¹　gjwi²　gjwi²　nji²
芯　　刍　　有，　僧　　卧　　衣　　披　　屎

若有用者得恶作罪[4]。时有芯刍，

10.11.6
bji¹　tji²　do²　śjɨ¹　phji¹　tśhju¹　thjɨ²　dạ²　tha¹
尿　　处　　于　　向，　芯　　刍　　此　　事　　佛
do²　rjir²　tshjij¹　tha¹　dạ²　sẽ¹　·jij¹　lhwu¹
处　　△　　说，　　佛　　言：　僧　　之　　卧

着向大小便处[5]，芯刍以缘白佛，佛言：

10.12.1
gjwi²　gjwi²　zjij¹　nji²　bji¹　tji²　kjir²　·u²　śjɨ¹
衣　　披　　时　　屎　　尿　　处　　室　　中　　入
lew²　nja²　tjɨ¹　tjij¹　śjɨ¹　ku¹　niow²　·wji¹
应　　不，　倘　　若　　去　　者　　恶　　作

不应披僧卧具入大小便室，披去者得恶作

10.12.2
dzwej¹　lhju²　dzjij¹　rjur¹　phji¹　tśhju¹　sẽ¹　khji¹　·jij¹

罪	得。	时	诸	苾	刍	僧	祇	之
gjwir¹	gjwi²	lhwu¹	nji²	dja²	śju¹	sji²	ljij¹
卧	被	衣	等	△	破	具	见，

罪[6]。时诸苾刍见有破坏僧祇卧具被帔，

10.12.3

猵	猵	巍	纞，	嶒	嶷	绊	欻	巍
gu²	gu²	phjɨ¹	dźjɨr¹	thji²	dạ²	tha¹	do²	rjir²
共	同	除	弃，	此	事	佛	处	△

岁，	绊	骮：	巍	纞	绣	帻，	兼
tshjij¹	tha¹	dạ²	phjɨ¹	dźjɨr¹	lew²	njạ²	tjij¹
说，	佛	言：	除	弃	应	不，	若

遂共除弃，以缘白佛，佛言：不应除弃，若

10.12.4

巍	磯	㳠	岁	秕	赦	嶒	绣。	兼
śju¹	·jij¹	zjij¹	śiə¹	dźjo¹	ŋwu²	rər¹	lew²	tjij¹
破	欲	时	线	长	以	缝	应。	若

岁	㳠	㳠	姵	猌	绣	骮，	兼
kjɨ¹	dźjwo²	zjij¹	pjạ¹	djwu²	lew²	ŋwu²	tjij¹
△	孔	时	补	帖	应	是，	若

衣欲破应以长线而缝络之。若见有孔应可补帖，若

10.12.5

祄	㹊	蒶	巍	绛	楠	㳠	耗	猌
njij¹	kha¹	dja²	śju¹	ku¹	njɨ¹	njijr²	ɣa²	djwu²
央	中	△	烂	故	二	面	上	补

绣，	兼	祗	蒶	巍	爪	爽	绣
lew²	tjij¹	zji²	dja²	śju¹	dzjwɨ²	dji²	lew²
应，	若	总	△	烂	修	造	应

在内烂两重幅迭[7]，如总烂坏不堪料理

10.12.6

岁	巍	绛，	岁	楠	㣮	绣，	兼	㳠
mjɨ¹	dźjọw²	ku¹	tjij¹	kạ¹	·wji¹	lew²	tjij¹	nioow¹

不	堪	者，	灯	炷	作	应，	或	又
𗦼	𗣿	𘝊	𗎩	𘈩	𘗝	𗑠	𗼃	𗟰
dzjɨr¹	·wji¹	mẹ²	zjɨj²	gur¹	nji²	rjir²	lwụ¹	
斩	作	碎	可	牛	粪	与	和	

者[8]，应作灯炷，或可斩碎和牛粪

10.13.1

𗑠	𗣿	𗾊	𘝰	𗙼	𗯨	𗹙	𗢳	𗠁
tśior¹	·wji¹	dzjɨ²	dźjwo²	·u²	tjij¹	we²	bji¹	tśior²
泥	作，	柱	孔	中，	或	墙	壁	泥
𗠁	𗢬	𗹙	𗖠	𗦜	𗩈	𗆪	𗑇	
lew²	thji²	sju²	bio̱²	zjɨj²	mji¹	·wə¹	·jij¹	
应。	是	如	用	时，	施	主	之	

作泥，用塞柱孔，或泥墙壁。如是用时，能令施主

10.13.2

𗾊	𗑇	𘒤	𗁉	𗩈	𗭼	𗙴	𗢳	𗵐
dja²	mji¹	ljo¹	rjar¹	thja¹	śjij¹	lhu¹	dzja¹	phji¹
△	舍	福	田	任	运	增	长	令
𗑠	𗯨	𗈪	𗣭	𘓄	𗾊	𗑷	𗢬	
njwi²	tjij¹	sọ¹	lhwu¹	śju¹	ljij²	tsjɨ¹	thji²	
能。	若	三	衣	烂	破，	亦	此	

所舍福田任运增长。若三衣破烂，事亦

10.13.3

𗟰	𗨁	𗢬
rjir²	·a	tjij²
与	一	样。

同此。

注释:

[1]若以贼住人作行筹者，西夏文字面译作"若以贼一处住人作行筹者"。

[2]便利宜缝补，西夏文本译作"𘝊𘝰𘝊𗑇𗠁"，义为"厕室宜缝补"。

[3]若有用者得恶作罪，西夏文本译作"𗻓𗯨𗒼𗑷𗑷𗣿𗽉𗬦"，义为"若行者得恶作罪"。

[4]若有用者得恶作罪，西夏文本译作"𗻓𗯨𘒤𗑷𗑷𗣿𗽉𗬦"，义为"若往

者得恶作罪"。

[5]着向大小便处，西夏文本译作"𗈲𗆜𗌫𘓐𗈳𗎭𗾖𗏹𗾩"，义为"披僧卧具向大小便处"。

[6]披去者得恶作罪，西夏文字面译作"若去者得恶作罪"。

[7]在内烂两重幅迭，西夏文字面译作"在内烂两面应补"。

[8]如总烂坏不堪料理者，西夏文本译作"𗗝𗇋𘜒𘓐𘘚𘋷𘖑𗾩𗿒"，义为"如总烂坏不堪修造者"。

释读：

10.13.4

𘝧	𗴹	𗆜	𗾖	𗘍	𗣼：
ljir¹	tsew²	war²	yjiw¹	lja¹	dạ²：
四	第	子	摄	颂	曰：

第四子摄颂曰：

10.13.5

𗆜	𗸪	𘘚	𗼃	𗣫	𗟲	𘃡	𗼂
war²	kew¹	dja²	mji¹	ku¹	dzjij²	dzjwo²	mji¹
物	告	△	施	故，	余	人	不

𗣻	𗾩	𗻻	𗾖	𘜒	𗁬	𗡮	
thji¹	lew²	tji¹	tjij¹	tśhjij¹	mjijr²	dju¹	
食	应，	倘	若	去	者	有，	

定物施此中，不应余处食；若有将去者，

10.13.6

𗁬	𘋆	𘒻	𗌫	𗾩。			
zji²	phə¹	khjow¹	·wji¹	lew²。			
并	价	还	作	须。			

并须依价还。

10.14.1

𗷓	𗫂	𗼷	𗒹	𘒦	𗑠	𗂧。	𗽂	𗉮
tha¹	śji²	lo¹	·wa¹	we²	·u²	dźjij¹	dzjɨj¹	phə¹
佛	室	罗	伐	城	中	在。	时	长

𘊝	𗰭	𗺉	𗼃	𗋦	𘓘	𗌫，	𗑱	
bjij¹	gji²	·ji¹	mji¹	·a	dzuu²	·wji¹	śjwo¹	

者 有 众 寺 一 住 造， 须

佛在室罗伐城。时有长者造一住处，

10.14.2 [illegible]。[illegible]

lew^{2} ŋowr^{2} ŋowr^{2} zji^{2} ŋowr^{2} lhə mji̱^{1} dzjɨj^{1} thja^{1}

所 所 有 皆 充 足 施。 时 彼

[illegible]，

phə^{1} bjij^{1} dzjij^{2} phji^{1} tśhjụ^{1} gjɨ^{2} ·jij^{1} ɣju^{1}

长 者 余 苾 刍 一 之 请，

所施资缘悉皆充足[1]。时彼长者请余苾刍[2]，

10.14.3 [illegible]

·jij^{1} djọ^{2} ·ji^{1} mji̱^{1} ·u^{2} lja̱^{2} phji̱^{1} mjijr^{2} ·wji^{1}

自 修 众 寺 中 检 校 者 为

[illegible]，[illegible]

phji^{1} nioow^{1} thjɨ^{2} phji^{1} tśhjụ^{1} rejr^{2} dzjij^{2} gji^{2}

令， 然 此 苾 刍 多 弟 子

于此寺中为检校[3]者，然此苾刍多有弟子

10.14.4 [illegible]，[illegible]

dźjij^{2} dzjij^{2} ·ji^{1} mji̱^{1} ·u^{2} dźjij^{1} thja^{1} njɨ^{2} dzjij^{2}

有 余 众 寺 中 住， 彼 等 师

[illegible]

lhji^{2} ·jij^{1} tśja^{1} tshwew^{1} nioow^{1} thjɨ^{2} mji̱^{1} ·u^{2}

主 之 礼 觐 因 此 寺 中

在余寺住，彼为礼觐来至寺中[4]。

10.14.5 [illegible]。[illegible]：

lja^{1} tśhjɨ^{1} dzjɨj^{1} dzjij^{2} lhji^{2} dzjij^{2} gji^{2} ·jij^{1} ·jɨ^{2}

来。 于 时 师 主 弟 子 之 曰：

[illegible]

dźjij^{2} mji̱^{1} djọ^{2} mjijr^{2} phə^{1} bjij^{1} ŋa^{2} ·jij^{1}

　　众　　寺　　造　　者　　长　　者　　我　　之
于时师主告弟子曰：造寺长者

10.14.6
dji² ɣju¹ thji² dźjij² mji¹ ·u² lja² phjii¹ mjijr²
△　请　此　众　寺　中　检　校　者

rjɨr² ·wji¹ phji¹ ŋa² nji² nji² tji² ·wjɨ²
乃　为　令　我，　汝　等　食　△
请我于此寺中为检校者，汝等且待食

10.15.1
thji¹ nji² zjij¹ tśhjwo¹ dja² śjɨ¹ nji² ·jɨ² dzjij²
食　△　时　方　△　去　△　谓。　弟

gji² dzjij² ·jij¹ ·jɨ² ·u² po¹ thow¹ ·ja²
子　师　之　白：　邬　波　驮　耶！
竟方去。弟子白师：邬波驮耶[5]！

10.15.2
tjij¹ tji¹ dju¹ ku¹ djɨ² khjij¹ tśhjij¹ nji² thja¹
若　食　有　故　△　与　持　△，　彼

nji² śji² zjij¹ gu² gu² thji¹ nji² ·jɨ²
至　往　时　共　同　食　△　谓。
必有食者与我持去，至彼共食。

10.15.3
dzjɨj² lhji² dạ² phji¹ bju¹ djij² ŋwu² ·jɨ² dzjij¹
师　主　言：　意　随　当　是　谓。　时

dzjij² gji² nji² tśhjɨ² rjar² ŋạ² zow² tśhiọw¹

弟　子　等　立　即　　饭　　持、　或

报言[6]：随意。彼即持饭[7]、或

10.15.4　𗼉　𗁦　𘁠、　𘔼　𗻂　𗤋　𘁠、　𘔼　𗼅

tjij[1]　·jiw[1]　zow[2]　tśhio̯w[1]　khjɨ[1]　zji[1]　zow[2]　tśhio̯w[1]　lhwu[1]

灯　　油　　持、　或　　足　　属　　持、　或　　衣

𗽛　𗸰　𘁠、　𘔼　𗤽　𗥾　𘁠、　𘔼

gjwi[2]　ɣja[2]　zow[2]　tśhio̯w[1]　thwər[1]　lew[2]　zow[2]　tśhio̯w[1]

擎　盖　持、　或　樵　应　持、　或

将灯油、或持皮属、或有擎衣持盖、或有持樵、

10.15.5　𗜡　𘈩　𗟲　𗢯　𘅳　𗫡　𗪱　𘁠、　𗤀

nioow[1]　tśhji[2]　ka̯[2]　ba̯[2]　wja̯[1]　mja̯[1]　tsə̯[1]　zow[2]　zji[2]

并　根　茎　叶　花　果　药　持　皆

𘋞　𘋠　𗗉、　𘃜　𘑗　𗉌　𗆧　𘄬　𘃡

tśhjij[1]　dja[2]　rjɨr[2]　·ja̯r[2]　rejr[2]　mjij[2]　rar[2]　·wu̯[2]　gju[2]

去　△　方，　日　多　未　过　资　具

有持根茎叶花果药并皆将去，未久之间所有资具

10.15.6　𗼃　𗼃　𗥾　𘌥　𘍍　𗤌。　𗍋　𘏞　𘏞

ŋowr[2]　ŋowr[2]　zji[2]　ɣiej[2]　dźjwa[1]　·jij[1]　ku[1]　dźjij[2]　·ji[1]

所　　有　　皆　运　尽　欲。　故　时　众

𗼻　𗰜　𗗉　𘒞　𗭼　𘊝，　𗥾　𘏞　𗼻

mji[1]　·u[2]　dzjij[2]　rjur[1]　phji[1]　tśhju̯[1]　zji[2]　dźjij[2]　mji[1]

寺　中　余　诸　苾　刍，　咸　众　寺

捷运欲尽。时此寺中诸余苾刍，咸诣造寺

10.16.1　𗽸　𗣼　𗤋　𘀠　𘍏　𗣼　𘈶，　𗣀　𗤽

djo̯[2]　mjijr[2]　mji[1]　·wə[1]　nji[1]　do[2]　śjɨ[1]　thjɨ[2]　sju[2]

造　者　施　主　家　处　诣，　是　如

𗁦　𗤲：　𗣪　𘖎　𗤒　𗱵?　𘍦　𘏞　𗼻

da̯[2]　·ji[2]　phə[1]　bjij[1]　·a　djwu[2]　nji[2]　dźjij[2]　mji[1]

造　者：　绢　眼　扬　旬?　楠　众　寺

语	谓:	长	者	△	知?	仁	众	寺

施主家，作如是语：长者知不？仁之寺

10.16.2

偭	蔬	薪	禮	禮	纚	祗	蔬	骏。
·u²	·wụ²	gju²	ŋowr²	ŋowr²	sjij¹	zji²	dja²	dźjwa¹
内	资	具	所	有	今	皆	△	尽。

孅	絹	胀	菞:	绽	孅	胀	偭	
dźjij²	phə¹	bjij¹	dạ²	ŋa²	dźjij²	mjị¹	·u²	
时	长	者	曰:	我	众	寺	内	

内所有资生现今阙乏[8]。是时长者报曰：

10.16.3

偄	羖	经	痿	赦	桦	泚,	纚	禳
phji¹	tśhjụ¹	dźjij²	mjijr²	ljị¹	ɣiə¹	njij²	sẽ¹	khji¹
苾	刍	住	者	△	稀	少,	僧	祇

孙	蔬	薪	靴	綝	骏	徽	祗	
·jij¹	·wụ²	gju²	·jar²	rejr²	mjij²	rar²	zji²	
之	资	具	日	多	未	过	都	

无多[9]苾刍住于寺内，僧祇资具未久之间遂言都

10.16.4

蔬	骏	劾	纚	赦	菞?	孅	蔬	偄
dja²	dźjwa¹	·ji²	tja¹	thjij²	ɣiej¹	dźjij²	rjur¹	phji¹
△	尽	谓	者	遂	言?	时	诸	苾

羖	縑	览	释	殁	欽	祗	灸,	絹
tśhjụ¹	śji¹	dạ²	mjị	·wə¹	do²	ŋowr²	tshjij¹	phə¹
刍	先	事	施	主	处	具	告,	长

尽？时诸苾刍即以上缘具告施主[10]，长

10.16.5

胀	菞:	绽	羖	孅	胀	偭	偄	羖
bjij¹	dạ²	ŋa²	dzjij²	dźjij²	mjị¹	·u²	phji¹	tśhjụ¹
者	曰:	我	彼	众	寺	内	苾	刍

孙	蔬	灸	绽	瓣	劾?	絹	胀	
·jij¹	dja²	khjij¹	ŋa²	mo²	·ji²	phə¹	bjij¹	

之　△　与　我　岂　耶?　长　者
者曰：我岂与彼外寺苾刍耶？长者

10.16.6　ʑier¹　ʑjɨ¹　·a　śjwo¹　thji²　dạ²　tha¹　do²　rjir²
嫌　恨　△　生。　此　事　佛　处　△

tshjij¹　tha¹　dạ²　phji¹　tśhjụ　pha¹　dźjij¹　ku¹
说，　佛　言：　苾　刍　别　住，　故

嫌恨。以缘白佛，佛言：苾刍不应于别处住，

10.17.1　thji²　dźjij²　mji¹　·u²　tji¹　dzjij²　ljijr²　tśhjij¹　lew²
此　众　寺　中　食　余　向　入　应

njạ²　nioow¹　tsjɨ¹　thji²　dźjij²　mji¹　·u²　war²　dzjij²
不，　复　亦　此　众　寺　中　物　余

将此寺食而向余处，亦复不应将此寺物以

10.17.2　do²　kjụ¹　tshwew¹　lew²　njạ²　tji¹　ljɨ¹　nioow¹　tjij¹
处　供　养　应　不。　饭　△　及　灯

·jiw¹　rjir²　nji²　wjạ¹　mjạ¹　mjɨ¹　·wə¹　mər²
油　乃　至　花　果，　施　主　本

供余处。饭及灯油乃至花果，若施主本

10.17.3　njij¹　lew¹　thji²　dźjij²　mji¹　·u²　dźjij¹　mjijr²　·jij¹
意，　唯　此　众　寺　中　住　者　之

kjụ¹　tshwew¹　mjɨ¹　rjir²　mji¹　gu²　phji¹　kiẹj¹
供　养　无　乃　亦　不　可　得

供	养	余	与	不	通	令	欲

意[11]，唯供此处住寺之人不通余人者，

10.17.4

絲，	蒗	桄	庇	赚，	㠱	憻
ku¹	tjij¹	lja¹	tji¹	thji¹	tsji¹	pju̥¹
者，	若	来	食	物，	亦	价

骹	㸑	瓢	狨	厥	㳀	絿。
wa²	tśhju¹	bju¹	phə¹	khjow¹	·wji¹	lew²
何	有	计	价	与	作	应。

若有来食，并须计物酬其价值。

10.17.5

慨	磢	蕆	缀	㳠	彩：
ŋwə¹	tsew²	war²	ɣjiw¹	lja¹	dḁ²
五	第	子	摄	颂	曰：

第五子摄颂曰：

10.17.6

㴉	莅	絳	㺨	䈾，	㐥	瓣	蒿
sẽ¹	lhwu¹	mji¹	·wə¹	·o¹	twu̥¹	wə¹	·jij¹
僧	衣	施	主	题，	各	属	自

㐥	䅥，	㳈	衟	骹	㳀	㡰，
twu̥¹	la¹	mej²	kor¹	dzjij²	rjar¹	dju¹
各	记，	甋	瓯	别	许	有，

僧衣题施主，别人施私记，甋瓯许别人，

10.18.1

骹	茫	㺷	虺	蕤。
dzji¹	dźjwij²	dzji²	dzjwi̥²	dji²
尼	夏	应	修	理。

尼夏应修理。

10.18.2

猏	爰	絳	蔬	麠	㳈	㳊	屏	㳱。
tśhji¹	zjo̥²	tha¹	śji²	lo¹	·wa¹	we²	·u²	dźjij¹
尔	时	佛	室	罗	伐	城	中	在。

𗼋	𗰖	𗋽	𗓰	𗏴	𗦲	𗦳	𗢠 ,
rejr²	ljo²	tjo̤²	nji̱¹	zji̱²	nji¹	dja²	phji²
时	兄	弟	二	俱	家	已	出,

尔时佛在室罗伐城。时有兄弟二俱出家,

10.18.3

𗼋	𗰖	𘀄	𗣀	𗏳	𗓱	𗸌	𗏀	𗢤
rejr²	lja²	phjii¹	mjijr²	phji¹	tśhju̱¹	gji̱²	sẽ¹	khji¹
时	检	校	者	苾	刍	有	僧	祇

𗥾	𗧀 ,	𗱦	𗏀	𗥾	𗰖	𗦠	𗏳
lhwu¹	gjwi²	·ji¹	·jij¹	lhwu¹	ljo²	khwej²	phji¹
帔	着,	众	之	衣	兄	大	苾

有检校苾刍着僧祇帔,便以众帔寄兄苾

10.18.4

𗓱	𗦱	𗿒	𗭾	𗥇	𗢨	𗲱	𗯰 。	𗼋
tśhju̱¹	do²	kji̱¹	no̱²	dzjij²	ljijr²	rji̱r²	śji²	rejr²
刍	处	△	寄	余	方	△	往。	时

𗰖	𗤻	𗏀	𗓱	𗣤	𗥾	𗈪	𗧀
ljo²	tsəj¹	phji¹	tśhju̱¹	·jij¹	lhwu¹	·a	gjwi²
兄	小	苾	刍	己	帔	△	披

刍遂往余处。其弟苾刍自披己帔

10.18.5

𗰖	𗦠	𗦱	𗕎 ,	𗣤	𗥾	𘂀	𗋥	𗥾
ljo²	khwej²	do²	ljij²	·jij¹	lhwu¹	·wji²	·o¹	lhwu¹
兄	大	处	来,	己	帔	主	人	衣

𗸍	𗈪	𗄑	𗲱	𗭧	𗤕	𗢤	𗥺
rji̱r²	·a	·we²	rji̱r²	tji¹	ku̱¹	śji̱¹	·jij¹
与	△	披	△	置,	后	去	欲

来至兄边[12],即以己帔与主人衣相近而置,于后去

10.18.6

𘀈	𗦲	𗏀	𗥾	𘃜	𗣤	𗏀	𗽅	𗂧
zjij¹	·ji¹	·jij¹	lhwu¹	zow²	·jij¹	·jij¹	mja¹	ŋwu²
时	众	之	帔	持	己	之	误	是

·jɨ² ·a gjwi² dja² rjɨr² thja¹ lja² phjii¹

谓, 遂 着 而 去。 其 检 校

时误持众帔，谓是己衣遂着而去[13]。其检校

10.19.1　mjijr² ku̱¹ rejr² njɨ² ljij² pha¹ lhwu¹ dja² tjɨ¹

者 后 时 至 来, 别 衣 △ 置

ljij² ·jɨr¹ da̱² zjo̱² ŋowr² thjɨ² ·wjɨ² sẽ¹

见 告 言: 寿 具! 此 刻 僧

人后时来至，见有别衣告言：具寿！今者僧

10.19.2　khja² war² gjij¹ rejr² rjir¹ nji² mo² hu̱² da̱²

伽 物 利 多 获 △ 乎。 答 言:

mjɨ¹ tśhjɨ¹ rjir¹ njɨ² ·jɨr¹ da̱² thjɨ² lhwu¹ sjwɨ¹

不 尔 得 △。 问 曰: 此 衣 谁

伽多获利物。答言：不得。问曰：此是谁衣？

10.19.3　·jij¹ ŋwu² hu̱² da̱² njɨ² ·jij¹ sẽ¹ lhwu¹ ŋwu²

之 是? 答 曰: 汝 之 僧 衣 是

·jɨ² hu̱² da̱² ŋa² lhwu¹ zjij² khwej² thjɨ² lhwu¹

谓。 答 曰: 我 帔 宽 大 此 衣

答：是汝僧衣。报言：我帔宽大此衣

10.19.4　rur¹ tsəj¹ ljɨ¹ dzjij² dzjwo² kew¹ ljij² ŋa² lhwu¹

狭 小 也, 余 人 告 来 我 衣

縦	薻,	義	教	巌	絳	雛	縕	蓷
mja¹	tśhjij¹	tjij¹	dzjwo²	ljij²	ku¹	sjij¹	·jir¹	śji¹
而	持,	若	人	来	故	今	问	往

狭小，应有余人来至于此持我衣去，若有人来我今往问。

10.19.5

縦	努。	粀	纜	巌	峨	嘉	糵	蘢
ŋa²	·ji²	thja¹	nji²	śji²	nioow¹	·jij¹	sẽ¹	lhwu¹
我	谓。	彼	到	往	及	已	僧	衣

蔽,	殲	蒲	藏	巍	粀	教,	粉
ljij²	dạ²	mər²	dja²	·jir²	thja¹	dzjwo²	hụ¹
见,	事	本	△	问	其	人,	答

既到彼已遂见僧衣，问其所以[14]，答

10.19.6

辥:	縦	絲	祇	赥	橛	蘢	龖
dạ²	ŋa²	njij¹	nja¹	ŋwu²	nji²	lhwu¹	lji¹
曰:	我	心	黑	以	仁	帔	来

縦	赥	愩,	糵	蘢	蔽	絳	橛
ŋa²	lji¹	nja²	sẽ¹	lhwu¹	ŋwu²	ku¹	nji²
我	△	无,	僧	衣	是	故	仁

曰：我无故意[15]而将帔来，若是僧衣仁

10.20.1

纚	禳	努。	偏	報	儱	痲,	縂	殲
rjir²	tśhjo²	·ji²	phji¹	tśhjụ¹	·jiw²	śjwo¹	thji²	dạ²
△	持	谓。	苾	刍	疑	生,	此	事

絆	効	纚	努,	絆	辥:	殺	糵
tha¹	do²	rjir²	tśhjij¹	tha¹	dạ²	tha²	·ji¹
佛	处	△	说,	佛	言:	大	众

可持去。苾刍有疑，以缘白佛，佛言：大众

10.20.2

蘢	耗	燤	菀	釋	纨。	偏	報
lhwu¹	γa²	dźju¹	sji²	·o¹	lew²	phji¹	tśhjụ¹
衣	上	验	具	有	应。	苾	刍

thjij² sjo² dźju¹ sji² ·o¹ śjij¹ mjɨ¹ dạ²?
何　云　验　具　有　△　不　知?

之衣应为记验。苾刍不知云何作记?

10.20.3

rjur¹ pjụ¹ dạ² tjij¹ ·ji¹ war² ŋwu² ku¹ dji²
世　尊　曰:　若　众　物　是　者　书

rjar¹ thji² tja¹ （·） sjwɨ² njɨ² mjɨ¹ ·wə¹ dja²
写，　此　者　某　甲　施　主　△

世尊告曰：若是众物宜应书字，此是某甲施主

10.20.4

mjɨ¹ lhwu¹ ŋwu² ·jɨ² lew² tjij¹ pha¹ ·jij¹
施　衣　是　谓　应，　若　别　自

twụ¹ wə¹ ku¹ ·jij¹ twụ¹ la¹ lew² rejr²
各　属　故　自　各　记　应。　时

之衣，若别人衣应为私记。时

10.20.5

mə² tsạ¹ mej² kor¹ nioow¹ ljụ² dzji¹ tsəj¹
种　色　氍　毹　及　褥　班　小

njɨ² zow² sẽ¹ khja² ·jij¹ mjɨ¹ tha¹ dạ²
等　持　僧　伽　之　施，　佛　言:

有织彩[16]氍毹及小班褥持施僧伽，佛言：

10.20.6

ŋa² ·ji¹ ·jij¹ mjɨ¹ rjar² dju¹ phji¹ nioow¹
我　众　之　施　许　有　令，　又

骸　毅　孤　术　彩　蒬　祇。縦
dzjij² dzjwo² ·jij¹ tsjɨ¹ rjar² dju¹ nioow¹ dzjij²
别　人　之　亦　许　有　令。　又
我听大众，亦许别人。又

10.21.1　嬲　㴒　毅　赅　尾　散　璺　㴘　㸺
dźjij² rejr² dzjwo² khjɨ¹ bjij² tha² dźjwi² sẽ¹ khja²
有　多　人　脚　旋　大　床　僧　伽
孤　繹　嵗　㴒　移：　㴘　㸺　㴑
·jij¹ mjɨ¹ rjur¹ pjʉ¹ dạ² sẽ¹ khja² lhjij
之　施　世　尊　曰：　僧　伽　畜
有多人以旋脚大床持施僧伽，世尊告曰：僧伽听畜，

10.21.2　彩　蒬，骸　毅　彩　絗　㔊。嵗　㴒
rjar² dju¹ dzjij² dzjwo² rjar² mjij¹ ·ji² rjur¹ pjʉ¹
许　有，别　人　应　不　谓。世　尊
莐　毬　儬　报　骇　縱　瓣　繼
dźjwij² dzjɨ² phji¹ tśhjʉ¹ dzji¹ nioow¹ bju¹ nji¹
夏　坐　苾　刍　尼　因　依　家
别人不应。如世尊说：夏坐苾刍尼，

10.21.3　絋　獥　庞　蘈　彩　蒬　㔊。瓣　嘉
zjir² khej¹ dźjij¹ śjɨ¹ rjar² dju¹ ·ji² bju¹ ·jij¹
遍　游　行　往　许　有　谓。依　自
绖　㲃　㸷　㺚　殡　祇　㢟，蒬
dźjij¹ tji² do² mjɨ¹ tśhjɨ¹ dzjwɨ² dji² to²
住　处　于　不　为　修　理，共
有缘听往人间游行。彼于住处不为修理，

10.21.4　蒗　㸺　蘈，殨　祇　㴘　縢。嬲　庞
zji² dźjir¹ śjɨ¹ tśhji² rjar² ŋwo² ljij² rejr² rjur¹
皆　舍　去，遂　便　毁　坏。时　诸

𗧸	𗯩	𗼋	𗱔	𗥤	𘄒	𗑗	𗇃
phji¹	tśhjụ¹	thji²	dạ²	tha¹	do²	rjɨr²	tshjij¹
苾	刍	此	事	佛	处	△	说，

皆共舍去，遂便毁坏。时诸苾刍以缘白佛，

10.21.5
𗥤	𗋽	𗹙	𗧸	𗯩	𗾝	𘜶	𗋽	𗧘
tha¹	dạ²	rjur¹	phji¹	tśhjụ¹	dzji¹	dźjwij²	dzji²	tji²
佛	言：	诸	苾	刍	尼	夏	居	处

𘄒	𗩴	𗰙	𗾉	𘊛	𗖵	𗸌	𗩴
do²	dzjwi²	djɨ²	lew²	ŋwu²	tjij¹	mji¹	dzjwi²
于	修	理	应	是，	若	不	修

佛言：诸苾刍尼安居之处应须修理，若不

10.21.6
𗰙	𘕰	𗖀	𗘱	𗏁	𗄺	𘅣
djɨ²	ku¹	zji²	niow²	·wji¹	dzwej¹	lhjụ²
理	者	咸	恶	作	罪	得。

尔者咸得恶作罪[17]。

注释：

[1]所施资缘悉皆充足，西夏文字面译作"所施所有悉皆充足"。

[2]时彼长者请余苾刍，西夏文字面译作"时彼长者请余一苾刍"，西夏文衍"𗋽"（一）字。

[3]检校，西夏文本译作"𘝞𘜶"，义为"自修"。

[4]彼为礼觐来至寺中，西夏文字面译作"彼等师主礼觐来至寺中"。

[5]邬波驮耶，即西夏文"𗿈𗵘𗋽𘉞" *·u²po¹thow¹·ja²，又作邬婆驮耶，梵文 Upādhyāya，译曰亲教师、依止师、依学等。呼师之称。《善见律毗婆沙》卷四曰："优波那诃，汉言嗔盛。"《根本说一切有部百一羯磨》卷一注曰："邬波驮耶，译为亲教师。言和尚者，乃是西方俗语，非是典语。然诸经律梵本，皆云邬波驮耶。"

[6]报言，西夏文本译作"𘉞𘑾𘉞"，义为"师主言"。

[7]彼即持饭，西夏文本译作"𘕘𗇃𘒏𗯩𘈩𗩴𘉻𘏵"，义为"时弟子等即持饭"。

[8]内所有资生现今阙乏，西夏文字面译作"内所有资具今皆已尽"。

［9］无多，西夏文本译作“[illegible]”，义为“稀少”。

［10］时诸苾刍即以上缘具告施主，西夏文字面译作“时诸苾刍先事具告施主”。

［11］若施主本意，西夏文本译作“[illegible]”，义为“施主本意”。

［12］其弟苾刍自披已帔来至兄边，西夏文字面译作“时弟苾刍自披已帔来至兄边”。

［13］谓是已衣遂着而去，西夏文字面译作“遂着而去”。

［14］问其所以，西夏文本译作“[illegible]”，义为“问其人本源”。

［15］故意，西夏文本译作“[illegible]”，义为“黑心”。

［16］织彩，西夏文本译作“[illegible]”，义为“种色”。

［17］若不尔者咸得恶作罪，西夏文字面译作“若不修理者咸得恶作罪”。

释读：

10.22.1　[illegible] [illegible] [illegible] [illegible] [illegible] [illegible]：
tśhjiw^{1} tsew^{2} war^{2} ɣjiw^{1} lja̱^{1} dạ^{2}
六　第　子　摄　颂　曰：
第六子摄颂曰：

10.22.2　[illegible] [illegible] [illegible] [illegible] [illegible]，[illegible] [illegible] [illegible]
tjij^{1} kjɨ^{1} ljɨ̠^{1} lhwu^{1} war^{2} ·wjij^{2} lja^{1} zow^{2}
若　△　还　衣　物，送　来　持
[illegible] [illegible]；[illegible] [illegible] [illegible] [illegible] [illegible]，
lhjịj lew^{2} ·ji^{1} nioow^{1} mjɨ^{1} war^{2} lwə^{2}
受　应；众　故　他　财　取，
若还往衣物，送来应为受，为众取他财，

10.22.3　[illegible] [illegible] [illegible] [illegible] [illegible]。
·ji^{1} war^{2} kha^{1} phə^{1} khjow^{1}
众　物　中　价　与。
将众物还价。

10.22.4　[illegible] [illegible] [illegible] [illegible] [illegible] [illegible] [illegible] [illegible]，[illegible]
rejr^{2} mur^{1} dzjwo^{2} gjɨ^{2} njij^{1} low^{2} dja^{2} sji^{2} mjịj^{1}

时　　俗　　人　　有　　亲　　属　　△　　亡，　尸

tji¹　thow¹　bo¹　kha¹　·wjij²　śji²　lə　lew²

置　　陀　　林　　中　　送　　往，　幡　　白

时有俗人亲属亡没，为送尸骸往尸林处，

10.22.5

thji²　ŋowr²　ŋowr²　nji¹　do²　kji¹　lji̱¹　sẽ¹　khja²

卷　　所　　有　　舍　　处　　△　　还，　僧　　伽

·jij¹　mji¹　phji¹　tśhjụ¹　mji¹　lhjij　thji²　da²

之　　施。　苾　　刍　　不　　受，　此　　事

所有幡氎还将归舍，回施僧伽。苾刍不受，

10.22.6

tha¹　do²　rjɨr²　tshjij¹　tha¹　da²　thji²　mjij¹　·wjij²

佛　　处　　△　　说，　佛　　言：　是　　尸　　送

lhwu¹　zow²　lhjij　lew²　ŋwu²　·ji̱²　rejr²　lụ²

衣　　持　　受　　应　　是　　谓。　时　　贫

以缘白佛，佛言：是送尸衣应须为受。时有贫

10.23.1

dzjwo²　dju¹　·ji̱²　njir²　śjij²　ljij²　tha¹　da²　tjij¹

人　　有　　复　　借　　索　　来，　佛　　言：　若

lụ²　dzjwo²　njir²　śjij²　lja¹　ku¹　tsej²　njir²

贫　　人　　借　　索　　来　　故　　暂　　借

人更复来借，佛言：若贫人来借应暂与去。

10.23.2

lew²　·ji̱²　thja¹　dzjwo²　·jiw²　śjwo¹　·a　zow²　kji¹

应	谓。	彼	人	疑	生	△	持	△
蒗	蘨	庞	鿍	報	蕐	綕	爰	
lji¹	rejr²	rjur¹	phji¹	tśhjụ¹	zow²	lhjij	mji¹	
还,	时	诸	苾	刍	持	受	不	

彼有疑心却持还与，时诸苾刍不肯为受，

10.23.3

蕮,	絊	鬝:	蘋	庿	帋	滋	蕐	綕
dzjij	tha¹	dạ²	tjij¹	·wjij²	lja¹	zjij¹	zow²	lhjij
肯,	佛	言:	若	送	来	时	持	受
絊	蘨	勶。	蘨	紴	蘥	彦	鿍	
lew²	ŋwu²	·ji²	rejr²	lja²	phjii¹	mjijr²	phji¹	
应	是	谓。	时	检	校	者	苾	

佛言：却送来时应为受取。时有检校苾

10.23.4

報	綕	爰	蕮	絣,	蘬	鿮	爰	歋
tśhjụ¹	sẽ¹	khja²	dạ²	nioow¹	mur¹	dzjwo²	do²	rejr²
刍	僧	伽	事	故,	俗	人	处	多
緿	爰	帋	絣,	骹	綕	滋	殈	
war²	kjɨ¹	?	tha²	mjij²	·we²	zjij¹	tśhjɨ²	
物	△	贷	大,	未	久	时	立	

刍为僧伽事，于俗人边多贷财物，未久

10.23.5

歋	緑	挖。	蘨	羕	蘬	鿮	鿍	報
rjar²	kạ¹	bja²	rejr²	thja¹	mur¹	dzjwo²	phji¹	tśhjụ¹
即	命	终。	时	彼	俗	人	苾	刍
糀,	絊	劲	臾	臌:	(蘱	繍)	鿍	報
sjɨ¹	tjɨ¹	be²	·jir¹	ljij²	sjwi²	nji²	phji¹	tśhjụ¹
死,	急	日	问	来:	某	甲	苾	刍

命终。时彼俗人闻苾刍死，急来征问：某甲苾刍

10.23.6

蕮	骹	绖	勶?	骿	鬝:	菣	衏。	蘬
sjij¹	ljọ²	dźjij¹	·ji²	hụ²	dạ²	dja²	sji²	mur¹

今	何	在	谓?	答	言:	已	死。	俗
𗣼	𗣊	𗾉	𗣼	𗷒	𗧦	𗵐	𗤋	𗰔
dzjwo²	dạ²	thja¹	dzjwo²	ŋa²	do²	rejr²	war²	
人	言:	彼	人	我	处	多	物	

今何所在? 答言[1]: 已死。彼于我处多贷财物。

10.24.1

𗥃	𗾫	𗈈	𗦲	𗃛	𗌮。	𗷰	𗆞	𗥝
kjɨ¹	lwə²	phə¹	pju¹	mjij²	khjow¹	phji¹	tśhju̲	hu̲²
△	价	值	量	未	与。	芯	乌	报

𗧦:	𗎰	𗠝	𗹦	𗤒	𗥗	𗧗	𗟟	
dạ²	śiə¹	thow¹	bo¹	kha¹	thja²	do²	djɨ	
曰:	尸	陀	林	中	彼	处	△	

芯乌报曰：汝向尸林可从彼

10.24.2

𗱞	𗫦	𗰞	𗉌。	𗶷	𗣼	𗧦:	𗾉	𗣼
śjij²	śjɨ¹	nja²	·jɨ²	mur¹	dzjwo²	dạ²	thja¹	dzjwo²
索	向	汝	谓。	俗	人	曰:	彼	人

𗉌	𗧦	𗦣	𗥃	𗉛	𗏵	𗦣	𗣈	
·ji¹	dạ²	nioow¹	mjɨ¹	djij²	·jij¹	nioow¹	ljɨ¹	
众	事	缘	不	△	私	缘	△	

索。俗人报曰：彼为众事不为私缘，

10.24.3

𗤘,	𗢳	𗦣	𗾉	𗫦	𗈈	𗆞	𗦵	𗉌。
nja²	nji²	njɨ²	ŋa²	·jij¹	phə¹	khjow¹	lew²	·jɨ²
非,	仁	等	我	之	直	还	应	谓。

𗷰	𗆞	𗄈	𗷒	𗩰	𗥗	𗎰	𗳒,	
phji¹	tśhju¹	thji²	dạ²	tha¹	do²	rjɨr²	tshjɨj¹	
芯	乌	此	事	佛	处	△	说,	

仁等宜应还我债直。芯乌白佛，

10.24.4

𗩰	𗧦:	𗆌	𗄈	𗷰	𗆞	𗿷	𗥙	𗷒
tha¹	dạ²	tjɨ¹	tjij¹	phji¹	tśhju¹	sẽ¹	khja²	dạ²

佛	言：	倘	若	苾	刍	僧	伽	事
絉	豌	胐，	縫	蘓	藕	軂	羖	
nioow¹	ŋwu²	nwə¹	ku¹	·ji¹	war²	kha¹	phə¹	
缘	是	知，	故	众	物	中	价	

佛言：若知苾刍为僧伽事者，应将众物以酬

10.24.5

憍	翍	脦	綾。	綊	蘮	庬	叙	囍
pju̱¹	khjow¹	·wji¹	lew²	ŋa²	sjij¹	rjur¹	lja̱²	phjii¹
量	与	为	应。	我	今	诸	检	校
孨	儰	報	絉	祦	廄	髭	鬠	
mjijr²	phji¹	tśhju̱¹	nioow¹	tsjir¹	tjij²	thu¹	phjij¹	
者	苾	刍	因	法	行	制	设	

前价。我今为诸营作[2]苾刍制其行法。

10.24.6

綊。	庬	叙	囍	孨	儰	報	礭	礭，
ŋa²	rjur¹	lja̱²	phjii¹	mjijr²	phji¹	tśhju̱¹	ŋowr²	ŋowr²
我。	诸	检	校	者	苾	刍	所	有，
繍	蘓	胐	帰	綝	骇	礭	礭	
śji¹	·ji¹	mji¹	·u²	pju̱¹	nar²	ŋowr²	ŋowr²	
先	众	寺	中	耆	宿	所	有	

凡诸营作检校苾刍[3]，先报寺中所有耆宿，

10.25.1

彿	彸	諕	羰，	藕	牧	爁	脦，	藆
·jij¹	kjij¹	mji̱¹	zjij¹	war²	·wjij²	śja¹	·wji¹	tjij¹
之	△	报	时，	物	当	赊	为，	或
孩	瀦	脦	蒋	羖	胐	孨	羊	
·jwɨr²	dźiow²	·wji¹	zow²	·o¹	nwə¹	mjijr²	djij²	
文	状	为	持	主	知	者	当	

方可贷人[4]，或为券记保证分

10.25.2

綖。	藆	叙	囍	孨	儰	報	絉	祦
sjwij¹	zow²	lja̱²	phjii¹	mjijr²	phji¹	tśhju̱¹	tśhju̱wɨj¹	tsji̱r¹

明。 若 营 作 者 苾 刍 制 法
藏 慨 形, 縴 禓 皺 形 舵 蘊。
bju¹ mji¹ ·wji¹ ku¹ zji² niow² ·wji¹ dzwej¹ lhjụ²
依 不 为, 故 咸 恶 作 罪 得。
明。营作苾刍不依制法，咸得恶作罪。

10.25.3 翁 綫 萯 綴 談 形:
śjạ¹ tsew² war² yjiw¹ ljạ¹ dạ²
七 第 子 摄 颂 曰:
第七子摄颂曰:

10.25.4 帆 磁 絾 絃 絲, 級 屁 絲
kã¹ tśja¹ tśhja² ka¹ dji¹ lja² tji¹ dji¹
甘 蔗 等 平 分, 口 腹 分
絾 㡌; 絗 竸 絲 憿 绤,
lew² nja² ljɨr¹ dạ² dji¹ tjɨj² mjij¹
应 不; 四 事 分 法 无,
甘蔗等平分，不应分口腹；四事无分法，

10.25.5 纖 氂 豸 絲 瓶。
gjwɨr¹ lju¹ gjɨ² kwej¹ dźjɨj¹
卧 具 夜 不 行。
卧具夜不行。

10.25.6 絆 㡭 麓 綫 挑 帰 焱。 纖 庞
tha¹ śji² lo¹ ·wa¹ we² ·u² dźjɨj¹ rejr² rjur¹
佛 室 罗 伐 城 中 在。 时 诸
襪 絲 絊 帆 磁 瓶, 焱 襪:
sẽ¹ khja² rejr² kã¹ tśja¹ rjir² rjur¹ pjụ¹
僧 伽 多 甘 蔗 获, 世 尊:
佛在室罗伐城。时诸僧伽多获甘蔗，如世尊说[5]:

10.26.1

疵	祇	羮	孷	鞁	孫	散	韅	鰰
rjur¹	mjij¹	kju̱¹	mjijr¹	nji²	·jij¹	so̱¹	phia̱²	kha¹
诸	寂	求	者	等	之	三	分	中

揚	韅	颾	絾	劾	瀰。	瓎	疵	
·a	phia̱²	khjow¹	lew²	·ji²	bju¹	rejr²	rjur¹	
一	分	与	应	谓	因。	时	诸	

诸求寂等三分应与一者。时诸

10.26.2

僬	鞁	虺	磁	藗	絭	散	韅	鰰
phji¹	tśhju̱¹	kã¹	tśja¹	dja²	dji¹	so̱¹	phia̱²	kha¹
苾	刍	甘	蔗	△	分	三	分	中

揚	韅	絭	颾	殌	瀰	絊	糁	
·a	phia̱²	dji¹	khjow¹	tśhji¹	rejr²	bio¹	·wji¹	
一	分	分	与	是	时	行	为	

苾刍分张甘蔗三分与一，是时长行

10.26.3

絭	祇	絾	蒸	糁	鋈,	瓠	瀰	絊
khji̱²	phji¹	ɣu¹	lji̱¹	·wji¹	dzuu²	rjɨr²	nji̱²	bio¹
列	令	头	屈	为	坐,	乃	至	行

斸	疵	颾	嫩	鵌	艑。	散	瓶	
mjij²	rjur¹	pju̱¹	ljijr²	twu̱¹	twu̱¹	zjo̱²	ŋowr²	
末	世	尊	方	正	直。	寿	具	

屈头而坐，乃至行未到世尊前[6]。时具寿

10.26.4

魔	絹	魔	瓕	斸	瀰	鋈,	虺	磁
lo¹	xew¹	lo¹	zji²	mjij²	bju¹	dzuu²	kã¹	tśja¹
罗	怙	罗	最	末	依	坐,	甘	蔗

瓥	陇	颾	絭	糁	絾。	疵	颾	
·wji̱²	dzji¹	pju̱¹	la̱¹	bju̱¹	·ju̱¹	rjur¹	pju̱¹	
而	食	尊	容	瞻	仰。	世	尊	

罗怙罗最在行末[7]，而食甘蔗瞻仰尊容。世尊

10.26.5

𗆷	𗼩	𗼦	𗠁	𗼦	𗥤	𗣼：	𗇜	𗇰
ljij²	nioow¹	lo¹	xew¹	lo¹	·jij¹	·ji²	nji²	kã¹
见	已	罗	怙	罗	之	告：	汝	甘

𗼚	𗁀	𗠩	𗤁?	𗥦	𗧀：	𗁀	𗠩
tśja¹	·wjɨ²	dzjo¹	mo²	hụ²	dạ²	·wjɨ²	dzjo¹
蔗	△	食	耶?	答	言:	已	食

见已告曰：罗怙罗！汝食甘蔗耶? 答言：已食。

10.26.6

𗅝。	𗋕	𗧀：	𗇜	𗦲	𗼩	𗵒	𗝡	𗩾?
ŋa²。	tha¹	dạ²	nji²	sjij¹	nioow¹	mja¹	śjwi²	nja²
我。	佛	言:	汝	今	更	恐	需	汝?

𗥦	𗧀：	𗝡	𗅝。	𗋕	𗧀：	𗩾	𗋋
hụ²	dạ²	śjwi²	ŋa²	tha¹	dạ²	nja²	do²
答	言:	需	我。	佛	言:	汝	处

佛言：汝今更有希望不? 答言：有。佛言：汝

10.27.1

𗤗	𗼭	𗦳	𗆷?	𗥦	𗧀：	𗄩	𗵆	𗴪
wa²	zjij¹	njɨ²	ljij²	mo²	dạ²	sọ¹	tsew²	phia̱²
何	几	至	来?	答	曰:	三	第	分

𗴴	𗅝。	𗰗	𗤁	𗧀：	𗅝	𗰖	𗥉
rjor²	ŋa²	rjur¹	pjụ¹	dạ²	ŋa²	lhwu¹	gjij¹
得	我。	世	尊	曰:	我	衣	利

得几许? 答曰：得第三分。世尊告曰：我据衣利

10.27.2

𗰛	𗡞	𗵘	𗧯	𗴻	𗅝，	𗣼	𗊬	𗤒
bju¹	thji²	sju²	rjɨr²	tshjɨ²	ŋa²	mji¹	djij²	tji¹
据	斯	如	△	说	我，	不	△	饮

𗤑	𗰛	𗦢，	𗡞	𗵒	𗅝	𗦲	𗰘
dzji²	bju¹	nja̱²	thji²	nioow¹	ŋa²	sjij¹	rjur¹
食	依	不，	是	故	我	今	诸

而作斯语，不依饮食，是故我今制诸

10.27.3

仾	羇	矕	絥。	蒶	庇	簸	瀶	瓞
phji¹	tśhjụ¹	·jij¹	tśhjwɨj¹	tjij¹	tji¹	gjij¹	tja¹	rjir²
苾	刍	之	制。	若	食	利	者	乃

瀶	睪	矡	鵋，	术	薤	瓞	絃
njɨ²	bạ²	ŋwu²	rjir¹	tsjɨ¹	zji²	tśhja²	ka¹
至	叶	小	得，	亦	咸	平	等

苾刍。若有食利乃至小叶，咸悉平分。

10.27.4

絃	絿。	蒶	瓞	絃	惀	絃	絳	簸
dji¹	lew²	tjij¹	tśhja²	ka¹	mji¹	dji¹	ku¹	niow²
分	应。	若	平	等	不	分	故	恶

移	能	矗。	絳	絑	葩	滋	鵋，	庞
·wji¹	dzwej²	lhjụ²	kụ¹	rejr²	kã¹	tśja¹	rjir²	rjur²
作	罪	得。	后	多	甘	蔗	得，	世

若不平分者得恶作罪。是故多得甘蔗[8]，如世

10.27.5

瀠:	庇	簸	絃	絿	慻	劤	瓶。	仾
pjụ¹	tji¹	gjij¹	dji¹	lew²	nja²	·jɨ²	bju¹	phji¹
尊:	食	利	分	应	莫	谓	依。	苾

羇	爉	矗，	絳	秅	絲	葩	滋	鵋，
tśhjụ¹	·jiw²	śjwo¹	mjor¹	tśhji²	mja¹	kã¹	tśja¹	rjir²
刍	疑	生，	现	根	果	甘	蔗	得，

尊说[9]：莫分食利。苾刍生疑，现得根果甘蔗，

10.27.6

薤	絃	絃	殺，	絆	釈:	絃	絿。	絥	絵	絾	捸。
zji²	dji¹	mji1	kjir²	tha¹	dạ²	dji¹	lew²	·wạ²	tshjɨj¹	śji¹	sju²
并	分	不	敢，	佛	言:	分	应。	广	说	前	如。

并不敢分，佛言：应分。乃至广说[10]。

10.28.1

絼	絾	絵	絃	絾	絃	扬	憸。	瀶
·jiw¹	nioow¹	tshjɨj¹	tji²	śji¹	rjir²	·a	tjɨj²	rejr²
因	缘	说	处	前	与	一	样。	时

𦜳	𗂁	𗦻	𘃁	𗫔	𗷀	𗔌	𗪉
mur¹	dzjwo²	gjɨ²	·ji¹	mjɨ¹	·a	dzuu²	djo̱²
俗	人	有	众	寺	一	住	造，

缘处同前。时有俗人造一住处，

10.28.2

𗝣	𗍳	𗾺	𘉬	𗉮	𘃁	𗫔	𗠁	𗾔
rjur¹	phji¹	tśhju̱¹	njɨ²	thji²	·ji¹	mjɨ¹	·u²	dźjij¹
诸	苾	刍	等	此	众	寺	中	住

𗼃	𗏁	𗄊	𗀔	𗉛	𗋽	𗣼	𗒾
tja¹	to²	zji²	mjɨ¹	·wə¹	tji¹	dzji²	kju̱¹
者，	悉	咸	施	主	饮	食	供

有诸苾刍住此寺者，咸是施主供其饮食。

10.28.3

𗌭	𗃜	𗝣	𗍳	𗾺	𗥃	𗄛	𗸟	𗾔
tshwew¹	rejr²	rjur¹	phji¹	tśhju̱¹	·jij¹	gu²	pji¹	dźjij¹
养。	时	诸	苾	刍	自	相	议	判：

𗝣	𗰜	𗜐	𗈜	𗍳	𗋽	𗣼	𘟢	𗇋
rjur¹	zjo̱²	ŋowr²	ŋa²	njɨ²	tji¹	dzji²	rjir¹	gie¹
诸	寿	具！	我	等	饮	食	得	难

时诸苾刍共相议曰：诸具寿！我等不以饮食为难。

10.28.4

𗉇	𗅢	𗹈	𗮀	𗇰	𘘣	𘈶	𗴿	𗤋
lji¹	nja²	thja¹	tśji²	xiwã¹	lo¹	sjij¹	mjor¹	mjij¹
△	非。	彼	支	伐	罗	今	现	无

𘕥	𗉮	𗣼	𗍫	𗔇	𗉇	𗀀	𗁬
nji²	thji̱²	tji¹	phə²	źji²	ŋwu²	lhwu¹	gjwi²
△，	此	食	直	价	以	衣	服

然支伐罗现今阙乏，此有食直宜共货之以充衣服，

10.28.5

𗣔	𘕥	𗄛	𗭪	𗣼	𗒾	𘟯	𗤒	𗸍
lwə²	nji²	·jij¹	twu̱¹	tji¹	kju̱¹	dźjwiw²	pa̱²	·jij¹
货	△，	自	各	食	乞	饥	虚	之

峓	蕊	劣。	豼	疵	穇	慨，	庪
gju²	nji²	·ji²	pji¹	dźjij¹	dźjwa¹	nioow¹	phji¹
济	△	谓。	议	论	竟	已，	苾

各自乞食以济饥虚。作是议已，

10.28.6

羇	薤	羽	牋	绎	殁	縦	峓	疪
tśhju¹	tjij¹	gji²	zjij¹	mji¹	·wə¹	nji¹	do²	tji¹
刍	独	一	几	施	主	家	处	食

縦	薤	疹	慨	蒬。	庬	庪	羇
lhjij	śji¹	mjijr²	mji¹	dju¹	rjur¹	phji¹	tśhju¹
受	往	者	无	有。	诸	苾	刍

无一苾刍往施主家而受其食。诸苾刍

10.29.1

羇	疪	疀	薅	辮，	绎	移	蒭	絁：
nji̷²	tji¹	dzji²	kju¹	kha¹	mji̷¹	·o¹	ljij²	·jir¹
等	饮	食	乞	中，	施	主	见	问：

刿	疹!	綫	槲	羇	狝	縦	骇
śji̷j²	mjijr²	ŋa²	nji²	nji̷²	·jij¹	nji̷²	ŋewr²
圣	者!	我	仁	等	之	日	每

等因乞食时，施主见问：圣者！我为仁等每日

10.29.2

疪	疀	薅	蘸，	纖	赦	毡	縦	赦
tji¹	dzji²	kju¹	tshwew¹	sjij¹	lji̷¹	rjijr²	lhjij	ŋwu²
饮	食	供	养，	今	劳	苦	受	以

疪	薅	蕊	觖	祄	劣?	獵	豵
tji¹	kju¹	nji²	thjij²	ɣiej¹	·ji²	dạ²	mər²
食	乞	△	何	意	耶?	事	本

供食，何意劳苦而行乞耶[11]?

10.29.3

绎	殁	峓	觚	劣,	绢	憮	豵:	槲
mji¹	·wə¹	do²	ŋowr²	tshjij¹	phə¹	bjij¹	dạ²	nji²
施	主	处	具	说,	长	者	曰:	仁

鞁	虦	孄	虦	帰	敘	緆	庇
nji²	thjij²	sjo²	lja²	·u²	lju²	lew²	tji¹
等	何	云	口	内	散	应	食

具以上缘而告施主[12]，长者报曰：仁等岂合口腹之分

10.29.4

敆	虪	孄	獥	鞁	虦	敘	憀	劦。
tha²	·ji¹	gu²	dji¹	nji²	tja¹	ljọ²	tjij²	·ji²
大	众	共	分	△	者	何	法	谓。

㧹	孄	絆	羸。	虪	庬	㡾	報
khie¹	dẹj²	njij¹	śjwo¹	rejr²	rjur¹	phji¹	tśhjụ¹
嫌	耻	心	生。	时	诸	苾	刍

大众共分。遂生嫌耻。时诸苾刍

10.29.5

㫴	虨	絆	效	瓶	敆	絆	虨:	絗
thji²	dạ²	tha¹	do²	rjir²	tshjij¹	tha¹	dạ²	ljir¹
此	事	佛	处	△	说，	佛	言:	四

耪	耗	荒	孄	獥	緆	帍。	絗
mẹ²	war²	dju¹	gu²	dji¹	lew²	njạ²	ljir¹
种	物	有	共	分	应	不。	四

以缘白佛，佛言：有四种物不应分。

10.29.6

虦	賴	獥	敆?	刻	虦、	絗	敿	㳇
tja¹	ljɨ¹	kji¹	ŋwu²	lew¹	tja¹	ljir¹	ljijr²	sẽ¹
者	何	△	是?	一	者、	四	方	僧

耗,	桶	虦、	㳇	虦	㺒	耗,	敆
war²	nji¹	tja¹	sjwɨ¹	tu¹	po¹	war²	sọ¹
物,	二	者、	窣	睹	波	物,	三

云何为四？一者、四方僧物，二者、窣睹波物，三

10.30.1

虦、	虪	孄	姚	孫	巌	夏	緆	虪,
tja¹	·ji¹	gu²	ŋọ²	·jij¹	dzjɨ¹	djɨ²	lew²	tsẹ¹
者、	众	共	病	之	供	给	应	药,

絪	繳、	飯	帰	敦	缐	氋,	誂
ljir¹	tja¹	lja²	·u²	lju²	lew²	war²	thji²
四	者、	口	内	散	应	物,	此

者、众家供病之药，四者、口腹之物，[13]

10.30.2

繳	絪	骸。	刻	蔂	慾	缝	祗	皦
tja¹	ljir¹	ŋwu²	tji¹	tjij¹	dji̱¹	ku¹	zji¹	niow²
者	四	是。	倘	若	分	故	咸	恶

彩,	舵	蠡。	殡	繊	縂	繞	繳	
·wji¹	dzwej¹	lhju̱²	tśhji¹	dzjij¹	tśhjiw¹	djij¹	nji¹	
作	罪	得。	是	时	六	众	家	

若有分者咸得恶作。是时六众

10.30.3

缔	輓	蓝,	刻	繎	羲	缀	羢	殡
zjir²	da̱²	dźjij¹	be²	bu¹	gjij¹	to²	zjij¹	tśhji¹
遍	游	历,	日	没	星	出	时	方

繳	慨	蠡	胧	帰	諮	矝。	繊	茂
mja¹	nioow¹	·ji¹	mji̱¹	·u²	·o²	·ji̱²	dzjij¹	rjur¹
然	后	众	寺	中	入	谓。	时	诸

游历人间，日没星出方入寺中。时诸

10.30.4

佹	鞁	死	脖	絭	孫	祗	繊	蘸
phji¹	tśhju̱¹	twu̱¹	njij¹	·wji̱¹	·jij¹	zji²	ɣie¹	ljwi̱¹
苾	刍	各	亲	友	之	皆	力	陷

彩,	繊	疕	繞	繑	茂	幻	孫	
·wji¹	dzjij¹	thja¹	tśhjiw¹	djij¹	rjur¹	dzjwo²	·jij¹	
为,	时	彼	六	众	诸	人	之	

苾刍随其亲友而为解劳，时彼六众告诸人曰：

10.30.5

矝:	骸	甂!	楙	鞁	疕	缏	毂	粼
·ji̱²	zjo̱²	ŋowr²	nji²	nji²	thja¹	śjij¹	zew²	kjir²
曰:	寿	具!	仁	等	安	然	忍	可

荒	繼	弤	憨	炭	薇	秴	祕
nji²	tja¹	ljo²	tjij²	rjur¹	pju¹	·jij¹	tsjɨr¹
△	者	岂	教	世	尊	之	法

具寿！岂复仁等安然忍可世尊教法

10.30.6

夒	祇	荒	微	薇?	蕤	轂	繖	姅
dzjar²	phji¹	nji²	·jij¹	mo²	tjij¹	bju¹	·ju¹	njij¹
灭	令	△	欲	耶？	若	惭	愧	心

赦	胤	荒，	绛	蕤	絲	毛	灛
ljɨ¹	tśhju¹	nji²	ku¹	śjwi¹	bji²	bjij²	bju¹
△	有	△，	故	年	小	大	随

而令灭耶？若有惭愧心者，可随年次

10.31.1

纖	瓻	祇	絿	务。	纖	炭	傀	戟
gjwɨr¹	lju²	dźjij¹	lew²	·jɨ²	dzjij¹	rjur¹	phji¹	tśhju¹
卧	具	行	应	谓。	时	诸	苾	刍

蕤	絲	毛	灛	纖	瓻	绣	撩，
śjwi¹	bji²	bjij²	bju¹	gjwɨr¹	lju²	dji¹	·wji¹
年	小	大	依	卧	具	分	为，

应行卧具。时诸苾刍即依大小次第分给卧具，

10.31.2

罷	戟	纖	猴	嘉	祀	轂	薇，	祇
thja¹	njɨ²	lhjij	dźjwa¹	·jij¹	twụ¹	nja¹	me²	dźjij¹
彼	等	受	已	自	各	△	眠，	行

务	殄	猴	殔	批	膌	鷇。	緣
mjɨ¹	tśhjɨ¹	dźjwa¹	tśhjɨ¹	rjar²	mə¹	bjij²	tśhjiw¹
未	是	末	遂	即	天	明。	六

彼既受已各自眠卧，未至行末遂即天明。六

10.31.3

毚	纖	稈	弤：	甗！	纖	毵	祧	猴
djij¹	·ji¹	dạ²	zjọ²	ŋowr²	gjwɨr¹	lju¹	djɨ²	lhjwi¹
部	众	曰：	寿	具！	卧	具	△	取

荒	綏	徔	㸳	荒	徺	勠。	庞
nji²	gji²	mji²	śji¹	nji²	·jij¹	·ji²	rjur¹
△	吾	我	往	△	欲	谓。	诸

众报曰：具寿！收取卧具吾欲进途。诸

10.31.4

俶	移：	橌	靴	刻	㔉	蒙	豟	蘱
dzjwo²	dạ²	nji²	nji̱²	tji¹	gji²	lju̱	no²	rejr²
人	曰：	仁	等	一	夜	身	安	乐

㔉	瀶，	纵	散	纀	靴	縅	乇
gji²	bju¹	ŋa²	tha²	·ji¹	nji²	lji̱¹	rjijr²
求	依，	我	大	众	等	劳	苦

人告曰：何意仁等但求一夜而取身安，令我大众极生劳苦。

10.31.15

祇	荒	薮	蓩	勠。	雅	覢	绊	欻
phji¹	nji²	thjij²	ɣiej¹	·ji²	thji²	dạ²	tha¹	do²
令	△	何	意	谓。	此	事	佛	处

瓿	㺒，	绊	移：	蒾	庞	儘	靴
rji̱r²	tshjij¹	tha¹	dạ²	tjij¹	rjur¹	phji¹	tśhju̱¹
△	说，	佛	言：	若	诸	苾	刍

以缘白佛，佛言：凡诸苾刍

10.31.6

刻	靴	綏	祓	纀	脞	㡮	諮，	絳
be²	nja¹	bu¹	zjij¹	·ji¹	mji¹	·u²	·o²	ku¹
日	△	暮	时	众	寺	中	入，	故

滕	繊	敠	纀	鋆	㺒	祇	纵
mə¹	na¹	khju¹	gjwi̱r¹	lju¹	dji¹	phji¹	lew²
天	夜	下	卧	具	分	令	应

日暮至寺，不应令他夜分卧具，

10.32.1

循，	蒾	㺒	祇	絳	敵	移	眊	蘒。
nja̱²	tjij¹	dji¹	phji¹	ku¹	niow²	·wji¹	dzwej¹	lhju̱²
不，	若	分	令	故	恶	作	罪	得。

强令分者得恶作罪[14]。

注释：

[1]答言，西夏文本译作"𘙤𘟛𗗔"，义为"俗人言"。

[2]营作，西夏文本译作"𗓽𘕕"，义为"检校"。

[3]凡诸营作检校苾刍，西夏文本译作"所有诸检校苾刍"。

[4]方可贷人，西夏文本译作"𗀔𘀄𗸦𗗔"，义为"可当赊物"。

[5]如世尊说，西夏文本译作"𗼲𘟙"，义为"世尊"。

[6]乃至行未到世尊前，西夏文字面译作"乃至行未到世尊前"。

[7]时具寿罗怙罗最在行末，西夏文字面译作"具寿罗怙罗最在末"。

[8]是故多得甘蔗，西夏文本译作"𗼑𗊱𘕣𗠔𗥼"，义为"后多得甘蔗"。

[9]如世尊说，西夏文本译作"𗼲𘟙"，义为"世尊"。

[10]乃至广说，西夏文本译作"𘊛𗤎𘜶𗙼"，义为"如前广说"。

[11]何意劳苦而行乞耶，西夏文字面译作"今何意劳苦而行乞耶"。

[12]具以上缘而告施主，西夏文字面译作"具说本事而告施主"。

[13]此处西夏文"𘟛𘟛𘟛𘟛"，义即"谓四也"，汉文本无。

[14]强令分者得恶作罪，西夏文字面译作"若令分者得恶作罪"。

释读：

10.32.2　圆　𗆐　𗁬　𘝞　𗷅　𗗔：
　　　　·jar¹　tsew²　war²　yjiw¹　lja¹　dạ²
　　　　八　第　子　摄　颂　曰：
　　　　第八子摄颂曰：

10.32.3　𗟲　𗕜　𘜶　𗧄　𗴿，　𗭪　𘜶　𗗛
　　　　·ja²　khja²　dja²　mji¹　mja¹　sej¹　·wji¹　tśhjwo¹
　　　　药　叉　△　施　果，　净　为　方
　　　　𘜶　𗻓，　𗀔　𘝞　𗫂　𘜶　𗤋，
　　　　lhjij　dzji¹　gjij²　tja¹　tśhjwir²　·wji¹　thji¹
　　　　受　食，　余　者　浆　为　饮，
　　　　果由药叉施，净之方受食；余者为浆饮，

10.32.4　𘗠　𗫤　𘓨　𘝞　𗥤。

lji²	mji¹	pju²	tjij¹	phu²
地	不	烧	灯	树。

不烧地灯台。

10.32.5

tśhjɨ¹	dzjij¹	rjur¹	pju¹	kjwir¹	gja¹	lhjij¹	·u²	nji¹
尔	时，	世	尊	贼	军	国	中	家
zjir²	da̱²	dźjij¹	tsə̣¹	njij¹	gjij²	nji¹	kha¹	
遍	游	行	色	赤	旷	家	中	

尔时，世尊在贼军国人间游行至赤色村，

10.32.6

njɨ²	thja¹	gjij²	nji¹	kha¹	tha²	γie¹	·ju¹	khja²
至，	于	旷	家	中，	大	力	药	叉
nja̱¹	·jij²	·u²	dźjij¹	tśhjɨ¹	dzjij¹	·ju¹	khja²	
神	庙	中	住。	是	时	药	叉	

于此村中，在大力药叉[1]神庙而住。是时药叉

10.33.1

tha¹	do²	rjɨr²	ljij²	njɨ¹	rewr²	γa²	tśjiw²	tshwew¹
佛	处	所	来，	双	足	上	顶	礼
tha¹	·jij¹	da̱²	·jɨ²	lew¹	tji¹	rjur¹	pju¹	
佛	之	言	白：	唯	愿	世	尊	

来至佛所，礼双足已而白佛言：唯愿世尊

10.33.2

nioow¹	phji¹	tśhju¹	sẽ¹	ŋa²	·jij¹	zjɨr¹	zjij¹	γju¹
及	苾	刍	僧，	我	之	微	几	请

lhjij thjɨ² njạ¹ ·jɨj² ·u² tjɨ¹ gjɨ² rjir²
受， 此 神 庙 中 一 夜 而

及苾刍僧，受我微请，于此庙中经宿[2]而

10.33.3

dźjij¹ nja² ·jɨ² tśhjɨ¹ dzjɨj¹ rjur¹ pjụ mjɨ² mji²
住 令 谓。 是 时 世 尊 默 然

ɣju¹ lhjij ·jụ khja² rjur¹ pjụ ɣju¹ lhjij
请 受。 药 叉 世 尊 请 受

住。是时世尊默然而许[3]。药叉既见世尊许

10.33.4

ljij² nioow¹ tśhjɨ² rjar² ŋwə¹ ·jir² kjɨr² ·jɨj² dji²
见 已， 遂 便 五 百 房 舍 化

·wji¹ dźjwi² ljụ ·wọ¹ lju¹ gjwir¹ gjwi² njɨ²
作， 床 褥 枕 帔 卧 縓 等

已，遂便化作五百口房，床褥卧枕帔縓方褥

10.33.5

to² zji² ŋowr² lhə ŋwə¹ ·jir² mə̣¹ ·jiw¹ thja²
悉 皆 备 足， 五 百 火 炉 彼

·u² mur¹ sə¹ mə̣ dwər² ɣju¹ kụ¹ dzjɨj¹
中 炭 满 火 焰 烟 后。 时

悉皆备足，五百火炉炎炭满中并绝烟焰。时

10.33.6

·ju¹ khja² njạ¹ śji¹ ɣu¹ phjụ² kjɨr² rjur¹ pjụ
药 叉 神 先 以 上 房 世 尊

do² khu¹ nioow¹ dzjij² rjur¹ kjɨr² ·jij¹ twụ¹
处 奉 已， 余 诸 房 自 各

药叉神先以上房奉世尊已，复以余房别别分

10.34.1

ljɨ¹ ljɨ¹ phji¹ tśhjụ¹ ·jij¹ khjow¹ dzjij¹ ·ju¹ khja²
一 一 苾 刍 之 与。 时 药 叉

njạ¹ tha¹ do² rjir² ljij² thjɨ² sju² dạ²
神 佛 处 所 来， 是 如 言

与一一苾刍。时药叉神来至佛所，而作是言：

10.34.2

·jɨ² nioow¹ dźiej² rjur¹ pjụ¹ ljɨ¹ phji¹ tśhjụ¹ sẽ¹
谓： 复 愿 世 尊 及 苾 刍 僧

njɨ² na¹ rar² bjij² ɣa¹ thjɨ² njạ¹ ·jij²
等， 明 日 晓 晨 此 神 庙

复愿世尊及苾刍僧，明日于此庙

10.34.3

·u² ŋa² ·jij¹ zjɨr¹ zjij¹ kjụ¹ tshwew¹ ·wjɨ² lhjij
中 我 之 微 几 供 养 △ 受

nji² ·jɨ² tśhjɨ¹ dzjij¹ rjur¹ pjụ¹ mjɨ² mjɨ²
△ 谓。 是 时 世 尊 默 然

中受我微供[4]。是时世尊默然

10.34.4

ɣju¹ lhjij thjɨ² ·ju¹ khja² njạ¹ kja¹ śi² mjɨ²
请 受。 此 药 叉 神 羯 湿 弥

lo¹	lhjij	·u²	tha²	·ju¹	khja²	dju¹	ɣjwã¹
罗	国	中	大	药	叉	有	达

而许。此药叉神于羯湿弥罗国，有大药叉名达

10.34.5

𗗟	𗊱	𗥧	𗫶	𗗙	𗴿	𗦚	𗣼	𗩾
tji²	kja¹	rjir²	njij¹	·wji¹	kjwi¹	ŋwu²	tśhji²	rjar²
底	迦	与	亲	友	旧	是。	立	即

𗫶	𗫶	𗗙	𗼻	𗴿	𗊲	𗾏	𗫂
thja¹	njij¹	·wji¹	do²	njij¹	ljij¹	śji̵¹	phji¹
彼	亲	友	处	使	报	往	令：

底迦，是旧亲友。即令使者报亲友曰：

10.34.6

𗀋	𗧘	𗵒	𗣫	𗍯	𗴿	𗗙	𗤒	𗃀
ŋa²	sjij¹	tha¹	lji̵¹	nioow¹	sẽ¹	·ji¹	·jij¹	ɣju¹
我	今	佛	△	及	僧	众	之	请，

𗀋	𗴿	𗣲	𗼻	𗥰	𗷰	𗀋	𗤒
na¹	rar²	nji¹	do²	kju̵¹	tshjwu¹	ŋa²	·jij¹
明	日	家	处	供	设	我	欲。

我今请佛及僧，明日家中设其供养。

10.35.1

𗥢	𗤱	𗵒	𗼱	𗪱	𗗾	𗩾	𗥨	𗩉
lja̱¹	ljijr²	sji¹	mja¹	lhjwa¹	ljij²	rejr²	zjij²	lew¹
北	方	木	果	舌	味	多	尤，	唯

𗗟	𗥢	𗤍	𗫶	𗅵	𗁬	𗟻	𗩉
tji¹	śjwi̵²	de²	tśhja²	·io̱w¹	·wu̱²	bjij²	lew²
愿	随	喜	功	德	佑	助	应

北方果木口味尤多，幸愿随喜助成功德。

10.35.2

𗼩。	𗥰	𗫶	𗦚	𗍯	𗴿	𗫞	𗰾	𗃀，
·ji̵²	dzjɨj¹	thja¹	·ju¹	khja²	njij¹	ljij¹	da̱²	mji¹
谓。	时	彼	药	叉	使	承	言	闻，

| 𗣼 | 𗩾 | 𗣉 | 𗥢、 | 𗤒 | 𗰿 | （𗥰 | 𗫂）、 | 𗟻 |

tśhjɨ²	rjar²	lə²	bie²	śji¹	ljiw¹	xã¹	ŋwu¹	kã¹
立	即	葡	萄、	石	榴	（汉	语）、	甘

时彼药叉既承信已，即送葡萄、石榴[5]、甘

10.35.3

kwə̩¹	kã¹	tśja¹	xu¹	thow¹	xã¹	ŋwu¹	kha¹	śju²	lo¹
橘、	甘	蔗、	胡	桃、	（汉	语）	渴	树	罗

xiwã1	ŋwu̩¹	njɨ²	khu²	·u²	sə¹	kjur¹	dzjij²	·ja²	khja²
（梵	语）	等	筐	中	满	成，	余	药	叉

橘、甘蔗、胡桃[6]、渴树罗[7]等成满筐笼，命余药叉

10.35.4

kjṷ¹	tshwew¹	njạ¹	do²	·wjij²	phji¹	kjij¹	kjṷ¹	tshwew¹
命	彼	庙	处	送	令	△	供	养

·jɨ²	rjur¹	phji¹	tśhjṷ¹	ljij¹	tha¹	·jij¹	dạ²
谓。	诸	苾	刍	见	佛	之	言

送彼庭中令持供养[8]。诸苾刍见而白佛言：

10.35.5

·jɨ²	thjɨ²	lja¹	ljijr¹	mja¹	wa²	zjij²	lew²	·jɨ²
白：	此	北	方	果，	何	作	应	谓？

tha¹	dạ²	mə̩¹	ŋwu²	sej¹	·wji¹	tśhjɨ¹	mja¹
佛	言：	火	以	净	作	是	然

此北方果，不知如何[9]？佛言：以火作净然

10.35.6

nioow¹	dzji¹	lew²	·jɨ²	dzjɨj¹	rjur¹	phji¹	tśhjṷ¹	ljɨ¹
后	食	应	谓。	时	诸	苾	刍	一

lji¹	pha¹	sej¹	tha¹	dạ²	·a	·we²	śiọ¹
一	别	净，	佛	言：	一	处	集

后应食。时诸苾刍一一别净，佛言：应为一

10.36.1

dzjɨ²	lew¹	sọ¹	ljir¹	·we²	zjij¹	mə̣¹	ŋwu²	sej¹
聚，	但	三	四	处	几	火	以	净

·wji¹	·wji²	dzji¹	dźjar²	mjij¹	·ji¹	·jij¹	dźjij¹	
为，	△	食	犯	无。	众	之	行	

聚，但三四处以火净之，食皆无犯。行与众

10.36.2

dźjwa¹	nioow¹	tsjɨ¹	dzji¹	gjij²	tha¹	dạ²	ljir¹	sej¹
已	复	亦	△	余，	佛	言：	捘	以

djɨ¹	zjij²	mji¹	dzjɨj¹	djij²	·wji¹	phji¹	bju¹	thji¹
碎	作	非	时	浆	为	意	随	饮

已仍有余长，佛言：应可捘碎作非时浆随意而饮。

10.36.3

lew²	nioow¹	tsjɨ¹	dzji¹	gjij²	tha¹	dạ²	ɣie¹	nioow¹
应。	复	更	△	余，	佛	言：	煮	已

kjɨ¹	ljɨj²	kjur¹	pha¹	be²	thji¹	lew²	·ji²	
缸	巩	盛，	别	日	饮	当	谓。	

复更有余，佛言：煮已巩盛，余日当饮。

10.36.4

phji¹	tśhjụ¹	kjiwr¹	zjɨ¹	ɣji¹	kji¹	phjọ²	sji²	ljɨ²
苾	刍	寒	昼	砖	△	合	具	地

tśhja¹	rjur¹	rjur¹	mę¹	thwər¹	ɣjɨ¹	ŋwo²	ljij²
上	处	处	火	然	砖	坏	损

苾刍寒月于砖地上随处然火令砖坏损，

10.36.5

phji¹	tha¹	dą²	ɣjɨ¹	phjǫ²	ljɨ²	tśhja¹	thja¹	śjij¹
令，	佛	言：	砖	合	地	上	自	然
mę¹	thwər¹	lew²	nja²	khju¹	ljijr²	ɣjɨ¹	tji¹	·wji¹
火	然	应	不，	下	方	瓦	承	作

佛言：不应在砖地上辄便然火，应以瓦承。

10.36.6

lew²	·ji²	thja¹	tsji¹	ɣju¹	ŋwu²	ljij¹	ku¹	tha¹
应	谓。	彼	亦	烟	以	损	故，	佛
dą²	mę¹	·jiw¹	·wji¹	lew²	·ji²	kjɨr²	·u²	rjir²
言：	火	炉	作	应	谓。	房	中	乃

尚有烟损，佛言：应作火炉。于房中

10.37.1

·wji¹	thja¹	tsji¹	ɣju¹	dźji¹	·wji¹	ljij²	tha¹	dą²
作，	彼	亦	烟	行	为	坏，	佛	言：
ya¹	nioow¹	·wji¹	lew²	·ji²	thja¹	ɣju¹	kjɨr²	·o²
门	外	作	应	谓。	其	烟	房	入

作，由被烟坏，佛言：于门外作。其烟散入尚

10.37.2

dzjwo²	·jij¹	mej¹	·jij¹	kjur¹	tha¹	dą²	ɣju¹	·wjij²
人	之	目	之	熏，	佛	言：	烟	当

dzjar²	zjij¹	zjɨr¹	zjij¹	zjɨr²	pho¹	tśhjɨ¹	mja¹
尽	时	微	几	水	洒	是	然

熏其目，佛言：待烟尽已以水微洒方

10.37.3

nioow¹	zow²	kjɨr²	·u²	tśhjij¹	lew²	·ji²	tśhjɨ¹	dzjij¹
后	持	房	中	入	应	谓。	是	时

sẽ¹	khja²	lew¹	tsewr¹	tjij¹	phu²	rjir²	tha¹	dạ²
僧	伽	一	重	灯	树	得，	佛	言：

持入房。是时僧伽得一重灯树，佛言：

10.37.4

lhjij	rjar²	dju¹	dzjij²	dzjwo²	tsjɨ¹	lhjij	rjar²	dju¹
受	许	有，	别	人	亦	受	许	有

·jɨ²	nioow¹	njɨ¹	kja²	rejr²	kja²	tjij¹	phu²	rjir²
谓。	复	二	重	多	重	灯	树	得，

听畜，别人亦许。复得二重多重灯树，

10.37.5

tha¹	dạ²	to²	zji²	lhjij	rjar²	dju¹
佛	言：	悉	咸	受	许	有，

dzjij²	dzjwo²	lhjij	tsjɨ¹	dźjar²	mjij¹	·jɨ²
别	人	受	亦	犯	无	谓。

佛言：咸悉听畜，别人畜亦无犯。

注释：

[1]药叉，西夏文本译作"𗹛𗙛" ＊·ju¹khja²，又作阅叉、夜叉、夜乞叉。义为能啖鬼、捷疾鬼、勇健、轻捷、秘密等。玄应《一切经音义》曰："阅叉或云夜叉，

皆讹也。正言药叉，此译云能啖鬼，谓食啖人也。又云伤者，谓能伤害人也"。①

[2]经宿，西夏文本译作"𗥦𘃸"，义为"一夜"。

[3]是时世尊默然而许，西夏文本译作"𗤻𗒔𗋽𘆚𗫀𗙼𗌭𗤿"，义为"是时世尊默然受请"。

[4]明日于此庙中受我微供，西夏文本译作"𗰜𗏁𘟣𗿒𘃛𘝞𗶟𗄭𘊝𗣫𗈪𘎑𗬩𗀱𗤻𘀾"，义为"明日晓晨于此庙中受我微供"。

[5]石榴，西夏文字面译作"石榴（汉语）"。

[6]胡桃，西夏文字面译作"胡桃（汉语）"。

[7]渴树罗，西夏文字面译作"渴树罗（梵语）"。

[8]命余药叉送彼庭中令持供养，西夏文字面译作"命余药叉送彼庙处令持供养"。

[9]不知如何，西夏文本译作"𗠇𘝵𗒽𘀾"，义为"此应如何"。

释读：

10.37.6   𗤿   𘕿   𘕿   𘕿   𘕿   𗱕：
       gji¹   tsew²   war²   ɣjiw¹   lja̱¹   da̱²
       九   第   子   摄   颂   曰：

       第九子摄颂曰：

10.38.1   𘃤   𘃨   𘃩   𘃪   𘃫，   𘃬   𘃭   𘃮
       ·wji²   ·o¹   sew²   dza²   lew²   khjow¹   lhjij   dźju¹
       主   人   思   量   宜，   授   受   分

       𘃯，   𘃰   𘃱   𘃲   𘃳   𘃴   𘃵，
       sjwij¹   tśji¹   ŋwə¹   phie²   zji²   tjij¹   lew²
       明   付，   五   开   总   闭   应，

       客旧宜详审[1]，授受分明付，五开应总闭，

10.38.2   𘃶   𘃷   𘃸   𘃹   𘃺。
       kjiwr²   wjij¹   lju²   rjijr²   bju¹
       肘   短   身   才   随。

---

① 丁福保：《佛学大辞典》，北京：文物出版社，1984年，第634页。

肘短可随身。

10.38.3

𗯿	𗤶	𘕿	𗁅	𗤻	𘊝	𗤶	𗁲	𗏁
dzjɨj¹	·ji¹	rejr²	wji¹	phji¹	tśhjụ¹	·ji¹	mji¹	·u²
时	众	多	客	苾	刍	众	寺	中

𗒹，	𗓽	𘊭	𗤻	𘊝	𗁅	𘕤	𗾟
ljij²	kjwi¹	dźjij¹	phji¹	tśhjụ¹	wji¹	·jij¹	ɣie¹
来，	旧	住	苾	刍	客	之	力

时有众多客苾刍来入寺中，旧住苾刍为

10.38.4

𗦤	𗼋	𗴛，	𘉒	𘊰	𘜶	𗼋	𗑟	𗂚。
ljwị¹	·wji¹	dźjwa¹	tśhji²	rjar²	kjwir¹	·wji¹	dja²	rjɨr²
陷	为	已，	遂	便	窃	为	而	去。

𗯿	𘕣	𗤻	𘊝	𘖾	𗷻	𘄴	𗯳
dzjij¹	rjur¹	phji¹	tśhjụ¹	thjɨ²	dạ²	tha¹	do²
时	诸	苾	刍	此	事	佛	处

解劳已，遂便偷窃而去。时诸苾刍以缘白佛，

10.38.5

𘊰	𘂤，	𘄴	𗷾：	𗤱	𗤺	𘕬	𗒒	𗾟
rjɨr²	tshjɨj¹	tha¹	dạ²	śji¹	sji²	sjij²	ku¹	ɣie¹
△	说，	佛	说：	旧	相	识	者	力

𗦤	𗼋	𗡝，	𗤱	𗣼	𗤺	𘕬	𗒒
ljwị¹	·wji¹	lew²	śji¹	mjɨ¹	sji²	sjij²	ku¹
陷	为	应，	先	未	相	识	故

佛言：旧相识者应为解息，先未曾识

10.38.6

𗾟	𗦤	𗼋	𗡝	𗯨。	𘕣	𘜔：	𗣼
ɣie¹	ljwị¹	·wji¹	lew²	njạ²	rjur¹	pjụ¹	mjɨ¹
力	陷	为	应	不。	世	尊：	未

𗤺	𘕬	𘕤	𗾟	𗦤	𗼋	𗯨	𗣫
sji²	sjij²	·jij¹	ɣie¹	ljwị¹	·wji¹	njạ²	·ji²
相	识	之	力	陷	为	勿	谓

勿为除劳。如世尊说[2]：未相识者勿为除劳。

10.39.1

bju¹	dzjɨj¹	sjɨ²	sjij²	phji¹	tśhjụ¹	gji²	rjɨr²	ljij²
依。	时	相	识	苾	刍	有	乃	至

ɣie¹	ljwị¹	·wji¹	dźjwa¹	tśjɨ¹	nioow¹	śji¹	mji¹
力	陷	为	已，	次	后	先	未

时有相识苾刍既令解息，次随其后

10.39.2

sjɨ²	sjij²	phji¹	tśhjụ¹	gji²	rjɨr²	ljij²	dzjɨj¹	thja¹
相	识	苾	刍	有	而	至，	时	彼

phji¹	tśhjụ¹	tsej²	rer²	bjij²	śji²	thja¹	kụ¹
苾	刍	暂	缘	遇	往，	其	后

有一苾刍先未相识忽然而至，时彼苾刍遇缘暂出，在后

10.39.3

ljij²	tja¹	lhwu¹	pa²	lju²	tśhjij¹	dzjɨj¹	kjwi¹	dźjij¹
来	者	衣	钵	散	去。	时	旧	住

phji¹	tśhjụ¹	thjɨ²	sju²	·wjɨ¹	lə	thja²	·jij¹
苾	刍	是	如	△	念：	彼	之

来者盗将衣钵[3]。时旧苾刍作如是念：

10.39.4

śiə¹	śio¹	dźjwɨ¹	mja¹	ŋwu²	·jɨ²	kji¹	mji¹	tśhjɨ¹
引	导	相	而	是	谓。	△	不	尔，

zow²	kjwir¹	war²	tśhjij¹	dza¹	phji¹	tśhjụ¹	njɨ¹
持	贼	物	去	远。	苾	刍	至

应是彼伴[4]。遂不遮止，贼持远去[5]。苾刍来至

10.39.5

ljij²	lhwu¹	pa²	mjij¹	ljij¹	·wji²	·o¹	·jij¹	·ji²
来	衣	钵	无	见，	主	人	之	曰：

ŋa²	·jij¹	lhwu¹	pa²	sjwɨ¹	tśhjij¹	dja²	rjir²
我	之	衣	钵	谁	去	△	方？

见无衣钵，告主人曰：我之衣钵谁将去耶？

10.39.6

hu²	dạ²	nji²	śiə¹	śio¹	dźjwi¹	tśhjij¹	dja²	rjir²
答	曰：	汝	引	导	相	去	△	方

·ji²	wji¹	dạ²	ŋa²	·jij¹	śiə¹	śio¹	dźjwi¹
谓。	客	曰：	我	之	引	导	相

答曰：汝伴将去。报曰[6]：我无同伴。

10.40.1

mjij¹	·ji²	·wji²	·o¹	dạ²	nji²	nioow¹	ljijr²	ljij¹
无	谓。	主	人	曰：	汝	又	方	来

tja¹	nja²	·jij¹	śiə¹	śio¹	dźjwi¹	nja²	mo²
者	汝	之	引	导	相	非	耶？

主人谓曰：逐汝来者岂非伴耶？

10.40.2

wji¹	dạ²	nji²	ŋa²	·jij¹	lhwu¹	pa²	dja²	phji²
客	曰：	汝	我	之	衣	钵	△	失

nja²	sji²	·wji²	tshja²	·wji¹	ŋa²	·ji²	thja¹
汝	具	△	还	为	我	谓。	彼

彼便告曰[7]：汝失我衣急须还我[8]。彼

10.40.3

dja²	phji²	nioow¹	da̱²	mji¹	dzju²	dzjɨ²	dzjij¹	rjur¹
△	失	已	事	不	在	集。	时	诸

phji¹	tśhju̱¹	thjɨ²	da²	tha¹	do²	rjir²	tshjij¹
苾	刍	此	事	佛	处	△	说，

既失已遂令废阙[9]。时诸苾刍以缘白佛，

10.40.4

tha¹	da̱²	·wji²	·o¹	ŋowr²	ŋowr²	wji¹	njɨ²	lja¹
佛	言：	主	人	凡	是	客	至	来

ljij²	śji¹	ɣu¹	thja²	·jij¹	·jir¹	thjɨ²	nji²
见，	先	前	彼	之	问：	是	汝

佛言：凡是主人见客来至，先应问彼：是汝

10.40.5

·jij¹	śiə¹	śio¹	dźjwɨ¹	·a	ŋwu²	tjij¹	lhwu¹	pa²
之	引	导	相	△	是?	若	衣	钵

śjij²	zjij¹	·a	tśhji¹	khjow¹	lew²	·ji²	lew²
索	时	△	是	与	应	谓	所?

伴不？若索衣钵与不？

10.40.6

tjij¹	kwej¹	khjow¹	nji²	·ji²	tjij¹	dja²	ku¹	dźji²
若	莫	与	△	言。	若	△，	故	价

ljɨ¹	·wji¹	lew²	tjij¹	dja²	khjow¹	nji²	·ji²
酬	为	应，	若	△	与	△	言。

若言：莫与。而将与者，应酬彼价。若言：与者，

10.41.1

絳	巍	慨	羖	慨	蒸	移	綋	夑。
ku¹	phjɨ¹	nioow¹	phə¹	mji¹	ljɨ¹	·wji¹	lew²	·jɨ²
故	失	后	价	不	还	为	应	谓。

巍	慨	懒	綪	儱	報	慌，	蘱
tśjɨ¹	nioow¹	pha¹	wji¹	phji¹	tśhjụ¹	lja¹	dzjɨj¹
次	复	别	客	苾	刍	来，	时

失不须酬。次复更有客苾刍来，时

10.41.2

羆	縊	羖	織	蘱	移	殘，	蘱	蘨
thja¹	·wji²	·o¹	ɣie¹	ljwị¹	·wji¹	dźjwa¹	tśjɨ¹	bju¹
彼	主	人	力	陷	为	已，	次	续

慨	术	蒰	朡	儱	報	鈏	懒
nioow¹	tsjɨ¹	sji²	sjij²	phji¹	tśhjụ¹	gjɨ²	ljij¹
复	亦	相	识	苾	刍	有	来。

彼主人为解劳已，续次更有相识苾刍亦复来至。

10.41.3

蘱	羆	縊	羖	乔	滅	撤	慨	綋
dzjɨj¹	thja¹	·wji²	·o¹	tsej²	zjij¹	djɨr²	nioow¹	·wjɨ²
时	此	主	人	暂	时	外	出	△

絋	訛	蘨	訛	蕪，	羆	燃	懒
lho	gjii¹	sji¹	gjii¹	śji²	thja¹	kụ¹	ljij¹
出	齿	木	嚼	往，	彼	后	来

时此主人暂出外嚼齿木，彼后来

10.41.4

羖	蘢	禠	祧	骸，	綪	慨	儱	報
dzjwo²	lhwu¹	pa²	dji²	tśhiow¹	wji¹	sjiw¹	phji¹	tśhjụ¹
人	衣	钵	△	盗，	客	新	苾	刍

蘨	祧	綋	燨：	蘨	蘨	蘨	綪
thji²	sju²	·wji²	lə	thji²	tja¹	thji²	kjɨr²
是	如	△	念：	此	者	此	房

人盗取衣钵，新客苾刍作如是念：此必应是房

10.41.5

·u²	·wji²	·o¹	ŋwu²	lji¹	·ji¹	mji¹	tśhji¹	zow²
内	主	人	是	故	谓 。	不	是	持
rjir²	tśhiow¹	tśhjij¹	dja²	rjir²	dzjij¹	thja¹	·wji²	
止	盗	持	△	去 。	时	彼	主	

内主人。曾不遮止遂被盗去。时彼旧

10.41.6

·o¹	tśhji²	rjar²	nji²	ljij²	lhwu¹	pa²	mjij¹	ljij²
人	须	臾	至	来 ,	衣	钵	无	见
wji¹	·jij¹	dja²	·jir²	ŋa²	·jij¹	lhwu¹	pa²	
客	之	△	问 :	我	之	衣	钵	

人须臾来入[10]，见无衣钵而问客曰：我之衣钵

10.42.1

sjwɨ¹	tśhjij¹	dja²	rjir²	hụ²	dạ²	kjɨr²	·u²	kjwi¹
谁	将	△	去 ？	答	曰 :	房	内	旧
dźjij¹	mjijr²	dzjwo²	tśhjij¹	dja²	rjir²	·ji¹	·wji²	
住	者	人	持	△	去	谓	主	

谁将去耶？答曰：房内旧人持物将去[11]。

10.42.2

·o¹	dạ²	kjɨr²	·u²	kjwi¹	dźjij¹	mjijr²	ljọ²	rjir²
人	曰 :	房	内	旧	住	者	何	得 ？
nji²	sjij¹	ŋa²	·jij¹	lhwu¹	pa²	dja²	phji²	
汝	今	我	之	衣	钵	△	失	

报曰[12]：何处得有房内旧人？汝失我衣

10.42.3

𗾰	𗁬	𘃝	𗙴	𘝶	𗂘	𗎫	𗒹	𗯿
nja²	sji²	·wji²	tshja²	·wji¹	ŋa²	·ji²	thja¹	dja²
汝	具	△	还	为	我	谓。	彼	△

𗵒	𘇹	𗄱	𘄡	𗋽	𗃵	𘕽	𗍝	
phji²	nioow¹	dạ²	mji¹	dzju²	dzjɨ²	dzjij¹	rjur¹	
失	已	事	不	在	集。	时	诸	

急须还价。彼既失已遂交废阙[13]。时诸

10.42.4

𗵒	𗒠	𘝵	𗄱	𗉑	𗄜	𘍞	𗉛	𗉑
phji¹	tśhjụ¹	thjɨ²	dạ²	tha¹	do²	rjɨr²	tshjij¹	tha¹
苾	刍	此	事	佛	处	△	说，	佛

𗄱	𘟇	𗵒	𗒠	𘄆	𘄆	𘊦	𘊏	
dạ²	wji¹	phji¹	tśhjụ¹	ŋowr²	ŋowr²	mji¹	kjɨr²	
言：	客	苾	刍	凡	是	他	房	

苾刍以缘白佛，佛言：凡客苾刍至他房

10.42.5

𗼛	𗝿	𗟾	𗷝	𗴺	𘀳	𗂘	𗱕	𗗟
·u²	śjɨ¹	zjij¹	·wji²	·o¹	·jij¹	·jɨr¹	tjij¹	dzjwo²
内	往	时，	主	人	之	问：	若	人

𘍞	𗠝	𘞁	𗡪	𗡊	𗰜	𘞮	𗃵	
rjɨr²	to²	lhwu¹	pa²	śjij²	ku¹	khjow¹	lew²	
所	出	衣	钵	索	故	与	可	

内，应问主人：若有人来索衣钵者可与不？

10.42.6

𗸕	𗤶	𗎫	𗃵	𗹏	𗏵	𗾰	𗣿	𗎫
·a	ŋwu²	·jɨ²	lew²	kwej¹	khjij¹	nja²	ljɨ¹	·jɨ²
△	是	谓	所？	莫	与	汝	△	谓。

𗱕	𗒹	𘞮	𗰜	𗥩	𗾴	𗣿	𘝶	
tjij¹	dja²	khjow¹	ku¹	phə¹	pjụ¹	ljɨ¹	·wji¹	
若	△	与	故	价	量	报	为	

若言：莫与。而与者计直酬价。

10.43.1

lew²	tjij¹	dja²	khjij¹	nja²	·ji²	ku¹	phjɨ¹	nioow¹
应。	若	△	与	汝	谓，	故	失	后

mji¹	tshja²	·wji¹	lew²	dzjij¹	wji¹	phji¹	tśhjụ¹
不	酬	为	须。	时	客	苾	刍，

若言：与者，失不须酬。时客苾刍，

10.43.2

kjwi¹	dźjij¹	phji¹	tśhjụ¹	do²	lhwu¹	no²	rer²	bjij²
旧	住	苾	刍	处	衣	寄，	缘	行

śjɨ¹	rjir²	·wjij¹	zjij¹	·wji²	·o¹	·jij¹	·ji²
往	△	往	时	主	人	之	曰：

于旧苾刍处寄衣，遇缘欲去告主人曰：

10.43.3

śjwi¹	tsəj¹	phji¹	tśhjụ¹	gjɨ²	lja¹	ku¹	thjɨ²	lhwu¹
年	小	苾	刍	有	来，	故	此	衣

dja²	khjij¹	nja²	·jɨ²	kụ¹	tha²	mjij²	·we²
△	与	汝	谓。	后	大	未	久，

有小苾刍来者，当与此衣。于后未久[14]，

10.43.4

śjwi¹	tsəj¹	phji¹	tśhjụ¹	gjɨ²	ljij²	śji¹	kjɨ¹	no²
年	小	苾	刍	有	来，	先	所	寄

lhwu¹	thja²	·jij¹	dja²	khjow¹	kjwir¹	mjijr²	tśhiow¹
衣	彼	之	△	与	贼	者	偷

小苾刍来至，与所寄衣因即偷去。

10.43.5　譈。　蕤　窺　绀　觖　龀　毿，　绀　释：
　　　　·wji¹　thji²　da²　tha¹　do²　rjir²　tshjij¹　tha¹　da²
　　　　为。　此　事　佛　处　△　说，　佛　言：

　　　　蘱　綕　儫　報　嘉　释　皲　祗
　　　　tjij¹　wji¹　phji¹　tśhju¹　·jij¹　da²　·wjɨ²　tji²
　　　　若　客　苾　刍　自　言　△　留
　　　　以缘白佛，佛言：若客苾刍嘱

10.43.6　蘿　燚　呕　劦，　縩　毆　散　毿　漒
　　　　dja²　khjow¹　nja²　·ji²　ku¹　mji¹　tśhiow¹　·wji¹　zjij¹
　　　　△　与　令　谓，　故　他　偷　为　时
　　　　蕎　毿　绿　憻，　烡　荿　荿　蘿
　　　　tshja²　·wji¹　lew²　nja²　nioow¹　ŋa²　ŋa²　dja²
　　　　陪　为　应　不，　及　非　常　△
　　　　与者，设令偷去亦不应陪，然须

10.44.1　燋　綕　祗　漒　㛺　綫　烡　毆　毿
　　　　dźju¹　sjwij¹　phji¹　zjij¹　tśhjɨ¹　mja¹　nioow¹　khjow¹　·wji¹
　　　　分　明　令　时　是　然　后　与　作
　　　　绿　劦。　殊　祂　燋　薇　赦　纮
　　　　lew²　·ji²　tśhji²　rjar²　dźju¹　śja²　ŋwu²　gjwi²
　　　　应　谓。　遂　便　露　显　以　句
　　　　明作记验方与。遂作显露嘱授之言，

10.44.2　燚　释　劦，　献　㽍　菣　烡　褞　髍
　　　　tshji¹　da²　·ji²　dzjij²　dzjwo²　mji¹　nioow¹　dzew²　war²
　　　　记　言　谓，　傍　人　闻　已　诈　物
　　　　骰　憖，　㲺　瀰　髍　㵾，　绀　释：
　　　　lhjwi¹　ljij²　thja¹　bju¹　war²　phji¹　tha¹　da²
　　　　索　来，　此　因　财　失，　佛　言：

傍人既闻诈来索物，因此失财，佛言：

10.44.3

ka²	gji²	dźju¹	dạ²	rjir²	tshjij¹	war²	no²	śjij¹
险	广	远	事	△	说	物	寄	△

ŋạ²	ŋạ²	dja²	dźju¹	sjwij¹	phji¹	mja¹	nioow¹	
宜	应	△	分	明	令，	然	后	

宜应屏处为说记验，分明显示寄物之状，然后

10.44.4

lhwu¹	khjow¹	·wji¹	lew²	·jɨ²	dzjɨj¹	nioow¹	phji¹	tśhjụ¹
衣	与	谓	应	谓。	时	及	苾	刍

tśja¹	zow²	rjir²	·wjij¹	mja¹	zjɨr²	dzjij¹	njwi²	
路	随	而	行，	河	津	过	能	

与衣。时有苾刍随路而行，既至河津

10.44.5

ɤa²	njɨ²	dzjwị¹	dzuu²	śjɨ¹	kiẹj²	śiə¹	śio¹	dźjwị¹
上	至	船	乘	去	欲，	引	导	相

·jij¹	·jɨ¹	lhwu¹	kə²	dji²	khjɨj¹	·jɨ¹	tśhji²	
之	曰：	衣	袋	△	与	谓。	遂	

乘船欲去，语其伴曰：过衣袋来。彼

10.44.6

rjar²	dja²	khjow¹	khjow¹	lhjij	mjɨ¹	khia²	lhwu¹	zjɨr²
便	△	授，	授	受	不	牢，	衣	水

kha¹	ljɨ¹	phji¹	tśhjụ¹	dạ²	ŋạ²	·jij¹	lhwu¹	
中	堕。	苾	刍	曰：	我	之	衣	

便授与，授受不牢，衣便堕水。苾刍告曰：还我衣

10.45.1

kə^2　·wji^2　tśhiow^1　·wji^1　ŋa^2　·ji^2　thja^1　dzjwo^2　mji^1

袋　△　还　为　我　谓。　彼　人　不

dzjij　dzjij^1　rjur^1　phji^1　tśhjụ^1　thji^2　dạ^2　tha^1

伏　时　诸　苾　刍　此　事　佛

袋来。彼便不伏。时诸苾刍以缘

10.45.2

do^2　rjɨr^2　tshjij^1　tha^1　dạ^2　rjɨr^2　nji^2　mjij^2　lhjij

处　△　说，　佛　言：　乃　至　未　受

tśhjɨ^2　rjar^2　·wjạ^2　lew^2　njạ^2　mjij^2　lhjij　·wjạ^2

立　即　放　应　不，　未　受　放

白佛，佛言：乃至未受不应辄放，未受而放

10.45.3

ku^1　phə^1　pjụ^1　lji^1　·wji^1　lew^2　dzjij^2　pa^2　·jij^2

故　价　量　酬　为　应。　时　钵　袋

gjɨ^2　zow^2　dzjij^2　dzjwo^2　·jij^1　khjow^1　thja^1　dzjwo^2

有　持　余　人　之　与，　彼　人

即应酬价。有持钵袋过与余人，堕彼

10.45.4

lạ^1　·u^2　·wjɨ^2　lji^1　zjɨr^2　kha^1　lhjɨr^1　·wji^1　pa^2

手　中　△　堕，　水　中　落　为，　钵

①此处西夏文"䴗"原误作"㳄＊do^2，作"处"解，径改。

·jij²	lhj<u>i</u>r¹	nioow¹	thja¹	do²	tśhiow¹	śjij²	thji²
袋	失	已	彼	处	陪	索，	此

手中遂便落水，既失钵袋从彼索陪，

10.45.5

dạ²	tha¹	do²	rjir²	tshjij¹	tha¹	dạ²	rjir²	nji²
事	佛	处	△	说，	佛	言：	乃	至

mjij²	lhjij	thji²	ljijr²	thja¹	śjij¹	·wjạ²	lew²
未	受	此	方	自	然	放	应

以缘白佛，佛言：乃至未受不应辄放，

10.45.6

njạ²	tji¹	tjij¹	·wjạ²	ku¹	tśhiow¹	·wji¹	lew²	ŋwu²
不，	倘	若	放	者	陪	为	应	是

·j<u>i</u>²	·ji¹	mji¹	khj<u>u</u>²	tśiẹj²	dzjwo²	kjwir¹	mjijr²
谓。	众	寺	守	护	人	贼	者

若故放者应须陪直。守寺之人被贼

10.46.1

war²	tśhjij¹	·wji¹	tha²	·ji¹	gu²	pji¹	·ji¹	mji¹
物	偷	为，	大	众	共	议，	众	寺

khj<u>u</u>²	mjijr²	thja¹	war²	·wjij²	tśhiow¹	·ji²	dzjij¹
守	者	其	物	所	陪	谓。	时

偷物，大众共议，令守寺人陪所失物。时

10.46.2

rjur¹	phji¹	tśhj<u>u</u>²	thji²	dạ²	tha¹	do²	rjir²	tshjij¹
诸	苾	刍	此	事	佛	处	△	说，

绊	胯	棚	靫	胧	臷!	藏	绝

tha¹	dạ²	nji²	njɨ²	nwə¹	lew²	tjij¹	dạ²
佛	言:	汝	等	知	应!	若	事

诸苾刍以缘白佛，佛言：汝等应知！凡授事

10.46.3

繎	彦	孈	庥	靫	繺	菣	偭	桼
ljijr²	mjijr²	·ji¹	mji¹	ɣa¹	tjij¹	zjij¹	ŋwə¹	mə²
授	者	众	寺	门	闭	时	五	种

覛	荒	巇	纞	絖	緈	糪	麻
do²	dju¹	thjɨ²	tja¹	phju²	bji²	lej²	wjij²
别	有:	此	者	上	下	转	锁

人闭寺门时有其五别：谓上下转鸣锁

10.46.4

巍	麻	巇	荒	靫	緈	譀,	纞
zju¹	wjij²	bjij²	lej¹	ɣa¹	śjwij²	ŋwu²	thjɨ²
鸣	锁	副	闭	门	关	是,	此

靫	偭	荒	齷	燚	薮	絳	籭
nji²	mji¹	wji¹	kjwir¹	kjɨ¹	lhew²	ku¹	dạ²
等	不	用	贼	△	解	故	事

并副锁门关及扂，不闭贼偷准事酬直，

10.46.5

繺	孨	涨	縡	絥,	蒤	刻	桼	籭
bju¹	phə¹	ljɨ¹	·wji¹	lew²	tjij¹	lew¹	mə²	dạ²
准	直	酬	为	应,	若	一	种	事

蓊	繺	絳	揚	轍	駬	縡	絥,
dja²	lhjij²	ku¹	·a	phia²	khjow¹	·wji¹	lew²
△	阙	故	一	分	还	为	应,

若阙一者应还一分，

10.46.6

繺	蘰	庥	偭	巍	縡	絳	甄	蒝
rjɨr²	nji²	zji²	mji¹	tji¹	·wji¹	ku¹	ŋowr²	tśhiow¹
乃	至	总	不	着	为	故	全	偿

絥	譀。	蒤	孈	庥	孈	彦	絳

lew²	ŋwu²	tjij¹	·ji¹	mjị¹	khjụ²	mjijr²	njij¹
应	是。	若	众	寺	掌	者	心

乃至若总不着应可全偿。若掌寺人存心

10.47.1

嬹	孅	蕤,	舰	瓶	翁	师	绛	蕤
tjị¹	ŋwu²	·wejr²	ŋwə¹	zji²	dzju²	dzjị²	ku¹	tjij¹
诚	守	护,	五	并	在	集,	故	设

蕤	羴	术	瓶	慨	蕭	絾。	孅
dja²	phji²	tsjị¹	zji²	mji¹	tśhiow¹	lew²	dzjij¹
△	失	亦	并	不	陪	应。	时

守护，五并不阙者，设令损失并不应陪。时

10.47.2

慨	貅	諉	绊	釟	劦:	嵗	瀰:	傓
·u²	po¹	lji¹	tha¹	dạ²	·jị²	rjur¹	pjụ¹	phji¹
邬	波	离	佛	言	曰:	世	尊:	苾

稶	褊	褊	羳	慆	瀰	薍	碗
tśhjụ¹	ŋowr²	ŋowr²	kjiwr²	rjijr²	bju¹	lhwu¹	gjwi²
刍	凡	是	肘	量	依	衣	服

邬波离白佛言：如世尊说：凡诸苾刍应取肘量作衣服

10.47.3

縀	穮	劦	瀰,	蕭	觖	羳	嬑	翂
kjọ¹	·wji¹	·jị²	tja¹	tśhiọw¹	dzjwo²	kjiwr²	wjij¹	lju²
△	作	谓	者,	或	人	肘	短	身

祇,	绛	瓱	术	羳	慆	瀰	薍
dźjo¹	ku¹	thjị²	tsjị¹	kjiwr²	rjijr²	bju¹	lhwu¹
长,	故	此	亦	肘	量	依	衣

者，有人肘短身长，亦依肘量而

10.47.4

縀	穮	瀫	劦?	绊	釟:	翂	慆	瀰
kjọ¹	·wji¹	mo²	·jị²	tha¹	dạ²	lju²	rjijr²	bju¹
△	作	乎	谓?	佛	言:	身	量	依

縀	穮,	羳	慆	瀰	慨	穮	絾

kjo̩¹	·wji¹	kjiwr²	rjijr²	bju¹	mji¹	·wji¹	lew²
△	作，	肘	量	依	不	作	应

作衣不？佛言：应依身量，不应依

10.47.5 𗼩。
·ji²
谓
肘。

10.47.6

𗼩	𗦺	𘜼	𘉞	𗏛	𗣼：
ɣa²	tsew²	war²	ɣjiw¹	lja¹	da̩²
十	第	子	摄	颂	曰：

第十子摄颂曰：

后接 инв. № 2737：

10.48.1

𘀝	𗁲	𗷰	𗀉	𗥤，	𘚛	𗹙	𘈩
nji¹	lji̩¹	sẽ¹	kjiw¹	khji¹	śja¹	tśior¹	lhwu¹
裙	及	僧	脚	敧，	香	泥	衣

𗥤	𗤱，	𗭍	[𗏛	𗆧	𘜼	𗣼]① ，		
tśior¹	dzjiw¹	tji¹	lhjwi¹	rejr²	zjij²	tjij¹		
污	洗，	食	取	多	众	除，		

裙及僧脚敧，香泥污衣洗，取食除多分，

10.48.2

𗼩	𗪊	𗸐	𗆧	𗏛。
ɣa²	mə²	lhji̩²	nwə¹	lew²
十	种	尘	知	须。

须知十种尘。

10.48.3

𗥤	𗰗	𗳦	𗤱	𘀝	𗷰	𗣜	𘉞，	𗼩
dzjij¹	rjur¹	phji¹	tśhju̩¹	nji¹	ɣa²	·jiw¹	zjij¹	tśhji̩²

---

① 西夏文"𗏛𗆧𘜼𗣼"四字右部原残，据残存笔画和汉文本"除多分"拟补。

时　　诸　　苾　　刍　　裙　　上　　油　　着，　　遂

rjar² 　lji² 　tshie² 　dzjij¹ 　rjur¹ 　phji¹ 　tśhjụ¹ 　thji²

便　　气　　臭。　　时　　诸　　苾　　刍　　此

时诸苾刍裙被油污，遂令气臭。时诸苾刍

10.48.4

dạ² 　tha¹ 　do² 　rjir² 　tshhjij¹ 　tha¹ 　dạ² 　nji¹ 　bjij²

事　　佛　　处　　△　　说，　　佛　　言：　　裙　　副

tji¹ 　lew² 　rjir² 　nji² 　sẽ¹ 　kjiw¹ 　khji¹ 　tśior¹

畜　　应。　　乃　　至　　僧　　脚　　敆　　污，

以缘白佛，佛言：应畜副裙。乃至僧脚敆污，

10.48.5

nioow¹ 　tha² 　lhwu¹ 　ɣa² 　tsji¹ 　tśior¹ 　tha¹ 　dạ² 　sẽ¹

及　　大　　衣　　上　　亦　　污，　　佛　　言：　　僧

kjiw¹ 　khji¹ 　bjij² 　tji¹ 　lew² 　dzjij¹ 　rjur¹ 　phji¹

脚　　敆　　副　　畜　　应。　　时　　诸　　苾

污亦流彻湿污大衣[15]，佛言：应畜副僧脚敆。时诸苾

10.48.6

tśhjụ¹ 　tha² 　kjụ¹ 　tshwew¹ 　thu¹ 　phjij¹ 　rjur¹ 　śja¹ 　tśior¹

刍　　大　　供　　养　　设　　立，　　诸　　香　　泥

mẹ² 　śja¹ 　nioow¹ 　·jiw¹ 　nji² 　lhwu¹ 　gjwi² 　tśior¹

末　　香　　及　　油　　等　　衣　　服　　污

刍设大供养，被诸香泥末香及油沾坏衣服，

10.49.1

ljij² 　thji² 　dạ² 　tha¹ 　do² 　rjir² 　tshhjij¹ 　tha¹ 　dạ²

	坏，	此	事	佛	处	△	说，	佛	言：
	[illegible]	[illegible]	[illegible]	[illegible]	[illegible]	[illegible]	[illegible]	[illegible]	
	tjij^{1}	mẹ^{2}	śja^{1}	kjɨ^{1}	nji̱^{2}	ku^{1}	dja^{2}	phər^{1}	
	若	末	香	△	损	故	△	抖	

以缘白佛，佛言：若末香损者应须抖擞，

10.49.2	[illegible]	[illegible]，	[illegible]	[illegible]	[illegible]	[illegible]	[illegible]，	[illegible]	[illegible]
	pər^{1}	zjij^{1}	tśhjɨ^{1}	mja^{1}	nioow^{1}	gjwi^{2}	lew^{2}	śja^{1}	tśior^{1}
	擞	时，	然	后	方	披	应，	香	泥
	[illegible]	[illegible]	[illegible]	[illegible]	[illegible]	[illegible]	[illegible]	[illegible]。	
	ŋwu^{2}	kjɨ^{1}	tśior^{1}	zjij^{1}	dzjiw^{1}	dźjwa^{1}	gjwi^{2}	lew^{2}	
	以	△	污	时	洗	已	披	应。	

然后方披，香泥污者洗已应披。

10.49.3	[illegible]	[illegible]	[illegible]	[illegible]	[illegible]，	[illegible]	[illegible]	[illegible]	[illegible]
	tjij^{1}	·jiw^{1}	ŋwu^{2}	kjɨ^{1}	tśior^{1}	ku^{1}	dwu^{2}	dźjo̱w^{2}	lhjwạ^{1}
	若	油	以	△	污，	故	豆	粉	灰
	[illegible]	[illegible]	[illegible]	[illegible]	[illegible]	[illegible]	[illegible]	[illegible]	
	njɨ^{2}	ŋwu^{2}	dja^{2}	zwər^{1}	·jiw^{1}	njọ^{1}	·wjɨ^{2}	tjij^{1}	
	等	以	△	洗	油	腻	△	去	

若被油污，应以澡豆灰等洗去油腻

10.49.4	[illegible]	[illegible]，	[illegible]	[illegible]	[illegible]	[illegible]	[illegible]	[illegible]。	[illegible]
	·wji^{1}	zjij^{1}	tśhjɨ^{1}	mja^{1}	nioow^{1}	gjwi^{2}	lew^{2}	·jɨ^{2}	dzjɨj^{1}
	为	时，	是	然	后	披	应	谓。	时
	[illegible]	[illegible]	[illegible]	[illegible]	[illegible]	[illegible]	[illegible]，	[illegible]	
	rjur^{1}	phji^{1}	tśhjụ^{1}	ku^{1}	tji̱^{1}	lhjij	zjij^{1}	lhjij	
	诸	苾	刍	正	食	受	时，	受	

然后应披。时诸苾刍正受食时，

10.49.5	[illegible]	[illegible]	[illegible]	[illegible]	[illegible]	[illegible]	[illegible]，	[illegible]	[illegible]
	mjɨ^{1}	lhjɨ^{1}	?	ljɨ̣^{2}	tśhja̱^{1}	lhjɨ̱r^{1}	·wji^{1}	ku^{1}	·ji̱^{2}

未	得	及	地	上	堕	为,	故	更
𗼒	𗼊	𗈁	𗧺	𗏟	𗼌	𗤁	𗤄	
tji¹	lhjij	lew²	khjow¹	mjijr²	mjij¹	ku¹	·jij	
食	受	应,	授	者	无,	故	自	

未及受得遂便堕地，应更受食，授者若无，应自

10.49.6

𗵘	𗊖	𗼸	𗜎	𗥃	𗱽	𗵒	𘏨	𗹝
dji²	lhjwi¹	nioow¹	rejr²	zjij²	·wji²	tjij	tśhji¹	mja¹
△	取	已	多	众	△	除	是	然
𗼸	𗀝	𗈁	𗢁	𗼸	𗸀	𗗔	𗥃	
nioow¹	thji¹	lew²	·ji²	nioow¹	thjɨ²	lhiow²	rjir²	
后	食	应	谓。	及	此	羹	汁	

取已除去多分方可食之。于其羹汁

10.50.1

𗧇	𗋽	𗈣	𗤋	𗈬,	𗋐	𗄊:	𗜎	𗥃
kha¹	pha¹	rjir²	nja¹	śji²	tha¹	da̱²	rejr²	zjij²
于	别	汁	△	堕,	佛	言:	多	众
𗤋,	𗱍	𗊓	𗕤	𗀝	𗈁	𗢁	𘋊	
nja¹	ŋa¹	dzjij²	tja¹	thji¹	lew²	·ji²	dzjij¹	
△	泻,	余	者	食	应	谓。	时	

别汁堕中，佛言：应多泻却，余者应食。时

10.50.2

𗾃	𗟽	𗊗	𗄜	𗀟	𗼒	𘃥	𗯟	𗺦
rjur¹	phji¹	tśhjụ¹	·o²	dźjij¹	tji¹	kjụ¹	ljɨ¹	dzjụ²
诸	苾	刍	入	行	食	乞,	风	雨
𗪴	𗫂	𘟣	𗐩	𗇫	𗥃	𘄒	𗡘	
lhjwɨ²	ber²	pa²	·u²	lhjɨ²	śji¹	·jiw²	śjwo¹	
卒	遇	钵	中	尘	堕,	疑	生	

诸苾刍入行乞食，风雨卒至尘堕钵中，生疑

10.50.3

𗼸	𗐩	𗼸	𗤄	𗼒	𗐩	𗹝	𘟣	𗐩
mji¹	thji¹	nioow¹	ku¹	tji¹	thji¹	zjij¹	pa²	·u²

不	食。	又	正	饮	食	时	钵	内
矯	蕤，	絆	骹：	欐	窀	儹	蕔	
lhji²	śjɨ¹	tha¹	dạ²	nji²	rjur¹	phji¹	tśhjụ¹	
尘	入，	佛	言：	汝	诸	苾	刍	

不食。又正食时尘入钵内，佛言：汝诸苾刍

10.50.4

俹	絃	矯	菰。	俹	緻	輣	烾	骸？
ŋwə¹	mə²	lhji²	dju¹	ŋwə¹	tja¹	ljɨ¹	kji¹	ŋwu²
五	种	尘	有。	五	者	何	△	是？
刻、	祗	矯，	欐、	俹	祗	矯，	斂、
lew¹	tsjụ¹	lhji²	njɨ¹	mji¹	tsjụ¹	lhji²	sọ¹
謵、	触	尘，	二、	非	触	尘，	三、

有五种尘。云何为五？一、触尘，二、非触尘，三、

10.50.5

薂	矯，	絪、	烾	薂	矯，	俹、	祗	矯。
sej¹	lhji²	ljɨr¹	mji¹	sej¹	lhji²	ŋwə¹	zjɨr¹	lhji²
净	尘，	四、	不	净	尘，	五、	微	尘。
濰	鷴	祗	矯	麤	粃	絲	縴	
thji²	kha¹	tsjụ¹	lhji²	lhwu¹	ɣa²	nji²	ku¹	
此	中	触	尘	衣	上	堕，	故	

净尘，四、不净尘，五、微尘。此中触尘若堕衣者，

10.50.6

[耀	絃	絊	絲。	禮	峆	蕤，	縴	絊
zwər¹	la¹	tjij¹	lew²	pa²	·u²	śjɨ¹	ku¹	tjij¹
洗	以	除	应。	钵	中	堕，	故	除
縿	絊	絲。	烾	俹]①	絃	矯	菰：
dźjwa¹	thji¹	lew²	nioow¹	ŋwə¹	mə²	lhji²	dju¹
已	食	方。	复	五	种	尘	有：

应可洗除。若堕钵中，除已方食。复有五尘：

---

① 西夏文 "耀絃絊禮峆蕤縴絊縿絊絲烾俹" 十四字左部原残，据残存笔画和汉文本 "应可洗除若堕钵中除已方食复五" 拟补。

10.51.1

刻、	屄	絼,	梮、	瓩	絼,	骰、	[□	□,
lew¹	tji¹	lhjɨ²	nji¹	djij²	lhjɨ²	sọ¹	□	□
一、	食	尘,	二、	饮	尘,	三、	衣	尘,

□、	□	□、	□、	□] [①]	[絼。	讘	靯] [②]
□	□	□	□	□	lhjɨ²	thjɨ²	njɨ²
四、	花	尘,	五、	果	尘。	此	等

一、食尘，二、饮尘，三、衣尘，四、花尘，五、果尘。此等

10.51.2

厖	絼	戜	赫	骰	纖,	纖	[□	□] [③]
rjur¹	lhjɨ²	mej¹	ŋwu²	ljij²	tja¹	lhjij	□	□
诸	尘	眼	以	见	者,	受	已	食

絼	戜	赫	慨	骰	纖	瓶	瓤
lew²	mej¹	ŋwu²	mji¹	ljij²	tja¹	phji¹	bju¹
应,	眼	以	不	见	者	意	随

诸尘眼可见者，受已而食，不可见者随意

10.51.3

瓶	絼	劾。
thji¹	lew²	·jɨ²
食	应	谓。

应食[16]。

10.51.4

瀟	牝	襧	襧	荒	彡	䍂	弦
mər²	tśhji²	ŋowr²	ŋowr²	dju¹	tshjɨj¹	djij¹	bọ²
本	根	一	切	有	说	部	目

蕠	鐅	翩	祋	㰥	瓤
te¹	kja¹	?	ɣạ²	tsew²	wer¹
得	迦	卷	十	第	仪

根本说一切有部目得迦卷第十 仪[17]

---

①此处西夏文原缺七字，相应汉文本为"衣尘，四、花尘，五、果"。
②西夏文"絼讘靯"三字原残，据残存笔画和汉文本"尘此等"拟补。
③此处西夏文原缺两字，相应汉文本为"已食"。

10.51.5 □ □。

njar¹ lew²

校 同。

校同[18]。

注释：

[1] 客旧宜详审，西夏文本译作"□□□□□"，义为"主人宜思量"。

[2] 如世尊说，西夏文本译作"□□"，义为"世尊"。

[3] 在后来者盗将衣钵，西夏文本译作"□□□□□□□"，义为"在后来者散去衣钵"。

[4] 应是彼伴，西夏文本译作"□□□□□□"，义为"应是彼相引导"。

[5] 遂不遮止，贼持远去，西夏文字面译作"遂不尔，贼持物远去"。

[6] 报曰，西夏文本译作"□□"，义为"客曰"。

[7] 彼便告曰，西夏文本译作"□□"，义为"客曰"。

[8] 汝失我衣急须还我，西夏文字面译作"汝失我衣钵急须还我"。

[9] 彼既失已遂令废阙，西夏文字面译作"彼既失已遂令事不在集"。

[10] 时彼旧人须臾来入，西夏文本译作"□□□□□□□"，义为"时彼主人须臾来入"。

[11] 房内旧人持物将去，西夏文字面译作"房内旧人持将去"。

[12] 报曰，西夏文字面译作"主人曰"。

[13] 彼既失已遂交废阙，西夏文字面译作"彼既失已遂交事不在集"。

[14] 于后未久，西夏文本译作"□□□□"，义即"后大未久"。

[15] 污亦流彻湿污大衣，西夏文本译作"□□□□□"，义为"污亦及大衣"。

[16] 不可见者随意应食，西夏文本译作"□□□□□□□□□"，义为"以眼不可见者随意应食"。

[17] 西夏字"□"为帙号，可以译作"仪"，汉文本无。

[18] 校同，即西夏文"□□"，汉文本无。

此外，经过释读考证，我们发现俄藏 инв. №357 号卷尾最后一折为《阿毗达磨顺正理论》卷十的结尾和《妙法圣念处经》卷一的开头部分，上、下部错乱断裂。《妙法圣念处经》仅存经题"□□□□□□□……"（妙法圣念处经）、题款"□□□□"（奉天显道）和片段内容"□□□□：□□□□……□□，□

𘓺𘎑𘟣……"（如是我闻：一时世尊［在大众中］，［天人围绕］，瞻仰［尊颜］，目不暂［舍］。）该残叶与俄藏 инв.№6039 号第 19—31 折的《妙法圣念处经》应是同一部经断裂所致。《阿毗达磨顺正理论》卷十的结尾相应的西夏文如下：

　　……𗾞𘓺𗆧𘈩𗜓𗢳？𗦋𗏹𗤳𘈩𘕿𗏅？𗰜𗏅𗕠𗉈𗡟𗏵，𗾞𘓺𘄽𘈷。𗏹𗈊𗈛𗃬𘈀𗏫𗏅𗏅，𗡟𗉋𗾞𘓺？𗆧𗾷𗤧𗖵𗢳，𘕿𘃊𗏅𘈎，𗗟𗝡𘄧𘕠，𗢳𗆧𗙱，𗼊𗾞𘕿𘈊𘈊。
　　　𗏱𗏱𘒣𗜓𘄴𘍦𗏖𗆧𗆧𘕿𗰜𗢳𘈩𗧇𘈎　𗴡
　　　𘕿𗷰𗥃𘃥𘓺𗄈𗏱……
　　　　　𘕿𗷽𗈡𘈊

这段文字可以译注如下：

　　……如何[1]失念知现他心？或复如何缘涅槃智？灭等行转，而名失念。又缘未来，死生智等，如何失念？成力明通，如斯等类，为过兹甚，故诸心品，皆与念俱。
　　　说一切有部顺正理论卷第十　　玉[2]
　　　此本书写者 kjɨ̱¹ nja² ŋowr²……
　　　　　一遍校同[3]

　　［1］此处西夏本残佚，相应汉文本为"如何"。
　　［2］717 号写本卷首经名"𗳠𗮅𗆧𘑕𗜓𘍦𗆧𘕿𘝜𗏖𗧇𘈎𗧇　𗴡"与 357 号卷尾"𗏱𗏱𘒣𗜓𘄴𘍦𗏖𗆧𗆧𘕿𗰜𗢳𘈩𗧇𘈎　𗴡"（说一切有部顺正理论卷第十 玉）正好形成对照，极有可能是同一版本断裂所致。
　　［3］西夏本有写经者和尾题"𘕿𗷽𗈡𘈊"（一遍校同）。

　　附：《根本说一切有部目得迦》卷第十汉文本（【　】内标示的内容西夏文本已佚）

　　根本说一切有部目得迦卷第十
　　　大唐三藏法师义净奉　制译
　　　第一子摄颂之余：

　　尔时佛在室罗伐城，多有商人，请佛及僧，就园林中设大斋会，商人持食列在众前。商客行中忽然火起，彼既见已弃食奔驰。时复临中无人授食，苾刍念曰：不知云何？时诸苾刍以缘白佛，佛言：彼诸施主舍心已成，作北洲想自取而食，不应生疑。时有乌来厨边啄食，时诸苾刍疑不敢食，以缘白佛，佛言：却嘴四边食之无过。苾刍未食乌复来啄，此又生疑便不敢食，以缘白佛，佛言：弃嘴四边食亦无犯。时具寿颉离跋底，入厕室中，见有诸蝇唼其不净，复向厨内而污饮食，白苾刍言：我于厕内才见此蝇，还复飞来污其饭食。苾刍闻已咸皆不食，佛告苾刍：凡是飞蝇，行处非处亦不成秽，宜应食之。苾刍染衣见有众家酥油瓶器，谓是染瓨以手举触，观察知已遂便弃掷，佛言：若擎上阁犹未半道，应须倒下置于地上。若过半者，宜应擎上平处安之。由不详审瓨转倾油，佛言：应以物支，莫令倾侧。时彼苾刍以先触故生疑不食，佛言：是净应食。凡诸苾刍有其二种无曾触过：一者、无惭愧人所触，二者、有惭之人非故心触。此惭愧人由忘念故，俱净无犯。有众多苾刍游历四方巡礼制底，时婆罗门及居士等，以诸涂香、烧香、末香、花鬘、氎布，寄彼苾刍将奉制底。苾刍遇缘不遂所望，便生疑念：此物如何？时诸苾刍以缘白佛，佛言：四大制底是其定处：一者、初生处，二者、成正觉处，三者、转法轮处，四者、入涅槃处。若施主元心奉余制底，与此四处亦不相违。若与此四有碍缘者，此四自得相通，不应余处。

具寿邬波离请世尊曰：有二苾刍共生瑕隙，种种异言互相谤讟，于此二人，谁是可信？谁不应信？佛言：信持戒者，二俱持戒应信多闻，二并多闻信少欲者，二俱少欲信极少欲者。二皆极少欲，此当信谁？佛言：若有二俱极少欲而生瑕隙，种种异言互相谤讟者，无有是处。

第二子摄颂曰：

　　不应令贼住，及以黄门等，

　　乃至授学人，行筹破僧众。

时具寿邬波离请世尊曰：若以贼住人作行筹者，成破僧不？佛言：不成。若以五种黄门乃至别住人作行筹者，成破僧不？佛言：不成。若以犯四重人作行筹者，成破僧不？佛言：不成。若以授学人作行筹者，成破僧不？佛言：不成。

第三子摄颂曰：

　　不赤体披衣，冒雨向厨内，

　　便利宜缝补，和泥福久增。

时六众苾刍，于僧祇卧帔赤体而眠，舒张手足蹴蹋令碎。时诸苾刍以缘白佛，佛言：僧祇卧具不应赤体而眠，赤体眠者得恶作罪。凡是僧祇所有卧帔，应以物傃，或将五条用意观察徐徐受用。时六众苾刍，披僧卧帔露处经行，被雨沾渍遂便损坏。以缘白佛，佛言：不应披僧衣帔于空露处冒雨经行，若有用者得恶作罪。又六众苾刍，披僧卧具来至厨中烟熏损坏。时诸苾刍以缘白佛，佛言：不应披僧卧具来向厨中，若有用者得恶作罪。时有苾刍，着向大小便处，苾刍以缘白佛，佛言：不应披僧卧具入大小便室，披去者得恶作罪。时诸苾刍见有破坏僧祇卧具被帔，遂共除弃，以缘白佛，佛言：不应除弃，若衣欲破应以长线而缝络之。若见有孔应可补帖，若在内烂两重幅迭，如总烂坏不堪料理者，应作灯炷，或可斩碎和牛粪作泥，用塞柱孔，或泥墙壁。如是用时，能令施主所舍福田任运增长。若三衣破烂，事亦同此。

第四子摄颂曰：

定物施此中，不应余处食；

若有将去者，并须依价还。

佛在室罗伐城。时有长者造一住处，所施资缘悉皆充足。时彼长者请余苾刍，于此寺中为检校者，然此苾刍多有弟子在余寺住，彼为礼觐来至寺中。于时师主告弟子曰：造寺长者请我于此寺中为检校者，汝等且待食竟方去。弟子白师：邬波驮耶！必有食者与我持去，至彼共食。报言：随意。彼即持饭、或将灯油、或持皮屦、或有擎衣持盖、或有持樵、有持根茎叶花果药并皆将去，未久之间所有资具捷运欲尽。时此寺中诸余苾刍，咸诣造寺施主家，作如是语：长者知不？仁之寺内所有资生现今阙乏。是时长者报曰：无多苾刍住于寺内，僧祇资具未久之间遂言都尽？时诸苾刍即以上缘具告施主，长者曰：我岂与彼外寺苾刍耶？长者嫌恨。以缘白佛，佛言：苾刍不应于别处住，将此寺食而向余处，亦复不应将此寺物以供余处。饭及灯油乃至花果，若施主本意，唯供此处住寺之人不通余人者，若有来食，并须计物酬其价值。

第五子摄颂曰：

僧衣题施主，别人施私记，

氀毼许别人，尼夏应修理。

尔时佛在室罗伐城。时有兄弟二俱出家，有检校苾刍着僧祇帔，便以众帔寄兄苾刍遂往余处。其弟苾刍自披己帔来至兄边，即以己帔与主人衣相近而置，于后去时误持众帔，谓是己衣遂着而去。其检校人后时来至，见有别衣告言：具寿！今者僧伽多获利物。答言：不得。问曰：此是谁衣？答：是汝僧衣。报言：我帔宽大此衣狭小，应有余人来至于此持我衣去，若有人来我今往问。既到彼已遂见僧衣，问其所以，答曰：我无故意而将帔来，若是僧衣仁可持去。苾刍有疑，以缘白佛，佛言：大众之衣应为记验。苾刍不知云何作记？世尊告曰：若是众物宜应书字，此是某甲施主之衣，若别人衣应为私记。时有织彩氀毼及小班褥持施僧伽，佛言：我听大众，亦许别人。又有多人以旋脚大床持施僧伽，世尊告曰：僧伽听畜，别人不应。如世尊说：夏坐苾刍尼，有缘听往人间游行。彼于住处不为修理，皆共舍去，遂便毁坏。时诸苾刍以缘白佛，佛言：诸苾刍尼安居之处应须修理，若不尔者咸得恶作罪。

第六子摄颂曰：

> 若还往衣物，送来应为受；
>
> 为众取他财，将众物还价。

时有俗人亲属亡没，为送尸骸往尸林处，所有幡氎还将归舍，回施僧伽。苾刍不受，以缘白佛，佛言：是送尸衣应须为受。时有贫人更复来借，佛言：若贫人来借应暂与去。彼有疑心却持还与，时诸苾刍不肯为受，佛言：却送来时应为受取。时有检校苾刍为僧伽事，于俗人边多贷财物，未久命终。时彼俗人闻苾刍死，急来征问：某甲苾刍今何所在？答言：已死。彼于我处多贷财物。苾刍报曰：汝向尸林可从彼索。俗人报曰：彼为众事不为私缘，仁等宜应还我债直。苾刍白佛，佛言：若知苾刍为僧伽事者，应将众物以酬前价。我今为诸营作苾刍制其行法。凡诸营作检校苾刍，先报寺中所有耆宿，方可贷人，或为券记保证分明。营作苾刍不依制法，咸得恶作罪。

第七子摄颂曰：

> 甘蔗等平分，不应分口腹；
>
> 四事无分法，卧具夜不行。

佛在室罗伐城。时诸僧伽多获甘蔗，如世尊说：诸求寂等三分应与一者。时诸苾刍分张甘蔗三分与一，是时长行屈头而坐，乃至行未到世尊前。时具寿罗怙罗最在行末，而食甘蔗瞻仰尊容。世尊见已告曰：罗怙罗！汝食甘蔗耶？答言：已食。佛言：汝今更有希望不？答言：有。佛言：汝得几许？答曰：得第三分。世尊告曰：我据衣利而作斯语，不依饮食，是故我今制诸苾刍。若有食利乃至小叶，咸悉平分。若不平分者得恶作罪。是故多得甘蔗，如世尊说：莫分食利。苾刍生疑，现得根果甘蔗，并不敢分，佛言：应分。乃至广说。

缘处同前。时有俗人造一住处，有诸苾刍住此寺者，咸是施主供其饮食。时诸苾刍共相议曰：诸具寿！我等不以饮食为难。然支伐罗现今阙乏，此有食直宜共货之以充衣服，各自乞食以济饥虚。作是议已，无一苾刍往施主家而受其食。诸苾刍等因乞食时，施主见问：圣者！我为仁等每日供食，何意劳苦而行乞耶？具以上缘而告施主，长者报曰：仁等岂合口腹之分大众共分。遂生嫌耻。时诸苾刍以缘白佛，佛言：有四种物不应分。云何为四？一者、四方僧物，二者、窣睹波物，三者、众家供病之药，四者、口腹之物，若有分者咸得恶作。是时六众游历人间，日没星出方入寺中。时诸苾刍随其亲友而为解劳，时彼六众告诸人曰：具寿！岂复仁等安然忍可世尊教法而令灭耶？若有惭愧心者，可随年次应行卧具。时诸苾刍即依大小次第分给卧具，彼既受已各自眠卧，未至行末遂即天明。六众报曰：具寿！收取卧具吾欲进途。诸人告曰：何意仁等但求一夜而取身安，令我大众极生劳苦。以缘白佛，佛言：凡诸苾刍日暮至寺，不应令他夜分卧具，强令分者得恶作罪。

第八子摄颂曰：

果由药叉施，净之方受食；

余者为浆饮，不烧地灯台。

尔时，世尊在贼军国人间游行至赤色村，于此村中，在大力药叉神庙而住。是时药叉来至佛所，礼双足已而白佛言：唯愿世尊及苾刍僧，受我微请，于此庙中经宿而住。是时世尊默然而许。药叉既见世尊许已，遂便化作五百口房，床褥卧枕帔縀方褥悉皆备足，五百火炉炎炭满中并绝烟焰。时药叉神先以上房奉世尊已，复以余房别别分与一一苾刍。时药叉神来至佛所，而作是言：复愿世尊及苾刍僧，明日于此庙中受我微供。是时世尊默然而许。此药叉神于羯湿弥罗国，有大药叉名达底迦，是旧亲友。即令使者报亲友曰：我今请佛及僧，明日家中设其供养。北方果木口味尤多，幸愿随喜助成功德。时彼药叉既承信已，即送葡萄、石榴、甘橘、甘蔗、胡桃、渴树罗等成满筐笼，命余药叉送彼庭中令持供养。诸苾刍见而白佛言：此北方果，不知如何？佛言：以火作净然后应食。时诸苾刍一一别净，佛言：应为一聚，但三四处以火净之，食皆无犯。行与众已仍有余长，佛言：应可捼碎作非时浆随意而饮。复更有余，佛言：煮已㼧盛，余日当饮。苾刍寒月于砖地上随处然火令砖坏损，佛言：不应在砖地上辄便然火，应以瓦承。尚有烟损，佛言：应作火炉。于房中作，由被烟坏，佛言：于门外作。其烟散入尚熏其目，佛言：待烟尽已以水微洒方持入房。是时僧伽得一重灯树，佛言：听畜，别人亦许。复得二重多重灯树，佛言：咸悉听畜，别人畜亦无犯。

第九子摄颂曰：

客旧宜详审，授受分明付，

五开应总闭，肘短可随身。

时有众多客苾刍来入寺中，旧住苾刍为解劳已，遂便偷窃而去。时诸苾刍以缘白佛，佛言：旧相识者应为解息，先未曾识勿为除劳。如世尊说：未相识者勿为除劳。时有相识苾刍既令解息，次随其后有一苾刍先未相识忽然而至，时彼苾刍遇缘暂出，在后来者盗将衣钵。时旧苾刍作如是念：应是彼伴。遂不遮止，贼持远去。苾刍来至见无衣钵，告主人曰：我之衣钵谁将去耶？答曰：汝伴将去。报曰：我无同伴。主人谓曰：逐汝来者岂非伴耶？彼便告曰：汝失我衣急须还我。彼既失已遂令废阙。时诸苾刍以缘白佛，佛言：凡是主人见客来至，先应问彼：是汝伴不？若索衣钵与不？若言：莫与。而将与者，应酬彼价。若言：与者，失不须酬。次复更有客苾刍来，时彼主人为解劳已，续次更有相识苾刍亦复来至。时此主人暂出外嚼齿木，彼后来人盗取衣钵，新客苾刍作如是念：此必应是房内主人。曾不遮止遂被盗去。时彼旧人须臾来入，见无衣钵而问客曰：我之衣钵谁将去耶？答曰：房内旧人持物将去。报曰：何处得有房内旧人？汝失我衣急须还价。彼既失已遂交废阙。时诸苾刍以缘白佛，佛言：凡客苾刍至他房内，应问主人：若有人来索衣钵者可与不？若言：莫与。而与者计直酬价。若言：与者，失不须酬。时客苾刍，于旧苾刍处寄衣，遇缘欲去告主人曰：有小苾刍来者，当与此衣。于后未久，小苾刍来至，与所寄衣因即偷去。以缘白佛，佛言：若客苾刍嘱与者，设令偷去亦不应陪，然须明作记验方与。遂作显露嘱授之言，傍人既闻诈来索物，因此失财，佛言：宜应屏处为说记验，分明显示寄物之状，然后与衣。时有苾刍随路而行，既至河津乘船欲去，语其伴曰：过衣袋来。彼便授与，授受不牢，衣便堕水。苾刍告曰：还我衣袋来。彼便不伏。时诸苾刍以缘白佛，佛言：乃至未受不应辄放，未受而放即应酬价。有持钵袋过与余人，堕彼手中遂便落水，既失钵袋从彼索陪，以缘白佛，佛言：乃至未受不应辄放，若故放者应须陪直。守寺之人被贼偷物，大众共议，令守寺人陪所失物。时诸苾刍以缘白佛，佛言：汝等应知！凡授事人闭寺门时有其五别：谓上下转鸣锁并副锁门关及扂，不闭贼偷准事酬直，若阙一者应还一分，乃至若总不着应可全偿。若掌寺人存心守护，五并不阙者，设令损失并不应陪。

时邬波离白佛言：如世尊说：凡诸苾刍应取肘量作衣服者，有人肘短身长，亦依肘量而作衣不？佛言：应依身量，不应依肘。

第十子摄颂曰：

　　　　裙及僧脚敧，香泥污衣洗，

　　　　　取食除多分，须知十种尘。

时诸苾刍裙被油污，遂令气臭。时诸苾刍以缘白佛，佛言：应畜副裙。乃至僧脚敧污，污亦流彻湿污大衣，佛言：应畜副僧脚敧。时诸苾刍设大供养，被诸香泥末香及油沾坏衣服，以缘白佛，佛言：若末香损者应须抖擞，然后方披，香泥污者洗已应披。若被油污，应以澡豆灰等洗去油腻，然后应披。时诸苾刍正受食时，未及受得遂便堕地，应更受食，授者若无，应自取已除去多分方可食之。于其羹汁别汁堕中，佛言：应多泻却，余者应食。时诸苾刍入行乞食，风雨卒至尘堕钵中，生疑不食。又正食时尘入钵内，佛言：汝诸苾刍有五种尘。云何为五？一、触尘，二、非触尘，三、净尘，四、不净尘，五、微尘。此中触尘若堕衣者，应可洗除。若堕钵中，除已方食。复有五尘：一、食尘，二、饮尘，三、衣尘，四、花尘，五、果尘。此等诸尘眼可见者，受已而食，不可见者随意应食。

根本说一切有部目得迦卷第十

【经文出处】《大正藏》第 24 册 No.1452《根本说一切有部尼陀那目得迦》

第七章　西夏文《根本萨婆多部律摄》释读

第一节　《根本萨婆多部律摄》简介

《根本萨婆多部律摄》，又名《有部律摄》，十四卷。印度胜友集，唐义净于久视元年（700年）译出，主要解释有部之戒本，阐析有部律之精要。唐智升《开元释教录》卷九著录，载于《丽藏》"奉"至"母"函、《宋藏》"母"至"仪"函、《金藏》"奉"至"母"函、《元藏》"母"至"仪"函、《明藏》"尊"至"卑"函、《清藏》"尊"至"卑"函、《频伽藏》"寒"帙，收入《大正藏》第24册①。

存世的《根本萨婆多部律摄》有梵、汉、藏、西夏等多种文本，敦煌藏经洞出土的古藏文文献法藏 P.t.903《根本萨婆多部律摄》是《波罗提木叉经》（汉译中常见的"戒本""戒经"）的注疏之作，为古印度论师胜友所著。吐蕃赞普赤松德赞时期，印度亲教师希兰陀罗菩提和吐蕃大译师白若杂纳在桑耶寺译经院把梵文译成藏文，后来克什米尔堪布贾纳希兰巴扎、大译师贾巴希热、释迦希年等高僧以这部白若杂纳等译的《根本萨婆多部律摄》为基础，依据梵文原文对其进行了校译，现已编入北京版《大藏经》第一百二十卷和德格版《大藏经》第四千一百零五卷。西夏文本《根本萨婆多部律摄》属首次发现，可以丰富西夏佛教律藏的类型和内容。

该书是对《根本说一切有部毗奈耶》比丘戒的解释，属于律论。初首有《初释波罗底木叉经序》（卷一）和《总释学处》（卷二），正文分为"五部"，依照《根本说一切有部毗奈耶》的内容结构，对其中的比丘戒八类戒法逐一做了解释。（1）《四波罗市迦法》（初部，卷二至卷三），解释"四波罗市迦法"

---

① 本节内容详见陈士强：《大藏经总目提要·律藏一》，上海：上海古籍出版社，2015年，第552—559页。

（即"四波罗夷法"）。（2）《十三僧伽伐尸沙法》（第二部，卷三至卷四），解释"十三僧伽伐尸沙法"（即"十三僧残法"）。（3）《二不定法》（第二部，卷五），解释"二不定法"。（4）《三十泥萨祇波逸底迦法》（第三部，卷五至卷八），解释"三十泥萨祇波逸底迦法"（即"三十舍堕法"）。（5）《九十波逸底迦法》（第三部，卷八至卷十三），解释"九十波逸底迦法"（又称"九十堕法"）。（6）《四波底罗提舍尼法》（第四部，卷十四），解释"四波底罗提舍尼法"（又称"四悔过法"）。（7）《众学法》（第五部，卷十四），解释"众学法"。（8）《七灭诤法》（第五部，卷十四），解释"七灭诤法"。（9）《七佛略教法》（第五部，卷十四），解释"七佛略说戒经偈"。

《根本说一切有部毗奈耶》有五十卷，有关制戒因缘的叙述，以及由此引出的议论和本生故事等，篇幅较长。《根本萨婆多部律摄》对此做了较大的删节，对各学处制立事缘的叙述，简明扼要；对各学处文句的解释，突出重点。从一定意义上来说，它也是《根本说一切有部毗奈耶》的纲要书。

第二节　《根本萨婆多部律摄》卷十二残叶释读

西夏文《根本萨婆多部律摄》卷十二，今藏于英国国家图书馆，编号为Or.12380—1285、Or.12380—1286 和 Or.12380—2100、Or.12380—2101，共有四件残叶，译自唐义净汉文本《根本萨婆多部律摄》卷十二，内容相当于汉文本的"初始生信"至"然后当取"，其他部分已佚。松泽博、张九玲、林玉萍和孙飞鹏对 Or.12380—2100 和 Or.12380—2101 残叶内容皆有释读，在他们释读的基础上，我们对其残叶内容做一简单的拟补和注释。

释读：

Or.12380—1285：

12.1.1	西夏文：	……	□	胹	䫂	……
	拟　音：	……	□	·u^2	po^1	……
	对　译：	……	□	邬	波	……
	汉文本：	……邬波……				

12.1.2	……	縴	嬹	狄	……
	……	mə^2	khja^2	nja^1	……

……		药	叉	神	……

……药叉神……

12.1.3 ……　　　　　□　　　……
　　　　　……　　　　　□　　　……
　　　　　……　　　　　□　　　……
　　　　　……

Or.12380—1286：

12.2.1	……		□	蕤	㗵	……
	……		□	na[1]	thow[1]	……
	……		□	难	陀	……

……·难陀……

12.2.1	……		□	縟	□	
	……		□	war[2]	□	……
	……		□	物	□	……

……物……

Or.12380—2100：

12.3.1	……	繍	辏	絴	拷	毓,	瀠	骱	蕤
	……	γu[1]	dźiej[2]	njij[1]	·a	śjwo[1]	thji[2]	dạ[2]	mji[1]
	……	初	信	心	△	生,	此	言	闻
慨,	慨	骹	殕	綴。	羆	辏	孫	夃:
nioow[1]	mji[1]	dwewr[2]	bji[1]	to[2]	thja[1]	dzjwo[2]	·jij[1]	·ji[2]
后,	不	觉	泪	出。	彼	人	之	曰:

……［王于三宝］，初始生信，闻说此言，不觉流泪。告彼人曰：

12.3.2	［𬙊］[①]	蕤	瀟	絲,	瀠	黇	縟	飛,	靳	瓻
	nji[2]	rjur[1]	pjụ[1]	nioow[1]	thji[2]	ljɨ[1]		war[2]	rjir[2]	dźjar[2]	bju[1]

_____

① 西夏文“𬙊”原缺，据汉文本“汝”拟补。

汝　　世　　尊　　缘，　　斯　　宝　　物　　获，　　罪　　虽

𗹊　　𗾺　　𗥃　　𗤁　　𘃽　　𗄈　　nioow 𗰀　　𗁲

sjɨ¹　·wo²　ŋa²　sjij¹　·wja²　nja²　nioow¹　nji²　njij¹

死　　合，　　我　　今　　放　　令，　　并　　汝　　眷

汝缘世尊，获斯珍宝，罪虽合死，我今释放，并汝眷

12.3.3　[𗓽]① 𘂃，　𗤁　𘃳　𗼃　𘄄　𗫂　𗦸　𘐀　𗣼

low²　rjir²　thji²　war²　ŋwu²　tha¹　sẽ¹　·jij¹　kju¹

属　　与，　此　　物　　以　　佛　　僧　　之　　供

𗫊。　……　𗦜，　𗫂　𗭾　𗥃　𗥃　𘃽

tshwew¹　……　wjij²　nioow¹　ljijr²　mə²　mə²　phju²

养。　……　放，　后　　方　　种　　种　　上

属，应将此物供养佛僧。既蒙释免遂办上

12.3.4　……　𗤁　𘄄　𘃽　𗦸　𘐀　□　𗣼，

……　nji¹　do²　tha¹　sẽ¹　·jij¹　□　ɣju¹

……　家　　处，　佛　　僧　　之　　□　　请，

……　𘄴　𗾺　𗁲　𗣼　𗤁　𗫂　𘃮

……　tshjij¹　·wji¹　njij¹　ljij²　rjir²　gjij¹　tśhji²

……　说　　为，　欢　　喜　　△　　戏，　遂

供奉请佛僧，就其住宅，佛为说法，踊跃欢喜，便

12.3.5　𗤟　𘄴　𘄦　𘐀　𗫊，　𗤁　𗥃　𘃋　𘁂　𘄦

rjar²　ɣu¹　mja¹　lhju²　rjir¹　thji²　nioow¹　phji¹　tśhju¹　ljɨ¹

便　　初　　果　　获　　得，　斯　　缘　　苾　　刍　　宝

𘃳　𗥃　𗤁　𗫂。　𗫂　𗁲　𗥃　𘄦　𗁲

lhjwi¹　rjar¹　mjij¹　phji¹　nioow¹　dźjar²　po¹　na¹　thow¹

捉　　许　　不　　令。　又　　邬　　波　　难　　陀

逆初果[1]，缘斯不听苾刍捉宝。又邬波难陀

---

①西夏文"𗓽"原缺，据汉文本"眷属"之"属"拟补。

12.3.6　……　𗈪，　𗤦　𗈁　𗥏　𗵘　𗗙　𗀁　𗈪，

　　……　śji¹　nioow¹　tshow¹　dźjwu¹　·io¹　·u²　śji¹

　　……　往，　复　乐　人　地　中　往，

𗥤　𗈪　……　𘊛　𗣼　𗁬，　𗓽

dzjij²　no²　……　phə¹　rjir²　phji¹　lhjɨ¹

博　士　……　直　输　令，　弓

往教射处，复往乐垃，怖其博士，令输饼直，卖尽弓

Or.12380—2101：

12.4.1　𗸐　𗀓　𗅆　𗕝，　𗤊　𗅴　□①　𗢲，　𗈁　𗤁　𗸐　……

　　lji¹　·u²　gju²　sji¹　sjwi¹　lu²　□　we²　thjɨ²　tja¹　lji¹

　　矢　戏　具　尽，　贫　穷　□　是，　此　者　宝　……

矢戏具之属，终致贫穷，此是宝类，又邬波难陀于薛

12.4.2　□②　𗤦　𗸐　𗤋　𗁬　𗟻　𗵘

　　□　sja¹　lji¹　do²　mji¹　zjɨ¹　lji²

　　□　舍　离　处　他　童　子

𗀁　𗀓　𗤊　𗗙　𗄻　……

·jij¹　·jɨr²　rer²　lhjwi¹　lji¹　……

之　璎　珞　取　云　……

舍离取他童子璎珞云，是药又神，物因

12.4.3　□③　𗈪　𗣼　𗤁，　𗕝　𗵘　𗈁　𗵘　𗈁

　　□　sej¹　war²　lhjij　dą²　tsew²　du²　zjij¹　mji¹

　　□　净　财　受，　事　量　限　几　不

𗤦　[𗣼　𗁬]④　𗤋，　𗸐　𗀁　𗤊　𗵘，

dzjɨ²　zjɨ¹　njɨ²　nioow¹　ɣiew¹　tji²　thu¹　phjij¹

集　烦　恼　故，　学　处　制　立，

---

① 西夏文原缺，未敢拟补。

② 西夏文原缺，未敢拟补。

③ 西夏文原缺，未敢拟补。

④ 西夏文"𗣼𗁬"两字原缺，据汉文本"烦恼"拟补。

受不净财，事过限废阙烦恼，制斯学处。

12.4.4 　□　□　□　□　□　□　□　□　□，
　　　tjij¹　nioow¹　phji¹　tśhjụ¹　ljɨ¹　ljɨ¹　nioow¹　ljɨ¹　djij¹
　　　若　复　苾　刍　宝　△　及　宝　类，
　　　□　□　□　□　□　□　□，□　□
　　　tjij¹　·jij¹　lhjwi¹　tjij¹　dzjij²　lhjwi¹　phji¹　·ji¹　tsjɨr²
　　　若　自　捉　或　教　捉　令，众　寺
　　　若复苾刍宝及宝类，若自捉教人捉，除在寺

12.4.5 ［□　□］①　□　□　□　□　□　□　□　□，
　　　·u²　ljɨ¹　nioow¹mur¹　dzjwo²　nji¹　do²　dźjij¹　rjɨr²　nioow¹
　　　内　△　及　俗　人　舍　处　在　除　外，
　　　□　□　□　□　□。□　□　□　□
　　　po¹　·ji¹　tji²　kja¹　lhjụ²　tjij¹　·ji¹　tsjɨr²　·u²
　　　波　逸　底　迦　得。若　众　寺　内
　　　内及白衣舍，波逸底迦[2]。若在寺内

12.4.6 ［□　□　□　□］②　□　□　□　□　□　□
　　　nioow¹　mur¹　dzjwo²nji¹　dźjij¹　ljɨ¹　nioow¹　ljɨ¹　djij¹　ljij¹
　　　及　俗　人　舍　在　宝　及　宝　类　见，
　　　□，□　□　□　□，□　□　□　□。……
　　　zjij¹　thjɨ　sju²　lə　·wji¹　tśhjɨ　mja¹　nioow¹　lhjwi¹　……
　　　时，是　如　念　作，是　然　后　取。……
　　　及白衣舍见宝及宝类，应作是念，然后当取。

注释：

[1]便逛初果，西夏文本译为"□□□□□□"，义为"便获得初果"。

[2]波逸底迦，即"□□□□"*po¹·ji¹tji²kja¹，梵文 Pāyattika，又作波逸提、波药致、波罗逸尼柯、波罗夜质胝迦、波质胝柯、波夜提。六聚罪之第

---

① 西夏文"□□"两字原缺，据汉文本"内及"拟补。
② 西夏文"□□□□"四字原缺，据上文和汉文本"及白衣舍"拟补。

四，译为堕，犯戒律之罪名，由此罪堕落于地狱，故名堕罪。

附：《根本萨婆多部律摄》卷第十二汉文本（【 】内标示的内容西夏文本已佚）

【根本萨婆多部律摄卷第十二

　　尊者胜友集

　　三藏法师义净奉　制译

与欲已更遮学处第五十三

尔时，薄伽梵在室罗伐城给孤独园，时，邬波难陀，大众为作舍置羯磨。难陀知已向余苾刍作如是言：我先与欲是不善与。由与欲事不忍烦恼，制斯学处。

若复苾刍，与他欲已后便悔，言：还我欲来不与汝者，波逸底迦。

言与欲已者，谓僧伽有如法事，先情许已。后便悔者，谓先与欲后起悔心。言还我来者，此出遮词：谁知汝等取我欲去，反于我等作不饶益。此戒与前毁破学处有差别者，前望羯磨事已先知；此据不知，但遮其欲。此中犯者，已与他欲后生悔恨，烦恼既生心无惭耻，于所对境作苾刍想，言告彼时，便得堕罪。

与未近圆人同室宿过二夜学处第五十四

佛在室罗伐城给孤独园，如世尊说：常以月八日十五日，大众同集，共听经法。便至夜半，有老苾刍然明而卧，梦见故二，遂共交通，谄言外闻遂生讥谤。因制不应与未近圆人同一室宿，亦复不得然明而卧；日月光者无犯。又因尊者罗怙罗及病苾刍，开经二夜，至第三夜令未近圆人出宿。出宿之时，不应驱遣使出寺外及离檐前，但可离其房门势分。若恐恶苾刍为破戒缘者，至第三夜，宜令求寂向善友房。此若无者，应共驱出罪恶苾刍、或自将求寂余处而卧。若自安居已不得往余处者，应生心念为防护故，于三月中与求寂同宿者无犯。为于行路至出宿时，有虎豹等恐惊怖者，至第三夜，当须警觉。若其不能通夜觉者，极至明相出时，必不应睡；若犹困乏者听睡无犯。难时听许者，无难不应行。路有惊恐，应遣在前自居其后。若行困极，当与小食。

时，邬波难陀有二求寂：一名利刺、二名长大。过二夜共宿，并与俗人同处。由眠卧事不寂静烦恼，制斯学处。

若复苾刍，与未近圆人同室宿过二夜者，波逸底迦。

言未近圆人者，除苾刍、苾刍尼，诸余人类，咸犯斯学。如是应知，至第三夜共女宿时，便犯两堕。过二夜者，谓经二夜至第三夜，始从初卧即得恶作。明相出时，便得堕罪。言同室者，有四种室：一、总覆总障，如诸房舍及客堂楼观等，上总遍覆四壁皆遮。二、总覆多障，于其四壁少安窗户。三、多覆总障，即四面舍于四边安壁中间，竖柱四檐内入、或低或平。四、多覆多障，谓三面舍。此于四面舍无其一边，若半覆半障、或多覆少障、或檐际等，并皆无犯。若过二夜净宿之时，与扇侘半择迦等，经明相者，得恶作罪。于未近圆作未圆想等六句，四犯、二非犯。若崖坎下、或空树中者无犯。若与授学人同室者，亦应净宿。此授学人与未近圆人亦净其宿。凡眠卧时，若有难缘无余床席，应迭嗢呾罗僧伽为四重而卧其上。以僧伽胝迭安头下、或用覆身安呾婆娑，以充内服。凡卧息时，右胁着床，两足重垒，身不动摇，作光明想，安住正念情无娆恼，衣服不乱，于睡知量，念当早起，初夜后夜恒修善品，此是沙门眠息之法。若无病苦昼不应卧。若眠息时，有人相恼者，应向余处。

不舍恶见违谏学处第五十五

佛在室罗伐城给孤独园，时，无相苾刍生罪恶见，欲令舍故，作白四羯磨，众开谏时，犹尚不舍。由不善观事邪智烦恼，制斯学处。

若复苾刍，作如是语：我知佛所说法，欲是障碍者，习行之时，非是障碍。诸苾刍应语彼苾刍言：汝莫作语：我知佛所说：欲是障碍法者，习行之时，非是障碍。汝莫谤世尊，谤世尊者不善。世尊不作是语，世尊以无量门，于诸欲法说为障碍。汝可弃舍如是恶见。诸苾刍如是谏时，舍者善。若不舍者，应可再三殷勤正谏，随教应诘令舍是事。舍者善；若不舍者，波逸底迦。

作如是语者，谓引世尊所说，虽有妻室获得沙门果，遂生恶见。世尊所说法者，一、世尊说；二、弟子说。由大圣力法兴于世，虽弟子说，亦名佛说。障碍法者，谓五部罪。非障碍者，谓不能障沙门圣果。此中犯者，若苾刍心生恶见谓为正见，云：我所解最为殊胜。实不从佛闻如是语，但出自意说其文义。不生惭耻，邪说诳他。余苾刍见时，应为屏谏。若不舍者，得恶作罪。次羯磨谏作初白竟，乃至第二羯磨竟，若不舍者，一一皆得恶作之罪；第三竟时，便得堕罪。应于大众中说悔其罪。

随舍置人学处第五十六

佛在室罗伐城给孤独园，时，无相苾刍僧伽与作舍置羯磨，时，邬波难陀与其同住。事恼同前，制斯学处。

若复苾刍，知如是语人未为随法、不舍恶见，共为言说、共住受用、同室而宿者，波逸底迦。

言未为随法不舍恶见者，虽得众法不欲随顺，所陈恶见无改悔心。设未顺众，若舍恶见者，虽与同住，无其堕罪。共为言说者，谓评论善恶受白事等。共住者，与作依止师。受用者，谓受供给。同室宿者，于前四种室中作如上事，宿经明相，皆得堕罪，方便得轻。若不知是被众舍弃、或身有病苦、或欲舍恶见，并无犯。

摄受恶见求寂学处第五十七

佛在室罗伐城给孤独园，有二求寂：一名利剌、二名长大，作诸恶行心无羞耻。见昔朋友得罗汉果，作是念言：彼与我等旧行非法，而今获得胜增上果，故知犯罪非障圣果。此恶见人众应开谏，安在见处令离闻处，大众和合秉白四法，令舍恶见。若作白已，应往告知，乃至羯磨一一皆尔。第三法竟，若不舍者，即应驱摈，不得同住。而邬波难陀遂便摄养，与共同住。事恼同前，制斯学处。

若复苾刍，见有求寂，作如是语：我知佛所说法，欲是障碍者，习行之时，非是障碍。诸苾刍应语彼求寂言：汝莫作是语：我知佛所说：欲是障碍法者，习行之时，非是障碍。汝莫谤世尊，谤世尊者不善。世尊不作是语，世尊以无量门，于诸欲法说为障碍。汝可弃舍如是恶见。诸苾刍语彼求寂时，舍此事者善。若不舍者，乃至二三随正应谏，随正应教，令舍是事。舍者善。若不舍者，诸苾刍应语彼求寂言：汝从今已去不应说言：如来、应、正等觉是我大师。若有尊宿及同梵行者，不应随行。如余求寂得与苾刍二夜同宿，汝今无是事。汝愚痴人，可速灭去。若苾刍知是被摈求寂而摄受饶益，同室宿者，波逸底迦。

言摄受者，谓与依止。为饶益者，给彼衣钵、或教学业亦名饶益。与同室宿，经初二日各一堕罪，至第三日得二堕罪。若与依止及教读诵，皆得堕罪。凡不见罪等被舍置人，共为受用，皆得恶作，余如前说。

着不坏色衣学处第五十八

佛在王舍城竹林园中，时，祇利跋窠山大节会日，远近城邑士女咸萃，歌管音乐并皆云集。是时，乐者作如是议：我之管曲人皆见闻，未是殊妙，宜须改异，更作新奇。时，有乐人取六众苾刍形像，变入管弦。既是新异人皆竞集，自余鼓乐无往看者，遂多得珍财。时，六众苾刍闻斯事已，自相告曰：无识倡优摸我形状，将为舞乐，尚获多财；岂若自为而不得物！既足衣钵无假乞求，遂于大会众聚之时，着俗衣裳自为歌乐。诸有看人咸集于此，自外管弦并皆息唱。是时，乐人自相告曰：前为形状多获珍财，今彼自为我无所得。可将珍货密赠六人，彼见哀怜必随我欲。时，六众苾刍既受货已，住彼作乐。苾刍不应习学歌舞及往观听。此由染衣事不寂静烦恼，制斯学处。

若复苾刍，得新衣，当作三种染坏色：若青、若泥、若赤，随一而坏，若不作三种坏色而受用者，波逸底迦。

言新衣者，谓是体新，非是新得，名为新衣。衣有七种，具如上说。言青者，取诃梨勒，或研或捣和水成泥，涂铁器中停经一宿，和以暖水染物成青，非深青色。若泥者，谓是泥染。文云：赤石是也。若赤者，谓是树皮、根茎、枝叶、花果。堪染衣者，皆得坏色。言受用者，谓是披着，初㩭体时，即得堕罪。此之方便皆得恶作。下至拭钵巾拂足巾钵帒滤罗腰绦等，咸须坏色点净而畜。若其衣体、或经、或纬，是不净物，不坏而披，皆得恶作。先坏色衣王贼夺去，后时重得旧净已成。若不坏色为不坏色想，六句如上。若重大衣帔是僧祇物，听留缕缵而受用之，亦不须染，不应露着出外游行。若要出时，表里皆须赤衣通覆，勿令外现。若缕缵尚露出者，应截去之。若是别人物，皆须作委寄法而为受用，应对苾刍作如是说：具寿存念！此重大衣以某甲施主为委付者，我为彼想而受用之。第二、第三亦如是说。

捉宝学处第五十九

佛在王舍城鹫峯山，尔时，世尊于日初分执持衣钵，将尊者阿难陀以为侍者，从鹫峯山诣王舍城乞食。遇天大雨水荡崖崩，见劫初人所安伏藏，光色晃曜。世尊告曰：阿难陀！汝应观此是大害毒。阿难陀答言：大德世尊！实是可畏毒。去斯不远，有一采根果人，闻之生念：我于先来但见啮毒，至于害毒实未曾见，勿令于夜蜇害于我。试往观之，识其形状。既其至已见是伏藏，光彩外发。窃生是念：愿此害蛇恒蜇于我父母、妻子所有眷属，亦不辞痛。遂将叶盖细细持归，共诸亲族随意受用。时，未生怨王见其富盛，遣使往察，徐而问之：汝于何处得王伏藏？彼人报曰：我实不得王家伏藏。捉以送王。王自问曰：汝可实说得吾伏藏耶？彼人答言：我实不得。王问诸臣：违王教勅罪合如何？答云：合死。王言：此违我命，宜当准法，所有眷属皆系狱中。即将向杀处，彼人悲泣随屠者行，高声大唤：阿难陀！此是害毒！此是害毒！将刑有言，法须返奏。使持此语返报于王，王曰：言不相当，必有其义。汝可唤来，我自亲问。彼人具以昔缘而答。王于三宝】，初始生信，闻说此言，不觉流泪。告彼人曰：汝缘世尊，获斯珍宝，罪虽合死，我今释放，并汝眷属，应将此物供养佛僧。既蒙释免遂办上供奉请佛僧，就其住宅，佛为说法，踊跃欢喜，便逅初果，缘斯不听苾刍捉宝。又邬波难陀往教射处，复往乐垃，怖其博士，令输饼直，卖尽弓矢戏具之属，终致贫穷，此是宝类，又邬波难陀于薛舍离取他童子璎珞云，是药又神，物因受不净财，事过限废阙烦恼，制斯学处。

若复苾刍宝及宝类，若自捉教人捉，除在寺内及白衣舍，波逸底迦。若在寺内及白衣舍见宝及宝类，应作是念，然后当取。【若有认者我当与之。此是时。

言宝者，谓金银、琉璃、砗磲、码磖、珊瑚、虎魄、商佉右旋，及牟萨罗帝青大青，日月光等。言宝类者，谓斗战具，所有兵刃、或管乐所须戏具杂物。自捉者，谓自身触。遣他者，谓教他触。寺内者，谓苾刍住处，因鹿子母遂开举捉。白衣舍者，谓俗人舍。捉他金囊欲为藏举者，无犯。此中行法者，凡得遗物，主若来索，应反问之。若记识同即宜还彼，若差互者此不应还。若于寺外见他物时，以叶草等盖覆令密，不得于此为轻弃心，无主来索收归住处，私自举掌经七八日，无人索者收贮僧库，经五六月又无索者，应供僧伽，买牢器具。若后主索，应劝喻彼令施僧伽；若不肯施，当酬本直。若索利者，宜告之曰：由佛制戒还尔本物，更索其利是所不应。若宝装璎珞、若臂钏等严身之具、若张弦乐器、若堪吹蠡角弓施弦［弓＊替］箭有镞头、若像身中有佛舍利，如斯等类自触教他，皆得波逸底迦；方便之罪准果应知。若严身具不以宝装，及诸假宝弓无弦、箭无镞，未张乐器，蠡不堪吹，乃至结草为璎珞具，无舍利像及龙象额珠，自触教他及作书等，或坐宝座，咸恶作罪。若向天上触时，无犯。若先是兵刃，打坏无堪者无犯。亦不应着诸璎珞具。必须执捉有舍利像及无舍利像，作大师想然后方捉，由是佛宝故。若不守持心，触得本罪。若月光珠及日光珠，为出水火触亦无犯。知是贼徒不应指示，若须水火应与。若触轮王七宝，随其所应得轻重罪，一得众教、二得堕罪，余四无犯（触女成残，珠轮堕罪，二恶象马，无犯应知）。

非时浴学处第六十

佛在王舍城竹林园中，时，六众苾刍在温泉所，作诸调弄恼影胜王，由此为缘遂遮洗浴。身形臭气时俗讥嫌，因更开听半月中洗，复听在时无过。由随自乐事过限烦恼，制斯学处。

若复苾刍，半月应洗浴，故违而浴者，除余时，波逸底迦。余时者，热时、病时、作时、行时，风时、雨时、风雨时，此是时。

言故违者，谓违限齐而浴。热时者，谓春时余有一月半当作安居，即是四月初至五月十五日，及夏初一月，即五月十六日至六月十五日，此两月半名极热时。病时者，若不洗浴身心不安。作时等者，义如上说。风时者，谓有微风吹动衣角。雨时者，乃至天雨有二、三渧堕其身上。风雨时者，谓风雨俱有。初开半月浴，因大热时后听随意，更开病等，皆非是犯。此中犯者，若灌顶、若入河池、若冷水、若暖汤，于斯等处不作时心守持而浴者，从上浇水流至于脐，若入河池水过脐上，得波逸底迦。若有要缘须渡河澜、若绕滩碛、若过桥堤脚跌堕水、或时闷绝他以水浇、若在河池为学浮故，若遇天雨，并皆无犯。若在时内须数洗者，应守持心方为沐浴。苾刍住处咸须净扫，处若宽大修治难遍者，当于要用处而扫拭之。若至八日、十五日，应鸣健稚合众共扫，众集之时应说法语、或圣默然，事讫应浴，礼制底已共相慰问，随意而去。苾刍见地若净洒扫、或牛粪涂，欲履践时，皆诵伽他。佛堂制底及幡幢竿，须蹈影过，亦诵伽他。若有方处地多暑热，亦随意浴。若触死尸亦应洗浴。苾刍身死应检其尸，若无虫者以火焚烧。无暇烧者应弃水中、或埋于地。若有虫及天雨，应共舆弃空野林中，北首而卧，竹草支头，以叶覆身面向南望，当于殡处诵无常经，复令能者说呪愿颂。丧事既讫宜还本处，其捉尸者连衣浴身。若不触者应洗手足。若剃发者亦在时摄。若除爪甲应作剃刀形、或斧刃形，不得作稻粒形、人头半月及乌鸟［此／束］，不得揩使光泽，应刮去尘垢。若剃发者咸须总剃，不应留顶上朱涂，不应以铰刀翦发。若在疮边随意翦之，三隐处毛并不应剃。若虫生、或有疮，应告上座方剃。若胫腨毛近疮应剃。兰若苾刍发极长时，得齐两指，余不应尔。剃发之时，不应披三法服，应别畜一剃发之衣。此若无者，可披僧脚敧。若无剃发人，苾刍解者，应于屏处剃之，由此僧伽听畜剃刀等物，须者取用。若大众地洒扫净处，不应于中除弃爪发。若是老病及有风雨，听随处剃。剃发竟时应以牛粪涂拭其地，次洗浴身，老病乏水应洗五支，谓头及手足。若洗浴时应观合不。其浇水者，应着二衣，不应师子而洗野干，谓破戒人使持戒者，若是父母、阿遮利耶、邬波驮耶，此之四人纵是破戒亦应供养，不应轻慢。若洗浴时，不应辄使不信之人及初信人入于浴室。若洗浴时要须心念守持：我今欲洗，在何时中？然后方浴，不得将砖石等磨揩髀腨，不应露体而浴。可畜浴裙长四五肘、阔一肘半，不得复作，若复作者恐虫住内。将欲洗时应观其水无虫方浴。若无裙者，应以树叶掩身屏处而浴，若洗浴时虫着身者，此水则不应浴。若在河池洗浴竟时，方便以手开掩浴裙，渐渐出水勿令相着带小虫出。若至岸边，暂时蹲住，然后偏抽捴除其水，不应湿体披支伐罗。若拭身巾、或以洗裙拭去身水，方可披衣。如上所说，不顺行者，咸恶作罪。

第七摄颂曰：

        杀傍生故恼，击攊水同眠，

        怖藏资索衣，无根女同路。

杀傍生学处第六十一

佛在室罗伐城给孤独园，时，邬陀夷苾刍往教射堂，自现已技作五箭法，轻忽人众，因害飞禽。由傍生事不忍无悲烦恼，制斯学处。

若复苾刍，故断傍生命者，波逸底迦。

言故者，谓作傍生想故心而杀。言傍生者，谓乌禽、蛇鼠等。断命者，令彼命根身中不续。此中犯者，若苾刍以自身手、若持器仗、或掷余物作杀心而打者，或当时死、或后命终，皆得本罪；若不死者，得恶作罪。使癫狂者行杀害时，彼虽无犯，教者本罪。若遣书信若手印等令其行杀，命断之时，皆得恶作。境想六句亦如上说。复有处说：实非傍生作傍生想，亦得本罪，从心结重。若故杀彼而错杀此，得恶作罪。若无心当境者，无犯。

故恼苾刍学处第六十二

佛在室罗伐城给孤独园，时，邬陀夷苾刍见十七众受近圆已，作恼乱心而告之曰：汝等虽蒙作法，实不得戒。何用劳心更求学业？由戏笑事不寂静烦恼，制斯学处。

若复苾刍，故恼他苾刍，乃至少时不乐。以此为缘者，波逸底迦。

言故恼者，谓彼本心以恶作事令他生恼。少时不乐者，谓彼悔箭射心。言以此为缘者，谓以恼乱为缘。此中犯者，说他事时，言或称理或不称理，作触恼心，谓时非时、结界成不、二师有过汝可更受、汝于某处盗亲教师衣、或犯重罪，说是语时，他恼悔心生与不生，言说了时，便得堕罪。除近圆事及波罗市迦，若以余缘相恼乱者，咸得恶作。若授学人及不解语人，欲令生恼，亦得恶作。若作饶益心、随顺律教以理开导者，皆悉无犯。境想六句，两重四轻；于恶作事想疑等亦有六句，如上应思。

以指击攊他学处第六十三

佛在室罗伐城给孤独园，时，十七众苾刍中有一人，被恼不乐。彼十六人共来愧谢，以指击攊，因笑过分遂致命终。事恼同前，制斯学处。

若复苾刍，以指击攊他者，波逸底迦。

若苾刍以一、二指乃至十指，击攊他时，各获堕罪。若二人身俱顽痹而击攊者，得恶作罪。苾刍苾刍想，两重四轻，于击攊想亦为六句。若以指头示疮靨处者，无犯。

水中戏学处第六十四

佛在室罗伐城给孤独园，时，十七众苾刍在阿市罗跋底河中戏，时，胜光王见生讥嫌。事恼同前，制斯学处。

若复苾刍，水中戏者，波逸底迦。

言水中戏者，因九事生犯，谓自喜教他喜、自戏教他戏、自跳教他跳、掉举弄影、身相打拍。此中犯相者，谓在水中若出若没、若去若来、若拍水为鼓、若自作若共他作、若随三业所引起事。若苾刍作戏调想，初从座起着裙披衣，去至洗处，着洗裙入水中，随其深浅、或堪不堪，拟为戏调，一一皆得方便恶作。若为戏笑、若浮若没、若去若还、或泝波下、或沿流上、若打水作乐、画水波文、于水瓨中、或罐器内、若于羹椀以手打拍，作弦管音者，咸得堕罪。若指弹作声，为戏调心，皆得恶作。若作取凉冷意腾搅水波、若渡河若学浮者无犯。如世尊说：苾刍应习浮，恐有难缘不能浮渡。若以水洒弄他时，随渧多少咸得堕罪。为取凉冷水洒，无犯。油等渧他者，得恶作罪。除水已外，若将余物而戏调者，皆得恶作。水作水想有其六句。有说：实非是水而为水想，亦得堕罪。

与女人同室宿学处第六十五

佛在室罗伐城给孤独园，时，阿尼卢陀苾刍于无男子处，与女人同一室宿。女生染意，请就家中设食供养，强逼苾刍欲行非法。由女人事讥嫌烦恼，制斯学处。

若复苾刍，共女人同室宿者，波逸底迦。

言女人者，谓是人女，堪行非法手足相称。言同室者，四室如前。此中犯者，苾刍与女一处同宿，至明相出，便得堕罪。若明相未出，得恶作罪。若女在阁上苾刍在下、或复翻此；若有梯，除去；有户牢闭；若不去梯应安关钥、若令苾刍等而为守护，其守护人不应眠睡，若异此者便得堕罪。或虽同室，以物遮障使绝往来。若女在室外牢闭其户、或牧牛羊孤独舍中，遮障同前。若以柴棘周匝围绕者无犯。若不尔者，明相出时咸得堕罪。若天龙女可见形者，及女傍生同处宿时，咸得恶作。小女傍生不堪行淫者，无犯。若居丛薄、或在榛林、密竹间空树内、庇崖坎荫树枝与女宿时，咸得恶作。无堪之女，亦得恶作。长行屋宇门各别开，随有女处同宿得罪。女为女想，有其六句，前四得罪，后二无犯。若苾刍先卧、女人后来，苾刍不知亦得本罪。有说：设无女人作有女想，亦得本罪。若有父母夫主等为守护者，同宿无犯。

恐怖苾刍学处第六十六

佛在室罗伐城给孤独园，时，邬陀夷披着毛緂惊恐十七众云：神鬼来。令生恐怖。由戏笑事不寂静烦恼，制斯学处。

若复苾刍，若自恐怖、若教人恐怖他苾刍，下至戏笑者，波逸底迦。

下至戏笑者，虽作调弄，本为恼心。此中犯者，若苾刍于余苾刍作恐怖意，以可恶事令生畏恼，谓以色声香味触为惊怖事，告彼人曰：毕舍遮等欲来杀汝。随彼怖不，解其言义，便得本罪。若以可爱色声等事，谓王欲来杀害汝者，得恶作罪。若于授学人及于余人为惊恼者，得恶作罪。若说地狱、傍生、饿鬼，情存化导，彼虽生怖者无犯。苾刍苾刍想有其六句，初二本罪，后四轻罪。实无怖事作无怖想，亦有六句。有说：设非苾刍作苾刍想，亦得堕罪。

藏他衣钵学处第六十七

佛在室罗伐城给孤独园，时，十七众共六众苾刍在水而浴，时，十七众在水中戏，没不疾出。是时，六众收取其衣，藏草丛下舍之而去。事恼同前，制斯学处。

若复苾刍，自藏苾刍、苾刍尼、若正学女、求寂、求寂女衣钵及余资具，若教人藏，除余缘故，波逸底迦。

言正学女者，若曾嫁女年满二十、若是童女年满十八，应与正学法，作白二羯磨与之。言正学法者，谓是六法及六随法。云何六法？

一者不得独在道行，二者不得独渡河水，
三者不得触丈夫身，四者不得与男同宿，
五者不得为媒嫁事，六者不得覆尼重罪。

颂曰：

不独在道行，不独渡河水，
不故触男子，不与男同宿，
不为媒嫁事，不覆尼重罪。

云何六随法？

一者不捉属己金银，二者不得剃隐处毛，
三者不得垦掘生地，四者不故断生草木，
五者不得不受而食，六者不得食曾触食。

颂曰：

不得捉金等，不除隐处毛，
不掘于生地，不坏生草等，
不受食不飡，曾触不应食。

若正学女及求寂男女受戒法式，如广文说。言衣者，谓应量衣，合分别者。钵谓堪得守持。言余资具者，谓钵络、饮水器、腰绦、针筒等。言钵络者，谓盛钵帒，若用布作、或用织网。若是老病听畜杖络。饮水器者，谓小铜盏。腰绦者，听畜三种：一、區绦；二、圆绦；三、方绦。诸绳索类悉不应用，若更有余绮饰绦带，皆不合畜。金银庄严具是不净物，亦不应着。但是沙门合畜之物，得根本罪；不合畜者，得恶作罪。除余缘者，若恐有王贼等难，为其藏举者无犯。此中犯者，知是他物作故恼心、或复戏笑，随彼前人生恼不恼，藏彼物时便得堕罪。若金银等器，若犯舍钵等、若不净三衣、若减量衣、若授学人物、若此部余部互为藏举，及余沙门婆罗门等物，辄藏举者，咸得恶作。

他寄衣不问主辄着学处第六十八

佛在室罗伐城给孤独园，时，邬波难陀以己三衣与依止弟子，弟子得已治染既讫，作己物心还寄师主，便往他方。时，彼师主辄取而着，极令垢腻还安本处，弟子后还见衣生恼。由取衣事及废阙烦恼，制斯学处。

若复苾刍，受他寄衣，后时不问主辄自着用者，波逸底迦。

衣者，谓三衣。不问者，不从他借用者披着。此中犯者，若苾刍与苾刍衣，不问主，自取而着。不问不问想疑，取衣着时，二重二轻，后二无犯。授学人等衣及不净衣，不借而用，并得恶作。若亲友物，彼闻用时，心欢喜者无犯。有说：虽实借得作不借想，亦得堕罪。

以众教罪谤清净苾刍学处第六十九

佛在王舍城竹林园中，时，蜜呾罗步弭迦见实力子披衣拂着莲花色苾刍尼头，遂便谤彼犯众教罪。由同梵行事不忍，不寂静烦恼，制斯学处。

若复苾刍，瞋恚故，知彼苾刍清净无犯，以无根僧伽伐尸沙法谤者，波逸底迦。

言无根者，谓无见闻疑根。僧伽伐尸沙者，于十三中随一一事谤者，谓非理出言，于不净人有十一事成犯，六事非犯；于清净人十事成犯，五事无犯，如上应知。以众教谤，便得堕罪。若窣吐罗罪谤、若谤授学人、若前人不领解语，咸得恶作。净与不净作净想疑，得波逸底迦。作不净心，得恶作罪。有说：虽非苾刍作苾刍想，而谤他者，亦得堕罪。

与女人同道行学处第七十

佛在室罗伐城给孤独园，有诸苾刍从王舍城诣室罗伐悉底，时有织师与妇共斗，其妇遂便舍家而去。苾刍见之，与为同伴，在路而行。是时，织师随后寻见，谓其诱打之次死。由道行事讥嫌烦恼，制斯学处。

若复苾刍，共女人同道行，更无男子，乃至一村间者，波逸底迦。

言无男子者，谓唯有女。言一村间者，谓一拘卢舍。若半拘卢舍，皆得恶作；满拘卢舍，皆得堕罪。若无男子境想，六句同前，下二无犯。女为女想，亦有六句。若化女、天女、龙女、半稚迦女、若二根、若未堪行淫女，同路行时，咸得恶作。有说：若无女作有女想、有男作无男想，亦得本罪。若过险路以女人为防援者、或时失道女人指示，斯皆无犯。

第八摄颂曰：

> 贼徒年未满，掘地请违教，
>
> 窃听默然去，不敬酒非时。

与贼同道行学处第七十一

佛在室罗伐城给孤独园，时，有苾刍共兴易人偷关税者同路而去。事恼同前，制斯学处。

若复苾刍，与贼商旅共同道行，乃至一村间者，波逸底迦。

言贼者，若窃盗、若强夺、若偷税人，曲路而过。言同道者，谓是险道。犯罪分齐如前应知。若弃贼前去、若癫狂病者，无犯。贼伴贼伴想有其六句。有说：非贼贼想，亦得堕罪。

根本萨婆多部律摄卷第十二】

【经文出处】《大正藏》第 24 册 No.1458《根本萨婆多部律摄》

参考文献

一、出土文献

俄罗斯科学院东方研究所圣彼得堡分所、中国社会科学院民族研究所、上海古籍出版社:《俄藏黑水城文献》第 3 册,上海:上海古籍出版社,1996 年。

俄罗斯科学院东方研究所圣彼得堡分所、中国社会科学院民族研究所、上海古籍出版社:《俄藏黑水城文献》第 4 册,上海:上海古籍出版社,1997 年。

俄罗斯科学院东方研究所圣彼得堡分所、中国社会科学院民族研究所、上海古籍出版社:《俄藏黑水城文献》第 5 册,上海:上海古籍出版社,1998 年。

宁夏大学西夏学研究中心、中国国家图书馆、甘肃五凉古籍整理研究中心:《中国藏西夏文献》,兰州:甘肃人民出版社、敦煌文艺出版社,2005—2007 年。

西北第二民族学院、上海古籍出版社、英国国家图书馆:《英藏黑水城文献》,上海:上海古籍出版社,2005—2010 年。

西北第二民族学院、上海古籍出版社、法国国家图书馆:《法藏敦煌西夏文文献》,上海:上海古籍出版社,2007 年。

武宇林、[日] 荒川慎太郎:《日本藏西夏文文献》,北京:中华书局,2010 年。

俄罗斯科学院东方文献研究所、中国社会科学院民族学与人类学研究所、上海古籍出版社:《俄藏黑水城文献》第 24 册,上海:上海古籍出版社,2015 年。

二、著作

罗福成:《西夏译〈莲华经〉考释》,成都:贞松堂印本,1914 年。

大正新修大藏经刊行会:《大正新修大藏经》,东京:大藏出版株式会社,1925 年。

［日］榊亮三郎等：《梵藏汉和四译对校翻译名义大集》，京都：京都文科大学，1926 年。

王静如：《西夏研究》，台北："中研院"历史语言研究所，1932—1933 年。

［日］高楠顺次郎、渡边海旭等：《大正新修大藏经》，东京：大正一切经刊行会，1934 年。

［日］上田天瑞：《律藏概说》，东京：佛教大学讲座，1934 年。

东北帝国大学法文学部：《西藏大藏经总目录》，东京：东北帝国大学法文学部，1934 年。

［日］上田天瑞：《戒律思想史》，东京：青年佛教丛书第 26，1940 年。

吕澂：《汉藏佛教关系史料集》，《华西协合大学中国文化研究所专刊》（乙种第一册），1942 年。

［日］平川彰：《律藏之研究》，东京：山喜房佛书林，1960 年。

З. И. Горбачева и Е. И. Кычанов, *Тангутские рукописи и ксилографы,* Москва: Издательство восточной литературы, 1963.

妙因：《教诫新学比丘行护律仪集解》，香港：法界学苑，1964 年。

妙因：《新删定四分僧戒本浅释》，香港：法界学苑，1965 年。

印顺：《原始佛教圣典之集成》，台北：正闻出版社，1971 年。

［日］佐藤密雄：《律藏》，东京：大藏出版株式会社，1972 年。

Eric Grinstead, *The Tangut Tripitaka,* 9 vols, New Delhi: Sharada Rani, 1973.

［日］西田龙雄：《西夏文华严经》，京都：京都大学文学部，1975—1977 年。

妙因：《律学》，台北：天华出版事业股份有限公司，1979 年。

演培：《毗尼日用切要讲记》，台北：正闻出版社，1982 年。

大正一切经刊行会：《大正新修大藏经》第 24 册，台北：新文丰出版有限公司，1983 年。

从信：《戒律学疑难》，新店：圆明出版社，1984 年。

丁福保：《佛学大辞典》，北京：文物出版社，1984 年。

蓝吉富：《实用佛学辞典》，台北：弥勒出版社，1984 年。

史金波：《西夏佛教史略》，银川：宁夏人民出版社，1988 年。

慈怡：《佛光大辞典》，高雄：佛光出版社，1989 年。

中国佛教协会：《中国佛教》第 3 辑，上海：东方出版中心，1989 年。

圣严：《佛教制度生活》，台北：东初出版社，1990 年。

广化：《四分律比丘戒本讲义》，莆田：福建莆田广化寺，1991 年。

吕澂:《吕澂佛学论著选集》,济南:齐鲁书社,1991 年。

陈燕珠:《房山石经中通理大师刻经之研究》,台北:觉苑出版社,1993 年。

弘一:《佛学讲录卅三种合订本》,台北:财团法人佛陀教育基金会,1993 年。

[日]森章司:《戒律的世界》,废岛:溪水社,1993 年。

张怡荪:《藏汉大辞典》,北京:民族出版社,1993 年。

[俄]孟列夫著、王克孝译:《黑城出土汉文遗书叙录》,银川:宁夏人民出版社,1994 年。

龙谷大学:《印度·中国·日本三国佛教史略》,北京:中国佛教协会经书印赠处,1994 年。

圣严:《律制生活》,台北:东初出版社,1995 年。

[清]吴广成撰、龚世俊等校证:《西夏书事校证》,兰州:甘肃文化出版社,1995 年。

义净著、王邦维校注:《〈南海寄归内法传〉校注》(中外交通史籍丛刊),北京:中华书局,1995 年。

Ruth Dunnell, *The Great State of White and High: Buddhism and State Formation in Eleventh-Century Xia*, Honolulu: University of Hawai'i Press, 1996.

圣严:《菩萨戒指要》,台北:东初出版社,1996 年。

刘宝金:《中国佛典通论》,石家庄:河北教育出版社,1997 年。

圣严:《戒律学纲要》,台北:法鼓文化事业股份有限公司,1997 年。

真慧:《七佛通诚偈思想研究》,台北:法鼓文化事业股份有限公司,1997 年。

周谷城主编:《中国学术名著提要·宗教卷》,上海:复旦大学出版社,1997 年。

太虚:《整理僧伽制度论》,印永清编:《太虚学术论著》,杭州:浙江人民出版社,1998 年。

王尧、陈庆英:《藏文大藏经》(德格版),拉萨:西藏人民出版社、浙江人民出版社,1998 年。

Е.И.Кычанов, *Каталог тангутских буддийских памятников*, Киото: Университет Киото, 1999.

劳政武:《佛教戒律学》,北京:宗教文化出版社,1999 年。

陈士强:《中国佛教百科全书·经典卷》,上海:上海古籍出版社,2000 年。

牛汝极:《回鹘佛教文献——佛典总论及巴黎所藏敦煌回鹘佛教文献》,乌鲁木齐:新疆大学出版社,2000 年。

史金波、聂鸿音、白滨译注：《天盛改旧新定律令》，北京：法律出版社，2000 年。

业露华、董群：《中国佛教百科全书》，上海：上海古籍出版社，2000 年。

杜继文、黄明信：《佛教小辞典》，上海：上海辞书出版社，2001 年。

华方田、张风雷：《中国佛教宗派理论》，石家庄：河北省佛学院，2001 年。

万安中：《中国法制史》，广州：中山大学出版社，2002 年。

К.Б. Кепинг, *Тангутские ксилографы в Стокгольме, Б. Александров сост.,* Ксения Кепинг: Последние статьи и документы, Санкт–Петербург: Омега, 2003.

北京辽金城垣博物馆：《北京辽金文物研究》，北京：燕山出版社，2005 年。

龚煌城：《西夏语言文字研究论集》，北京：民族出版社，2005 年。

史金波：《史金波文集》，上海：上海辞书出版社，2005 年。

孙伯君：《国外早期西夏学论集》，北京：民族出版社，2005 年。

［日］西田龙雄：《ロシア科学アカテミー东洋学研究所サソクトペテルブルク支部所藏西夏文〈妙法莲华经〉写真版》，俄罗斯科学院东方研究所圣彼得堡分所·日本创价学会，2005 年。

林英津：《西夏语译〈真实名经〉释文研究》，《语言暨语言学》专刊甲种之八，台北："中研院"语言学研究所，2006 年。

吴天墀：《西夏史稿》，桂林：广西师范大学出版社，2006 年。

史金波：《西夏社会》，上海：上海人民出版社，2007 年。

严耀中：《佛教戒律与中国社会》，上海：上海古籍出版社，2007 年。

李范文：《夏汉字典》(修订版)，北京：中国社会科学出版社，2008 年。

王志远：《中国佛教百科》第一卷，北京：华龄出版社，2008 年。

魏道儒：《中国华严宗通史》，南京：凤凰出版社，2008 年。

传印法师：《中华律藏》，北京：国家图书馆出版社，2009 年。

胜雨、慈舟：《四分律比丘尼戒相表记》，莆田：福建莆田广化寺，2009 年。

魏道儒：《华严学与禅学》，北京：宗教文化出版社，2011 年。

黄延军：《中国国家图书馆藏西夏文〈大般若波罗蜜多经〉研究》，北京：民族出版社，2012 年。

聂鸿音：《西夏文献论稿》，上海：上海古籍出版社，2012 年。

苏志雄：《历代大藏经序跋略疏》，北京：宗教文化出版社，2012 年。

Е.И. Кычанова, *Новые законы тангутского государства（первая четверть XIII в.）изд. текста, пер. с тангутского, введ. и коммент.Ин-т вос-точных рукописей РАН.* Москва: Наука–Вост. лит., 2013.

段玉泉：《西夏〈功德宝集偈〉跨语言对勘研究》，上海：上海古籍出版社，2014 年。

［日］荒川慎太郎：《西夏文〈金刚经〉の研究》，京都：松香堂书店，2014 年。

杨志高：《西夏文〈经律异相〉整理研究》，北京：社会科学文献出版社，2014 年。

陈士强：《大藏经总目提要·律藏一》，上海：上海古籍出版社，2015 年。

道宣律师著述、学诚法师校释：《四分律比丘含注戒本校释》，北京：宗教文化出版社，2015 年。

胡进杉：《西夏佛典探微》，上海：上海古籍出版社，2015 年。

惠宏、段玉泉：《西夏文献解题目录》，银川：阳光出版社，2015 年。

孙伯君：《西夏文献丛考》，上海：上海古籍出版社，2015 年。

孙昌盛：《西夏文〈吉祥遍至口合本续〉整理研究》，北京：社会科学出版社，2015 年。

魏迎春：《晚唐五代敦煌佛教教团戒律清规研究》，上海：上海古籍出版社，2015 年。

熊嫕：《器以藏礼·中国古代设计制度研究》，南京：东南大学出版社，2016 年。

安娅：《西夏文藏传〈守护大千国土经〉研究》，台北：花木兰出版社，2017 年。

张九玲：《西夏文藏传〈大随求陀罗尼经〉研究》，台北：花木兰出版社，2017 年。

中华大藏经编委会：《中华大藏经·续编》（汉文部分），北京：中华书局，2018 年。

孙伯君、聂鸿音：《西夏文藏传佛教史料——"大手印"法经典研究》，北京：中国藏学出版社，2018 年。

孙颖新：《西夏文〈无量寿经〉研究》，北京：中国社会科学出版社，2018 年。

孙颖新：《西夏文〈大宝积经·无量寿如来会〉对勘研究》，北京：社会科学文献出版社，2019 年。

三、论文

A. Wylie, *On an Ancient Buddhist Inscription at Keu-yung-kwan*, in North China, Journal of the Royal Asiatic Society, vol. V（1871）.

M. G. Morisse, *Contribution préliminaire à l'étude de l'écriture et de la langue Si-hia*, *Mémoires présentés par divers savants à l'Académie des Inscriptions et Belles-Lettres,* 1re Série, tome XI, IIe partie（1904）.

［日］长井真琴：《诸部戒本的对照研究》,《宗教研究》3 卷 1 号，1926 年。

［日］石滨纯太郎：《西夏语译大藏经考》,《龙谷大学论丛》287 号，1929 年。

罗福成：《不空羂索神变真言经卷第十八释文》,《国立北平图书馆馆刊》第 4 卷第 3 号，1930 年。

罗福成：《佛说宝雨经卷十释文》,《国立北平图书馆馆刊》第 4 卷第 3 号，1930 年。

罗福成：《圣大悟荫王求随皆得经卷下释文》,《国立北平图书馆馆刊》第 4 卷第 3 号，1930 年。

聂历山、石滨纯太郎：《西夏文八千颂般若经合璧考释》,《国立北平图书馆馆刊》第 4 卷第 3 号，1930 年。

罗福苌：《西夏赎经记》,《国立北平图书馆馆刊》第 4 卷第 3 号，1932 年。

国立北平图书馆编：《国立北平图书馆馆刊》第 4 卷第 3 号"西夏文专号"，1930（1932）年。

王静如：《西夏文经典题释译释举例》，载王静如主编：《西夏研究》第一辑，1932 年。

王静如：《金光明最胜王经夏藏汉合璧考释》,《西夏研究》第二、三辑，台北："中研院"历史语言研究所单刊甲种之十一、十三，1933 年。

［日］西田龙雄：《天理图书馆藏西夏文〈无量寿宗要经〉について》,《ビブリア》第 23 号，1962 年。

E.D. Grinstead, *The Dragon King of the Sea*, The British Museum Quarterly 31, 1966—1967.

［日］野村博（松泽博）：《西夏语译〈白伞盖陀罗尼经〉片断考》,《龙谷史坛》第 68—69 号，1974 年。

［日］西田龙雄：《西夏译经杂记》，载西田龙雄：《西夏文华严经》第 2 册，京都：京都大学文学部，1976 年。

史金波、白滨:《明代西夏文经卷和石幢初探》,《考古学报》1977 年第 1 期。

白滨译、黄振华校:《西夏文写本及刊本——苏联科学院亚洲民族研究所藏西夏文已考订写本及刊本目录》,载中国社会科学院民族研究所历史研究室编译:《民族史译文集》第 3 集,1978 年。

史金波:《西夏文〈过去庄严劫千佛名经〉发愿文译证》,《世界宗教研究》1981 年第 1 期。

季羡林:《记根本说一切有部律梵文原本的发现》,载季羡林编:《印度古代语言论集》,北京:中国社会科学出版社,1982 年。

史金波、白滨:《西安市文管处藏西夏文物》,《文物》1982 年第 4 期。

王邦维:《义净籍贯考辨及其它》,载朱东润、李俊民、罗竹凤主编:《中华文史论丛》第四辑,上海:上海古籍出版社,1984 年。

耿世民:《回鹘文〈阿毗达摩俱舍论〉残卷研究》,《中央民族学院学报》1987 年第 4 期。

吕澂:《诸家戒本通论》,载吕澂:《吕澂佛学论著选集》卷一,济南:齐鲁书社,1991 年。

史金波:《西夏文〈六祖坛经〉残叶译释》,《佛教研究》1993 年第 3 期。

王邦维:《跋梵文贝叶经说出世部比丘律 Abisamàcàrikà》,《中国文化》第 10 期,北京:生活·读书·新知三联书店,1994 年。

王邦维:《说出世部比丘律 Abisamàcàrikà (〈威仪法〉) 第一品第一节》,《北京大学学报》(东方文化研究专刊),1996 年。

包世轩:《辽〈大安山莲花峪延福寺观音堂记〉碑疏证》,《北京文博》1997 年第 3 期。

K.J. Solonin, *Tangut Chan Buddhism and Guifeng Zong-mi*,《中华佛学学报》第 11 期,1998 年。

K.J. Solonin, *The Masters of Hongzhou in the Tangut State*, Manuscripta Orientalia, vol. 4, No. 3, 1998.

林梅村:《新疆尼雅遗址出土犍陀罗语〈解脱戒本残卷〉》,载林梅村:《汉唐西域与中国文明》,北京:文物出版社,1998 年。

[日]西田龙雄:《西夏语佛典目录编纂上の诸问题》,载 Е.И. Кычанов, Каталог тангутских буддийских памятников, 1999.

[日]荒川慎太郎:《西夏诗の脚韵にられる韵母について——〈三世属明言集文〉所收西夏语诗》,《京都大学言语学研究》第 20 号,2001 年。

聂鸿音：《西夏文〈禅源诸诠集都序〉译证（上）》，《西夏研究》2001 年第 1 期。

宗舜：《〈俄藏黑水城文献〉汉文佛教文献拟题考辨》，《敦煌研究》2001 年第 1 期。

聂鸿音：《西夏文〈禅源诸诠集都序〉译证（下）》，《西夏研究》2001 年第 2 期。

［日］荒川慎太郎：《西夏文〈金刚经〉の研究》，日本京都大学博士学位论文，2002 年。

聂鸿音：《西夏佛教术语的来源》，《固原师专学报》（社会科学版）2002 年第 2 期。

聂鸿音：《明刻本西夏文〈高王观世音经〉补议》，《宁夏社会科学》2003 年第 2 期。

安娅：《〈华严经普贤行愿品〉的西夏译本》，中国社会科学院研究生院硕士学位论文，2004 年。

聂鸿音：《西夏文〈过去庄严劫千佛名经发愿文〉中的两个年号》，《固原师专学报》（社会科学版）2004 年第 5 期。

琼焕：《大安山莲花峪延福寺观音堂记》，载北京市文物局编：《北京辽金史迹图志》，北京：燕山出版社，2004 年。

［日］松泽博：《敦煌出土西夏语佛典研究序说（3）：ペリオ将来〈佛说天地八阳神咒经〉の西夏语译断片について》，《东洋史苑》第 63 号，2004 年。

聂鸿音：《西夏文藏传〈般若心经〉研究》，《民族语文》2005 年第 2 期。

聂鸿音：《西夏译本〈持诵圣佛母般若多心经要门〉述略》，《宁夏社会科学》2005 年第 2 期。

伯希和著、聂鸿音译：《科兹洛夫考察队黑城所获汉文文献考》，载孙伯君编：《国外早期西夏学论集》（一），北京：民族出版社，2005 年。

孙伯君：《德藏吐鲁番所出西夏文〈郁伽长者问经〉残片考》，《宁夏社会科学》2005 年第 5 期。

王龙：《西夏文〈佛说避瘟经〉考释》，《宁夏师范学院学报》（社会科学）2006 年第 1 期。

孙伯君：《西夏宝源译〈圣观自在大悲心总持功能依经录〉考》，《敦煌学辑刊》，2006 年第 2 期。

戴忠沛：《法藏西夏文〈占察善恶业报经〉残片考》，《宁夏社会科学》

2006 年第 4 期。

沈卫荣：《重构十一至十四世纪的西域佛教史——基于俄藏黑水城汉文佛教文书的探讨》，《历史研究》2006 年 5 期。

林英津：《简论西夏语译〈胜相顶尊总持功能依经录〉》，载杜建录主编：《西夏学》第 1 辑，银川：宁夏人民出版社，2006 年。

孙伯君：《西夏宝源译〈胜相顶尊总持功能依经录〉考略》，载杜建录主编：《西夏学》第 1 辑，上海：上海古籍出版社，2006 年。

［日］西田龙雄：《西夏语研究と法华经 III——西夏文写本と刊本（刻本と活字本）について》，《东洋学术研究》第 45 卷第 1 号，2006 年。

林英津：《西夏语译〈尊胜经（UsnīsaVijayaDhāranī）〉释文》，西夏文明研究展望国际学术研讨会论文，圣彼得堡，2006 年。

孙昌盛：《西夏文〈吉祥遍至口合本续〉（第 4 卷）研究》，南京大学博士学位论文，2006 年。

［俄］索罗宁：《西夏佛教著作〈唐昌国师二十五问答〉初探》，载杜建录主编：《西夏学》第 2 辑，银川：宁夏人民出版社，2007 年。

彭向前：《中国藏西夏文〈大智度论〉卷第四考补》，载杜建录主编：《西夏学》第 2 辑，银川：宁夏人民出版社，2007 年。

杨志高：《中国藏西夏文〈菩萨地持经〉残卷考补》，载杜建录主编：《西夏学》第 2 辑，银川：宁夏人民出版社，2007 年。

黄延军：《中国国家图书馆藏西夏译北凉本〈金光明经〉残片考》，《宁夏社会科学》2007 年第 2 期。

聂鸿音：《中国国家图书馆藏西夏文〈频那夜迦经〉考补〉》，《西南民族大学学报》（人文社科版）2007 年第 6 期。

杨志高：《考古研究所藏西夏文佛经残片考补》，《民族语文》2007 年第 6 期。

K. J. Solonin, *The Glimpses of Tangut Buddhism*, Giovanni Stary ed., Central Asiatic Journal, 52（2008）1.

崔红芬：《英藏西夏文〈圣胜慧到彼岸功德宝集偈〉残叶考》，《宁夏师范学院学报》（社会科学）2008 年第 1 期。

戴忠沛：《西夏文佛经残片的藏文对音研究》，中国社会科学院研究生院博士学位论文，2008 年。

段玉泉：《中国藏西夏文文献未定名残卷考补》，载杜建录主编：《西夏学》第 3 辑，银川：宁夏人民出版社，2008 年。

段玉泉：《西夏文〈胜相顶尊总持功能依经录〉再研究》，《宁夏社会科学》2008年第5期。

聂鸿音：《西夏语谓词人称后缀补议》，《语言科学》2008年第5期。

林英津：《初探西夏文本〈根本说一切有部目得迦·卷十〉》，载薛正昌主编：《西夏历史与文化：第三届西夏学国际学术论坛》，兰州：甘肃人民出版社，2008年。

杨志高：《西夏文〈慈悲道场忏罪法〉卷二残叶研究》，《民族语文》2009年第1期。

段玉泉：《西夏文〈圣胜慧到彼岸功德宝集偈〉考论》，载杜建录主编：《西夏学》第4辑，银川：宁夏人民出版社，2009年。

聂鸿音：《乾祐二十年〈弥勒上生经御制发愿文〉的夏汉对勘研究》，载杜建录主编：《西夏学》第4辑，银川：宁夏人民出版社，2009年。

段玉泉：《语言背后的文化流传：一组西夏藏传佛教文献解读》，兰州大学博士学位论文，2009年。

［日］松泽博：《スタイン将来黑水城出土西夏文献に就いて》，"西夏语文与华北宗教文化"国际学术研讨会论文，2009年。

孙伯君：《黑水城出土西夏文〈佛说圣大乘三归依经〉译释》，《兰州学刊》2009年第7期。

魏道儒：《中国僧人的西行求法》，《百科知识》2009年第14期。

杨志高：《中英两国的西夏文〈慈悲道场忏罪法〉藏卷叙考》，《宁夏师范学院学报》（社会科学）2010年第1期。

孙伯君：《黑水城出土西夏文〈佛说最上意陀罗尼经〉残片考释》，《宁夏社会科学》2010年第1期。

聂鸿音：《〈十一面神咒心经〉的西夏译本》，《西夏研究》2010年第1期。

孙伯君：《黑水城出土西夏文〈金师子章云间类解〉考释》，《西夏研究》2010年第1期。

段玉泉、惠宏：《西夏文〈佛顶无垢经〉考论》，《西夏研究》2010年第2期。

王培培：《俄藏西夏文〈佛说八大人觉经〉考》，《西夏研究》2010年第2期。

聂鸿音：《〈仁王经〉的西夏译本》，《民族研究》2010年第3期。

段玉泉：《甘藏西夏文〈佛说解百生冤结陀罗尼经〉考释》，《西夏研究》2010年第4期。

杨志高：《西夏文〈慈悲道场忏罪法〉第七卷两个残品的补证译释》，《西南民族大学学报》(人文社科版) 2010 年第 4 期。

聂鸿音:《俄藏西夏本〈拔济苦难陀罗尼经〉考释》,载杜建录主编:《西夏学》第 6 辑,上海:上海古籍出版社,2010 年。

孙伯君:《西夏文〈修华严奥旨妄尽还源观〉考释》,载杜建录主编:《西夏学》第 6 辑,上海:上海古籍出版社,2010 年。

段玉泉:《西夏文〈圣观自在大悲心总持功能依经录〉考论》,载聂鸿音、孙伯君编:《中国多文字时代的历史文献研究》,北京:社会科学文献出版社,2010 年。

聂鸿音:《论西夏本佛说〈父母恩重经〉》,载高国祥主编:《文献研究》第 1 辑,北京:学苑出版社,2010 年。

索罗宁著、李杨译:《南阳惠忠及其禅思想:〈惠忠语录〉西夏文本与汉文本比较研究》,载聂鸿音、孙伯君编:《中国多文字时代的历史文献研究》,北京:社会科学文献出版社,2010 年。

王培培:《西夏文〈维摩诘所说经〉研究》,中国社会科学院研究生院博士学位论文,2010 年。

孙伯君:《〈佛说阿弥陀经〉的西夏译本》,《西夏研究》2011 年第 1 期。

孙颖新:《西夏文〈佛说斋经〉译证》,《西夏研究》2011 年第 1 期。

孙伯君:《西夏文〈正行集〉考释》,《宁夏社会科学》2011 年第 1 期。

孙伯君:《元刊河西藏考补》,《民族研究》2011 年第 2 期。

孙伯君:《元代白云宗译刊西夏文文献综考》,《文献》2011 年第 2 期。

冯国栋、李辉:《〈俄藏黑水城文献〉中通理大师著作考》,《文献》2011 年第 3 期。

孙伯君:《黑水城出土西夏文〈大手印定引导略文〉考释》,《西夏研究》2011 年第 4 期。

聂鸿音:《〈中华传心地禅门师资承袭图〉的一段佚文》,《书品》2011 年第 6 期。

崔红芬:《武威博物馆藏西夏文〈金刚经〉及赞颂残经译释研究》,载杜建录主编:《西夏学》第 8 辑,上海古籍出版社,2011 年。

段玉泉:《武威亥母洞遗址出土的两件西夏文献考释》,载杜建录主编:《西夏学》第 8 辑,上海:上海古籍出版社,2011 年。

胡进杉:《西夏文〈七功德谭〉及〈佛说止息贼难经〉译注》,载杜建录主编:《西夏学》第 8 辑,上海:上海古籍出版社,2011 年。

黄延军：《俄藏黑水城西夏文〈佛说金耀童子经〉考释》，载杜建录主编：《西夏学》第 8 辑，上海古籍出版社，2011 年。

梁继红、陆文娟：《武威藏西夏文〈志公大师十二时歌注解〉考释》，载杜建录主编：《西夏学》第 8 辑，上海：上海古籍出版社，2011 年。

孙伯君：《西夏文〈妙法莲华心经〉考释》，载杜建录主编：《西夏学》第 8 辑，上海：上海古籍出版社，2011 年。

索罗宁：《白云释子〈三观九门〉初探》，载杜建录主编：《西夏学》第 8 辑，上海：上海古籍出版社，2011 年。

聂鸿音：《西夏文〈注华严法界观门通玄记〉初探》，载北京师范大学民俗典籍文字研究中心编：《民俗典籍文字研究》第 8 辑，北京：商务印书馆，2011 年。

［日］荒川慎太郎：《プリンストン大学所藏西夏文华严经卷七十七译注》，《アジア・アフリカ言语文化研究》2011 年第 81 期。

安娅：《西夏文译本〈炽盛光如来陀罗尼经〉考释》，《宁夏社会科学》2012 年第 1 期。

孙颖新：《西夏文〈大乘无量寿经〉考释》，《宁夏社会科学》2012 年第 1 期。

孙伯君、韩潇锐：《黑水城出土西夏文〈西方净土十疑论〉略注本考释》，《宁夏社会科学》2012 年第 2 期。

杨志高：《〈慈悲道场忏法〉西夏译本卷一"断疑第二"译注》，《宁夏师范学院学报》2012 年第 5 期。

孙颖新：《西夏本〈佛说疗痔病经〉释读》，《宁夏社会科学》2012 年第 5 期。

孙伯君：《〈无垢净光总持〉的西夏文译本》，《宁夏社会科学》2012 年第 6 期。

聂鸿音：《西夏本〈近住八斋戒文〉考》，《台大佛学研究》2012 年第 6 期。

K.J. Solonin, *The teaching of Daoshen in Tangut translation: The Mirror of Mind*, R. Gimello, F. Girard and I. Hamar ed., Avatamsaka Buddhism in East Asia, Harrassowitz Verlag•Wiesbaden, 2012.

Nie Hongyin, *Tangut Fragments Preserved in the China National Institute of Cultural Heritage*, И.Ф. Попова сост. Тангуты в Центральной Азии, Москва: Издательская фирма «Восточная литература», 2012.

段玉泉：《西夏文〈大悲心陀罗尼经〉考释》，载中国社会科学院民族学与人类学研究所编：《薪火相传——史金波先生 70 寿辰西夏学国际学术研讨会论文集》，北京：中国社会科学出版社，2012 年。

孙伯君：《俄藏西夏文〈达摩大师观心论〉考释》，载中国社会科学院民族学与人类学研究所编：《薪火相传——史金波先生 70 寿辰西夏学国际学术研讨会论文集》，北京：中国社会科学出版社，2012 年。

王培培：《英藏西夏文〈大方等大集经〉考释》，载中国社会科学院民族学与人类学研究所编：《薪火相传——史金波先生 70 寿辰西夏学国际学术研讨会论文集》，北京：中国社会科学出版社，2012 年。

孙伯君：《黑水城出土西夏文〈求生净土法要门〉译释》，载张公瑾主编：《民族古籍研究》第 1 辑，北京：中国社会科学出版社，2012 年。

韩潇锐：《西夏文〈大宝积经·普明菩萨会〉研究》，中国社会科学院研究生院硕士学位论文，2012 年。

孙伯君：《鲜演大师〈华严经谈玄决择记〉的西夏文译本》，《西夏研究》2013 年第 1 期。

孙伯君：《西夏仁宗皇帝的校经实践》，《宁夏社会科学》2013 年第 4 期。

孙伯君：《西夏文〈观弥勒菩萨上生兜率天经〉考释》，《西夏研究》2013 年第 6 期。

段玉泉：《西夏文〈尊者圣妙吉祥增智慧觉之总持〉考》，载四川大学历史文化学院编：《吴天墀教授百年诞辰纪念文集》，成都：四川人民出版社，2013 年。

冯相磊：《义净律学与律制研究》，中国人民大学博士学位论文，2013 年。

梁松涛：《黑水城出土西夏文〈法则〉卷七考释》，载四川大学历史文化学院编：《吴天墀教授百年诞辰纪念文集》，成都：四川人民出版社，2013 年。

聂鸿音：《西夏文献中的净土求生法》，载四川大学历史文化学院编：《吴天墀教授百年诞辰纪念文集》，成都：四川人民出版社，2013 年。

孙伯君：《黑水城出土三十五佛名礼忏经典综考》，载四川大学历史文化学院编：《吴天墀教授百年诞辰纪念文集》，成都：四川人民出版社，2013 年。

汤君：《两种尚未刊布的西夏文〈长阿含经〉》，载四川大学历史文化学院编：《吴天墀教授百年诞辰纪念文集》，成都：四川人民出版社，2013 年。

王龙：《西夏〈法则〉卷九释读与研究》，宁夏大学硕士学位论文，2013 年。

于业勋：《西夏〈法则〉卷六释读与研究》，宁夏大学硕士学位论文，2013 年。

梁松涛、张玉海：《黑水城出土西夏文〈法则〉卷九新译及其史料价值述论》，《西夏研究》2014 年第 1 期。

汤君：《西夏文〈长阿含经〉卷十二（残）译、考》，《西南民族大学学报》（人文社科版）2014 年第 2 期。

张九玲：《俄藏西夏文〈大方等大集经〉译注》，《宁夏师范学院学报》（社会科学）2014 年第 2 期。

张九玲：《西夏文〈宝藏论〉译注》，《宁夏社会科学》2014 年第 2 期。

孙飞鹏：《西夏文〈佛说百喻经〉残片考释》，《宁夏社会科学》2014 年第 3 期。

麻晓芳：《西夏文〈圣广大宝楼阁善住妙秘密论王总持经〉考》，《西夏研究》2014 年第 4 期。

聂鸿音：《〈金光明总持经〉：罕见的西夏本土编著》，《宁夏师范学院学报》（社会科学）2014 年第 4 期。

聂鸿音：《〈圣曜母陀罗尼经〉的西夏译本》，《宁夏社会科学》2014 年第 5 期。

梁松涛、杜建录：《黑水城出土西夏文〈法则〉性质和颁定时间及价值考论》，载杜建录主编：《西夏学》第 9 辑，上海：上海古籍出版社，2014 年。

崔红芬：《英藏西夏文〈大宝积经〉译释研究》，载杜建录主编：《西夏学》第 10 辑，上海：上海古籍出版社，2014 年。

段玉泉：《一批新见的额济纳旗绿城出土西夏文献》，载杜建录主编：《西夏学》第 10 辑，上海：上海古籍出版社，2014 年。

孙伯君：《黑水城出土〈圣六字增寿大明陀罗尼经〉译释》，载杜建录主编：《西夏学》第 10 辑，上海：上海古籍出版社，2014 年。

聂鸿音：《〈西夏佛经序跋译注〉导言》，载杜建录主编：《西夏学》第 10 辑，上海：上海古籍出版社，2014 年。

王龙：《西夏〈法则〉卷八 "为婚门" 考释》，载杜建录主编：《西夏学》第 10 辑，上海：上海古籍出版社，2014 年。

Nie hongyin, *On the Tangut Version of Ting nge 'dzin gyi tshogs kyi le'u*, 载四川大学中国藏学研究所编：《藏学学刊》第 9 辑，成都：四川大学出版社，2014 年。

孙伯君：《澄观、鲜演〈华严经〉疏钞的西夏文译本》，载张公瑾主编：《民族古籍研究》第 2 辑，北京：中国社会科学出版社，2014 年。

孙伯君：《西夏文〈亥母耳传记〉考释》，载沈卫荣主编：《大喜乐与大圆满：庆祝谈锡永先生八十华诞汉藏佛学研究论集》，北京：中国藏学出版社，2014 年。

王长明：《西夏文〈大般若波罗蜜多经〉（卷一）考释》，陕西师范大学硕士学位论文，2014 年。

张九玲：《〈佛顶心观世音菩萨大陀罗尼经〉的西夏译本》，《宁夏师范学院学报》(社会科学)2015 年第 1 期。

孙伯君：《玄奘译〈般若心经〉西夏文译本》，《西夏研究》2015 年第 2 期。

麻晓芳：《胜慧彼岸到要门教授现前解庄严论诠颂》，《宁夏社会科学》2015 年第 6 期。

郝振宇：《西夏文〈大宝积经〉卷一考释》，陕西师范大学硕士学位论文，2015 年。

荣智涧：《西安文物保护所藏西夏译〈瑜伽师地论〉残叶整理》，载杜建录主编：《西夏学》第 11 辑，上海：上海古籍出版社，2015 年。

张九玲：《〈英藏黑水城文献〉佛经残片考补》，载杜建录主编：《西夏学》第 11 辑，上海：上海古籍出版社，2015 年。

万建军：《〈根本说一切有部毗奈耶〉校读札记》，南京师范大学硕士学位论文，2015 年。

王龙：《黑水城出土西夏文〈十二缘生祥瑞经（卷上）〉考释》，《西夏研究》2016 年第 1 期。

王龙：《黑水城出土西夏文〈十二缘生祥瑞经（卷下）〉考释》，《西夏研究》2016 年第 2 期。

王龙：《黑水城出土西夏文〈大庄严论经〉考释》，《西夏学辑刊》第 1 辑，2016 年。

王龙：《西夏文〈瑜伽师地论〉考释》，载张公瑾主编：《民族古籍研究》第 3 辑，北京：中国社会科学出版社，2016 年。

王龙：《西夏文"地藏三经"综考》，载杜建录主编：《西夏学》第 12 辑，兰州：甘肃文化出版社，2016 年。

林玉萍、孙飞鹏：《英藏黑水城文献中的西夏文新现佛经考释》，载杜建录主编：《西夏学》第 12 辑，兰州：甘肃文化出版社，2016 年。

王龙：《俄藏西夏文〈瑜伽师地论〉卷八十八考释》，《西夏研究》2017 年第 4 期。

王龙：《藏传〈圣大乘胜意菩萨经〉的夏汉藏对勘研究》，《北方民族大学学报》(哲学社会科学版)2017 年第 5 期。

余嘉惠：《说一切有部之"根"理论研究》，中央民族大学博士学位论文，2017 年。

王龙：《西夏文草书〈显扬圣教论·成瑜伽品第九〉考补》，载杜建录主编：《西夏学》第 16 辑，兰州：甘肃文化出版社，2018 年。

王龙：《西夏文草书〈显扬圣教论·成不思议品第十〉考补》,《西夏研究》2019 年第 1 期。

魏道儒：《中国佛教清规戒律》,《百科知识》2019 年第 17 期。

魏道儒：《中国汉文佛教典籍》,《百科知识》2019 年第 20 期。

孙伯君：《西夏文〈大藏经〉"帙号"与勒尼语〈千字文〉》,《文献》2020 年第 5 期。

王博楠：《西夏文献〈四分律行事集要显用记〉校释及研究》,宁夏大学硕士学位论文,2020 年。

王龙：《西夏译义净所传〈根本说一切有部律〉研究》,载杜建录主编：《西夏学》第 21 辑,兰州：甘肃文化出版社,2020 年。

附录一：夏汉译名对照索引

本索引收录文中的西夏文—汉文对译词语。词语依西夏文首字的四角号码排列，后面列出西夏原字和在本书中的出处，格式是"作品卷号.折数.行次"。若同一词语多次出现，则出处间以"/"号分割，一词语分属两行显示，用"—"号连接。作品与卷号对应如下：

《菩萨地持经》卷第九——9

《根本说一切有部毗奈耶杂事》卷第十三——13

《根本说一切有部百一羯磨》卷第四——4

《根本说一切有部目得迦》卷第十——10

《根本萨婆多部律摄》卷第十二——12

如 13.1.1 标示《根本说一切有部毗奈耶杂事》卷第十三第一折第一行。

四角号码	西夏文	汉　文	出　　处
102122	𗁨𗥤	审谛	13.23.1
	𗁨𘄒	总行	4.18.3
	𗁨𗔲	咸出	13.25.6
	𗁨𗰜	总闭	10.38.1
	𗁨𗙫	�运	10.15.6
	𗁨𗘂	咸知	4.36.5
	𗁨𗥦	皆集	13.31.4
	𗁨𗥦	尽集	4.62.2—4.62.3
	𗁨𗟲	普遍	13.35.1
	𗁨𗧒	俱净	10.5.4
102124	𗅈𗟟	半道	10.4.4
	𗅈𗻚	随路	10.44.4
	𗅈𘃐	外道	4.26.5
	𗅈𗼃	云母片	13.17.4

四角号码	西夏文	汉 文	出 处
	𗧠𗗙	离间意	13.53.5
102222	𗩾𗩾	所有	13.51.5/13.51.6/13.52.2/10.10.4/10.15.6/10.16.2/10.22.5/10.24.6/4.15.5/4.16.1/4.19.6/4.40.5/4.55.2/4.55.5
	𗩾𗩾	一切	9.2.4/9.6.5/9.6.6/4.2.1/4.2.2/4.2.4/4.3.2/4.4.2/4.4.4—4.4.5/4.5.2/4.16.6
102420	𗆊𗝿	见问	10.29.1
	𗆊𗣜	见闻	4.36.1/4.38.5/4.42.5
102444	𗣼𗆄	敬礼	13.49.3
104100	𗶷𗖰	安居	10.21.5/4.16.5/4.17.3/4.19.3/4.19.4/4.21.4/4.24.5/4.24.6/4.25.2/4.31.3/4.31.5/4.32.2/4.32.3/4.32.5/4.33.1/4.45.6
	𗶷𗖰	夏安居	4.10.3/4.10.4/4.11.6/4.12.2/4.12.4/4.12.5/4.12.6/4.13.1/4.13.2/4.16.1/4.16.6/4.17.1/4.20.5/4.21.1/4.25.5/4.27.6/4.31.1/4.32.1/4.36.1/4.54.1
	𗶷𗖰	夏中	4.22.1
	𗶷𗖰	夏坐	10.21.2/4.39.2/4.39.4/4.39.6/4.40.1/4.40.2/4.40.3
	𗶷𗖰𗧉	安居事	4.35.5
104140	𗶷𗣍	夏月	13.17.2
104141	𗣠𗣠	扫洒	4.37.2
	𗣠𗣠	扫涂	4.15.6
104200	𗀔𗴫𗰖	第一子	13.1.6/10.1.2
	𗀔𗗙	一遍	4.63.5
	𗀔𗰜	一重	10.37.3
	𗀔𗤶	一人	4.50.6/4.51.1
	𗀔𗟛	单白	4.2.1/4.2.5/4.2.6/4.3.5/4.4.5/4.5.5/4.5.6/4.7.4/4.7.6—4.8.1/4.16.5/4.16.6/4.41.4/4.48.1/4.48.4/4.48.5—4.48.6/4.49.4/4.51.3—4.51.4/4.61.3/4.62.3
	𗺁𗫂	而求	4.52.4/4.52.5
	𗺁𗫂	欲求	4.49.2
	𗺁𗾍	供设	4.37.4
	𗺁𗾍	供养	10.35.4/4.45.3/12.3.3
	𗺁𗾍𗧉	供养事	4.37.1

四角号码	西夏文	汉 文	出　处
	𗼲𗆠	供承	13.51.6
104240	𗼲𗥫	星出	10.30.3
104248	𗴥𗤋	成就	9.3.4
105122	𗴥𗀚	平处	10.4.5
109200	𗤊𗥫	金银	13.42.6
	𗤊𗤋	金色	13.21.3
	𗖵𗍳𗆫	鸣揵稚	4.16.4/4.22.6/4.30.3/4.56.5
112150	𗫵𗰜	老病	13.41.3
112222	𗭉𗵘	胜利	13.36.6
	𗭉𗠀𗩉𗪊	胜光大王	4.28.3
	𗭉𗡝	胜事	13.52.1—13.52.2
	𗭉𗔁	胜慧	13.22.5/13.23.2/13.25.4—13.25.5/13.26.1/13.26.5/13.27.2/13.28.3/13.28.6/13.32.1
	𗎺𗥃	求寂	13.45.5/13.56.5/10.26.1/4.18.1/4.18.4/4.36.5/4.51.5
	𗎺𗥃𗧾	求寂男	4.25.1/4.26.4/4.44.2
	𗎺𗥃𗤆	求寂女	4.25.2/4.44.2
	𗎺𗥃𗤆𗡝	求寂女事	4.26.4
112250	𗼊𗼊	眷属	12.3.2—12.3.3
	𗼊𗼊	亲眷	4.26.5
	𗼊𗼊	亲属	10.22.4
	𗼊𗏌	远近	4.36.5
	𗼊𗖻	亲友	10.30.4/10.34.5
	𗼊𗖻𗢳	旧亲友	10.34.5
	𗼊𗤋𗆫	亲教师	13.47.5/13.53.4/13.54.3
112252	𗧒𗵃	贫人	10.22.6—10.23.1/10.23.1
114100	𗧠𗀔	安乐	4.54.4
	𗧠𗀔	安隐	13.38.2
	𗧠𗀔𗫨	安乐住	4.54.6
	𗧠𗖰	庠序	13.23.1
114114	𗫵𗑠	忘念	10.5.3
114140	𗖰𗀚	安墙	13.19.4
	𗖰𗢳	城外	13.5.5
	𗖰𗀉	墙壁	10.13.1
114142	𗤊𗖰	充用	13.13.4
114174	𗖰𗴴	悔除	4.2.4

四角号码	西夏文	汉 文	出 处
114224	𗙴𗫻	蹲踞	4.17.6/4.20.3/4.27.4/4.41.4/4.42.2/4.42.3
	𗟻𗾺	邻近	4.19.3/4.20.1
	𗟻𗾺	随近	4.36.3
114422	𗫴𗭧	所行	13.31.1/13.33.6
114440	𗫼𗭤	悔心	13.21.5
114441	𗂪𗫢	后来	13.12.1/10.41.3
	𗂪𗫜	后时	10.19.1
115150	𗗉𗤶	甘蔗	10.25.4/10.25.6/10.26.2/10.26.4/10.26.5/10.27.4/10.27.5/10.35.3
	𗗉𗭩	甘橘	10.35.2—10.35.3
115252	𘞐𘞐	疲极	13.5.6
117121	𗬩𗰛	某甲	10.20.3/10.23.5/4.9.4/4.9.6/4.11.6/4.12.2/4.12.3/4.12.5/4.12.6/4.13.1/4.13.2/4.13.5/4.14.1/4.14.4/4.14.5/4.15.2/4.15.3/4.19.2/4.19.3/4.20.6/4.21.1/4.23.1/4.23.2/4.23.4/4.27.5/4.27.6/4.30.4/4.31.1/4.31.2/4.31.4/4.31.6/4.32.1/4.32.2/4.32.4/4.32.6/4.38.5/4.39.2/4.39.4/4.39.6/4.40.1/4.40.2/4.40.3/4.42.4/4.47.2/4.47.2/4.56.5/4.57.2/4.57.4/4.57.6/4.58.1/4.58.3/4.58.5/4.59.5/4.59.6/4.60.3/4.60.5/4.60.6
117122	𗴱𘟣	依止	13.51.4/13.52.2/13.52.3
117140	𗴭𘋩	经典	13.17.1—13.17.2
	𗴭𘋩𗖻	诵经	13.16.5/4.37.5
	𗴭𘋩𗵹	持经	4.37.4
117141	𗴮𗳉𗙴𗰛	窣吐罗罪	13.53.5
	𗴮𗳉𗬦𗴮	窣睹波物	10.29.6
117145	𗗉𗴹𗴭	长中短	13.41.1
	𗗉𗴭	长短	13.3.1/13.40.6
	𗗉𗫻𘟥𘟥	不能相似	13.2.5
117441	𘞡𗙴𘞳	室罗伐	13.25.1
	𘞡𗙴𘞳𘞙	室罗伐城	13.57.6/13.2.3/13.15.1
119120	𗫱𗰚	婆度	4.21.4/4.28.3/4.43.3
119140	𗼨𘟥	法事	4.50.3
	𗼨𘟥𗬧	作法	4.8.5/4.43.5/4.44.3/4.52.3/4.56.3
	𗼨𗸪	教主	4.17.5

四角号码	西夏文	汉　文	出　　处
	𗪘𗡪𗍊	越法罪	4.46.2—4.46.3
	𗪘𗣼𗐯	转法轮	10.6.4
	𗪘𗤶	如法	4.2.3/4.2.4/4.3.3/4.3.5—4.3.6/4.4.6/4.5.6/4.43.1/4.47.3/4.50.3
	𗪘𗤶	依法	4.49.5
	𗪘𗑗	法律	13.32.3
	𗪘𗫂	法事	4.49.2
	𗪘𗟲	说法	13.20.4
	𗪘𗖰	法式	13.51.1
122057	𗡬𗤋	寄信	13.23.6/13.26.6
	𗡬𗤋	信报	13.27.3—13.27.4
122422	𗡞𗡞	有犯	4.2.2
·	𗡞𗒘	触尘	10.50.4/10.50.5
	𗡞𗍊	犯罪	4.47.6
	𗡟𗐱	希有	13.6.1
	𗡟𗒘	微尘	10.50.5
	𗡠𗟲	略说	9.3.6/9.6.5
122442	𗢳𗎫𗏵	皇太后	9.1.2
	𗢳𗖵	皇帝	9.1.3
122450	𗢴𗰜	应遮	4.63.2
122457	𗢵𗤻	教	13.36.5
	𗢵𗥃	教示	4.42.6
	𗢵𗤶	奉教	13.28.4
	𗢵𗦅	有教	13.26.3
124400	𗥑𗡞	庄严	13.21.3
	𗥑𗢠	长线	10.12.4
	𗥑𗦲	针线	4.45.2—4.45.3/4.45.4
124422	𗦁𗧓	密计	4.28.6
	𗦂𗧔	云何	13.2.6/13.3.5/13.51.2/10.20.2/4.10.4/4.33.3—4.33.4/4.34.5/4.36.2/4.54.5/4.63.1
124440	𗦃𗢳	具寿	13.18.5/13.23.3/13.26.3/13.27.4/13.28.2/13.31.5/13.39.6/13.45.5/13.49.6/13.54.3/10.3.2/10.7.1/10.8.5/10.19.1/10.26.3/10.30.5/10.31.3/4.6.2/4.20.5/4.24.4/4.25.4/4.27.5/4.33.2—4.33.3/4.33.5/4.42.3/4.46.4/4.47.1

四角号码	西夏文	汉 文	出　　处
	𗁧𗼈	璎珞	12.4.2
124442	𗊣𗷣𗙴	曼荼罗	13.4.4/13.4.5
125058	𗯉𗰆𗼉𗩟𗨁	给孤独长者	4.28.3—4.28.4
125420	𗁬𗿒𗌜	伴	10.39.4/10.39.6/10.40.1/10.40.5/10.44.5
127048	𗵴𗷒	热时	13.57.5
	𗵴𗷂	热闷	13.19.5—13.19.6
	𗵴𗱤	苦热	13.18.4
127147	𗒲𗷶	短条	13.2.4/13.2.5/13.3.1
	𗒲𗐅	细片	13.9.1
	𗒲𗱅	长条	13.2.4/13.2.5/13.2.6
132141	𘝗𗠉	资具	10.15.5/10.16.3/4.45.4
	𘝗𗠉	资生	10.16.2
132152	𘝰𗾺	相违	10.6.6
132222	𗨁𗸿	洗口	13.41.4/13.41.5
	𗨁𗸿	净漱	13.45.4
132450	𗍫𗴧	尼夏	10.18.1
	𗍫𗷖	末香	10.5.5—10.5.6/10.48.6/10.49.1
134140	𗰞𗔁	颠倒	9.5.6
134222	𗖵𗷒	置好	13.6.1
134420	𗴹𗷠	随时	4.48.3
134425	𗴪	裙	10.48.1/10.48.3
	𗴪𗌜	副裙	10.48.4
135124	𘕦𗣼	饶益	9.3.2/9.5.3/4.42.6
142122	𗊠𗾔	今日	4.29.5
	𗊠𘟀𗴧	今夏	4.28.1
	𗊠𗷖𗊩	嚼齿木	10.41.3
142124	𗏁𗓽	敬礼	13.48.6
	𗏁𗓽	礼拜	13.35.3
	𗏁𗓽	礼觐	10.14.4
	𗏁𗓽	礼敬	4.53.3
	𗏌𗔅	相见	13.24.6
142422	𗣉𗤀	钵内	10.50.3
	𗣉𗤙	钵袋	10.45.3/10.45.4

四角号码	西夏文	汉　文	出　　处
144122	𗱰𗫂	随情	13.20.4/4.35.3
	𗱰𗫂	随意	13.13.6/13.14.3/10.15.3/10.36.2/10.51.2/4.35.6/4.36.2/4.37.1/4.37.6/4.38.1/4.38.6/4.39.2/4.39.4/4.39.6/4.40.1/4.40.2/4.40.3/4.40.5/4.40.6/4.41.1/4.41.2/4.41.6/4.42.2/4.42.4/4.42.4/4.43.3/4.43.6/4.44.2/4.44.3/4.44.4—4.44.5/4.44.5/4.44.6/4.45.4/4.45.6/4.46.2/4.46.4/4.46.6/4.47.1/4.47.2/4.47.3/4.48.1/4.48.2/4.48.4/4.48.5/4.49.4/4.50.6/4.51.2/4.51.4/4.51.6/4.52.2/4.52.2/4.52.5/4.52.6/4.53.3/4.53.4/4.53.5
	𗱰𗫂𗤲	随意日	4.36.3
	𗱰𗫂𗤒	随意法	4.44.1
	𗱰𗫂𗏇	随意事	4.36.2/4.37.5/4.41.5/4.42.5/4.43.4—4.43.5/4.49.1/4.50.2/4.51.2/4.51.4/4.54.1
	𗱰𗫂𗟭	非随意	4.38.1—4.38.2
	𗱰𗰟	既作	4.7.5
	𗱰𗴪	所说	4.27.2
	𗱰𗫨	乃至	13.30.2/13.30.4/13.30.5/13.33.4/10.9.1/10.17.2/10.26.3/10.27.3/10.45.2/10.45.5/10.46.6/10.48.4/4.7.2/4.18.5/4.21.2/4.29.5—4.29.6/4.33.6/4.34.4/4.34.6/4.37.6/4.43.4/4.48.1
144124	𗱰𗏇	净事	4.48.5/4.49.1—4.49.2
144140	𗱛𗫨	受日	4.25.3
	𗱛𗱰𗤒𗫳	未久之间	10.15.5/10.16.3
144520	𗸹𗱰	便	13.15.1/13.29.3/13.31.3/13.37.6/13.41.4/13.42.6/10.44.5—10.44.6
	𗸹𗱰	忽然	10.1.5
	𗸹𗱰	即	13.11.6/13.12.4/13.25.1/13.31.1/13.34.1/13.35.3—13.35.4/13.52.4/13.54.2/13.54.6/10.15.3/10.34.5/10.35.2/4.53.4
	𗸹𗱰	即便	13.2.4/13.10.6/13.15.3/13.19.4/13.37.5/13.47.1/13.52.4/13.60.6/4.25.6
	𗸹𗱰	遂便	13.5.2/10.4.3/10.10.6/10.21.4/10.33.4/10.38.4

四角号码	西夏文	汉　文	出　　处
	𗗙𗠟	遂即	10.31.2
	𗗙𗠟	须臾	10.41.6
152120	𗿔𗣓	长脊	13.16.6
152121	𗿄𗣫𗣼𗣓	颉离跋底	10.3.3
152527	𗼇𗰭𗼻𗼻𗯨𗴺𗰖	根本说一切有部	13.1.1/10.1.1/10.51.4/4.1.1/4.63.3
	𗼇𗵤	本座	4.17.6
	𗼇𗥫	本意	10.17.3
171000	𗕑𗭪	痰癊	13.37.1
	𗕑𗰋	真实	9.1.5/9.3.5/9.3.7/9.5.1/9.6.4
	𗕑𗤋	真谛	9.2.3
172122	𗴮𗥘	有缘	4.35.4
	𗴮𗥾𗴻𗤶	无所有定	13.30.1
	𗴮𗥾𗴻𗴢	无所有处	13.29.5/13.33.1/13.33.3—13.33.4
172124	𗵈𗭜	北方	10.35.1
	𗵈𗭜𗴋	北方果	10.35.5
	𗵈𗵏	北洲	10.2.3
172140	𗴂𗮔𗬙	诸大德	4.16.1/4.62.1
	𗴂𗱊𗗙	诸障法	4.47.3
	𗴂𗧼	诸佛	13.37.6
	𗴂𗼇𗤢	诸姊妹	4.44.4
	𗴂𗴂	随处	10.36.4
	𗴂𗴂	周旋	13.21.2
	𗴂𗦲	诸惑	13.22.6
	𗴂𗢯𗼕	诸具寿	13.23.6/10.28.3/4.13.1/4.32.4/4.40.1/4.58.2—4.58.3/4.60.3
	𗴂𗤺𗧤	诸僧伽	10.25.6
	𗴂𗣫𗵺	诸施主	4.54.6
	𗴂𗣫𗵺𗰖	诸施主辈	4.36.6
	𗴂𗤦𗴀	诸营作	10.24.5/10.24.6
	𗴂𗲯𗫨	诸鸟	4.22.1
	𗴂𗤏𗣀	诸尘眼	10.51.2
	𗴂𗤶	诸定	13.29.6/13.33.3
	𗴂𗫨𗪱	诸鸟雀	13.20.1
	𗴂𗐯	诸文	4.35.5

四角号码	西夏文	汉　文	出　　处
	𗅲𗆟𗾜	诸苾刍	13.18.6/13.22.6—13.22.7/13.23.2/13.24.5/13.24.6/13.25.2/13.25.5/13.26.1/13.26.4/13.27.1/13.27.2/13.27.4/13.28.1/13.28.3/13.29.2/13.29.3/13.30.1/13.30.2/13.30.3/13.30.4/13.30.6/13.31.2/13.32.1/13.32.2/13.32.4/13.32.6/13.33.2/13.33.4/13.34.6/13.35.3/13.35.6/13.36.2/13.36.3/13.36.5—13.36.6/13.38.5/13.38.6/13.39.5/13.43.3/13.43.5/13.53.6/13.55.4—13.55.5/13.59.1/10.2.2/10.2.5/10.5.1/10.6.2/10.10.2/10.11.3/10.12.2/10.16.4/10.21.4/10.23.2/10.26.1—10.26.2/10.27.2—10.27.3/10.28.2/10.28.3/10.28.6/10.29.4/10.30.3/10.31.1/10.31.5/10.35.4/10.35.6/10.38.4/10.40.3/10.45.1/10.46.2/10.48.3/10.48.5—10.48.6/10.49.4/10.50.2/10.50.3/4.7.5/4.10.3/4.10.4/4.10.6/4.22.1/4.26.1—4.26.2/4.26.2/4.29.6/4.30.3/4.36.1/4.36.2/4.41.4/4.52.1/4.53.4/4.54.5/4.56.3/4.61.5/4.63.1
	𗅲𗆟𗾜𘄡	诸苾刍辈	13.22.5/13.35.1
	𗅲𗆟𗾜𘄴	诸苾刍众	4.19.3/4.24.5/4.25.5/4.29.2
	𗅲𗆟𗾜𗗉	诸苾刍尼	10.21.5
	𗅲𗤒𗭪	诸坐毡	4.10.5
	𗅲𗟲	诸事	4.16.1
	𗅲𗤻	诸人	13.27.6/13.32.3/13.35.5/10.30.4/10.31.3—10.31.4
	𗅲𘝵𗴊	诸圣众	4.29.1
	𗅲𗼃𗅆𗆟𗾜	诸少年苾刍	4.37.1—4.37.2
	𗅲𘕿𘕹𗤻	诸旧住人	4.37.3
172152	𗷨𗰜	利物	10.19.2
	𗷨𗉛	薄物	13.18.3
	𗷨𗰗	偷物	10.46.1
	𗷨𘃡	失财	10.44.2
	𗷨𗾞	索物	10.44.2

四角号码	西夏文	汉　文	出　　　处
172220	𗄝𗢏𗣊	废阙	12.4.3
	𗧥𗤻	本师	13.54.6
	𗧥𗤻	师主	10.14.5
	𗧥𗤻𗧡𗿒	师徒	13.52.2
172222	𗷠𗷠	论说	4.49.2
172224	𗼻𗼑	和合	4.46.1/4.62.4
172244	𗤒𗟻𗜈	十四日	4.8.2
	𗤒𗟻𗜈	十五日	4.2.2/4.3.1/4.4.2/4.5.1/4.17.1/4.18.6/4.37.5/ 4.41.5/4.42.4/4.46.5/4.47.1/4.47.2/4.49.1/ 4.50.2/4.42.3
	𗤒𗟰𗍳𗺈	十四日夜	4.37.4
172250	𗧥𗼈𗫐	应许	4.3.4/4.5.4/4.8.3/4.9.6/4.12.3/4.13.6/4.14.5/ 4.15.3/4.17.3/4.23.4/4.31.3/4.39.3/4.41.6/4. 49.3/4.50.4/4.55.4/4.57.3/4.59.6/4.62.5
	𗧥𗢆	唱言	13.16.6
	𗧥𗢏	知事	13.6.6/13.7.2/13.8.4
	𗧥𗢏𗹦	知事人	13.6.3/13.8.1
	𗧥𗢏𗹦	知事者	13.8.5
172255	𗽙𗽙	善哉	13.12.3
172412	𗧤𗠇	未久	10.23.4
	𗧤𗠊𗠊	不详审	10.4.5
	𗧤𗱲	未得	4.26.6
	𗧤𗕑	未生	4.19.6
	𗧤𗭋	未受	10.45.2/10.45.5
	𗧤𗆢	未解	4.27.1
	𗧤𗵒	未食	10.2.6
	𗧤𗱒	未差	4.11.2/4.11.4/4.38.2/4.38.3
	𗧤𗤒	未证	4.26.6
172420	𗠈𗆶𗫴	石灰泥	13.58.6
	𗐗𗢆	美膳	4.37.3
	𗣠𗤧𗰀	十饶益	4.63.2
	𗣠𗅾𗣖𗵣	十二种人	4.11.1
	𗣠𗵣𗜓	十种尘	10.48.2
	𗣠𗣠	博士	12.3.6
	𗣠𗣢	弟子	13.46.1/13.50.6/10.14.3/10.14.5/10.15.1

四角号码	西夏文	汉　文	出　　处
	骸祕	门人	13.48.1
	骸祕	门徒	13.48.5
172422	彏夐	安置	13.28.4
	彏夐	敷设	13.28.5
	彏夐	营造	4.37.3—4.37.4
	祂祂	戏具	12.4.1
172424	蕭蕭	索陪	10.45.4
	蕭纖	受报	9.5.4
172440	蔽纖	黄热	13.37.1
172442	骰纖	授受	10.38.1/10.44.6
172450	骸庇	经行	13.10.4/13.11.4/10.10.6/10.11.1
174000	龖縢	破处	13.12.2/13.12.3
	龖縢	破烂	10.13.2
174110	骂祿骰豼	咄哉丈夫	13.61.1
174120	觅祿	小事	13.7.2
	觅瓶	授事	4.15.5/4.17.4/4.19.1
	觅繼	事故	4.31.4/4.32.1/4.32.3/4.32.4/4.33.1
	觅纖孩	授事人	10.46.2—10.46.3/4.15.6/4.16.2/4.24.3
	觅愀綠帰	废阙	10.40.2/10.42.3
174200	殡靫	仁等	4.62.2
174222	蒜纖	私缘	10.24.2
	蒜愀	自定	13.31.2/13.31.3/13.34.2
	蒜緔	更互	4.43.4/4.52.5
	蒜緔	更相	13.24.1
	蒜緔	共相	13.27.4/13.31.2/13.32.3/13.35.1/13.35.5/13.59.2/10.28.3/4.52.1
	蒜緔	展转	4.53.3
	蒜緔	自相	13.34.1
	蒜茈	各自	10.31.2/4.19.4
	蒜薙	己帔	10.18.4/10.18.5
	蒜豼	自行	4.26.6
	蒜豺	自陈	4.47.2
	蒜祓	自捉	12.4.4
174224	昜帰	聚集	13.50.1
	瀚庇	游行	10.21.3
	瀚庇	游历	10.5.4

四角号码	西夏文	汉 文	出 处
	𗹬𗼻	酥油	10.4.2
174240	𗹬𗼻𗼻	秽污	13.6.6
	𗼻𗼻	随处	13.15.1/13.15.2
	𗹬𗼻𗼻	不端正	13.3.4
174244	𗼻𗼻	行筹	10.8.6/10.9.1/10.9.2/10.9.3
	𗼻𗼻	受筹	4.17.3
	𗼻𗼻	筹槃	4.16.4/4.17.4
	𗼻𗼻𗼻	收筹者	4.17.4
174272	𗼻𗼻	过限	12.4.3
174400	𗼻𗼻	兰若	13.16.1/13.60.3
	𗼻𗼻	肘短	10.38.2/10.47.3
	𗼻𗼻	肘量	10.47.2/10.47.3
	𗼻𗼻	化作	10.33.4
	𗼻𗼻	安置	4.54.3
	𗼻𗼻	决定	9.3.6/9.6.1
	𗼻𗼻	已差	4.11.2/4.11.5/4.38.3/4.38.4/4.59.5/4.60.3
174420	𗼻	爱	4.11.3
	𗼻𗼻	难调	13.53.6
174422	𗼻𗼻𗼻	染巩	10.4.2
	𗼻𗼻	空处	13.29.4/13.33.1
	𗼻𗼻	空槃	4.17.6
	𗼻𗼻𗼻	幡氎	10.22.4—10.22.5
174424	𗼻𗼻	尔许	4.18.4/4.19.1
	𗼻𗼻𗼻	方	13.21.5/10.30.3/10.37.2—10.37.3/4.3.6/4.5.6/4.52.5—4.52.6/4.53.3
	𗼻𗼻𗼻	然后	13.3.6/13.7.3/13.7.6/13.56.6/10.35.5—10.35.6/10.44.3/10.49.4/4.17.6/12.4.6
	𗼻𗼻	尔时	13.18.5/13.29.2/13.37.6/10.32.5
	𗼻𗼻	是时	13.28.6/13.49.5/10.26.2/10.30.2/10.32.6/10.33.3/10.34.3/10.37.3
	𗼻𗼻	于时	13.25.6/13.26.2
	𗼻𗼻	尔时	13.20.6/13.23.1/13.27.2/13.31.3/10.1.3/10.18.2/4.25.4/4.28.3
	𗼻𗼻	是时	4.29.1
174550	𗼻𗼻	干净	13.4.4
175127	𗼻𗼻𗼻	洗香泥	4.16.3

四角号码	西夏文	汉　文	出　　处
175152	𗱥𗱤	基阶	13.58.2/13.58.3
175222	𗍀𗰜	纸叶	4.36.4
	𗍀𗰿	纸绢	13.18.3
175400	𗣫𘟬	除	12.4.5
175459	𗴺𗫟	勤修	13.22.6
177100	𗼑𗼕	哀愍	4.42.6/4.43.1
	𗼑𗼕	怜愍	9.2.1/9.2.3/9.2.5/9.3.1/9.3.3/9.3.4
	𗼑𗴴	慈念	13.11.3
177120	𗀔𗀔𗥑𗳭	憍萨罗国	4.28.3
177142	𗴴	僧	10.1.3/10.34.6
	𗴴𗫽𗱧	僧脚敧	10.48.1/10.48.4
	𗴴𗫽𗱧𘟬	副僧脚敧	10.48.4/10.48.5
	𗴴𗀔𗱧	僧脚敧	13.20.4
	𗴴𗎆	破僧	10.8.6/10.9.1/10.9.2/10.9.3
	𗴴𗼕	僧伽	10.19.1—10.19.2/10.20.5/10.21.1/10.22.5/10.23.4/10.24.4/10.37.3/4.3.1/4.3.2/4.3.3/4.3.4/4.4.2/4.4.4/4.5.1/4.5.2/4.5.3/4.5.4/4.7.1/4.8.2/4.8.3/4.9.4/4.9.5/4.9.6/4.10.5/4.11.6/4.12.2/4.12.3/4.12.4/4.12.5/4.12.6/4.13.1/4.13.2/4.13.3/4.13.5/4.13.6/4.14.4/4.14.5/4.15.2/4.15.3/4.16.1/4.16.5/4.16.5—4.16.6/4.17.1/4.17.3/4.20.5/4.23.1/4.23.2/4.23.3/4.23.4/4.30.4/4.30.6/4.31.3/4.31.4/4.31.6/4.32.1/4.32.2/4.32.3/4.32.4/4.32.6/4.33.2/4.34.6/4.36.6/4.38.5/4.39.2/4.39.3/4.39.4/4.39.6/4.39.6/4.40.1/4.40.2/4.40.3/4.40.4/4.40.6/4.41.5/4.41.6/4.42.3/4.42.4—4.42.5/4.42.5/4.44.4/4.44.5/4.46.1/4.47.1/4.47.6/4.48.5/4.49.1/4.49.2/4.49.3/4.50.2/4.50.3/4.50.4/4.52.6/4.55.1/4.55.3/4.55.4/4.56.6/4.57.2/4.57.3/4.57.4/4.57.6/4.57.6—4.58.1/4.58.2/4.58.3/4.58.4/4.58.5/4.58.6/4.59.4/4.59.5/4.59.6/4.60.2/4.60.3/4.60.4/4.60.6/4.61.1/4.62.1/4.62.2/4.62.4/4.62.5
	𗴴𗼕𗱧	僧伽事	4.31.2
	𗴴𗍫	僧物	10.29.6

四角号码	西夏文	汉文	出　　处
	𗆉𗩺𗏇	破僧众	10.8.4
	𗆉𗒹	僧伽	4.2.1/4.2.2/4.2.4
	𗆉𗫜	僧衣	10.11.1/10.17.6/10.19.3/10.19.5/10.19.6
	𗆉𗠣	僧祇	10.10.1/10.10.2—10.10.3/10.10.4/10.12.2/10.16.3/10.18.3/4.24.1
	𗆉𗢰	破僧	13.53.5
177240	𗕎𗪙	癫狂	4.9.1
177440	𗗙𗬬	给侍人	4.19.2
	𗗙𗬬	营事人	4.21.1
	𗗙𗭀	侍者	13.23.4
	𗗙𗭀𗬬	供侍人	4.20.2
177442	𗙴𗏇	河边	13.1.4/13.22.3/13.22.5/13.23.2/13.23.6/13.25.5/13.26.1/13.26.5/13.27.2/13.28.3/13.28.6/13.29.3/13.29.5—13.29.6/13.32.1/13.32.6/13.33.2/13.34.1/13.34.6/13.35.1/13.35.3
	𗙴𗤋	防固	4.28.4
	𗙴𗤻	河津	10.44.4
177550	𗱴𗧒	如来	13.21.4
	𗱴𗬻	现前	13.29.1/13.29.2/13.32.5
	𗱴𗬻𗏇	现前众	4.45.3
	𗱴𗢰	正合	13.36.4
178200	𗓦𗴀	身体	13.18.4/13.18.6
	𗓦𗤜	身长	10.47.3
	𗓦𗵢	身量	10.47.4
	𗓦𗜀	身心	9.6.4
	𗓦𗾟	身语	4.47.5
179100	𗢾𗰖	穿壁	13.15.3/13.15.4
181420	𗥃𗏹	利物	4.46.1
	𗥃𗯨𗱢	获利	13.27.3
182120	𗍳𗤋	声闻	13.31.1/13.33.6
	𗍳𗰜𗣼	不作声	13.44.5/13.45.1
	𗍳𗵒	大唤	13.16.6
	𗍳𗵒	高声	4.36.4—4.36.5
182124	𗎂𗏕	令得	4.26.6
	𗎂𗮅	难求	13.43.6
	𗎂𗏹	易得	13.57.6

四角号码	西夏文	汉　文	出　　　处
182144	𗹦𗑗	全偿	10.46.6
	𗹦𗑗	备足	10.33.5
	𗹦𗑗	充济	4.20.3
	𗹦𗑗	充足	10.14.2
	𗹦𗑗	具告	10.16.4
	𗹦𗑗	具说	4.61.5
182152	𗹗𗟻	畜生	13.60.3
182224	𗤁𗈶	入行	10.50.2
182420	𗤁𗼃	清净	9.6.4/13.36.3/13.57.6/4.2.3/4.3.2—4.3.3/4.15.6/4.47.3/4.51.5/4.53.5
182452	𗤄𗼚𗷻	氈布	10.5.6
184120	𗴷𗑗	恩报	9.2.7
184240	𗾊𗼦𗤁	入涅槃	10.6.4
184400	𗾊𗓑	不行	10.25.5
	𗾊𗱕	同时	4.46.1
	𗾊𗾊	平分	10.25.4
	𗾊𗶛	不同	13.19.4
	𗾊𗥱𗏵	支伐罗	13.2.3—13.2.4/13.3.3/10.28.4
	𗾊𗯟	制底	10.5.4/10.5.6/10.6.5
184420	𗾊𗾊	频频	13.32.1
	𗾊𗾊𗤙	频赞	13.27.3
184440	𗤷𗱕	瓶瓩	13.18.1
	𗱥𗑗	应取	4.51.5
	𗱥𗾑	智慧	9.4.6
184525	𗩾𗾑	对	4.2.3/4.2.4/4.44.2
	𗩾𗿵	前檐	13.58.2
185450	𗴊𗈶𗼶𗑗	诸余苾刍	13.53.3—13.53.4/10.15.6
	𗴊𗸯𗾊𗽽	余住处	4.2.3/4.2.5/4.3.2/4.4.3/4.4.5/4.5.2/4.5.5
	𗴊𗰱	余处	13.49.1/10.7.1
	𗴊𗼶𗑗	余苾刍	10.14.2/4.61.4
	𗴊𗒑	余事	4.9.3
	𗴊𗷻	余衣	4.55.3/4.55.6
	𗴊𗾘	傍人	10.44.2
	𗴊𗾘	别人	10.20.6/10.21.2/10.37.5
	𗴊𗾘	余人	13.22.1/13.53.5/10.19.4/10.45.3
	𗴊𗾘𗒑	别人事	4.25.6

四角号码	西夏文	汉 文	出 处
187141	𗥆𗍳	读诵	13.20.4
187142	𗥆𗤫	校同	10.51.5
187400	𗓦𗫽	灯油	10.15.4/10.17.2
	𗓦𗅆	灯炷	10.12.6
	𗓦𗦸	灯笼	13.14.5/13.17.2/13.17.6
	𗓦𗼲	灯树	10.37.3/10.37.4
	𗓦𗼲	灯台	10.32.4
	𗓦𗫾	燃灯	13.17.2
187420	𗴠𗐂	合诃	13.22.3
	𗴠𗴤	诃责	13.51.1/13.51.2/13.52.3/13.52.5/13.53.2/13.53.3/13.53.4/13.55.5
	𗴠𗴤𗐂	合诃责	13.55.5
	𗴠𗿵	嫌恨	10.16.6
187422	𗕥𗥦	老宿	4.24.1
	𗕥𗥦	耆宿	10.24.6
	𗕥𗤻	尊者	13.23.6/13.26.2/13.28.4/13.45.6/13.50.1
	𗕥𗤵	尊容	10.26.4
194244	𗈁𗤸	决除	4.4.4
	𗈁𗤟	除灭	4.19.5
204000	𗤀𗱪	虫	13.14.5/13.17.2/13.18.2
	𗤀𗱪	虫蚁	13.15.2
210112	𗼨𗱟	寺檐	13.1.4
210122	𗼨𗲲	懈怠	13.52.6
210124	𗼧𗴱𗰔𗐯	邬波难陀	12.3.5
	𗼧𗋽	随后	4.17.4—4.17.5
	𗼧𗬟	复更	10.36.3
	𗼘𗤋	牛粪	13.4.4/13.4.6/13.9.3/13.12.5/13.45.4/10.12.6
	𗼨𗤋𗱟	越法罪	13.39.1/13.40.6/13.44.5/13.50.5/13.55.5/13.55.6/13.56.1/13.56.4/4.4.1/4.6.1/4.24.4
210127	𗼨𗩙	不成	10.8.6/10.9.1/10.9.2/10.9.3
	𗼨𗾫𗹺	非触尘	10.50.4
	𗼨𗾩𗩟	不教授	13.51.5
	𗼨𗾩𗩟	不教诏	13.51.6
	𗼨𗾗	不具	13.53.2
	𗼨𗾗	废阙	4.35.2

四角号码	西夏文	汉　文	出　　处
	𗼓𗠁	不烧	10.32.4
	𗼓𗠉	不怖	4.38.1
	𗼓𗤋	不嚼	13.36.2
	𗼓𗔣	不生	4.20.1
	𗼓𗔣	无有	10.8.1
	𗼓𗦎	不合	13.55.5/13.55.6
	𗼓𗢳	不作	13.47.3
	𗼓𗰏𗧧	不恭敬	13.54.1
	𗼓𗡮	不生	4.19.5
	𗼓𗤦𗧁	不缝治	13.12.2
	𗼓𗩾	不受	10.22.5
	𗼓𗥃	不久	13.8.6
	𗼓𗩳	非法	9.2.3/13.46.6
	𗼓𗤢𗯨	不容许	13.53.6
	𗼓𗰜	不如	4.18.6
	𗼓𗧓	不通	10.17.3
	𗼓𗱠	不解	13.7.2/13.7.4
	𗼓𗤓	未息	4.52.2
	𗼓𗰔	不信	13.52.6
	𗼓𗰔𗱠	不应信	10.7.3
	𗼓𗧲	不还	4.35.4
	𗼓𗸒	不遂	10.6.1
	𗼓𗋽	不痴	4.38.1
	𗼓𗣻	不食	10.3.6/10.5.1/10.50.3
	𗼓𗷾	不共	13.51.5/13.52.3
	𗼓𗬚	不为	4.51.6
	𗼓𗬚	不作	13.15.6
	𗼓𗬚	废阙	4.4.1
	𗼓𗠁	不分	4.11.3
	𗼓𗰙𗦴	不增长	4.22.6
	𗼓𗠺	不爱	4.38.1
	𗼓𗠒	不觉	12.3.1
	𗼓𗠪	不患	4.38.1
	𗼓𗲠	不净	10.3.3
	𗼓𗲠𗞞	不净尘	10.50.5
	𗼓𗄍	不来	4.8.6

四角号码	西夏文	汉　文	出　　　处
	𗏇𗖃	不厌	9.1.6
	𗏇𗏝	不求	9.1.6
	𗏇𗖰	不贪	9.1.7/9.2.7
	𗏇𗕣	非律	9.2.3
	𗏇𗔪	不教	9.2.3
	𗏇𗗙	难得	13.17.5
	𗏇𗗙	难求	13.17.4
	𗏇𗗙	无处	13.16.2/13.41.6
210222	𗜓𗖃	失念	13.37.6
210255	𗢩𗙀	警策	13.11.4
210950	𗢩𗏹	修行	13.52.1
211025	�-𗧗𗘜	邬陀夷	13.46.4/13.47.2/13.47.3/13.47.5/13.48.3
	�-𗧺𗔴�-	邬波驮耶	4.18.1—4.18.2
	�-𗧺𗕵	邬波离	10.7.1/10.8.5/10.47.2/4.6.2/4.24.4/4.25.4/4. 27.2/4.33.3/4.33.5/4.46.4
	�-𗧺𗧗�-	邬波驮耶	13.46.2/13.46.3/13.46.6/10.15.1
212100	𗣼𗵐	沙门	4.45.4
	𗣼𗵐𗨁�-	沙门释子	13.43.2
212124	𗦅𗵤𗗙	第五子	10.17.5
	𗦅𗓨	五百	13.48.1/10.33.4/10.33.5
	𗦅𗔾�-	五月满	4.61.6
	𗦅𗔾𗡞𗦅𗘅	五月十五日	4.15.5
	𗦅𗔾𗡞𗧗𗘅	五月十六日	4.10.3
	𗦅𗘜	五种	13.51.2—13.51.3/10.8.6
	𗦅𗘜𗔪	五种网	13.59.3
	𗦅𗘜𗕴	五种尘	10.50.4
	𗦅𗘜𗵜	五法	13.52.5/13.53.2—13.53.3
	𗦅𗘜𗵜	五种法	13.55.2
	𗦅𗵜	五法	13.53.1/4.11.1/4.11.2/4.38.2
	𗦅𗤢𗵜	五黑法	13.56.3
	𗦅𗤢	五众	4.24.6/4.25.2/4.45.2
	𗦅𗦌𗰛	满五人	4.51.1
	𗦅𗰛	五条	10.10.4
	𗦅𗊈	五德	4.38.2/4.56.4

四角号码	西夏文	汉 文	出　　处
212140	𗊟	泥	13.9.3/13.12.5
	𗊟𗥦	涂拭	13.12.5
	𗊟𗣈	和泥	13.58.5
	𗊟𗤁	作泥	10.13.1
212144	𗊠𗤇	便利	10.9.5
	𗊠𗤇	厕室	10.3.3
	𗊠𗤇𗉦	厕内	10.3.4—10.3.5
	𗊠𗊠	大小便	10.12.1
	𗊠𗇃	大小便	13.39.4
212150	𗈇𗥦	安然	10.30.5
	𗈇𗥦	任运	10.13.2
	𗈇𗥦	辄便	10.36.5
	𗈇𗤙	仁等	13.24.1
	𗈇𗡞	其筹	4.18.3
	𗈇𗤒	其罪	4.3.3
	𗈇𗤡	彼身	13.21.3
	𗈇𗤪	此日	4.53.4
	𗈇𗍧	其声	13.35.1
	𗈇𗪙	此定	13.30.5
	𗈇𗤓	其义	13.23.3—13.23.4
	𗈇𗦲	因此	10.44.2
	𗈇𗦲	因斯	13.55.1
	𗈇𗤔𗥤	彼苾刍	4.3.3/4.5.3/4.9.4/4.52.4
	𗈇𗰗	其罪	4.48.6/4.49.2/4.49.3—4.49.4
	𗈇𗤮	彼人	12.3.1
212222	𗍺𗍺	贫穷	12.4.1
212420	𗯰𗩈	施忍	9.4.5
	𗯰𗩱	施主	10.2.2—10.2.3/10.6.5/10.13.1/10.16.1/10.16.4/10.17.2/10.17.6/10.20.3/10.28.2/10.28.6/10.29.3
	𗯰𗩱	施主	13.9.4/13.12.5/10.29.1/4.19.2/4.21.1
212424	𗲏𗱕𗰜	伐尸沙	4.7.1
	𗲏𗱕𗥤𗤊	同梵行者	4.19.5
212440	𗰹𗤋	垢污	13.8.1
214100	𗉫𗤫	土屑	13.45.3
214121	𗊟𗤥	问答	13.49.1/13.51.5

四角号码	西夏文	汉　文	出　　处
214122	[illegible]	正月十五日	4.61.6—4.62.1
	[illegible]	极难	4.54.3
	[illegible]	极善	13.34.5
	[illegible]	无上	9.3.7/9.4.5/9.5.5/9.6.6
	[illegible]	合作	4.25.2
	[illegible]	堪作	4.19.4—4.19.5
	[illegible]	不得	4.16.2
	[illegible]	不应	13.9.3/13.52.1/13.56.5/10.2.3/10.17.2/10.25.4/10.29.5/10.31.6—10.32.1/10.45.2/10.45.5
	[illegible]	应作	4.48.1
	[illegible]	我辈	13.27.5
	[illegible]	我等	13.24.2
	[illegible]	我等	13.31.3/13.34.2/10.28.3/4.54.4
	[illegible]	如上法	4.7.5
	[illegible]	前五	4.11.4
	[illegible]	旧相识	10.38.5
	[illegible]	初果	12.3.5
	[illegible]	初定	13.29.3/13.29.4/13.30.2/13.30.3/13.30.4/13.30.5/13.30.6/13.32.6/13.33.4/13.33.5/13.33.6
	[illegible]	初生	10.6.3
214142	[illegible]	显露	10.44.1
	[illegible]	分明	10.38.1
	[illegible]	石榴	10.35.2
214144	[illegible]	忧恼	4.19.5
	[illegible]	思念	4.16.1
	[illegible]	思惟	9.6.3
	[illegible]	解脱	9.4.2/9.5.4/9.5.7
214174	[illegible]	舍去	10.21.4
	[illegible]	舍心	10.2.4
214220	[illegible]	送尸衣	10.22.6
	[illegible]	四大制底	10.6.3
	[illegible]	四十夜	4.30.1/4.30.2/4.30.4/4.31.2/4.31.4/4.32.1/4.32.2—4.32.3/4.32.4/4.32.6/4.33.6/4.34.1/4.34.6

四角号码	西夏文	汉 文	出　　处
	𘝻𘞵𗦳	第四定	13.29.4/13.33.1
	𘝻𘞵𗡪	第四子	13.57.3/10.13.4
	𘝻𗤙𘞩	四威仪	13.20.5
	𘝻𗒫	四面	13.19.4
	𘝻𗤊	四种	13.43.4
	𘝻𗤊𗭼	四种物	10.29.5
	𘝻𗤋	四方	10.5.4/10.29.6
	𘝻𗤋𘝞𗤀	四远诸人	13.35.1
	𘝻𗤘	四事	10.25.4
	𘝻𘘹	四角	13.59.5
	𘝻𗤀	四人	4.51.1
214400	𘝌𘟳	徐徐	10.10.5
	𘝌𗤜	飞蝇	10.3.6
214420	𘝔𘞀	检校	10.14.3/10.14.6/10.18.3/10.18.6/10.23.3
	𘝔𘞀	营作	10.25.2
	𘝔𗱀	口腹	10.25.4
214422	𘟍𗦡	守护	10.47.1
	𘟍𗤜	乌	10.2.4
	𘟍𘞑	乌语	13.60.5
	𘟍𘝩	鸟雀	13.59.2
	𘟍𘝩	乌鸟	13.60.4
215154	𘙷𘟫	风雨	13.20.2/10.50.2
217141	𗮙𘟫	余者	10.32.3/10.50.1
217150	𗿬𗴺	惊怖	13.16.6
217252	𗿞𘚲	无忘	13.37.6
218124	𘐨𘖶	崲名	9.1.3
218220	𗨙𗤊	方便	9.1.4/9.2.4/9.3.5/9.5.6/13.53.5/13.59.5/4.11.5/4.28.6/4.38.4/4.56.5/4.62.3
	𗨙𗤊	巧便	9.1.6/9.2.2/9.2.4
	𗨙𗤊	善巧	13.54.5
	𗨙𗤊𘚲	不善巧	13.54.2
218224	𘝻𘝦	福利	13.9.4
	𘝻𗡠	福田	13.12.6—13.12.6/10.13.2
	𘝻𘝤	福利	4.54.6
220422	𘐩𗰛	别房	13.58.1—13.58.2
	𘐩𗰃	余日	10.36.3

四角号码	西夏文	汉　文	出　　处
	𗦻𗰜	别衣	10.19.1
	𗦻𗰜𗦻	余相状	13.30.6/13.33.5
	𗦻𗰜	别门	13.1.3
	𗦻𗰜	别汁	10.50.1
	𗦻𗰜	别净	10.35.6
	𗦻𗰜𗰜𗰜	不思议	9.5.1
	𗦻𗰜	详审	10.38.1
221000	𗦻𗰜	床座	13.8.2/13.8.4
	𗦻𗰜	床褥	10.33.4
	𗦻𗰜	床脚	13.5.3
	𗦻𗰜	床脚	13.2.1
	𗦻𗰜𗰜	尖床脚	13.5.1—13.5.2
	𗦻𗰜	敷座	13.7.6
	𗦻𗰜	坐具	13.57.2
	𗦻𗰜	座席	4.30.3
222122	𗦻𗰜	书字	10.20.3
222422	𗦻𗰜	蜂儿	4.22.5
	𗦻𗰜	蜂窠	4.22.4
	𗦻𗰜	所须	4.35.2
222442	𗦻𗰜𗰜	破碎	13.8.6
222444	𗦻𗰜	治罚	4.18.6
224000	𗦻	果	10.15.5
224028	𗦻𗰜	每日	10.29.1
	𗦻𗰜	日日	13.36.1
224055	𗦻𗰜	兄弟	10.18.2
	𗦻𗰜	弟	10.18.4
224080	𗦻𗰜𗰜	日暮	10.31.6
	𗦻𗰜	日没	10.30.3
224420	𗦻	花	10.15.5
	𗦻𗰜	花果	10.17.2
	𗦻𗰜	鲜花	4.16.3
	𗦻𗰜	花鬘	10.5.6
224422	𗦻𗰜	坚固	9.4.2/9.5.5
224440	𗦻𗰜	恼乱	13.59.2
	𗦻𗰜𗰜	器声	13.49.5
	𗦻𗰜	喧噪	4.22.2

四角号码	西夏文	汉 文	出 处
224455	孍粑	羞耻	13.37.4/13.52.6
	孍颢	长利	13.58.1
	孍蕦	长净	4.2.5/4.3.6/4.5.6/4.9.1/4.47.5/4.53.4
	孍蕦禒	长净法	4.46.6/4.47.5
224472	緩悢	妨废	4.49.2/4.50.2
	緩悢緂	碍缘	10.6.6
224570	絓荪	改悔	13.54.5
	絓媿	存心	10.46.6—10.46.7
	絓瑸	怀欢	4.53.3
	絓瑸	欢喜	13.54.4/12.3.4
227442	敊澌	怖畏	13.38.1
228000	刭彦	圣者	13.10.3/13.11.1/13.11.2/13.12.1/13.13.2/13.13.5/13.35.6/13.36.2/13.43.1/13.48.2/10.29.1/4.29.3
	刭禵緂	圣法律	13.34.3/13.34.4/13.34.5/13.34.6/13.35.2
	刭纄	圣众	4.28.4/4.28.5
	刭髯	圣语	13.32.3/13.34.2/13.34.4/13.34.5/13.34.6/13.35.2
228420	绦舼	神庙	10.32.6
	绦斺	庭中	10.35.4
228422	孈颜	右膝	13.31.6
	孈凂凂	右手指	13.38.2
230420	怓龠	罴疏	13.2.1/13.11.1/13.11.4/13.12.2/10.17.6/10.20.5
	怓龠糓	狼籍	13.12.1
230440	敽矤	缝刺	13.4.3
	敽矤	缝治	13.12.4
	敽斺	缝补	10.9.5
232452	敨甐	威仪	13.23.1
234122	絋缭	第一	9.1.5/9.3.5/9.6.7
	絋绡	上房	10.33.6
	絋鋬	上座	13.6.2/13.6.4/4.16.5/4.17.5/4.17.5—4.17.6/4.41.1/4.41.2/4.41.4/4.42.2/4.44.4/4.45.5
	絋絩	上下	10.46.3
234140	絋緬絋炡緬悢	非想非非想定	13.29.6—13.30.1/13.30.1/13.30.1—13.30.2/13.30.4/13.30.5/13.33.3

四角号码	西夏文	汉 文	出 处
	𗯨𗯨𗯨𗯨𗯨𗯨	非想非非想处	13.29.5/13.33.2
234220	𗯨𗼋𗼆	客苾刍	10.38.3/10.43.1/10.43.5
	𗯨𗾟	边隅	4.28.4
	𗯨𗤾	损地	13.5.2
	𗯨𗰜𗾟	空露处	10.11.1
	𗯨𗯨	污地	13.41.5
	𗯨𗤗	着地	13.31.6
	𗯨𗒹	地上	10.4.4
	𗯨𗢵	女男	4.35.3
234242	𗶔𗟰	善法	9.5.2
	𗶔�	善品	13.52.1
	𗶔𗤩�	利害事	13.51.6
	𗶔�	善事	13.51.4/13.52.1
	𗶔𗰱𗟲	善知识	13.55.3
	𗶔𗾟𗤪	善方便	13.22.6
234250	𗴿𗰖	随名	4.33.4
234400	𗥰𗩴𗙢	婆罗门	13.5.5/13.6.3/13.35.3/13.35.4/13.36.4/13.42.6/10.5.5
	𗥰𗩴𗙢𗮅	婆罗门众	4.52.6
234442	𗫡𗔅	来至	10.19.1/10.39.4—10.39.5
	𗫡𗨽	遍净	4.47.2
	𗫡𗲠	来至	10.40.4
240122	𗰱𗢸𗷙	知见罪	4.43.1
	𗰱𗣽	当知	13.24.5/13.26.3/13.31.2
	𗰱𗣽	须知	10.48.2
	𗰱𗣽	应知	10.46.2/4.7.3/4.48.2
	𗰱𗣽	了别	4.38.2
	𗰱𗰦	知已	10.4.3
	𗰱𗟲	知识	13.53.1
240125	𗰱𗏵𗵒𗱤�	邬波斯迦事	4.26.3
242122	𗫽𗡞	瑠璃	13.42.6
	𗽀𗤩	围绕	13.48.5/13.49.2/13.49.5
242150	𗮵𗫹	轻重	4.48.5/4.49.2/4.50.1/4.50.2

四角号码	西夏文	汉　文	出　　处
	𗟻𗟪	准陀	13.45.6/13.46.2
244122	𗟻𗤧	平等	9.1.7/9.3.4
	𗟻𗥰	正觉	13.21.6/10.6.4
	𗟻𗤫𗪊	正学女	4.25.1
	𗟻𗦤	功德	13.37.6—13.38.1/10.35.1
	𗟻𗤻	屈头	10.26.3
	𗟻𗤄𗤫𗤌	左右顾盼	13.35.5
244124	𗤱𗤦	俗旅	4.53.1
	𗤱𗤦	俗人	10.22.4/10.23.4/10.23.5/10.24.2/10.28.1
	𗤱𗤦𗨙	还俗	13.54.1
244140	𗤬𗣫	救护	13.40.1
244144	𗟻𗥟𗥌	新瞿摩	4.37.2
244150	𗖻𗭉	须出	4.25.6
	𗖻𗮀	出入	13.29.6/13.30.5/13.33.3
	𗖻𗘉𗰖𗥟	百一羯磨	4.1.1/4.63.3
	𗖻𗣏	百千	13.37.6
	𗖻𗩾𗰚	百目瓶	13.17.5
248122	𗰫𗬻	半月	4.18.5/4.23.6
	𗰫𗮈	黑月	4.8.2
248124	𗱅𗱾	策励	13.22.6
	𗱅𗱾	精勤	13.11.4
	𗱅𗱾	精进	9.4.6
250025	𗥣	茎	10.15.5
250150	𗭊𗣊	楼阁	13.58.2
254000	𗾟	佛	13.37.2/13.37.4/13.50.3/10.1.3/10.34.6
	𗾟𗥾	佛教	13.26.2
	𗾟𗩮	佛僧	12.3.3/12.3.4
	𗾟𗰩	佛足	13.49.2—13.49.3
	𗾟𗰀𗙼	佛世尊	13.29.6
	𗾟𗟶	佛母	13.49.4
254100	𗿀𗴱𗿀𗴏	行处非处	10.4.1
254122	𗸝𗩱	游适	13.26.4
	𗸜𗳉	病人	4.51.3/4.51.4
	𗸜𗸺	病瘦	13.18.5/13.18.6
	𗸜𗵽𗳉	看病人	4.35.2
	𗸜𗵽𗳉	瞻病人	4.19.3/4.21.1

四角号码	西夏文	汉　文	出　　处
254125	𗾖𗙼	出家	13.58.1/4.24.6/4.45.2
	𗾖𗤛	人间	13.45.6—13.46.1/13.46.1/10.21.2—10.21.3/10.30.2—10.30.3/10.32.5
254200	𗼓𗐑	瓦师	13.17.6/13.18.1
	𗼓𗤦	瓦盆	13.41.4
254440	𗺐𗀆	齿木	13.36.1/13.36.2/13.36.5/13.36.6/13.37.3/13.37.5/13.38.3/13.38.5/13.39.2/13.39.3/13.39.4/13.40.6/13.41.2/13.42.1/13.42.2/13.42.4/13.43.6/13.44.2/13.44.3/13.44.5/13.45.2/13.45.3
	𗺐𗀆𗘺	制齿木	13.22.3
	𗺐𗀆𗤟	短齿木	13.38.6/13.40.1
	𗺐𗀆𗤟	短条	13.37.4/13.39.1
	𗺐𗀆𗵱	长齿木	13.40.3
	𗺐𗀆𗵱	长条	13.39.5/13.40.5
270140	𗎾𗤻	左手	13.38.1
270150	𗏹𗋒𗢳𗄻𗳸	毗奈耶杂事	13.1.1
	𗏹𗤩	苾刍	13.2.3/13.2.4/13.3.3/13.3.5/13.3.6/13.4.3/13.5.1/13.7.5/13.8.3/13.9.6/13.11.3/13.11.4/13.11.6/13.12.2/13.13.1/13.14.1/13.15.1/13.15.2/13.15.3/13.15.5/13.16.1/13.16.6/13.17.2/13.17.3/13.17.5/13.18.4/13.19.1—13.19.2/13.19.4/13.20.2/13.20.3/13.21.2—13.21.3/13.21.4/13.21.5/13.23.2/13.23.6/13.26.2/13.26.5/13.27.2/13.28.6/13.29.6/13.34.1/13.35.3/13.36.5/13.37.3/13.37.4/13.38.4/13.39.2/13.40.5/13.40.6/13.41.4/13.41.6/13.42.1/13.42.3/13.42.4/13.42.6/13.43.4/13.44.1/13.44.5/13.45.2/13.50.3/13.50.4/13.50.6/13.51.2/13.52.4/13.54.1/13.54.5/13.58.1/13.58.2/13.60.1/13.60.2/13.60.3—13.60.4

四角号码	西夏文	汉 文	出　　处
	𗡼𘄒	苾刍	13.60.5/13.60.6/13.60.6—13.61.1/13.61.2/10.2.1/10.2.6/10.3.4/10.3.5—10.3.6/10.3.6/10.4.1/10.4.6/10.5.4/10.5.6/10.6.1/10.10.1/10.10.5/10.11.2/10.11.5/10.11.6/10.14.3/10.16.3/10.16.5/10.16.6/10.18.3/10.18.3—10.18.4/10.18.4/10.20.1/10.20.2/10.22.5/10.23.3—10.23.4/10.23.5/10.24.3/10.24.4/10.24.5/10.24.6/10.25.2/10.27.5/10.28.6/10.34.1/10.36.4/10.38.3/10.39.1/10.39.2/10.39.3/10.39.4/10.41.1/10.41.2/10.41.4/10.42.4/10.43.2/10.43.3/10.43.4/10.44.4/10.44.6/10.47.2/4.2.3/4.2.4/4.3.3/4.4.3/4.4.4/4.5.3/4.6.2/4.9.1/4.9.6/4.11.6/4.12.1/4.15.3/4.15.5/4.17.4/4.18.4/4.20.6/4.21.3/4.21.4/4.22.2/4.23.2/4.23.6/4.23.6—4.24.1/4.25.1/4.25.5/4.26.4/4.27.3/4.27.5/4.27.6/4.29.4/4.30.1/4.30.6/4.31.4/4.36.3/4.36.5/4.37.4/4.37.6/4.38.1/4.39.2—4.39.3/4.39.4/4.39.6/4.40.1/4.40.2/4.40.3/4.40.5/4.40.6/4.42.2/4.42.4/4.43.3/4.43.6/4.44.3/4.45.4/4.46.2/4.46.5/4.47.2/4.47.2/4.47.5/4.48.2/4.52.4/4.53.1/4.54.1/4.56.4/4.57.1/4.57.4/4.59.6—4.60.1/4.60.5/4.60.6/4.62.3/12.3.5/12.4.4
	𗡼𘄒𗹬	苾刍僧	10.33.2/10.34.2
	𗡼𘄒𗾸	苾刍性	13.58.1
	𗡼𘄒𘗽𘎑	苾刍尼事	4.26.4
	𗡼𘄒𘗽𗧾	苾刍尼众	4.43.5
	𗡼𘄒𗏁	一苾刍	4.38.6—4.39.1
	𗡼𘄒𘗽	苾刍尼	13.48.1/10.21.2/4.8.5/4.21.5/4.25.1/4.36.5
270222	𗢳𗣫	贪心	9.5.4
270224	𗢯𗫴	国主	13.49.4
	𗢯𗤋𗰖	出国	13.54.1
270452	𗣼𗤋	善哉	13.34.4/4.44.5
272121	𗾩𗤶	流泪	12.3.1
272222	𗴂𗣀	无对	13.36.3

四角号码	西夏文	汉 文	出 处
	𗀊𗀊	报曰	13.10.5
	𗀊𗀊	答言	13.11.2
272440	𗀊𗀊	垢腻	13.6.2
	𗀊𗀊	洒水	13.7.3/13.7.6
	𗀊𗀊	水窦	13.41.6
272500	𗀊𗀊	乘船	10.44.5
272525	𗀊𗀊	俱出	13.38.3
274000	𗀊𗀊	重校	4.63.6
	𗀊𗀊	更说	4.50.1
	𗀊𗀊	住处	13.27.2
	𗀊𗀊	住处	13.23.2
	𗀊𗀊𗀊	住处	13.28.6
	𗀊𗀊	旧住	13.25.2/10.38.3
274100	𗀊𗀊	主人	10.18.5/10.39.5/10.40.1/10.40.4/10.41.2/10.41.3/10.41.5/10.42.5/10.43.2
274120	𗀊𗀊𗀊	第九子	10.37.6
274122	𗀊𗀊𗀊	许可	4.51.2
	𗀊𗀊𗀊	众前	10.1.4
	𗀊𗀊	寺	13.10.1/13.15.4/13.19.3/13.25.3/13.25.4/13.50.3/13.50.6/13.57.1/13.58.2/10.14.5/10.15.6/10.16.5/10.28.2/10.31.6/10.45.6/10.46.1/4.22.1/4.36.6
	𗀊𗀊𗀊𗀊	掌寺人	10.46.6
	𗀊𗀊𗀊𗀊	寺外	13.19.2/13.50.5
	𗀊𗀊𗀊	寺内	13.25.5/10.16.3/12.4.4/12.4.5
	𗀊𗀊𗀊	寺中	13.6.3—13.6.4/10.14.3/10.14.6/10.15.6/10.24.6/10.30.3/10.38.3
	𗀊𗀊𗀊𗀊𗀊	护寺天神	4.18.2
	𗀊𗀊𗀊	寺门	13.47.6
	𗀊𗀊𗀊𗀊	闭寺门	10.46.3
	𗀊𗀊	众事	10.24.2
	𗀊𗀊	众人	13.23.1
	𗀊𗀊	众多	10.5.4/10.38.3/4.37.6—4.38.1/4.54.1
	𗀊𗀊	众中	4.43.6/4.47.6/4.48.3/4.48.4/4.49.4
	𗀊𗀊	众物	10.20.3/10.22.3/10.24.4
274124	𗀊𗀊	补帖	10.12.4

四角号码	西夏文	汉　文	出　　处
	𫟷𫟷	现今	10.28.4
274142	𫟷𫟷	应受	13.14.3
	𫟷𫟷	受食	10.32.3
274200	𫟷𫟷	准义	4.41.3
	𫟷𫟷	义净	13.1.2/4.1.2
274220	𫟷𫟷	刮舌	13.42.4/13.42.5/13.43.2/13.43.4/13.43.5/13.44.1
	𫟷𫟷	口味	10.35.1
	𫟷𫟷𫟷	第六子	10.22.1
	𫟷𫟷𫟷	六物	13.57.1/13.57.2
	𫟷𫟷	六众	13.39.5/13.42.5/13.43.3/10.10.1/10.10.5/10.11.2/10.30.2/10.30.4/10.31.2—10.31.3
	𫟷𫟷	六人	4.51.3
274222	𫟷𫟷𫟷	赴集	4.46.5
	𫟷𫟷𫟷	半择迦	4.35.3/4.51.5
274225	𫟷𫟷	长者	13.10.1/13.10.5/13.10.6/13.11.5/13.12.1/13.12.3/13.35.2—13.35.3/13.35.413.36.4/13.42.6—13.43.1/10.14.1/10.14.2/10.14.5/10.16.1/10.16.2/10.16.4—10.16.5/10.16.5/10.29.3/4.28.4
274240	𫟷𫟷𫟷	癫狂病	4.9.4
274254	𫟷𫟷	扶舁	4.9.1—4.9.2/4.9.4
274274	𫟷𫟷	尘土	13.8.1
	𫟷𫟷	游尘	13.2.1
274322	𫟷𫟷	制法	10.25.2
274400	𫟷𫟷	足蹋	13.11.6
	𫟷𫟷	贤首	4.29.2
	𫟷𫟷	御译	9.1.2/9.1.3
	𫟷𫟷	神力	9.4.1
	𫟷𫟷	狭小	10.19.4
	𫟷𫟷	蹴蹋	10.10.2
274420	𫟷𫟷	广明	4.16.5/4.18.6/4.35.5
	𫟷𫟷	广陈	13.57.4
	𫟷𫟷	广大	9.1.7/9.3.2
	𫟷𫟷	广说	10.27.6/4.29.3
274422	𫟷𫟷	幸愿	10.35.1

四角号码	西夏文	汉 文	出　　处
	𗾒𗾒	唯愿	10.33.1
	𗾒𗾒	因缘	4.26.1/4.26.5/4.27.6
	𗾒𗾒	赤色	10.32.5
274450	𗾒𗾒	摄取	9.5.3
	𗾒𗾒	摄颂	13.1.3/13.1.6/13.14.4/13.22.2/13.57.3/10.1.2/10.8.2/10.9.4/10.13.4/10.17.5/10.22.1/10.25.3/10.32.2/10.37.6/10.47.6
	𗾒𗾒	摄受	13.53.4/13.53.5/13.53.6/4.42.6
274455	𗾒𗾒	无力	13.18.5/13.18.6
	𗾒𗾒	除劳	10.38.6
	𗾒𗾒	解劳	10.30.4/10.38.4/10.41.2
	𗾒𗾒	解息	10.38.5/10.39.1
274470	𗾒𗾒	少欲	10.7.5
	𗾒𗾒	与欲	4.9.4
	𗾒𗾒	欲净	4.46.6/4.51.4
274522	𗾒𗾒	年少	13.9.6/13.37.3
	𗾒𗾒	少年	13.16.5/13.38.2/13.38.5/13.39.2/13.55.1
274525	𗾒𗾒	共议	10.46.1
	𗾒𗾒	共为	4.52.2
	𗾒𗾒	咸共	4.37.1
	𗾒𗾒𗾒	共食	10.15.2
	𗾒𗾒𗾒	共议	13.24.4
	𗾒𗾒	不同	13.51.3—13.51.4/13.51.6
	𗾒𗾒	同见	4.51.6
	𗾒𗾒	共分	10.29.4
277442	𗾒𗾒	惭愧	10.5.2/10.5.3
	𗾒𗾒𗾒	惭愧心	10.30.6
	𗾒𗾒	恭敬	13.54.2/13.56.2
	𗾒𗾒	安慰	13.34.3/13.34.5/13.34.6
	𗾒𗾒	敬问	13.32.3
	𗾒𗾒	慰问	13.25.2/13.32.3—13.32.4
	𗾒𗾒	问讯	13.25.6
	𗾒𗾒	瞻仰	10.26.4
	𗾒𗾒𗾒𗾒	愧谢	4.52.6/4.53.2
277540	𗾒𗾒	无畏	9.1.6/9.2.2
278124	𗾒𗾒	冒雨	10.9.5/10.11.1

四角号码	西夏文	汉 文	出 处
278520	𗑽𗈧	恭敬	13.31.6/13.55.3
280151	𗋈𗈧	识处	13.29.5/13.33.1
280400	𗣼𗧪	母指	13.4.2
	𗣼𗴛	手中	10.45.4
	𗣼𗷕𗭡	巾帛	4.45.3
280420	𗧇𗐲	粗恶	4.16.2
280422	𗅠𗍳	曲捩	4.16.2
	𗋈𗤶	有疑	4.5.2
	𗋈𗒅	生疑	10.2.3/10.3.1/10.5.1/10.27.5/10.50.2
	𗋈𗬰	除疑	4.4.6/4.26.6
	𗋈𗥦	疑念	10.6.1
	𗋈𗮔	决疑	4.5.5
	𗋈𗥩	疑罪	4.4.3/4.4.4/4.5.3
280424	𗩰𗗥	禅定	9.4.6
280425	𗥔𗵘	割截	13.2.4
280450	𗼃𗆧	天雨	4.54.2
	𗼃𗍖	天明	10.31.2
282442	𗐲𗵐	恶见	4.26.5
	𗐲𗣼𗆫	恶作罪	10.10.3/10.11.2/10.11.5/10.12.1—10.12.2/10.21.6/10.25.2/10.27.4/10.32.1
	𗐲𗥦	讥议	4.53.1
284120	𗦞𗋃	羸弱	13.41.3
284122	𗦢𗊱	令解	4.27.1
284129	𗺸𗸽	随时	4.27.3/4.37.4
	𗺸𗄈	时至	4.3.4/4.5.4/4.8.3/4.9.6/4.12.3/4.13.6/4.14.5/4.15.3/4.17.2/4.23.3/4.31.3/4.41.6/4.49.3/4.50.4/4.55.3/4.57.3/4.59.5
284140	𗦞𗟻	请求	4.28.6
284142	𗦻𗐯	看检	4.23.6
	𗦻𗐯	巡行	4.23.6
284152	𗜓	药	10.15.5
	𗜓𗆫	杵石	13.2.2
	𗜓𗊩	磨药	13.13.5
	𗜓𗊩𗌗	料理药	13.13.4
	𗜓𗣀𗕑	处方	13.13.3
	𗜓𗜓	病药	4.35.2

四角号码	西夏文	汉 文	出 处
	𗧗𗧗	医药	4.20.2
284172	𗨰𗏵	命终	13.60.2/10.23.5
284220	𗏵𗏵	入房	13.29.2
	𗏵𗦲	房舍	4.10.5/4.15.6/4.18.5/4.21.6/4.23.1/4.23.3/4.23.4/4.23.5/4.23.6
	𗏵𗏋	厨内	10.9.5
	𗏵𗏋	房内	13.15.5/13.41.4/10.41.4—10.41.5/10.42.1/10.42.2
	𗏵𗏋	房中	13.20.1/10.36.6
	𗏵𗣊	闲房	13.28.3
	𗏵𗨰𗤙	房廊	4.22.1
284222	𗏲𗏴𗤱	达底迦	10.34.5
284224	𗫰𗤤	着窗	13.19.6
	𗫰𗨺	窗扇	13.20.2
284254	𗫰𗣄𗫔	阿难陀	13.18.5—13.18.6/13.18.6—13.19.1/13.23.3/13.25.3—13.25.4/13.25.4/13.25.6—13.26.1/13.26.6/13.27.3/13.28.2/13.31.5/13.32.2—13.32.3/13.32.3/13.32.4/13.33.5/13.34.2/13.34.4/13.49.6/13.50.1/13.50.2/13.50.3—13.50.4
284400	𗥃𗟱	忏摩	13.55.2/4.52.2—4.52.3/4.52.4/4.52.5
	𗥃𗥴	眼目	13.37.2
	𗥃𗧄	烟熏	10.11.3
284420	𗥃𗤩	打骂	13.60.6
	𗥃𗤦	出迎	13.25.2
284422	𗧜𗣄	卧具	13.57.6/10.31.1/4.10.2/4.10.5/4.11.1/4.11.3/4.11.6/4.12.2/4.12.4/4.12.5/4.12.6/4.13.1/4.13.3/4.23.6/4.24.1/4.24.2/4.24.3
	𗧜𗤲	卧具	10.25.5/10.31.3/10.31.6
284440	𗥄𗤥	弃掷	13.8.6/13.9.2/13.9.3/10.4.3
284442	𗨰𗫔	明日	10.34.2/10.34.6/4.16.1/4.17.3/4.19.2/4.62.1/4.62.2
284450	𗥃𗤀	断尽	13.22.6
284472	𗥄𗤞	如律	4.43.1
	𗥄𗤞	依律	4.49.5
287152	𗨵𗧄	有疑	4.4.2

四角号码	西夏文	汉 文	出 处
287420	𗡅𗆄	说戒	4.8.4/4.53.5
	𗡅𗆄	持戒	10.7.4
	𗡅𗆄	戒律	9.6.7
287452	𗢴𗆄	可信	10.7.3
	𗢴𗆄	应信	10.7.4
294225	𗣼𗥃	大小	10.31.1
	𗣼𗴖	下座	13.6.3/13.6.5
302121	𗶷𗶷	送来	10.22.2
302220	𗤌𗠁	无人	10.2.1
302422	𗊢𗤋	付	4.59.1/4.59.2/4.60.1/4.60.5/4.61.1
	𗊢𗤋	付嘱	13.46.5
302900	𗫉𗥃	大王	13.49.4
304000	𗰔𗤋	医人	13.13.1
	𗰔𗱕	贤首	13.13.2/13.43.1
312121	𗹦𗷲	奉行	13.51.1
	𗹦𗷲	应行	10.31.1
312140	𗵆𗵆	行游	13.5.5
	𗵆𗵆	游适	13.46.1
	𗵆𗵆𗭥	经行处	13.12.5
314440	𗭷𗤋	器物	4.15.1/4.15.2/4.15.4
322420	𗄈𗸦	林中	13.60.5
372142	𗈛𗆄	即解	13.23.4
	𗈛𗆄	解了	13.23.5
	𗈛𗆄	就解	4.4.3/4.5.2—4.5.3
372240	𗁡𗵷𗣫𗣫𗤋	突色讫里多	4.7.2—4.7.3
	𗁡𗆄	油腻	10.49.3
	𗁡𗂸	油污	10.48.3
382420	𗊝𗟱	手足	10.10.1
	𗊝𗊝	皮属	10.15.4
410112	𗖎	根	10.15.5
	𗖎𗆄	根果	10.27.5
412122	𗰜𗆄𗊢	极少欲	10.7.6
412150	𗰜𗤋	白二	4.8.6/4.10.2/4.12.1/4.13.4/4.14.3/4.15.1/4.21.6/4.25.3/4.35.6/4.53.6/4.56.2/4.59.2/4.59.1

四角号码	西夏文	汉 文	出　　处
	㮆㮗	第二	13.33.1/4.21.3/4.28.2/4.43.2/4.47.4
	㮆㮗㲼	第二定	13.29.4
	㮆㮗藏	第二子	13.14.4/10.8.2
	㮆妍	二遍	4.63.6
	㮆𥹞	二种	10.5.2
	㮆𥺍	二部	4.44.4/4.44.5
	㮆靴	二日	4.29.5
	㮆靴	二夜	4.34.4
	㮆靴	两夜	4.33.6
	㮆㲵	双足	13.28.2/13.29.1/13.31.6/10.33.1
	㮆㡣䩀	二蕊刍	10.7.2
	㮆𦅾	两众	4.21.4
	㮆㮹	二并	10.7.4
	㮆㮹	二俱	10.7.4/10.7.5
	㮆㡥	二重	10.37.4
	㮆𥺦	二人	13.46.2/10.7.3/4.30.5/4.33.3/4.41.1/4.43.4/4.50.6/4.51.1
	㮆㲅	两段	13.11.6
412151	㮨䩀	仁等	13.24.5/13.26.3/13.31.2/10.24.3/10.29.1/10.29.3/10.30.5/10.31.4/4.36.5/4.37.1
	㮨䩀	汝等	13.39.6/13.40.2/13.46.1/10.14.6/10.46.2/4.36.3
424440	骹𦄧	迎接	13.21.4
440114	㲥𦈣	洗足	13.29.2
	㲥𦈣黄	洗足盆	4.10.5
	㲥䩀	洗足	4.54.3
487400	㧁𦃀	嫌恨	4.52.1/4.53.2
	㧁𦃀	怨嫌	4.52.2
	㧁𦈂	嫌耻	10.29.4
	㧁㧁	嫌耻	13.44.4
	㧁䍥	嫌耻心	13.7.4
502121	蕭𩑨核	逝多林	4.54.1/4.54.3
	蕭𩑨藃	逝多园	4.29.1
	蕭麓藏㼪	室罗伐城	10.1.3/10.14.1/10.18.2/10.25.6
502122	蘸㡸	园林中	10.1.4
502124	蘸靴	旁边	13.17.6

四角号码	西夏文	汉　文	出　　处
	𗾟𗴲	村	10.32.5/10.32.6
	𗾟𗴲	村坊	13.23.2/13.26.5/4.19.2/4.19.3/4.20.1/4.36.3
502142	𗾟𗴪	香泥	10.48.1/10.48.6/10.49.2
	𗾟𗰧	园中	13.49.2
	𗾟𗣫	香山	13.21.1
	𗾟𗭉	香水	4.16.3
	𗾟𗫂	香台	4.37.3
502240	𗀟𗫤	求盆	13.41.6
502420	𗴟𗫬	凡夫	13.16.6
	𗴟𗫬	俗人	4.51.5
	𗴟𗫬𗔡	俗旅	4.45.2
502422	𗵘𗫬	梁栋	13.58.4
502427	𗺜𗫬	葡萄	10.35.2
504120	𗺞𗯰	棚车	4.36.4
504122	𗶅𗹿	斗栱	13.58.4
504140	𗸇𗸕	空槃	4.17.4
	𗸕𗰣	果木	10.35.1
	𗸕𗪨𗫩𗟟	窗棂	13.20.1
504220	𗽃𗴳	檐网	13.57.4
504400	𗸭𗶯	垢污	13.4.4
504414	𗴺𗺄	既了	13.28.4
	𗴺𗺄	已了	13.28.5
	𗴺𗲝	碎破	13.12.4
504420	𗴩𗴹𗫩𗤩	三藏法师	13.1.2/4.1.2
	𗴩𗴹	三藏	4.4.3/4.5.2/4.37.4/4.49.5
504440	𗸍𗲋	置竿	13.15.5—13.15.6/13.15.6
505152	𗸓𗸓	参差	13.2.6
505450	𗺐𗷋	柱孔	10.13.1
	𗺐𗺆	行柱	13.19.5
505520	𗸱𗳷	受取	10.23.3
	𗸱𗭝	应畜	13.43.4
	𗸱𗴾	擎持	4.54.2
	𗸱𗴾	守持	4.26.2/4.27.2—4.27.3/4.27.3/4.27.6/—4.28.1/4.28.3/4.30.1—4.30.2/4.30.2/4.30.3/4.30.4/—4.30.5/4.32.2/4.32.3—4.32.4/4.33.5/4.33.6/4.34.1/4.34.4/4.48.1/4.62.2

四角号码	西夏文	汉 文	出　　处
507140	𗂯𗅥	火炉	10.33.5/10.36.6
	𗂯𗎱	然火	10.36.4/10.36.5
509000	𗑗𗏹𗉛𗼇	招凉舍	13.19.1
574440	𗣔𗔪𗽃	净触	13.57.2
579400	𗙏𗣋𗄑	大供养	10.48.6
	𗙏𗥷	大床	10.21.1
	𗙏𗣜	大斋会	10.1.4
	𗙏𗤞	大力	10.32.6
	𗙏𗵒	大苾刍	4.43.6—4.44.1
	𗙏𗏷	大臣	4.28.6/4.29.1
	𗙏𗝢	大僧	4.8.5
	𗙏𗝢𗱕	大众事	4.30.1
	𗙏𗝢𗩾	大众中	4.52.4
	𗙏𗬩	大衣	10.48.5
	𗙏𗢸	大王	4.29.3
	𗙏𗡪𗆫	大药叉	10.34.5
	𗙏𗽈𗭪	大善利	13.23.3/13.26.6
	𗙏𗝢	大众	13.31.4/13.49.5/10.20.1/10.29.4/10.31.4/10.46.1/4.16.4/4.18.3/4.24.2/4.37.6/4.46.2
	𗙏𗤋	大师	13.11.3
	𗙏𗤋	大师	13.23.4/13.24.5/13.31.2/13.34.1/13.49.6/4.17.5
	𗙏𗝠𗵘	大世主	13.48.1
	𗙏𗅁	大德	13.28.5/13.31.6—13.32.1/13.34.4/13.48.3/13.50.3/4.3.1/4.5.1/4.6.2/4.6.5/4.8.2/4.9.4/4.12.2/4.12.5/4.13.5/4.14.4/4.15.2/4.17.1/4.23.2/4.24.5/4.25.4/4.27.2/4.30.6/4.31.6/4.33.5/4.34.1/4.34.4/4.39.2/4.39.6/4.41.5/4.42.5/4.44.4/4.45.5/4.46.4/4.49.1/4.50.2/4.54.4/4.57.2/4.57.6/4.59.4/4.60.2/4.62.4
	𗙏𗤲𗤲	大喧声	13.25.4
	𗙏𗤲𗤲𗬛	大喧声	13.50.1
	𗙏𗤲𗬛	大喧声	13.25.3
587442	𗬹𗇋	劳苦	10.29.2/10.31.4
587450	𗬹𗏇	论说	4.52.1

四角号码	西夏文	汉　文	出　　处
604000	𗼆𗬉	奔驰	10.2.1
604120	𗼌𗬬	欲去	10.44.5
	𗼌𗲁	随喜	10.35.1
608420	𗼥𗥤𗼮𗣠	逝多林	13.5.6/13.21.2
	𗼥𗭬𗤻𗲩	式叉摩拏	4.26.4/4.44.2
712124	𗹻𗮸	饮尘	10.51.1
712140	𗹼	饭	10.17.2
	𗹼𗲎	乞食	10.28.5/10.50.2/4.19.2/4.19.3/4.20.1/4.35.2/4.54.4
	𗹼𗮹	食利	10.27.3/10.27.5
	𗹼𗮴	啄食	10.2.4
	𗹼𗮲	授食	10.2.1
	𗹼𗟟𗥩	厨内	10.3.4
	𗹼𗟟𗥩	厨中	10.11.3/10.11.4
	𗹼𗮻	食尘	10.51.1
	𗹼𗲇	受食	10.49.4/10.49.5
	𗹼𗹼	饮食	13.60.4
	𗹼𗮭	饮食	13.6.1/13.37.2/10.3.4/10.27.2/10.28.2/10.28.3
	𗹼𗮭𗲎	乞食	10.29.1
	𗹼𗯾	啖食	13.60.3
	𗹼𗮶	残食	13.60.1
	𗹼𗳽𗮾	一抄食	13.60.3
	𗹼𗲬	持食	10.1.4
712142	𗮭𗮺	衣食	13.52.1
712144	𗮷𗮓	气臭	10.48.3
712242	𗿍𗿌	赞美	13.23.5—13.23.6
	𗿍𗿌	赞叹	13.24.1/13.24.2/13.24.6/13.27.4—13.27.5/13.32.1
	𗿐𗿕	饥虚	10.28.5
712440	𗤁𗤅𗟪𗣗	阿遮利耶	4.18.1
	𗤁𗽁𗤻	阿罗汉	13.24.4
	𗤁𗽁𗤻𗲥	阿罗汉果	13.22.6
712550	𗷗	痴	4.11.3
	𗷗𗵘	痴物	13.47.3
722170	𗵝𗷉	宽狭	13.3.5

四角号码	西夏文	汉 文	出　　处
725000	𘔻	叶	10.15.5
	𘔻𗼽	小叶	10.27.3
	𘔻𗤒	量叶	13.3.5—13.3.6/13.3.6
	𘔻𗗙	叶相	13.4.1
732442	𗥃𘃡	他财	10.22.2
	𗥃𗤿	余家	13.13.4
762140	𗾟𗤺	办了	4.11.4
	𗋽𗤻𘜶	第八子	10.32.2
	𗋽𗤩𗩴	八难事	4.35.4
772444	𗰖𗥃	羯磨	13.40.3/4.2.5/4.3.5/4.4.5/4.5.5/4.8.1/4.9.2/4.9.5/4.10.1/4.12.1/4.14.1/4.14.6/4.15.4/4.15.5/4.23.2/4.23.5/4.30.6/4.33.3/4.39.1/4.56.1/4.57.1/4.59.2/4.62.3
	𗰖𗤩𘘤	羯耻那	4.55.1/4.55.4/4.57.2/4.58.1/4.58.2/4.58.3/4.59.6/4.60.4/4.60.4—4.60.5/4.60.6
	𗰖𗤩𘘤𗣼	羯耻那衣	4.53.6/4.56.2/4.56.3/4.56.6/4.57.3/4.57.4/4.57.6/4.57.4—4.57.5/4.58.1/4.59.1/4.59.4/4.60.2/4.61.3/4.61.5/4.62.1—4.62.2/4.62.4/4.62.5—4.62.6
	𗰖𗤩𘘤𗣸𗾔	张羯耻那人	4.58.5
	𗰖𗤜𘕿𘃡𘄒	羯湿弥罗国	10.34.4—10.34.5
772444	𗥃𗰞	持饭	10.15.3
772545	𘚆𘚆	渐渐	13.25.1
774400	𗝷𘛁	欢乐	4.19.6
782545	𘛇𗱇	应食	10.5.1/10.50.1/10.51.3
802100	𗖻𘕋	劳苦	4.20.1
802120	𗵺𗏆𘛀	乔答弥	13.48.3
802122	𗵺𗵺	皆共	10.21.3—10.21.4/13.23.5
	𗵺𗵺	皆悉	4.20.3
	𗵺𗵺	悉皆	13.16.6/13.20.5/10.33.5/4.2.2/4.3.2/4.10.6
	𗵺𗵺	咸皆	10.3.6
	𗵺𗵺	咸悉	10.37.5
	𗵺𗵺	咸相	4.52.6
802124	𗵻𘜶	难陀	13.20.6/13.21.3/13.21.5
	𗵻𗉯𘗽𗈁	敬信深重	13.23.1

四角号码	西夏文	汉文	出　　处
	薍蕤瓥	捺落迦	13.21.2
802140	薍綒	罗怙	13.22.3
	薍綒薍	罗怙罗	13.45.6/13.46.3/13.46.5/13.47.2/13.47.4/13.48.2/13.49.3/10.26.4/10.26.5
	薍薇	世尊	13.16.4/13.18.5/13.20.6/13.23.2/13.23.3/13.23.5/13.24.1/13.24.5/13.25.3/13.25.6/13.26.3/13.27.2/13.27.4/13.28.1/13.28.6/13.29.3/13.29.3—13.29.4/13.29.6/13.30.3/13.31.2/13.31.4/13.32.1/13.34.1/13.34.5/13.34.5—13.34.6/13.37.4/13.37.5/13.37.6/13.38.3/13.43.1/13.49.6/13.50.5/10.7.1/10.8.5/10.20.3/10.21.1/10.21.2/10.25.6/10.26.3/10.26.4/10.27.1/10.27.4—10.27.5/10.30.5/10.32.5/10.33.1/10.33.3/10.33.6/10.34.2/10.34.3/10.38.6/10.47.2/4.6.2/4.10.3/4.24.4/4.24.5/4.25.4/4.27.2/4.30.2/4.33.3/4.33.5/4.35.2/4.36.1/4.40.5/4.46.4/4.54.2/12.3.2/4.54.3
802142	薍薇蘋	界外	4.25.5/4.25.6/4.27.1/4.27.6/4.30.1/4.30.4/4.31.2/4.31.4/4.32.1/4.32.3/4.32.5/4.33.1/4.35.4/4.55.2/4.55.5
	薍綒	界内	4.20.6/4.31.1/4.31.6/4.34.3
	薍綒	结界	4.9.1
802144	蘷該	竹片	13.17.3
	蘷舷	求竹	13.16.2
802150	蘢羺	衣服	13.15.1/13.15.2—13.15.3/13.31.5/10.28.4/10.47.2/10.48.6
	蘢羺桼蕲	擎衣持盖	10.15.4
	蘢羺慨	作衣服	13.20.4
	蘢禮	衣钵	13.40.2/10.39.3/10.39.5/10.40.5/10.41.4/10.41.6/10.42.5/4.54.3
	蘢叔	寄衣	10.43.2/10.43.4
	蘢懋	作衣	13.4.5
	蘢耗	衣物	10.22.2/4.53.6
	蘢薐	衣架	13.1.4/13.14.5/13.16.1
	蘢巍猟	好衣	13.8.4

四角号码	西夏文	汉　文	出　　处
	𗩴𗏇𗊲	衣钵	13.28.1
	𗩴𗴫	作衣	13.3.4
	𗩴𗟲	故衣	13.8.5—13.8.6
	𗩴𗏷	染衣	10.4.1
	𗩴𗮔𗴟	分衣人	4.14.2/4.14.4/4.14.6
	𗩴𗆫	衣袋	10.44.5/10.44.6—10.45.1
	𗩴𗌭	捉衣	13.7.1
	𗩴𗣼	张衣	4.55.2/4.55.5/4.62.1/4.63.1
	𗩴𗣼𗴟	张衣人	4.56.4/4.59.2/4.59.5/4.60.3
	𗩴𗌧	污衣	10.48.1
	𗩴𗷝	持衣	4.59.2
	𗩴𗼨𗩴𗴟	掌衣物人	4.13.5/4.14.1
	𗩴𗩴	藏衣	4.13.4
802154	𗉈𗰖	涂香	10.5.5
802220	𗿒	鍮石	13.43.5
802222	𗥴𗈈	罗网	13.59.2
	𗤁𗯵	净尘	10.50.5
	𗤁𗿵	净心	9.3.6/9.6.1/9.6.5
	𗤁𗤁	净物	4.16.3
	𗤁𗵍𗸰	净槃中	4.16.3
802224	𗥫𗏝	褥座	13.5.6
	𗥫𗏝	毡褥	13.8.3
	𗥫𗏝	座褥	13.8.1/13.28.4
	𗴫𗟲𗲱	奥箪迦	4.21.3—4.21.4/4.28.2/4.43.3
802240	𗼄𗴮𗰖	第七子	10.25.3
	𗼄𗤁	七日	4.26.2/4.27.1/4.27.2/4.27.6/4.29.6
	𗼄𗤁	七夜	4.34.4/4.34.5/4.34.6
	𗼄𗥉𗲱	七八日	4.52.5
	𗣁𗣬	破帛	13.5.4
802400	𗴮𗰖	券记	10.25.1
802442	𗰖𗲱	斯实	13.12.3
802525	𗰘	和	13.9.3/13.12.5
804100	𗴰	铜	13.43.4
	𗴰𗸰	赤铜	13.43.5
	𗴰𗰖	希求	9.2.6
804140	𗴰𗤁𗰘	不共语	13.51.3

四角号码	西夏文	汉 文	出　　处
	𗆤𗓽	言语	13.51.5
804144	𗆤𗤶	斗诤	4.52.1/4.52.4
804170	𗆤𗤏	缠裹	13.5.4
804420	𗧤𗤢	或一	4.37.6
	𗧤𗤖	若老	4.36.6
	𗧤𗤷	或后	4.27.5/4.31.1/4.31.6
	𗧤𗤛	或二	4.37.6
	𗧤𗤝	若少	4.36.6
	𗧤𗤕	或前	4.27.5/4.31.1/4.31.6
	𗧤𗤸	随年	4.53.2
	𗧤𗤓	少年	4.24.2
804440	𗤩	铁	13.43.4
	𗤩𗧷𗤭	小铁环	13.59.5
	𗤧𗬑	相识	10.39.1/10.41.2
805450	𗤧𗠔	闻已	10.3.6
805452	𗤏	恚	4.11.3
807240	𗧠𗟻	刀子	4.45.2
	𗧠𗟻	小刀子	4.45.4
	𗧠𗣼𗣻	剉	13.9.3
807441	𗧓𗥩	共决	4.48.6
	𗧓𗥩	决	4.49.2
	𗧓𗥩	决定	4.49.6
	𗧓𗥩	决断	4.49.3/4.49.5/4.50.3
807442	𗤧𗤯	君持	13.57.2
812122	𗇋𗣼	受用	13.51.4/13.51.6/10.10.5/4.18.5
812124	𗇋𗟻	不解	13.59.4
	𗇋𗟻	不知	13.17.3/13.19.2/13.41.1/10.20.2
	𗇋𗤖	不知	13.2.6/13.3.5/13.8.3
812125	𗇋𗣼	说序	4.7.6
812142	𗋽𗤜	我等	13.24.3/13.24.6/13.25.1
812150	𗋕𗥩	犯罪	4.6.2
	𗋕𗤆	有罪	4.2.1/4.48.1/4.48.2
	𗋕𗥃	疑罪	4.47.6/4.48.1/4.48.2
	𗋕𗥃	忆罪	4.48.3
	𗋕𗥫	罪事	4.49.5
	𗋕𗧓𗥩	决定罪	4.49.4

四角号码	西夏文	汉 文	出　　　处
	𗹬𗼃𗾖	决罪	4.50.4
	𗹬𗾖	诤罪	4.48.4
812220	𗼊𗾖	将作	4.53.6
	𗼊𗿷	当作	4.37.1
	𗼊𗿷	应作	4.19.3
	𗼊𗿷	欲作	4.17.1
	𗼊𗾾	乐作	4.57.2/4.57.6
	𗼊𗾾	牒作	4.33.4
	𗼊𗾾	应为	4.9.3
	𗼊𗾾	应作	13.16.1/13.17.3/13.19.1/13.55.2/10.12.6/10.36.6/4.8.1/4.16.5/4.24.5/4.50.1/4.51.1/4.51.2/4.51.6/4.59.3/4.62.3
	𗼊𗾙	应作	4.9.2
	𗼊𗽫𗹬	恶作罪	4.25.2/4.44.6—4.45.1
	𗼊𗾚	应作	4.48.6
	𗼊𗹬	恶作	10.30.2
	𗼊𗼊	所为	13.23.1
	𗼊𗽞	已作	4.44.5/4.44.6
812224	𗼌𗾮	明净	13.37.2
812250	𗾟𗾟	调伏	9.6.3
812452	𗾙𗾟	请唤	4.26.5
812454	𗾟𗾟	除罪	4.3.6/4.4.6/4.5.6
	𗾟𗾟	悔罪	4.6.3
	𗾟𗾟	有犯	4.3.2
	𗾟𗾟	收谢	13.54.6
	𗾟𗾟	瑕隙	10.7.6
	𗾟𗾟	无犯	13.11.5/13.20.5/10.2.6/10.3.2/10.5.4/10.36.1/10.37.5
	𗾟𗾟	无犯	4.9.2/4.9.5
	𗾟𗾟𗾟	不容舍	13.56.1
	𗾟𗾟	容舍	13.55.6/13.56.1
	𗾟𗾟	容恕	4.52.4
	𗾟𗾟	过失	4.34.2
	𗾟𗾟	瑕隙	10.7.2
814100	𗹈𗹈	零落	13.12.2
	𗹈𗹈𗾟	离过	4.55.3/4.55.5

四角号码	西夏文	汉 文	出 处
814121	巍敍薮帆	水罗君持	13.56.5
	巍敍	水罗	13.57.2
814140	舵舒	瓶器	10.4.2
	巍蘽	烧香	10.5.5
814222	頦頔	商度	4.29.4
815154	鞁彪	巡行	4.20.1
	鞁彪	游行	10.32.5
	鞁彪	游历	10.30.3
822122	舵缎	近圆	13.56.6/13.58.1
	糒敋	碎砖	13.58.5
822127	崷羸	纷纭	4.48.5
822420	核核	一一	10.34.1/10.35.6/4.44.2
824020	刻募	经宿	10.33.2
	刻募	一夜	10.31.4
	刻勤刻募	一日夜	4.33.5
824400	祾缀	药叉	10.32.3/10.35.3
832142	巆恍	如此	13.10.2/13.10.5
	巆恍	如是	9.3.4/13.13.2/13.14.1/13.24.6—13.25.1/ 13.27.1/13.38.5/13.45.1/10.13.1/10.16.1/ 10.39.3/10.41.4/4.2.6/4.4.6/4.8.1/4.9.2— 4.9.3/4.11.5/4.13.4/4.20.3—4.20.4/4.21.3/ 4.22.6/4.27.4/4.28.2/4.30.5/4.33.2/4.33.6/4. 38.4/4.40.4/4.42.3/4.43.2/4.43.4/4.44.4/4. 45.5/4.46.6/4.47.4/4.48.6/4.50.1/4.58.6/4. 59.3/4.61.1/4.62.3
	巆靫	斯等	4.35.5
	巆薆	今日	13.6.6
	巆薆	今者	10.19.1
	巆絧苃	四处	10.6.5
	巆緗	此难	4.35.4
	巆絥	是故	10.27.2
	巆絥	因此	13.53.6
	巆絥	缘斯	12.3.5
	巆烝叕	此住处	4.31.1/4.31.6/4.62.4
	巆烝叕犹	此住处	4.3.1—4.3.2/4.5.1—4.5.2/4.21.2/4.27.5

四角号码	西夏文	汉 文	出 处
	𗣼𗯨	此时	4.45.2
	𗣼𗬻𗆧	此苾刍	4.12.2/4.12.5/4.12.6/4.13.1/4.13.2/4.13.5/4.13.6/4.14.4/4.14.5/4.15.2/4.23.2/4.23.4/4.31.1/4.31.1—4.31.2/4.31.6/4.32.1/4.32.2/4.32.4/4.32.6/4.39.2/4.39.6/4.57.2/4.57.6/4.58.1/4.59.4/4.60.2—4.60.3/4.61.4
	𗣼𗝢	此事	13.35.2/4.63.2
	𗣼𗝢𗾱	作斯事	4.3.6
	𗣼𗣀	此物	10.6.1—10.6.2/12.3.3
	𗣼𗯨𗫦𗰖𗣀	此寺物	10.17.1
	𗣼𗯨𗫦𗰖𗆍	此寺食	10.17.1
	𗣼𗯨𗗙	此众中	4.49.1
	𗣼𗦻	此衣	4.55.1/4.55.4/4.59.4/4.59.6/4.60.2/4.60.3—4.60.4/4.60.4/4.60.6
	𗣼𗦻𗣀	此衣财	4.56.3
	𗣼𗥹𗥰	此某甲	4.58.2/4.58.3/4.58.5/4.57.4
	𗣼𗋽	此人	4.31.2/4.31.4/4.32.2/4.32.3/4.32.5/4.33.1
	𗣼𗏁	此处	4.28.1/4.45.6
	𗣼𗤒	此言	12.3.1
	𗣼𗗙	此中	10.50.5/4.48.2
	𗤒𗯨	独觉	13.31.1/13.33.6
832170	𗬣𗨳	羹汁	10.49.6
834100	𗯁𗣖	合掌	13.31.6/4.17.6/4.20.3/4.27.4/4.42.3
	𗯁𗦬	庄校	4.37.3
834120	𗯁𗪍	抖擞	10.49.1—10.49.2
834142	𗪆𗼲	坏损	10.36.4
	𗪆𗼲	毁坏	10.21.4
	𗪆𗼲	损坏	13.10.1/10.10.6/10.11.3
834170	𗮅𗷙	次第	4.43.4
	𗮅𗷙	次入	13.29.4
	𗮅𗷙	随次	13.32.5
	𗮅𗷙	续次	10.41.2
	𗮅𗱥	巡次	13.6.4
834400	𗯓𗴭𘃣	目得迦	10.1.1/10.51.4/4.29.3
842120	𗥃𗲗	料理	10.12.5
	𗥃𗲗	修理	13.12.4/10.18.1/10.21.3/10.21.5

四角号码	西夏文	汉　文	出　　处
842122	𗤊𗤶	多少	13.55.4/4.35.1
	𗤊𗈾	尤多	10.35.1
	𗤊𗧌	多时	13.11.6
	𗤊𗏆	多闻	10.7.4/10.7.4—10.7.5
	𗤊𗏅	多重	10.37.4
	𗤊𗉘	多人	13.50.1/10.21.1/4.30.5
	𗤊𗐂	多获	10.19.2
844122	𗤋𗏺𗰜	尸林	10.24.1
844140	𗤙𗏩	应畜	10.48.5
	𗤙𗰔	非处	9.2.3
854142	𗖵𗤶	病患	4.9.5/4.9.6—4.10.1/4.20.2/4.47.3
	𗖵𗤶	有病	4.46.4
	𗖵𗤶𗗚	平复	13.13.3
854200	𗵈𗤊𗰗	执杖戏	13.39.6
	𗵈𗫴𗤊	执竿杖	4.22.2
	𗵈𗤶	杖头	13.9.1
871000	𗵘𗏺	胡桃	10.35.3
872142	𗗪𗤊𗤶	舍利子	13.45.5/13.45.6/13.46.3—13.46.4
872170	𗘞𗰜	臭气	13.35.4/13.35.5/13.35.6/13.37.2
872220	𗡨𗵽𗵺	听者	4.3.4/4.5.4/4.8.3/4.9.6/4.12.3/4.13.6/4.14.5/ 4.15.3/4.17.3/4.23.3/4.31.3/4.39.3/4.41.6/ 4.49.3/4.50.4/4.55.3/4.57.3/4.59.5/4.62.5
	𗡨𗦇	不得	13.15.4
	𗡨𗦇	不合	4.6.3/4.34.2
	𗡨𗦇	不听	12.3.5
	𗡨𗦇	不许	4.13.2/4.32.6/4.40.3/4.51.6/4.58.4/4.60.5/13. 40.6/4.4.1/4.25.5/4.50.1/4.52.2
872222	𗡣𗰗	童子	12.4.2
872224	𗡣𗰖	转更	13.47.5
874120	𗤞𗰳	观察	9.3.5/13.21.2/13.24.3—13.24.4/10.4.3/ 10.10.5/4.19.4
874140	𗤞𗵰	披衣	10.9.5
874150	𗤚𗈈	轨仪	4.18.5
	𗤚𗈈	行法	4.15.5/4.40.5
	𗤚𗈈	制令	4.16.5
	𗤚𗈈𗵺	轨范师	13.47.5/13.53.4

四角号码	西夏文	汉 文	出 处
	𗟲𗮾	所弃	13.45.1
	𗟲𗮾	除弃	10.12.3
	𗟲𗮾	弃舍	9.3.2
874220	𗙴𗤁	增进	4.19.6
	𗙴𗤁	久增	10.9.6
	𗙴𗤁	增长	13.12.6/10.13.2/4.54.6
874222	𗭼𗟻	同分	4.6.5/4.6.6/4.7.2
	𗭼𗟻𗜐	非同分	4.6.4/4.6.5/4.7.1/4.7.2
	𗘂𗰱	伤损	13.43.5
874400	𗝠𗰜	不背	4.52.4
	𗝠𗰜	不伏	10.45.1
	𗝠𗰜	不肯	10.23.2—10.23.3
	𗝠𗰩	不堪	13.9.2—13.9.3/13.12.4/10.12.6
	𗝠𗰩	无堪	13.9.2
	𗝠𗝠	不相似	13.3.3
	𗝠𗰈	不敢	13.51.1/10.27.6/4.26.1
	𗝠𗰈	不能	4.46.5
	𗝠𗙩	不牢	10.44.6
	𗝠𗮾	不能	13.24.4/13.41.3/13.55.1/4.9.1/4.9.4/4.11.4/4.44.3
	𗝠𗮾	预知	13.24.4
	𗝠𗻸	无量	13.37.6
	𗝠𗤆𗸱	未相识	10.38.6/10.39.1—10.39.2
	𗝠𗰒	不知	4.61.6/4.63.1
	𗝠𗰚	不知	13.36.5/13.42.4/13.51.2/13.59.3/4.10.4/4.11.1/4.24.6/4.26.3/4.30.3/4.36.2
	𗝠𗸱	未识	13.21.3
874420	𗝠	宝	12.4.4/12.4.6
	𗝠𗴜	宝类	12.4.4/12.4.6
	𗝠𗫂	珍宝	12.3.2
	𗝠𗤍	捉宝	12.3.5
874442	𗦟𗵆	弓矢	12.4.1
874500	𗣼𗟲	应安	13.20.2
	𗣼𗣈	说除	4.3.3
	𗣼𗣈	说悔	4.2.3
874520	𗣻𗠁𗬣	无嫌隙者	4.53.3

四角号码	西夏文	汉　文	出　　处
	[illegible]	下座	4.41.1
874900	[illegible]	波罗蜜	9.3.7/9.4.6
	[illegible]	波逸底迦	4.7.2
	[illegible]	波逸底迦	12.4.5
	[illegible]	褒洒陀	4.2.1/4.2.2/4.3.1/4.3.5/4.4.2/4.4.5/4.5.1/4.5.5/4.7.4/4.7.5/4.8.2/4.8.3/4.8.6/4.46.5—4.46.6/4.50.6
	[illegible]	波罗底木叉戒经	4.7.6/4.8.4
	[illegible]	波罗市迦	4.6.6
	[illegible]	菩提	9.5.5/9.6.6
	[illegible]	相揩	13.44.2
875450	[illegible]	何故	13.18.6/13.25.4/13.36.1/13.48.2/13.50.1
	[illegible]	何因	13.61.1
	[illegible]	因何	13.6.6/13.12.1
	[illegible]	黄门	10.8.6
	[illegible]	居士	10.5.5
	[illegible]	闭门	13.20.2
	[illegible]	出门	13.22.3
	[illegible]	门外	13.28.6/13.32.4/13.49.5/13.50.1/10.37.1
	[illegible]	门关	10.46.4
	[illegible]	开门	13.20.3
881554	[illegible]	令证	4.27.1
882144	[illegible]	垢腻	13.15.2
	[illegible]	不成秽	10.4.1
882420	[illegible]	欲尽	10.15.6
	[illegible]	行终	4.43.4
884240	[illegible]	简别	13.54.6
	[illegible]	简择	13.52.4
884400	[illegible]	均分	4.10.6
	[illegible]	分法	10.25.4
892224	[illegible]	尖利	13.5.2
894220	[illegible]	释放	12.3.2
894225	[illegible]	默然	13.28.1/13.36.3/13.43.3/10.33.3/10.34.3/4.13.2/4.13.3/4.32.5—4.32.6/4.33.2/4.40.2/4.40.4/4.58.4/4.58.6/4.60.5/4.61.1

四角号码	西夏文	汉 文	出 处
905500	𗱉𗐻	树下	13.57.6
911541	𗈿	译	13.1.2/4.1.2
912117	𗗙𗦲𗴺	贼军国	10.32.5
	𗗙𗐽	偷窃	10.38.4
912122	𗙴𗠴	药叉	10.32.6/10.33.3/10.35.2
	𗙴𗠴𗅔	药叉神	10.33.6/10.34.1/10.34.4
912525	𗡝𗡪𗣥	澡豆灰	10.49.3
917145	𗙰𗤋	入至	13.30.2/13.30.3/13.33.5
917242	𗘄𗼃	无多	10.16.3
922420	𗤋𗤅	三遍	13.45.4
	𗤋𗩴	三处	4.41.3
	𗤋𗾑𗩽	三十相	13.21.3
	𗤋𗾑𗤋𗱠	三十三天	13.21.1
	𗤋𗤖	第三	13.33.1/4.21.3/4.28.2/4.43.2/4.47.4
	𗤋𗤖𗕤	第三子	13.22.2/10.9.4/10.47.6
	𗤋𗤖𗼨	第三门	13.1.3/13.1.6/13.14.4/13.22.2/13.57.3
	𗤋𗴂𗫤	三面舍	13.19.2
	𗤋𗾑	三月	4.21.1/4.27.6/4.31.1/4.31.6—4.32.1
	𗤋𗤪	三种	13.41.1
	𗤋𗤪𗱕	三种事	13.39.3
	𗤋𗟻	三日	4.29.5
	𗤋𗟻	三夜	4.33.6/4.34.4
	𗤋𗩳	三边	13.19.3
	𗤋𗭩	三分	10.26.1/10.26.2
	𗤋𗱕	三事	4.36.1—4.36.2/4.38.5/4.42.5
	𗤋𗥫	三众	4.21.5
	𗤋𗸊	三衣	13.1.4/13.2.1/13.57.2/10.13.2/4.54.2/4.55.2/4.55.5
	𗤋𗸊	三藏	4.26.6
	𗤋𗘅	三人	4.33.3/4.41.3/4.43.4/4.51.1
	𗤋𗴴𗱕	三宝事	4.25.6/4.26.3
	𗤋𗧜	宽大	10.19.3
924420	𗤣𗧜	应差	4.11.2/4.11.5/4.38.3/4.38.4/4.51.2
925400	𗤓𗼨	商人	10.1.3/10.1.4
927442	𗤣𗰛	汉本	13.1.2
932420	𗤩𗸟	屏处	13.41.2/4.20.3

四角号码	西夏文	汉　文	出　　处
	散㈧	屏隐	13.39.4
	散㈧	隐屏	13.41.3
	㲉薮	糠袋	13.5.3
942154	糯毹	众生	9.1.5/9.2.1/9.2.2/9.2.4/9.2.5/9.2.6/9.3.1/9.3.3/9.5.2/9.5.3/9.5.4
	糯毿	菩萨	9.1.1/9.1.4/9.1.5/9.1.7/9.2.2/9.2.4/9.2.5/9.2.6/9.2.7/9.3.3/9.3.4/9.3.5/9.5.1/9.5.7/9.6.1/9.6.2/9.6.7
972452	骏骏	种种	10.7.2/10.8.1
	骏缬	织彩	10.20.5
985240	扬菝	一边	4.43.6
	扬菝	一处	13.28.5/4.51.6/4.52.1
	扬麚	瞑盛	13.47.5
	扬巍	通宵	4.37.4—4.37.5
	扬纰	便起	13.21.4
	扬㳄	一面	13.28.2
	扬靴	一夜	4.34.4
	扬绞	萎黄	13.18.5/13.18.6
	扬胧	一重	13.58.6
	扬骏	一人	4.2.3/4.3.2/4.4.2/4.5.2/4.34.5/4.40.6
	扬舵	一筹	4.17.5
	扬巫	一夏	4.34.2
997244	糊舵麚	渴树罗	10.35.3

附录二：汉夏译名对照索引

本索引收录文中的汉文—西夏文对译词语。词语依汉语拼音音序排列，后面列出西夏原字和在本书中的出处，格式是"作品卷号.折数.行次"。若同一词语多次出现，则出处间以"/"号分割，一词语分属两行显示，用"——"号连接。作品与卷号对应如下：

《菩萨地持经》卷第九——9

《根本说一切有部毗奈耶杂事》卷第十三——13

《根本说一切有部百一羯磨》卷第四——4

《根本说一切有部目得迦》卷第十——10

《根本萨婆多部律摄》卷第十二——12

如 13.1.1 标示《根本说一切有部毗奈耶杂事》卷第十三第一折第一行。

A

汉文	西夏文	出　　处
阿罗汉	屐麤黐	13.24.4
阿罗汉果	屐麤黐纟	13.22.6
阿难陀	繺蕍蹗	13.18.5—13.18.6/13.18.6—13.19.1/13.23.3/13.25.3—13.25.4/13.25.4/13.25.6—13.26.1/13.26.6/13.27.3/13.28.2/13.31.5/13.32.2—13.32.3/13.32.3/13.32.4/13.33.5/13.34.2/13.34.4/13.49.6/13.50.1/13.50.2/13.50.3—13.50.4
阿遮利耶	屐礠譃豻	4.18.1
哀愍	祀縗	4.42.6/4.43.1
爱	聶	4.11.3
碍缘	緵帗緔	10.6.6
安居	芘毪	10.21.5/4.16.5/4.17.3/4.19.3/4.19.4/4.21.4/4.24.5/4.24.6/4.25.2/4.31.3/4.31.5/4.32.2/4.32.3/4.32.5/4.33.1/4.45.6
安居事	芘毪艵	4.35.5

汉文	西夏文	出　　处
安乐	𗼌𘝵	4.54.4
安乐住	𗼌𘝵𗧘	4.54.6
安墙	𘃟𗙴	13.19.4
安然	𗾞𗼌	10.30.5
安慰	𗊊𘄒	13.34.3/13.34.5/13.34.6
安隐	𗼌𘝵	13.38.2
安置	𘃟𘜶	13.28.4
安置	𗊊𗼌	4.54.3
奥箄迦	𘄬𗟼𘆄	4.21.3—4.21.4/4.28.2/4.43.3

B

汉文	西夏文	出　　处
八难事	𗰖𗧓𘃨	4.35.4
白二	𗐜𗤁	4.8.6/4.10.2/4.12.1/4.13.4/4.14.3/4.15.1/4.21.6/4.25.3/4.35.6/4.53.6/4.56.2/4.59.2/4.59.1
百目瓶	𗵽𗽜𗰭	13.17.5
百千	𗵽𗦾	13.37.6
百一羯磨	𗵽𗨁𘆄𗔅	4.1.1/4.63.3
办了	𗋈𗰜	4.11.4
半道	𗜓𗫔	10.4.4
半月	𗜓𗫔	4.18.5/4.23.6
半择迦	𗬻𗟼𘆄	4.35.3/4.51.5
伴	𗪷𗿒𘝵	10.39.4/10.39.6/10.40.1/10.40.5/10.44.5
傍人	𗾺𗷝	10.44.2
褒洒陀	𗩾𗙴𘉒	4.2.1/4.2.2/4.3.1/4.3.5/4.4.2/4.4.5/4.5.1/4.5.5/4.7.4/4.7.5/4.8.2/4.8.3/4.8.6/4.46.5—4.46.6/4.50.6
薄物	𘝞𗇌	13.18.3
宝	𗵽	12.4.4/12.4.6
宝类	𗵽𘝵	12.4.4/12.4.6
报曰	𗣼𗤋	13.10.5
北方	𗤙𘐊	10.35.1
北方果	𗤙𘐊𗼇	10.35.5
北洲	𗤙𗼴	10.2.3
备足	𗾺𗸜	10.33.5
奔驰	𗢳𗢳	10.2.1

汉文	西夏文	出　　处
本师	𗼨𗾪	13.54.6
本意	𗼨𗙏	10.17.3
本座	𗼨𗥃	4.17.6
彼苾刍	𗋽𗋀𗖰	4.3.3/4.5.3/4.9.4/4.52.4
彼人	𗋽𗵐	12.3.1
彼身	𗋽𗏹	13.21.3
闭门	𗗙𗙷	13.20.2
闭寺门	𗸕𗗙𗙷	10.46.3
苾刍	𗋀𗖰	13.2.3/13.2.4/13.3.3/13.3.5/13.3.6/13.4.3/13.5.1/13.7.5/13.8.3/13.9.6/13.11.3/13.11.4/13.11.6/13.12.2/13.13.1/13.14.1/13.15.1/13.15.2/13.15.3/13.15.5/13.16.1/13.16.6/13.17.2/13.17.3/13.17.5/13.18.4/13.19.1—13.19.2/13.19.4/13.20.2/13.20.3/13.21.2—13.21.3/13.21.4/13.21.5/13.23.2/13.23.6/13.26.2/13.26.5/13.27.2/13.28.6/13.29.6/13.34.1/13.35.3/13.36.5/13.37.3/13.37.4/13.38.4/13.39.2/13.40.5/13.40.6/13.41.4/13.41.6/13.42.1/13.42.3/13.42.4/13.42.6/13.43.4/13.44.1/13.44.5/13.45.2/13.50.3/13.50.4/13.50.6/13.51.2/13.52.4/13.54.1/13.54.5/13.58.1/13.58.2/13.60.1/13.60.2/13.60.3—13.60.4/13.60.5/13.60.6/13.60.6—13.61.1/13.61.2/10.2.1/10.2.6/10.3.4/10.3.5—10.3.6/10.3.6/10.4.1/10.4.6/10.5.4/10.5.6/10.6.1/10.10.1/10.10.5/10.11.2/10.11.5/10.11.6/10.14.3/10.16.3/10.16.5/10.16.6/10.18.3/10.18.3—10.18.4/10.18.4/10.20.1/10.20.2/10.22.5/10.23.3—10.23.4/10.23.5/10.24.3/10.24.4/10.24.5/10.24.6/10.25.2/10.27.5/10.28.6/10.34.1/10.36.4/10.38.3/10.39.1/10.39.2/10.39.3/10.39.4/10.41.1/10.41.2/10.41.4/10.42.4/10.43.2/10.43.3/10.43.4/10.44.4/10.44.6/10.47.2/4.2.3/4.2.4/4.3.3/4.4.3/4.4.4/4.5.3/4.6.2/4.9.1/4.9.6/4.11.6/4.12.1/4.15.3/4.15.5/4.17.4/4.18.4/4.20.6/4.21.3/4.21.4/4.22.2/4.23.2/4.23.6/4.23.6—4.24.1/4.25.1/4.25.5/4.26.4/4.27.3/4.27.5/4.27.6/4.29.4/4.30.1/4.30.6/4.31.4/4.36.3/4.36.5/4.37.4/4.37.6/4.38.1/4.39.2—4.39.3/4.39.4/4.39.6/4.40.1/4.40.2/4.40.3/4.40.5/4.40.6/4.42.2/4.42.4/4.43.3/4.43.6/4.44.3/4.45.4/4.46.2/4.46.5/4.47.2/4.47.2/4.47.5/4.48.2/4.52.4/4.53.1/4.54.1/4.56.4/4.57.1/4.57.4/4.59.6—4.60.1/4.60.5/4.60.6/4.62.3/12.3.5/12.4.4
苾刍尼	𗋀𗖰𗕷	13.48.1/10.21.2/4.8.5/4.21.5/4.25.1/4.36.5
苾刍尼事	𗋀𗖰𗕷𗢳	4.26.4

汉文	西夏文	出　　处
苾刍尼众	𗢳𗾫𗀔𗫭	4.43.5
苾刍僧	𗢳𗾫𗐩	10.33.2/10.34.2
苾刍性	𗢳𗾫𗾖	13.58.1
边隅	𗼇𗑱	4.28.4
便	𗽴𗷰	13.15.1/13.29.3/13.31.3/13.37.6/13.41.4/13.42.6/10.44.5—10.44.6
便利	𗷱𗘂	10.9.5
便起	𗷭𗰊	13.21.4
遍净	𗫭𗤺	4.47.2
别房	𗤄𗍋	13.58.1—13.58.2
别净	𗤄𗤺	10.35.6
别门	𗤄𗳵	13.1.3
别人	𗴺𗋽	10.20.6/10.21.2/10.37.5
别人事	𗴺𗋽𗄛	4.25.6
别衣	𗤄𗢭	10.19.1
别汁	𗤄𗕾	10.50.1
病患	𗢟𗳉	4.9.5/4.9.6—4.10.1/4.20.2/4.47.3
病人	𗳉𗣿	4.51.3/4.51.4
病瘦	𗳉𗲔	13.18.5/13.18.6
病药	𗜍𗜍	4.35.2
波罗底木叉戒经	𗙓𗫺𗾮𘀎𘀨𘀈𘝞𘝇	4.7.6/4.8.4
波罗蜜	𗙓𗫺𗠎	9.3.7/9.4.6
波罗市迦	𗙓𗫺𘏟𘒃	4.6.6
波逸底迦	𗙓𗟱𘀨𘒃	4.7.2
波逸底迦	𗙓𗛮𘔆𘒃	12.4.5
钵袋	𗭪𗑗	10.45.3/10.45.4
钵内	𗭪𗰛	10.50.3
博士	𗥦𗥦	12.3.6
补帖	𗤶𗰝	10.12.4
不爱	𗌮𗅲	4.38.1
不背	𘀳𗱴	4.52.4
不怖	𗌮𗣀	4.38.1
不成	𗌮𗦣	10.8.6/10.9.1/10.9.2/10.9.3
不成秽	𘖑𗌮𗦣	10.4.1
不痴	𗌮𗞞	4.38.1
不得	𗧘𗸰	13.15.4

汉文	西夏文	出　　处
不得	𗟶𗣜	4.16.2
不端正	𗤋𗣓𗣜	13.3.4
不分	𗧦𗫸	4.11.3
不缝治	𗧦𗒘𗷣	13.12.2
不伏	𗷣𗦮	10.45.1
不敢	𗷣𗟓	13.51.1/10.27.6/4.26.1
不恭敬	𗧦𗤓𗫻	13.54.1
不共	𗧦𗫔	13.51.5/13.52.3
不共语	𗾖𗧦𗫔	13.51.3
不还	𗧦𗫼	4.35.4
不行	𗷣𗿷	10.25.5
不合	𗧦𗕷	13.55.5/13.55.6
不合	𗔆𗠟	4.6.3/4.34.2
不恚	𗧦𗫎	4.38.1
不嚼	𗧦𗔁	13.36.2
不觉	𗧦𗢵	12.3.1
不教	𗧦𗢵	9.2.3
不教授	𗧦𗢵𗠎	13.51.5
不教诏	𗧦𗢵𗠎	13.51.6
不解	𗧦𗫴	13.7.2/13.7.4
不解	𗫴𗥔	13.59.4
不净	𗧦𗣀	10.3.3
不净尘	𗧦𗣀𗌷	10.50.5
不久	𗧦𗝓	13.8.6
不具	𗧦𗰱	13.53.2
不堪	𗷣𗡪	13.9.2—13.9.3/13.12.4/10.12.6
不肯	𗷣𗦮	10.23.2—10.23.3
不来	𗧦𗤁	4.8.6
不牢	𗷣𗲲	10.44.6
不能	𗷣𗫸	13.24.4/13.41.3/13.55.1/4.9.1/4.9.4/4.11.4/4.44.3
不能	𗷣𗟓	4.46.5
不能相似	𗴴𗫺𗷣𗫸	13.2.5
不求	𗧦𗺗	9.1.6
不容舍	𗆧𗧦𗼺	13.56.1
不容许	𗧦𗫴𗣊	13.53.6
不如	𗧦𗫵	4.18.6
不善巧	𗥔𗢵𗠟	13.54.2

汉文	西夏文	出　　处
不烧	𗂤𘄄	10.32.4
不生	𗂤𗏁	4.19.5
不生	𗂤𗏁	4.20.1
不食	𗂤𗋽	10.3.6/10.5.1/10.50.3
不受	𗂤𘃎	10.22.5
不思议	𗂤𗓊𘄄𗸧	9.5.1
不遂	𗂤𗮔	10.6.1
不贪	𗂤𗖠	9.1.7/9.2.7
不听	𘐊𗸧	12.3.5
不通	𗂤𗾈	10.17.3
不同	𘄄𗾈	13.19.4
不同	𗾈𗂤	13.51.3—13.51.4/13.51.6
不为	𗂤𗨗	4.51.6
不相似	𘄄𘄄	13.3.3
不详审	𗈷𗲲𘐊	10.4.5
不信	𗂤𘗽	13.52.6
不虚	𗂤𗰣	9.4.2/9.5.7
不许	𘐊𗸧	4.13.2/4.32.6/4.40.3/4.51.6/4.58.4/4.60.5/13.40.6/4.4.1/4.25.5/4.50.1/4.52.2
不厌	𗂤𘎑	9.1.6
不应	𘄄𘗽	13.9.3/13.52.1/13.56.5/10.2.3/10.17.2/10.25.4/10.29.5/10.31.6—10.32.1/10.45.2/10.45.5
不应信	𗂤𘗽𘄄	10.7.3
不增长	𗂤𘜶𗏁	4.22.6
不知	𗂤𗿀	13.2.6/13.3.5/13.8.3
不知	𗂤𗾈	13.17.3/13.19.2/13.41.1/10.20.2
不知	𘄄𗂤	13.36.5/13.42.4/13.51.2/13.59.3/4.10.4/4.11.1/4.24.6/4.26.3/4.30.3/4.36.2
不知	𘄄𗿀	4.61.6/4.63.1
不作	𗂤𗨗	13.15.6
不作	𗂤𗨗	13.47.3
不作声	𗲲𗂤𘆧	13.44.5/13.45.1
怖畏	𘈷𘐊	13.38.1

C

汉文	西夏文	出　　处
参差	𗹭𗹭	13.2.6
残食	𗸮𗪊	13.60.1
惭愧	𗫂𗫕	10.5.2/10.5.3
惭愧心	𗫂𗫕𗣼	10.30.6
藏衣	𗰜𗰜	4.13.4
厕内	𗸶𗱸𗤋	10.3.4—10.3.5
厕室	𗸶𗱸	10.3.3
策励	𗵈𗰍	13.22.6
禅定	𗧢𗦀	9.4.6
缠裹	𗱳𗴺	13.5.4
忏摩	𗤓𗫘	13.55.2/4.52.2—4.52.3/4.52.4/4.52.5
唱言	𗣼𗟝	13.16.6
瞋盛	𗰞𗵀	13.47.5
尘土	𗰟𗵈	13.8.1
成就	𗡞𗧾	9.3.4
城外	𗃛𗢳	13.5.5
乘船	𗥓𗥊	10.44.5
痴	𗗙	4.11.3
痴物	𗗙𗭼	13.47.3
持饭	𗥙𗵕	10.15.3
持戒	𗭼𗥙	10.7.4
持经	𗼃𗟭𗥙	4.37.4
持食	𗸮𗥙	10.1.4
持衣	𗰜𗥙	4.59.2
齿木	𗠊𗵘	13.36.1/13.36.2/13.36.5/13.36.6/13.37.3/13.37.5/13.38.3/ 13.38.5/13.39.2/13.39.3/13.39.4/13.40.6/13.41.2/13.42.1/ 13.42.2/13.42.4/13.43.6/13.44.2/13.44.3/13.44.5/13.45.2/ 13.45.3
赤色	𗑱𗴢	10.32.5
赤铜	𗰜𗴢	13.43.5
充济	𗹙𗇋	4.20.3
充用	𗹙𗧻	13.13.4
充足	𗹙𗇋	10.14.2
虫	𗄆𗄔	13.14.5/13.17.2/13.18.2

汉文	西夏文	出　　处
虫蚁	𗗙𗱻	13.15.2
筹槃	𗼑𗰜	4.16.4/4.17.4
臭气	𗰖𗤋	13.35.4/13.35.5/13.35.6/13.37.2
出国	𗼀𗴒𗣼	13.54.1
出家	𗼀𗰔	13.58.1/4.24.6/4.45.2
出门	𗾸𗋽	13.22.3
出入	𗣼𗕥	13.29.6/13.30.5/13.33.3
出迎	𗼀𗤁	13.25.2
初定	𗣼𗉝	13.29.3/13.29.4/13.30.2/13.30.3/13.30.4/13.30.5/13.30.6/ 13.32.6/13.33.4/13.33.5/13.33.6
初果	𗣼𘜶	12.3.5
初生	𗣼𗠁	10.6.3
除	𗣋𗤋	12.4.5
除劳	𗧓𘏇	10.38.6
除灭	𗴁𗜓	4.19.5
除弃	𗡆𗧓	10.12.3
除疑	𘏨𗴁	4.4.6/4.26.6
除罪	𗡆𗡝	4.3.6/4.4.6/4.5.6
厨内	𗿢𗜓𗕓	10.3.4
厨内	𗜓𗕓	10.9.5
厨中	𗿢𗜓𗕓	10.11.3/10.11.4
杵石	𗧟𗙴	13.2.2
处方	𗧟𗥾𘋏	13.13.3
畜生	𗏵𗟲	13.60.3
触尘	𗟻𗧤	10.50.4/10.50.5
穿壁	𗬢𗕭	13.15.3/13.15.4
窗棂	𗴂𗃛𗾔𗰔	13.20.1
窗扇	𗴂𗾸	13.20.2
床脚	𗫻𗥃	13.2.1
床脚	𗫻𗣼	13.5.3
床褥	𗫻𗇋	10.33.4
床座	𗫻𗏹	13.8.2/13.8.4
慈念	𗉐𗥃	13.11.3
此苾刍	𗢭𗤮𗳮	4.12.2/4.12.5/4.12.6/4.13.1/4.13.2/4.13.5/4.13.6/4.14.4/4. 14.5/4.15.2/4.23.2/4.23.4/4.31.1/4.31.1—4.31.2/4.31.6/ 4.32.1/4.32.2/4.32.4/4.32.6/4.39.2/4.39.6/4.57.2/4.57.6/ 4.58.1/4.59.4/4.60.2—4.60.3/4.61.4

汉文	西夏文	出　　处
此处	𗇁𗊪	4.28.1/4.45.6
此定	𗇁𗆟	13.30.5
此某甲	𗇁𗅲𗏁	4.58.2/4.58.3/4.58.5/4.57.4
此难	𗇁𗭴	4.35.4
此人	𗇁𗒆	4.31.2/4.31.4/4.32.2/4.32.3/4.32.5/4.33.1
此日	𗇁𗰜	4.53.4
此时	𗇁𗧀	4.45.2
此事	𗇁𗵐	13.35.2/4.63.2
此寺食	𗇁𗴂𗆆𗤁	10.17.1
此寺物	𗇁𗴂𗆆𗤓	10.17.1
此物	𗇁𗤓	10.6.1—10.6.2/12.3.3
此言	𗇁𗪻	12.3.1
此衣	𗇁𗍝	4.55.1/4.55.4/4.59.4/4.59.6/4.60.2/4.60.3—4.60.4/4.60.4/ 4.60.6
此衣财	𗇁𗍝𗤓	4.56.3
此中	𗇁𗧾	10.50.5/4.48.2
此众中	𗇁𗴂𗧾	4.49.1
此住处	𗇁𗡊𗊭𗊪	4.3.1—4.3.2/4.5.1—4.5.2/4.21.2/4.27.5
此住处	𗇁𗡊𗊭	4.31.1/4.31.6/4.62.4
次第	𗾒𗹥	4.43.4
次入	𗾒𗹥	13.29.4
粗恶	𗏹𗤒	4.16.2
蹴踖	𗝠𗪺	10.10.2
村	𗷀𗢳	10.32.5/10.32.6
村坊	𗷀𗢳	13.23.2/13.26.5/4.19.2/4.19.3/4.20.1/4.36.3
存心	𗼨𗴒	10.46.6—10.46.7
剉	𗸭𗆾𗟻	13.9.3
长齿木	𗢳𗆉𗏈	13.40.3
长短	𗏈𗐞	13.3.1/13.40.6
长脊	𗋽𗏈	13.16.6
长净	𗢳𗧨	4.2.5/4.3.6/4.5.6/4.9.1/4.47.5/4.53.4
长净法	𗢳𗧨𗱸	4.46.6/4.47.5
长利	𗢳𗕑	13.58.1
长条	𗸱𗏈	13.2.4/13.2.5/13.2.6
长条	𗢳𗆉𗏈	13.39.5/13.40.5
长线	𗰔𗏈	10.12.4
长中短	𗏈𗧾𗐞	13.41.1

D

汉文	西夏文	出处
达底迦	☐☐☐	10.34.5
答言	☐☐	13.11.2
打骂	☐☐	13.60.6
大苾刍	☐☐	4.43.6—4.44.1
大臣	☐☐	4.28.6/4.29.1
大床	☐☐	10.21.1
大德	☐☐	13.28.5/13.31.6—13.32.1/13.34.4/13.48.3/13.50.3/4.3.1/4.5.1/4.6.2/4.6.5/4.8.2/4.9.4/4.12.2/4.12.5/4.13.5/4.14.4/4.15.2/4.17.1/4.23.2/4.24.5/4.25.4/4.27.2/4.30.6/4.31.6/4.33.5/4.34.1/4.34.4/4.39.2/4.39.6/4.41.5/4.42.5/4.44.4/4.45.5/4.46.4/4.49.1/4.50.2/4.54.4/4.57.2/4.57.6/4.59.4/4.60.2/4.62.4
大供养	☐☐☐	10.48.6
大唤	☐☐	13.16.6
大力	☐☐	10.32.6
大僧	☐☐	4.8.5
大善利	☐☐☐	13.23.3/13.26.6
大师	☐☐	13.11.3
大师	☐☐	13.23.4/13.24.5/13.31.2/13.34.1/13.49.6/4.17.5
大世主	☐☐☐	13.48.1
大王	☐☐	13.49.4
大王	☐☐	4.29.3
大小	☐☐	10.31.1
大小便	☐☐	13.39.4
大小便	☐☐	10.12.1
大喧声	☐☐☐	13.25.3
大喧声	☐☐☐	13.25.4
大喧声	☐☐☐☐	13.50.1
大药叉	☐☐☐	10.34.5
大衣	☐☐	10.48.5
大斋会	☐☐	10.1.4
大众	☐☐	13.31.4/13.49.5/10.20.1/10.29.4/10.31.4/10.46.1/4.16.4/4.18.3/4.24.2/4.37.6/4.46.2
大众事	☐☐☐	4.30.1

汉文	西夏文	出　　处
大众中	𗧓𗙲𗆟	4.52.4
单白	𗣼𘏞	4.2.1/4.2.5/4.2.6/4.3.5/4.4.5/4.5.5/4.5.6/4.7.4/4.7.6—4.8.1/4.16.5/4.16.6/4.41.4/4.48.1/4.48.4/4.48.5—4.48.6/4.49.4/4.51.3—4.51.4/4.61.3/4.62.3
啖食	𘇞𗥤	13.60.3
当知	𗥃𗭪	13.24.5/13.26.3/13.31.2
当作	𗣼𗤁	4.37.1
刀子	𘓁𘏒	4.45.2
灯笼	𗢳𗢭	13.14.5/13.17.2/13.17.6
灯树	𗢳𗒈	10.37.3/10.37.4
灯台	𗢳𗒈	10.32.4
灯油	𗢳𗣔	10.15.4/10.17.2
灯炷	𗢳𗟻	10.12.6
地上	𗀝𗉅	10.4.4
弟	𗥃𗣊	10.18.4
弟子	𗧓𗤻	13.46.1/13.50.6/10.14.3/10.14.5/10.15.1
第八子	𘐋𗤁𘔼	10.32.2
第二	𗂧𗤁	13.33.1/4.21.3/4.28.2/4.43.2/4.47.4
第二定	𗂧𗤁𘜶	13.29.4
第二子	𗂧𗤁𘔼	13.14.4/10.8.2
第九子	𗺒𗤁𘔼	10.37.6
第六子	𗤀𗤁𘔼	10.22.1
第七子	𗤸𗤁𘔼	10.25.3
第三	𗤻𗤁	13.33.1/4.21.3/4.28.2/4.43.2/4.47.4
第三门	𗤻𗤁𘋊	13.1.3/13.1.6/13.14.4/13.22.2/13.57.3
第三子	𗤻𗤁𘔼	13.22.2/10.9.4/10.47.6
第四定	𗼃𗤁𘜶	13.29.4/13.33.1
第四子	𗼃𗤁𘔼	13.57.3/10.13.4
第五子	𗦳�1𘔼	10.17.5
第一	𘏞�	9.1.5/9.3.5/9.6.7
第一子	𘏞�1𘔼	13.1.6/10.1.2
颠倒	𘕰𘎑	9.5.6
癫狂	𗢍𗓞	4.9.1
癫狂病	𗢍𗓞𗸳	4.9.4
牒作	𗤁𗆟	4.33.4
氍布	𗧽𗮔𘅣	10.5.6

汉文	西夏文	出　　处
抖擞	兢膨	10.49.1—10.49.2
斗枅	蘵蕽	13.58.4
斗诤	巍瓻	4.52.1/4.52.4
独觉	颩缵	13.31.1/13.33.6
读诵	蕹辁	13.20.4
短齿木	缵赦菝	13.38.6/13.40.1
短条	黼菝	13.2.4/13.2.5/13.3.1
短条	缵赦菝	13.37.4/13.39.1
断尽	緵緳	13.22.6
对	貖豥	4.2.3/4.2.4/4.44.2
蹲踞	颏缀	4.17.6/4.20.3/4.27.4/4.41.4/4.42.2/4.42.3
多获	絾豨	10.19.2
多人	絾觨	13.50.1/10.21.1/4.30.5
多少	絾豥	13.55.4/4.35.1
多时	絾繈	13.11.6
多闻	絾蘔	10.7.4/10.7.4—10.7.5
多重	絾蕍	10.37.4
咄哉丈夫	毳觨皺甐	13.61.1

E

汉文	西夏文	出　　处
恶见	皴薇	4.26.5
恶作	豮能	10.30.2
恶作罪	皴豮能	10.10.3/10.11.2/10.11.5/10.12.1—10.12.2/10.21.6/10.25.2/10.27.4/10.32.1
恶作罪	豮豥能	4.25.2/4.44.6—4.45.1
恩报	豨豨	9.2.7
而求	豨痡	4.52.4/4.52.5
尔时	豩繈	13.18.5/13.29.2/13.37.6/10.32.5
尔时	豩爻	13.20.6/13.23.1/13.27.2/13.31.3/10.1.3/10.18.2/4.25.4/4.28.3
尔许	豩豥	4.18.4/4.19.1
二苾刍	棩僀豨	10.7.2
二遍	棩絣	4.63.6
二并	棩瓻	10.7.4

二部	𗴺𗴺	4.44.4/4.44.5
二俱	𗴺𗴺	10.7.4/10.7.5
二人	𗴺𗴺	13.46.2/10.7.3/4.30.5/4.33.3/4.41.1/4.43.4/4.50.6/4.51.1
二日	𗴺𗴺	4.29.5
二夜	𗴺𗴺	4.34.4
二种	𗴺𗴺	10.5.2
二重	𗴺𗴺	10.37.4

F

汉文	西夏文	出　　处
伐尸沙	𗴺𗴺𗴺	4.7.1
法律	𗴺𗴺	13.32.3
法式	𗴺𗴺	13.51.1
法事	𗴺𗴺	4.49.2
法事	𗴺𗴺	4.50.3
幡氎	𗴺𗴺𗴺	10.22.4—10.22.5
凡夫	𗴺𗴺	13.16.6
犯罪	𗴺𗴺	4.6.2
犯罪	𗴺𗴺	4.47.6
饭	𗴺	10.17.2
方	𗴺𗴺𗴺	13.21.5/10.30.3/10.37.2—10.37.3/4.3.6/4.5.6/4.52.5—4.52.6/4.53.3
方便	𗴺𗴺	9.1.4/9.2.4/9.3.5/9.5.6/13.53.5/13.59.5/4.11.5/4.28.6/4.38.4/4.56.5/4.62.3
防固	𗴺𗴺	4.28.4
妨废	𗴺𗴺	4.49.2/4.50.2
房廊	𗴺𗴺𗴺	4.22.1
房内	𗴺𗴺	13.15.5/13.41.4/10.41.4—10.41.5/10.42.1/10.42.2
房舍	𗴺𗴺	4.10.5/4.15.6/4.18.5/4.21.6/4.23.1/4.23.3/4.23.4/4.23.5/4.23.6
房中	𗴺𗴺	13.20.1/10.36.6
飞蝇	𗴺𗴺	10.3.6
非处	𗴺𗴺	9.2.3
非触尘	𗴺𗴺𗴺	10.50.4
非法	𗴺𗴺	9.2.3/13.46.6
非律	𗴺𗴺	9.2.3

汉文	西夏文	出　　处
非随意	𗈁𗙜𘄒	4.38.1—4.38.2
非同分	𗱕𗫠𘄒	4.6.4/4.6.5/4.7.1/4.7.2
非想非非想处	𗟲𗮔𗟲𗰜𗮔𘍦	13.29.5/13.33.2
非想非非想定	𗟲𗮔𗟲𗰜𗮔𗣼	13.29.6—13.30.1/13.30.1/13.30.1—13.30.2/13.30.4/13.30.5/13.33.3
废阙	𗥔𗰜𗲠𘄒	10.40.2/10.42.3
废阙	𗰜𗤒	4.4.1
废阙	𗰜𗣀	4.35.2
废阙	𗤒𗰜𘄒	12.4.3
分法	𘋠𘟣	10.25.4
分明	𗆧𗼃	10.38.1
分衣人	𗤁𘋠𗩾	4.14.2/4.14.4/4.14.6
纷纭	𗼐𗥦	4.48.5
风雨	𗾌𗿒	13.20.2/10.50.2
蜂儿	𗵘𗫻	4.22.5
蜂窠	𗵘𘏆	4.22.4
缝补	𘓮𗸘	10.9.5
缝刺	𘓮𗼰	13.4.3
缝治	𘓮𗼰	13.12.4
奉行	𘎧𘒣	13.51.1
奉教	𗷖𘝞	13.28.4
佛	𗼕	13.37.2/13.37.4/13.50.3/10.1.3/10.34.6
佛教	𗼕𗷖	13.26.2
佛母	𗼕𗊰	13.49.4
佛僧	𗼕𘟙	12.3.3/12.3.4
佛世尊	𗼕𗣼𗊰	13.29.6
佛足	𗼕𗧎	13.49.2—13.49.3
敷设	𗏁𗣓	13.28.5
敷座	𘐷𘓺	13.7.6
扶异	𘓎𗼽	4.9.1—4.9.2/4.9.4
福利	𘄴𗟫	13.9.4
福利	𘄴𘎥	4.54.6
福田	𘄴𗁬	13.12.6—13.12.6/10.13.2

汉文	西夏文	出　　处
付	𗾔𗬦	4.59.1/4.59.2/4.60.1/4.60.5/4.61.1
付嘱	𗾔𗬦	13.46.5
赴集	𗼈𗺺𗰰	4.46.5
复更	𗸐𗖻	10.36.3
副裙	𗖾𘊶	10.48.4
副僧脚敧	𗸝𗫴𘊶𘊶	10.48.4/10.48.5

G

汉文	西夏文	出　　处
改悔	𗼋𘝼	13.54.5
甘橘	𗶁𘙖	10.35.2—10.35.3
甘蔗	𗶁𗹙	10.25.4/10.25.6/10.26.2/10.26.4/10.26.5/10.27.4/10.27.5/10.35.3
干净	𗢸𗡪	13.4.4
高声	𗦀𗹖	4.36.4—4.36.5
割截	𗸖𘒤	13.2.4
各自	𗴾𗤁	10.31.2/4.19.4
给孤独长者	𘟙𗾟𗡮𘜶𗰺	4.28.3—4.28.4
给侍人	𗦮𗬦	4.19.2
根	𘐚	10.15.5
根本说一切有部	𗦺𘐚𗥰𗥰𗤻𘋩𘃵	13.1.1/10.1.1/10.51.4/4.1.1/4.63.3
根果	𘐚𘍨	10.27.5
羹汁	𗸌𗺺	10.49.6
更互	𗴾𘕂	4.43.4/4.52.5
更说	𗸐𘓄	4.50.1
更相	𗴾𘕂	13.24.1
弓矢	𗵒𗟻	12.4.1
功德	𗼲𗣼	13.37.6—13.38.1/10.35.1
恭敬	𘓄𘝵	13.31.6/13.55.3
恭敬	𗧹𘓄	13.54.2/13.56.2
共分	𘕂𗲠	10.29.4
共决	𗤋𗟻	4.48.6
共食	𘕂𘕂𗫣	10.15.2

汉文	西夏文	出　　处
共为	𗾟𗾟	4.52.2
共相	𗪟𗾟	13.27.4/13.31.2/13.32.3/13.35.1/13.35.5/13.59.2/10.28.3/4.52.1
共议	𗾟𗾟𗤓	13.24.4
共议	𗾟𗤓	10.46.1
供承	𗾉𗥤	13.51.6
供设	𗾉𗎴	4.37.4
供侍人	𗥤𗯨𗫜	4.20.2
供养	𗾉𗎴	10.35.4/4.45.3/12.3.3
供养事	𗾉𗎴𗰜	4.37.1
垢腻	𗂰𗤓	13.6.2
垢腻	𗃛𗊲	13.15.2
垢污	𗊲𗃛	13.4.4
垢污	𗂰𗤓	13.8.1
故衣	𗨁𗱷	13.8.5—13.8.6
刮舌	𗤋𗴾	13.42.4/13.42.5/13.43.2/13.43.4/13.43.5/13.44.1
观察	𗤁𗰚	9.3.5/13.21.2/13.24.3—13.24.4/10.4.3/10.10.5/4.19.4
广陈	𗴢𗴡	13.57.4
广大	𗴢𗕑	9.1.7/9.3.2
广明	𗴢𗌰	4.16.5/4.18.6/4.35.5
广说	𗴢𗴡	10.27.6/4.29.3
轨范师	𗦤𗨁𗗟	13.47.5/13.53.4
轨仪	𗦤𗨁	4.18.5
国主	𗢳𗴡	13.49.4
果	𗓨	10.15.5
果木	𗤁𗓨	10.35.1
过失	𗗟𗣭	4.34.2
过限	𗣩𗣭	12.4.3

H

汉文	西夏文	出　　处
还俗	𗜈𗴾𗗟	13.54.1
汉本	𗴺𗰚	13.1.2
行筹	𗗟𗊲	10.8.6/10.9.1/10.9.2/10.9.3

汉文	西夏文	出　　处
行处非处	𘊁𘊂𘊁𘊃	10.4.1
行法	𘊄𘊅	4.15.5/4.40.5
行游	𘊆𘊇	13.5.5
行终	𘊈𘊉	4.43.4
行柱	𘊊𘊋	13.19.5
好衣	𘊌𘊍𘊎	13.8.4
诃责	𘊏𘊐	13.51.1/13.51.2/13.52.3/13.52.5/13.53.2/13.53.3/13.53.4/13.55.5
合诃	𘊏𘊑	13.22.3
合诃责	𘊏𘊐𘊑	13.55.5
合掌	𘊒𘊓	13.31.6/4.17.6/4.20.3/4.27.4/4.42.3
合作	𘊔𘊑	4.25.2
何故	𘊕𘊖	13.18.6/13.25.4/13.36.1/13.48.2/13.50.1
何因	𘊕𘊖	13.61.1
和	𘊗	13.9.3/13.12.5
和合	𘊘𘊙	4.46.1/4.62.4
和泥	𘊚𘊗	13.58.5
河边	𘊛𘊜	13.1.4/13.22.3/13.22.5/13.23.2/13.23.6/13.25.5/13.26.1/13.26.5/13.27.2/13.28.3/13.28.6/13.29.3/13.29.5—13.29.6/13.32.1/13.32.6/13.33.2/13.34.1/13.34.6/13.35.1/13.35.3
河津	𘊛𘊝	10.44.4
黑月	𘊞𘊟	4.8.2
后来	𘊠𘊡	13.12.1/10.41.3
后时	𘊠𘊢	10.19.1
忽然	𘊣𘊤	10.1.5
胡桃	𘊥𘊦	10.35.3
护寺天神	𘊧𘊨𘊩𘊪𘊫	4.18.2
花	𘊬	10.15.5
花果	𘊬𘊭	10.17.2
花鬘	𘊬𘊮	10.5.6
化作	𘊯𘊑	10.33.4
怀欢	𘊰𘊱	4.53.3
坏损	𘊲𘊳	10.36.4
欢乐	𘊴𘊵	4.19.6
欢喜	𘊰𘊱	13.54.4/12.3.4
皇帝	𘊶𘊷	9.1.3

汉文	西夏文	出　　处
皇太后	𗼑𗱂𗗚	9.1.2
黄门	𗥔𗗙	10.8.6
黄热	𗗙𗜓	13.37.1
悔除	𗭁𗙻	4.2.4
悔心	𗭁𗓦	13.21.5
悔罪	𗭁𗭁	4.6.3
毁坏	𗫸𗫤	10.21.4
恚	𗢛	4.11.3
秽污	𗆫𗫦𗵢	13.6.6
火炉	𗼨𗆟	10.33.5/10.36.6
或二	𗤁𗏁	4.37.6
或后	𗤁𗋽	4.27.5/4.31.1/4.31.6
或前	𗤁𗌗	4.27.5/4.31.1/4.31.6
或一	𗤁𗘂	4.37.6
获利	𗥃𗼨𗂧	13.27.3

J

汉文	西夏文	出　　处
讥议	𗤻𗫿	4.53.1
饥虚	𗦡𗴺	10.28.5
基阶	𗥑𗼖	13.58.2/13.58.3
极难	𗫸𗐯	4.54.3
极善	𗫸𗫂	13.34.5
极少欲	𗼖𗥃𗅲	10.7.6
即	𗮅𗨁	13.11.6/13.12.4/13.25.1/13.31.1/13.34.1/13.35.3—13.35.4/ 13.52.4/13.54.2/13.54.6/10.15.3/10.34.5/10.35.2/4.53.4
即便	𗮅𗨁	13.2.4/13.10.6/13.15.3/13.19.4/13.37.5/13.47.1/13.52.4/ 13.60.6/4.25.6
即解	𗭨𗬩	13.23.4
已帔	𗥤𗴺	10.18.4/10.18.5
既了	𗫂𗬀	13.28.4
既作	𗮅𗬀	4.7.5
寄信	𗟷𗩈	13.23.6/13.26.6
寄衣	𗴺𗋹	10.43.2/10.43.4

汉文	西夏文	出　　处
尖床脚	𗱕𗫸𗫸	13.5.1—13.5.2
尖利	𗫸𗵐	13.5.2
坚固	𗆧𗾣	9.4.2/9.5.5
检校	𗎊𗫨	10.14.3/10.14.6/10.18.3/10.18.6/10.23.3
简别	𗢛𗫨	13.54.6
简择	𗢛𗫨	13.52.4
见闻	𗿒𗭼	4.36.1/4.38.5/4.42.5
见问	𗿒𗬩	10.29.1
渐渐	𗙬𗙬	13.25.1
将作	𗨳𗬓	4.53.6
憍萨罗国	𗋚𗫨𗤶𗤶	4.28.3
嚼齿木	𗵆𗩱𗵆	10.41.3
教	𗦽𗾣	13.36.5
教示	𗦽𗭙	4.42.6
教主	𗷖𗱷	4.17.5
皆共	𗏹𗧤	10.21.3—10.21.4/13.23.5
皆集	𗏹𗤁	13.31.4
皆悉	𗏹𗧤	4.20.3
结界	𗒹𗲳	4.9.1
颉离跋底	𗼃𗤧𗿉𗫸	10.3.3
羯耻那	𗺌𗙟𗫪	4.55.1/4.55.4/4.57.2/4.58.1/4.58.2/4.58.3/4.59.6/4.60.4/4.60.4—4.60.5/4.60.6
羯耻那衣	𗺌𗙟𗫪𗬈	4.53.6/4.56.2/4.56.3/4.56.6/4.57.3/4.57.4/4.57.6/4.57.4—4.57.5/4.58.1/4.59.1/4.59.4/4.60.2/4.61.3/4.61.5/4.62.1—4.62.2/4.62.4/4.62.5—4.62.6
羯磨	𗺌𗤦	13.40.3/4.2.5/4.3.5/4.4.5/4.5.5/4.8.1/4.9.2/4.9.5/4.10.1/4.12.1/4.14.1/4.14.6/4.15.4/4.15.5/4.23.2/4.23.5/4.30.6/4.33.3/4.39.1/4.56.1/4.57.1/4.59.2/4.62.3
羯湿弥罗国	𗺌𗏝𗤧𗤶𗤶	10.34.4—10.34.5
解劳	𗮀𗲳	10.30.4/10.38.4/10.41.2
解了	𗮨𗩱	13.23.5
解脱	𗮨𗬣	9.4.2/9.5.4/9.5.7
解息	𗮀𗲳	10.38.5/10.39.1
戒律	𗫒𗫣	9.6.7
界内	𗲳𗤁	4.20.6/4.31.1/4.31.6/4.34.3

汉文	西夏文	出　　处
界外	𗣜𗤾𗋕	4.25.5/4.25.6/4.27.1/4.27.6/4.30.1/4.30.4/4.31.2/4.31.4/4.32.1/4.32.3/4.32.5/4.33.1/4.35.4/4.55.2/4.55.5
巾帛	𗣵𗾔𗤩	4.45.3
今日	𗤻𗵫	13.6.6
今日	𗅲𗯴	4.29.5
今夏	𗅲𗋠𗾫	4.28.1
今者	𗤻𗵫	10.19.1
金色	𘟔𘖑	13.21.3
金银	𘟔𗵈	13.42.6
尽集	𗪛𗊖	4.62.2—4.62.3
近圆	𗝠𗤻	13.56.6/13.58.1
茎	𘄒	10.15.5
经典	𗼇𘝦	13.17.1—13.17.2
经行	𘎑𘊝	13.10.4/13.11.4/10.10.6/10.11.1
经行处	𘊝𗵫𘝵	13.12.5
经宿	𗺓𗰱	10.33.2
惊怖	𗅋𗣟	13.16.6
精进	𗿒𗏵	9.4.6
精勤	𗿒𗏵	13.11.4
警策	𗧒𗑱	13.11.4
净尘	𗼒𗒅	10.50.5
净触	𗨁𘑊𗼒	13.57.2
净槃中	𗼒𗰱𘄒	4.16.3
净漱	𗼒𗵫	13.45.4
净物	𗼒𘏨	4.16.3
净心	𗼒𗰷	9.3.6/9.6.1/9.6.5
敬礼	𗓽𗵫	13.48.6
敬礼	𘝵𗵫	13.49.3
敬问	𘕣𗵔	13.32.3
敬信深重	𗓽𗅲𘕣𗰷	13.23.1
久增	𘂢𗵆	10.9.6
旧亲友	𗤁𗤻𗐔	10.34.5
旧相识	𗰜𗓽𘋠	10.38.5
旧住	𗶷𗶷	13.25.2/10.38.3

汉文	西夏文	出　　处
救护	𗣼𗅳	13.40.1
就解	𗆟𗅳	4.4.3/4.5.2—4.5.3
居士	𗤢𗗚	10.5.5
具告	𗤀𗥦	10.16.4
具寿	𗏆𗤀	13.18.5/13.23.3/13.26.3/13.27.4/13.28.2/13.31.5/13.39.6/13.45.5/13.49.6/13.54.3/10.3.2/10.7.1/10.8.5/10.19.1/10.26.3/10.30.5/10.31.3/4.6.2/4.20.5/4.24.4/4.25.4/4.27.5/4.33.2—4.33.3/4.33.5/4.42.3/4.46.4/4.47.1
具说	𗤀𗥦	4.61.5
俱出	𗤧𗝓	13.38.3
俱净	𗤏𗣓	10.5.4
聚集	𗎰𗏁	13.50.1
眷属	𗟼𗟼	12.3.2—12.3.3
决	𗪎𗅢	4.49.2
决除	𗗼𗅳	4.4.4
决定	𗤒𗆟	9.3.6/9.6.1
决定	𗪎𗅢	4.49.6
决定罪	𗦲𗪎𗅢	4.49.4
决断	𗪎𗅢	4.49.3/4.49.5/4.50.3
决疑	𗧾𗅳	4.5.5
决罪	𗦲𗪎𗅢	4.50.4
均分	𗤒𗤴	4.10.6
君持	𗣼𗤮	13.57.2

K

汉文	西夏文	出　　处
开门	𗗚𗣼	13.20.3
堪作	𗇋𗣼	4.19.4—4.19.5
看病人	𗤒𗐫𗡞	4.35.2
看检	𗐫𗥦	4.23.6
糠袋	𗣼𗩱	13.5.3
可信	𗣼𗣼	10.7.3
渴树罗	𗪺𗈛𗿢	10.35.3
客苾刍	𗆟𗥦𗣼	10.38.3/10.43.1/10.43.5

汉文	西夏文	出　　处
空处	𗂤𗭒	13.29.4/13.33.1
空露处	𗍳𗂤𗅠	10.11.1
空槃	𗂤𗂤	4.17.4
空槃	𗂤𗂤	4.17.6
口腹	𗏵𗏹	10.25.4
口味	𗏸𗏵	10.35.1
苦热	𗸪𗔥	13.18.4
宽大	𗾞𗙏	10.19.3
宽狭	𗾞𗗙	13.3.5
愧谢	𗗔𗙏𗏋𗬰	4.52.6/4.53.2

L

汉文	西夏文	出　　处
来至	𗵐𗃛	10.19.1/10.39.4—10.39.5
来至	𗵐𗃛	10.40.4
兰若	𗄫𗄫	13.16.1/13.60.3
狼籍	𗵐𗉛𗆧	13.12.1
劳苦	𗸒𗭼	10.29.2/10.31.4
劳苦	𗭼𗸒	4.20.1
老病	𗼷𗅢	13.41.3
老宿	𗼷𗼷	4.24.1
乐作	𗊬𗈈	4.57.2/4.57.6
了别	𗷖𗆫	4.38.2
羸弱	𗈀𗈁	13.41.3
离过	𗷘𗰖𗏋	4.55.3/4.55.5
离间意	𗼨𗷙	13.53.5
礼拜	𗾟𗊬	13.35.3
礼觐	𗾟𗊬	10.14.4
礼敬	𗾟𗊬	4.53.3
利害事	𗷓𗭌𗋽	13.51.6
利物	𗷓𗴢	10.19.2
利物	𗴢𗷓	4.46.1
怜愍	𗖰𗬰	9.2.1/9.2.3/9.2.5/9.3.1/9.3.3/9.3.4
捷运	𗊬𗴜	10.15.6

汉文	西夏文	出　　处
梁栋	𗀊𗼻	13.58.4
两段	𗦇𗙴	13.11.6
两夜	𗦇𗢁	4.33.6
两众	𗦇𗼻	4.21.4
量叶	𗿺𗿳	13.3.5—13.3.6/13.3.6
料理	𗪱𗙷	10.12.5
料理药	𗙷𗪱𗼷	13.13.4
邻近	𗦀𗋽	4.19.3/4.20.1
林中	𗾊𗋪	13.60.5
零落	𗿻𗵜	13.12.2
令得	𗄺𗗙	4.26.6
令解	𗬘𗗙	4.27.1
令证	𗣼𗗙	4.27.1
流泪	𗦐𗆄	12.3.1
瑠璃	𗬾𗑱	13.42.6
六人	𗤁𗥃	4.51.3
六物	𗤁𗥃𗰜	13.57.1/13.57.2
六众	𗤁𗸐	13.39.5/13.42.5/13.43.3/10.10.1/10.10.5/10.11.2/10.30.2/10.30.4/10.31.2—10.31.3
楼阁	𗬝𗗙	13.58.2
论说	𗑱𗑱	4.49.2
论说	𗆧𗑱	4.52.1
罗怙	𗆧𗤒	13.22.3
罗怙罗	𗆧𗤒𗆧	13.45.6/13.46.3/13.46.5/13.47.2/13.47.4/13.48.2/13.49.3/10.26.4/10.26.5
罗网	𗑲𗤙	13.59.2
略说	𗄊𗑯	9.3.6/9.6.5

M

汉文	西夏文	出　　处
满五人	𗪯𗥃𗿟	4.51.1
曼茶罗	𗄊𗼷𗆧	13.4.4/13.4.5
冒雨	𗬝𗣫	10.9.5/10.11.1
每日	𗤒𗉛	10.29.1

汉文	西夏文	出 处
美膳	𗴱𗆫	4.37.3
门关	𗵽𗉛	10.46.4
门人	𗵽𗷸	13.48.1
门徒	𗵽𗷸	13.48.5
门外	𗵽𗈪	13.28.6/13.32.4/13.49.5/13.50.1/10.37.1
密计	𗰜𗏹	4.28.6
明净	𗆊𗠆	13.37.2
明日	𗆊𘁇	10.34.2/10.34.6/4.16.1/4.17.3/4.19.2/4.62.1/4.62.2
鸣捷稚	𗥃𗅋𗷸	4.16.4/4.22.6/4.30.3/4.56.5
命终	𗷻𗌗	13.60.2/10.23.5
磨药	𗴮𘃗	13.13.5
末香	𗽾𘟀	10.5.5—10.5.6/10.48.6/10.49.1
默然	𗅲𘂙	13.28.1/13.36.3/13.43.3/10.33.3/10.34.3/4.13.2/4.13.3/4.32.5—4.32.6/4.33.2/4.40.2/4.40.4/4.58.4/4.58.6/4.60.5/4.61.1
某甲	𗘆𗾴	10.20.3/10.23.5/4.9.4/4.9.6/4.11.6/4.12.2/4.12.3/4.12.5/4.12.6/4.13.1/4.13.2/4.13.5/4.14.1/4.14.4/4.14.5/4.15.2/4.15.3/4.19.2/4.19.3/4.20.6/4.21.1/4.23.1/4.23.2/4.23.4/4.27.5/4.27.6/4.30.4/4.31.1/4.31.2/4.31.4/4.31.6/4.32.1/4.32.2/4.32.4/4.32.6/4.38.5/4.39.2/4.39.4/4.39.6/4.40.1/4.40.2/4.40.3/4.42.4/4.47.2/4.47.2/4.56.5/4.57.2/4.57.4/4.57.6/4.58.1/4.58.3/4.58.5/4.59.5/4.59.6/4.60.3/4.60.5/4.60.6
母指	𗰔𗘂	13.4.2
目得迦	𗉅𘟀𗗙	10.1.1/10.51.4/4.29.3

<h3 style="text-align:center">N</h3>

N

汉文	西夏文	出 处
捺落迦	𘝞𘚱𗗙	13.21.2
乃至	𘃡𘈧	13.30.2/13.30.4/13.30.5/13.33.4/10.9.1/10.17.2/10.26.3/10.27.3/10.45.2/10.45.5/10.46.6/10.48.4/4.7.2/4.18.5/4.21.2/4.29.5—4.29.6/4.33.6/4.34.4/4.34.6/4.37.6/4.43.4/4.48.1
难得	𘝵𘍊	13.17.5
难求	𘝵𘍊	13.17.4

汉文	西夏文	出　　处
难求	𘟣𗖓	13.43.6
难调	𗸪𗖓	13.53.6
难陀	𘟣𗱞	13.20.6/13.21.3/13.21.5
恼乱	𗼅𗼃	13.59.2
尼夏	𗾉𗏹	10.18.1
泥	𗲠	13.9.3/13.12.5
年少	𗤫𗍫	13.9.6/13.37.3
鸟雀	𘜶𗠉	13.59.2
牛粪	𗖵𗠆	13.4.4/13.4.6/13.9.3/13.12.5/13.45.4/10.12.6
女男	𗷯𘈷	4.35.3

P

汉文	西夏文	出　　处
旁边	𗦺𘃡	13.17.6
棚车	𘆄𗥦	4.36.4
披衣	𗤽𗱣	10.9.5
皮属	𗫂𗵃	10.15.4
毗奈耶杂事	𘘓𗼛𗗚𗥤𗥫	13.1.1
疲极	𗠇𗠇	13.5.6
贫穷	𗝢𗠇	12.4.1
贫人	𗠇𗧓	10.22.6—10.23.1/10.23.1
频频	𗤋𗤋	13.32.1
频赞	𗤋𗤋𗱾	13.27.3
平处	𘓓𗙴	10.4.5
平等	𗰖𗵃	9.1.7/9.3.4
平分	𗵃𗵃	10.25.4
平复	𗤩𗱱𗤏	13.13.3
屏处	𗼻𘄒	13.41.2/4.20.3
屏隐	𗼻𘄒	13.39.4
瓶器	𗖨𗝠	10.4.2
瓶瓨	𗝠𗖨	13.18.1
婆罗门	𘝞𘟀𘎴	13.5.5/13.6.3/13.35.3/13.35.4/13.36.4/13.42.6/10.5.5
婆罗门众	𘝞𘟀𘎴𗫔	4.52.6
破帛	𗤱𗤏	13.5.4

汉文	西夏文	出　　处
破处	𗦳𗭪	13.12.2/13.12.3
破烂	𗦳𗭪	10.13.2
破僧	𗧸𗧇	13.53.5
破僧	𗧸𗭪	10.8.6/10.9.1/10.9.2/10.9.3
破僧众	𗧸𗧇𗭪	10.8.4
破碎	𗤒𗭪𗗙	13.8.6
菩萨	𗦺𗆜	9.1.1/9.1.4/9.1.5/9.1.7/9.2.2/9.2.4/9.2.5/9.2.6/9.2.7/9.3.3/ 9.3.4/9.3.5/9.5.1/9.5.7/9.6.1/9.6.2/9.6.7
菩提	𗦺𗊩	9.5.5/9.6.6
葡萄	𗽉𗴿	10.35.2
普遍	𗰖𗰯	13.35.1

Q

汉文	西夏文	出　　处
七八日	𗤁𗤶𗅩	4.52.5
七日	𗤁𗅩	4.26.2/4.27.1/4.27.2/4.27.6/4.29.6
七夜	𗤁𗅩	4.34.4/4.34.5/4.34.6
其筹	�462𗓯	4.18.3
其声	�462𗰔	13.35.1
其义	�462𗫿	13.23.3—13.23.4
其罪	�462𗗟	4.3.3
其罪	�462𗏹	4.48.6/4.49.2/4.49.3—4.49.4
耆宿	𗴮𗏹	10.24.6
乞食	𗰱𗤀	10.28.5/10.50.2/4.19.2/4.19.3/4.20.1/4.35.2/4.54.4
乞食	𗰱𗤁𗤀	10.29.1
气臭	𗰱𗡞	10.48.3
弃舍	𗴴𗭪	9.3.2
弃掷	𗭪𗵒	13.8.6/13.9.2/13.9.3/10.4.3
器物	𗔴𗘮	4.15.1/4.15.2/4.15.4
前五	𗷾𗙏	4.11.4
前檐	𗄈𗿚	13.58.2
墙壁	𗙴𗄌	10.13.1
乔答弥	𗟲𗗔𗈜	13.48.3
巧便	𗄊𗵜	9.1.6/9.2.2/9.2.4

汉文	西夏文	出　　处
亲教师	𗰖𘓺𗰋	13.47.5/13.53.4/13.54.3
亲眷	𗰖𗰖	4.26.5
亲属	𗰖𗰖	10.22.4
亲友	𗰖𗫅	10.30.4/10.34.5
勤修	𗺌𗦖	13.22.6
轻重	𗵺𗽈	4.48.5/4.49.2/4.50.1/4.50.2
清净	𗦖𗬥	9.6.4
清净	𗦖𗬥	13.36.3/13.57.6/4.2.3/4.3.2—4.3.3/4.15.6/4.47.3/4.51.5/ 4.53.5
擎持	𗶷𘏞	4.54.2
擎衣持盖	𗰛𗶷𗡞𘏞	10.15.4
请唤	𘃨𘏑	4.26.5
请求	𘏑𘏑	4.28.6
求寂	𗡺𘒣	13.45.5/13.56.5/10.26.1/4.18.1/4.18.4/4.36.5/4.51.5
求寂男	𗡺𘒣𘀄	4.25.1/4.26.4/4.44.2
求寂女	𗡺𘒣𗙩	4.25.2/4.44.2
求寂女事	𗡺𘒣𗙩𘟿	4.26.4
求盆	𗸐𗟻	13.41.6
求竹	𗧆𗟻	13.16.2
屈头	𗕊𗸱	10.26.3
氍毹	𘎵𘝿	13.2.1/13.11.1/13.11.4/13.12.2/10.17.6/10.20.5
曲捩	𗸻𘐑	4.16.2
全偿	𘏛𗫅	10.46.6
券记	𘝵𘋩	10.25.1
裙	𘁝	10.48.1/10.48.3

R

汉文	西夏文	出　　处
然后	𗙗𘒤𗧓	13.3.6/13.7.3/13.7.6/13.56.6/10.35.5—10.35.6/10.44.3/10. 49.4/4.17.6/12.4.6
然火	𘒱𘐝	10.36.4/10.36.5
燃灯	𘒤𘒱	13.17.2
染巩	𘑨𗯨𗾟	10.4.2

汉文	西夏文	出　　处
染衣	𘓨𘅍	10.4.1
饶益	𗥦𗢸	9.3.2/9.5.3/4.42.6
热闷	𗩉𗏹	13.19.5—13.19.6
热时	𗩉𘜶	13.57.5
人间	𗼇𘉞	13.45.6—13.46.1/13.46.1/10.21.2—10.21.3/10.30.2—10.30.3/10.32.5
仁等	𗊱𗳉	13.24.1
仁等	𗖰𗳉	13.24.5/13.26.3/13.31.2/10.24.3/10.29.1/10.29.3/10.30.5/10.31.4/4.36.5/4.37.1
仁等	𗟲𗳉	4.62.2
任运	𗊱𗫂	10.13.2
日没	𗢹𗮔	10.30.3
日暮	𗢹𗴟𗮔	10.31.6
日日	𗢹𗢹	13.36.1
容舍	𗟷𗱲	13.55.6/13.56.1
容恕	𗟷𗱲	4.52.4
如此	𘝵𗦫	13.10.2/13.10.5
如法	𗬩𗹏	4.2.3/4.2.4/4.3.3/4.3.5—4.3.6/4.4.6/4.5.6/4.43.1/4.47.3/4.50.3
如来	𗋒𗑢	13.21.4
如律	𘝞𗹏	4.43.1
如上法	𘝵𗦫𗬩	4.7.5
如是	𘝵𗦫	9.3.4/13.13.2/13.14.1/13.24.6—13.25.1/13.27.1/13.38.5/13.45.1/10.13.1/10.16.1/10.39.3/10.41.4/4.2.6/4.4.6/4.8.1/4.9.2—4.9.3/4.11.5/4.13.4/4.20.3—4.20.4/4.21.3/4.22.6/4.27.4/4.28.2/4.30.5/4.33.2/4.33.6/4.38.4/4.40.4/4.42.3/4.43.2/4.43.4/4.44.4/4.45.5/4.46.6/4.47.4/4.48.6/4.50.1/4.58.6/4.59.3/4.61.1/4.62.3
汝等	𗖰𗳉	13.39.6/13.40.2/13.46.1/10.14.6/10.46.2/4.36.3
入房	𗱕𗱕	13.29.2
入行	𗦇𘝶	10.50.2
入涅槃	𗪷𗴼𗦇	10.6.4
入至	𘓱𗦇	13.30.2/13.30.3/13.33.5
褥座	𘕿𘉋	13.5.6
若老	𗤋𗤁	4.36.6
若少	𗤋𘏽	4.36.6

S

汉文	西夏文	出　　处
洒水	𗧔𗑱	13.7.3/13.7.6
三宝事	𗡃𗵘𗴝	4.25.6/4.26.3
三边	𗡃𗺍	13.19.3
三遍	𗡃𗭴	13.45.4
三藏	𗴭𗒟	4.4.3/4.5.2/4.37.4/4.49.5
三藏	𗡃𗒟	4.26.6
三藏法师	𗴭𗒟𗼃𗤫	13.1.2/4.1.2
三处	𗡃𗯭	4.41.3
三分	𗡃𗣼	10.26.1/10.26.2
三面舍	𗡃𗎼𗀹	13.19.2
三人	𗡃𗟻	4.33.3/4.41.3/4.43.4/4.51.1
三日	𗡃𗂅	4.29.5
三十三天	𗡃𗰭𗡃𘍵	13.21.1
三十相	𗡃𗰭𗫂	13.21.3
三事	𗡃𗴝	4.36.1—4.36.2/4.38.5/4.42.5
三夜	𗡃𗂅	4.33.6/4.34.4
三衣	𗡃𗒟	13.1.4/13.2.1/13.57.2/10.13.2/4.54.2/4.55.2/4.55.5
三月	𗡃𗼑	4.21.1/4.27.6/4.31.1/4.31.6—4.32.1
三种	𗡃𗵃	13.41.1
三种事	𗡃𗵃𗴝	13.39.3
三众	𗡃𘕣	4.21.5
扫洒	𗨁𗧔	4.37.2
扫涂	𗨁𗧔	4.15.6
僧	𗉘	10.1.3/10.34.6
僧伽	𗉘𘟙	10.19.1—10.19.2/10.20.5/10.21.1/10.22.5/10.23.4/10.24.4/10.37.3/4.3.1/4.3.2/4.3.3/4.3.4/4.4.2/4.4.4/4.5.1/4.5.2/4.5.3/4.5.4/4.7.1/4.8.2/4.8.3/4.9.4/4.9.5/4.9.6/4.10.5/4.11.6/4.12.2/4.12.3/4.12.4/4.12.5/4.12.6/4.13.1/4.13.2/4.13.3/4.13.5/4.13.6/4.14.4/4.14.5/4.15.2/4.15.3/4.16.1/4.16.5/4.16.5—4.16.6/4.17.1/4.17.3/4.20.5/4.23.1/4.23.2/4.23.3/4.23.4/4.30.4/4.30.6/4.31.3/4.31.4/4.31.6/4.32.1/4.32.2/4.32.3/4.32.4/4.32.6/4.33.2/4.34.6/4.36.6/4.38.5/4.39.2/4.39.3/4.39.4/4.39.6/4.39.6/4.40.1/4.40.2/4.40.3/4.40.4/4.40.6/4.41.5/4.41.6/4.42.3/4.42.4—4.42.5/4.42.5/4.44.4/4.44.5/4.46.1/4.47.1/4.47.6/4.48.5/4.49.1/4.49.2/4.49.3/4.50.2/4.50.3/4.50.4/4.52.6/4.55.1/4.55.3/4.55.4/4.56.6/4.57.2/4.57.3/4.57.4/4.57.6/4.57.6—4.58.1/4.58.2/4.58.3/4.58.4/4.58.5/4.58.6/4.59.4/4.59.5/4.59.6/4.60.2/4.60.3/4.60.4/4.60.6/4.61.1/4.62.1/4.62.2/4.62.4/4.62.5

汉文	西夏文	出　　处
僧伽	𗕾𗆟	4.2.1/4.2.2/4.2.4
僧伽事	𗕾𗆟𗣿	4.31.2
僧脚敧	𗕾𗣗𗤦	10.48.1/10.48.4
僧脚敧	𗕾𗤃𗤦	13.20.4
僧衹	𗕾𗤦	10.10.1/10.10.2—10.10.3/10.10.4/10.12.2/10.16.3/10.18.3/4.24.1
僧物	𗕾𗤷	10.29.6
僧衣	𗕾𗰖	10.11.1/10.17.6/10.19.3/10.19.5/10.19.6
沙门	𗏆𗙏	4.45.4
沙门释子	𗏆𗙏𗰔𗗲	13.43.2
善法	𗤋𗤀	9.5.2
善方便	𗤋𗦀𗤁	13.22.6
善品	𗤋𗒀	13.52.1
善巧	𗦀𗤁	13.54.5
善事	𗤋𗣿	13.51.4/13.52.1
善哉	𗤁𗤁	13.12.3
善哉	𘃭𗿒	13.34.4/4.44.5
善知识	𗤋𗃊𗡞	13.55.3
伤损	𗏹𘄄	13.43.5
商度	𗨻𗿇	4.29.4
商人	𗋽𗢳	10.1.3/10.1.4
上房	𗭴𗰅	10.33.6
上下	𗭴𗴟	10.46.3
上座	𗭴𘓜	13.6.2/13.6.4/4.16.5/4.17.5/4.17.5—4.17.6/4.41.1/4.41.2/4.41.4/4.42.2/4.44.4/4.45.5
烧香	𘘚𗵘	10.5.5
少年	𘕂𗣩	13.16.5/13.38.2/13.38.5/13.39.2/13.55.1
少年	𗼑𗴟	4.24.2
少欲	𗼅𗤴	10.7.5
舍利子	𗰌𗺌𗗲	13.45.5/13.45.6/13.46.3—13.46.4
舍去	𗿢𘃉	10.21.4
舍心	𗿢𗜐	10.2.4
摄取	𘕜𘎑	9.5.3
摄受	𘕜𗅆	13.53.4/13.53.5/13.53.6/4.42.6
摄颂	𘕜𗫔	13.1.3/13.1.6/13.14.4/13.22.2/13.57.3/10.1.2/10.8.2/10.9.4/10.13.4/10.17.5/10.22.1/10.25.3/10.32.2/10.37.6/10.47.6

汉文	西夏文	出　　处
身量	𗏂𗿢	10.47.4
身体	𗏂𘄷	13.18.4/13.18.6
身心	𗏂𘄑	9.6.4
身语	𗏂𗟲	4.47.5
身长	𗏂𗏹	10.47.3
神力	𗼜𗢺	9.4.1
神庙	𗼜𗼛	10.32.6
审谛	𗫂𗤁	13.23.1
生疑	𗟲𗆧	10.2.3/10.3.1/10.5.1/10.27.5/10.50.2
声闻	𗵆𗣼	13.31.1/13.33.6
圣法律	𗡶𗪁𗭑	13.34.3/13.34.4/13.34.5/13.34.6/13.35.2
圣语	𗡶𗟲	13.32.3/13.34.2/13.34.4/13.34.5/13.34.6/13.35.2
圣者	𗡶𗾘	13.10.3/13.11.1/13.11.2/13.12.1/13.13.2/13.13.5/13.35.6/13.36.2/13.43.1/13.48.2/10.29.1/4.29.3
圣众	𗡶𘜶	4.28.4/4.28.5
胜光大王	𗼨𘁨𗾺𗽀	4.28.3
胜慧	𗼨𘞌	13.22.5/13.23.2/13.25.4—13.25.5/13.26.1/13.26.5/13.27.2/13.28.3/13.28.6/13.32.1
胜利	𗼨𗉅	13.36.6
胜事	𗼨𗸐	13.52.1—13.52.2
尸林	𘚺𘋖𗴿	10.24.1
失财	𗽐𗄹	10.44.2
失念	𗺉𗄹	13.37.6
师徒	𗥃𘕕𗥃𘟙	13.52.2
师主	𗥃𘕕	10.14.5
施忍	𗷖𘀄	9.4.5
施主	𗷖𗄈	13.9.4/13.12.5/10.29.1/4.19.2/4.21.1
施主	𗷖𘊟	10.2.2—10.2.3/10.6.5/10.13.1/10.16.1/10.16.4/10.17.2/10.17.6/10.20.3/10.28.2/10.28.6/10.29.3
十二种人	𘎑𗦴𘘥𘐁	4.11.1
十饶益	𘎑𗵔𘔼	4.63.2
十四日	𗙩𗤻𗰖	4.8.2
十四日夜	𗙩𗤻𗙼𗍫	4.37.4
十五日	𗙩𗤻𗰖	4.2.2/4.3.1/4.4.2/4.5.1/4.17.1/4.18.6/4.37.5/4.41.5/4.42.4/4.46.5/4.47.1/4.47.2/4.49.1/4.50.2/4.42.3
十种尘	𘎑𘘥𗬖	10.48.2

汉文	西夏文	出　　处
石灰泥	𘝧𗆍𘄄	13.58.6
石榴	𘝧𗙴	10.35.2
时至	𗧓𗗙	4.3.4/4.5.4/4.8.3/4.9.6/4.12.3/4.13.6/4.14.5/4.15.3/4.17.2/ 4.23.3/4.31.3/4.41.6/4.49.3/4.50.4/4.55.3/4.57.3/4.59.5
识处	𗡶𗥦	13.29.5/13.33.1
食尘	𗾖𘃛	10.51.1
食利	𗾖𘏞	10.27.3/10.27.5
世尊	𗂰𗊡	13.16.4/13.18.5/13.20.6/13.23.2/13.23.3/13.23.5/13.24.1/ 13.24.5/13.25.3/13.25.6/13.26.3/13.27.2/13.27.4/13.28.1/ 13.28.6/13.29.3—13.29.4/13.29.6/13.30.3/13.31. 2/13.31.4/13.32.1/13.34.1/13.34.5/13.34.5—13.34.6/13. 37.4/13.37.5/13.37.6/13.38.3/13.43.1/13.49.6/13.50.5/ 10.7.1/10.8.5/10.20.3/10.21.1/10.21.2/10.25.6/10.26.3/ 10.26.4/10.27.1/10.27.4—10.27.5/10.30.5/10.32.5/10.33. 1/10.33.3/10.33.6/10.34.2/10.34.3/10.38.6/10.47.2/4.6.2/ 4.10.3/4.24.4/4.24.5/4.25.4/4.27.2/4.30.2/4.33.3/4.33.5/ 4.35.2/4.36.1/4.40.5/4.46.4/4.54.2/12.3.2/4.54.3
式叉摩挐	𗩾𘉍𘏨𗩳	4.26.4/4.44.2
事故	𗅋𗆟	4.31.4/4.32.1/4.32.3/4.32.4/4.33.1
侍者	𗪚𗢯	13.23.4
是故	𗤦𗆟	10.27.2
是时	𗤦𗧓	13.28.6/13.49.5/10.26.2/10.30.2/10.32.6/10.33.3/10.34.3/ 10.37.3
是时	𗤦𗪙	4.29.1
室罗伐	𗧅𗴿𗄽	13.25.1
室罗伐城	𗧅𗴿𗄽𗝶	10.1.3/10.14.1/10.18.2/10.25.6
室罗伐城	𗧅𗴿𗄽𗉧	13.57.6/13.2.3/13.15.1
逝多林	𗩾𘘑𘎐𗴝	13.5.6/13.21.2
逝多林	𗥻𘘑𗴝	4.54.1/4.54.3
逝多园	𗥻𘘑𘍞	4.29.1
释放	𗷙𗮒	12.3.2
收筹者	𗗧𗾺𗢯	4.17.4
收谢	𘚓𗋽	13.54.6
手中	𗦉𗏹	10.45.4
手足	𗦉𗿷	10.10.1
守持	𘘣𘝵	4.26.2/4.27.2—4.27.3/4.27.3/4.27.6/—4.28.1/4.28.3/ 4.30.1—4.30.2/4.30.2/4.30.3/4.30.4/—4.30.5/4.32.2/ 4.32.3—4.32.4/4.33.5/4.33.6/4.34.1/4.34.4/4.48.1/4.62.2

汉文	西夏文	出　　处
守护	𗯁𗗙	10.47.1
受报	𗖵𗟲	9.5.4
受筹	𗊢𗟲	4.17.3
受取	𗂹𗟲	10.23.3
受日	𘃽𗟲	4.25.3
受食	𗟲𗏹	10.32.3
受食	𗊢𗟲	10.49.4/10.49.5
受用	𗪾𗬋	13.51.4/13.51.6/10.10.5/4.18.5
授食	𗊢𗔋	10.2.1
授事	𗰖𗤁	4.15.5/4.17.4/4.19.1
授事人	𗰖𗟲𗾞	10.46.2—10.46.3/4.15.6/4.16.2/4.24.3
授受	𗔋𗟲	10.38.1/10.44.6
书字	𗷢𗖰	10.20.3
树下	𗅲𘕿	13.57.6
双足	𗉅𗤋	13.28.2/13.29.1/13.31.6/10.33.1
水窦	𗩭𗫂	13.41.6
水罗	𗈁𗴂	13.57.2
水罗君持	𗈁𗴂𗗙𗗙	13.56.5
说除	𗰖𗇋	4.3.3
说法	𗸐𗇋	13.20.4
说悔	𗰖𗇋	4.2.3
说戒	𗤻𗇋	4.8.4/4.53.5
说序	𗟽𗇋	4.7.6
私缘	𗰿𗤀	10.24.2
思念	𗧠𗣠	4.16.1
思惟	𗧠𗣠	9.6.3
斯等	𗬋𗤋	4.35.5
斯实	𗵆𗧠	13.12.3
四处	𗥃𗁅𗈁	10.6.5
四大制底	𗥃𗆧𗆧𗄯	10.6.3
四方	𗥃𗦣	10.5.4/10.29.6
四角	𗥃𗄼	13.59.5
四面	𗥃𗾞	13.19.4
四人	𗥃𗒘	4.51.1
四十夜	𗥃𗰗𘂆	4.30.1/4.30.2/4.30.4/4.31.2/4.31.4/4.32.1/4.32.2—4.32.3/ 4.32.4/4.32.6/4.33.6/4.34.1/4.34.6

汉文	西夏文	出　　处
四事	𘝵𗭞	10.25.4
四威仪	𘝵𗣼𗫻	13.20.5
四远诸人	𘝵𗍫𗦳𘓺	13.35.1
四种	𘝵𗸐	13.43.4
四种物	𘝵𗸐𗘛	10.29.5
寺	𘊝𗩶	13.10.1/13.15.4/13.19.3/13.25.3/13.25.4/13.50.3/13.50.6/13.57.1/13.58.2/10.14.5/10.15.6/10.16.5/10.28.2/10.31.6/10.45.6/10.46.1/4.22.1/4.36.6
寺门	𘊝𗩶𘟣	13.47.6
寺内	𘊝𗩶𗓽	13.25.5/10.16.3/12.4.4/12.4.5
寺外	𘊝𗩶𗭼𗷀	13.19.2/13.50.5
寺檐	𗩶𘚑	13.1.4
寺中	𘊝𗩶𗓽	13.6.3—13.6.4/10.14.3/10.14.6/10.15.6/10.24.6/10.30.3/10.38.3
送来	𗂆𗩱	10.22.2
送尸衣	𗋔𗂆𘄒	10.22.6
诵经	𗢳𘜶𗦻	13.16.5/4.37.5
酥油	𗪺𗕢	10.4.2
窣睹波物	𗮔𘝵𘈷𗘛	10.29.6
窣吐罗罪	𗮔𘝵𗲲𗴺	13.53.5
俗旅	𗰖𗰛𗹦	4.45.2
俗旅	𗰛𗹦	4.53.1
俗人	𗰛𗹦	10.22.4/10.23.4/10.23.5/10.24.2/10.28.1
俗人	𗰖𗰛	4.51.5
随处	𗗙𗩈	13.15.1/13.15.2
随处	𗷀𗷀	10.36.4
随次	𗾞𗊁	13.32.5
随后	𘟣𘒣	4.17.4—4.17.5
随近	𗎩𗴒	4.36.3
随路	𘝵𘕾	10.44.4
随名	𘃡𗊁	4.33.4
随年	𘅿𗊁	4.53.2
随情	𗆫𗊁	13.20.4/4.35.3
随时	𘓄𗊁	4.27.3/4.37.4
随时	𗷣𘓄	4.48.3
随喜	𘘥𘝠	10.35.1

汉文	西夏文	出　　处
随意	𗥃𗆧	13.13.6/13.14.3/10.15.3/10.36.2/10.51.2/4.35.6/4.36.2/4.37.1/4.37.6/4.38.1/4.38.6/4.39.2/4.39.4/4.39.6/4.40.1/4.40.2/4.40.3/4.40.5/4.40.6/4.41.1/4.41.2/4.41.6/4.42.2/4.42.4/4.42.4/4.43.3/4.43.6/4.44.2/4.44.3/4.44.4—4.44.5/4.44.5/4.44.6/4.45.4/4.45.6/4.46.2/4.46.4/4.46.6/4.47.1/4.47.2/4.47.3/4.48.1/4.48.2/4.48.4/4.48.5/4.49.4/4.50.6/4.51.2/4.51.4/4.51.6/4.52.2/4.52.2/4.52.5/4.52.6/4.53.3/4.53.4/4.53.5
随意法	𗥃𗆧𗣼	4.44.1
随意日	𗥃𗆧𘟂	4.36.3
随意事	𗥃𗆧𗡮	4.36.2/4.37.5/4.41.5/4.42.5/4.43.4—4.43.5/4.49.1/4.50.2/4.51.2/4.51.4/4.54.1
遂便	𗵽𗥃	13.5.2/10.4.3/10.10.6/10.21.4/10.33.4/10.38.4
遂即	𗵽𗥃	10.31.2
碎破	𗯟𘜶	13.12.4
碎砖	𘝞𗁠	13.58.5
损地	𗼨𗼃	13.5.2
损坏	𘝴𗼃	13.10.1/10.10.6/10.11.3
娑度	𗈶𗔅	4.21.4/4.28.3/4.43.3
所行	𗟲𗿳	13.31.1/13.33.6
所弃	𘐩𗿳	13.45.1
所说	𗥃𗵐	4.27.2
所为	𗥩𗥩	13.23.1
所须	𘝶𘝶	4.35.2
所有	𗘂𗘂	13.51.5/13.51.6/13.52.2/10.10.4/10.15.6/10.16.2/10.22.5/10.24.6/4.15.5/4.16.1/4.19.6/4.40.5/4.55.2/4.55.5
索陪	𗣛𗥔	10.45.4
索物	𗤋𗥷	10.44.2

T

汉文	西夏文	出　　处
他财	𘉋𗤁	10.22.2
贪心	𗁮𗟻	9.5.4
痰瘢	𘔖𘖑	13.37.1
天明	𗉔𘏞	10.31.2

汉文	西夏文	出　　处
天雨	𗿂𗥫	4.54.2
调伏	𗥱𗤁	9.6.3
铁	𗥫	13.43.4
听者	𗤓𗋽𗂽	4.3.4/4.5.4/4.8.3/4.9.6/4.12.3/4.13.6/4.14.5/4.15.3/4.17.3/4.23.3/4.31.3/4.39.3/4.41.6/4.49.3/4.50.4/4.55.3/4.57.3/4.59.5/4.62.5
庭中	𗱸𗉔	10.35.4
通宵	𗦭𗷻	4.37.4—4.37.5
同梵行者	𗾑𗉌𗩻𗏇	4.19.5
同分	𗏇𗦻	4.6.5/4.6.6/4.7.2
同见	𗧽𗦀	4.51.6
同时	𗾹𗆀	4.46.1
铜	𗥶	13.43.4
童子	𗡪𗫊	12.4.2
偷窃	𗡮𗤌	10.38.4
偷物	𗰇𗤁	10.46.1
鍮石	𗱸	13.43.5
突色讫里多	𗼷𗥫𗏹𗤽𗗙	4.7.2—4.7.3
涂拭	𗩙𗑛	13.12.5
涂香	𗟲𗣫	10.5.5
土屑	𗑡𗏹	13.45.3

W

汉文	西夏文	出　　处
瓦盆	𗵜𗗉	13.41.4
瓦师	𗵜𗏇	13.17.6/13.18.1
外道	𗁆𗘂	4.26.5
忘念	𗼫𗒑	10.5.3
威仪	𗥇𗺌	13.23.1
微尘	𗤌𗠁	10.50.5
围绕	𗷮𗤁	13.48.5/13.49.2/13.49.5
唯愿	𗤅𗵱	10.33.1
崽名	𗋽𗦻	9.1.3

汉文	西夏文	出　　处
萎黄	𗥃𗐯	13.18.5/13.18.6
未差	𗤙𗐯	4.11.2/4.11.4/4.38.2/4.38.3
未得	𗤙𗗚	4.26.6
未解	𗤙𗆄	4.27.1
未久	𗤙𗤊	10.23.4
未久之间	𗣼𗏇𗤙𗤊	10.15.5/10.16.3
未生	𗤙𗣼	4.19.6
未识	𗤊𗦎	13.21.3
未食	𗤙𗉛	10.2.6
未受	𗤙𗦧	10.45.2/10.45.5
未息	𗓑𗆐	4.52.2
未相识	𗤊𗥑𗦎	10.38.6/10.39.1—10.39.2
未证	𗤙𗧇	4.26.6
慰问	𗏷𗏵	13.25.2/13.32.3—13.32.4
闻已	𗥑𗓑	10.3.6
问答	𗏵𗱟	13.49.1/13.51.5
问讯	𗏷𗏵	13.25.6
我辈	𗰒𗴩	13.27.5
我等	𗰒𗴩	13.24.2
我等	𗾞𗴋	13.24.3/13.24.6/13.25.1
我等	𗰒𗴩	13.31.3/13.34.2/10.28.3/4.54.4
卧具	𗫐𗫤	13.57.6/10.31.1/4.10.2/4.10.5/4.11.1/4.11.3/4.11.6/4.12.2/4.12.4/4.12.5/4.12.6/4.13.1/4.13.3/4.23.6/4.24.1/4.24.2/4.24.3
卧具	𗫐𗐝	10.25.5/10.31.3/10.31.6
乌	𗫣𗆄	10.2.4
乌鸟	𗫣𗘃	13.60.4
乌语	𗫣𗟲	13.60.5
邬波离	𗙜𗙩𗠉	10.7.1/10.8.5/10.47.2/4.6.2/4.24.4/4.25.4/4.27.2/4.33.3/4.33.5/4.46.4
邬波难陀	𗙜𗙩𗏵𗡪	12.3.5
邬波斯迦事	𗙜𗙩𗵐𗵃�	4.26.3
邬波驮耶	𗙜𗙩𗡩𗖊	13.46.2/13.46.3/13.46.6/10.15.1
邬波驮耶	𗙜𗙩𗎘𗖊	4.18.1—4.18.2

汉文	西夏文	出　　处
邬陀夷	𗣼𘃸𗣫	13.46.4/13.47.2/13.47.3/13.47.5/13.48.3
污地	𗄻𗄻	13.41.5
污衣	𗈁𗤋	10.48.1
无处	𗣓𗣫	13.16.2/13.41.6
无对	𗥺𗙏	13.36.3
无多	𗖵𗘺	10.16.3
无犯	𗄡𗙏	13.11.5/13.20.5/10.2.6/10.3.2/10.5.4/10.36.1/10.37.5
无犯	𗄡𗣓	4.9.2/4.9.5
无堪	𗴮𘅞	13.9.2
无力	𗽻𗙏	13.18.5/13.18.6
无量	𗴮𗆤	13.37.6
无人	𗣆𗙏	10.2.1
无上	𘃝𗤻	9.3.7/9.4.5/9.5.5/9.6.6
无所有处	𗲯𘜶𗙏𘝢	13.29.5/13.33.1/13.33.3—13.33.4
无所有定	𗲯𘜶𗙏𘇂	13.30.1
无忘	𗭼𗙏	13.37.6
无畏	𗻺𗙏	9.1.6/9.2.2
无嫌隙者	𘌴𗙏𗣛	4.53.3
无有	𗣓𗲯	10.8.1
五百	𗏁𗾔	13.48.1/10.33.4/10.33.5
五德	𗏁𗤉	4.38.2/4.56.4
五法	𗏁𗤋𗟁	13.52.5/13.53.2—13.53.3
五法	𗏁𗟁	13.53.1/4.11.1/4.11.2/4.38.2
五黑法	𗏁𗤍𗟁	13.56.3
五条	𗏁𗘻	10.10.4
五月满	𗏁𗼑𘐆	4.61.6
五月十六日	𗏁𗼑𗰔𘞭𘕣	4.10.3
五月十五日	𗏁𗼑𗰔𗏁𘕣	4.15.5
五种	𗏁𘊝	13.51.2—13.51.3/10.8.6
五种尘	𗏁𘊝𘊐	10.50.4
五种法	𗏁𘊝𗟁	13.55.2
五种网	𗏁𘊝𘌄	13.59.3
五众	𗏁𘕿	4.24.6/4.25.2/4.45.2

X

汉文	西夏文	出　　处
希求	𗗙𗭼	9.2.6
希有	𗗙𗭼	13.6.1
悉皆	𗏹𗏹	13.16.6/13.20.5/10.33.5/4.2.2/4.3.2/4.10.6
洗口	𗼻𗭴	13.41.4/13.41.5
洗香泥	𗼻𗭼𗭼	4.16.3
洗足	𗼻𗭼	13.29.2
洗足	𗼻𗭼	4.54.3
洗足盆	𗼻𗭼𗎟	4.10.5
戏具	𗼻𗼻	12.4.1
细片	𗼻𗼻	13.9.1
狭小	𗼻𗼻	10.19.4
瑕隙	𗼻𗼻	10.7.2
瑕隙	𗼻𗼻	10.7.6
下座	𗼻𗼻	13.6.3/13.6.5
下座	𗼻𗼻	4.41.1
夏安居	𗼻𗼻	4.10.3/4.10.4/4.11.6/4.12.2/4.12.4/4.12.5/4.12.6/4.13.1/4.13.2/4.16.1/4.16.6/4.17.1/4.20.5/4.21.1/4.25.5/4.27.6/4.31.1/4.32.1/4.36.1/4.54.1
夏月	𗼻𗼻	13.17.2
夏中	𗼻𗼻	4.22.1
夏坐	𗼻𗼻	10.21.2/4.39.2/4.39.4/4.39.6/4.40.1/4.40.2/4.40.3
鲜花	𗼻𗼻	4.16.3
闲房	𗼻𗼻	13.28.3
贤首	𗼻𗼻	13.13.2/13.43.1
贤首	𗼻𗼻	4.29.2
咸出	𗼻𗼻	13.25.6
咸共	𗼻𗼻	4.37.1
咸皆	𗼻𗼻	10.3.6
咸悉	𗼻𗼻	10.37.5
咸相	𗼻𗼻	4.52.6
咸知	𗼻𗼻	4.36.5
嫌耻	𗼻𗼻	13.44.4
嫌耻	𗼻𗼻	10.29.4
嫌耻心	𗼻𗼻	13.7.4

汉文	西夏文	出　　处
嫌恨	𗖠𗟛	10.16.6
嫌恨	𗅲𗟛	4.52.1/4.53.2
显露	𗠻𘜶	10.44.1
现今	𗋽𗦺	10.28.4
现前	𗦺𗗙	13.29.1/13.29.2/13.32.5
现前众	𗦺𗗙𗬻	4.45.3
相见	𗟻𗟻	13.24.6
相揩	𗡮𗰜	13.44.2
相识	𗨁𘓓	10.39.1/10.41.2
相违	𗣫𗈁	10.6.6
香泥	𘊝𗸒	10.48.1/10.48.6/10.49.2
香山	𘊝𗗈	13.21.1
香水	𘊝𗗥	4.16.3
香台	𘊝𘜶	4.37.3
详审	𗘟𗗙	10.38.1
庠序	𗷀𘘵	13.23.1
嚣声	𗰜𗗙𘟣	13.49.5
小刀子	𘛛𗴮	4.45.4
小事	𗤁𘛒	13.7.2
小铁环	𗵒𗰜𗦲	13.59.5
小叶	𗲨𗴯	10.27.3
校同	𗜀𘗽	10.51.5
懈怠	𘌥𘛈	13.52.6
新瞿摩	𗋽𘁡𘞃	4.37.2
信报	𗴺𘏞	13.27.3—13.27.4
星出	𘘚𗠟	10.30.3
幸愿	𘝵𘞽	10.35.1
兄弟	𗾔𗡪	10.18.2
修行	𗰔𘛊	13.52.1
修理	𗷀𘘵	13.12.4/10.18.1/10.21.3/10.21.5
羞耻	𗮷𗡝	13.37.4/13.52.6
须出	𗔀𗠟	4.25.6
须臾	𗨁𗲨	10.41.6
须知	𗟼𗠟	10.48.2
徐徐	𗤒𗤒	10.10.5
许可	𗠟𗟻𗰜	4.51.2

汉文	西夏文	出　　处
续次	𗧢𗰜	10.41.2
喧噪	𗥤𗰭	4.22.2
巡次	𗧢𗰜	13.6.4
巡行	𗰜𗰚	4.20.1
巡行	𗧢𗙼	4.23.6

Y

汉文	西夏文	出　　处
烟熏	𗣫𗰭	10.11.3
言语	𗥤𗈘	13.51.5
檐网	𗰭𗈘	13.57.4
眼目	𗣫𗰜	13.37.2
药	𗋽	10.15.5
药叉	𗋽𗰭	10.32.3/10.35.3
药叉	𗋽𗰭	10.32.6/10.33.3/10.35.2
药叉神	𗋽𗰭𗤾	10.33.6/10.34.1/10.34.4
叶	𗨙	10.15.5
叶相	𗨙𗫨	13.4.1
一蕊兒	𗏁𗥃𗗩	4.38.6—4.39.1
一边	𗝶𗗩	4.43.6
一遍	𗁯𗦵	4.63.5
一抄食	𗇋𗝶𗰭	13.60.3
一筹	𗝶𗰜	4.17.5
一处	𗝶𗗩	13.28.5/4.51.6/4.52.1
一面	𗝶𗰜	13.28.2
一切	𗂰𗂰	9.2.4/9.6.5/9.6.6/4.2.1/4.2.2/4.2.4/4.3.2/4.4.2/4.4.4—4.4.5/4.5.2/4.16.6
一人	𗝶𗤾	4.2.3/4.3.2/4.4.2/4.5.2/4.34.5/4.40.6
一人	𗁯𗤾	4.50.6/4.51.1
一日夜	𗁯𗥤𗁯𗰭	4.33.5
一夏	𗝶𗰭	4.34.2
一夜	𗁯𗰭	10.31.4
一夜	𗝶𗰭	4.34.4
一一	𗰭𗰭	10.34.1/10.35.6/4.44.2

汉文	西夏文	出　　处
一重	𗼩𗢳	13.58.6
一重	𗾖𗢳	10.37.3
衣钵	𗼲𗺼𗷖	13.28.1
衣钵	𗼲𗷖	13.40.2/10.39.3/10.39.5/10.40.5/10.41.4/10.41.6/10.42.5/4.54.3
衣袋	𗼲𗣋	10.44.5/10.44.6—10.45.1
衣服	𗼲𗰖	13.15.1/13.15.2—13.15.3/13.31.5/10.28.4/10.47.2/10.48.6
衣架	𗼲𗣀	13.1.4/13.14.5/13.16.1
衣食	𗼮𗰖	13.52.1
衣物	𗼲𗤒	10.22.2/4.53.6
医人	𗁦𗾔	13.13.1
医药	𗽳𗽳	4.20.2
依法	𗤁𗤶	4.49.5
依律	𗤁𗤶	4.49.5
依止	𗤶𗤁	13.51.4/13.52.2/13.52.3
疑念	𗽊𗡑	10.6.1
疑罪	𗽊𗼧	4.4.3/4.4.4/4.5.3
疑罪	𗼧𗽊	4.47.6/4.48.1/4.48.2
已差	𘉋𘋢	4.11.2/4.11.5/4.38.3/4.38.4/4.59.5/4.60.3
已了	𗡮𘉋	13.28.5
已作	𗵒𘉋	4.44.5/4.44.6
义净	𘆄𘜶	13.1.2/4.1.2
忆罪	𗼧𗽊	4.48.3
译	𘆖	13.1.2/4.1.2
易得	𗉵𗄈	13.57.6
因此	𗏁𗳭	13.53.6
因此	𗙴𗤶	10.44.2
因何	𗗙𗳭	13.6.6/13.12.1
因斯	𗙴𗤶	13.55.1
因缘	𗳭𗳭	4.26.1/4.26.5/4.27.6
饮尘	𗕦𗬛	10.51.1
饮食	𗕦𗰖	13.6.1/13.37.2/10.3.4/10.27.2/10.28.2/10.28.3
饮食	𗕦𗕦	13.60.4
隐屏	𗯴𗮍	13.41.3
璎珞	𗫸𗟛	12.4.2

汉文	西夏文	出　　处
迎接	𘀀𘀁	13.21.4
营事人	𘀀𘀁	4.21.1
营造	𘀀𘀁	4.37.3—4.37.4
营作	𘀀𘀁	10.25.2
应安	𘀀𘀁	13.20.2
应差	𘀀𘀁	4.11.2/4.11.5/4.38.3/4.38.4/4.51.2
应畜	𘀀𘀁	13.43.4
应畜	𘀀𘀁	10.48.5
应行	𘀀𘀁	10.31.1
应取	𘀀𘀁	4.51.5
应食	𘀀𘀁	10.5.1/10.50.1/10.51.3
应受	𘀀𘀁	13.14.3
应为	𘀀𘀁	4.9.3
应信	𘀀𘀁	10.7.4
应许	𘀀𘀁𘀂	4.3.4/4.5.4/4.8.3/4.9.6/4.12.3/4.13.6/4.14.5/4.15.3/4.17.3/ 4.23.4/4.31.3/4.39.3/4.41.6/4.49.3/4.50.4/4.55.4/4.57.3/4. 59.6/4.62.5
应遮	𘀀𘀁	4.63.2
应知	𘀀𘀁	10.46.2/4.7.3/4.48.2
应作	𘀀𘀁	13.16.1/13.17.3/13.19.1/13.55.2/10.12.6/10.36.6/4.8.1/4. 16.5/4.24.5/4.50.1/4.51.1/4.51.2/4.51.6/4.59.3/4.62.3
应作	𘀀𘀁	4.9.2
应作	𘀀𘀁	4.19.3
应作	𘀀𘀁	4.48.1
应作	𘀀𘀁	4.48.6
忧恼	𘀀𘀁	4.19.5
尤多	𘀀𘀁	10.35.1
油腻	𘀀𘀁	10.49.3
油污	𘀀𘀁	10.48.3
游尘	𘀀𘀁	13.2.1
游行	𘀀𘀁	10.21.3
游行	𘀀𘀁	10.32.5
游历	𘀀𘀁	10.5.4
游历	𘀀𘀁	10.30.3
游适	𘀀𘀁	13.26.4
游适	𘀀𘀁	13.46.1
有病	𘀀𘀁	4.46.4
有犯	𘀀𘀁	4.2.2
有犯	𘀀𘀁	4.3.2
有教	𘀀𘀁	13.26.3

汉文	西夏文	出　　处
有疑	𘟢𗫵	4.4.2
有疑	𘟢𗫵	4.5.2
有缘	𗫵𘃪	4.35.4
有罪	𗦜𗫵	4.2.1/4.48.1/4.48.2
右手指	𘓨𗭪𗭪	13.38.2
右膝	𘓨𗀱	13.31.6
于时	𗤢𘝰	13.25.6/13.26.2
余苾刍	𗊡𗥃𗭴	10.14.2/4.61.4
余处	𗊡𗸦	13.49.1/10.7.1
余家	𗐯𗰗	13.13.4
余人	𗊡𗷻	13.22.1/13.53.5/10.19.4/10.45.3
余日	𗊡𗼑	10.36.3
余事	𗊡𘒣	4.9.3
余相状	𗊡𗨶𘎑	13.30.6/13.33.5
余衣	𗊡𘟏	4.55.3/4.55.6
余者	𗊡𘔮	10.32.3/10.50.1
余住处	𗊡𘆖𘉞𗸦	4.2.3/4.2.5/4.3.2/4.4.3/4.4.5/4.5.2/4.5.5
与欲	𗆄𗭷	4.9.4
预知	𗊀𗚱	13.24.4
欲尽	𗆄𗟶	10.15.6
欲净	𗆄𗗚	4.46.6/4.51.4
欲求	𘛅𘒣	4.49.2
欲去	𘚢𗆄	10.44.5
欲作	𗼃�	4.17.1
御译	𘜶𘟀	9.1.2/9.1.3
园林中	𗕹𗒹	10.1.4
园中	𗕹𗒹	13.49.2
缘斯	𘃪𘃪	12.3.5
远近	𗤋𗸦	4.36.5
怨嫌	𗴡𗫤	4.52.2
越法罪	𗥃𗇁𗦜	13.39.1/13.40.6/13.44.5/13.50.5/13.55.5/13.55.6/13.56.1/13.56.4/4.4.1/4.6.1/4.24.4
越法罪	𗥃𗇁𗦜	4.46.2—4.46.3
云何	𘗪𗏇	13.2.6/13.3.5/13.51.2/10.20.2/4.10.4/4.33.3—4.33.4/4.34.5/4.36.2/4.54.5/4.63.1
云母片	𗟵𗭲	13.17.4

汉文	西夏文	出　　处
赞美	𗼷𘝶	13.23.5—13.23.6
赞叹	𗼷𘝶	13.24.1/13.24.2/13.24.6/13.27.4—13.27.5/13.32.1
澡豆灰	𗵆𗭪𗤶	10.49.3
贼军国	𗾟𗡪𗐜	10.32.5
增进	𗉛𗗚	4.19.6
增长	𗉛𘍿	13.12.6/10.13.2/4.54.6
毡褥	𗇃𗯿	13.8.3
瞻病人	𗔴𗘟𗉅	4.19.3/4.21.1
瞻仰	𘃨𗘟	10.26.4
展转	𗁅𗾓	4.53.3
张羯耻那人	𗄊𗆤𗋅𘇂𗉅	4.58.5
张衣	𗄼𘞗	4.55.2/4.55.5/4.62.1/4.63.1
张衣人	𗄼𘞗𗉅	4.56.4/4.59.2/4.59.5/4.60.3
长者	𗣓𗗙	13.10.1/13.10.5/13.10.6/13.11.5/13.12.1/13.12.3/13.35.2—13.35.3/13.35.413.36.4/13.42.6—13.43.1/10.14.1/10.14.2/10.14.5/10.16.1/10.16.2/10.16.4—10.16.5/10.16.5/10.29.3/4.28.4

Z

汉文	西夏文	出　　处
掌寺人	𗀔𗰜𗤁𗉅	10.46.6
掌衣物人	𗄼𘏨𗄼𗉅	4.13.5/4.14.1
杖头	𘟀𘄡	13.9.1
招凉舍	𗪊𘞗𗬨𗱽	13.19.1
辄便	𘓓𘄡	10.36.5
着窗	𘏨𗫷	13.19.6
着地	𗟻𗤁	13.31.6
针线	𗼷𘜶	4.45.2—4.45.3/4.45.4
珍宝	𗴺𗑉	12.3.2
真谛	𗡪𗭑	9.2.3
真实	𗡪𗏇	9.1.5/9.3.5/9.3.7/9.5.1/9.6.4
正合	𗻨𗏇	13.36.4
正觉	𘝶𘜶	13.21.6/10.6.4
正学女	𘝶𘟀𗟻	4.25.1

汉文	西夏文	出　　处
正月十五日	𘈩𘈩𗄛𘈷𗍺	4.61.6—4.62.1
净事	𗩪𗤶	4.48.5/4.49.1—4.49.2
净罪	𗤋𗩪	4.48.4
支伐罗	𗾋𗤁𗗙	13.2.3—13.2.4/13.3.3/10.28.4
知见罪	𘃠𘜶𗤋	4.43.1
知识	𘃠𗰣	13.53.1
知事	𗥃𘃠	13.6.6/13.7.2/13.8.4
知事人	𗥃𘃠𗵒	13.6.3/13.8.1
知事者	𗥃𘃠𗾺	13.8.5
知已	𘃠𗫴	10.4.3
织彩	𗤻𗤀	10.20.5
执竿杖	𗖵𗙟𗼈	4.22.2
执杖戏	𗖵𗼈𗷲	13.39.6
纸绢	𗧓𗤺	13.18.3
纸叶	𗧓𗺌	4.36.4
制齿木	𘐥𗰖𘀄	13.22.3
制底	𗾋𗹦	10.5.4/10.5.6/10.6.5
制法	𗆧𗼇	10.25.2
制令	𗾓𗇋	4.16.5
治罚	𘀄𗩾	4.18.6
智慧	𗩄𗧀	9.4.6
置竿	𘛛𗤢	13.15.5—13.15.6/13.15.6
置好	𘜍𗩾	13.6.1
种种	𗤿𗤿	10.7.2/10.8.1
众多	𗭴𘃢	10.5.4/10.38.3/4.37.6—4.38.1/4.54.1
众前	𗭴𗤲𗾝	10.1.4
众人	𗭴𗢳	13.23.1
众生	𘓄𗵆	9.1.5/9.2.1/9.2.2/9.2.4/9.2.5/9.2.6/9.3.1/9.3.3/9.5.2/9.5.3/9.5.4
众事	𗭴𗤶	10.24.2
众物	𗭴𗴈	10.20.3/10.22.3/10.24.4
众中	𗭴𗆐	4.43.6/4.47.6/4.48.3/4.48.4/4.49.4
重校	𗼃𗖰	4.63.6
周旋	𘘣𘘣	13.21.2
肘短	𗎇𗰛	10.38.2/10.47.3
肘量	𗎇𗤓	10.47.2/10.47.3

汉文	西夏文	出　　　处
诸苾刍	𗆐𗟛𗏀	13.18.6/13.22.6—13.22.7/13.23.2/13.24.5/13.24.6/13.25.2/13.25.5/13.26.1/13.26.4/13.27.1/13.27.2/13.27.4/13.28.1/13.28.3/13.29.2/13.29.3/13.30.1/13.30.2/13.30.3/13.30.4/13.30.6/13.31.2/13.32.1/13.32.2/13.32.4/13.32.6/13.33.2/13.33.4/13.34.6/13.35.3/13.35.6/13.36.2/13.36.3/13.36.5—13.36.6/13.38.5/13.38.6/13.39.5/13.43.3/13.43.5/13.53.6/13.55.4—13.55.5/13.59.1/10.2.2/10.2.5/10.5.1/10.6.2/10.10.2/10.11.3/10.12.2/10.16.4/10.21.4/10.23.2/10.26.1—10.26.2/10.27.2—10.27.3/10.28.2/10.28.3/10.28.6/10.29.4/10.30.3/10.31.1/10.31.5/10.35.4/10.35.6/10.38.4/10.40.3/10.45.1/10.46.2/10.48.3/10.48.5—10.48.6/10.49.4/10.50.2/10.50.3/4.7.5/4.10.3/4.10.4/4.10.6/4.22.1/4.26.1—4.26.2/4.26.2/4.29.6/4.30.3/4.36.1/4.36.2/4.41.4/4.52.1/4.53.4/4.54.5/4.56.3/4.61.5/4.63.1
诸苾刍辈	𗆐𗟛𗏀𗤋	13.22.5/13.35.1
诸苾刍尼	𗆐𗟛𗏀𗟲	10.21.5
诸苾刍众	𗆐𗟛𗏀𗩾	4.19.3/4.24.5/4.25.5/4.29.2
诸尘眼	𗆐𗉛𗢩	10.51.2
诸大德	𗆐𗤒𗾈	4.16.1/4.62.1
诸定	𗆐𗟠	13.29.6/13.33.3
诸佛	𗆐𗗲	13.37.6
诸惑	𗆐𗪘	13.22.6
诸旧住人	𗆐𗤲𗤲𗾦	4.37.3
诸具寿	𗆐𗼑𗹏	13.23.6/10.28.3/4.13.1/4.32.4/4.40.1/4.58.2—4.58.3/4.60.3
诸鸟	𗆐𗰖𗀇	4.22.1
诸鸟雀	𗆐𗀇𗿢	13.20.1
诸人	𗆐𗾦	13.27.6/13.32.3/13.35.5/10.30.4/10.31.3—10.31.4
诸僧伽	𗆐𗷀𗫾	10.25.6
诸少年苾刍	𗆐𗾟𗵘𗟛𗏀	4.37.1—4.37.2
诸圣众	𗆐𗐦𗩾	4.29.1
诸施主	𗆐𗾈𗅉	4.54.6
诸施主辈	𗆐𗾈𗅉𗤋	4.36.6
诸事	𗆐𗵐	4.16.1
诸文	𗆐𗣼	4.35.5

汉文	西夏文	出　　处
诸营作	𗙰𗧾𗼃	10.24.5/10.24.6
诸余苾刍	𗧾𗙰𗟻𗴂	13.53.3—13.53.4/10.15.6
诸障法	𗙰𗴒𗪅	4.47.3
诸姊妹	𗙰𗮔𗤉	4.44.4
诸坐毡	𗙰𗰜𗫻	4.10.5
竹片	𗐩𗌱	13.17.3
主人	𗼻𗩲	10.18.5/10.39.5/10.40.1/10.40.4/10.41.2/10.41.3/10.41.5/ 10.42.5/10.43.2
住处	𗫔𗏆	13.23.2
住处	𗫔𗼻	13.27.2
住处	𗫔𗏆𗵒	13.28.6
柱孔	𗵃𗣼	10.13.1
转法轮	𗪅𗪺𗌱	10.6.4
转更	𗟲𗤁	13.47.5
庄校	𗷨𗋦	4.37.3
庄严	𗯿𗌱	13.21.3
准陀	𗆫𗆟	13.45.6/13.46.2
准义	𗀁𗟛	4.41.3
捉宝	𗌫𗌱	12.3.5
捉衣	𗭪𗤽	13.7.1
啄食	𗄭𗤙	10.2.4
资具	𗂬𗦜	10.15.5/10.16.3/4.45.4
资生	𗂬𗦜	10.16.2
自陈	𗰖𗤉	4.47.2
自定	𗰖𗦎	13.31.2/13.31.3/13.34.2
自行	𗰖𗤛	4.26.6
自相	𗰖𗣼	13.34.1
自捉	𗰖𗌱	12.4.4
总闭	𗷖𗝒	10.38.1
总行	𗷖𗼃	4.18.3
足踢	𗥹𗗟	13.11.6
罪事	𗴮𗵆	4.49.5
尊容	𗼋𗩌	10.26.4
尊者	𗼋𗥃	13.23.6/13.26.2/13.28.4/13.45.6/13.50.1
左手	𗘂𗤽	13.38.1
左右顾盼	𗘂𗘟𗮤𗐔	13.35.5

汉文	西夏文	出　　处
作法	𗢳𗣼𗣴	4.8.5/4.43.5/4.44.3/4.52.3/4.56.3
作泥	𗍫𗣴	10.13.1
作斯事	𗵘𗵒𗣴	4.3.6
作衣	𗣵𗣴	13.3.4
作衣	𗣵𗲲	13.4.5
作衣服	𗣵𗵒𗱕	13.20.4
坐具	𗰖𗰊	13.57.2
座褥	𗥦𗰊	13.8.1/13.28.4
座席	𗰖𗰊	4.30.3

后　记

　　本书是在我 2019 年博士后出站报告的基础上修改而成，在中国社会科学院世界宗教研究所三年的博士后生涯，我不仅在学术科研上有所收获，更结识了许多良师益友。在那里我得到了许多帮助，受益良多，感激之情难以言表。感谢我的博士后导师魏道儒先生，是他给了我又一次深造的机会。感谢吾师段玉泉、孙伯君和聂鸿音三位先生，是他们对我这个求学一向比较曲折的愚顽子弟一直没有放弃。他们在佛学、历史学、语言学和文献学方面的造诣和闻思修与信解行证同时兼备的人格修养，永远值得我学习。我有幸入他们的门下，诚乃福报也。

　　特别要感谢恩师魏道儒先生，无论参与导师的课题，还是出站报告的完成，我都要感谢魏老师，魏老师也是我博士论文的开题和答辩主席。博士毕业之后，我有幸得到恩师的垂青，他不嫌弃我对佛教知识的无知，将鲁钝的我领入了佛学的大门，开始系统学习佛学，接触佛教文献，确定了博士后阶段的研究方向，才有了写作这篇出站报告的可能。初起之时，在佛教文献和佛教思想史面前，我完全是个门外汉，老师教我先从阅读经典入手，在他的悉心指点下，我慢慢摸索，稍有了一些佛学知识的积累。

　　感谢我的博导孙伯君先生，在北京的六年，无论学习还是生活，她都给予我莫大的帮助，她一丝不苟的授课风格和规范严谨的文献学研究范式，让我懂得了学为人师和行为世范的真正内涵，她的认真负责和言传身教，让我终生受益。直至今天，我的每一篇小论文包括出站报告的选题、撰写以及修改，无不倾注着恩师的心血。博士后期间，也时常去听老师讲课，有这样的老师，我是何等幸运！我的另一位老师聂鸿音先生，亲切和蔼，博闻多识，为人谦和，幽默风趣，他的那种将学术化作自发兴趣和无尽追求的精神，是我一辈子都要学习和修炼的。他为我修改的每一篇文章，我至今记忆犹新。

　　感谢李建欣和周广荣二位老师对答辩论文提出的宝贵意见，感谢孙颖新师姐为我申请博士后的引荐和奔波，感谢夏德美师姐在我做课题困惑时，为我答疑解惑，感谢中国社会科学院世界宗教研究所佛教室的诸位老师纪华传、尕藏加、杨健、王鹰和许春梅、李贵海、蔡晓菁、范习加、万宏强等同门兄弟姐妹三年来的帮助。最后，感谢我的家人、爱人庞倩和女儿嘉怡，他们时常给我鼓励，为我加油，是我永远的精神支柱。

这部书稿仍有许多不足，恳请诸位师友批评指正。

王　龙
2022 年 9 月 1 日于宁夏大学民族与历史学院